Veit Harlan bei den Dreharbeiten zu *Kolberg*, 1943/45

Frank Noack

Veit Harlan

»Des Teufels Regisseur«

belleville

Frank Noack, geb. 1961 in Berlin. Seit dem siebten Lebensjahr Klavierunterricht bei Heinz Räumelt. Mitglied im Chor des Jungen Ensemble Berlin, 1977 Konzertreise in die USA. Ab 1982 Studium der Anglistik und Germanistik an der Freien Universität Berlin, daneben Texte für den »Nord-Berliner«. Fließbandarbeiter bei ALBA Recycling. Magister Artium 1989 (Thema: Die Exilromane von Klaus Mann). Komparse an der Deutschen Oper (»Zar und Zimmermann«, »Katja Kabanowa«, »Die Soldaten«), beim Fernsehen *(Die Laurents; Feuer für den großen Drachen; Die Klassefrau; Tatort*-Folge *Fluppys Masche)* und beim Film *(Bittere Ernte; Wild Geese II)*. Öffentlichkeitsreferent beim Verband Berliner Amateurbühnen und Herausgeber der Verbandszeitung. Verwaltung des Getränkelagers in Lorettas Biergarten, Fließbandarbeiter bei Berolina Kaffee. 1991–92 Ausbildung zum Justizassistenten. Nach bestandener Prüfung einen Monat lang bei der Staatsanwaltschaft/Jugendsachen tätig, dann Zweitstudium am Psychologischen Institut Berlin. Seit 1993 Texte für »Der Tagesspiegel«, »Berlin Ticket«, »Magnus«, »Siegessäule«, »Hannoversche Allgemeine Zeitung«, »CineGraph«, »Purple Pink Lion«, »Vary«, »Switch«, »Die Filmklappe« und »Moving Pictures«. Drehbuchlektorat bei der Filmboard Berlin-Brandenburg GmbH. Mitarbeit an der zweiten Auflage von Raymond Murray (Hg.): »Images in the Dark« (Philadelphia 1996), Paul Seiler: »Zarah Leander – Ich bin eine Stimme« (Berlin 1997) und dem Katalog zur Marianne Sägebrecht-Werkschau (Berlin 1997). Lieblingsfilme: *Opfergang, The Fountainhead, Salò o le 120 giornate di Sodoma*. Lebt in Berlin.

Alle Rechte vorbehalten
© 2000 belleville Verlag Michael Farin
Hormayrstraße 15 · 80997 München
Reproduktionen/Satz: Mangasser, Mering
Druck/Bindung: Druckhaus Köthen

ISBN 3-923646-85-2

Thomas: »Ein schönes Tier, der Uhu.«
Vera: »Fremde hackt er.«
Thomas: »Warum haben Sie dann dieses gefährliche Tier?«
Vera: »Na, das Gefährliche ist doch viel interessanter
als das Sanfte.«

(Dialog aus Veit Harlans *Hanna Amon*, 1951)

STIMMEN ZU HARLAN

Fritz Kortner: »... ein junger, äußerst witziger Schauspieler ... politisch links, philosemitisch und sehr amüsant.« [1]

Julius Bab: »... Veit Harlan, der sich am Staatstheater von allerlei Jungenrollen schnell in die erste Reihe spielte ... sehr erfreulich in seiner freien Beweglichkeit, in der Frische seiner mannigfaltigen Einfälle, in der Echtheit seines Gefühls.« [2]

Gustav Knuth: »Veit Harlan wurde dann Regisseur, ein erstklassiger, ein ganz großer Könner. Vor allem aber war Harlan – Nazi hin oder her – persönlich ein integrer Mann. Niemals hat er jemanden denunziert oder verraten. Im Gegenteil: Er hat sich sogar schützend vor Kollegen und Freunde gestellt, die in höchster Gefahr waren. Ich selbst habe oft mit ihm diskutiert, obwohl ich seine positive Einstellung zum Dritten Reich kannte.« [3]

Oskar Ballhaus: »Veit Harlan war kein Märtyrer, er hat das auch nie für sich in Anspruch genommen; er war ein schöpferischer Mensch, in dem positive und negative Kräfte wirkten, aus deren Spannungen der Wille zur künstlerischen Gestaltung erwachsen konnte.« [4]

Lil Dagover: »... er konnte einen Schauspieler zur Weißglut bringen; manche Kollegen quälte er so lange, bis ihnen buchstäblich die Tränen kamen. Dann war er zufrieden und drehte weiter.« [5]

Harald Juhnke: »Wenn er erzählte, nahm er jeden gefangen. Er erzählte spannend, plastisch und überzeugend ... Mir erschien Harlan als ein Besessener. Ein besessener Filmemacher, der genauso unter Stalin oder Idi Amin hätte arbeiten können wie unter Goebbels.« [6]

Dr. Fritz Hippler: »Veit Harlan faszinierte mich seit unserer ersten Begegnung [...] durch die Berlinisch geprägte Dynamik seiner Künstlerpersönlichkeit. Wann und worüber immer wir uns zu unterhalten begannen, schnell wurde daraus ein hitziges Streitgespräch ... Sich wild die Mähne raufend, Meinung und Gefühl pathetisch artikulierend, durchwanderte Veit rastlos das Zimmer, ab und zu im Sessel alle Viere von sich streckend, als sei er verzweifelt, erschöpft und ausgebrannt, um dann plötzlich wieder Anlauf zu nehmen ... Mit dieser ungestümen Kraft überrannte er auch seine Schauspieler, die unter seiner Regie auf alles eigene zu verzichten und allein seiner Vision zu folgen hatten.« [7]

Günter Pfitzmann: »Zu Veit Harlan kann ich aus meiner Erfahrung sagen, daß er ein Vollblutkünstler [...] und deshalb auch gefährdet war – wie viele andere Künstler in der Nazizeit – als Mithelfer des Systems zu gelten. Letztlich war er der Einzige, den man als Vorzeigenazi anprangerte ... Vielen war das sehr recht – denn das lenkte von ihrem schlimmen Tun ab. Die Egozentrik solcher Leute wie er (und das sind Regisseure im besonderen) läßt sie sich über alles hinwegsetzen – oft rücksichtslos. Bei welchen Großen, Erfolgreichen ist das anders?« [8]

Will Tremper: »Wenn Jürgen Fehling der größte Theaterregisseur des Dritten Reiches war – so schrieben alle, die es wissen mußten –, dann war Harlan der größte Filmregisseur, der für das Medium sicherlich Begabteste, aber das schrieb nach 1945 keiner mehr ... Der Mann hatte eine sichere Hand für Wirkungen, hinterließ jedesmal sein Publikum aufgewühlt, in Tränen.« [9]

Buchers Enzyklopädie des Films: »Als einer der fähigsten Regisseure des deutschen Films mit einem starken Hang zum Melodram und todverliebten Mystizismus [...] setzte er sich durch seine Bereitwilligkeit, in zahlreichen Filmen faschistisches Gedankengut zu verbreiten, nachhaltig in Mißkredit.« [10]

Wolf Donner: »Veit Harlan ist eine der schillerndsten Figuren des NS-Kinos. Ein großer Ästhet, Melodramatiker, Handwerker, ein Meister von Pathos und Kitsch, von sentimentalen Gefühlsaufwallungen und dramatischen Effekten.« [11]

Norbert Grob: »Veit Harlan besaß, was man filmische Phantasie nennt: einen Blick für Licht und Räume, in die hinein eine Geschichte spielt, ein Gefühl für Rhythmus, einen Sinn für Landschaften, Bauten und Dinge um die Geschichte herum. Harlan hatte klare visuelle Vorstellungen, und er war besessen davon, sie genau so, wie er es wollte, auch umzusetzen.« [12]

Carl Raddatz: »Er verwechselte Kraft mit Brutalität – und Gefühl mit Sentimentalität.« [13]

VORWORT

Das Publikum dachte an nichts Böses, als es am Silvesterabend 1994 ins Berliner Arsenal-Kino ging, um sich einen alten deutschen Stummfilm anzusehen. Die meisten Besucher wußten wenig über *Die Hose*, sie kannten vielleicht die literarische Vorlage von Carl Sternheim und hatten schon einmal gehört, daß diese Bearbeitung für die Leinwand einen guten Ruf genießt, mehr aber auch nicht. Das Licht ging aus, der Film lief an, die wenigen Darsteller wurden im Vorspann genannt. Auf einmal stand da der Name Veit Harlan. Veit Harlan! Leises Entsetzen machte sich breit. Ein paar Zuschauer reagierten, als würde entgegen der Ankündigung *Jud Süß* präsentiert werden, jener berüchtigte NS-Propagandafilm, mit dem der Name Harlan assoziiert wird. Harlan aber bedeutet Gift, und ein Film, an dem er beteiligt ist, läßt sich nicht unbeschwert genießen.

Die Hose, von dem legendären Pianisten Willy Sommerfeld persönlich am Klavier begleitet, erwies sich als so gelungen, daß das Publikum seine Vorbehalte gegen Harlan vorübergehend vergaß. Aber danach, auf dem Weg zum Ausgang, kam es dann doch noch zur Sprache: Eine männliche Stimme schwärmte von den Darstellern, vor allem der Dichter sei großartig gewesen. Eine weibliche Stimme gab ihr zögernd recht, nahm das Kompliment jedoch wieder zurück, denn war das nicht Veit Harlan selbst gewesen?

Ich hätte die Dame beruhigen und ihr sagen können, daß der von ihr bewunderte Darsteller Rudolf Forster hieß, aber warum sollte sie nicht weiter in dieser ihrer Ungewißheit leben? Für die Besucherin jedenfalls stand fest: Veit Harlan, selbst den Schauspieler, darf man nicht gut finden, deswegen muß man sich erst erkundigen, wer von den Darstellern Veit Harlan gewesen ist, bevor man möglicherweise den »Falschen« lobt.

Künstler mit einem schlechten Ruf gibt es in jedem Land. Aber Harlan dürfte weltweit der einzige Filmemacher sein, der – für viele jedenfalls – das absolut Böse verkörpert und jeden, der ihm zu nahe kommt, infiziert. Darunter hat er zu Lebzeiten gelitten, aber langfristig dann doch profitiert. Denn es ist sicher, daß er seine Ausnahmestellung nicht nostalgisch gestimmten Liebhabern alter deutscher Filme verdankt, sondern jenen, die ihn in Büchern und Zeitungsartikeln bekämpfen. Man könnte sagen, daß von seinen Gegnern eine Hervorhebung durch Abwertung betrieben wird. Jede schnelle Handbewegung wird als militärischer Gruß interpretiert, Liebe zur Natur mit Geistfeindlichkeit gleichgesetzt, jeder halbwegs stattliche Darsteller als Herrenmensch entlarvt. Beschwörern der »guten alten Zeit« kommen solche Fehl- und Überinterpretationen nur gelegen: Je unhaltbarer die Vorwürfe sind – und besonders gegen Harlan sind haarsträubende, nicht belegbare und oft sogar widerlegbare Vorwürfe erhoben worden –, um so leichter läßt sich die angegriffene Person bzw. der angegriffene Film verteidigen.

Vom Reiz des Verbotenen angezogen, strömen dann nicht nur ältere Mitbürger in die wenigen Kinos, die bisweilen einen der berüchtigten Propagandafilm von damals zeigen: Am 29. April 1995 stand eine lange Menschenschlange vor dem Berliner Zeughaus-Kino, in der vergeblichen Hoffnung, noch Karten für Harlans Durchhalteepos *Kolberg* zu bekommen. Als ich an der Kasse meine in weiser Voraussicht vorbestellte Karte abholte und die Kassiererin darüber informierte, daß meine Begleitperson nicht mehr erscheinen würde, packten mich Anwärter auf die freigewordene zweite Karte, zogen und zerrten an meiner Jacke – und die Ursache all dieser Aufregung war ein nur teilweise gelungener, allenfalls historisch wertvoller Torso von einem Film.

Ich selbst bin nicht auf Anhieb von Harlan begeistert gewesen. Das erste, was ich von ihm sah, war 1983 das Fridericus-Spektakel *Der große König*. Beeindruckt von den Massenszenen, der kontrastreichen Schwarzweiß-Fotografie und der schwungvollen Musik, mißfielen mir die statisch abgefilmten Unterhaltungen mit ihren vorhersagbaren Schuß-Gegenschuß-Einstellungen und das Gebrüll einiger Darsteller. Im darauffolgenden Monat hatte ich die Möglichkeit, das Agfacolor-Melodram *Opfergang* zu sehen, und auch hier war ich wieder nur von Einzelmomenten angetan. Was mich dazu bewog, ans andere Ende von Berlin zu fahren (einmal sogar bei strömendem Regen und ohne Schirm), um mir alte Harlan-Filme anzuschauen, war ausschließlich der Reiz des Verbotenen. Über keinen anderen Regisseur gab es so viel zu lesen, ohne daß sich die Behauptungen anhand der Filme überprüfen ließen. Das Fernsehen boykottierte ihn völlig. Und die wenigen Kinos, die den filmhistorisch interessierten Zuschauern entgegenkamen, sind dafür in der Presse heftig angegriffen worden.

Mich faszinierten die ideologischen Widersprüche in Harlans Werk. Und ich entwickelte ein starkes Mißtrauen gegen fast die gesamte Literatur, die es über ihn gab, weil sie die Widersprüche mit keinem Wort erwähnte. Trotz ihrer akademischen Ausdrücke lasen sich deutsche Bücher über den Film des Dritten Reiches wie Trivialromane: da waren die Guten durchweg gut und die Bösen durchweg böse, am besten schon von Kindesbeinen an. Warum, fragte ich mich, werden bei uns keine Bücher geschrieben wie Charles Highams Errol Flynn-Biographie, die Flynn als Nazi entlarvt, ohne ihn auf diese Eigenschaft zu reduzieren, oder Highams Cary Grant-Biographie, die detailliert Grants Gewalt gegen Frauen beschreibt, diesen unangenehmen Zug aber nur als Teil einer komplizierten Persönlichkeit betrachtet?

Harlan ist eine psychologisch glaubwürdige, differenzierte Sichtweise bisher verwehrt worden. Über ihn stand – als hätte jemand Richtlinien vorgegeben – in allen Texten mehr oder weniger dasselbe. Besonders störte mich der besserwisserische, triumphierende Ton, mit dem seine und andere NS-Filme als antibritisch, antisemitisch oder antisowjetisch entlarvt wurden, obwohl es in den meisten Fällen gar nichts zu entlarven gab. Wenn ein diktatorischer Staat eine bestimmte Politik betreibt, ist es nicht verwunderlich, wenn die Filme aus dieser Zeit entsprechende Tendenzen aufweisen. Das läßt sich beschreiben – und auch kritisieren. Und natürlich hat auch Harlan einige der im Dritten Reich üblichen Feindbilder bestätigt. Mehr als das. Aber er hat kein einziges Feindbild erfunden.

Bei meinen Recherchen kam ich mir vor wie Agatha Christies Detektiv Hercule Poirot, der mit dem Hauptverdächtigen sympathisiert, weil zuviel gegen ihn spricht und weil alles zu offensichtlich ist. Wie ein Detektiv stieß ich im Laufe der Ermittlungen auf Verfahrensfehler (so wurde aus den Tagebüchern von Joseph Goebbels prinzipiell nur das zitiert, was auf eine enge Freundschaft zwischen dem Minister und seinem Starregisseur schließen läßt) und – immer wieder – auf Widerstand. Die Mitarbeiterin eines Berliner Archivs, die ich nur gefragt hatte, wie ich das genaue Sterbedatum von Harlans Mutter erfahren könnte, erwiderte schroff: »Mit Veit Harlan haben wir nichts zu tun!« Andere Archivangestellte, die ich um Einsicht in Harlan-Material bat, sahen mich an wie jemanden, der Kinderpornos verlangt. Unverständlicherweise bin ich dann beim Versuch, mehr über Harlans erste, in Auschwitz ermordete Frau Dora Gerson zu erfahren, mit derselben Unhöflichkeit konfrontiert worden. Vielleicht war das, was ich für Unhöflichkeit hielt, nur soziale Unbeholfenheit, die aus exzessiver Archivtätigkeit resultiert. Geärgert habe ich mich deshalb nicht weniger.

Zu den äußeren Widerständen kamen innere. Selbstzweifel, sogar Selbsthaß verspürte ich, wenn im Fernsehen eine Dokumentation über das KZ Theresienstadt lief und ich mir vorstellte, daß Harlan zu derselben Zeit seine wunderschönen Melodramen gedreht hat. Doch dann habe ich mir immer wieder gesagt: Wenn es verboten ist, Harlans Filme zu genießen, weil sie parallel zu einem Völkermord entstanden sind, dann dürfte man konsequenterweise gar nichts mehr genießen. Unschuldige Kunst gibt es nicht. Einige der größten Meisterwerke auf dem Gebiet der Architektur, Malerei und Musik sind in einer Atmosphäre von Mord und Totschlag entstanden – waren deren Schöpfer keine Nutznießer, keine Opportunisten? Um arbeiten zu können, hat Harlan seine Augen vor der Realität ebenso verschlossen wie unzählige andere.

Literatur über ihn ließ sich lange Zeit in zwei Gruppen einteilen: in die gnadenlos verurteilende und in die alles entschuldigende. Für letztere stehen seine eigene Autobiographie und die seiner Witwe Kristina Söderbaum. Aber Veit Harlan war ein Mann der extremen Widersprüche, weder

Teufel noch verfolgte Unschuld, und die Prozesse, die 1949/1950 gegen ihn geführt worden sind, vermitteln ein Chaos, bei dem sich mal die eine, mal die andere Seite unverzeihliche Fehltritte erlaubt hat. Die vorliegende Arbeit soll ein Versuch sein, Ordnung in dieses Chaos zu bringen. Harlans Filme sind nicht einfach, sie sind lediglich von seinen Gegnern vereinfacht worden.

Seine vorletzte Regiearbeit hieß *Liebe kann wie Gift sein*. Es gibt wichtigere Filme in seinem Werk als dieses Drogen- und Dirnen-Melodram, aber kein Titel erfaßt so treffend das Wesen des Regisseurs. Filmemachen war für Harlan wie eine Sucht, eine Droge, mit denselben Freuden und Exzessen, mit derselben Verantwortungs- und Besinnungslosigkeit und demselben bösen Erwachen.

Individualist in einem totalitären Staat?

Im März 1948 besuchte die Autorin Hilde Spiel einen Freund, in dessen Wohnung sich prominente Künstler versammelt hatten. Unter den Gästen befand sich Hilde Körber, die Ex-Ehefrau von Veit Harlan. Ein unvergeßliches Erlebnis für Hilde Spiel: »So nah, so schien mir damals, war ich dem Dunstkreis des Bösen noch nie gekommen, und obwohl Frau Körber ein freundliches Geschöpf war, blond, still und ein wenig verhärmt, konnte ich mich eines inneren Widerstands dagegen, am Teetisch unbefangen mit ihr zu plaudern, nicht enthalten.«[1] Fast zwei Jahre hatte Hilde Körber zwar schon von Harlan getrennt gelebt, als dieser *Jud Süß* zu drehen begann, doch das bewahrte sie nicht davor, weiterhin in seinem bösen Dunst zu stehen. Denn wer 1940 verantwortungslos gewesen ist, der muß auch schon lange vorher verantwortungslos gewesen sein, und die engsten Freunde von ihm bleiben infiziert.

Unfreiwillig prophetisch hatte der Kritiker Ludwig Eylux 1940 geschrieben: »Jud Süß – mit diesem Namen steigt ein dunkles Kapitel deutscher Geschichte auf.«[2] Er bezog sich auf die historische Figur Joseph Süß Oppenheimer und das Leid, das der Finanzberater von Württemberg über die deutsche Bevölkerung gebracht haben soll, doch inzwischen hat der Satz einen Bedeutungswandel erfahren: *Jud Süß* steht für das dunkelste Kapitel deutscher Filmgeschichte. *Jud Süß* gilt heute als der Inbegriff des Hetzfilms. Der Titel hat sich zu einem Schlagwort entwickelt ebenso wie der Name des Regisseurs Veit Harlan. Diskussionen darüber aber sind unerwünscht. Positionen, die in der seriösen Faschismusforschung längst überwunden sind, werden in der Filmliteratur noch immer vertreten.

Die Positionen sind: 1) Die Filmemacher und Filmakteure der Jahre 1933 bis 1945 werden nicht etwa danach beurteilt, wie sie sich verhalten, sondern wo sie sich aufgehalten haben. 2) Es wird der Eindruck erweckt, die nicht emigrierten Deutschen seien nicht nur charakterlich minderwertiger, sondern auch weniger talentiert gewesen als ihre emigrierten Kollegen. 3) Um Harlan als Inbegriff des NS-Karrieristen und Goebbels' willigen Befehlsempfänger entlarven zu können, wird er nur eindimensional dargestellt. 4) Es gibt eine Sonderbehandlung für Regisseure wie etwa Helmut Käutner, deren Werk mit Begriffen wie ›innere Emigration‹ oder ›ästhetische Opposition‹ aufgewertet wird.

I

Filme, die offen zur Tötung von Individuen oder Gruppen auffordern, waren keine Erfindung des Nationalsozialismus; sie sind mitunter selbst in demokratischen Staaten hergestellt worden. D. W. Griffith leistete mit seinem rassistischen Südstaaten-Epos *Die Geburt einer Nation* (1915) einen Beitrag zur

Reetablierung des Ku Klux Klans, was ihm eher verhaltene Kritik einbrachte, schließlich sind fast alle Filmhistoriker weiß. [3] Sergej M. Eisensteins Hohelied auf die Zwangskollektivierung der Landwirtschaft, *Das Alte und das Neue/Die Generallinie* (1929), war rechtzeitig abgedreht, um einen weiteren Massenmord zu legitimieren: die Vernichtung durch Erschießen oder systematisches Aushungern von über zehn Millionen Kulaken in der Ukraine. Lenin hatte schon 1918 vorgeschlagen, man solle zur Einschüchterung 100 Großbauern aufhängen, und am 27. Dezember 1929 beschloß Stalin auf einer Konferenz marxistischer Agronomen die Liquidierung der Kulaken als Klasse. [4] Dieses Verbrechen wird bis zum heutigen Tage kaum als solches gewertet, folglich darf Eisensteins Film unkommentiert gezeigt werden. [5] Und das »Kill the bitch!«-Gegröle, mit dem sich männliche Zuschauer in den USA *Eine verhängnisvolle Affäre* (1987) angesehen haben, zeigt, daß Filmemacher auch in aufgeklärten Zeiten den Haß ihres Publikums mobilisieren dürfen, ohne daß die Zensur eingreift.

Selbstverständlich läßt sich keine deutsche Untat, und sei es nur eine filmische, dadurch entschuldigen, daß es woanders früher oder später vergleichbare Taten gegeben hat. Aber in dem Moment, wo Kritiker des NS-Kinos Hetzfilme aus anderen Ländern als positives Gegenbeispiel zitieren, verlieren sie ihre Glaubwürdigkeit.

NS-Filme rufen keine Empörung hervor, weil sie lügen, sondern weil sie für die falsche Sache lügen. Daher richtet sich auch die Bewertung Harlans, Griffiths und Eisensteins nicht nach ihrem individuellen Charakter, sondern nach dem jeweils guten oder schlechten Ruf, den das mit ihnen assoziierte System genießt. Griffith und Eisenstein werden die Morde, die sie mit ihren Filmen unterstützt haben, nicht angelastet. Harlan dagegen ist in einem spektakulären Prozeß des Verbrechens gegen die Menschlichkeit angeklagt worden. Selbst milde Richter warfen ihm geistige Mittäterschaft vor. Geistige Mittäterschaft aber ist ein dehnbarer Begriff.

II

Eine Lieblingsbeschäftigung der Nachgeborenen besteht darin, Künstlern des Dritten Reiches falsche Angaben in ihren Memoiren nachzuweisen. Nun haben diese tatsächlich oft an der Wahrheit vorbei erzählt. In den meisten Fällen war es Eitelkeit, die sie an einer realistischen Wiedergabe ihres Lebenslaufs hinderte. Manchmal war es einfach nur Vergeßlichkeit, manchmal auch mehr ... Jeder Amateurpsychologe weiß, daß Menschen sich nur an das erinnern, woran sie sich erinnern wollen, und Künstler, die ihre Memoiren schreiben, sind schließlich keine Historiker, sondern Selbstdarsteller. Doch in Buchrezensionen werden die Stars von gestern wie Verbrecher behandelt, die die Unverschämtheit besitzen, kein Geständnis abzulegen. Oft genug aber kommt es dabei vor, daß ein selbsternannter Richter genausowenig von der Wahrheit hält wie der Angeklagte. Negative Aussagen über Veit Harlan etwa werden prinzipiell nicht überprüft. Selbst ein so gründlicher Historiker wie Karsten Witte fand nichts dabei, in seinem Aufsatz »Der barocke Faschist« (1980) Harlans Trennung von seiner jüdischen Frau auf das Jahr 1933 zu verlegen. Als ich ihn nach seinen Gründen fragte, verstand er nicht, warum ich mir über so etwas den Kopf zerbrechen könne, schließlich handle es sich doch »nur« um Veit Harlan.

Eine verhängnisvoll unwissenschaftliche Methode, der sich Wissenschaftler gleichwohl bedienen, besteht darin, mit der Schlußfolgerung anzufangen. Die Untersuchungen haben dann nur noch die Funktion, das Ergebnis zu bestätigen. Beim Umgang mit NS-Kultur und Exil steht von vornherein fest, daß die emigrierten Künstler den in Deutschland verbliebenen moralisch überlegen sind. Die Emigration gilt nicht als eine mögliche Entscheidung, um auf Hitlers Machtantritt zu reagieren, sondern als die einzig richtige Entscheidung. Dennoch ist Otto Strasser, dem nach der Zerschlagung der SA die Ermordung drohte und der 1934 ins Exil ging – deswegen nicht von vornherein ein besserer Mensch als der in Deutschland verbliebene Dietrich Bonhoeffer. Klaus Manns Exilroman ›Mephisto‹ (1936) enthält unerträglich rassistische, sein nächstes Buch ›Der Vulkan‹ (1939) sogar antisemitische Passagen; das wird dezent überlesen, weil der Autor emigriert ist. Bewertet wird nicht das Werk an sich, sondern der Ort, an dem es entstand. Der als Jude ins Exil getriebene Psychologe Alfred Adler darf die »Beseitigung der Homosexualität«[6] und einen »staatlichen Zwang zur Heilung«[7] fordern, darf den ›verirrten Seelen‹ sogar prophezeien, daß »ihr Samen ausgerottet wird«. [8] Ausgerottet! Bei seinem nicht emigrierten Kollegen Carl Müller-Braunschweig gilt es schon als Zeichen faschistischer Gesinnung, daß er »untüchtige Weichlinge zu lebenstüchtigen Menschen« machen wollte. [9]

Als Brite konnte sich David Thomson in seinem Nachschlagewerk ›A Biographical Dictionary of the Cinema‹ (1975), frei vom Rechtfertigungsdruck der Deutschen, eine Abkehr vom üblichen Gut-Böse-Schema leisten. Das Gefälle zwischen den Exilanten Curtis Bernhardt und Douglas Sirk auf der einen sowie Veit Harlan auf der anderen Seite, schrieb er, sei nicht so groß wie bislang angenommen. Was immer sich gegen Harlan anführen ließe: Das US-Kino sei durch dieselben ideologischen Defekte gekennzeichnet. »Griffith hat sie eingeführt. Viele amerikanische Kriegsfilme sind von einem entsetzlichen Fanatismus. Vergessen wir nicht die Freude, mit der wir Conrad Veidts Tod in *Casablanca* applaudieren ... Die Sieger bestimmen oftmals, inwieweit wir jeden Unsinn tolerieren. Bei einem deutschen Sieg wäre gegen den Curtiz von *Casablanca* genauso energisch ermittelt worden wie gegen den von 1945 bis 1950 kaltgestellten Harlan.«[10]

Trotz solcher Ansätze dominiert die Schwarzweißmalerei, werden Gute von Bösen und Opfern von Tätern fein säuberlich getrennt. Auch Johannes Heesters wird mittlerweile zu den Bösen gezählt. Bei seinem Besuch im KZ Dachau, informiert uns die Zeitschrift ›Film und Fernsehen‹, seien ihm die Duschräume gezeigt worden.[11] Doch ganz oben auf der Fahndungsliste steht weiterhin Veit Harlan.

III

Es gibt Ungerechtigkeiten, die niemand aus der Welt schaffen kann. Zum Beispiel jene, daß anständige Menschen nicht immer begabt sind und begabte nicht immer anständig. Sich als Künstler zu entfalten, setzt Rücksichtslosigkeit voraus, besinnungsloses Hineinstürzen in eine Aufgabe. Natürlich müssen sich große Künstler, die ihr Talent für eine schlechte Sache hergegeben haben, Kritik gefallen lassen. Aber es kann nicht richtig sein, daß moralisch verantwortungslosen Künstlern das Talent abgesprochen wird.

Einem konsequenten Humanisten sollten künstlerische Qualitäten gleichgültig sein. Richard Wagners antisemitische Haltung wird nicht durch seine Größe als Komponist entschuldigt und die Sklaverei nicht dadurch, daß ihr atemberaubende Bauwerke zu verdanken sind. Andererseits bleibt erstklassige Musik auch dann noch erstklassige Musik, wenn man Unangenehmes über den Charakter des Komponisten erfahren hat, und wer beim Anblick einer Pyramide begeistert ist, der bleibt es auch, wenn er von den Menschenopfern weiß, die der Bau gekostet hat. In der deutschen Filmliteratur ist von solchen Differenzierungen kaum etwas zu spüren, da wird ganz unverhohlen das für künstlerisch wertvoll erklärt, was nur gut gemeint ist. Ein stilistisches Meisterwerk wie Peter Pewas' *Der verzauberte Tag* (1943) wird ganz selbstverständlich mit Carl Junghans' dilettantischem Bauerntheater *Altes Herz geht auf die Reise* (1938) gleichgesetzt, nur weil beide Filme von der NS-Zensur verboten wurden.

Was nicht von der Zensur verboten wurde, kann nicht wirklich gut gewesen sein. Nur Nazis, will uns so mancher Historiker weismachen, haben Nazi-Filme gut gefunden. »Dabei waren es keine bestellten Zuschauer, die die endlosen Schlangen vor den Kinos des besetzten Frankreich bildeten, um *Jud Süß* oder *Die goldene Stadt* zu sehen«, betonte 1974 der Pariser Journalist Jacques Sicilier.[12] Und wie will man erst den erfolgreichen Einsatz deutscher Filme in Schweden und der Schweiz erklären, also in Ländern, die nicht von den Deutschen besetzt worden sind? Oder ihren Einsatz nach 1945 in der Sowjetunion, einem Land, dessen Bevölkerung die Deutschen gehaßt haben muß?

Wie – wenn nicht durch tatsächlich vorhandene Qualität – will man die Begeisterung Michelangelo Antonionis für *Jud Süß* erklären? Er schrieb 1940, nicht aus einer Zwangslage heraus: »Wir sagen es ohne Umschweife: wenn es sich hier um Propaganda handelt, dann begrüßen wir Propaganda. Dies ist ein packender, eindringlicher, außergewöhnlich wirkungsvoller Film ... Das Tempo läßt für keinen Moment nach, und keine Episode steht zu einer anderen in Disharmonie: es ist ein Film von äußerster Vollendung und Ausgewogenheit ... Die Episode, in der Süß das junge Mädchen vergewaltigt, wurde mit erstaunlichem Geschick realisiert.«[13]

Erfolg setzt Talent voraus. Doch mit seiner Ansicht, »nur sehr wenige der besten deutschen Köpfe« hätten »den Mut und die Kraft« gehabt, ins Exil zu gehen, gehört der aus Deutschland vertriebene Schriftsteller Curt Siodmak zu einer Minderheit.[14] Für die Mehrheit steht fest: Die nicht emigrierten, nicht ins KZ gesperrten, nicht hingerichteten Deutschen sind mehr als charakterlos, sie haben auch nichts gekonnt. Ein frühes Beispiel für hilflosen Antifaschismus lieferte Klaus Mann mit seinem Schlüsselroman ›Mephisto‹. Hier wurde überdeutlich die Theorie von der Rache der zu kurz Gekommenen verbreitet: der Nationalsozialismus als Möglichkeit für die Mittelmäßigen und Unbegabten (und dazu noch Häßlichen!), in der ersten Reihe Platz zu nehmen. Klaus Manns Zielscheibe war der Schauspieler und Intendant Gustaf Gründgens, kaum verschlüsselt als Hendrik Höfgen dargestellt. Der zentrale Mangel des Buches besteht darin, daß permanent die Mittelmäßigkeit des Schauspielers Höfgen behauptet wird, während Mann zugleich der Faszination Gründgens' erliegt und ihn zur Legende hochstilisiert. Ähnlich stolpern die Gegner des Nazifilms über ihre eigenen Argumente; sie verurteilen die Produkte und bestätigen dabei zugleich deren emotionale Wirkung.

Eine Abschweifung: Faschisten und Antifaschisten, eigenartigerweise, verlangen beide Opfergeist. Man müsse für das Vaterland oder im Kampf gegen das Vaterland ein Opfer bringen, wer aber statt dessen für seine Selbstverwirklichung kämpft, gilt auf beiden Seiten als Schuft. Eine weitere Gemeinsamkeit ist die Erfassungssucht, der Kategorisierungswahn. In welchem anderen Land werden Künstler auf so penible Weise analysiert und durchmessen, damit man sie in eine bestimmte Schublade stecken kann? Über Luis Trenker schreibt Georg Seeßlen, er gehöre »zu den ungeklärten Fällen der deutschen Film- und Mediengeschichte«, und über Zarah Leander, sie sei »zu würdigen, zu retten ist sie nicht«.[15] Wie sehen wohl die geklärten Fälle aus, und was haben sie für Konsequenzen? Und wovor soll Zarah Leander gerettet werden?

Kurioserweise werden Nichtskönner von der Kritik verschont. Einem untalentierten Schauspieler hätte Klaus Mann das Verbleiben in Deutschland verziehen. Aber Gründgens war talentiert – und somit einer, der die Behauptung widerlegt, die Nationalsozialisten hätten Menschen auch wegen ihres Talentes vertrieben. Die Anteilnahme am Schicksal der aus Deutschland Vertriebenen sollte aber nicht die Einschätzung ihrer kulturellen Bedeutung beeinflussen. Wer behauptet, rassisch und politisch Verfolgte seien prinzipiell talentierter, argumentiert genauso wie jene NS-Ideologen, für die Talent eine Frage von Blut und Gesinnung gewesen ist. Schlimmer noch: auf diese Weise werden all jene Opfer des Faschismus verhöhnt, die kulturell nichts Bedeutendes geleistet haben. Es wird impliziert, erst durch eine große künstlerische Leistung verdiene jemand unsere Anteilnahme.

Die Verbitterung vieler Emigranten bestand zum Teil ja gerade darin, daß der deutsche Kulturbetrieb auch ohne sie funktionierte. Nur wenige Künstler wurden von der breiten Bevölkerung so explizit vermißt wie Fritzi Massary, Elisabeth Bergner, Lucie Mannheim, Fritz Kortner oder Richard Tauber. Dennoch, es gab genügend eifrige Mitläufer, die heute völlig vergessen sind, und genügend Exilierte, auf deren Rückkehr die Deutschen schon 1945 sehnsüchtig gewartet haben.

Aber auch wenn viele herausragende Talente in Deutschland geblieben oder nachgewachsen sind, bleibt die Frage, ob sich das Dritte Reich nicht auch bei einem völlig lahmgelegten Kulturbetrieb gehalten hätte. Die vorherrschende Meinung lautet, Heinz Rühmann, Zarah Leander, Marika Rökk und Gustaf Gründgens seien schuld daran, daß die Deutschen in den Jahren 1933 bis 1945 von der Realität abgelenkt wurden. Wären diese Publikumslieblinge ins Exil gegangen, so wirft man ihnen vor, hätten die Deutschen mehr über ihre Situation nachgedacht und Hitler gestürzt. Wie absurd diese Vorstellung ist, zeigt sich abermals an einem Blick auf die Sowjetunion, deren Filmproduktion sich mehrmals in einem katastrophalen Zustand befunden hat, ohne daß das System dadurch destabilisiert worden wäre.

Die NS-Filmindustrie war leistungs- und exportorientiert. Sie war nicht in dem Sinne kapitalistisch, daß Produzenten sich frei entfalten konnten. Durch den Mega-Hit *Die goldene Stadt*, der für seine eigene Herstellungsgruppe entstand, wäre Veit Harlan in einem freien kapitalistischen Staat zum Multimillionär geworden – infolge der staatlichen Kontrolle über die Einspielergebnisse blieb er nur ein gutbezahlter Regisseur. Wenn angesichts des Ufa-Imperiums dennoch der Eindruck einer kapitalistischen Filmindustrie à la Hollywood besteht, dann liegt das an Goebbels' Ansicht, ein Film müsse dem Publikum gefallen und nicht der Partei. Goebbels' Zynismus hatte die positive Begleiterscheinung, daß politisch und rassisch mißliebige Künstler weiterarbeiten durften, wenn sie dem deutschen Film zu internationalem Ansehen verhalfen. »Auch eine ostentativ zur Schau getragene nationalsozialistische Gesinnung«, verkündete der Minister zu Beginn seiner Amtszeit, »ersetzt noch lange nicht den Mangel an wahrer Kunst«. [16]

So führte ein aufrechter Nationalsozialist wie der *Fridericus*-Regisseur Arsen von Cserepy ein Schattendasein und konnte nach 1935 keinen Film mehr in Deutschland inszenieren, während der als Halbjude geächtete Reinhold Schünzel bis 1937 aufwendige Hochglanz-Unterhaltung produzieren durfte, da auf dem Gebiet der musikalischen Komödie niemand an ihn herankam. Adolf Wohlbrück, als Jude und Homosexueller doppelt gefährdet, gehörte bis 1936 zu den führenden Stars des deutschen Films. Agnes Straub war bis zu ihrem Tod 1941 eine herausragende Vertreterin des NS-Theaters, obwohl sie sich mit der Rezitation von Rosa Luxemburgs Briefen Feinde gemacht hatte.

Nicht Joseph Goebbels allein, sondern vor allem das Publikum bestimmte den Spielplan der deutschen Lichtspielhäuser. Zwar ist nach Hitlers Machtantritt die Abschaffung des ›Starunwesens‹ geplant, sind mit *Hans Westmar* und *SA-Mann Brand* Kollektivfilme nach sowjetischem Vorbild hergestellt worden, aber die finanziellen Verluste dieser Produktionen beendeten dieses Experiment.

Linke, ästhetisch am Film der Weimarer Republik orientierte Regisseure wie Erich Engel, Robert A. Stemmle, Werner Hochbaum, G. W. Pabst oder Peter Pewas erhielten so trotzdem begehrte Regieaufträge. In der Sowjetunion, schreiben die Historiker Francis Courtade und Pierre Cadars, war die »Entscheidung darüber, ob ein Film gedreht wurde oder nicht, rein politischer Natur ... Im Hitler-Deutschland blieb die Filmherstellung dem privatwirtschaftlichen Denken von Angebot und Nachfrage verhaftet. Kassenergebnisse und Zuschauerzahlen spielten selbst dann eine vorrangige Rolle, wenn dem Staat an Filmprojekten besonders gelegen war.« [17]

Ähnlich wie ihre Kollegen in Hollywood, die ihren fehlenden Einfluß auf das Drehbuch durch eine phantasievolle Regie kompensierten, haben sich die deutschen Regisseure angesichts der von den Nazis ausgeübten strengen politischen Zensur in eine Bildsprache gerettet, die sich vom Zensor nicht entziffern ließ. Regisseure, denen ein fertiges Drehbuch und sämtliche Darsteller vorgesetzt werden, können sich als kreatives Mitglied des Teams nur bemerkbar machen, indem sie filmspezifische Regieeinfälle präsentieren. Je weniger dem Regisseur das Drehbuch zusagt, um so reizvoller gerät das Spannungsverhältnis zwischen Inhalt und Form. An dieser Mehrdeutigkeit liegt es, daß NS-Filme bis heute Gegenstand von Debatten sind. Die kreativen Mitglieder am Entstehungsprozeß eines Films vertraten möglicherweise völlig konträre Meinungen.

Im Vorwort zu seiner politischen Analyse des US-Kinos der fünfziger Jahre, »Seeing Is Believing« (1983), schrieb Peter Biskind: »Bei den Filmen von Robert Aldrich kann man allgemein damit rechnen, daß sie eher links stehen, so wie die Filme von Elia Kazan sich häufig in der Mitte bewegen, während die von John Ford rechts davon anzusiedeln sind und die von Alfred Hitchcock wiederum rechts von ihm. Aber dies sind Ausnahmen, und es geschieht oft, daß die Filme eines einzelnen Regisseurs, selbst eines Regisseurs, der über eine unverkennbare Handschrift verfügt, verschiedene Ideologien vermitteln. Ein konservativer Regisseur kann mit einem liberalen Autor zusammenarbeiten, oder umgekehrt, und beide, selbst wenn sie versuchen, einem Film ihre Politik aufzuzwingen [...], können sie von einem Produzenten überstimmt werden, der an seinen Profit denkt und somit eine andere Ideologie vertritt.« [18]

Solch ein Spannungsverhältnis war im Film des Dritten Reiches üblich, denn die Ausschaltung politischer Gegner bedeutete nicht, daß in allen Einzelfragen Einigkeit bestand. Folglich haben ambitionierte Regisseure, Drehbuchautoren und Darsteller miteinander konkurriert, um ihre Ideen durchzusetzen. Sie wurden zur Subtilität gezwungen, da ihre eigenmächtigen Änderungen nicht auffallen durften. Das Ergebnis dieser Einzelaktionen waren Filme von unerwartet thematischem und stilistischem Reichtum. So etwas können die Verfechter der These, daß das Dritte Reich bis ins kleinste Detail durchgeplant war und Abweichungen von der Norm umgehend eliminiert wurden, nicht akzeptieren. Sie begreifen nicht, daß selbst ein straff durchorganisiertes System wie der Nationalsozialismus geistige Freiräume bot – was natürlich weniger mit Großzügigkeit als mit Nachlässigkeit zu tun hatte.

Die fortdauernde ästhetische Abwertung der NS-Kultur – oft reicht ein holpriger Schnitt oder eine schlechte Rückprojektion aus, um einen ganzen Film lächerlich zu machen – ist möglicherweise nicht nur moralisch begründet; vielleicht soll auch vom künstlerischen Unvermögen der Nachfolgegeneration abgelenkt werden. Den Vertretern des Neuen Deutschen Films ist es in dreißig Jahren nicht gelungen, den Nazi-Machwerken auch nur ein einziges humanistisches Meisterwerk entgegenzusetzen. Sie behaupten zwar, in der Tradition der großen Regisseure der Weimarer Republik zu stehen, doch es ist außergewöhnlich viel Phantasie und guter Wille erforderlich, um in einem Neuen Deutschen Film auch nur einen Hauch von Murnau, Lang oder Pabst zu entdecken.

Als hätten die Jungfilmer die Misere schon 1962 vorausgesehen, lautete ihre Losung nicht »Opas Kino bekommt Konkurrenz«, sondern »Opas Kino ist tot«. Unfähig, auf einem freien Markt zu bestehen, unternahmen sie alles, um die Konkurrenz auszuschalten; ein Totalverbot aller deutschen Filme aus der Zeit von 1933 bis 1945 ist ernsthaft diskutiert, und die Filme der fünfziger Jahre sind gleich mitverurteilt worden, obwohl auf diesem Gebiet keinerlei profunde Kenntnis bestand. (In Italien lag der Fall ähnlich. Erst kürzlich haben engagierte Filmhistoriker nachweisen können, daß der Neorealismus keinen Neuanfang in der italienischen Kinematographie darstellte, sondern visuell und dramaturgisch Traditionen des faschistischen italienischen Kinos fortführte. Die Mythen, die um den Neorealismus kursierten, wurden durch völlige Unkenntnis der italienischen Filmproduktion vor 1945 möglich.)

Dieser Versuch, ein ganzes Kapitel deutscher Filmgeschichte einfach vergessen zu machen, ist jedoch gescheitert, vor allem, weil man mittlerweile auch in Deutschland eingesehen hat, daß ein Denken, ohne Zwischentöne und mit absolutem Wahrheitsanspruch, eine wirkliche Auseinandersetzung mit der Nazizeit eher behindert und so eine fundierte Aufarbeitung desselben verunmöglicht.

IV

Die Einteilung in Gut und Böse, von ihren Vertretern als moralischer Standpunkt aufgefaßt, ist im Grunde nur ein Ausdruck von Bequemlichkeit. Um die moralische Integrität einer Person zu bewerten, wären eingehende Recherchen erforderlich. Da dies zuviel Mühe abverlangt, lautet die Frage der nachgeborenen Richter nicht »Was hast Du 1933–1945 getan?«, sondern »Wo bist Du 1933–1945 gewesen?« Veit Harlan ist während dieses gesamten Zeitraums in Deutschland gewesen, außerdem erlangte er erst 1937 seinen Ruhm als Regisseur, läßt sich somit also leicht als reines Nazi-Produkt einstufen. Ein Leben vor 1933 wird ihm entweder abgesprochen, oder es wird so dargestellt, als habe er auf das Dritte Reich warten müssen, um zum Zuge zu kommen.

Auf seine eigenwillige Persönlichkeit hinzuweisen, würde zu dem Vorwurf führen, man wolle ihn entpolitisieren. Dabei hat es neben Rainer Werner Fassbinder keinen bedeutenden Regisseur in der deutschen Filmgeschichte gegeben, dessen Arbeiten so radikal subjektiv gewesen sind wie die von Harlan. Wer Harlan-Filme sieht, der ahnt auch, was für ein Mensch Harlan gewesen ist. Lehrmeister und Vorbilder, deren Ideen er kopierte, gab es nicht. Harlan war Autodidakt und entwickelte seine eigene Filmsprache. Warum ist er also die begehrteste Zielscheibe unter den NS-Regisseuren geworden, obwohl selbst seine Gegner einräumen, daß einige seiner Kollegen der NS-Ideologie näherstanden? Vielleicht gerade deshalb, weil er in seinen Filmen eine unverkennbare Handschrift hinterlassen hat. Harlan war kein Erfüllungsgehilfe, sondern ein Schöpfer, sonst hätte er niemals eine solch hohe Position erlangt. Er war kein hinterhältiger Karrierist, der eiskalt plant, kein Wolf im Schafspelz, sondern jemand, der sich zu seinem Ehrgeiz bekennt. Er war, wenn es das denn gibt, ein Individualist in einem totalitären Staat – was ihn aber natürlich keineswegs aus seiner moralischen Verantwortung entläßt.

In den USA gilt ein Produzent, in Deutschland der Regisseur als verantwortlich für den Inhalt eines Films. Ohne der alleinige Urheber gewesen zu sein, wird Harlan nach wie vor als alleiniger Schöpfer von *Jud Süß* betrachtet. Zugleich werden ihm die Privilegien verweigert, die mit der Autoren-Theorie verbunden sind. An seinen Filmen wird bevorzugt das hervorgehoben, was für das Dritte Reich, und nicht das, was für Veit Harlan typisch ist. Bei einem echten Autorenfilmer kommt es auf wiederkehrende Motive an und auf den Ausdruck der eigenen Persönlichkeit. Für deutsche Regisseure des Dritten Reiches gelten jedoch entgegen aller Logik andere Regeln. Die persönlichsten Filme von Leni Riefenstahl sind ganz offenkundig *Das blaue Licht* und *Tiefland*, in denen sie selbst die Hauptrolle spielt, aber sie werden kurzerhand zur Nebensache erklärt, weil *Triumph des Willens* und *Olympia* ihr Engagement für das NS-Regime besser belegen.

Um aber nicht den Verdacht aufkommen zu lassen, hier werde eine vom wissenschaftlichen Standpunkt her dubiose Theorie unkritisch angewandt, sei betont: Von *Krach im Hinterhaus* bis *Ich werde dich auf Händen tragen* weisen alle von Veit Harlan inszenierten Filme auch die persönliche Handschrift seiner Mitarbeiter auf. Im Werk der Drehbuchautorin Thea von Harbou läßt sich ebenso eine thematische Kontinuität ausmachen, die ihre Manuskripte für Fritz Lang mit denen für Harlan verbindet. In den Partituren von Wolfgang Zeller und Hans-Otto Borgmann sind ebenfalls Parallelen zu ihren Arbeiten für andere Regisseure erkennbar. Und Bruno Mondis Bildgestaltung ist bei *Opfergang* nicht anders als bei *Sissi*. Sie alle waren keine Maschinen, die Harlan nur in Gang setzen mußte. Wenn in der vorliegenden Arbeit Filme als Ausdruck von Harlans Persönlichkeit interpretiert werden, so ist das also nur eine mögliche Sehweise von vielen.

Wie bei jedem echten Autorenfilmer spielt bei Harlan die literarische Vorlage keine Rolle mehr, obwohl es ihm wiederholt gelungen ist, der Vorlage und sich selbst treu zu bleiben. »Der Opfergang« war eine autobiographische Erzählung von Rudolf G. Binding, in der Harlan seine eigene Erfahrung wiederfand und sie mühelos als seine Geschichte adaptieren konnte. Ähnlich verhielt er sich zu dem politischen System, in dem er seine bekanntesten Filme gedreht hat: Er mußte sich nicht der nationalsozialistischen Kunstauffassung anpassen, sondern vertrat von sich aus eine Ästhetik, die sich mit den Vorstellungen seiner Machthaber deckte.

Seine bevorzugten Themen widersprachen allerdings eher dem Zeitgeist. Kristina Söderbaum, bei oberflächlicher Betrachtung eine Muster-Arierin und der Inbegriff des süßen, reinen Mädels, gab kein positives Rollenmodell im Sinne der NS-Ideologie ab; sie war eine Rebellin, die am Ende scheitert, ihre Aufsässigkeit aber nicht bereut. Sie handelt auf eigene Initiative, hält sich nicht an die Vorschriften ihrer Väter oder Ehemänner. Wenn sie verzweifelt, bricht sie nicht schluchzend zusammen, wartet auch nicht auf den edlen Retter, der sie wieder aufbaut, sondern sieht mit eiskalter Entschlossenheit dem Tod entgegen. Wiederholt entstehen Konflikte dadurch, daß eine Frau sich nicht fügt. Anna will um jeden Preis *Die goldene Stadt* sehen, auch wenn sie sich damit die Gunst ihres Vaters verscherzt. Aels' ungesunde sportliche Exzesse in *Opfergang* haben Vorrang gegenüber den Warnungen ihres Arztes. Wenn es Gestalten aus der Literatur gibt, in deren Tradition Kristina Söderbaum steht, dann sind es die neugierigen, ungehorsamen Mädchen aus Grimms Märchen, die durch ihren Leichtsinn in Lebensgefahr geraten.

Harlan-Filme sind Triebfilme. Gesetze – also auch die nationalsozialistischen – werden mißachtet. Schon als Jugendlicher erkannte Wolfgang Kieling, worum es in den Filmen seines Förderers Harlan ging: »Sex als schreckliche Sünde, Monogamie als Hindernis für Sex, Sex als Mittel zur Erpressung, Sex als Vehikel zur Todessehnsucht, Sex zwischen Geschwistern.«[19] Harlan, in dessen Erstling *Krach im Hinterhaus* ein Kind im Kohlenkeller gezeugt wird, war neben Arthur Maria Rabenalt der große Erotomane des deutschen Films. Das hat zu einer paradoxen Situation geführt: ihm wird vorgeworfen, er habe seine Triebe (Streben nach Macht, Erfolg, Selbstverwirklichung, sexuelles Interesse an Frauen) nicht unterdrückt, andererseits gilt aber die Triebunterdrückung als wesentliches Merkmal des Nationalsozialismus.

In der Adenauer-Ära wurde das Melodram, dessen triebhafte Helden gegen eine lustfeindliche, vernünftige, sterile Gesellschaft zu kämpfen haben, vom Problemfilm abgelöst, dessen Helden tugendhaft und sittsam waren wie Dieter Borsche oder Ruth Leuwerik; die leidenschaftlichen Figuren standen hier auf einmal für das Böse. Harlan hat sich diesem Trend nicht ganz widersetzen können, aber als Regisseur blieb er auf der Seite der Unvernünftigen, der Außenseiter.

Harlans Frauenbild ähnelt dem des gleichaltrigen Alfred Hitchcock: Huldigung bei gleichzeitiger Demütigung. Offene Brutalität ohne Beschönigung kennzeichnet Harlans Blick auf das weibliche Geschlecht, und seine Darstellerinnen hatten dementsprechend schwere Strapazen zu ertragen: Hilde Körber mußte als *Maria, die Magd* im Wildbach um ihr Leben kämpfen; Milena von Eckhardt wurde in *Verwehte Spuren* an den Haaren quer durch einen Ballsaal gezerrt und anschließend noch ins Gesicht geschlagen; nur etwas weniger rabiat ist Maria Landrock bei den Dreharbeiten zu *Pedro soll hängen* behandelt worden. Strapaziöse Aufnahmen in kaltem Wasser hätten der hochschwangeren Kristina Söderbaum beinahe das Leben gekostet und *Die Reise nach Tilsit* zu ihrem letzten Film gemacht.

Das Rad einer Kutsche zerquetscht fast den Arm von Séraphine in *Verwehte Spuren*, Dorothea wird in *Jud Süß* vergewaltigt und Anna in *Die goldene Stadt* von ihrem Vater ins Gesicht geschlagen; Yrida in *Sterne über Colombo* ist beim Umziehen den sexuellen Attacken eines halbnackten Löwenbändigers ausgesetzt; Ines in *Ich werde dich auf Händen tragen* stirbt beinahe im Kindbett. Die keusche Octavia wird in *Opfergang* während einer

Karnevalsveranstaltung von einer johlenden Menge ergriffen und durch den Saal gezerrt. Neben der Gewalt bleiben noch die Demütigungen: Ev muß in *Das unsterbliche Herz* an den Pranger; rechtschaffene Frauen wie die Witwe Bock in *Krach im Hinterhaus* und Frau Teichmann in *Anders als du und ich* kommen als Angeklagte vor Gericht.

Daß die Frauen schlecht behandelt werden, bedeutet nicht, daß die Männer als unhinterfragt erscheinen. Von Harlans bevorzugten Darstellern entspricht Carl Raddatz rein äußerlich dem Typus des Herrenmenschen, aber in *Immensee* gilt er als eheuntauglich wegen seiner unsteten Lebensweise; über ihn wird geredet wie über ein Flittchen. In *Opfergang* benimmt er sich im Laufe der Handlung passiv und liegt geschwächt im Bett. Androgynität hat bei Harlan nur zweimal denunziatorische Funktion: die Aufhebung der sexuellen Differenz wirkt in *Jud Süß* und *Hanna Amon* diffamierend. Ansonsten verblüfft es, wie wenig sich der mustergültige Patriarch Harlan (fünf Kinder von zwei Frauen) vor sexuellen Grenzüberschreitungen gefürchtet hat.

Damit stand er keinesfalls allein. Die beliebtesten – und somit wichtigsten – Darsteller des Dritten Reiches waren keine soldatischen Männer. Es fällt schwer, sich Willy Fritsch, Hans Söhnker, Viktor de Kowa oder Johannes Heesters im Schützengraben vorzustellen. Sie waren Salonlöwen, vorwiegend an teuren Anzügen und schönen Frauen interessiert. Übermänner waren beim Kinopublikum nicht gefragt (Hans Albers erschien eher als ein gebrochener Hüne), und Harlan war kein Männer-Regisseur. Huldigungen an männliche Solidarität lagen ihm nicht. Traditionelle Führergestalten, die unbedingten Gehorsam fordern, gibt es allein in den Kriegsfilmen *Der große König* und *Kolberg*. Dagegen sind der Industrielle Clausen *(Der Herrscher)* und der Erfinder Peter Henlein *(Das unsterbliche Herz)* Einzelkämpfer, die niemanden zwingen, ihnen zu folgen; Clausen fordert Gehorsam nur von jenen, die er bezahlt, die auf seine Kosten leben.

Harlan hat die eigenen Ehen verfilmt. Daß seine zweite Ehe mit Hilde Körber zum Scheitern verurteilt war, geht aus der Art und Weise hervor, wie er sie inszeniert hat. Dagegen ist die Liebe auf den ersten Blick zu Kristina Söderbaum in *Jugend* unverkennbar. Frühe Ehekonflikte kommen in *Das unsterbliche Herz* und *Die Reise nach Tilsit* zum Vorschein. Während die Eifersucht alternder Männer in *Die Gefangene des Maharadscha* verarbeitet wird und die Solidarität der freien Frau mit dem eingesperrten Mann in *Verrat an Deutschand*. Unverständnis, Kälte und Entfremdung bestimmen den Alltag eines reifen Ehepaares in *Anders als du und ich*. Dann sind wieder versöhnliche Momente in *Ich werde dich auf Händen tragen* zu spüren.

Ein wiederkehrendes Thema ist die aufbegehrende Jugend, die heraus will aus der ländlichen oder provinziellen Enge: Hans in *Jugend*, Anna in *Die goldene Stadt*, Reinhart in *Immensee*, Albrecht in *Opfergang*, Thomas in

Hanna Amon, Klaus in *Anders als du und ich*, Magdalena in *Liebe kann wie Gift sein*. Was überraschenderweise fehlt bei Harlan, der doch in mehrfacher Hinsicht ein Extremist war: eindeutige Gefühle wie Liebe oder Haß. Wenn zwei Menschen einander zugetan sind, ist immer auch Mißtrauen im Spiel. Die Personen klammern sich eher aus Hilflosigkeit aneinander *(Die Reise nach Tilsit, Opfergang)*, und wenn sie sich lieben, können sie sich aus Vernunftsgründen nicht zu einer Heirat entschließen *(Immensee)*. Uneinheitlich ist Harlans Haltung zu Außenseitern: Er zeigt das Eindringen von zwielichtigen Fremden in eine friedliche Gemeinde *(Die Reise nach Tilsit, Jud Süß, Hanna Amon, Anders als du und ich)*, aber auch das Gegenteil: die gute fremde Frau, die den Familienfrieden wiederherstellt *(Opfergang, Ich werde dich auf Händen tragen)*. Durch Heimat- und Ruhelosigkeit charakterisiert er sowohl positive als auch negative Charaktere: Joseph Süß Oppenheimer ebenso wie Friedrich den Großen, Aels Flodéen ebenso wie Vera Colombani.

Die Filme behandeln komplizierte, sadistische, nicht selten inzestuöse Vater-Tochter-Beziehungen *(Der Herrscher, Die goldene Stadt, Liebe kann wie Gift sein)*, zärtliche Beziehungen zwischen Geschwistern *(Kolberg, Hanna Amon)*, sexuelle Kontakte zwischen Blutsverwandten *(Jugend, Opfergang)*. Im Gegensatz zu den Vätern werden die Mütter bei Harlan edel und aufopfernd dargestellt.

Ein Familienmann war Harlan nur privat, in seinen Filmen zeigt er keine intakten Familien, wie es im Dritten Reich und in den fünfziger Jahren erwünscht war. Statt dessen: kinderlose Ehen *(Das unsterbliche Herz; Immensee; Opfergang)*, parasitäre Kinder *(Der Herrscher)* oder Ehefrauen *(Mein Sohn, der Herr Minister)*, verständnislose Väter *(Die goldene Stadt; Anders als du und ich; Liebe kann wie Gift sein)*. Die NS-Zeitschrift ›Neues Volk‹ hatte einmal gefordert: »Der Film muß unsere Bevölkerungspolitik unterstützen.«[20] Dazu hat Harlan nicht den geringsten Beitrag geleistet.

Daß er seine Ehefrauen so einzusetzen pflegte, wie er sie auch privat gesehen hat, bedarf keiner Entschlüsselung. Aber hinter welchen Figuren versteckt er sich selbst? Der krankhaft eifersüchtige Ehemann in *Die Kreutzersonate* und Peter Henlein mit seiner fieberhaften Arbeitswut in *Das unsterbliche Herz* sind deutlich als Veit Harlan zu erkennen. Manchmal hat er aber auch weibliche Figuren seine eigenen Haltungen ausdrücken lassen, besonders Aels' Unvernunft in *Opfergang*, oder die Schuld, die Hanna Amon und Frau Teichmann auf sich nehmen. Kurt Meisel war ein ›alter ego‹ des Regisseurs. So wie Toni *(Die goldene Stadt)* Anuschka zu Füßen liegt und sie anfleht, bei ihm zu bleiben, nicht den nächsten Zug zu ihrem Hof zu nehmen, hatte Harlan auch Hilde Körber in den kritischen ersten Jahren ihrer Ehe angefleht, mit ihm zusammenzubleiben. Der mißratene Sohn Klaus in *Kolberg*, der mehr nach der Mutter als nach dem Vater kommt, ist eine weitere Identifikationsfigur des Regisseurs. Wie Kurt Meisel schwankte Harlan,

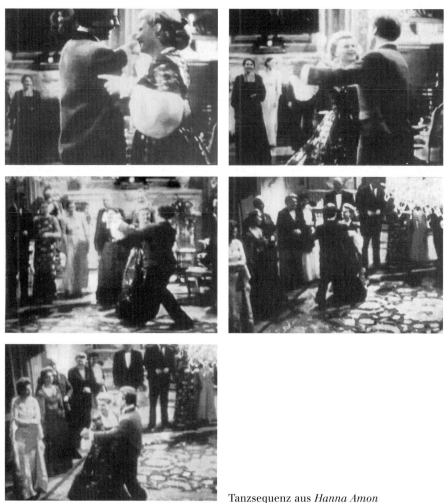

Tanzsequenz aus *Hanna Amon*

als er noch Schauspieler war, zwischen Liebhaber- und Schurkenrollen. Schließlich wirkten beide, Harlan und Meisel, wie Kind-Männer, passend zur Kindfrau Söderbaum.

Soviel zu den charakteristischen Themen. Daneben gibt es eine Reihe filmischer Mittel, die er wiederholt eingesetzt hat, etwa die ansteigende, dabei leicht kreisende, auf einem Kran befestigte Kamera bei Tanzszenen *(Maria, die Magd; Die goldene Stadt; Immensee; Hanna Amon; Sterne über Colombo)*; das Heranfahren an das Gesicht bei dramatischen Momenten oder dessen Gegenteil, plötzliches Wegfahren. Beide Mittel tragen dazu bei, die fehlende Balance der Personen zu verdeutlichen. Harlan war auch ein Meister des ›establishing shot‹: obwohl er emotional gern für Verwirrung sorgte, lag ihm viel an einer präzisen örtlichen Orientierung.

26

Auffallend grobe Schnitte in *Immensee* und *Opfergang* zeugen nicht unbedingt von fehlender Sorgfalt, denn wenn es Harlan und seinen Mitarbeitern darauf ankam, konnten sie die elegantesten Übergänge von einer Einstellung zur nächsten schaffen. Die groben Schnitte sind grob, weil sie wahrgenommen werden sollen, so deutlich wie das Ende eines Kapitels in einem Buch. Und wenn einige Szenen statisch erscheinen, ist das ebenfalls kein Unvermögen, schließlich ließ Harlan schon in seinem Debütfilm *Krach im Hinterhaus* die Kamera wagemutig Häuserfassaden hochklettern. Wenn in *Opfergang* die Kamera mehrmals über eine Minute lang auf Kristina Söderbaum gerichtet ist, soll damit nur die Aufmerksamkeit erhöht werden. Durch Schnitte wäre die Stimmung zerstört worden.

Lange durchgehende Einstellungen bei Harlan besitzen freilich nicht die Raffinesse, die man von den Plansequenzen eines William Wyler, Preston Sturges oder Kenji Mizoguchi gewohnt ist. Filmtechnisch war er ein Primitiver wie Cecil B. DeMille, kurzatmig und in kleinen Einheiten denkend. Geprobt hat er lange, um seine Darsteller auf ihre Figuren einzustimmen, seltener jedoch, um eine komplizierte Kamerabewegung auszuprobieren. An technischer Eleganz waren ihm seine Kollegen Helmut Käutner, Leni Riefenstahl und Gustav Ucicky deutlich überlegen.

Ein häufiges Requisit ist der Globus: wer ihn in der Hand hält, dem gehört die ganze Welt (*Verwehte Spuren; Das unsterbliche Herz; Opfergang; Hanna Amon*). Angesichts von Charles Chaplins berühmter Solonummer mit dem Globus in *Der große Diktator* erscheinen solche Momente freilich als unfreiwillige Selbstparodie, und in *Sterne über Colombo* ist dann auch von einer Weltkugel die Rede, die zerplatzt. In *Die Reise nach Tilsit* kommt kein Globus vor, aber Endrik und Elske nehmen auf dem Rummel an einer ›Raketenfahrt zum Mond‹ teil. Weitere miteinander verwandte Motive: die Feuerwerke in *Verwehte Spuren* und *Jud Süß*, der Sternenhimmel im Vorspann der Indien-Filme sowie Gerdas Sternenhimmel-Tapete in *Anders als du und ich*, Karneval- und Rummelplatz-Atmosphäre in *Verwehte Spuren, Die Reise nach Tilsit, Opfergang* und *Sterne über Colombo*.

Und immer wieder Pferde: in *Die Kreutzersonate, Das unsterbliche Herz, Die Reise nach Tilsit, Jud Süß, Der große König, Die goldene Stadt, Immensee, Opfergang, Kolberg, Hanna Amon, Sterne über Colombo, Die Gefangene des Maharadscha* und *Es war die erste Liebe*. Harlan selbst konnte nicht reiten, aber er empfand das Motiv als visuell ergiebig. An den Pferden zeigt sich auch, wie sehr er sich für das ländliche Leben, und wie wenig er sich für die Großstadt interessiert hat.

Zu den Verfremdungseffekten, die wiederholt bei ihm auftauchen, gehört das leere Bild, in das eine Person hineintritt (Albrecht in *Opfergang*, Vera in *Hanna Amon*). Traumszenen und Visionen sind zu häufig in seinem Werk,

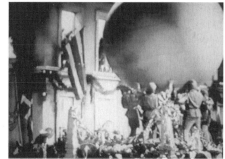

Ein wiederkehrendes Motiv
bei Harlan der Globus in:
Verwehte Spuren,
Das unsterbliche Herz,
Opfergang
und *Hanna Amon*

28

als daß sie hier aufgezählt werden müßten. Das Bedürfnis, räumlich getrennte Personen zusammenzuführen, brachte Harlan wiederholt dazu, identische Sätze, von verschiedenen Personen gesprochen, im Rahmen einer Parallelmontage zu verknüpfen. Auch liebte er es, einen Satz von einer Person an einem anderen Ort fortführen zu lassen, obwohl zu diesem Ort ein längerer Weg zurückgelegt werden muß.

Die Darsteller stehen nicht neben der Rolle, sondern sind eins mit ihr. So sehr, daß geringere Begabungen neben Bühnenlegenden bestehen. Selbst ein intuitiver Regisseur, bevorzugte Harlan ebensolche Schauspieler. Mit Gustaf Gründgens, der seine Rollen eher über den Intellekt erarbeitete, hätte Harlan schwer auskommen können. Urgesteine wie Heinrich George oder Eugen Klöpfer lagen ihm mehr als raffinierte, kalkulierende Techniker wie Werner Krauss. Die fehlende Distanz der Schauspieler zu ihren Rollen bewirkt, daß man unwillkürlich mehr über die Figuren als über die schauspielerischen Leistungen spricht.

Die Verstümmelungen, die seinen Filmen durch verschiedene Zensoren zugefügt worden sind, fallen kaum ins Gewicht, denn bei Harlan geht es nicht um Geschichten, sondern um Zustände. Packendes Erzählkino wie *Verwehte Spuren* ist atypisch für ihn und mehr auf das Drehbuch von Thea von Harbou zurückzuführen. Überschaubare Anschlüsse waren ihm nicht immer wichtig, er pflegte eine fragmentarische Erzählweise. Harlan verstieß gern gegen Regeln. Ausgerechnet er, einer der wenigen Kassenmagneten unter den deutschen Regisseuren, drehte bittere, harte Filme frei von jeglicher Gefälligkeit *(Die Kreutzersonate, Hanna Amon)*. Erfüllung gab es bei ihm keine, nur eine fortdauernde Sehnsucht, eine ewige Suche.

Seine Figuren können sich nicht gut artikulieren: Dr. Morot darf Séraphine nicht sagen, wo ihre Mutter ist *(Verwehte Spuren)*, Ev und Konrad wagen nicht über ihre Liebe zueinander zu sprechen *(Das unsterbliche Herz)*, Endrik kann Elske nicht sagen, daß er Madlyn liebt *(Die Reise nach Tilsit)*, Anna verstummt, als sie nacheinander Toni und ihren Vater mit einer anderen Frau sieht *(Die goldene Stadt)*, Reinhart läßt Elisabeth über seine Gefühle im unklaren *(Immensee)*, Aels ist empört, als Mathias ihre heimliche Liebe zu Albrecht beim Namen nennt, auch sie zieht es vor, über die wichtigen Dinge des Lebens zu schweigen *(Opfergang)*.

Lange bevor es in den sechziger Jahren zum Modethema wurde, behandelte Harlan die Unfähigkeit zu kommunizieren, daher sind bei seinen Filmen auch Blicke wichtiger als Worte, daher können ihn auch jene Kritiker nur bedingt verstehen, die sich einzelne Dialogpassagen aus seinen Filmen herausgreifen und sie zu analysieren versuchen. Wer sich an Sätzen festklammert, versteht nicht einmal die Hälfte eines Harlan-Films. Harlan war ein musikalischer Mensch, der den größten Wert auf eine klangvolle Stimme legte und nicht auf eine gestochen scharfe Diktion. Julius Bab hat über

Else Lehmann etwas geschrieben, das auch auf Kristina Söderbaum zutrifft: »daß die Urlaute der menschlichen Natur, das Lachen und Weinen ihr wichtigere und angemessenere Ausdrucksmöglichkeiten waren als die Worte der Sprache. ... Hier war wirklich Gefühl alles.« [21]

Trotz der Künstlichkeit vieler Situationen, trotz der zum Teil grellen Farben zog Harlan die Natur dem Studio vor. Bereits als Schauspieler stand er für Natürlichkeit: Alfred Kerr und Herbert Jhering, die aus Prinzip nie dieselbe Meinung vertraten, bezeichneten beide Harlan als »sehr echt«; für Kurt Kersten spielte er »mit nahezu russischer Echtheit«, und für Hanns Horkheimer war er jemand, »der die Wahrheit ruft in die Atelierssphäre«. Der Dandyismus eines Helmut Käutner oder Gustaf Gründgens war ihm völlig fremd. Als Regisseur brachte Harlan lieber seine Mitarbeiter in Lebensgefahr (Hilde Körber im Wildbach in *Maria, die Magd*, die gesamte Schiffsbesatzung in *Das unsterbliche Herz*, Kristina Söderbaum in *Die Reise nach Tilsit*, die Soldaten-Komparsen in *Kolberg*), als daß er auf eine von ihm beabsichtigte Wirkung verzichtet hätte.

Mit seiner Naturverbundenheit stand er in der Tradition des skandinavischen Films und nicht in der des expressionistischen deutschen Stummfilms mit seinen vorgezeichneten, stilisierten Bewegungen, seiner Angst vor dem wirklichen Leben. Nur wenige deutsche Filmemacher haben ein Gespür für Natur entwickelt: Arnold Fanck, Leni Riefenstahl, Luis Trenker, Harlan, Werner Herzog, Joseph Vilsmaier. Allein Harlan hat dabei nie die menschliche Natur aus den Augen verloren. Er selbst verkörperte sie ausgiebig, mit all seinen guten und schlechten Eigenschaften. Seine Filme waren abwechselnd schön und schrecklich, präzise und chaotisch, maskulin und feminin. Separatisten, die sich und anderen nur eine Eigenschaft zugestehen, kommen mit einem wie ihm nicht klar.

Und sein Verhältnis zur Politik? Obwohl Harlan nach 1945 mehr als Politikum denn als ein Regisseur betrachtet wurde, läßt sich in seinen Filmen kein ernsthaftes Interesse an Politik ausmachen. Kontrastierungen von Gut und Böse leistete er sich aus rein dramaturgischen Gründen und nicht, um eine Botschaft durchzusetzen.

»Faschistische Kunst«, schrieb Susan Sontag, »glorifiziert die Unterwerfung, feiert den blinden Gehorsam, verherrlicht den Tod.« [22] Bei Harlan lehnen sich die Figuren gegen eine Unterwerfung auf, sie riskieren Kopf und Kragen, um ihren Willen durchzusetzen, und verzichten darauf, ihrerseits Schwächere zu unterwerfen. Sie verweigern den Gehorsam. Lediglich eine Verherrlichung des Todes kann man Harlan zunächst vorwerfen. Betrachtet man allerdings zum Vergleich Gustav Ucickys fatalistisches U-Boot-Drama *Morgenrot* (1933), in dem die Männer erst gar nicht leben wollen, so als sei der Tod ihre größte Erfüllung, dann kann man Harlan nicht absprechen, daß er bei aller Verharmlosung des Todes doch eher das intensive Leben feiert.

30

»Ich will leben«, schlägt Aels in *Opfergang* die Warnungen ihres besorgten Arztes in den Wind; sie gibt sich sportlichen Exzessen hin, um ihre Krankheit zu verdrängen. Dem im NS-Kriegsfilm verherrlichten soldatischen Mann ist dagegen der Tod von Anfang an näher als das Leben. Mit diesem Männertypus konnte Harlan nichts anfangen.

Überhaupt fehlen seinen Filmen männerbündische Tendenzen. Es ist ziemlich ausgeschlossen, daß Neonazis sich für einen Videoabend einen Harlan-Film ausleihen würden, außer wegen seines Antisemitismus: *Jud Süß*. Denn Harlan hat sich Frauen untergeordnet – nicht privat, aber als Künstler. Ein interessanter Kontrast: der trotz seiner Heterosexualität auffallend feminine Helmut Käutner zeigt in seinen Filmen einen starken Hang zum Männerbündischen, während der auffallend robuste Harlan versucht, sich in weibliche Erlebniswelten hineinzuversetzen.

Wer ihm vorwirft, er sei nach dem Ende des Dritten Reiches uneinsichtig gewesen, der muß nur einen Blick in seine Autobiographie werfen, um sich vom Gegenteil zu überzeugen: »Goebbels war der Teufel selbst«, schreibt er dort, »aber der Teufel hat wenig Macht über eine Seele, die sich ihm verschließt.« [23] Er war sich also des Spiels mit dem Teufel bewußt und er gab sogar zu, daß es ihm gefiel. »Das Gefährliche ist doch viel interessanter als das Sanfte«, sagt Vera Colombani, Harlans weiblicher ›alter ego‹ in *Hanna Amon*.

V

Diejenigen, die die Filmproduktion des Dritten Reiches konsequent ablehnen, leisten sich wenigstens keine Widersprüche. Einige Autoren sind allerdings dazu übergegangen, für ein paar wenige NS-Regisseure eine Ausnahmeregelung zuzulassen. Das aber ist eine heikle Angelegenheit, da sich dann die Frage stellt, wie der allmächtige Joseph Goebbels solche Ausnahmen hat zulassen können. Die bevorzugte Behandlung von Helmut Käutner legt die Willkür offen, mit der Künstler des Dritten Reiches bewertet werden. Käutner hat seine Filme nicht im Untergrund gedreht und arbeitete mit relativ hohen Budgets zwischen 1 und 2 Millionen RM. Es gab ungewöhnlich ausführliche Rezensionen zu *Romanze in Moll* (1943). Die Präsentation dieses schwermütigen Films im Ausland war nicht ein paar Widerstandskämpfern zu verdanken, die ihn herausschmuggelten: Käutner diente dem NS-Kino als liberales Aushängeschild. Seine Filme heben sich von den übrigen NS-Produktionen durch Leichtigkeit und dem Fehlen von Pathos ab, dennoch war er nun wirklich kein geduldeter Außenseiter.

Romanze in Moll, lange Zeit als sein Hauptwerk gehandelt, enthält all das, was anderen NS-Melodramen vorgeworfen wird. Eine verheiratete Frau muß ihren Ehebruch mit dem Leben bezahlen; die Moral siegt, und Madeleine

(Marianne Hoppe) durfte sich dabei – im Gegensatz zu Zarah Leander in identischen Rollen – nicht einmal richtig gehenlassen. Der Erpresser, der sie in den Tod treibt, wirkt fremdländisch mit seinem pechschwarzen Haar und seinem Oberlippenbart, wie übrigens auch der Liebhaber der Frau. Gespielt werden diese ›hommes fatales‹ von Siegfried Breuer und Ferdinand Marian, die sich beide zuvor mit Judenrollen profiliert hatten. Ebenso typisch für das NS-Kino ist die Behauptung von Kunst. Die ›Romanze in Moll‹ ist alles andere als eine Sternstunde in der Geschichte der deutschen Filmmusik – Käutner hat hier einmal nicht mit seinem vorzüglichen Hauskomponisten Bernhard Eichhorn zusammenarbeiten können –, aber der Zuschauer soll an eine Meisterleistung glauben.

All diese NS-typischen Elemente werden Käutner nicht zur Last gelegt. Nicht das wird beachtet, was in dem Film zu sehen ist, sondern das, was aufgrund der Persönlichkeit des Regisseurs als Absicht vermutet wird. Glaube und Vorurteil ersetzen Tatsachen. Ist ein Harlan-Film unpolitisch, wird ihm Ablenkung von der Realität vorgeworfen. Bei einem Käutner-Film spricht man dagegen von ästhetischer Opposition und innerer Emigration. [24]

Käutner wird auch nachgesehen, daß er vor Beginn seiner Regiekarriere ein unbedeutender Schauspieler gewesen ist. Das gilt ebenso für Wolfgang Staudte und Jürgen Fehling. Warum auch nicht? Ein Künstler muß nicht auf Anhieb den richtigen Weg finden. Selbst ein umjubelter Schauspieler wie Fritz Kortner ist irgendwann fast völlig zur Regie übergewechselt, da er diese Aufgabe als reizvoller empfand. Doch im Fall von Veit Harlan wird genüßlich auf die angebliche Erfolgslosigkeit seiner Schauspielerlaufbahn hingewiesen – von Autoren, denen jegliches historisches Wissen zum Berliner Theater der zwanziger Jahre fehlt.

Dabei stehen die gesammelten Theaterkritiken von Alfred Kerr und Herbert Jhering, die Harlans guten Ruf bestätigen, seit Jahrzehnten in den Bücherregalen öffentlicher Bibliotheken; der Name ist in den Registern nicht zu übersehen. Nimmt man noch die Rezensionen weniger bekannter Kollegen hinzu, so ergibt sich ein verblüffendes Bild: Veit Harlan hatte, wenn man ausschließlich nach den Kritiken geht, seine erfolgreichste Zeit als Schauspieler in den zwanziger Jahren; nie wieder ist er so stark bejubelt worden. Grund zu Komplexen bestand für ihn allenfalls wegen seiner Körpergröße: er maß weniger als 1 Meter 70. Aber diesen Mangel wußte er mit seinem überschäumenden Temperament zu kompensieren.

Der Sohn

Walter Harlan an seinem Arbeitstisch

Er sei »der Sohn des erfolglosen Schriftstellers Walter Harlan« gewesen, ist in dem ansonsten vorzüglich recherchierten ›Ufa-Buch‹ über Veit Harlan zu lesen. [1] Selbstverständlich gehörte Harlan Senior nicht zu den bedeutendsten deutschen Dichtern seiner Zeit. Aber für einen ›erfolglosen Schriftsteller‹ hat er ungewöhnlich hohe Posten bekleidet und wichtige Persönlichkeiten in seinem Haus empfangen. Kein geringerer als Leopold Jessner reagierte auf seinen Tod mit der Inszenierung eines seiner Stücke.

Dr. jur. Walter Harlan wurde am 25. Dezember 1867 in Sachsens Hauptstadt Dresden geboren. Sein Vater war der Bankier und Landwirt Otto Harlan (1840–1905) und seine Mutter die Industriellentochter Bertha Bienert. Die Harlans waren holländischer Herkunft; ihre Vorfahren hießen Van Halen und hatten einen Hofnarren in der Familie. Walter Harlan entschied sich für das Studium der Rechte, dem er in Heidelberg, Berlin und Leipzig nachging. In Leipzig promovierte er zum Doktor der Rechte und wurde nach der 1. Juristischen Prüfung Königlich Sächsischer Referendar am Amtsgericht Leipzig. Sein Interesse an den Rechtswissenschaften ließ bald nach. 1894 brachte er ein Bändchen Gedichte heraus und gründete 1895 zusammen mit einem Freund die literarisch-musikalische Zeitschrift ›Die redenden Künste‹. Ganz andere Wege ging sein jüngerer Bruder Wolfgang (1882–1951), der Flugzeugingenieur (›Harlan-Eindecker‹) und Autoindustrieller wurde.

Weitere literarische Arbeiten folgten. Walter Harlan war am Aufbau einer Schauspieltruppe mitbeteiligt und sammelte Erfahrungen als Schauspieler und Regisseur. Die Staatsanwaltskarriere gab er schließlich auf. Er veröffentlichte das Schauspiel »Sein Beruf« (1894), übernahm 1897 die dramaturgische Leitung des Lessing-Theaters, hatte daneben noch Zeit, den Roman »Die Dichterbörse« (1899) zu schreiben, und verarbeitete seine Erfahrungen als Dramaturg zu dem theoretischen Werk »Die Schule des Lustspiels«, das 1903 vom Berliner Theaterverlag Eduard Bloch veröffentlicht wurde.

Mit dem 1904 vollendeten Schwank »Der Jahrmarkt in Polsnitz«, der 1905 am Dresdener Hoftheater seine Premiere erlebte, erlangte er seinen größten Erfolg. Hiermit erwies er sich als ein Dichter, der »Schwankscherze in eine höhere Sphäre zu heben versteht«, und versprach, »der neue Herrscher

Ähnlichkeit mit Adele Harlan:
Carola Toelle mit Paul Klinger in *Immensee*

Adele Harlan

im Reich der Komödie, der neue Holberg« zu werden. [2] Außerdem schrieb er den Roman »Die Sünde an den Kindern« (1908), die Novelle »Catrejus Irrfahrt« (1912) und das Schauspiel »Das Nürnbergisch Ei« (1913) über den Erfinder der Taschenuhr mit Federnantrieb. Dem letztgenannten Werk verdankte er seine Ehrenmitgliedschaft im Lippisch-Westfälischen Uhrmacher- und Goldschmiede-Verband; es wurde 1927 sogar von einem New Yorker Verlag herausgebracht. Zur Neuauflage der »Dichterbörse« hieß es im Vorwort über Walter Harlan: »Ihm ist die Kunst Selbstzweck. Alles Berechnende, Tendenziöse, Absichtliche muß ihr fern sein und ist dem Kern ihres Wesens schädlich.« [3]

Kritischer äußerte sich Max Geißler in seinem »Führer durch die deutsche Literatur des 20. Jahrhunderts« (1913). Harlan würze »seine Werke gern mit Weltanschauung und Philosophie« und verfalle dabei »in Übertreibungen oder Einseitigkeiten«. Das Werk »Der lateinische Esel« (1909) war für Geißler »ein Reinfall in Anti-Schultendenz«. Aber der gute Eindruck, den »Der Jahrmarkt in Polsnitz« hinterlassen hatte, blieb bestehen. Aufgrund seiner Verdienste um das deutsche Theater ist Walter Harlan zum Vorsitzenden des Verbands Deutscher Bühnenschriftsteller und Bühnenkomponisten ernannt worden. Sein bester Freund war der jüdische Theaterkritiker und Schriftsteller Julius Bab (1880–1955), der ihm sein Buch »Nebenrollen« (1913) widmete und zu seiner Beerdigung die Totenrede hielt. Unter den Nazis wurde Bab aus Walter Harlans Lebenslauf getilgt, nach 1945 im Gegenzug die ganze Familie Harlan aus dem von Julius Bab.

Veit Harlans Mutter Adele wurde offiziell am 25. Januar 1871 in Hamburg geboren. Als Säugling ausgesetzt, ist sie von einer Frau Boothby gefunden und aufgezogen worden. Wie sich bald herausstellte, handelte es sich bei den leiblichen Eltern um eine Irin und einen Zigeuner. Zu dieser Zeit bestand für die Kinder der Roma und Sinti die Möglichkeit, in die bürgerliche Gesellschaft integriert zu werden, wenn sie von ihren Eltern zur Adoption freigegeben wurden.[4] Von dieser Möglichkeit haben Adeles leibliche Eltern Gebrauch gemacht.

Trotz ihrer streng religiösen Erziehung entwickelte sich Adele Boothby zu einer temperamentvollen jungen Frau, die als Blumenmädchen, Verkäuferin und als Kellnerin bei Kaiser's Kaffee arbeitete. Sie war erst sechzehn, als sie Walter Harlan kennenlernte. Einen starken Eindruck machte sie auf den Bühnenautor Sigmund Graff (»Die endlose Straße«): »Sie hatte tiefschwarzes Haar und edle Züge. Ich hätte sie für eine Jüdin gehalten, erzählten mir nicht später ihre Kinder, daß die Papiere mit ihrem ›Ariernachweis‹ mit einem Schiff untergegangen wären. Ihr Wesen hatte etwas Sanftes, fast Demütiges. Wie ich [erfuhr], hatte Harlan sie einst in einem Nachtlokal kennengelernt, wo sie Blumen verkaufte.« [5] Wegen ihrer ungeklärten Herkunft mußte Veit Harlan sich während der Fertigstellung von *Jud Süß* den Schädel messen lassen. Adele Boothby hat einige seiner Frauenfiguren inspiriert – Frauen, die mit ihrem Temperament Leben in eine reservierte Familie bringen.

Peter Harlan mit seiner Familie

Das erste Kind des sozial ungleichen Paares sollte wie der Vater Walter heißen, doch es kam tot zur Welt. Dafür konnte sich das Ehepaar am 16. Januar 1895 über die Geburt der Tochter Esther (später verheiratete Gramsch) freuen.[6] Peter Harlan folgte am 20. Februar 1898. Er wurde Instrumentenbauer und hatte vier Söhne aus zwei Ehen. Ihm ist die Reetablierung der Blockflöte als Hausinstrument zu danken.[7]

Der zweite Sohn Veit wurde am 22. September 1899 um 21 Uhr 15 in der elterlichen Wohnung am Berliner Savigny-Platz geboren und wie alle Harlan-Kinder protestantisch getauft. (Seine eigenen Kinder aus der Ehe mit der Katholikin Hilde Körber taufte er mit ein paar Jahren Verspätung ebenfalls protestantisch.) Auf ihn folgte am 26. Januar 1901 Fritz Moritz, der 1926 seine Karriere als Operettensänger am Berliner Großen Schauspielhaus begann, sich als Konzert- und Oratoriensänger betätigte und nach Engagements in Lübeck (1929–30), Braunschweig (1930–33) und Karlsruhe (1933–1942) in Freiburg eine Professur für Gesang übernahm. Er gastierte in Den Haag und Barcelona und heiratete die Sängerin Ingeborg de Freitas; einer seiner Schüler war Benno Kusche. Seine Tochter Susanne spielte 1957 die einzige weibliche Rolle in Stanley Kubricks Antikriegsfilm *Wege zum Ruhm* und heiratete ihren Regisseur. Auch ihr Bruder Jan wurde ein Weggefährte und fester Mitarbeiter Kubricks: Produktionsleiter und Mitautor der deutschen Fassung von *Uhrwerk Orange* (1971), in der Veit Harlans Tochter Maria Körber die Rolle einer Psychiaterin sprach; Produktionsleiter bei *Barry Lyndon* (1975), Executive Producer bei *The Shining* (1980), *Full Metal Jacket* (1987) und *Eyes Wide Shut* (1999).

Auf Fritz Moritz folgte am 16. Juli 1906 die Tochter Berta Elise Harlan, genannt Lise, später verheiratete Polacek. Bei Mary Wigman zur Tänzerin ausgebildet und vorübergehend mit einem Mann jüdischen Glaubens verlobt, entschied sie sich dann doch für den Lebenslauf einer »Musterarierin« mit acht Kindern. Eine weitere Tochter, Nele, verheiratete Jakob, kam am 26. Dezember 1908 zur Welt und wurde Fotografin. Seit den dreißiger Jahren leitete sie in der Deidesheimer Straße in Berlin-Wilmersdorf ein eigenes ›Fotografisches Atelier für Bildnis und Werbung‹.

Veit war von kleinerem Wuchs als seine Brüder. Um dennoch aufzufallen, schockierte er seine Familie gern mit waghalsigen Turnübungen und ging die Treppe auf seinen Händen hoch. Ein Kindheitserlebnis hat für soviel Aufregung gesorgt, daß Vater und Sohn jeder für sich den Vorfall künstlerisch verarbeiteten.

Walter und Adele Harlan hatten den kleinen Veit in die Obhut einer Dienstmagd gegeben, die Maria Klimank hieß und den Jungen eines Tages mit in ihr Dorf nahm. Dort überredeten andere

Fritz Moritz Harlan

Susanne Harlan, verheiratete Kubrick als Kind

36

Rettungsaktion bei Nacht: *Jugend*

Jud Süß

Es war die erste Liebe

Kinder den Jungen, sie zu einem Krebsfang in die Nähe eines Wildbachs zu begleiten – selbstverständlich ohne die Erwachsenen von ihrem Vorhaben zu unterrichten. Die Kindsmagd suchte verzweifelt nach dem Jungen, kam auch dicht am Wildbach vorbei, konnte Veit aber nicht sehen, da er und die anderen sich unter einer Brücke versteckt hielten. Außerdem verursachte das rauschende Wasser solch einen Lärm, daß keiner der Jungen die Rufe der Frau hörte. Obwohl keinem der Kinder etwas passiert ist, beschäftigte die Hysterie der Maria Klimank Walter Harlan doch so sehr, daß er die Novelle »Die Kindsmagd« schrieb. Und sein Sohn Veit hat nicht nur Motive dieser Novelle für sein erstes großes Melodram *Maria, die Magd* verwendet. [8] Die verzweifelte Suche von Angehörigen nach einem Kind oder einer jungen Frau entwickelte sich zu einem zentralen Motiv in seinem Gesamtwerk. Rettungs- und Bergungsaktionen, bevorzugt bei Nacht auf einem See, gibt es in *Jugend, Die Reise nach Tilsit, Jud Süß, Die goldene Stadt* und *Es war die erste Liebe*.

Ein zweites Motiv, das sich auf Harlans Kindheitserlebnisse zurückführen läßt, ist der Kontrast zweier Welten, zweier Temperamente. Als Regisseur hat er die vertrauten und die fremdartigen Figuren deswegen auch mit derselben Aufmerksamkeit inszeniert. Schon als Schauspieler verkörperte er Juden (Japhet in »Die Sündflut«, Mandelstam in *Die Hose*, Dr. Blaustein in »Herr Doktor, haben Sie zu essen?«, Isaak in »Propheten«), Schwarze (Jim in »Fünf von der Jazzband«) und Japaner (Inose Hironari in *Taifun*). Die ersten Frauen, die ihm den Kopf verdrehten, waren eine Französin und zwei Berliner Jüdinnen.

Es überrascht auch nicht, daß einer seiner besten Jugendfreunde Francesco von Mendelssohn (1901-1980) wurde, dessen Eltern ein ähnlich ungleiches Paar bildeten wie Walter und Adele Harlan. Der 1917 verstorbene Robert von Mendelssohn war ein jüdischer Bankier und seine Frau Giulietta Gordigliani nicht nur Pianistin, sie war Gründungsmitglied der Faschistischen Partei Italiens. Mit seinen Geschwistern Eleonore (die unglücklich in Max Reinhardt verliebt war und 1951 Selbstmord beging) und Angelica wuchs Francesco in Berlin-Grunewald auf; er war ein hochbegabter Cellist und versuchte sich daneben als Theaterregisseur mit den Ödon von Horváth-Stücken »Italienische Nacht« (1931) und »Kasimir und Karoline« (1932). Gottfried Reinhardt nannte ihn einen »Vorläufer des Playboytyps ... der schöne, reiche, kluge und dekadente Bruder Eleonores«. [9] Verschiedene Memoiren- und Tagebuchschreiber, darunter Hubert von Meyerinck und Klaus Mann, bezeichneten ihn als Freund, ohne die Art der Freundschaft näher zu erläutern; mit Gustaf Gründgens hat er noch 1961 korrespondiert. Als er im Dezember 1930 mit dem Stück »Die Quadratur des Kreises« als Theaterregisseur debütierte, verbeugte sich Francesco von Mendelssohn mit einer für die damalige Zeit gewagten roten Krawatte.

Dank der guten Beziehungen seines Vaters pflegte Veit Harlan Umgang mit berühmten Persönlichkeiten wie Rudolf Steiner, dem Begründer der Waldorfschulpädagogik; Maximilian Harden, dem Herausgeber der politischen Wochenzeitschrift ›Die Zukunft‹; dem evangelischen Theologen Adolf von Harnack, dem legendären Tenor Fjodor Schaljapin und dem Schauspieler Josef Kainz. Walther Rathenau, der spätere Reichsaußenminister, war ein Freund der Familie, die auf seine Ermordung am 24. Juni 1922 mit Entsetzen reagierte.

Trotz der umfangreichen humanistischen Bildung, die ihm sein Vater gewährte, entwickelte sich Veit nicht gerade zu einem Musterschüler. Vom Temperament her kam er mehr nach der feurigen Mutter, die eigentlich Schauspielerin hatte werden wollen, was jedoch an finanziellen Schwierigkeiten scheiterte. Geldsorgen kannte der Sohn zumindest keine. Nachdem er im Nollendorfplatz-Theater Josef Kainz als Hamlet gesehen hatte, stand für den Dichtersohn fest, daß er Künstler werden würde. Seine Interessen beschränkten sich dabei nicht nur auf die Schauspielerei und waren schon frühzeitig weit gefächert. Er machte eine Lehre bei einem Silberschmied, was sich in seiner späteren bildhauerischen Tätigkeit niederschlug, zeigte sich beeindruckt von den großen Schauspielern seiner Zeit und wollte doch in erster Linie selbst Regie führen.

Als der Regisseur Max Mack 1915 einige Aufnahmen zu seinem neuesten Film im Garten des Hauses Harlan durchführte (die Familie lebte mittlerweile in der Kunz-Buntschuh-Straße 10 am Bismarckplatz/Halensee), durfte Veit für den erkrankten Kameramann einspringen und die Kurbel des Aufnahmeapparates drehen. Er entwickelte vorerst jedoch kein ernsthaftes Interesse an diesem Medium, denn noch galt seine Leidenschaft dem Theater. Mack

Das Haus der Harlans in der Kunz-Buntschuh-Straße 10

war es 1913 gelungen, für seinen Film *Der Andere* Albert Bassermann als Hauptdarsteller zu gewinnen, zu einer Zeit, da bedeutende Bühnenstars sich vom Kino distanzierten. Aber um Bühnenlegenden zu sehen, ging Veit lieber ganz dicht an sie heran. Er stand neben Paul Wegener und Tilla Durieux in »Judith« auf der Bühne (die Inszenierung stand von 1910 bis 1912 auf dem Spielplan des Deutschen Theaters) und erlebte seinen Nachbarn Alexander Moissi 1913 als »Der lebende Leichnam«.

Am Luisen-Theater in der Reichenberger Straße, unter der Direktion von Ernst Ritterfeld, spielte er den Moritz in »Max und Moritz« und trat in Adaptionen von Courths-Mahler-Romanen auf. Engagements am Rose- und am Triano-Theater folgten. Anhand der Bühnenjahrbücher läßt sich allerdings nur nachweisen, daß Harlan 1917 zum Ensemble des Luisen-Theaters gehört hat.

1916 meldete er sich freiwillig zum Kriegsdienst und wurde an die französische Front versetzt. Zum ersten Mal machte sich bei ihm eine – in der gesamten Familie verbreitete – Herzschwäche bemerkbar. Die Niederlage Deutschlands im Ersten Weltkrieg ging einher mit Harlans erster großer Liebesenttäuschung. In Viviers-Aucourt als Dolmetscher eingesetzt, begegnete er einer Lehrerin namens Lucile, die ihn zuerst auf ihre Weise unterrichtete, dann aber nichts mehr von ihm wissen wollte.

Nach dem Krieg besuchte er das Reinhardt-Seminar in Berlin. Max Reinhardt hatte ihm empfohlen, vor der Regiekarriere erst einmal Schauspieler zu werden, denn nur so könne er mit Schauspielern umgehen. 1919 wurde Harlan Schauspiel-Volontär an der Volksbühne am Bülowplatz. Noch in demselben Jahr, am 15. Dezember, erschien die erste Kritik, die ihn namentlich erwähnt, dabei hatte er in »Götz von Berlichingen« nur zwei winzige Rollen verkörpert. »Die Chargen der Herren Richard Leopold, Fred Kortholt, Paul Schmidt und Veit Harlan in der Gerichtsszene waren, die Überkarikierung zugebilligt, an ihrem Orte«, schrieb der ›Berliner Börsen- Courier‹. [10]

Die Schauspieler an der Volksbühne waren nicht annähernd so bedeutend wie die an Max Reinhardts Deutschem Theater. Doch 1919 debütierte Jürgen Fehling hier als Regisseur und leitete die große Wende ein. Unter seiner Führung blühten bis dahin unbeachtete Darsteller auf; er verstand es, andere mitzureißen, und dürfte in dieser Hinsicht als Harlans wichtigster Lehrmeister gelten. Als Hauskomponist wurde, ebenfalls 1919, Wolfgang Zeller engagiert. Zwei Spielzeiten lang, vom 1. September 1920 bis zum 30. Juni 1922, gehörte Veit Harlan offiziell als Darsteller zum Ensemble der Volksbühne.

Ein besonders großer Erfolg gelang Fehling 1922 mit Gerhart Hauptmanns Drama »Die Ratten«. Zwei Nachwuchsschauspielerinnen machten auf sich aufmerksam, für die sich Harlan bald privat interessieren sollte: Lucie Mannheim als Pauline Pipacarcka und Dora Gerson als Selma Knobbe – letztere »eine vierzehnjährige Großstadtpflanze von zwingender Echtheit« (›Berliner Tageblatt‹). [11] Julius Hart (›Der Tag‹) schwärmte von Jürgen Fehlings Talent als Schauspielerführer, das sich noch in der kleinsten Rolle gezeigt habe: »Da rückte sogar eine jüngste Kraft, Dora Gerson, mit in die erste Reihe und in den Brennpunkt der Beachtung. Aus ihrer Seele redete des Dichters Armuts- und Elendskunst mit die lebendigste Sprache.« [12] Die ›Berliner Börsen-Zeitung‹ hob Edgar Klitsch, Lilli Schönborn und Dora Gerson als »erstaunlich lebensechte Vertreter des alten Berliner Scheunenviertels« hervor. [13] Veit Harlan war als Schauspielschüler Käferstein zu sehen, und das Stück faszinierte ihn so sehr, daß er es zweimal (1938, 1954) verfilmen wollte.

Den Vater John verkörperte der Volksbühnenintendant Friedrich Kayßler, der als strenge, einschüchternde Vaterfigur Walter Harlan in den Schatten stellte. Wie dieser trug er die Züge des konservativen deutschen Bildungsbürgers, doch er verkörperte gleichzeitig auch das Fremde, Exotische, das Harlan Junior bei seiner Mutter vorfand. Kayßler besaß »Einfühlungsvermögen in die Welt der großen Russen« und versuchte »in seelische Räume des Buddhismus einzudringen«. [14] Sein Gesicht bezeichnete Julius Bab als »eine Leidensmaske, ein Gesicht gespannten Ingrimms, ein Bild tiefsten Unfriedens«. [15] Der in den frühen Nachkriegsjahren gängigen Politisierung des Theaters widersetzte sich Kayßler, und nur einmal ließ er Fehling ein revolutionäres Stück inszenieren: Ernst Tollers »Masse Mensch« kam 1921 zur Aufführung, mit Harlan und Dora Gerson in Nebenrollen.

Für Nachwuchsdarsteller war es üblich, erste Erfahrungen in der Provinz zu sammeln. Also verließ Harlan 1922 für zwei Jahre Berlin, um am Landestheater Meiningen (im Land Thüringen) zu spielen. Nach dem Bühnenjahrbuch gehörte er zwei Spielzeiten lang, vom 22. September 1922 an, zum Ensemble des Landestheaters. Kurzzeitig schloß er sich mit Dora Gerson, Mathias Wieman, Werner Finck, Ruth Hellberg und Ernst Ginsberg der Holtorf-Gruppe an, einer norddeutschen Wanderbühne, die in ganz Deutschland gastierte. Geprobt wurde in Heide, wo die Truppe ihren Sitz hatte. Der Leiter Hans Holtorf war eigentlich Maler und kümmerte sich um die Dekorationen; seine Mutter nähte eigenhändig die Kostüme.

Das Ziel der jungen Künstler bestand nach Aussagen von Mathias Wieman darin, »die inneren Werte des Volkes zu verteidigen, den Massen Besinnung und Ermutigung zu geben, sie aus der Hoffnungslosigkeit einer zerrissenen Zeit hinzuführen zu ihrem ureigensten Wesen«. Seine Eitelkeit konnte niemand befriedigen, denn auf den Programmzetteln standen keine Namen. »Wir stellten eine Kompanie dar«, erinnert sich Wieman, »in der der einzelne nichts, das Ganze aber alles bedeutete – es war eine große Hingebung bis zum letzten und zum äußersten an eine reine Sache.« [16] Im Grunde war die Holtorf-Truppe eine Protestbewegung der Jugend. »Man war der naturalistischen, in tausend Einzelzügen ertrinkenden Verspieltheit ebenso müde wie der konventionellen hohl-pathetischen Hoftheater-Deklamation«, schreibt Ernst Ginsberg. »Man suchte den konzentriertesten, den schmuck-

Dora Gerson

losesten, innerlichsten Ausdruck für das Ungeheure, das nach vierzig Friedensjahren erlebt worden war.« Veit Harlan hat sich den Regeln der Gruppe scheinbar nur widerwillig untergeordnet, für Ginsberg war er »ein egozentrischer Fremdkörper in unserem Kreise«. [17]

Lange können sich Dora Gerson und Veit Harlan nicht bei der Truppe aufgehalten haben, da sie vom 1. September 1921 an ununterbrochen als Volksbühnen-Mitglied geführt wurde und er zum Landestheater Meiningen gehörte. Wahrscheinlich haben sie nur ihre jeweiligen Theaterferien ausgenutzt. Als sie schließlich heirateten, war Julius Bab der Trauzeuge. Gelebt hat das junge Paar im Haus von Dora Gersons Eltern. Die Ehe,

1922 geschlossen, hielt anderthalb Jahre und wurde 1924 wieder geschieden. Für den Scheidungsrichter galt Harlan als die schuldige Partei. »Es mutet wie ein bösartiger Witz an«, schrieb er später, »daß es ausgerechnet mir beschieden war, von einer Frau verlassen zu werden, nur weil sie behauptete – mit einem Nichtjuden nicht leben zu können. Vor der Ehe hatten sowohl sie wie auch ihre Eltern eine ganz gegenteilige Auffassung gezeigt. Die Familie Gerson, soweit ich sie kennengelernt hatte, war liberal, und für mich gab es die Frage überhaupt nicht, ob ich eine Frau heiraten dürfe, die Jüdin sei. Ebenso gab es für Dora Gerson die umgekehrte Frage nicht. Aber die orthodoxen Juden in der großen Familie Gerson brachten meine Frau doch so weit, daß sie sich zu der orthodoxen Auffassung bekehrte. Wir trennten uns, und sie heiratete einen Juden.« [18] Harlan, durch seine Körpergröße ohnehin schon komplexbeladen, fühlte sich in seiner Ehre verletzt (es existiert auch das Gerücht, Dora Gerson habe ihn mit Ernst Ginsberg betrogen) und war an einem weiteren Kontakt mit seiner geschiedenen Frau nicht interessiert. Andernfalls hätte er sie eventuell vor der Verfolgung retten können, so wie es Hans Albers, Paul Henckels, Paul Bildt, Hans Moser und Heinz Rühmann mit ihren jüdischen Lebensgefährtinnen gelungen war.

1924 ging er zurück nach Berlin. Die Stadt bot zu der Zeit überwältigende kulturelle Ereignisse, und Harlan gehörte zu denen, die die Theatergeschichte der zwanziger Jahre mitprägten.

Jungenhaft und draufgängerisch

Als Ehemann gescheitert, konnte sich Veit Harlan ganz seiner Theaterkarriere widmen. Ohne lange Anlaufzeit gelang es ihm, in einigen herausragenden Bühneninszenierungen der zwanziger Jahre mitzuwirken. Sein Wiedereinstieg in das Berliner Theaterleben fiel zusammen mit dem Durchbruch des Regisseurs Erwin Piscator, der am 26. Mai 1924 an der Volksbühne das Revolutionsdrama »Fahnen« von Alfons Paquet präsentierte. Die Direktion des Hauses lag seit 1923 nicht mehr bei Friedrich Kayßler, sondern in den Händen von Fritz Holl. »Fahnen« handelte von einem Chicagoer Arbeiteraufstand und war eine erbitterte Anklage gegen Klassenjustiz. Der Regisseur erntete mehr Beifall als das Stück.

Während Dora Gerson bis 1929 an diesem Theater blieb, stellte sich Harlan auf Empfehlung von Albert Florath am Staatlichen Schauspielhaus vor. Die Volksbühnen-Intendanz war nicht in der Lage, herausragende Talente zu halten, und hatte mit einem Schlag Jürgen Fehling und Lucie Mannheim verloren. Auch Harlan muß gespürt haben, daß es für ihn bessere Wirkungsstätten gab, also sprach er am Staatstheater den Hamlet vor und gefiel auf Anhieb. Im Ensemble befand sich schon ein anderer Dichtersohn, Heinrich Schnitzler. Das Haus am Gendarmenmarkt hatte seit 1919 Leopold Jessner als Intendanten, der als Sozialdemokrat und Jude Angriffen ausgesetzt war, gegen die er sich jedoch lange Zeit durchsetzen konnte. Er förderte die allgemeine Entwicklung zum politischen Theater, und der bisherige Bühnenkönig Max Reinhardt, der das Publikum lieber verzaubern als aufrütteln wollte, zog sich nach Wien zurück. Jessners Vertrag war gerade verlängert worden, als er im Oktober 1924 Schillers »Wallenstein« mit dem Reinhardt-Schauspieler Werner Krauss erarbeitete.

Es wäre schon genug der Ehre gewesen, an dieser umjubelten Inszenierung mitgewirkt zu haben. Aber Harlan erreichte noch mehr. Herbert Jhering, der die Großen des Theaters in Angst und Schrecken versetzen konnte, hob ihn hervor: »Eine starke Begabung scheint der junge Veit Harlan zu sein, der allerdings noch durch einen Sprachfehler behindert wird. Aber wie er zuerst den zweiten Jäger, nachher den Rittmeister Neumann mit persönlichem Ausdruck lud, ließ darüber hinweghören.«[1] Schon bald durfte Harlan die größere Rolle des Max Piccolomini übernehmen. Herbert Jherings gute Meinung von ihm wurde im Januar 1925 durch Ludwig Bergers Shakespeare-Inszenierung »Der Widerspenstigen Zähmung« bestätigt. »Eine reizende Aufführung«, urteilte er. Harlans Biondello sei »jungenhaft, draufgängerisch und dabei immer präzise in der Bewegung, im Einsatz und im Ausspielen«. [2] Wieder unter Bergers Regie, stand Harlan im »Prinzen Friedrich von Homburg« als Erster Offizier auf der Bühne, ein paar Wochen später dann als Graf Georg von Sparren. »Die deutschen Schauspieler können nicht mehr ruhig

spielen«, beklagte sich Herbert Jhering anläßlich von Fehlings Barlach-Inszenierung »Die Sündflut« und meinte auch Harlan. [3] Barlach erhielt für dieses Stück den Kleistpreis, blieb aber als Bühnenautor ein Geheimtip. Größerer Popularität erfreute sich Georg Kaiser, in dessen Komödie »Der Brand im
Opernhaus« Harlan den Logenschließer verkörperte.

Zur selben Zeit entwickelte sich Arnolt Bronnen zu einem der aufregendsten Bühnenautoren der Weimarer Republik. Er hatte 1922 mit seinem Stück
»Vatermord« einen Skandalerfolg erzielt. In schneller Folge brachten deutsche Bühnen dann »Anarchie in Sillian«, »Katalaunische Schlacht« und »Rheinische Rebellen« heraus, aber trotz der insgesamt positiven Reaktionen wagte sich kein Theater an die 1921 fertiggestellten »Exzesse« heran. Bronnen
bezeichnete »Exzesse« als ein »Lust-Spiel über ein Liebes-Paar, das sich nur
zweimal begegnet, einmal am Anfang, um sich ›Nein‹, einmal am Ende, um
sich ›Ja‹ zu sagen. Dazwischen geschehen die Exzesse dieses Liebes-Spiels,
die sich mangels der Partner an einer beziehungslosen, bindungs- und emp-
findungslosen Welt austoben.«[4] Der Einsatz von Moriz Seeler, dem Gründer der Jungen Bühne, ermöglichte die erste Aufführung des Stückes im Lessing-Theater am 7. Juni 1925. Den Darstellern machte es nichts aus, ohne
Gage für Seeler zu arbeiten, da die Inszenierungen immer Aufsehen erregten, selbst wenn sie nie in den Abendspielplan übernommen wurden.

Das Premierenpublikum tobte nicht nur vor Begeisterung, doch genügend
Kritiker standen hinter Bronnen. Sie attestierten ihm, er habe den Humor in
das Jugenddrama eingeführt und lobten die Risikofreude der Darsteller, die
ohne Bezahlung mitwirkten. Harlan war nach Ansicht von Jhering »vortreff-
lich als Bauernjunge«. [5] »Der junge Veit Harlan, der am Staatstheater mehrfach auffiel, bewährt gleich in zwei Rollen die Gottesgabe eines werdenden
Humoristen«, schrieb Monty Jacobs. [6]

Ein schon etwas älteres Pubertätsdrama, Max Halbes »Jugend«, wurde am
20. Juni in einer Neuinszenierung von Jürgen Fehling herausgebracht und
verhalf Veit Harlan zu seinem Durchbruch. Hier spielte er erstmals in einer
bedeutenden Inszenierung die männliche Hauptrolle, die des Studenten
Hans, der sich in seine unehelich geborene Kusine Anna verliebt. Die Liebe
endet tragisch: Annas geistig zurückgebliebener Bruder Amandus will Hans
erschießen, trifft jedoch Anna. Seit der Uraufführung im Jahr 1893 hatte das
Stück seinem Autor Ärger mit der Kirche eingebracht, da Anna der seelischen
Grausamkeit eines fanatischen Kaplans ausgesetzt ist. In den zwanziger Jahren allerdings war die Frage, ob das Stück für oder gegen die Kirche sei, nicht
von Interesse, hier erschien »Jugend« als ein Pubertätsdrama mit derselben
Wirkung wie Frank Wedekinds »Frühlings Erwachen«, als Anklage gegen die
Erwachsenen mit ihren heuchlerischen Moralvorstellungen.

Als Anna festigte Lucie Mannheim ihren Ruf als eine der besten Schauspielerinnen ihrer Generation. Sie war, bis sie 1933 Deutschland verlassen

Veit Harlan und Lucie Mannheim in *Jugend*

mußte, Fehlings Favoritin – beruflich und privat. Dennoch hatte sie auch eine Affäre mit Veit Harlan, den sie offenbar an Dora Gerson erinnerte. Geprägt von einer »besonders gründlichen Durchdringung berlinischer und jüdischer Art« – so Julius Bab –, war sie »aus breiterer, derberer, volkstümlicherer Schicht aufgestiegen« und »ein echtes, robustes Theatertalent«. [7]

Sie spielte so gut, wie es Publikum und Kritiker erwarteten. »Das Erstaunlichste aber«, schrieb Ernst Heilborn von der ›Frankfurter Zeitung‹, war »dieser junge Student des Herrn Harlan, eines Sohns des bekannten Schriftstellers: frappante und ganz organische Charakteristik, ein Typ von heute und für alle Zeit.«[8] Paul Fechter (›Deutsche Allgemeine Zeitung‹) bezeichnete die Rolle des Hans als veraltet: »Die Gestalt ist uns am fernsten gerückt – die leichte Komik, die Harlan ihr gab, paßte sehr nett.«[9] Alfred Klaar, der 76jährige Kritiker der ›Vossischen Zeitung‹, lobte: »An dem Darsteller des Hans, Veit Harlan, der zum ersten Male in einer großen Rolle hervortrat, erlebte man eine Überraschung. Soviel echte Jugend ihm zustatten kommen mochte, es war doch schon ein erstaunliches Maß künstlerischer Objektivität, mit dem er den psychologischen Zustand des Knaben, der sich in eine Art von Gottähnlichkeit hineinlebt, erfaßte. ... Die Zuckungen, in denen er sich Haltung gab, waren ungemein natürlich, die trotzige Miene echt.«[10] Ludwig Sternaux (›Berliner Lokal-Anzeiger‹) nannte Harlan »bezaubernd in der Natürlichkeit seiner Empfindung, in der sich Schüchternheit und Jugendübermut wieder hübsch vermengen«. [11]

Für Emil Faktor (›Berliner Börsen-Courier‹) tat der junge Darsteller des Guten zuviel: »Veit Harlan hat noch einen Überfluß an Schritten nötig, um Erregung auszudrücken. Er läßt die Hände zu häufig in seinem Haarschopf wühlen.«[12] Fritz Engel (›Berliner Tageblatt‹) bezeichnete ihn als »sehr hoffnungsvoll«, beanstandete jedoch, in dramatischen Momenten spiele er »mit offenem Mund, und das ist nicht schön. Aber jung ist er, und ›Jugend‹ heißt das Stück«. Ein ganz anderes Problem plagte die Inszenierung: Leonhard Steckel spielte Annas schwachsinnigen Bruder »verzottelt, vertrottelt, mit dem Anspruch, Grauen auszubreiten – und die Leute lachten«. [13] Mit gutem Grund ist die Rolle für Harlans spätere Verfilmung gestrichen worden.

Veit Harlan, 1925

Auf einmal war der junge Darsteller ein Geheimtip: »Kaum daß Jessner ihn entdeckt hat, stürzen sich die Sommerdirektoren sofort auf ihn und machen ihn zum Star«, bemerkte ein Rezensent, als Harlan an der Tribüne in dem polnischen Triebdrama »Die Liebenden« auftrat: »Zu seinem Schaden. Ausgezeichnet in geschlossenen Episodenfiguren, zog er in dieser Brausewetter-Rolle alle sprachlichen und körperlichen Granach-Register auf. Er zischte und flüsterte. ... Er spielte intensiv, aber nicht leicht und distanziert, so daß manche Gefühlsausdrücke und –ausbrüche peinlich wirkten.« Das Stück handelte von der Liebe des 20jährigen Studenten Victor zu der 40jährigen Hélène, die auch dann nicht aufhört, als Victors Vater auftaucht und seinen Sohn über die Identität seiner Geliebten aufklärt: es ist seine Mutter, die die Familie vor 18 Jahren verlassen hat. Der obligatorische Doppelselbstmord bleibt aus, das inzestuöse Paar wird weitermachen wie bisher. Eine »Parodie wider Willen« war das Ergebnis. »Nur der Verfasser

46

und die Darstellung meinten sie ernst, der größere Teil des Publikums nicht.«[14]

Dennoch hatte Fritz Engel Positives zu berichten. Der Regisseur Arthur Maria Rabenalt habe »das Grobe nicht ohne Delikatesse« behandelt. Und Harlan sei gut gewesen: »Selbst das Unsichere und Übertriebene und die ungenügende Beherrschung des Körpers stehen ihm nicht schlecht, heute noch nicht, weil er jung einen Jungen spielt. Dabei hat er gar keinen Knabenkopf. Sein Kopf mit den versteckten Augen und dem breiten Mund weist ihn zu Shakespeares Richard, zu irgendeinem dämonischen Scheusal. Er ist, um es von neuem zu sagen, sehr begabt.«[15]

»Der einzige Gewinn dieses schwülen Theaterabends war die natürliche und gewinnende schauspielerische Leistung Veit Harlans«, urteilte der ›Berliner Lokal-Anzeiger‹. »Der dramatische Import des polnischen Schauspiels voll peinlicher Längen und Unbeholfenheiten […] war eine höchst unnötige Angelegenheit. ... Wenn dieses handgreifliche, sensationelle Schauspiel ohne Störung zu Ende gespielt wurde, ist es nur dem Takt der Darsteller zu verdanken. ... Veit Harlan hat sein verheißungsvolles Talent in der heiklen Rolle des Victor von neuem bewiesen und die leeren Phrasen des Verfassers ins menschliche zu starkem Eindruck gesteigert.«[16] »Es lohnte sich, ihn zu sehen«, schrieb die ›B.Z.‹ über Harlan. »Er war jung wie ein junges Tier. Schuldlos. Famos die Triebbedrängtheit des Beginnes, das Aufatmen und die selige Verspieltheit des Beglückten.«[17] Die Aufführung ist bemerkenswert als Harlans einzige Zusammenarbeit mit dem anderen großen Erotomanen des deutschen Films, Arthur Maria Rabenalt.

In einer Neueinstudierung von Schillers »Jungfrau von Orleans« mit Gerda Müller verkörperte Harlan »mit immer offenem Munde!« (Fritz Engel)[18] die kleine, aber dankbare Rolle des Walisers Montgomery. Wenig zu tun gab es für ihn in Leopold Jessners »Hannibal«-Inszenierung, für die sich weder das Publikum noch die Kritik erwärmen konnte. Über diese Einrichtung von Christian Dietrich Grabbes Drama witzelte Alfred Kerr: »Jessner geht einseitig durch Staub und Graus mit Straub und Krauss.«[19] Als Fehling sich des Shakespeare-Dramas »Romeo und Julia« annahm, besetzte er den Romeo mit Erwin Faber, während Harlan sich mit einem Diener bei den Capuletti begnügen mußte. Fehling war nicht zufrieden mit der Inszenierung. Lucie Mannheim habe als Julia »leider mit einem unzulänglichen Romeo« auf der Bühne gestanden, sie »spielte dann unter ihrem Niveau (was immer noch ein hohes Niveau zuließ)«.[20]

Eine bessere Gelegenheit, sich vorteilhaft zu präsentieren, bot Harlan eine weitere Bronnen-Inszenierung, »Die Geburt der Jugend«. Für die Aggression der Jugend gegen ihre Eltern fand der Dichter eine angemessen aggressive Sprache: »Papa kommt gleich wieder ... Ich hau' ihm eine Weinflasche ins Gesicht.« Harlan, Hans von Twardowski und Leonhard Steckel verkörperten aufsässige Schüler, die mit einem Streik ihren Protest formulieren. »Es ist der gellende Schrei einer neuen Jugend«, deutete Franz Servaes das Stück. »Einer Jugend, die geboren werden möchte, sich aber noch in Geburtskrämpfen windet. Man darf also nicht erwarten, in dieser Dichtung irgendwelche überlegene Reife oder ein bedächtiges objektives Abwägen zu finden.«[21] Nach Ansicht von Alfred Kerr war die Aufführung »ein ziemlich harmloser Lärm«, gekennzeichnet durch »fortwährend unbegründetes Aufschreien. Fortwährend Kampfstellung. Fortwährend Ausbruch. Fortwährend Bewegung«. Freundliche Worte fand er allein für die Darsteller – für Camilla Spira, »den geballten Proletarier Veit Harlan« und Mathias Wieman.[22] »Hier spielten junge Schauspieler – und nicht ein falscher Ton«, fand Herbert Jhering. »Eine Wohltat« nannte er »Veit Harlan, ein prachtvoller Gegensatz, proletarisch, explosiv und ausgezeichnet beherrscht.«[23] Das Publikum applaudierte bei jeder Gewaltdarstellung auf offener Bühne, und am Ende wurde der Vorhang ein dutzendmal wieder hochgezogen, weil die Zuschauer nicht aufhörten zu klatschen.

Mehr fürs Gemüt war das Lustspiel »Im Weißen Rößl«, in dem Harlan den Sülzheimer gab, einen jungen Mann aus der Provinz – »tapfer malend, ohne Schönmalerei«. (Alfred Kerr) [24] Dann wurden mit leichten Umbesetzungen am 2. Februar 1926 noch einmal die »Exzesse« am Theater an der Königgrätzer Straße herausgebracht. Kerr fand die Inzenierung »zusammenhanglos und mit Schweinerei versetzt«.[25] Harlan übernahm die Rolle des Bräutigams Olaf in einer verstaubten »Peer Gynt«-Inszenierung mit Otto Laubinger und trat als Monteur Ferruccio in der Komödie »Duell am Lido« von Hans José Rehfisch auf. Zum ersten Mal spielte er hier mit Fritz Kortner zusammen, der vor dem Wiener Antisemitismus und den falschen Burgtheater-Tönen nach Berlin geflohen war. Als fehlbesetzt empfand die Kritik Lucie Mannheim, da sie nicht über die erforderliche kosmopolitische Ausstrahlung verfügte. Solch eine Ausstrahlung war bei einer Nebendarstellerin vorhanden, die hier schon angenehm auffiel und Lucie Mannheim bald eine begehrte Filmrolle wegnehmen sollte: Marlene Dietrich. Fritz Engel meinte, sie hätte einen stattlicheren Partner als Harlan verdient, der sich mit offenem Hemd um eine sexuell aggressive Ausstrahlung bemühte. Harlan sei »sehr hurtig und feurig. Aber da sollte, um dieses Fräulein Julie zu reizen, ein haariger Kerl mit Bizeps und erdrückend mächtigen Gliedern stehen«. [26]

Hans José Rehfisch gehörte zu den produktivsten und erfolgreichsten Autoren der zwanziger Jahre. Dagegen fand der Dichtersohn Klaus Mann wenig Zustimmung mit seinen Versuchen als Bühnenautor. Während in England der junge Noel Coward mit frechen, geistreichen Stücken über die sexuell experimentierfreudige Jugend der Nachkriegszeit Furore machte (»The Young Idea«, 1923; »The Vortex«, 1924), trieften Klaus Manns Werke zu dem Thema vor Sentimentalität. Sein Internats- und Inzeststück »Anja und

Esther« war im Oktober 1925 in München aufgeführt worden und erreichte im März 1926 Berlin. Die Handlung spielt in einem Heim für gefallene Kinder: Jakob liebt Anja, die jedoch lesbisch ist und die bisexuelle Esther begehrt, die wiederum an einem plötzlich auftauchenden Fremden, Erik, Gefallen findet. Diese Rolle lag Klaus Mann besonders am Herzen. »Denn Erik ist der Draufgänger und Abenteurer, der von ›draußen‹ aus der bösen, bunten Welt, in die klösterlich-schwüle Abgeschiedenheit unserer Tanzschule platzt. Er ist verheerend attraktiv, Erik, der Matrose: Esther fliegt auf ihn. Nun ist kein Halten mehr, die aufgestaute Hysterie explodiert munter drauflos.« Erik hat »mörderischen Sexappeal« und schafft »kraft seines animalischen Charmes allgemeine Verwirrung«. Geschrieben hatte Mann die Rolle für Hans Brausewetter, den er in seiner Eigenschaft als Kritiker des ›12-Uhr-Abendblattes‹ förderte und dem die Buchausgabe von »Anja und Esther« gewidmet werden sollte.

Rückblickend machte Mann kein Hehl daraus, daß er einen Darsteller »übertrieben gnädig« beurteilte, »wenn es sich um einen gewissen jungen Schauspieler mit attraktiver Boxerphysiognomie und metallisch heller Stimme handelte«, wie im Fall von Brausewetter, dann »ließ der Sachverständige sich völlig gehen. ... Wie weit konnte ich's treiben, ohne Anstoß zu erregen? Vielleicht erregte ich Anstoß: Es kam mir nicht darauf an.«[27] Für die Matinéevorstellung von »Anja und Esther« im Lessing-Theater übernahm Veit Harlan ohne Gage die Rolle des Erik, der sich neben den sexuell verwirrten Titelfiguren wie ein Fremdkörper ausnimmt.

»Den derben Jungen gab Veit Harlan mit unverträbter Gesundheit. Nicht zum Schaden der Bühnenwirkung«, bemerkte Fritz Engel. [28] So ähnlich dachte auch Franz Servaes. Er empfand schon die »schlichte und aufrichtige Toni van Eyck, der die Anja zugefallen war«, als »ein Labsal. Veit Harlans Erik aber, in seiner derben und spöttischen Gesundheit, schmiß beinahe das ganze Stück um: so sehr stellte er alle Narreteien und Firlefanzereien des ›Stiftes‹ bloß«.[29] Alois Munk nannte das Stück »ein Jugendwerk ohne Jugend«, dessen Autor »20 Jahre alt und nie jung gewesen« sei. »Durch das Werk weht ein Duft übelster Erotik ... Veit Harlans unbekümmertes und warmblütiges Draufgängertum wirkte nie so wohltuend wie diesmal.«[30] Auch für Max Osborn stand »in prächtigem Gegensatz« zu den anderen »der blutvolle, muskulöse Erik von Veit Harlan, der sich immer glänzender herausmacht«. [31]

Der Beifall des Publikums wollte kein Ende nehmen, und nach Ansicht von Klaus Mann war Harlan »der richtigste Erik bis jetzt«, während er Marianne Oswald – »unsere fleißige, hysterische Marianne« – eine »häßliche Störung« nannte. [32] Daß Harlan ihm gefiel, verwundert nicht: Harlan war ein Doppelgänger von Hans Brausewetter; auf Standfotos des Films *Die elf Schill'schen Offiziere*, den sie 1932 gemeinsam gedreht haben, sind die bei-

Veit Harlan ca. 1926

den schwer auseinanderzuhalten. Jhering fand Harlan als Erik »ausgezeichnet, aber so ausgezeichnet, daß die Fertigkeit schon Oberflächlichkeit, die
Sicherheit schon loses Handgelenk schien. Harlans Gefahr ist die Selbstsicherheit.« Zur Selbstsicherheit hatte Harlan allen Grund; »der selbstbewußt
dominierende Veit Harlan« war er in den Erinnerungen seines Kollegen
Rudolf Fernau, der mit ihm »Die Geburt der Jugend« spielte. [33] Damals stan-

50

den so viele schwindsüchtige Schwächlinge und Neurotiker auf der Bühne, oder makellose Helden, die blaß wirkten in ihrer Unfehlbarkeit, daß Harlans robuste Natürlichkeit eine Lücke füllte. Die Rolle in »Anja und Esther« schien wie für ihn geschrieben. Das Stück selbst nannte Jhering den »szenischen Marlittroman der Homosexualität«, und er riet Klaus Mann, seine Talente als Lustspielautor mehr auszubauen. [34] Der rächte sich zehn Jahre später, indem er eine Karikatur von Jhering in sein »Mephisto«-Buch einbaute.

Robust, »das Weh des älteren Sohnes wie ein Ringer durchwühlend« (Alfred Kerr) [35], gab sich Harlan in Hans Henny Jahnns sehr schnell wieder abgesetztem Schauspiel »Medea«. Agnes Straub war in der Titelrolle und Erwin Faber als Jason zu sehen. Den älteren Knaben »schrie Herr Harlan, vor Anstrengung mit der Zunge anstoßend«, beklagte sich Paul Fechter. [36] Jahnns Vorlage verlangte solch ein Spiel. Über das wilde, wüste, aggressive Stück äußerte sich Kerr wenig begeistert: »Wird es nicht Zeit, von dieser Gewohnheits-Apokalypse fortzukommen? ... Ist es Künstlertum, was Abstumpfung zum Ergebnis hat? ... Die Zukunft heißt nicht: Bumm-bumm-bumm. Trennt euch vom Krieg.« Zivilisierter ging es in George Bernard Shaws »Candida« zu, wo Harlan an der Seite der vornehmen, herben Lina Lossen den Eugene Marchbanks verkörpern durfte. (In den USA hatte Marlon Brando als Marchbanks einen seiner frühesten Bühnenerfolge.) Darauf folgte ein französisches Lustspiel, »Die Welt, in der man sich langweilt«. Ludwig Sternaux zufolge war Harlan gezwungen, »seinem so gern losbrechenden Temperament einige Reserven« aufzuerlegen. [37]

Kurz vor der Sommerpause absolvierte Harlan noch schnell ein Kontrastprogramm: raus aus dem französischen Salon und hinab in den stickigen Laderaum eines Schiffes, das Sträflinge von London nach Australien transportiert. Bernhard Blumes »Fahrt nach der Südsee« gehört zu jenen Stücken, die trotz ihrer erfolgreichen Präsentation bald wieder von den Spielplänen und aus dem Gedächtnis der Theaterwissenschaftler verschwunden sind. »Ein dumpfes Theaterwerk«, schrieb Emil Faktor über den Erstling des 22jährigen Autors, »belastet mit Verzweiflungsmonotonie, in erotischen Szenen aber etwas freier und begabter.« [38] Die erotischen Szenen hatten es in sich: fünf schwere Jungs mit nacktem Oberkörper und mittendrin eine rothaarige Prostituierte (Charlotte Schultz), die sich an einen Leutnant heranmacht, um ihren angeketteten Liebhaber zu befreien. Harlan war der Anständige unter den Häftlingen, ein irischer Freiheitskämpfer aus gutem Hause, der dem Leutnant das Leben rettet. Monty Jacobs beklagte sich über eine Aufführung »voller Grellheiten und Gewaltsamkeiten, mit einer rohen Freude am derben Effekt. Der Kampf ums Weib zeigt keine Spur von Seele, nur aufgestachelte Brunst.« Hans von Twardowski als Leutnant und Veit Harlan »hatten die beiden Hauptrollen und waren mit glühendem Eifer bei der Sache«. [39] Für Max Osborn war Harlan »voll Feuer, wie immer«. [40]

Ein Wiedersehen mit Erwin Piscator brachte Schillers Jugenddrama »Die Räuber« nach der Sommerpause. Die knapp zweistündige Inszenierung – heiß erwartet und mehrfach verschoben – fand den Beifall von Herbert Jhering: Piscator habe die »Räuber« nicht so bearbeitet, »als ob sie eine erfundene, gedichtete Handlung hätten, sondern als ob sie ein tatsächliches Revolutionsereignis darstellten«. [41] Zum Bühnenbild gehörten Schützengräben und Stacheldraht, während die Darsteller in modernen Kostümen auftraten. Piscators Interpretation löste heftige Diskussionen über Klassikerinszenierungen aus; sogar im Preußischen Landtag ist über sie debattiert worden. »Die stärkste Bedeutung bekamen in der Anlage dieser Aufführung Spiegelberg und Roller«, meinte Jhering. »Roller, Vertreter der Masse, gehetzt, gewürgt; aufpeitschend seine Befreiung: Veit Harlan ausgezeichnet.« Noch weiter ging die ›Berliner Morgenpost‹: »Der Höhepunkt war aber die Szene, als Roller, vom Galgen abgeschnitten, hereinwankte, hereingeschleppt wurde. Diese Szene brachte die einzige bedeutende Schauspielerleistung des Abends: Veit Harlan (Roller), der fast von jenseits des Grabes herkommt, ein Mensch, der den Hals in der Schlinge gehabt hat – es ist ein körperlicher Zusammenbruch und eine geistige Katastrophe, und das war zum erstenmal wundervoll ausgespielt.« [42] Erich Köhrer hob aus dem Ensemble Paul Bildt und Harlan hervor, der dem Roller »alle Angst der Menschenseele, alles Entsetzen und alle Erlöstheit« gegeben habe. [43]

In Frank Wedekinds »Lulu«, von Erich Engel in einer Zusammenfassung der Dramen »Erdgeist« und »Büchse der Pandora« inszeniert, verkörperte

Gerda Müller und Veit Harlan in *Lulu*

Harlan den Alwa Schön zu Gerda Müllers Lulu. Dann stand er als Laertes an der Seite von Fritz Kortners Hamlet und Blandine Ebingers Ophelia. Kortners Darstellung war umstritten, und Blandine Ebinger wurde fast einhellig abgelehnt; sie »ist und bleibt Karoline aus der Ackerstraße«, kommentierte Erich Köhrer ihre Fehlbesetzung. [44] Nur wenige Lichtblicke gab es für Fritz Engel in der Aufführung: »Aus drei Schauspielern dringt auch im gesteigerten Ton unverputztes Künstlertum. Das ist Maria Koppenhöfer als Königin Gertrud. Das ist Veit Harlan als Laertes. Das ist unser alter [Arthur] Kraußneck.«[45]

Eine neue Phase seiner Karriere begann für Harlan im Dezember 1926. Unter der Regie von Ludwig Berger, den er vom Staatstheater her kannte, spielte er die Rolle des David in dem aufwendigen Hans-Sachs-Film *Der Meister von Nürnberg*. Berger war Erfolgsregisseur und Außenseiter zugleich, denn den expressionistischen Stummfilmen, die aus heutiger Sicht die Norm der Zeit darstellten, setzte Berger charmante, verträumte Märchen- und Ausstattungsfilme wie *Ein Glas Wasser* (1923), *Der verlorene Schuh* (1923) und *Ein Walzertraum* (1925) entgegen. Nach diesen Ufa-Produktionen drehte er seinen Hans-Sachs-Film für die Phoebus, eine mit Mitteln der Reichswehr finanzierte Gesellschaft. In freier Bearbeitung von Richard Wagners Musik-Drama erzählt *Der Meister von Nürnberg* die Geschichte der Nürnberger

Veit Harlan mit Mathilde Sussin, Albert Patry, Maria Paudler und Paul Bildt
in *Ein besserer Herr*

Goldschmiedstochter Evchen Pogner, in die sich der Dichter Hans Sachs verliebt. Aber ihr Herz gehört dem Junker Stolzing. Der 57jährige Schauspieler Rudolf Rittner, der noch vor Harlans Geburt den Hans in »Jugend« verkörpert hatte (wie übrigens auch Friedrich Kayßler), spielte den Hans Sachs, Gustav Fröhlich und Maria Solveg das junge Liebespaar.

Die Dreharbeiten zogen sich bis zum April 1927 hin; währenddessen trat Harlan in einer weiteren kontroversen Jessner-Inszenierung auf, als »keck auftrumpfender Flammenbecker« [46] in Gerhart Hauptmanns »Florian Geyer«. Noch während der Proben attackierte Alfred Mühr in der ›Deutschen Zeitung‹ den (nichtjüdischen) Hauptdarsteller Walter Franck und dessen »jüdische Erscheinung«. »Unmöglich ist es, daß ein Jude eine so markante Heldengestalt dem Wesen nach erfaßt und darstellt.«[47]

Burschikos wie gehabt durfte Harlan als Harry Compass, verwöhnter Sohn aus reichem Hause, in Walter Hasenclevers Komödie »Ein besserer Herr« mitwirken, deren Titelrolle Paul Bildt unter Heinz Hilperts Regie spielte. Emil Faktor fand, daß Harlan »den Weg ins Launige noch auf Umwegen sucht und diesmal kortnert. Aber mit Talent«. [48] Er spielte den Claudio in Jürgen Fehlings Shakespeare-Inszenierung »Maß für Maß«, zu der Wolfgang Zeller die Musik schrieb, und drehte von Mai bis Juni den vielleicht besten Film, an dem er jemals beteiligt gewesen ist: *Die Hose* nach dem bürgerlichen Lustspiel von Carl Sternheim. Sternheims Satire auf das deutsche Kleinbürgertum handelt von dem Beamten Theobald Maske, dessen Ehefrau auf offener Straße ihre Unterhose verliert. In der Verfilmung verkörperten Werner Krauss und Jenny Jugo das Ehepaar Maske. Harlan fiel die Rolle des jüdischen Friseurlehrlings Mandelstam zu, der sich in Frau Maske verliebt hat und ein Zimmer bei dem Ehepaar mietet, um seiner Angebeteten näher zu sein.

Wie *Der Meister von Nürnberg* von der Phoebus hergestellt, erreichte *Die Hose* zuerst die Kinos. »Es ist, als ob die Phoebus einen augenfälligen Beweis dafür habe erbringen wollen, daß ihrer Produktion und ihrem Theaterprogramm jeder, aber auch jeder ›nationale‹ Einschlag gänzlich fern sei«, bemerkte die ›Licht-Bild-Bühne‹. »Der Autor Franz Schulz hat tatsächlich die optischen Lösungen gefunden, um Sternheims blutige Satire auf die Seelen- und Gedankenwelt des Provinzspießers für die Kinoleinwand überaus eindrucksvoll nachzugestalten ... Der eigentliche Träger des Erfolges aber ist hier die Darstellung. Genauer gesagt: Werner Krauss. In wirklich genialer Gestaltung läßt er den Kanzleisekretär Theobald Maske mit Fleisch und Blut, atmend und sprechend, zum lebendigen Erlebnis werden ... Noch nie ist in einem ausländischen Propagandafilm die Entlarvung einer deutschen Bürgerschicht in annähernd restloser Vollendung gelungen, wie bei dem Kanzleisekretär des Werner Krauss ... Gut auch der Friseur Veit Harlans.«[49] Krauss beginnt, schwärmte Herbert Jhering, »so gewagt, so stürmisch, alles scheint so auf den ersten Eindruck gestellt, daß man fürchtet, darüber hinaus gäbe es keine Steigerung. Krauss macht Morgentoilette, man sieht den Nacken, die waschenden Hände, das Gesicht im Spiegel und ein gesträubtes impertinentes Schnurrbärtchen. In diesem Nacken, Gesicht und Schnurrbart ist der ganze Mann und seine lärmende Banalität. Krauss spart nicht aus. Er ist unökonomisch, er verschwendet sich. Aber dieses mimische Genie kann es sich leisten. Obwohl die ganze Rolle fortissimo gespielt wird, gibt es einen prasselnden Niedersturz von Einfällen.«[50] Siegfried Kracauer nannte *Die Hose* rückblickend einen der besten Filme seiner Zeit[51], und der proletarische Organisationsverleih ›Weltfilm‹ GmbH nahm ihn auf die Liste der empfehlenswerten Filme mit sozialem Inhalt.

Harlan wird als Mandelstam gleich mit einer Großaufnahme eingeführt. In seinem frischen, jungenhaften Spiel nimmt er Kurt Meisels kindlichen Gigolo aus *Die goldene Stadt* vorweg. Daß eine Kirchenglocke groß im Bild erscheint wie in *Kolberg*, daß Frau Maske sagt: »Raus will ich, raus!« wie Aels in *Opfergang* – bei all dem mag es sich um zufällige Parallelen handeln, aber es ist denkbar, daß Harlan bereits hier Eindrücke für eigene Regiearbeiten sammelte. Es gibt eine Abschiedsszene am Bahnhof, die Aufhebung der räumlichen Trennung mit filmischen Mitteln, ein Bild im Bild (anstelle der Überblendung), die extreme Nahaufnahme einer Violine – all das wird in Harlans eigenen Inszenierungen wiederkehren. Seine Darstellung ist insgesamt uneinheitlich und verdeutlicht, warum er als Filmschauspieler gute Chancen hatte, ohne in die vorderste Reihe zu gelangen. Er wirkt oft ansteckend sympathisch, hat aber auch dämonische, häßliche Momente, so als wolle er in die Fußstapfen von Fritz Kortner treten. 1928 schrieb Herbert Jhering über die hoffnungsvollsten jungen Darsteller an deutschen Bühnen und lobte Harlan dafür, daß er sowohl etwas vom Liebhaber als auch vom Charakterdarsteller habe. Diese Vielseitigkeit erwies sich als Handicap.

Trotz Harlan, trotz der lüsternen alten Jungfer Olga Limburgs, trotz der bezaubernd lebhaften Jenny Jugo standen Rudolf Forster und Werner Krauss im Mittelpunkt: Forster als effeminierter, mittelmäßiger Poet, der mit seiner eigenen Lächerlichkeit kokettiert – das ist eine verblüffende Darstellung angesichts der tadellosen Gentlemen, die man sonst von ihm kennt. Und ganz an erster Stelle steht natürlich Krauss' Theobald Maske, die definitive Interpretation eines Pedanten, mit der sich nur noch Anthony Hopkins' Butler in James Ivorys *Was vom Tage übrig blieb* (1993) messen kann. Theobald Maske ist als Prototyp des deutschen Spießers auch ein Lüstling; die entsprechenden Situationen absolviert Krauss ebenso meisterhaft wie eine Szene mit einem Vogelkäfig, die den zu Unrecht berühmteren Moment aus dem *blauen Engel* in den Schatten stellt.

Mit noch größeren Erwartungen ist *Der Meister von Nürnberg* gestartet worden. »Daß Ludwig Berger zu unseren Besten gehört, beweist auch diese neue Inszenierung wieder«, schieb die ›Licht-Bild-Bühne‹. »Das alte Nürnberg entsteht in seiner malerischen Schönheit, es gibt da Perspektiven von zauberhafter Wirkung und die Atmosphäre altdeutschen Lebens, altdeutscher Bürgerkultur webt um seine Giebel und in seinen Hallen. Es ist, als ob ein Märchen lebendig wird, wenn Nürnbergs Bürgerschaft zur Kirche strömt oder wenn die tolle Menge sich auf den engen Plätzen rauft ... Veit Harlan, Elsa Wagner gefallen in kleineren Rollen.«[52] Leider waren nicht alle Kritiker so angetan, und *Der Meister von Nürnberg* erwies sich als kostspieliger Flop. Harlan erhielt ein Jahrzehnt später die Gelegenheit, das alte Nürnberg in seinem Film *Das unsterbliche Herz* wiedererstehen zu lassen. Zu der Zeit konnte Rudolf Bamberger, der die Stadt Nürnberg für seinen Bruder Ludwig Berger aufgebaut hatte, als Jude längst nicht mehr im deutschen Film arbeiten; er wurde 1945 in Auschwitz ermordet.

Als schwarzer Schlagzeuger, oder wie es Ludwig Sternaux nicht gerade dezent formulierte, als »ein pudelnärrischer Niggerboy, erschröcklich anzuschauen«[53], gehörte Harlan zu den »Fünf von der Jazzband« in Felix Joachimsons gleichnamiger Komödie. Herbert Jhering fand ihn »liebenswürdig«[54], und für Norbert Falk war er »in knappen sparsamen Charakterstrichen voll komischer Sentimentalität«. [55] Am ausführlichsten lobte ihn Rolf Nürnberg vom ›12-Uhr-Blatt‹: »Trefflich Veit Harlan als Nigger. Er hat das Dummdreiste, Pfiffig-gutmütige des Schlagzeugmannes.« Bei ihm schwinge

Walter Franck, Veit Harlan, Maria Paudler, Paul Bildt und Franz Weber
in *Fünf von der Jazzband*

56

»etwas mit von der ewigen Negermusik und dem ewigen Niggersong, etwas Gedrücktes und doch Erhabenes, etwas Gedemütigtes und doch Freies«. [56]

Der Regisseur war Erich Engel, der Harlan gleich darauf in den Mittelpunkt einer erfolgreichen Inszenierung stellte. Ihm wurde die Rolle des Küchenjungen Leon in Franz Grillparzers einzigem Lustspiel »Weh' dem, der lügt« anvertraut. »Veit Harlan, wie hat er sich in wenigen Jahren entwickelt«, freute sich Fritz Engel. »Er mag nicht hübsch genug für die Rolle sein, obschon er sich hübsch genug macht, aber Herz und Leid, Übermut und Demut, pfiffige Klugheit sind im Sprühfeuer, und wenn er im letzten Akt um das Wunder betet, ist seine Innigkeit vollkommen.« [57] Bruno E. Werner dachte nicht anders: »Mit Freude sah man, wie Veit Harlan aus dem Küchenjungen Leon einen gesunden, frischen, prachtvollen jungen Kerl machte. Daß man bei aller Dämpfung manchmal spürte, daß die Wiege dieses Leon in Pankow oder am Wedding gestanden hat, kam dem Stück und der Rolle nur zugute! Dieser Bursche war eine echte runde Gestalt, kein Bühnenerzeugnis, sondern ein Junge aus dem Volk: gutmütig, wirklichkeitstüchtig und mit einem naiven, stets bereiten Herzen.« [58] »Herr Harlan ist in seiner kräftigen Untersetztheit wirklich jungenhaft und spaßig«, fügte Paul Wiegler hinzu. [59]

»Dieser Harlan ist aber auch wirklich ein liebenswerter Junge«, schrieb Ludwig Sternaux, der auf frühere Einstudierungen mit Josef Kainz und Hermann Thimig verwies: »Harlan besteht neben beiden, und das ist Ruhmes genug. Er hat ganz wundervolle Momente, wo ihm die Herzen zufliegen, und ohne das Verdienst Engels an der buntbewegten und unbekümmert derben Inszenierung schmälern zu wollen, der große und herzliche Erfolg des heiter-besinnlichen Abends ist vor allem ein Erfolg dieses aufstrebenden jungen Schauspielers.« [60]

Der aufstrebende junge Schauspieler präsentierte sich noch vor Jahresende in zwei weiteren Filmen. *Das Mädchen mit fünf Nullen* ist von Kurt Bernhardt inszeniert worden, der sich in Hollywood unter dem Namen Curtis Bernhardt zum Meister des Melodrams entwickelte. Béla Balász schrieb das Drehbuch »lustigen Inhalts mit tieferer Bedeutung«. [61] Vier Menschen gewinnen das große Los und verlieren alles schnell wieder. Nur eine Kabarettsängerin (Viola Garden) ist klug genug, das Geld geschickt anzulegen. Sie verliebt sich in den Maler Ernst Waldt (Veit Harlan), läßt sich von ihm verwöhnen, nimmt ihn scheinbar aus – doch als er völlig mittellos dasteht, offenbart sie ihm, daß sie sein Geld ordentlich angelegt hat. Unter den weiteren Darstellern befand sich Heinz Rühmann. Die Prometheus-Produktion *1+1=3* entstand ebenfalls nach einer Idee von Béla Balász und handelte von den Abenteuern zweier Freunde in der Großstadt, ihrer Not mit dem Geld und den Frauen sowie einer Erbschaft. »Gleich gut und voll bezaubernder Laune« waren Harlan und die anderen Darsteller nach Ansicht der ›Licht-Bild-Bühne‹. [62]

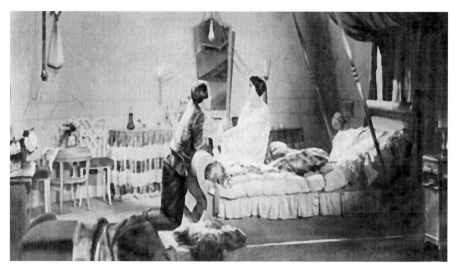

Veit Harlan und Viola Garden in *Das Mädchen mit fünf Nullen*

Am Staatstheater inszenierte Leopold Jessner Gerhart Hauptmanns Drama »Die Weber«. Die sparsam ausgestattete, ohne Pathos gespielte Aufführung war nach der Premiere im Februar 1928 ein stürmischer Erfolg, eine wohlverdiente Bestätigung für den viel attackierten Jessner. »Veit Harlan spielte den Moritz Jäger, frisch, sicher, pfiffig und unerschrocken«, hob das ›Berliner Tageblatt‹ hervor [63]; dem Rezensenten der ›Vossischen Zeitung‹ gefiel seine »drollige Forschheit«. [64] Eine Hauptrolle war der Lohn für diesen Erfolg: »Hinterhaus-Legende (Mord im Hinterhaus)« basierte auf Dostojewskijs »Schuld und Sühne« und hatte alle Vorzüge und Nachteile, die man von dem Stück eines Theaterkritikers – Dietzenschmidt – erwarten konnte. Kultiviert, aber mit literarischen Anspielungen überladen und epigonenhaft: Raskolnikow (Harlan) trifft Nathan den Weisen (Alexander Granach). Nachdem er im Affekt einen Mord begangen hat, entwickelt sich der Nichtsnutz Engelhardt »fast zu einer gottgläubigen Natur, indes im Hinterhaus die Menschen einen gespenstischen Tanz aufführen, den der gläubige Jude immer wieder mit seinen Gebeten und Gottanrufen unterbricht. Um dieses Juden willen, um der Macht des Gottesglaubens willen« hat Dietzenschmidt sein Stück verfaßt. [65]

»Veit Harlan gibt den jungen Lebemann des Hinterhauses [...], der zum Mörder wird oder vielmehr zum Totstecher mit mildernden Umständen. Die mildernden Umstände sind seine guten Jungensaugen, seine naive Max-und-Moritz-Tolle, seine sorglose Schlaksigkeit, seine gelassene Pfiffigkeit, kurz, das liebenswürdige, burschikose Temperament seines Darstellers«, lobte Arthur Eloesser. [66] »Veit Harlans gestaltende Kraft führte den Engelhardt zu Höhen der darstellenden Kunst, entwickelte wundervoll den Übergang vom leichten Tuch zum gebrochenen, aufgewühlten, kämpfenden, siegenden Menschen« [67], war im ›8-Uhr-Abendblatt‹ zu lesen. Franz Servaes fand, daß Harlan »die Gemütsschwankungen überzeugend fühlen ließ und, zumal gegen Schluß, eine Innerlichkeit offenbarte, die man als einen Zuwachs buchen darf«. [68] Für Emil Faktor war er »sympathisch unforciert ... Man behielt ihn angenehm im Ohr«. [69]

Nachdem er »phantastisch markant« (Herbert Jhering [70]) als Arbeiter mit Gasmaske in Georg Kaisers »Gas« aufgetreten war, erhielt Harlan in einem angeblich von Shakespeare verfaßten Stück, »Der Londoner verlorene Sohn« (»The London Prodigal«), eine weitere seiner wenigen Hauptrollen. »Den liederlichen Sohn«, schrieb Erich Burger im ›Berliner Tageblatt‹, »bringt Veit Harlan am Beginn ausgezeichnet mit lümmelhafter Anmut, mit frech verhaltenen Zügen. Wenn er, zum Ende hin, richtige Verkommenheit zu markieren hat, verliert er etwas den sicheren Boden.« [71] Rolf Nürnbergs Urteil ging in dieselbe Richtung: »Man müßte diesen Jungen ganz frech hemmungslos, bar jeder Scham spielen, mit einem Temperament, das alles überrennt, mit einer Laune, die alle versöhnt. Harlan war viel zu zurückhaltend.« [72] Das dürfte an der Regie von Erich Engel gelegen haben, einem Regisseur der leisen Töne, ganz anders als der Ekstatiker Jürgen Fehling.

Es fehlte nicht an Zustimmung. Kurt Pinthus (›12-Uhr-Abendblatt‹) sah bei Harlan »abermals Erweis eines starken Talents, das seinen Wuchs nach außen nun auch zum Wuchs nach innen nutzen muß«. [73] Er sei »psychologisch wahr auf allen Stationen des Verfalls« gewesen. (Franz Köppen) [74] Paul Fechter freute sich über »drei Stunden Theater und weder Lustmord noch Abtreibung noch homosexuelle Unternehmungen; man fragt sich völlig ungläubig, ob man sich noch in Berlin befindet«. [75] Ludwig Sternaux fand das Stück schwach, doch die Einstudierung vorzüglich: »Die Inszenierung Engels funkelt von Geist und Witz. Alles was recht ist: das ist Theater, bestes Theater! ... Er hat aber auch, der Erich Engel, ein paar Schauspieler, die es dem Regisseur leicht machen. Er hat für den alten Flowerdale Steinrück, der nun den König Lear zu spielen hätte. Er hat für den verlorenen Sohn Veit Harlan, junges Vollblut ... Großer Jubel um Engel, Steinrück und Harlan.« [76]

Auf die schiefe Bahn geratene Söhne blieben Harlans Spezialität. In dem Film *Die Hellseherin* verkörperte er den Sohn von Fritz Kortner und Erna Morena, der vom brutalen Vater aus dem Haus gejagt wird, in schlechte Gesellschaft gerät, ins Elternhaus einbricht und schließlich unter Mordverdacht gerät, als man seinen Vater erschossen auffindet. Frau Günther-Geffers, ein echtes Medium, spielte die Hellseherin, die der Kriminalpolizei helfen soll. An eine Uraufführung war vorerst nicht zu denken, denn beim Hellsehen handelte es sich, heute kaum noch nachvollziehbar, um ein Tabuthema. Ein anderes Ereignis hatte für Harlan viel größere Bedeutung: Die

22jährige Schauspielerin Hilde Körber erwartete ein Kind von ihm und war bei Jahresende im siebten Monat schwanger.

Bevor das Kind zur Welt kam, spielte Veit Harlan in den ersten Januartagen des Krisenjahres 1929 den Polyneikes in Sophokles' Tragödie »Oedipus«. Leopold Jessners einzige Inszenierung eines antiken Dramas präsentierte Fritz Kortner, nach dem umstrittenen Hamlet wieder in Hochform, in der Titelrolle, sowie die Brecht-Interpretinnen Helene Weigel und Lotte Lenya. Auch sonst waren große Namen im Spiel: Die Musik schrieb George Antheil, der Komponist des aufsehenerregenden ›Ballet mécanique‹ (1924); die Bauten stammten von Hans Poelzig. Nach viermaliger Zensurvorlage erreichte dann *Die Hellseherin* unter dem Titel *Somnambul* die Kinos, von einem »Spezialisten auf kriminal-telepathischem Gebiet« mit einem Vortrag eingeleitet. »Veit Harlan gab einen Jungen mit nahezu russischer Echtheit«, schrieb Kurt Kersten in der ›Welt am Abend‹. [77]

Als deutscher Kriegsgefangener in Leonhard Franks Drama »Karl und Anna« hatte Harlan wenig zu tun, denn im Mittelpunkt von Erich Engels Inszenierung standen Oscar Homolka und Käthe Dorsch. Dafür durfte er sich auf die Rolle des Vaters freuen: Hilde Körber lag am 19. Februar 1929 mit Geburtswehen im Krankenhaus, und die Ehe wurde in letzter Sekunde geschlossen, mit Harlans Freunden Fritz Kortner und Francesco von Mendelssohn als Trauzeugen. Kortner bezahlte die Entbindung. Der Vorfall veranlaßte Elisabeth Bergner zu der Bemerkung, der nun doch noch ehelich geborene Thomas Christian Harlan sei ein kleiner Spießer, schließlich habe er seine Eltern zur Trauung genötigt.

Im Gegensatz zu Harlan entstammte Hilde Körber einfachen Verhältnissen. Ihr Vater verdiente sein Geld als Elektrotechniker. In Wien aufgewachsen, sah sie mit elf Jahren die Schauspielerin Erika von Wagner als Maria Stuart auf der Bühne. Sie suchte die bewunderte Künstlerin persönlich auf und stellte sich dem Statistenführer des Burgtheaters vor, in der Hoffnung, auf diesem Umweg ein Engagement zu bekommen. Als Fackelträgerin in »Macbeth« gab sie ihr Bühnendebüt, und als Sohn des Badearztes Stockmann in Ibsens »Volksfeind« durfte sie sogar ein paar Sätze sprechen. Ihr nächster Schwarm unter den Schauspielerinnen wurde Karoline Medelsky. »Ich verehrte sie so glühend«, gestand sie später, »daß ich ihren Namen mit einem Taschenmesser in meinen Arm ritzte, und sobald diese Tätowierung verschwunden war, erneuerte ich sie. Und wenn das auch vielleicht eine etwas übertriebene Art der Verehrung gewesen sein mag, so ist sie doch kennzeichnend für die Besessenheit, mit der ich dem Theater gegenübertrat und für das Ausmaß der Bewunderung, die ich großen Leistungen zollte.« [78]

Der Schauspielerberuf bedeutete für sie die einzige Möglichkeit, sozial aufzusteigen, denn ihr Vater hatte vorübergehend im Schuldturm gesessen, was möglicherweise die andauernde Verbitterung, die fehlende Unbe-

Hilde Körber in *Krankheit der Jugend*

schwertheit ihres Spiels erklärt. Ihr erster Ehemann Walter Varndal, Direktor einer Wanderbühne, nahm sie mit nach Berlin, wo sie im April 1928 am Renaissance-Theater mit Ferdinand Bruckners Triebdrama »Krankheit der Jugend« den Durchbruch erlebte. Als Dienstmädchen Lucy spielte sie eigentlich eine Nebenrolle, aber für die Darstellung des sexuell neugierigen und hörigen Mädchens bekam sie Beifall auf offener Szene. »Da ist wieder so eine stille Komikerin aufgetaucht, die zum Verlieben ist, obwohl sie sich ganz tölpisch gibt«, begeisterte sich Max Hochdorf. [79] Für Julius Bab war sie »das Ereignis des Abends« und »schlechthin meisterhaft«. [80]

Keine zwei Monate nach der Geburt von Thomas trat sie als Bertha in »Pioniere in Ingolstadt« am Theater am Schiffbauerdamm auf: Kurt Pinthus bemerkte bei ihr einen »rührend wehen, verwehenden Sprechklang, der allerdings in Gefahr ist, wehleidig zu werden«. [81] Hilde Körber, die auch Schallplatten für Kinder besang, war melancholisch, leise, schlicht, ein deutlicher Kontrast zu Dora Gerson und Lucie Mannheim. Harlan dagegen: waghalsig, laut, lebhaft, humorvoll, extrovertiert. In der Novelle »Der Opfergang« von Rudolf G. Binding erkannte er Jahre nach der Scheidung diesen Konflikt wieder und verarbeitete ihn zu einem seiner persönlichsten Filme.

Das Ehepaar nahm gemeinsam an der Trauerfeier für den am 11. Februar 1929 verstorbenen Kollegen Albert Steinrück teil, die aus einer einmaligen Aufführung von Frank Wedekinds »Der Marquis von Keith« am 28. März bestand. Unter Jessners Regie spielte Heinrich George die Titelrolle, umgeben von einer unglaublichen Starbesetzung: Hans Albers, Elisabeth Bergner, Ernst Deutsch, Marlene Dietrich, Tilla Durieux, Rudolf Forster, Fritz Kortner, Werner Krauss, Fritzi Massary, Asta Nielsen, Max Pallenberg, Henny Porten, Conrad Veidt, Paul Wegener und viele andere Prominente fanden sich zusammen. Heinrich Mann sprach die Gedenkworte. Künstlerisch war der Abend zwiespältig; Herbert Jhering nannte ihn eine »Starversammlung, in der noch die Metzgergesellen im Frack gespielt wurden«. [82]

Veit Harlans Mitwirkung in progressiven Theaterinszenierungen erweckte Mißfallen in nationalistischen Kreisen, da man vom Sohn eines konser-

Veit Harlan

vativen Deutschen wie Walter Harlan erwartete, er würde sich politisch mehr nach dem Vater orientieren. Sein nächster Film, der von April bis Juli entstand, dürfte dieses Mißfallen noch verstärkt haben, handelte es sich doch um einen Versuch, klassen-kämpferisches Kino in Deutschland zu realisieren. *Revolte im Erziehungshaus* basierte auf dem gleichnamigen Stück von Peter Martin Lampel und prangerte die Mißstände in deutschen Besserungsanstalten an. Der Junge Fritz stiehlt für seine Mutter Schuhe, kommt in ein Erziehungsheim und wird dort zusammen mit den anderen Jungen wie ein Schwerverbrecher behandelt. Es kommt zur Revolte. Die

Regie wurde dem Russen Georg Asagaroff übertragen; der 23jährige Carl Balhaus spielte den Fritz und Wera Baranowskaja vom Moskauer Künstlertheater seine Mutter. Hilde Körber sollte als Viktoria, die intrigante Tochter des Hausmeisters, ihr Filmdebüt geben, aber Renate Müller sprang für sie ein. Der brisante Stoff hatte wie erwartet Zensurprobleme zur Folge; aus dem abgedrehten Material muß-ten alle Szenen herausgeschnitten werden, die die Wut der Jugendlichen verständlich machten.

Versöhnlicher fiel der Blick aus, den der Amerikaner Maxwell Ander-

Ruth Albu und Veit Harlan in *Zaungäste*

son auf die Außenseiter der Gesellschaft in seinem Stück »Zaungäste« warf. Hier begegnen den Verstoßenen und Obdachlosen viel Freundschaft und Solidarität. Harlan spielte »bis in die Faser echt, jung und straff« [83] einen Jungen, der sich gemeinsam mit seiner Freundin (Ruth Albu) auf der Flucht vor der Polizei befindet. Die junge Frau war von ihrem Vater sexuell mißbraucht worden und hatte ihn erschossen. »Hier soll wieder einmal das liebe Verbrechertum in das schönste Licht gerückt werden«, schimpfte das NS-Organ ›Der Angriff‹ [84] über Jürgen Fehlings Inszenierung. Harlans Bühnenpartnerin Ruth Albu war die Noch-Ehefrau von Heinrich Schnitzler, 1930 begann sie eine Affäre mit Erich Maria Remarque.

In Hans Meisels Komödie »Störungen«, die Erich Engel fürs Staatstheater einrichtete, übernahm Harlan die Rolle eines introvertierten jungen Russen, dessen Pensionswirtin (Elsa Wagner) ihre Uhr in seinem Zimmer versteckt, um sich ihm auf diesem Wege sexuell zu nähern. Eine hübsche Schweizerin (Renate Müller) ist ebenfalls an ihm interessiert. Alfred Kerr bezeichnete Harlan als »stachelköstlich«. [85] »Sehr frisch, sehr lebendig« fand ihn Rolf Nürnberg [86], und das Liebespaar Harlan-Müller – »schlurfende Passivität gegen aufgeregtes Dekolleté« – sei ein »amüsanter Kontrast«. (Manfred Georg) [87] Anders dachte Monty Jacobs: »Veit Harlan trifft diese tragische Wurschtigkeit ausgezeichnet, und er wäre einer Partnerin wert, die einem problematischen Mädchen nicht bloß mit Renate Müllers mürrischer Hilflosigkeit beizukommen weiß.« [88] Das Publikum reagierte bei der Premiere gespalten, und die Kritiker wunderten sich über den Kleistpreis, den Meisel ein Jahr zuvor erhalten hatte.

Schließlich trat Harlan noch in seinem letzten Stummfilm auf, der ihn in der ersten seiner prägnanten Schurkenrollen zeigte. In *Es flüstert die Nacht* versucht der Bursche von Oberst Rakoczi, Zoltan (Harlan), sich die untreue Frau seines Herrn (Lil Dagover) durch Erpressung gefügig zu machen. Der Geliebte der Frau, ein Rittmeister (Hans Stüwe als Ersatz für Harry Liedtke), erschießt den Burschen und wird freigesprochen. Uraufgeführt am 6. September, fand die Produktion keine überwältigende Aufnahme. »Dieser Film ging unter im plötzlich erwachenden Interesse am Tonfilm«, erinnerte sich Lil Dagover. [89] Stummfilme wurden nur noch in Ausnahmefällen (Garbo, Chaplin) vom Publikum akzeptiert, und für *Es flüstert die Nacht* machte das Publikum keine Ausnahme. Immerhin konnte Harlan einen persönlichen Erfolg verbuchen. Die ›Licht-Bild-Bühne‹ bemerkte: »Für Augenblicke den Rahmen des Films sprengend Veit Harlan. Die Studie seines Burschen – an neuropathische Charaktere Werner Krauß' erinnernd – ein Kabinett-Stück impressionistischer Schauspielkunst.« [90] Auch ›Der Film‹ zeigte sich begeistert: »Hervorragend die ausgezeichnete und schauspielerisch interessanteste Leistung des Veit Harlan, der den Burschen Zoltan gab.« [91] »Stärkste schauspielerische Leistung«, befand Fritz R. Lachmann in ›Tempo‹. [92] Für Hanns Horkheimer (›Berliner Tageblatt‹) war er jemand, der »aus Vielem ein Ganzes macht, bald Woyzeck, bald Marinelli, bald Jannings, bald Kortner«; jemand, »der einen Charakter und ein Leben zeichnet, der dem Gleichgültigen Bedeutung gibt und die Wahrheit ruft in die Atelieratmosphäre«. [93]

Kunz gegen Cohn

Über Harlans Privatleben zwischen 1924 und 1928 – zwischen der Scheidung von Dora Gerson und der Begegnung mit Hilde Körber – ist wenig überliefert. Da er während dieses Zeitraums wieder bei seinen Eltern in der Kunz-Buntschuh-Straße polizeilich gemeldet war, scheint er nicht einmal über eine eigene Wohnung verfügt zu haben. Dafür sorgte er, den bisher nur aufmerksame Theater- und Kinobesucher wahrgenommen hatten, in der letzten Septemberwoche des Jahres 1929 für Gesprächsstoff. An einem Nachmittag stürmte er auf die Bühne des Staatstheaters, wo gerade geprobt wurde, versetzte dem völlig überraschten Fritz Kortner ein paar Ohrfeigen und schlug dann mit einer Reitpeitsche auf ihn ein. Anschließend fuhr er mit seinem Wagen zum Haus des Kollegen Lothar Müthel, um sich auszusprechen, traute sich jedoch nicht, seinen Wagen zu verlassen. Er hatte sich vor Aufregung in die Hosen gemacht.

Veit Harlan war krankhaft eifersüchtig. Er verprügelte seinen Kollegen, Freund und Trauzeugen Kortner in der festen Überzeugung, dieser habe seine Frau Hilde Körber sexuell belästigt. Nicht genug damit, habe Kortner dann auch noch mit seiner Eroberung geprahlt. Über das, was der tätlichen Auseinandersetzung vorausgegangen war, wurde kräftig spekuliert und Kortner in antisemitischen Artikeln als Schänder der deutschen Frau bezeichnet. Es kursierte das Gerücht, er habe Hilde Körber nicht nur belästigt, sondern auch gefesselt und vergewaltigt. ›Der Angriff‹ zog her über »Cohn, der sich Kortner nennt«, und empörte sich angesichts der Entlassung, die Harlan drohte: »Die moralischen Begriffe am Staatstheater verhinderten es, daß man den Juden Cohn für seine gemeine und liederliche Charakterlosigkeit zur Rechenschaft zog.« Nur aus Angst vor der empörten Öffentlichkeit hätten Jessner und Kortner zuletzt beschlossen, sich mit dem betrogenen Ehemann gütlich zu einigen. [1]

Theaterwissenschaftler, die sich mit Fritz Kortner befaßt haben, sahen in dieser Auseinandersetzung einen Beweis dafür, daß der *Jud Süß*-Regisseur sich schon elf Jahre vor seinem Machwerk im Verprügeln von Juden geübt habe, angestachelt von der Muster-Arierin Hilde Körber. Dabei sollte es doch aber möglich sein, einen Mann wie Kortner gegen antisemitische Hetzschriften in Schutz zu nehmen und ihm gleichzeitig eine vermeintliche sexuelle Belästigung zuzutrauen. Alfred Kerr traute sie ihm zu, obwohl er ihn gegen die Angriffe der NS-Blätter verteidigte.

Kortner nannte in seiner 1959 erschienenen Autobiographie »Aller Tage Abend« Harlan nicht beim Namen, sondern wählte das Pseudonym ›Kunz‹. Dieser Spitzname mag zunächst abwertend klingen, weckt Assoziationen an ›Hinz und Kunz‹, aber Kortner hatte 1919 einen Mann namens Veit Kunz in Franz Wedekinds »Franziska« gespielt, und die Einfühlsamkeit seiner

Hilde Körber, 1934

Beschreibung legt die Vermutung nahe, er habe seinem ehemaligen Freund nicht durch Nennung des Namens schaden wollen. Dafür spricht sein Verhalten während der Anti-Harlan-Krawalle Anfang der fünfziger Jahre: Kortner gehörte keinesfalls zu den demonstrativ versöhnlich auftretenden jüdischen Remigranten, trotzdem ließ er sich nicht von Harlan-Gegnern wie Erich Lüth für deren Aktivitäten vereinnahmen.

Im Berlin der zwanziger Jahre hatte sich Fritz Kortner für den Boxsport begeistert; gemeinsam mit Bertolt Brecht, Erich Engel, Rudolf Forster, Ernst Deutsch und Hans Albers besuchte er häufig Wettkämpfe. »Zu unserem Kreis hatte sich ein junger, äußerst witziger Schauspieler gesellt, der sich eng an mich anschloß. Ich habe Grund für eine Namensänderung. Kunz soll er hier heißen. Er war politisch links, philosemitisch und sehr amüsant.«[2] Der in Wien aufgewachsene Kortner verliebte sich auf Anhieb in die Stadt Berlin mit ihren schlagfertigen Menschen, die sich nicht so leicht von hohem Pathos beeindrucken ließen wie die Wiener, und in Harlan fand er einen Urberliner, wie er im Buche stand.

Nach Kortners Darstellung hatte sich der ungleiche Status von ihm und Harlan negativ auf ihre Freundschaft ausgewirkt. Den Oswald in »Gespenster« darzustellen, so Kortner, »war die große Sehnsucht meines Kumpanen Kunz. Die Enttäuschung, diese Rolle nicht spielen zu dürfen, traf ihn um so härter, als sein Gleichgewicht durch eheliche Schwierigkeiten ohnehin schon erschüttert war. Die ursprünglich glücklich verliebten Kunzes machten als junge Eheleute einander das Leben zur Hölle. Für

Veit Harlan mit seiner Tochter Maria

diesen Zustand gab es viele peinliche Anlässe und nur eine Ursache: die beiden hätten nie ein Paar werden sollen.« Hilde Körber habe erst unmittelbar nach der Trauung erkannt, daß Harlan neben Kortner nur die zweite Besetzung sein könne; dies habe sie nicht nur Kortners Ehefrau Johanna Hofer anvertraut, sondern auch Harlan selbst. »Sie tat es, um seine leicht in Tätlichkeiten ausartende Eifersucht zu entfachen, die sie so merkwürdig gern über sich ergehen ließ. Ihn zu immer weiter gehenden Exzessen provozierend, ging sie zum Erfinden nie stattgehabter Vorgänge zwischen ihr und mir über. Sie war schließlich in ihren Geständnissen fingierter Erlebnisse so weit gegangen, daß sie, um sich von seinem Würgegriff zu befreien, behauptete, ich hätte in einem obskuren Lokal an ihr, der mit Stricken Gefesselten, Notzucht verübt.«

›Kunz‹ spielte mit dem Gedanken, seine Frau, den Nebenbuhler und sich selbst zu erschießen, beruhigte sich wieder, ließ sich dann jedoch von antisemitisch eingestellten Kollegen aufhetzen. Es kam zu der Verzweiflungstat auf offener Bühne, und erst eine klärende Aussage von Willi Forst beendete das Mißverständnis. Das Weinlokal in der Martin-Luther-Straße, in dem die Nötigung stattgefunden haben soll, existierte überhaupt nicht; außerdem hatten Kortner, die ›Kunzes‹ und Willi Forst den fraglichen Abend gemeinsam verbracht. Forst hatte die ›Kunzes‹ nachhause in die Westendallee 71 gefahren und war dann mit Kortner weitergezogen. »Kunz, über dessen erhitzten Kopf die Ereignisse durch Aufhetzung der Hitlerjünger weiter hinweggestürmt waren, als er geahnt und gewollt hatte, brach zusammen. Er schickte ein Entschuldigungstelegramm an meine arme, verstörte Mutter nach Wien.« [3] Am Montagabend, dem 23. September, trafen sich Harlan und Kortner zu einer Aussprache, die mit einer Versöhnung endete. Sie wollten diejenigen, die den Skandal ausgelöst hatten, sogar gerichtlich belangen, beschlossen jedoch, die Sache ruhen zu lassen.

Die Freundschaft war allerdings zerstört. Um seinem Kollegen aus dem Weg zu gehen, lehnte Harlan eine Rolle in »Don Carlos« ab und ließ sich bei den fortlaufenden »Oedipus«-Aufführungen durch einen anderen Darsteller

66

ersetzen. Längere Zeit glaubte er, die am 23. Juni 1930 – neun Monate nach dem Skandal – geborene Tochter Maria Christiane sei von Fritz Kortner gezeugt worden. Mitte der dreißiger Jahre konnte er dann zu seiner Beruhigung feststellen, daß das Mädchen viel von seiner Art hatte.

Einige Zweifel an Kortners Version der Geschichte sind durchaus angebracht. Er schildert die Begebenheit etwas zu wirkungsvoll als moderne Version der ›Nibelungen‹, mit Johanna Hofer als Kriemhild, Hilde Körber als Brunhild, Harlan als Gunther und Kortner selbst als Siegfried. Auch der Neid, den Harlan gegenüber seinem Kollegen empfunden haben soll, erscheint nicht plausibel. Zwar verfügte Harlan nicht über die Popularität und das Ansehen Kortners, aber seine männliche Eitelkeit hat er leichter befriedigen können. Kortner hatte zu Beginn seiner Laufbahn sehr darunter gelitten, daß die Intendanten ihm aufgrund seines Aussehens keine Liebhaberrollen geben wollten – Rollen, die Harlan in »Jugend«, »Die Liebenden«, »Anja und Esther« oder »Maß für Maß« spielen durfte. In *Somnambul* mußte Kortner sogar, obwohl nur sieben Jahre älter, als Harlans Vater auftreten.

Kortners Frauenbild wirkt nicht sehr vertrauenerweckend: In »Aller Tage Abend« sind die Frauen – mit Ausnahme der schlichten, sanften, geduldigen Johanna Hofer – entweder attraktiv, aber dumm, intrigant und zänkisch, oder wie die Amerikanerinnen intelligent, energisch und witzig, aber auch unweiblich.

Keine zwei Monate nach dem Skandal trat Harlan schon wieder in einer Neuinszenierung auf die Bühne. Unter Jürgen Fehlings Regie wurde am Schiller-Theater »Des Kaisers Soldaten« gegeben, ein nachgelassenes Drama des 1918 gefallenen, zweifachen Kleist-Preisträgers Hermann Essig. Renate Müller verkörperte eine leichtlebige Dorfschönheit zwischen zwei Männern: der eine ist ein Feigling (Hans Rehmann), der sich selbst einen Finger abhackt, um nicht Soldat werden zu müssen, und der andere ein robuster, kampflustiger Draufgänger (Harlan), der infolge einer Messerstecherei zum Krüppel wird. »Der sonst noch etwas problematische Heldenspieler Veit Harlan«, bemerkte Emil Faktor, »gab sich als gedrungen kräftiger Bauernbursche, dem die Wildheit zu Gesichte stand. Man glaubte ihm aber auch die tragisch umhauchten Leiden des Verkrüppelten.« [4] Er habe »voll Geladenheit und innerer Bewegung« gespielt, fand Norbert Falk. [5] Auf den überwundenen Kortner-Streit anspielend, schrieb Franz Servaes: »Sehr resolut, rotbackig und burschenhaft wirkte in den ersten beiden Akten der wieder zu Gnaden aufgenommene Veit Harlan. Im letzten Akt, wo er als bleicher Krüppel dalag und sich schleppte, zeigte er, daß er auch die entgegengesetzte Tonart beherrschte.« [6]

In der Silvesterpremiere des Staatstheaters, »So und so, so weht der Wind«, mußte Harlan sich selbst spielen: einen jungen Mann, dessen Freundin ihn mit seinem besten Freund eifersüchtig macht, um dadurch seine Leidenschaft anzuheizen. Fritz Genschow verkörperte den besten Freund. Den Schwank hatte Fritz Knöller schon einige Zeit vor dem Harlan-Kortner-Körber-Krach verfaßt, aber er gewann neue Aktualität. Die Aufführung erwies sich als ein Debakel, das keinem der Beteiligten half und dem Ruf Jessners, der als Intendant die Hauptverantwortung trug, schadete. Knöller verfolgte die Absicht, den Generationskonflikt von der heiteren Seite zu zeigen, aber herausgekommen war nicht einmal ein solider Schwank. »Es half nichts«, beklagte sich der Rezensent der ›Deutschen Allgemeinen Zeitung‹, »daß Veit Harlan in der Rolle des jungen Schriftstellers seine Sache ganz gut machte, daß man Elsa Wagner, Erika Meingast, Paula Conrad, Elfriede Borodin, Leopold v.Ledebur u.a. auf der Bühne sah.« Hier wurde »eine drittklassige provinzielle Aufführung« präsentiert, »die keine eingehende Betrachtung erforderte, wenn – ja wenn es sich nicht um ein staatliches Theater handelte.«[7]

Der Film Revolte im Erziehungshaus wurde nach viermaligem Verbot endlich am 8.Januar 1930 uraufgeführt. Alfred Kerr, Käthe Kollwitz und Carl Zuckmayer gehörten zu den Ehrengästen. »Es ist viel an diesem Film gesündigt worden«, beklagte sich die ›Licht-Bild-Bühne‹, »das erkennt man an einzelnen sprunghaften Übergängen.«[8] Insgesamt fehlte bei der Premiere rund ein Drittel der Aufnahmen. Harlan sei »bis zum letzten eindringlich gewesen«, urteilte ›Der Film‹[9]; das ›12-Uhr-Blatt‹ bezeichnete sein Spiel als »scharf und klar«.[10]

Er begleitete im Februar »Die Südpolexpedition des Kapitäns Scott« und erneut fiel ihm die Aufgabe zu, im Rahmen des Möglichen für gute Laune zu sorgen. Noch immer spielten Kritiker auf den Kortner-Skandal an, für sie war Harlan »der wieder zu Gnaden aufgenommene«[11] oder »der nicht mehr Fristlose«. [12] Als Scott wurde Walter Franck eingesetzt und als dessen Gattin Lina Lossen. Zu der Candida dieser vornehmen, strengen Darstellerin stand Harlan weiterhin als Eugene Marchbanks auf der Bühne. Umstritten blieb die Ausgrabung einer unbekannten Shakespeare-Komödie, »Liebes Leid und Lust«. Angesichts von Jürgen Fehlings Bearbeitung wunderte sich Alfred Kerr: »Was ist von William, was ist von Jürgen? Dafür kann sich keiner verbürgen.«[13] Harlan präsentierte sich als Longaville in kurzen Hosen, gefangen im Klischee des Naturburschen.

Die Inszenierung wäre im Zusammenhang mit Harlan nicht der Rede wert, hätte sie nicht zu seinem erbittertsten Streit mit der Staatstheater-Intendanz geführt, die am 15.Januar von Jessner abgegeben und Ernst Legal übertragen worden war. Harlan wollte den Longaville nicht spielen, fand den Part zu klein, beklagte sich auf aggressive Weise über seine schlechte Behandlung und sah schon wieder das Ende seiner Karriere. Hilde Körber schaltete sich in den Konflikt ein und appellierte an Legals Sinn für Gerechtigkeit: Harlan habe vor zwei Jahren mit hohem Fieber tagelang weitergespielt und sei dann lebensgefährlich krank geworden; er habe im Vorjahr 375mal

Hilde Körber mit ihren Kindern

gespielt, oft zwei- bis dreimal am Tag. Er habe stets innerhalb der Vorstellung die größte Disziplin gewahrt. Seine Entlassung wäre fatal, denn sie sei im fünften Monat schwanger und könne nur noch vier Wochen lang spielen. »Ich flehe Sie an – halten Sie uns – es würde alles gut werden.«

Legal versicherte Harlan am 31. Januar, er werde seinen Vertrag verlängern, ermahnte ihn allerdings: »Sie werden aber begreifen, daß ich nach allem Vorgefallenen von Ihnen eine ganz besonders gewissenhafte Unterordnung unter den Gedanken, der uns zu gemeinsamer Arbeit verbindet und verpflichtet, verlange.« Harlan war bereit zur Einordnung, nicht zur Unterordnung. In einem Brief vom 22. Februar teilte Legal ihm mit, daß er seinen Gedankengängen nicht folgen könne: »Abgesehen davon, daß Ihre Ausführungen Widersprüche enthalten, ist, wie mir scheint, Ihre Einstellung eine so egozentrische und eine dem Wesen unserer gemeinsamen Sache so widersprechende, daß es mir leid tut, prinzipiell einen anderen Standpunkt einnehmen zu müssen.« Unterordnung und Einordnung sei dasselbe. »Ihnen gefällt eine andere Rolle besser. Ich verstehe das durchaus ... Kein Mensch will Ihnen Böses tun, Sie schikanieren oder in Ihrer Entwicklung hemmen.«

Legals Beschwichtigungen und sein Eingeständnis, Harlan sei »schlimm dran«, genügten diesem nicht. Er schrieb am 4. Juni, daß die »verantwortungslose Willkür der Regisseure Fehling und Jessner Mitschuld an der Nichtach-

Veit Harlan und Hilde Körber mit ihren Kindern

69

tung meines Vertrages tragen« [sic]. Er, Harlan, sei ein Opfer des exzentrischen Regietheaters: »Wer nicht mies aussieht, ist kein Liebhaber. Wem nicht die Augen wie ein alter Kneifer über die Nase hängen, ist uninteressant. Ich bin nun nicht besonders miss [sic], auch nicht von strahlender Schönheit, nicht besonders dilettantisch (eine von Fehling sehr geliebte Eigenschaft an einem Schauspieler), ich habe auch keine körperlichen Gebrechen, bin nicht zu dünn und nicht zu dick – ich bin normal. Und wehe dem, der normal ist! Weh dem, kommt er an die modernen Regisseure Fehling-Jessner-Hartung« usw. Jessner habe zu ihm gesagt: »Sie haben erst kürzlich in Ihrem Privatleben bewiesen, daß Sie ein hemmungsloses, überstarkes Gefühl haben – und dieses Gefühl steht Ihnen in Ihrem Beruf im Wege.«

Eine trostlose Situation, beklagte sich Harlan. »All dieser Irrsinn hat mich in diesem Jahre um die Erfüllung meines Vertrages gebracht. Die Regisseur-Dämmerung ist ja schon nah … Aber ich kann nicht mehr auf sie warten … Geben Sie mir einen Vertrag für das Jahr 1931/32 mit den gleichen künstlerischen und finanziellen Bedingungen, wie ich sie heute habe.« Ihn plagte die Angst, »daß ich, nachdem mein Ansehen als erster Charakterspieler des Staatstheaters so geschädigt wurde, in kommenden Vertragsverhandlungen um die Hälfte gedrückt werden soll«. [14] Ganz so schlimm sollte es nicht kommen, Harlan blieb vielbeschäftigt, doch Bombenrollen wie in »Jugend« oder »Weh dem, der lügt« erhielt er kaum noch. War nun seine Klage berechtigt? Er ist zweifellos unter Wert gehandelt und äußerst selten zu seinem Vorteil eingesetzt worden. Der Enthusiasmus der Kritiker und des Publikums ist von der Intendanz nicht geteilt worden. Doch dieses Unrecht betraf nicht Harlan allein. Große Kulturbetriebe sind fast immer unfähig, die vielen unter Vertrag stehenden Talente angemessen zu betreuen, das war beim Staatstheater Berlin nicht anders als bei MGM in Hollywood. Eigenwillige Talente können sich an kleinen Bühnen besser entfalten; zu diesem Weg entschloß sich Harlan fünf Jahre später.

Leopold Jessner war, obwohl er mittlerweile als Intendant des Staatlichen Schauspielhauses abgedankt hatte, dort weiterhin als Regisseur tätig. Lion Feuchtwangers Komödie »Wird Hill amnestiert?« und August Strindbergs »Gustav Adolf« sind von ihm eingerichtet worden, beide mit Harlan in Nebenrollen. Lucie Mannheim spielte in »Hill« Aileen Blodget, eine Kämpferin für Menschenrechte, die sich für den Truppenbefehlshaber Hill einsetzt. Dieser hat einen Befehl verweigert, damit Tausende von Menschenleben gerettet und ist zu drei Jahren Kerker verurteilt worden. Einige Männer (unter ihnen Harlan) kämpfen mit unseriösen Hintergedanken an ihrer Seite. Dann taucht Hill auf und gesteht, daß er den Befehl erst gar nicht erhalten hat, er somit also gar kein Märtyrer ist. Das schwache, durch ein paar verstreute Gags belebte Stück erhielt dürftigen Applaus; ein temperamentvoller Regisseur als Jessner hätte den Abend vielleicht noch mit grotesken Übertreibungen retten können. Für Fritz Engel wirkte Harlan vom Äußeren her nicht mehr jugendlich genug, »aber die Schnauze hat er«. [15] Arthur Eloesser betrachtete ihn als Lichtblick: Harlan, »der sich in jedem Akt den Rock auszieht, um mit Kinnhaken und Uppercuts zu argumentieren«, sei der »einzige, der überhaupt verstanden wurde«. [16] Kaum besser sah die Aufnahme des Strindberg-Stückes aus, einer zweitklassigen Version von Schillers »Wallenstein«; neben Rudolf Forsters Gustav Adolf zeigte Harlan sich als Feldwebel.

Er präsentierte eine Clownsnummer in dem rumänischen Volksstück »Der Mann mit dem Klepper«. Selbst in einer ernsten Inszenierung fiel ihm die Aufgabe zu, gute Laune zu verbreiten: Harlan war unter Leopold Lindtbergs Regie in Karl Schönherrs Zeitstück »Herr Doktor, haben Sie zu essen?« zu sehen, das sich mit der desolaten Situation der juristischen und medizinischen Berufe beschäftigte. Herbert Jhering fand ihn »sehr lebendig, sehr witzig und eine Wohltat, treibend und die Szene befeuernd«. [17] Ludwig Sternaux schwärmte von ihm, »der seinem Dr. Blaustein in urwüchsig schnodderndem Witz soviel Humor gibt, daß ihm Applaus bei offener Szene dankt«. [18] Er spielte »voll Saft, mit großem Witz, als jener Doktor Blaustein, der sich nicht wird unterkriegen lassen«. (Fritz Engel) [19] »Sehr lustig, aber doch zu gesprächig mit Händen und Füßen«, fand ihn Arthur Eloesser. [20]

Als Neuentdeckung wurde bei der Gelegenheit Bernhard Minetti gefeiert, der nach drei Jahren in der Provinz nach Berlin zurückgekommen war. Bei seiner Aufnahmeprüfung an Jessners Schauspielschule hatte ihm Harlan die Stichworte gegeben. Mehr blieb ihm auch bei der »Geschichte Gottfriedens von Berlichingen mit der eisernen Hand« nicht übrig, die von Heinrich George dominiert wurde. Harlan spielte den Knappen von Bernhard Minetti.

Nahm Harlan, der wiederholt in Zeitstücken auftrat, selbst Anteil am Zeitgeschehen? Beim Prozeß gegen ihn ergab sich später, daß er durch Lothar Müthel für kurze Zeit Kontakt zur Strasser-Gruppe unterhalten hatte. Otto Strasser, 1897 als jüngerer Bruder des SA-Mitbegründers Gregor Strasser geboren, war nach seinem Austritt aus der NSDAP Mitglied der ›Kampfgemeinschaft revolutionärer Nationalsozialisten‹ sowie der ›Schwarzen Front‹, beides Konkurrenzorganisationen der NSDAP. Ein Aufruf der Strasser-Gruppe, »Die Sozialisten verlassen die NSDAP«, erschien am 4. April 1930: Besorgt über die Entwicklung der Partei, ihre Verbürgerlichung und Verbonzung, sah Strasser die Idee des Nationalsozialismus verraten, der eine antiimperialistische Bewegung ohne Herrschaftsansprüche über andere Völker sein sollte. Er warf Hitler vor, mehr mit Industriellen als mit Arbeitern zu verkehren, und beklagte die Verfälschung des revolutionären Charakters der NSDAP.

Otto Strasser konnte nach Hitlers Machtergreifung emigrieren und ließ sich in Kanada nieder. 1940 erschien in London sein Buch »Hitler and I«. Er war im antifaschistischen Exil isoliert, blieb aber für Historiker ein wichtiger Zeitzeuge. In John Farrows Doku-Drama *The Hitler Gang* (1944), das

Goethe=Lessing=Abend im Schauspielhause.

Die Matrone von Ephesus
(Veit Harlan und Annemarie Jürgens)

Die Mitschuldigen
(Veit Harlan und Maria Bard)

Veit Harlan, Annemarie Jürgens und Maria Bard in *Die Matrone von Ephesus* und
Die Mitschuldigen

Hitlers Aufstieg schildert, verkörperte ihn Fritz Kortner. (Alexander Granach war Julius Streicher.) Sein Bruder Gregor, mit dem er sich zerworfen hatte, wurde 1934 beim Röhm-Putsch ermordet. Ein weiterer Vertreter des linken Flügels der NSDAP, Fritz Hippler, konnte sich auf Umwegen wieder etablieren, nachdem er wegen Einsatzes für ›entartete Kunst‹ in Ungnade gefallen war. Als Reichsfilmintendant hatte er mit Veit Harlan noch viel zu tun.

Die Zeitstücke, die an den Berliner Theatern zu sehen waren, versagten vor den aktuellen politischen Problemen, oder sie waren wenig erfolgreich wie Erich Ebermayers Studie über den Rechtsradikalismus »Verletzte Jugend« (1931). Lähmungserscheinungen machten sich bemerkbar; schon drei Jahre vor der nationalsozialistischen Machtergreifung bestand unter den Künstlern eine Angst vor allzu direkter Konfrontation mit dem Gegner. Als Leopold Jessner 1930 Paul Kornfelds Schauspiel »Jud Süß« präsentierte – am Theater am Schiffbauerdamm, Harlans kommender Wirkungsstätte, mit Ernst Deutsch als Jud Süß, Eleonore von Mendelssohn als Herzogin und Hilde Körber als Dorothea –, ließ er alle Passagen weg, in denen der Antisemitismus des deutschen Volkes dargestellt wurde.

Kurz nachdem am 4. Dezember – unter Anleitung von Joseph Goebbels und Arnolt Bronnen – weiße Mäuse in den Berliner Mozartsaal getrieben wurden, wo der pazifistische Film *Im Westen nichts Neues* lief, erlebte Ernst Barlachs Schauspiel »Der blaue Boll« am Staatstheater seine Uraufführung und entwickelte sich mit fast dreißig Vorstellungen zur erfolgreichsten Berliner Barlach-Inszenierung. Jürgen Fehling führte Regie; Heinrich George spielte die Hauptrolle. Veit Harlans Schweinehirt war für Wilhelm Westecker, eine »bildhaft kräftige Figur« [21] und für Fritz Engel ein »besonderes Bild ... schonungslos ›unästhetisch‹, krätzig, großen menschlichen Kummer im halbidiotischen Blick«. [22]

Dankbare Aufgaben boten sich in zwei gemeinsam aufgeführten Einaktern: als Alceste in Goethes »Die Mitschuldigen« – »ein draufgängerischer Junge, aber kein Kavalier« (Arthur Eloesser) [23] – und als Philokrates in Lessings »Die Matrone von Ephesus«. Maria Bard, im Privatleben die zweite Ehefrau von Werner Krauss (die erste hatte sich soeben umgebracht), stand jeweils im Mittelpunkt. Das »hinreißende Spiel« von ihr, Annemarie Jürgens, Hans Otto und Harlan habe »eine Stunde ungetrübten Vergnügens geschaffen«, schrieb der ›Berliner Lokal-Anzeiger‹. [24]

Einen Kleinkriminellen, der bei seinen Banküberfällen Rauchbomben wirft, spielte Harlan in dem Kriminalfilm *Hilfe! Überfall!*, der ab Februar 1931 gedreht wurde und bei seiner Uraufführung im Oktober *Alarm um Mitternacht* hieß. Unter Leopold Lindtbergs Regie mußte er sich in Ernst Penzoldts Komödie »Die Portugalesische Schlacht« zu Herbert Jherings Bedauern »mit einer ungeeigneten Rolle polternd abquälen«. [25] In dem Stück verschwindet Lothar Müthel als König Sebastian von der Bildfläche, und der von Harlan gespielte Michael tritt auf, um sich als Sebastian auszugeben. Er bezahlt seine Anmaßung mit dem Leben: er wird von den spanischen Eroberern Portugals grausam getötet. Die Ähnlichkeit zwischen Müthel und Harlan war zu gering, als daß das beabsichtigte Doppelgängermotiv vermittelt worden wäre, doch Alfred Kerr, vom Stück und einem Großteil der Besetzung wenig angetan, rechnete Harlan zum erfreulichen Teil der Inszenierung: »Und, Überraschung, Harlan. ... Man kennt ihn prall: doch er wurde zu einem armen, von Menschen mißbrauchten, schuldlos geschlagenen, verirrten Erdsohn (mit jener stillen Bockigkeit sehr schwacher Naturen).« [26]

Dann, am Nachmittag des 14. April, fiel Walter Harlan plötzlich tot um, während einer Generalversammlung des Verbandes Deutscher Bühnenschriftsteller und Komponisten, dessen Vorsitzender er war. Die Umstände seines Todes sind nie restlos geklärt worden; es gibt drei Versionen, von denen noch später die Rede sein wird. Anlaß der Versammlung war die andauernde Theaterkrise, an deren Beendigung die Dramatiker verstärkt teilnehmen wollten. In Zukunft sollten nie mehr Stücke als Lückenbüßer eingesetzt werden (wie es bei »So und so, so weht der Wind« offensichtlich der Fall gewesen war). Die Bühnen sollten nicht mehr nach Stücken, sondern freie Ensembles sollten sich mit einem einstudierten Stück eine Bühne suchen. Somit

Adele Harlan am Grab ihres Mannes

bestünde die Garantie, daß nur noch Aufführungen zustandekämen, deren Beteiligte an ihre Sache glauben. Harlans plötzlicher Tod während einer Rede führte zum Abbruch der Diskussion.

Das Staatstheater reagierte auf den Vorfall, indem es Walter Harlans Stück »Das Nürnbergisch Ei« auf den Spielplan setzte. Adele Harlan schrieb am 6. Juni einen Brief an Ernst Legal, in dem sie ihn bat, die Hauptrolle ihrem Sohn Veit zu geben; schon ihr verstorbener Mann habe diesen Wunsch geäußert. Legal antwortete ihr am 9. Juni, er wolle den Jungen – »dessen Begabung ich, wie Sie wissen, sehr hoch schätze« – aus der Inszenierung heraushalten, damit es nicht wie ein Familienunternehmen aussehe. [27] Unter Leopold Jessners Regie war dann Theodor Loos als Erfinder der Taschenuhr zu sehen. Veit Harlan betrachtete die Aktion als rufschädigend, und seine offen artikulierte Unzufriedenheit verschlechterte sein Verhältnis zur Intendanz ebenso wie der erfolglose Versuch, seines Vaters Stück »Jahrmarkt in Polsnitz« auf die Bretter des Staatstheaters zu bekommen. Erich Burger fand die Gedenk-Inszenierung passabel, aber das Stück veraltet: es eigne sich »zur Erbauung gebildeter Hoftheater-Abonnenten«. [28]

Zwei Tage nach Walter Harlans Tod erfolgte die Uraufführung des sexualwissenschaftlichen Aufklärungsfilms *Gefahren der Liebe*, mit Veit Harlan in der Rolle eines Studenten. Im Mittelpunkt stand die junge Botanikerin Ilse (Tony van Eyck aus »Anja und Esther«), die von einem gewissenlosen Mann betrunken gemacht und sexuell mißbraucht wird. Der Arzt stellt nach einiger Zeit eine Schwangerschaft, aber auch die Syphilis fest. Die Frau erschießt den Vergewaltiger, kommt vor Gericht, wird freigesprochen und von der Syphilis geheilt. Wieder am Staatstheater, verkörperte Harlan einen aufsässigen jungen Buren in Hans Rehbergs Drama »Cecil Rhodes«. Walter Franck war in der Titelrolle zu sehen und Erich Dunskus als Ohm Krüger.

Zum 250. Todestag des Dichters Calderon veranstaltete das Schiller-Theater eine Morgenfeier, zu der auch das kurze Stück »Die Zauberin, der Riese und der Affe« gehörte. Erneut wurde Harlan bejubelt. Fritz Engel hatte noch den großen Max Pallenberg in der Rolle des Klarin in Erinnerung: »Jetzt macht es Veit Harlan. Es ist schon körperlich eine Gala-Monstreleistung, man kann nur Bravo! rufen.« [29] Die ›Vossische Zeitung‹ schrieb: »Veit Harlan findet für die schwärmerische Unverschämtheit des Klarin die zartesten, kindlichsten Töne, daneben schlägt er Rad und Purzelbaum, daß seine Kollegen in der Manege vor Neid erblassen mögen.«[30] Und die Zeilen von Kurt Pinthus dürften den mit seiner Wirkungsstätte immer weniger Zufriedenen getröstet haben: »Veit Harlan zeigte sich (neben Hans Otto) so vielseitig artistisch geschult, daß er auch, falls das Staatstheater wegen mangelnden Besuches schließen muß, auf dem Varieté eine Karriere haben wird.«[31] Als danach Calderons »Der Richter von Zalamea« eingerichtet wurde, stand natürlich Heinrich George im Mittelpunkt, dennoch gab es freundliche Worte für Harlans kessen Soldaten. Er sei »frisch, losgelassen wie immer« gewesen, bemerkte Arthur Eloesser. [32]

Bei Fred Neumeyers »Die Herde sucht« – einem Zeitstück über Sektenunwesen – war Bernhard Minetti die Hauptattraktion, aber Alfred Kerr notierte auch, in seiner unnachahmlichen Kürze: »Harlan, ganz echt.«[33] Keinen Applaus konnte Harlan für seinen unbedeutenden Auftritt in dem Film *Yorck* erwarten, seine erste nationalistische Großproduktion, in deren Titelrolle Werner Krauss sein Tonfilmdebüt gab. »Eine politisch unzulängliche, geistig verwaschene, filmisch dilettantische ›patriotische‹ Panscherei«, schimpfte Herbert Jhering. [34]

1931 erwies sich ansonsten als ein glanzvolles Jahr für den deutschen Film. Allein die Produktivität der Studios war enorm, denn rund zweihundert einheimische Filme füllten die Kinos. Zur Quantität kam die Qualität. Bleibende Meisterwerke schufen Fritz Lang *(M)*, G.W. Pabst *(Kameradschaft; Die Dreigroschenoper)*, Leontine Sagan *(Mädchen in Uniform)*, Eric Charell *(Der Kongreß tanzt)*, Gerhard Lamprecht *(Emil und die Detektive)*, Phil Jutzi *(Berlin Alexanderplatz)*, Paul Czinner *(Ariane)*, Alexis Granowski *(Die Koffer des Herrn O.F.)*, Arnold Fanck *(Der weiße Rausch)*, Fedor Ozep *(Der Mörder Dimitri Karamasoff)* und Robert Siodmak *(Voruntersuchung)*. So viele bedeutende Werke in einem einzigen Jahr hat die deutsche Filmindustrie nie wieder hervorgebracht.

Für Harlan boten sich Erfolgserlebnisse eher am Theater, weiterhin gegen den Widerstand der Intendanz. Als »Charleys Tante« erhielt er am 16.Januar 1932 tosenden Beifall im vollbesetzten Haus, um dann feststellen zu müssen, daß das Stück nicht der Nachfrage entsprechend häufig auf dem Spielplan stand. Er schrieb gleich im Anschluß an die Vorstellung einen Brief an Ernst Legal: »Langsam ist die starre Hülle der verkrampften Hilflosigkeit aus der selbstverständlichen Unsicherheit von mir gefallen – und nun soll es aus sein?? Lassen Sie mich meine Gage noch ein bißchen abverdienen und setzen Sie das Stück die nächste Woche öfter an. ... Mit hochachtungsvollem, ergebenem, kollegialem aber auch geladenem Gruß Veit Harlan.« Legal reagierte nicht, und Harlan schrieb ihm ein weiteres Mal am 23.Januar. Sein letzter Brief sei »freundlich« gewesen, »ohne jede Schärfe und in der gleichen humoristisch-kollegialen Weise an Sie geschrieben, wie Sie selbst mit

Veit Harlan in *Charleys Tante*

Veit Harlan, Alexander Granach und Walter Franck in *Die Räuber*

mir zu reden pflegen«. Erst am 29. Februar kamen tröstende Worte des Intendanten: Legal wies Harlan darauf hin, daß er »Charleys Tante« wieder ins
Repertoire aufzunehmen gedenke. [35]

Vom Leidensweg einer Kompanie im Ersten Weltkrieg handelte das Stück
»Die endlose Straße« von Sigmund Graff und Karl Ernst Hintze, das am
23. Februar seine Premiere erlebte. Leopold Lindtbergs Regie und die Besetzung – Walter Franck, Fritz Genschow, Bernhard Minetti, Veit Harlan – wurden als herausragend empfunden. Harlan sagte den Satz »Und wenn wir jetzt
alle nicht mitmachten?« In seiner Rezension forderte Alfred Kerr: »Treibt die
Wähler in dieses Stück. Treibt die Schüler in dieses Stück. Das ist nicht ein
Kriegsstück: das ist der Krieg ... Hier ist er noch einmal. Damit er nicht noch
einmal sei.« [36] Herbert Jhering reagierte mit Skepsis; das Stück »lähmt«,
schrieb er, aber »es rüttelt nicht auf«. [37] Günther Rühle erkannte rückblickend: »Mit Hilfe des Kriegsstücks erobern sich bald auch die konservativen und national gesinnten Autoren das Zeitdrama. Es fällt den Nationalsozialisten später nicht schwer, manche dieser Frontstücke in ihren Dienst
zu stellen.« [38] Dieselbe zwiespältige Wirkung hatte schon Fehling mit »Des
Kaisers Soldaten« erzielt.

Als tatkräftiger Mann aus dem Volke unterstützte Harlan einen niederländischen Befreiungskampf in Goethes »Egmont«. Die Aufführung mit Rudolf

Hertha Thiele, Hans Brausewetter, Veit Harlan und Heinz Klingenberg
in *Die elf Schill'schen Offiziere*

Forster in der Titelrolle fiel beim Publikum durch. »Nur Veit Harlan als Vansen sprach, daß man zuhören konnte.« (Herbert Jhering) [39] Franz Servaes
sah »eine prächtig gepackte schauspielerische Leistung, mit der dieser begabte junge Schauspieler ein für ihn neues Feld zu beschreiten scheint«. [40]
Dann arbeitete Harlan ein letztes Mal mit Leopold Jessner zusammen, in dessen »Räuber«-Inszenierung er den Spiegelberg verkörperte. Herbert Jhering
fand, daß er »deklamatorisch übertrieb«[41], und Paul Wiegler warnte, daß
man Harlan »nicht aus den Grenzen seines Naturburschentums treiben sollte«. [42] Rolf Nürnberg beklagte sich darüber, daß er »den Spiegelberg so
zeichnete, wie man heute nicht einmal mehr den Karl Moor darstellen
soll«. [43] Daß Harlan sich zu Höherem berufen fühlte, spürte Hermann Sinsheimer vom ›Berliner Tageblatt‹: »Harlan durfte eine Solonummer geben. Er
gab sie als Virtuose ... sein Talent wirft sich zu leicht auf, als ob es noch auf
der Bühne um die Hauptrolle kämpfen wollte.«[44] Zu lebhaft war den Kritikern noch die gelungenere Piscator-Inszenierung von 1926 im Gedächtnis.
Starken Applaus gab es dennoch, aber auch einen schweren Unfall. Als der
eiserne Vorhang sich senkte, konnte Jessner nicht rechtzeitig zur Seite treten, und sein Fuß wurde eingequetscht.

Mit Hertha Thiele, dem Klärchen aus »Egmont«, drehte Harlan einen
weiteren nationalistischen Film, vom Budget und vom Prestige her allerdings

deutlich unterhalb von *Yorck* angesiedelt. Die erste Klappe für *Die elf Schill'schen Offiziere* fiel am 17. Juni 1932 – genau dem Tag, an dem Harlan zum dritten Mal Vater wurde. Hilde Körber brachte eine Tochter zur Welt, die den Namen Susanne Christa erhielt.

Der Regisseur des Schill-Films, Rudolf Meinert, hatte schon 1926 den Kampf für die Unabhängigkeit Preußens in Bilder umgesetzt. Die Protagonisten Klaus Gabain (Veit Harlan), Fritz von Trachenberg (Heinz Klingenberg) und Karl Keffenbrink (Hans Brausewetter), Gefährten des preußischen Majors Ferdinand Schill, werden wegen ihrer subversiven Tätigkeiten gegen Napoleon verfolgt und bis auf einen hingerichtet. Nach der Uraufführung des Films im Marmorhaus brachte die ›Licht-Bild-Bühne‹ Begeisterung zum Ausdruck: »Ein Großfilm im Großformat«, jubelte der Rezensent. »Junge, fanatisch-patriotische Männer, um einen wahren Führer geschart«, seien zu bestaunen. »Als neue Erscheinung in diesem Film: Veit Harlan, den man bereits vom Schauspiel her auf das beste kennt. Er versteht es, einen publikumswirksamen Vaterlandsfanatiker zu gestalten. Doch was diesem Heißsporn noch fehlt, ist filmische Gelöstheit, in Spiel und Sprache.«[45] Aus der Rezension geht hervor, wie wenig Harlan mit seinen bisherigen Filmen aufgefallen war. Man hielt ihn für einen Debütanten.

Die ›Deutsche Filmzeitung‹ beanstandete das geringe Niveau der Inszenierung. »Jede, selbst die traurigste Zeit, hat auch Platz für Humor, aber nicht für Berliner Klamauk, wie er hier den bedrückten Preußen von 1809 aufgedrängt wird.« Lästig seien auch »die vielen Reden und die Liebesaffären, die hier im Theaterstil vorgetragen werden«. [46] Aus politischen Gründen empörte sich ›Die Rote Fahne‹: »Neuer nationalistischer Schundfilm ... leeres nationalistisches Phrasengeklingel mit nicht mißzuverstehenden Anspielungen auf Hitler.« [47]

Festgelegt auf Kriminelle, Proletarier und Revolutionäre, durfte Harlan zu seiner Überraschung den Herzog von Weimar in der musikalischen Liebesgeschichte *Friederike* spielen. Mady Christians war in der Titelrolle als Jugendgeliebte Goethes zu sehen; die künstlerische Oberleitung übernahm Gabriel Pascal, der in Großbritannien das Alleinrecht auf George-Bernard-Shaw-Verfilmungen besaß, und Regie führte Fritz Friedmann-Frederich, der Direktor des Berliner Metropoltheaters. Für Richard Eichberg spielte Harlan anschließend den Friseur Jonny in dem Spionage- und Sensationsfilm *Die unsichtbare Front*; für Carl Froelich trat er als Soldat in dem Fridericus-Spektakel *Der Choral von Leuthen* auf; für Fehling wieder am Staatstheater in »Wilhelm Tell«, dessen Stars Werner Krauss und Bernhard Minetti hießen. So wenig war Harlan mit dem Herzen dabei, daß er Melchthals Racheschwur »mehr geschrien als gesprochen« hat. [48]

Als die Aufführung, der Gustaf Gründgens seinen Durchbruch als Mephisto verdankte, genießt Lothar Müthels »Faust«-Inszenierung heute einen legendären Ruf. Aber nach der Premiere des ersten Teils am 2. Dezember 1932 reagierte die Kritik ablehnend; selbst Deutschlands größter Schauspieler Werner Krauss habe hilflos und blaß herumgestanden. »Harlan, jedoch, Schüler, hat den Mut zur Zeichnung ... von was Ulkig-Tumbem«, lobte Alfred Kerr. [49] Monty Jacobs nannte Müthel einen »Regielehrling«. [50] (Für einige Zeit war Detlef Sierck als Regisseur im Gespräch gewesen.) Die Intendanz reagierte auf Müthels Versagen, indem sie Gustav Lindemann vom Düsseldorfer Schauspielhaus für den zweiten Teil engagierte. Dessen Premiere am 22. Januar 1933 schrieb Theatergeschichte. Werner Krauss war wieder in Hochform; Harlan trat als Baccalaureus auf. Die Aufführung setzte ein Zeichen: das Publikum zeigte sich nicht nur für dumme Possen und Operetten empfänglich. Auch nach fünf Stunden gab es starken Beifall. Nicht für alle Beteiligten: »unzulänglich [...] und damit die Aufführung auf entscheidende Strecken gefährdend« fand K. H. Ruppel »die Helena Eleonore von Mendelssohns. Sie ist so wenig eine Schauspielerin wie ihr Bruder Francesco ein Spielleiter.« [51] Der positive Gesamteindruck blieb dennoch.

An solch eine überwältigende Aufnahme war bei dem Spionagefilm *Taifun* erst gar nicht zu denken, für den Harlan Anfang 1933 vor der Kamera stand. Regie führte Robert Wiene, der noch immer vom Ruhm seines Films *Das Cabinet des Dr. Caligari* zehrte. Liane Haid verkörperte eine Nachtclubsängerin, die zwischen zwei Männern steht: Viktor de Kowa als intriganter Journalist Renard Bninski und der Kirgise Inkijinoff *(Sturm über Asien)* als ehrenvoller japanischer Geheimagent Dr. Tokeramo. Nachdem Tokeramo von Renard Bninski erpreßt worden war und seinen Gegner im Zweikampf getötet hat, nimmt ein Landsmann, der von Harlan gespielte Inose Hironari, die Schuld auf sich. Die Uraufführung des Films fand am 25. August in Wien statt; für Deutschland blieb das Werk aber vorerst verboten. Zu positiv seien die Japaner im Vergleich zu den Europäern gezeichnet, zu stark sei das Rasseempfinden der deutschen Frau verletzt worden, beklagte sich die Zensurbehörde. (Tatsächlich handelte es sich bei der so wenig rassebewußten Hélène um eine Französin.) Das Stück, auf dem der Film basierte, lief nach wie vor am Berliner Renaissance-Theater.

Einige Spitzenleistungen auf dem Gebiet des Films sind bis zu Hitlers Machtübernahme noch erbracht worden: 1932 inszenierte Slatan Dudow *Kuhle Wampe*, den formal gewagten, einzigen offen kommunistischen Film der Weimarer Republik. Dazu kamen Carl Theodor Dreyers Horrorfilm *Vampyr*, Paul Martins Komödie *Ein blonder Traum*, Leni Riefenstahls Regiedebüt *Das blaue Licht*, zu dem Béla Balász das Drehbuch schrieb; Werner Hochbaums *Razzia in St. Pauli* und Paul Czinners Kammerspiel *Der träumende Mund* mit Elisabeth Bergner. Anfang 1933 folgten noch Fritz Langs Thriller *Das Testament des Dr. Mabuse* und Max Ophüls' Schnitzler-Adaption *Liebelei*. Eine imponierende Produktion im Geist der neuen Machthaber schuf Gustav

Ucicky mit *Morgenrot*. Als die ›New York Times‹ ihre Liste der zehn besten Filme des Jahres 1933 veröffentlichte, befand sich *Morgenrot* als einzige fremdsprachige Produktion unter diesen ›Top Ten‹, und das auch noch an dritter Stelle.

Eine Trennung der Filme nach ihrer Ideologie erscheint fragwürdig, auch wenn sich Spekulationen darüber, welche von ihnen schon der neuen Zeit zuzurechnen wären, manchmal anbieten. Gustav Machatys erotisch aufgeladener, im Sinne der NS-Ideologie kranker, zersetzender Film *Ekstase – Symphonie der Liebe* etwa wurde 1935 von vielen deutschen Zeitungen begeistert aufgenommen. Die Trennung von Arteigenem und Artfremdem ist später von Historikern vorgenommen worden – für die Mehrzahl der Künstler gab es keine klaren, erkennbaren Fronten. Emigranten wie Conrad Veidt, Albert Bassermann oder der in Auschwitz ermordete Otto Wallburg waren in gewisser Weise Teil der nationalistischen Propaganda. Andererseits wirkte Aribert Mog, ein Nationalsozialist der ersten Stunde, der gleich nach dem Abitur zum Freikorps gegangen war und sich am Sturm auf den Annaberg beteiligt hatte, wiederholt in progressiven Inszenierungen mit *(Abschied; Ekstase; Das Stahltier)*. Hanns Johst, der oberste Nazi-Dichter, schrieb sein Schauspiel »Thomas Payne« für Fritz Kortner, den meistattackierten jüdischen Künstler der Weimarer Republik.

Drohgebärden aus dem linken und dem rechten Lager hielten sich die Waage. Als die sowjetische Schauspielerin Anna Sten zur Ufa ging und in Robert Siodmaks *Stürme der Leidenschaft* (1932) sang: »Ich weiß nicht, zu wem ich gehöre«, da warf ihr ›Die Rote Fahne‹ Verrat am proletarischen Vaterland vor: »Wir wissen sehr gut, zu wem diese ehemalige Sowjetrussin gehört: zum Klassenfeind. Wir wissen auch, wohin sie gehört ... Doch das läßt sich vorläufig noch nicht verwirklichen.«[52] Was für eine Sonderbehandlung hat sich der Verfasser des Artikels, Heinz Lüdecke, für Anna Sten wohl ausgedacht? Wir werden es nie erfahren, was aber diejenigen zu erwarten hatten, die sich gegen die nationalsozialistischen Machthaber engagierten, bekam als erster deutscher Schauspieler der Kommunist Hans Otto zu spüren. Er, gegen dessen Kündigung Kollegen wie Maria Koppenhöfer, Jürgen Fehling und Bernhard Minetti protestiert hatten, wurde verhaftet, von der Gestapo gefoltert und aus dem Fenster geworfen. Hanna Waag, mit der Harlan noch in *Abschiedswalzer* auftreten sollte, landete im Frauen-KZ Ravensbrück und Werner Finck im KZ Esterwegen, wo er Carl von Ossietzky kennenlernte.

Daß Gegner des Regimes bestraft worden sind, bedeutet nicht, daß seine Anhänger mit einer Belohnung rechnen konnten. Aribert Mog mußte sich vorwiegend mit Nebenrollen abfinden; als er 1941 im Krieg fiel, erschien im ›Film-Kurier‹ nur eine knappe Notiz. Karriere durch die Partei oder Anbiederung bei den Machthabern – so etwas mag in anderen Bereichen funktioniert haben, bei Regisseuren und Darstellern war das ein wenig diffiziler. Veit Harlans einst so vielversprechende Staatstheater-Karriere etwa erfuhr keine Neubelebung, nachdem im ›Völkischen Beobachter‹ sein Bekenntnis zum Nationalsozialismus abgedruckt worden war.

Noch 1928, in der zweiten Auflage seines Buches »Schauspieler und Schauspielkunst«, hatte Julius Bab ihn zum hoffnungsvollsten Nachwuchs gezählt. Anders als der verschlossene Mathias Wieman habe sich Harlan ohne nennenswerte Widerstände etabliert: »Leichter und freier im Geblüt und daher schneller im Aufstieg war Veit Harlan, der sich am Staatstheater von allerlei Jungensrollen schnell in die erste Reihe spielte, und bei dem eben bestehenden Mangel an begabten Jünglingen dort heute ungefähr die Stelle einnimmt, wo sonst der ›erste Liebhaber‹ stand. Das ist er nun freilich nicht. Ein großes Pathos wird sein unstraffer Körper sowenig wie seine nicht sehr musikmächtige Stimme hergeben. Vielleicht wird Wieman den klassisch großen Aufgaben einmal näher kommen als er. Aber einstweilen ist dieser junge Schauspieler […] doch sehr erfreulich in seiner freien Beweglichkeit, in der Frische seiner mannigfaltigen Einfälle, in der Echtheit seines Gefühls.«[53] Derartige Komplimente gehörten jetzt der Vergangenheit an, und das nicht nur, weil Harlan zu alt wurde, um noch als Naturbursche zu überzeugen. Allgemein waren robuste, proletarische Figuren nicht mehr gern gesehen. Carl Balhaus, Fritz Genschow, Aribert Mog – sie alle waren Musterarier, entsprachen voll und ganz dem Idealtypus deutschen Mannes, und ihre Karriere kam dennoch nicht voran, während dämonische oder melancholische Darsteller wie Willy Birgel und Mathias Wieman an die Spitze gelangten. Offensichtlich wollten die Zuschauer Stars sehen, die sie in eine ferne Welt entführten, und keine bodenständigen Typen, die es auch im Alltag gibt.

Charakteristiker des Bösen

Drei der bedeutendsten Bühnenregisseure Deutschlands wurden durch Hitlers Machtübernahme ins Exil getrieben: Max Reinhardt, Erwin Piscator und Leopold Jessner. Jessner hatte zuletzt mit Harlan »Die Räuber« inszeniert. Er gastierte noch in England, den Niederlanden, Belgien und Tel Aviv und ging in die USA, wo er 1945 starb. Dora Gerson, die fast ausschließlich an kleinen Bühnen spielte und somit für ihre lebhaften, witzigen Darbietungen nicht die verdiente Aufmerksamkeit erlangt hatte, war schon im August 1932 während eines Auftritts in der ›Katakombe‹ mit antisemitischen Pöbeleien konfrontiert worden; sie verließ Berlin rechtzeitig, trat zunächst in der Schweiz als Kabarettistin auf und ging dann mit der Gruppe ›Ping Pong‹ in die Niederlande, wo sie heiratete und zwei Kinder zur Welt brachte. Sie kehrte noch zweimal für Schallplattenaufnahmen und einen Kleinkunstabend des Jüdischen Kulturbundes in ihre Heimatstadt zurück. Lucie Mannheim, die sich der Gunst von Hermann Göring erfreute und zuletzt am Staatstheater 8 000 RM pro Monat verdiente, verzichtete auf ihr angebotene Sondergenehmigungen und emigrierte nach England, wo sie 1935 unter Alfred Hitchcocks Regie den Thriller *Die 39 Stufen* drehte.

Der populäre Rundfunksprecher Alfred Braun wurde im August 1933 ins KZ gesperrt. Er kam zwar bald wieder frei, aber die Vitalität, mit der er seine Zuhörer begeistert hatte, war für immer verloren. Mit Unterstützung von Leopold Lindtberg, Leonhard Steckel und Ernst Ginsberg erhielt er ein Engagement am Züricher Schauspielhaus. Doch er blieb nicht lange. Im September lehnte er eine Rolle in Friedrich Wolfs Drama »Professor Mamlock« ab, da er der Aufgabe, seine eigenen KZ-Erfahrungen nachzuspielen, emotional nicht gewachsen war. Die verständnislose Intendanz kündigte ihm, und nachdem er auch am Stadttheater Basel nicht heimisch werden konnte, ging er nach Ankara. Beim Versuch, 1939 nach London zu gelangen, blieb er in Deutschland hängen und hatte Glück im Unglück, da Veit Harlan ihn in seine Herstellungsgruppe aufnahm.

Der deutschnationale Fritz Lang, der sich während seiner Ehe mit Thea von Harbou nicht an deren rassistischen, chauvinistischen Dichtungen gestört und der im März 1933 mit Carl Boese, Viktor Janson und Luis Trenker die Regie-Gruppe der Nationalsozialistischen Betriebsorganisation (NSBO) gegründet hatte, änderte plötzlich seine Gesinnung und bestieg nach einer persönlichen Unterredung mit Joseph Goebbels einen Zug in Richtung Paris. Er hätte wahrscheinlich nichts dagegen gehabt, in Deutschland weiterzuarbeiten, aber die exponierte Stellung, die Goebbels ihm anbot, verlangte ein Bekenntnis zum Regime, das er so explizit nicht aufbringen konnte. In Paris ließ sich auch G. W. Pabst nieder, im Gegensatz zu Lang ein erklärter Humanist und als solcher den Nationalsozialisten ein

Dorn im Auge. 1938 wurde er vom Anschluß Österreichs überrascht, und ausgerechnet er sah sich genötigt, sein Talent dem NS-Kino zur Verfügung zu stellen.

Albert Bassermann, der aufgrund seines Status nicht jedes Engagement annehmen mußte, trat gleich 1933 in dem Nazi-Stück »Schlageter« auf. Werner Krauss wurde stellvertretender Präsident der Reichstheaterkammer und repräsentierte im Oktober 1933 das neue Deutschland anläßlich einer England-Tournee mit Gerhart Hauptmanns »Vor Sonnenuntergang«. Die ersten offen nationalsozialistischen Filme hatten eine renommierte Besetzung vorzuweisen: Heinrich George stellte sich für *Hitlerjunge Quex* zur Verfügung, Paul Wegener für *Hans Westmar*, Hans Albers für *Flüchtling*e. Im selben Jahr kam in Italien einer der wenigen offen faschistischen Filme heraus, *Camicia nera (Schwarzhemden)* von Giovacchino Forzano, und in Hollywood präsentierte Cecil B. DeMille *This Day and Age*, eine deutlich von Fritz Langs *M* inspirierte »ungesunde faschistische Parabel« (John Baxter), ein offenes Plädoyer für Selbstjustiz und Gewalt von der Straße. [1] Unter dem Titel *Revolution der Jugend* erlebte *This Day and Age* am 3. Januar 1934 seine deutsche Premiere im Berliner Mozartsaal, angekündigt mit dem Slogan: »Jahrhundert der Jugend! Überall kämpfen junge Menschen, stürmen und siegen. Ein gigantisches Thema.«

Da zur Zeit der Machtergreifung auch deutsche Künstler aus Karrieregründen nach Hollywood gezogen waren, fiel das politisch motivierte Exil weniger ins Gewicht. Wilhelm Dieterle und Lil Dagover arbeiteten bei Warner Brothers, Marlene Dietrich und Dorothea Wieck bei der Paramount, Lillian Harvey bei der Fox und Wera Engels bei RKO Radio. Der Produzent Paul Kohner arbeitete von seinem Exil aus mit Luis Trenker zusammen, dem männlichen Gegenstück zu Leni Riefenstahl.

Trotz der zahlreichen nicht emigrierten Talente stand das Regime unter Rechtfertigungsdruck, verunsichert und darauf bedacht, offene Bekenntnisse von Künstlern zum Nationalsozialismus zu sammeln. Solch ein Bekenntnis war von Veit Harlan zu lesen und erschien im ›Völkischen Beobachter‹ am 5. Mai 1933. Der Artikel hieß »Deutsche Künstler fanden zum Nationalsozialismus«. Er basierte auf einem Gespräch, das die Journalistin Charlotte Koehn-Behrens mit Harlan geführt hat – oder geführt haben soll, denn bewiesen werden konnte die Authentizität des Interviews nie. Selbst in demokratischen Staaten werden fingierte Interviews gedruckt, auf die immerhin mit einer Gegendarstellung reagiert werden kann. Nachdem ich 1994 in einer Buchrezension einige politisch dubiose Passagen in Marta Mierendorffs William Dieterle-Biographie beanstandet hatte, versicherte die Autorin mir gegenüber in einem Brief, die entsprechenden Passagen seien ohne ihr Wissen von den Lektoren hinzugefügt worden. [2] Was in demokratischen Staaten möglich ist, gehört in einer Diktatur zum Alltag.

Im Mittelpunkt des Artikels stand Harlans andauernde Treue zu seinem Vater, der in der Jugend Offizier gewesen sei (was überhaupt nicht stimmt) und wie die gesamte Familie den Begriffen Gott, König und Vaterland gedient habe. Laut diesem Artikel ist Walter Harlan wegen seiner nationalen Gesinnung von jüdischen und marxistischen Gegnern angegriffen worden, die versucht hätten, ihn als Vorsitzenden des Verbands Deutscher Bühnenschriftsteller und –komponisten zu stürzen. Im Eden-Hotel habe Harlan bei einer großen Versammlung eine flammende Rede für Deutschland gehalten, während der er plötzlich tot umgefallen sei. Ausgerechnet dem an Harlans Tod schuldigen Hans J. Rehfisch sei die Grabrede anvertraut worden. (Was auch nicht stimmte: Julius Bab hielt sie.) Neben Rehfisch führte der Artikel zwei weitere ›jüdische Schurken‹ an: Fritz Kortner, der die Ehre von Hilde Körber verletzt, und Alfred Kerr, der gegen Harlan gehetzt und seinem Ansehen als Schauspieler geschadet habe. (Natürlich konnte kein Satz zitiert werden: Kerr hatte sich überwiegend positiv zu Harlan geäußert.)

Gegenüber Freunden wie dem Schauspieler Berthold Ebbecke und Francesco von Mendelssohn, den er 1936 noch einmal traf, konnte Harlan das Interview dementieren. Eine offizielle Gegendarstellung war bei der NS-Presse nicht möglich. Selbst einige Bekannte Harlans, unter ihnen der Regisseur Erich Engel, hielten es nicht für nötig, am Wahrheitsgehalt des Interviews zu zweifeln. Im Harlan-Prozeß gab Engel allerdings zu, sich nicht ernsthaft für eine Klärung des Falls interessiert zu haben.

Für Hans J. Rehfisch spielte es keine Rolle, ob das Interview in dieser Form wirklich stattgefunden hat; ihm genügte es, daß seine Wohnung von der SA aufgebrochen und durchsucht worden war. Davon habe er erfahren, nachdem er bei einem Aufenthalt in der Tschechoslowakei einen ›Völkischen Beobachter‹ gelesen und daraufhin Freunde in Deutschland angerufen hatte. (Gegenüber Hans Schwab-Felisch gab Rehfisch an, er habe den ›Völkischen Beobachter‹ am 16. April 1933 gelesen – also fast einen Monat, bevor die kompromittierende Ausgabe erschienen ist. Solche widersprüchlichen Angaben erschweren die Überprüfung dieses Falls aber nur noch mehr.) Er beschloß, nicht mehr zurückzukehren. Sein gemeinsam mit E. O. Eis unter dem Pseudonym George Turner verfaßtes Schauspiel »Wasser für Canitoga« wurde jedoch unter Fritz Holls Regie am Theater am Kurfürstendamm aufgeführt und 1939 von Herbert Selpin mit Hans Albers für die Bavaria verfilmt.

Eine weitere, von dem Interview abweichende Version erzählt Veit Harlan in seiner Autobiographie. Sein Vater sei auf der Versammlung im Eden-Hotel nach einer flammenden Rede tot zusammengebrochen, »weil sein Herz es nicht ausgehalten hatte, daß eine bösartige Clique ihn in verlogener Weise als Antisemit angegriffen hatte, nur um ihn auf diese Weise als Vorsitzenden zu stürzen. In dieser Rede hatte mein Vater alle Gründe dargelegt, die bewiesen, daß er ein ausgesprochener Philosemit war. Dann hatte er angewidert seinen Posten niedergelegt, wohl weil er fühlte, daß er gegen diesen Unflat nicht ankommen könne.«[3]

Den Künstlern, die zu bleiben beabsichtigten, erklärte Joseph Goebbels seine Vorstellung von einem mustergültigen nationalsozialistischen Film. In seiner neuen Eigenschaft als Reichsminister für Volksaufklärung und Propaganda stellte er sich am 28. März 1933 im Berliner Kaiserhof vor und nannte seine Favoriten. Es handelte sich um Sergej M. Eisensteins *Panzerkreuzer Potemkin* (»Wer weltanschaulich nicht fest ist, könnte durch diesen Film zum Bolschewisten werden«), die Tolstoi-Adaption *Love* mit Greta Garbo als Anna Karenina (»eigene filmische Kunst«), Fritz Langs und Thea von Harbous *Nibelungen* sowie den Luis-Trenker-Film *Der Rebell*. Goebbels' Erwähnung von *Love* zeugt von seiner Vorliebe fürs Star-Kino. Daß zu den Stärken des NS-Kinos Hymnen an schöne Frauen gehörten, läßt sich auf Goebbels' Einfluß zurückführen.

Sergej M. Eisenstein wies die Anerkennung durch Goebbels mit einem offenen Brief in der ›Literaturnaja Gazeta‹ vom 22. März 1934 empört zurück. »Wie wagen Sie es, Ihre Kinematographie zur wahrheitsgetreuen Darstellung des Lebens zu rufen, ohne sie zu beauftragen, vor allem die Qualen der Tausenden in den unterirdischen Katakomben eurer Gefängnisse, in den Kasematten eurer Zuchthäuser Schmachtenden und zu Tode Gemarterten in die Welt zu schreien?«[4] Dabei war Eisenstein der letzte, der dem deutschen Film von 1933/34 fehlende Realitätsnähe vorwerfen durfte. Seine eigenen Filme versuchten erst gar nicht, den Alltag der sowjetischen Arbeiter und Bauern einzufangen, denn die Weltfremdheit der Regierenden wurde von den Künstlern geteilt. Von der Verletzung der elementarsten Menschenrechte in seinem Land hat Eisenstein entweder nichts wissen wollen, oder er befürchtete als ehrgeiziger Künstler berufliche Kaltstellung. Seinen Opportunismus belegt eine Ansprache, von der die ›New York Times‹ am 19. Februar 1940 berichtete: In einem Radiosender der Komintern engagierte sich Eisenstein für eine stärkere Zusammenarbeit der Sowjetunion mit Nazi-Deutschland [5], und er inszenierte Richard Wagners Oper »Die Walküre« am Bolschoi-Theater.

In einem wesentlichen Punkt haben die NS-Filmemacher nicht von Eisenstein gelernt. Bei ihm blieben die Bösen fast immer am Leben, sogar unverletzt. Auf der Treppe von Odessa sterben nur Unschuldige, und auch der fiese Kulak in *Das Alte und das Neue/Die Generallinie* wird nicht bestraft. Es gibt keine Beruhigung, keine Erlösung, dadurch staut sich Wut beim Zuschauer, der alles daran setzt, die Bestrafung nach Verlassen des Kinos selbst durchzusetzen. Von wenigen Ausnahmen wie *Hitlerjunge Quex* oder *Die Rothschilds* (1940) abgesehen, sind die ›Bösewichte‹ im NS-Film nicht ungestraft davongekommen.

Das Staatstheater Berlin bekannte sich schnell zu den neuen Machthabern. Ende März 1933 kam Maxim Zieses Weltkriegsdrama »Siebenstein« unter der Regie von Jürgen Fehling heraus, mit Bernhard Minetti, Lothar Müthel, Maria Koppenhöfer, Harlan und Hilde Körber. »Ziese galt als Nazi«, erinnerte sich Bernhard Minetti; »Fehling hat es merkwürdigerweise nicht gemerkt, ich erst recht nicht. ... Es gab ja eine seltsam untergründige, gleichwohl sichtbare Verbindung zwischen den Weltkriegssoldaten und den Nazis, als wären sie

Lothar Müthel, Hilde Körber, Bernhard Minetti und Veit Harlan in *Siebenstein*

der gesuchte mythische Untergrund für die Bewegung Hitlers: diese arbeitete mit der Mystik der Front, des Kämpfers.«[6] Knapp faßte Herbert Jhering die Botschaft des Stückes zusammen: »Die Kriegsgeneration wehrt sich gegen zwei Friedensgenerationen. Gegen die Verdiener und Posteninhaber, gegen die Schieber und Genießer.« Harlan war der Freischarführer Georg, ein junger Mann, »der die glatte und laute Nachkriegsgeneration vertritt ... Veit Harlan als Gegenspieler erreichte Momente von gesammelter Energie. Er hatte sich in der Gewalt und sprach manchmal, besonders auf der Bank im dritten Akt, ausgezeichnet. Hilde Körber, die früher oft gleichgültig neben der Rolle zu spielen schien, steht in einer neuen künstlerischen Entwicklung. ... Sie war prachtvoll.«[7]

Ideologische Eindeutigkeit konnte man Zieses Stück aber nicht attestieren, bei dem es sich – ähnlich wie bei Gustav Ucickys U-Boot-Drama *Morgenrot* – um ein Werk des Übergangs handelte. Dagegen blieben bei »Schlageter« keine Fragen mehr offen. Das nationalsozialistische Drama von Hanns Johst erlebte am 20. April seine Erstaufführung unter der Regie von Franz Ulbrich, der sich als Nachfolger von Leopold Jessner und Ernst Legal mit Johst die Intendanz des Staatlichen Schauspielhauses teilte; beide sind dann im Oktober von Gustaf Gründgens abgelöst worden. Der Held des Stückes, Albert Leo Schlageter, war Student der Nationalökonomie und seit 1922 Mitglied der NSDAP. Nach einem Anschlag auf die Bahnlinie Düsseldorf-Duisburg ist er von einem französischen Kriegsgericht zum Tode verurteilt und im Mai 1923 hingerichtet worden. Pünktlich zu Hitlers 43. Geburtstag konnte das Stück über den nationalsozialistischen Märtyrer der Öffentlichkeit vorgeführt werden. Lothar Müthel verkörperte die Titelrolle; Albert Bassermann und Bernhard Minetti wirkten mit, ebenso Emmy Sonnemann, die zukünftige Frau Göring. In der Rolle des Friedrich Thiemann sprach Veit Harlan den Satz »Wenn ich Kultur höre, entsichere ich meinen Browning«.

Paul Fechter stellte fest: »Im Parkett und auf den Rängen ein völlig neues Publikum; die alte Premierengesellschaft des bisherigen Staatstheaters ist bis auf wenige Reste verschwunden.«[8] Über Veit Harlan schrieb die ›Frankfurter Zeitung‹, er führe »im ersten Akt die Gegenrede des Aktivisten mit der burschikosen Leidenschaft, die man aus der ersten Szene der ›Räuber‹ kennt«.[9] Im Rahmen der Aufführung war Harlans Rolle so unbedeutend wie die des Volumnius in »Julius Caesar«. Diese Inszenierung, mit der die Spielzeit 1933/34 eröffnet wurde, präsentierte Walter Franck in der Titelrolle, Bernhard Minetti als Octavius Caesar, Lothar Müthel als Marcus Antonius, Friedrich Kayßler als Brutus, Albert Lieven als den jungen Cato, Lina Lossen als Calpurnia und Emmy Sonnemann als Portia.

Dazwischen gab es eine dankbare Rolle für Harlan in Hans Christof Kaergels Drama »Andreas Hollmann«, das die Probleme der deutschen Minderheit in der Tschechoslowakei behandelte. Als hitzköpfiger Bauernsohn

Johannes Hollmann will sich Harlan nicht damit abfinden, daß er dem tschechischen Militär dienen soll und die kleinen Kinder auf tschechische Schulen gehen müssen, während deutsche Schulen geschlossen werden. Sein Vater (Walter Franck) vertritt dagegen die Auffassung, daß man immer dem Gesetz dienen muß, daß Probleme zwischen Deutschland und der Tschechoslowakei nur auf gesetzlichem Wege geregelt werden dürften. Dem ›Völkischen Beobachter‹ mißfiel die ausgewogene Haltung des Autors, der die politischen Verhältnisse so hinnahm, wie sie waren, statt sie anzuprangern. Harlans Spiel ist wieder einmal, hier von Herbert Jhering, als »sehr echt« empfunden worden[10]; er »gab dem Sohn die untheatralische Farbe des Lebens«[11] und »durfte als ein halbstarker Bauernjunge still sein, verhalten aufbegehren und herzlich weinen.«[12] Dem ›12-Uhr-Blatt‹ gefiel er ganz besonders gut: »Als Sohn eine Meisterleistung: Veit Harlan. Ein Schauspieler, der immer wieder durch seine Wandlungsfähigkeit erstaunt und überzeugt.«[13] Maria Koppenhöfer, zwei Jahre jünger als Harlan, spielte seine Mutter, und Mathilde Sussin war in einer Nebenrolle mit dabei. Obwohl Jüdin, durfte sie im dritten Monat nach Hitlers Machtergreifung noch am Staatstheater auftreten, doch bald wurde ihr gekündigt, und es folgte der übliche Leidensweg, das übliche Ende.

Von der lustigen Seite wurde das Landleben in Emil Rosenows Komödie »Kater Lampe« geschildert, das Franz Ulbrich am Schiller-Theater einrichtete. Harlan verkörperte einen Schnitzergesellen. Dafür mag er mit seinen 34 Jahren zu alt gewesen sein, doch die Qualität der Darstellung ließ das vergessen, und die Kritiker lobten ihn dafür, daß er den Schwank mit ernsten Zwischentönen versah. »Ein Lichtblick: Veit Harlan. Ein buckliger, gedrückter Proletarier, der seine Aggressivität nicht verliert und sie in Witze, in Hohn umsetzt. Harlan macht daraus einen Kerl, dessen Gefühle und Gedanken nie die letzte Offenbarung gewinnen, einen Menschen, der sich immer nur andeutend gibt, der die letzte Freude und das letzte Leid nie ganz ausgibt, ein Krüppel, in dem der schleichende unberechenbare Dämon lebt, eine wahrhaftige, interessante Figur.«[14] »Sehr wirksam diese plötzlichen Übergänge vom Komischen ins Unheimliche«, hob ›Der Montag‹ hervor.[15] Dietzenschmidt vom ›Berliner Tageblatt‹ fand ihn »so eindringlich, daß wir das stubenblasse, scheue, lauernde, gekuschte und aufbegehrende Gesicht nicht oder nie vergessen werden«.[16] Nur selten erhielt Harlan die Gelegenheit, introvertierte, melancholische Charaktere zu verkörpern. Immerhin ist mit *Stradivari* ein Film erhalten, der diese ungewohnte Seite für alle Zeiten festgehalten hat.

Zu den Nebendarstellern von »Kater Lampe« gehörte die Kabarettistin Ursula Herking, die bald in der ›Katakombe‹ Furore machen sollte und schon jetzt in Schwierigkeiten steckte. Bei einem Spaziergang mit ihrem Verlobten Robert Michael und ihrem Kollegen Kurt Waitzmann hatten SA-Männer das

Feuer eröffnet und Waitzmann schwer verletzt; Michael wurde verhaftet und Ursula Herking zur ›persona non grata‹ an deutschen Bühnen. Franz Ulbrich, einer jener ›netten Nazis‹, die bei Gelegenheit ein Auge zudrückten, holte die Herking ans Staatstheater und ermöglichte ihr einen Wiedereinstieg ins Kulturleben. Sie gehörte auch zur eindrucksvollen Besetzung von Hanns Johsts Luther-Stück »Propheten«, die aus Lothar Müthel, Friedrich Kayßler, Bernhard Minetti, Heinrich George (als Martin Luther), Lucie Höflich, Lina Lossen, Maria Koppenhöfer und Walter Franck bestand. Jürgen Fehling führte Regie.

Das bereits 1921 geschriebene Schauspiel hatte, wie sich Bernhard Minetti erinnerte, »schon völkisches Vokabular. Der junge Luther sollte jetzt Ausdruck sein für die endlich gelungene, nationale Revolution ... Die Aufführung war radikal und bildnerisch unerhört kühn. Zadek oder Neuenfels könnten heute nicht radikaler sein. Vielleicht war es die letzte, die ahnen ließ, was der deutsche Expressionismus auf dem Theater einmal war. Jürgen Fehling [...] entfesselte noch einmal ekstatische Szenen.« [17] Minettis Einschätzung der ideologischen Schwächen und künstlerischen Stärken der Inszenierung wird von der zeitgenössischen Kritik bestätigt: »Luther in seinen Prüfungen, Deutschland in seiner Not, Luther, der siegt, und Deutschland, das erwacht, Führer und Volk – das ist der tiefe Sinn von Johsts Bildern.« (Ludwig Sternaux) [18] Ein »Theater, wie man es sich ungehemmter und jugendfrischer kaum vorstellen kann. ... Das ist weder ›Expressionismus‹ noch ›Naturalismus‹, sondern eine Synthese von beidem, in der das Magische, Seelische kochend brodelt und die Zuschauer erregt. ... Es geht um die innere Erregung des Zuschauers, die Aufpeitschung seines Gefühls. ... das stärkste Aufführungserlebnis seit langer Zeit.« (Bruno E. Werner) [19]

Fehling ließ seinen sadistischen Gefühlen freien Lauf. Wenn Lucie Höflich als Hexe verbrannt wurde, mutete er dem Ohr seiner Zuschauer das Knistern der Flammen und die Schreie des Opfers zu. Sogar die Riechorgane des Publikums wurden angegriffen, wie sich Ursula Herking erinnerte: »Auf sechs Pechpfannen verkohlte Pferdefleisch. (Die verbrannten Ketzer!) Bis hinauf zur Führerloge stiegen die Rauchschwaden. Alles hustete. Keiner verstand ein Wort. Es war eine gewaltige, naturalistische, echte, stinkende Meiningerschau. Die ›Meininger‹ sind ein Begriff in der Theaterwelt. Der Herzog von Meiningen [...] hatte als erster Theaterfürst einen echten Misthaufen auf die Bühne karren lassen. Wir hatten keinen Mist, aber das verbrannte Pferdefleisch der Ketzer war mindestens genauso wirksam.«[20] Schon wieder eine Inspiration für Harlan, der als Filmregisseur auch gern seinem Sadismus (im Namen des Realismus) freien Lauf ließ. Die theologischen Auseinandersetzungen, hier zwischen George und Minetti, fanden sich in Harlans *Jugend* wieder, Minetti trat als Luther in *Das unsterbliche Herz* auf, und Luther wurde in *Jud Süß* zitiert.

90

Zu den interessantesten Nebenfiguren gehörte ein junger Jude, Isaak – »Veit Harlan spielte ihn einprägsam«[21] –, der mit seinem Schwiegervater Baruch (Albert Florath) im Wald von einem Ritter überfallen wird. »Man hetzt die Sau ... und trifft den Juden. Wo ist das Geld?« fragt der Antisemit vom Pferd aus. Kurz darauf wird Isaak von einem Lynchmob gehängt. Dem Schwiegervater wird, als er sein Entsetzen zum Ausdruck bringt (»Es ist nicht leicht ein Jude zu sein in diesem harten Lande«[22]), ein Spaten auf den Kopf geschlagen. Baruchs Schwester Rahel (Maria Koppenhöfer, »erschütternd im Klang«[23]) weiß nicht mehr weiter und wird von einem barmherzigen Christen aufgenommen.

In welcher Absicht Hanns Johst die Judenszenen auch geschrieben haben mag – die Biographien von Fehling und Koppenhöfer lassen keine Fragen mehr offen. Fehling hatte gerade seine Gefährtin Lucie Mannheim verloren, mit der er einige Zeit lang den Kontakt aufrechterhielt, bis ihm die Ausreise verweigert wurde; Maria Koppenhöfer war mit dem jüdischen Spielleiter Julius Halewicz verheiratet, der bald ins Exil ging, und mußte das gemeinsame Kind während des Krieges aus Angst vor der Deportation verstecken.

Bei der Ufa-Großproduktion *Flüchtlinge* wurde Harlan eine ergiebige Nebenrolle anvertraut. Das Drehbuch stammte von Gerhard Menzel, der mit dem Regisseur Gustav Ucicky das erfolgreichste und beständigste Autor-Regisseur-Gespann der ersten zwei Tonfilmjahrzehnte bildete. Die Handlung von *Flüchtlinge* spielt 1928, im Krieg um die Mandschurei. Aus Rußland geflohene Wolgadeutsche versuchen, quer durch China bis ans Meer und von dort nach Deutschland zu gelangen. Sie werden gefangengenommen, mit einem Netz überdeckt und wie Tiere auf Lastautos gezerrt. Der Ingenieur Laudy (Eugen Klöpfer), durch Malaria geschwächt, kann seine Landsleute nicht mehr richtig führen, aber zur Freude seiner Schwester Kristja (Käthe von Nagy) betritt der Instrukteur Arneth (Hans Albers) die Szene und richtet die zerstrittene Gruppe wieder auf. Er hilft ihnen einen Zug zu organisieren und die Gleise zu reparieren und führt seine Landsleute schließlich in letzter Sekunde in die Freiheit. Ein sowjetischer Politkommissar (Andrews Engelman) war kurz davor, die Flüchtlinge aufzuspüren und zu liquidieren.

Das Drehbuch enthielt Dialoge, die schon in dem von Menzel verfaßten U-Boot-Klassiker *Morgenrot* zu vernehmen waren. Albers zu seiner Partnerin Käthe von Nagy: »Beten kann ich nicht, aber für etwas sterben kann ich!« Darauf erwidert sie: »Auch das ist ein Gebet, und ein sehr schönes.« *Flüchtlinge* wurde am 8. Dezember 1933 uraufgeführt und gefiel nicht nur dem Publikum. Es war ein Film, stellte die ›Licht-Bild-Bühne‹ fest, »der uns die deutsche Ohnmacht der 14 letzten Jahre so deutlich macht, wie sie noch kein Film bislang uns nahegebracht hat«. Der von Hans Albers verkörperte Held gewinnt seine Liebe zu Deutschland zurück, »dem er entfremdet war, das er verachtete, weil er das Winseln um Gnade, das Betteln um gute Miene der

Republik nicht ertrug ... Ein starker Film, ein packender Film, ein wahrhaft deutscher Film ist so entstanden.«[24]

»Mit *Flüchtlinge* ist plötzlich der ›neue Film‹ da, der seit der nationalsozialistischen Revolution gefordert und erstrebt wird«, jubelte Dr. Oskar Kalbus und fügte hinzu: »Dieses Filmwerk ist vom ›neuen Geist‹ getragen, denn es verkörpert die hohen sittlichen Ideen des Selbsthilfe- und des Führerprinzips.«[25] Nicht weniger begeistert war der ›Film-Kurier‹: »Es ist der größte Film des Jahres! Wir haben ihn nötig wie unser täglich Brot ... So geborgen fühlt man sich unter dem Führer Hans Albers, der mit diesem Film beweist, daß er ein Darsteller von höchstem Format ist ... Die zehn oder zwanzig Wolgadeutschen« seien »ein Mikrokosmos, Symbol des zerrissenen Deutschlands, durch den Willen des Führers zu einer Einheit zusammengeschmiedet ... Das ist Führertum vom Blut her! ... Ganz groß der von Veit Harlan gestaltete Moment, wo dieser von Durst wahnsinnig gewordene Mensch das kostbare Wasser der Maschine angreifen will. Von der die anderen rettenden Kugel getroffen, fällt er nach vorn, sein verdurstender Mund in die Wasserlache, die ihn erstickt. Wasser! Wasser! Eine der fürchterlichsten und qualvollen Szenen dieses Films ... Dieser Film ist ein Weihnachtsgeschenk im Revolutionsjahre 1933.«[26]

Flüchtlinge erwies sich als der erfolgreichste deutsche Film der Saison 1933/34, noch vor Karl Hartls utopischem Abenteuerfilm *Gold* (ebenfalls mit Hans Albers) und Carl Froelichs niederdeutschem Schwank *Krach um Jolanthe*. Die packende Handlung sprach nicht nur Deutsche an: Unter dem Titel *Au bout du monde* wurde sogleich unter der Regie von Henri Chomette eine Version für den französischen Markt hergestellt, die im März 1934 im Pariser Cinéma des Miracles herauskam. Pierre Blanchar spielte die männliche Hauptrolle, während Veit Harlan durch René Bergeron ersetzt wurde.

Von dem ausgezeichneten Komponisten Herbert Windt im Stich gelassen, der sich mit einer Vorspann- und einer Schlußmusik begnügt, leidet *Flüchtlinge* unter einigen toten Punkten. Der Film ist jedoch durchweg imponierend ausgestattet und ausgeleuchtet. Schauspielerisch ragen Maria Koppenhöfer und Veit Harlan heraus. Sie hat unvergeßliche Momente als verzweifelte Wolgadeutsche, die, um ihren in Moskau festgehaltenen Mann wiedersehen zu können, den steckbrieflich gesuchten Laudy denunziert – und somit auch die anderen Deutschen. Dabei erscheint sie bei aller Tragik ihrer Figur nicht hilflos, sondern als den Rahmen sprengende Tragödin mit übernatürlichen Kräften. Harlan in der Rolle des Mannlinger wiederum übt sich als »Charakteristiker des Bösen, des Hassenswerten«, wie ihn der ›Film-Kurier‹ ein Jahr darauf bezeichnen sollte; zwar stirbt er schon nach einem Drittel des Films durch Hans Albers' Kugel, doch bleibt er durch die Erwähnung seines Namens weiterhin präsent. Ucicky benötigte für die Helden Albers und Klöpfer einen starken Gegenspieler, dem man es abnimmt, daß er die Flüchtlinge auf seine Seite zieht (»Die ganze Kompanie hört auf mein Kommando«, brüllt er) und die Rückkehr nach Deutschland sabotiert. In Harlan fanden sie ihn.

Nachdem die Wolgadeutsche die Flüchtlinge vor ihrer Weiterreise gewarnt hat, reagiert Mannlinger als erster: »Habt Ihr das gehört? Da blüht uns ja noch allerhand!« Als die Flüchtlinge sich in einem abgestellten Zug niederlassen und der Zug beschossen wird, bekommt Mannlinger einen Anfall: wie ein Säugling zieht er, auf dem Rücken liegend, die Beine an, bis hoch zur Brust, und muß von den anderen unter großen Mühen beruhigt werden. Sein Hauptinteresse gilt im folgenden dem Wasser. Fieberhaft sucht er es, als handle es sich um Gold; beim Versuch, Wasser zu trinken, stirbt er, und er bleibt in der Lache liegen. Harlan stirbt einen spektakulären Filmtod in dem Element, dem er als Regisseur kontinuierlich huldigen sollte.

Grund zum Jubeln gab es ansonsten kaum in dieser Übergangsphase des deutschen Films, als alte Kräfte vertrieben und neue noch nicht etabliert waren. Für die wenigen Lichtblicke sorgten in den Jahren 1933/34 Luis Trenker *(Der verlorene Sohn)*, Willi Forst *(Maskerade)*, Arnold Fanck *(Der ewige Traum)*, Reinhold Schünzel *(Die englische Heirat)*, Curt Oertel und Hans Deppe *(Der Schimmelreiter)*, aber die Kinos waren auf Auslandsprodukte angewiesen. Zu denen gehörte Mervyn LeRoys *Ich bin ein entflohener Kettensträfling*, eine mit dokumentarischen Mitteln inszenierte Anklage gegen soziale Ungerechtigkeit. Dem Hauptdarsteller Paul Muni lieh für die deutsche Synchronfassung Veit Harlan seine Stimme.

Der erhielt nach *Flüchtlinge* eine weitere dankbare Nebenrolle, wieder unter der Regie eines Ungarn. Der *Fridericus*-Schöpfer Arsen von Cserepy mußte inzwischen kleinere Brötchen backen und begann im Januar 1934 mit der Arbeit an einem bescheidenen Kriminalfilm, der im Jahr 1931 spielte und *Das Mädchen mit Prokura* hieß. Gerda Maurus verkörperte eine Prokuristin, die verdächtigt wird, den Direktor ihrer Bank ermordet zu haben und Harlan den wahren Täter. Daneben spielte er den Jerome in Benito Mussolinis und Giovacchini Forzanos Drama »Hundert Tage«, das Max Reinhardt gern noch inszeniert hätte, bevor er ins Exil getrieben wurde, und das jetzt der vorübergehende Staatstheater-Intendant Franz Ulbrich einrichtete. Werner Krauss spielte den Napoleon und Gustaf Gründgens den Fouché. Mit Krauss und Gründgens ist das Stück kurz darauf auch verfilmt worden, allerdings ohne Harlan. Der erlebte dafür nach der Uraufführung des Cserepy-Krimis einen persönlichen Triumph und erhielt die besten Kritiken seiner Karriere als Filmschauspieler.

Das Mädchen mit Prokura ist in der Presse unvorteilhaft mit zwei amerikanischen Gerichtsdramen verglichen worden, Bayard Veillers *Mordprozeß Mary Dugan* (1929) und Josef von Sternbergs *Eine amerikanische Tragödie* (1931), sowie den Kriminalfilmen des mittlerweile emigrierten Alfred Zeisler

(Der Schuß im Tonfilmatelier, 1930; *Schuß im Morgengrauen*, 1932). Immerhin kam Harlan gut weg. Der ›Film-Kurier‹ meinte, »aus dem groß eingeführten Zeitgemälde« sei »nun doch nur ein dramatischer Kriminalfilmschabernack mit sichtlich amüsiertem Schwurgericht geworden«, aber es gebe eine interessante Nebenfigur, den von Veit Harlan gespielten wirklichen Mörder. Eine »berlinernde Gangsterfigur aus Dostojewskys Totenhaus steht rahmensprengend im Filmende … Hier ein Erbe des früheren Werner Krauss. Gewiß pathologisch, nicht gesund, – aber wir brauchen auch kräftige Charakteristiker des Bösen, des Hassenswerten. Harlan ist unglaublich vital. Wie schon gesagt: man muß seinen Schwartzkopf zu den großen Gestalten eines Dostojewsky-Buches legen.«[27]

Die ›Licht-Bild-Bühne‹ teilte diese positive Einschätzung: »Endlich Veit Harlan, ein trocken berlinernder Botenmeister, wie er im Buche steht, der sich von Anfang an bereits in episodischen Auftritten auffallend in den Vordergrund spielt und am Schluß beim Geständnis seiner Tat von geradezu erschütternder Ausdruckskraft ist.«[28] In der Zeitschrift ›Der Film‹ hieß es, die Figur des Bankhaus-Laufjungen Schwartzkopf werde »nicht nur durch die stoffliche Vorschrift«, sondern »zum allergrößten Teil durch das Können […] zu beispielloser Darstellerkunst in den Mittelpunkt gerissen. Unglaublich erschütternd das Gestammel vor dem Richter, das keine Entschuldigung seiner Tat ist. Es ist die Anklage der Menschengier nach Geld.«[29] Die ›Deutsche Filmzeitung‹ fand Veit Harlan »echt, echter als jeder in diesen Rollen vor ihm. Die Charakteristik seines Spiels überzeugt.«[30] Die ›Filmwoche‹ nannte ihn einen Darsteller, »den man viel mehr im Film sehen sollte«; sein Spiel sei von »einer erschütternd dumpfen Menschlichkeit«. [31] Cserepy und Harlan begannen umgehend mit den Dreharbeiten zu einer zeitkritischen Komödie aus dem Filmmilieu, die sich jedoch als so mißraten erwies, daß sie fast ein Jahr lang zurückgehalten werden mußte.

Sogar im Rahmen der Leichten Muse erschien Veit Harlan schlechtgelaunt, so etwa als Enrico Tortoni in der Operette *Gern hab ich die Frauen geküßt.* ›Der Film‹ stellte zu dem mißmutigen Nebendarsteller fest: »Veit Harlan sieht zuerst sehr böse aus. Er verrät auch aus Eifersucht die Flucht des Geigers mit Bella an toscanische Gendarmen. Um zum Schluß mit philosophischerhabener Menschenkenntnis das Heimfinden einer Verirrten in den Schoß der nomadisierenden Schauspielertruppe zu ermöglichen.«[32] Der ›Film-Kurier‹ beklagte sich, Harlan habe »egalweg eifersüchtig zu sein, man erwartet von ihm immer eine große Intrige, so hintergründig zieht er die Brauen zusammen«. [33]

Im Sommer 1934 fand dann endlich die deutsche Uraufführung von *Taifun* statt: *Polizeiakte 909* hieß er jetzt, angereichert mit neuen Szenen, die die Japaner in einem negativeren Licht zeigten. Passable Erfolge in der Provinz hatten die Terra-Produktion dazu gebracht, den Film in Berlin zu starten, allerdings in einer stark geschnittenen Fassung ohne Nennung des Regisseurs. Die Kritiken waren vernichtend. »Der Mut der Terra, den unter dem Titel *Taifun* gedrehten und nachher verbotenen Film nach gewaltiger Scherenarbeit doch noch auszuwerten, muß verblüffen«, schrieb ›Der Film‹. »Was man bisher aus anderen Anlässen tat, nämlich ältere Filme zum Gaudium des Publikums noch einmal vorzuführen, geschieht hier mit vollem Ernst ... ›Der Fall Tokeramo‹, wie der Untertitel des Films heißt, läuft in den ersten Fußspuren des Kriminal-Tonfilms ... Der Dialog steht im Vordergrund. Es wird viel geredet, um den Zuhörer zu fesseln, was das Bild nicht vermochte.« Über Harlan urteilte der Rezensent: »Veit Harlan, düster, mit eckigen Backenknochen, als Japaner – eine vorzügliche Maske (nur: kein Japaner) ... Apropos Drehbuch: Verfasser ungenannt. Ebenso der Regisseur.« [34]

Bezüglich des Regisseurs war der ›Film-Kurier‹ besser informiert: »Man braucht über diesen für die Spielzeit 1932/33 angekündigten Film nicht viele Worte zu verlieren.« Es sei erkennbar, »daß der Regisseur Robert Wiene seine Darsteller ungehemmt drauflos spielen läßt. Mit dem Ergebnis, daß ein erheblicher Teil ursprünglich ernstgemeinter Dialoge unfreiwillig komisch wirkt«. [35] Die ›Licht-Bild-Bühne‹ berücksichtigte den »besonders langen Leidensweg durch die Zensur«, fand aber auch so, daß *Polizeiakte 909* nicht einmal ein guter Durchschnittsfilm sei. »Schade um die Darsteller, die nicht verhindern konnten, daß man sie heute in einem derartigen Film sieht.« [36]

Eine weitere Enttäuschung erlebte Harlan, als er zum ersten Mal seit Hitlers Machtergreifung eine Hauptrolle am Staatstheater übernehmen durfte. Er variierte in Eugen Ortners Tragödie »Meier Helmbrecht« seinen Part aus dem »Londoner verlorenen Sohn«, ein in dem Jahr beliebtes Thema, von dem auch Paul Wegeners *Ein Mann will nach Deutschland* und Luis Trenkers *Der verlorene Sohn* handelten. Friedrich Kayßler stand Harlan als väterliche Autorität gegenüber. Das um 1250 spielende Stück war 1928 an den Münchner Kammerspielen uraufgeführt worden, mit Hans Schweikart, der Harlan schon bei drei weiteren Rollen zuvorgekommen war: 1920 als Hironari in »Taifun«, dann als Peter Mutz in »So und so, so weht der Wind« und als Alwa Schön in »Lulu«. In Berlin wurde »Meier Helmbrecht« verrissen. Bruno E. Werner hatte genug von all den »Literaturbauern, Salontirolern, mystifizierten Mecklenburgern und aus Schaubuden entlaufenen Oberbauern«. Die Aufführung habe unter den Mängeln des Dramas, seinen unstimmigen Dialogsätzen und ungeschickten Psychologisierungen sehr gelitten. [37]

Für das ›Berliner Tageblatt‹ war Harlan »ein herrlicher, verlorener Sohn, unvergeßlich sein in Leid verklärtes Antlitz« [38], aber Otto Ernst Hesse beklagte sich in der ›B.Z. am Mittag‹: »Die Hauptrolle, die des heimkehrenden Sohnes, ist falsch besetzt. Veit Harlan reicht für diese Gestalt nicht aus. Er vermag sie nicht zu entwickeln, er schwankt zwischen Lautheit und einem manchmal beinahe unbeteiligten Nichtdasein.« [39] Herbert Pfeiffer wiederum rühmte den Darsteller dafür, er habe den Sohn »in die Verwandtschaft Franz Moors« geführt. »Harlan, seit langem in keiner führenden Rolle sichtbar, hat jetzt die Position der kämpfenden, tragisch-dramatischen Charaktere endgültig erreicht.« [40]

Die Aufführung war hoch besetzt mit Lina Lossen, Käthe Gold, Hilde Weissner, sowie Bernhard Minetti und Franz Nicklisch als Harlans Kumpane, die Unheil auf seinem elterlichen Hof anrichten. Harlan empfand die Inszenierung als Tiefpunkt seiner Schauspielerlaufbahn: »Als ich in dem Stück ›Meier Helmbrecht‹ von Ortner neben Friedrich Kayßler und Käthe Gold die Hauptrolle spielte – quälte ich mich so sehr mit einem für meine künstlerischen Vorstellungen ›falschen Theaterspielen‹ ab, daß ich fest entschlossen war, von nun an selbst Regie zu führen.« [41] So gering muß sein Interesse an der Schauspielerei geworden sein, daß er sich nicht einmal mehr für bessere Komparsentätigkeiten zu schade war. Bei dem im Oktober gestarteten Musikfilm *Abschiedswalzer* ist er nicht im Vorspann genannt worden, und in detaillierten Besetzungslisten erscheint sein Name ohne Rollenangabe. Sybille Schmitz' Hosenrolle – sie trat als George Sand neben Wolfgang Liebeneiners Chopin auf – ist aus heutiger Sicht das interessanteste an dem Film, der seinerzeit als seriöser Versuch gewertet wurde, dem Kinopublikum klassische Musik nahezubringen.

Nicht zustande kam ein Projekt, das die Rota-Film AG im November 1934 ankündigte. Nach einem Drehbuch von Kurt Rupli sollten Heinrich George, Maria Andergast, Veit Harlan und Paul Mederow die Hauptrollen in einem dramatischen Film mit dem Titel *Sündflut* spielen. Standfotos sind bereits angefertigt worden. Wenn George – der der Initiator zu sein schien – von dem gleichnamigen Stück Ernst Barlachs inspiriert war, in dem er 1924 mit Harlan auf der Bühne gestanden hatte, dann durfte er das 1934 nicht mehr laut sagen, denn Barlach hatte längst als Bildhauer und Dichter Berufsverbot. Die Geschichte einer kleinen Siedlung, die durch die Sprengung eines Staudamms zerstört wird, hätte gut zu dem Regisseur gepaßt, der Harlan werden sollte. Er bekam zehn Jahre später in *Kolberg* die Möglichkeit, ein Dorf unter Wasser zu setzen. [42]

Wenn Harlan mal eine tragende Rolle spielen durfte, dann war der Film unbedeutend, diese leidige Erfahrung bestätigte sich nach der Uraufführung der Kriminalkomödie *Überfall im Hotel*, die kurz vor der Premiere in *Der Fall Brenken* umbenannt wurde. Der Kriminalfilm war im Dritten Reich eine Gattung, die die Drehbuchautoren vor besondere Schwierigkeiten stellte, denn im neuen Deutschland durfte es keine Verbrecher mehr geben; allein Herbert Selpin wagte es in seiner kompromißlos düsteren Dorftragödie *Heiratsschwindler/Die rote Mütze* (1937), ein zeitgenössisches deutsches Gefängnis von innen zu zeigen und einen soeben entlassenen Kriminellen bei seinen neuen Untaten zu beobachten. Aus Angst, dem deutschen Volk negative Rollenmodelle zu liefern und Anarchie zu verbreiten, verzichteten die Drehbuchautoren selbst bei Krimis, die im Ausland spielten, auf rasante Mabuse-Geschichten. Alles, was die Faszination des Verbrechens hätte vermitteln können, galt als volksgefährdend.

Im *Fall Brenken* spielte Harlan wieder die Rolle des unterprivilegierten Verbrechers. In einem Alpen-Hotel wird der Generaldirektor Brenken überfallen und mit Äther betäubt. Der Dieb hat wichtige Akten geraubt, nichts Geringeres als die Geheimbilanz der Brenken-Werke. Die Gäste werden verhört. Am Ende kommt heraus, daß der Überfall nur fingiert gewesen ist. Direktor Brenken hat sich von seinem eigenen Prokuristen ›überfallen‹ lassen, um dem Ausland die Freude am Kauf der Akten zu verderben. Der Prokurist hat außerdem die Bilanz frisiert, um ausländische Kunden abzuschrecken. Das wird vom Drehbuchautor nicht als Verbrechen, sondern als gute Tat gewertet, denn die Amerikaner wollten die Brenken-Werke stillegen, so aber bleiben Arbeitsplätze erhalten. »Wir wollen dem Autor Peter Ort auf seinen etwas primitiven volkswirtschaftlichen Gedankengängen nicht weiter folgen«, schrieb der ›Film-Kurier‹, entdeckte aber »eine ganze Reihe reizvoller Momente« und Spielmöglichkeiten für ein gut zusammengestelltes Ensemble. »Veit Harlan parodiert amüsant einen finsteren Filmschurken.«[43]

Wie man die Unabhängigkeit der deutschen Wirtschaft sichert, das konnte Harlan auf einem wesentlich höheren Niveau in seiner eigenen Regiearbeit *Der Herrscher* vorführen. Überhaupt dürften die Auftritte in bestenfalls mittelmäßigen Produktionen seinen Wunsch verstärkt haben, selbst die Verantwortung für einen Film zu übernehmen. Die Ernennung des gleichaltrigen Gustaf Gründgens zum Intendanten des Staatstheaters war ein Ansporn für Harlan, in seiner Karriere ebenfalls voranzukommen. Er sehnte sich nach mehr Macht, mehr Prestige, vor allem aber auch nach der Möglichkeit, eigene Ideen umzusetzen. Gründgens riet ihm zwar davon ab, Regisseur zu werden, denn Harlans »knabenhafte Intensität und Naivität« sei ungeeignet für die Regietätigkeit. [44] Der frustrierte, nicht mehr ernsthaft geforderte Schauspieler glaubte jedoch, daß ihm gerade diese Eigenschaft weiterhelfen würde, denn so konnte er unkonventionellere Entscheidungen treffen. Er bat Gründgens um bezahlten Urlaub und ging dann ans Theater am Schiffbauerdamm, schlechter bezahlt, dafür mit mehr Freiheiten ausgestattet.

Seinen Frauen war diese Bühne bestens vertraut. Dora Gerson hatte hier 1929 einen ihrer größten Erfolge bei der Kritik gefeiert, als Dirne in der Kollektivproduktion »Schlafstelle«. Und Hilde Körber spielte hier 1930 nicht nur die Dorothea in »Jud Süß«; sie gehörte auch mit Peter Lorre, Lotte Lenya, Heinz Rühmann und Theo Lingen zur illustren Besetzung von Valentin Katajews »Quadratur des Kreises«, inszeniert von dem Debütanten Francesco von Mendelssohn. Bei Ernst Josef Aufricht, dem die Direktion des Hauses oblag, suchte Hilde Körber vorübergehend emotionalen Halt.

Anderen seine Spielweise aufdrängen

Das Haus, an dem 1928 Bertolt Brechts »Dreigroschenoper« ihre Premiere erlebt hatte, war inzwischen längst vom Glück verlassen. 1931 stand es monatelang leer. NSDAP-Mitglieder brachten das Schauspiel »Es brennt an den Grenzen« des Lubitsch-Mitarbeiters Hans Kyser zur Aufführung. Schließlich inszenierte der Schriftsteller Adam Kuckhoff in deutlichem Kontrast zur Tendenz der letzten Aufführungen »Die Hoffnung des Wolfgang Binder«, ein Stück des 22jährigen Wolf Ulrich Hasse über eine homoerotische Schülerbindung. Es gab auch noch ein Gastspiel der ›Truppe 1931‹ mit der linken Polit-Komödie »Da liegt der Hund begraben« von Gustav von Wangenheim. »So folgte also innerhalb nur eines Jahres auf die nationalsozialistische die kommunistische Sichtweise der aktuellen Konflikte. Das Theater am Schiffbauerdamm war zum Ausdruck der zerrissenen deutschen Gesellschaft geworden, für deren Probleme die demokratischen Parteien immer weniger kompetent schienen«, schrieb Wolfgang Jansen in einem Rückblick auf diese Bühne. [1]

Erst im Winter 1933 wurde der Spielbetrieb im Theater am Schiffbauerdamm wiederaufgenommen. Fritz Wendel, NSDAP-Mitglied, betrieb keine direkte Propaganda und engagierte populäre Volksschauspieler wie Willi Rose, Rudolf Platte und Rotraut Richter neben politisch mißliebigen Künstlern wie Ursula Herking. An diesem Haus debütierte Harlan am 23. Januar 1935 als Bühnenregisseur und inszenierte Wolfgang Böttchers »Hochzeit an der Panke«, eine Berliner Posse mit Tanz und Gesang. Gerhard Bienert trug subtile Sticheleien gegen Hermann Göring vor, die eine Verwarnung und die Streichung der Couplets zur Folge hatten.

Der ›Deutschen Allgemeinen Zeitung‹ mißfiel das Stück, das »in seiner Breite und gelegentlichen Plattheit oft langweilt und anödet«, doch der Erfolg beim Publikum ließ sich nicht leugnen, »der nicht zuletzt der schwungvollen Regie Veit Harlans zu danken ist«. [2] Herbert Jhering schrieb, inzwischen beim ›Berliner Tageblatt‹: »Bei dem Mangel an handwerklich geschultem Regienachwuchs ist es gut, wenn neue Begabungen ausprobiert werden. Harlan muß nur noch lernen, den Schauspieler aus seiner eigenen Art zu entwickeln. Manchmal schien es, als ob Harlan den Mitwirkenden seine private Spielweise aufgedrängt hätte. Vielleicht kamen dadurch einige Überschärfungen in die Aufführung. Die Aufführung stand und saß. Aber sie muß auch den Schauspielern sitzen.« [3]

Das Kinopublikum konnte Harlan endlich in einer Hauptrolle sehen. Nach langem Zögern brachte die Normaton im Januar 1935 die Komödie *Nur nicht weich werden, Susanne!* heraus. Als Vorlage diente ein zwei Jahre alter Roman, den der ehemalige Filmkritiker (›Der Angriff‹) und Reichsfilmdramaturg Peter Hagen »mit aggressivem Übermut gegen die kleinen Tyrannen des

Filmbetriebs« geschrieben hatte. »Dieser kesse Angriffswille«, wußte der ›Film-Kurier‹ weiter zu berichten, »hatte eine heilige Quelle: den Zorn ... Das Temperament des Autors, der sich das Recht zur Satire durch den blutigen Ernst der Kämpfe um Berlin (während wir ästhetisierten, saß er für Überzeugungen im Gefängnis) erworben hatte, zeichnete ein bedeutendes Signum aus: Offenheit, Vorneherum, Deutlichkeit. Jude hieß Jude, Vizepräsident – Vipoprä, Schieber – Schieber; große Überzeugungen pflegen die klare Sprache der Taten zu sprechen, die alles Halbe entwaffnet.« Zwei jüdische Schieber kamen in der Geschichte vor, mit den Namen Archinowitsch und Sally Gold. Für Arsen von Cserepys Adaption schuf der ›Film-Kurier‹ das Wort »Auseinandersetzungsfilm«, das nicht in den allgemeinen Sprachgebrauch überging.

Jessie Vihrog und Veit Harlan wurden als »zwei Meisterrealisten des Ausdrucks« hervorgehoben. Aber dem Rezensenten erschien die Darstellung der Juden zu harmlos. »So stellt sich der kleine Moritz den kleinen Moritz vor, wie Willi Schur und Ernst Rotmund die beiden galizianischen Schieber einer Filmfirma und eines Spielklubs mit Innen- und Außenbeziehungen mimen. Dort wird parodiert, wo gestaltet sein müßte, parodiert mit zu billigen Mitteln.« Auch »ein Schubiak, auch ein schmieriger Kerl muß ein Gegner sein, gegen den sich der Fußtritt lohnt, sonst lohnt sich der Film nicht«. Der Film galt als ein guter Anreger (wohl zu Fußtritten gegen jüdische Mitmenschen), mehr nicht. Gelobt wurden noch »manche Dialoge – vor allem eine Harlanszene, wie er arbeitslos im Garten gräbt und von seinem Mädel spricht. Das ist Jugend von heute, im Ton, in der Hoffnung, in der Gewißheit, da hat der Film einen ganz neuen Ausdruck.« Insgesamt sei *Nur nicht weich werden, Susanne!* ein »Versuch mit großer Tendenz, brüchig in der Gesamtwirkung«. [4]

Von einer freien Presse wäre der Film erbarmungslos verrissen worden. Er wurde mit Nachsicht beurteilt, weil der Ruf des deutschen Films auf dem Spiel stand, aber Goebbels war wütend auf Cserepy und Hagen. Noch während der Film *Seine Exzellenz Graf Zeppelin* mit Otto Gebühr unter Cserepys Regie angekündigt wurde, beschloß Goebbels, sich des unfähigen Spielleiters zu entledigen. Cserepy waren ohnehin schon begrenzte finanzielle Mittel zur Verfügung gestellt worden, aber die Presse hatte die Öffentlichkeit auf diese zeitbezogene Komödie neugierig gemacht, und dann wurden die Zuschauer maßlos enttäuscht.

Viel Lärm um nichts gab es bei Harlans nächstem Film. »Der erste deutsche Tonfilm mit Farben-Photographie!« verkündete der Verleih, als *Der rote Reiter* uraufgeführt wurde. Es handelte sich um ein Drama unter vornehmen Leuten, die Livius oder Etelka heißen, eine Vorwegnahme von Harlans *Opfergang*. Das Interessanteste an dem schwerfälligen Melodram war sein frühes Experiment mit Farbe. Bei einer Variété-Szene erschienen Orange-, Gelb-,

Grün- und Blautöne auf der Leinwand – nicht mehr als eine Einlage, filmisch belanglos. Harlan war der Sohn des Hauses, in dem sich der Großteil der Handlung abspielte, und mußte »wieder einmal so tun, als sei er ein böser Intrigant«. (›Film-Kurier‹) [5] »Die Zuschauer übten höfliche Zurückhaltung«, berichtete der ›Berliner Lokal-Anzeiger‹ nach der Premiere. [6]

Mehr als ein böser Intrigant, nämlich ein rabiater Meuterer, war Harlan unter Erich Waschnecks Regie in *Mein Leben für Marie Isabell*, der Verfilmung von Alexander Lernet-Holenias Roman ›Die Standarte‹. Vor der Uraufführung stark zusammengeschnitten, um sämtliche ›Meuter-Szenen‹ gekürzt, handelte *Maria Isabell* von einem jungen Fähnrich, der 1918 die Ehre des aus verschiedenen Nationalitäten bestehenden Regiments Isabell rettet. Georg Herzberg fand, »daß die große Idee, der bedingungslose Einsatz für die Fahne, in dem Film nicht genügend zum Ausdruck kommt« und »daß die Regie in wesentlichen Szenen die Akzente falsch und unverständlich gesetzt hat. Da wird das Wien in den Novembertagen 1918 gezeigt, als die Front schon zerbrochen ist und der Kaiser gerade seine Abdankung verkündet. In irgendeinem Palais tanzen fröhliche Menschen, junge Kerle, die draußen sein müßten, und Frauen, denen das Gedenken an die Millionen Toter den Tanzschritt hemmen müßte ... Angenommen, es war so, dann müßte die Regie diese Wahnsinnigen entsprechend geißeln ... Es ist unverständlich, wie man Viktor de Kowa für die Hauptrolle einsetzen konnte ... Seine kaltschnäuzige Schnoddrigkeit leuchtet noch aus jedem Wort über Größe und Ideale.« Ein paar glaubwürdige Menschen waren für Herzberg erkennbar, darunter »Veit Harlan als Meuterer, der die Brandfackel des Hasses unter seine Kameraden wirft«. [7] Daß Harlan den Geist des Films besser verkörperte als Viktor de Kowa, haben bereits die Organisatoren der Uraufführung gespürt: sie ließen, noch bevor der Vorhang aufging, Harlan vor die Leinwand treten und aus Rilkes ›Cornet‹ rezitieren.

Mittelmäßige Rollen, mittelmäßige Filme, über so etwas brauchte sich Veit Harlan nicht mehr ärgern, als er am Theater am Schiffbauerdamm mit dem Berliner Volksstück »Krach im Hinterhaus« einen triumphalen Erfolg erlangte. Der Autor Maximilian Böttcher schilderte in seinem Schwank die nationalsozialistische Volksgemeinschaft von einer wenig schmeichelhaften Seite. Nachbarn bestehlen und denunzieren sich gegenseitig. Als eine rechtschaffene Plättfrau, die Witwe Bock, des Kohlendiebstahls verdächtigt wird, versucht sie selbst den Täter zu überführen, indem sie Schießpulver in die Briketts füllt. Es kommt, wie es kommen muß: der Dieb heizt mit den gestohlenen Kohlen, die Kohlen explodieren – und alle Mieter treffen sich vor Gericht wieder.

Das Stück war schon auf über 50 Bühnen im Reich zu sehen gewesen und erreichte am 1. März Berlin. »Der Autor kennt das Geheimnis eines volkstümlichen Erfolges, und der Regisseur handhabt die Klaviatur seines Instruments

Adele Harlan auf dem Totenbett

mit der gleichen bewährten Technik«, schrieb ›Der Westen‹. [8] Das Erfolgsstück wurde noch über 600-mal gespielt. Adele Harlan aber konnte den Triumph ihres Sohnes nicht mehr miterleben. Am 24. Februar erlag die 64jährige einer Herzkrankheit. Sie wurde drei Tage später an der Seite ihres Mannes auf dem Friedhof Heerstraße beigesetzt. (1965 ist die Grabstelle nicht mehr verlängert worden.)

Während er als Theaterregisseur Erfolge feierte, absolvierte Veit Harlan noch seine beiden letzten Filmrollen. Es handelte sich um kleine Rollen, aber wenigstens waren die Filme ansehnlicher als die vorherigen. Die Uraufführung von *Das Mädchen Johanna* am 26. April bot sogar den Anlaß für einen Festakt. Die Kritiker bezeichneten *Das Mädchen Johanna* als ein riskantes Projekt, da der Film den Vergleich mit Carl Theodor Dreyers Stummfilmklassiker *Die Passion der Jeanne d'Arc* (1928) aushalten müsse. Eine Ähnlichkeit von Jeanne d'Arc mit Adolf Hitler ist vom Rezensenten der ›Deutschen Filmzeitung‹ stärker betont worden, als es im Film deutlich werden konnte: »Die Johanna wurde damit Sinnbild des Mannes, der seit dem Weltkrieg seinen Glauben an Deutschland in unermüdlicher Werbearbeit in die Herzen von Millionen Angehörigen eines zerwühlten, geknechteten, hoffnungslosen Volkes baute und es so wieder aufrichtete zur inneren Selbständigkeit und Wehrhaftigkeit, zur Bereitschaft zum Siege über seine inneren und äußeren Feinde.«

Daß die beabsichtigte Botschaft nicht ankam, lag vor allem an der unzureichenden Interpretation der Hauptrolle, während von markanten Nebendarstellern eine stärkere Faszination ausging. Menzel und Ucicky erlaubten es Gustaf Gründgens als König Karl VII, sich »auf Kosten der Johanna stark in den Vordergrund zu spielen. Man glaubt ihm sein Heldentum, seine intellektuelle, unsoziale Art [sic], die ihn die Menschen nur als Schachfiguren benützen und opfern läßt. Angela Salloker ist die Johanna. Sie hält den Vergleich mit der Falconetti des Dreyer-Films schwerlich aus; es bleibt ein letzter Rest von Theater in ihrem Spiel.« [9] Georg Herzberg schrieb, ein wenig aus der Defensive heraus: »Der Film hat nicht den Ehrgeiz, Hollywoods

Komparsen-Rekorde zu schlagen. Johanna zieht nicht an der Spitze einer Armee durch die Landschaft, sondern führt ein Häuflein Glaubender durch die Straßen von Orleans. ... Günther Krampfs Kamera-Leistung erleben wir voll Bewunderung. Er malt das Grauen der Pest und die Schrecken des Krieges, das unheimliche Lodern der Scheiterhaufen und die leuchtende Verheißung der Symbole. Daß man manchmal den Film aus der Enge des Ateliers herauswünscht, ist nicht seine Schuld ... Dem ersten Versuch, einen Film unter staatlicher Aufsicht herzustellen, war volles Gelingen beschieden.« [10]

Volles Gelingen nach soviel Herummäkelei? Das Dilemma des NS-Rezensenten, der einen Film preisen muß und dennoch auf seine Einwände nicht verzichten mag, wird hier deutlich. Wenigstens gab *Das Mädchen Johanna* aufgrund formaler Qualitäten Anlaß zum Lob, etwa für Peter Kreuders »hinreißende, von melodischer Fülle zeugende Musik«. (›Der Film‹) [11] Neben Kreuder war der Kameramann Günther Krampf, der drei Jahre zuvor in einem völlig anderen Stil den Klassiker des proletarischen Films *Kuhle Wampe* fotografiert hatte, der eigentliche Star.

Veit Harlan, der zehn Jahre zuvor am Staatstheater in einer ›Jungfrau‹-Inszenierung mitgewirkt hatte, brüllte als Anführer des Mobs nur mit verbissenem Gesichtsausdruck vor sich hin. Dafür hinterließ er in seinem letzten Film als Darsteller, Geza von Bolvarys *Stradivari*, einen uneingeschränkt positiven Eindruck. Er spielte den legendären Geigenbauer; freilich bezog sich der Titel auf das Instrument und nicht den Schöpfer, und Harlan, bereits an neunter Stelle im Vorspann genannt, war nur ein bis zwei Minuten auf der Leinwand zu sehen. Dennoch gehört die Darstellung des schüchternen, sanften Antonio Stradivari zu seinen schönsten Auftritten. *Stradivari* war nach dem Erfolg von *Abschiedswalzer* eine weitere Zusammenarbeit von Ernst Marischka (Buch), Geza von Bolvary (Regie) und Alois Melichar (musikalische Leitung) und erzählt mit der Musik als gestaltendes Element die Geschichte einer Geige und der Melodien, die auf ihr gespielt worden sind. Der Film beginnt, wie Harlans *Opfergang*, mit einem Schwenk von links nach rechts über eine Weltstadt – Budapest im Jahre 1914 – und beobachtet den Oberleutnant Teleki (Gustav Fröhlich) dabei, wie er sich nach der Herkunft seiner Geige erkundigt. Ein Professor (Hans Leibelt), den er aufsucht, leitet die erste Rückblende ein: Während Teleki geigt, sagt der Professor: »So viel Seele vermochten einem Stück Holz nur zwei Menschen zu geben, Nicolo Amati und sein berühmter Schüler, Antonio Stradivari, der größte Geigenbauer aller Zeiten.«

Das Bild verschwimmt, wir sehen Fritz Staudte als Amati und schließlich Veit Harlan als Stradivari. Amati erkennt, daß sein Schüler ihn, den Lehrer, übertroffen hat. »Ihr macht mich sehr stolz, Maestro Amati«, meint Stradivari bescheiden. Amati schlägt ihm vor, die Geige dem Herzog von Medici zu zeigen, der würde viel für sie geben. »Nein, Maestro«, erwidert der junge Mann, »nicht für ihn habe ich sie gebaut. Keinem Fremden sollte sie gehören. Aus ihr soll alle Sehnsucht klingen, die ein Mensch fühlen kann. Ich habe diese Violine für Eure Tochter gebaut, für Beatrice.« Es erfolgt ein Schnitt zu Beatrice (die schöne Hedda Björnson) in der Kirche, und wir sehen, wie sie beim Verlassen der Kirche von den Männern begehrt wird. Während Stradivari das ›B‹ für Beatrice in die Geige ritzt, sieht er durchs Fenster, wie seine Angebetete von einem anderen Mann geküßt wird. Sie ist keine ›femme fatale‹, vielmehr weiß sie nichts von ihrem stillen Verehrer, und es kommt auch zu keinem Tobsuchtsanfall Stradivaris. Die Szene endet leise und diskret, passend zu Harlans leisem, sympathischem Spiel. Stradivaris Geige heißt Beatrice, nach der Frau, mit der er eine bittere Enttäuschung erlebt hat. Die Geige bringt fortan allen Besitzern Leid.

Alois Melichar schrieb die Musik unter Verwendung ungarischer Volksweisen, und eine ungarische Zigeunerkapelle spielte unter Leitung des Geigers Jenö Parkas. *Stradivari* fand nur eine zwiespältige Aufnahme bei der Kritik. Das ist bedauerlich, denn der Film hat sich besser gehalten als *Abschiedswalzer*, er beeindruckt vor allem durch die liebevolle Aufmerksamkeit, mit der Bolvary seine Darstellerinnen (Sybille Schmitz, Hedda Björnson, Marcella Albani) inszeniert hat. Ein ungewöhnliches Talent für leises Spektakel, für delikaten Pomp zeigt Bolvary hier, dessen Regie sonst wenig bemerkenswert gewesen ist.

Die Rolle des Stradivari bildete einen erfreulichen Schlußpunkt von Harlans wechselhafter Schauspielerkarriere. Fortan betätigte er sich nur noch als Regisseur. Nach seinem Erfolg mit »Krach im Hinterhaus« richtete er für das Kurfürstendamm-Theater und das Theater Unter den Linden Fritz Peter Buchs Komödie »Veronika« ein, die Geschichte einer kleinen Verkäuferin, die sich für einen Wochenendausflug einen Blaufuchs ausleiht und daraufhin des Diebstahls verdächtigt wird. Die Premiere fand am 23. Mai 1935 statt. Dietzenschmidt von ›Berliner Tageblatt‹ zeigte sich unbeeindruckt: »Es lag nicht am Spielleiter Veit Harlan, denn das Bild der Direktionskonferenz schlug geradezu erlösend ein. Brachte Aufatmen, da auf ihm nicht der lähmende Druck lag, der in den anderen Bildern von der bloßen, im Spiel hilflosen Anwesenheit der Hauptdarstellerin ausging ... Hertha Thiele, menschlich schön und fein, versagte. Hilflos. Nervös ... Hier sass nichts. Hier klappte nichts. Es war sehr traurig – just, weil Hertha Thiele menschlich trotzdem ungemein sympathisch und zart und schön blieb.« [12] Schon in »Egmont« hatte die Darstellerin die Kritik enttäuscht, und als Veronika wurde das einstige *Mädchen in Uniform* bald durch Claire Winter ersetzt.

Harlan stellte sich auch dem Agnes-Straub-Theater am Kurfürstendamm zur Verfügung, um Calderons Komödie »Dame Kobold« auf die Bretter zu bringen. Sabine Peters wurde die Titelrolle anvertraut und Herti Kirchner die Rolle der Donna Beatrice. Beide sollten noch bescheidenen Filmruhm ernten: Peters mit den *Vier Gesellen* (1938) an der Seite von Ingrid Bergman und Herti Kirchner – kurz bevor sie auf einen parkenden Wagen auffuhr und dabei starb – mit dem *Florentiner Hut* (1939) an der Seite von Heinz Rühmann.

Da Agnes Straubs Ziel darin bestand, dem Nachwuchs eine Chance zu geben, ging die Kritik nach der Premiere am 2. Oktober höflich mit den Darstellern um. Harlans Entscheidung, die Unerfahrenheit einzelner Spieler durch Tempo zu kaschieren, fand allerdings nicht nur Anerkennung: »Aus dem Tempo, das er anschlagen läßt, wird allzu rasch Hast«, hieß es in der ›B.Z. am Mittag‹. [13] Dagegen hob Ludwig Sternaux eine Qualität hervor, die auf den späteren Filmregisseur verwies: Der »hübscheste Einfall Veit Harlans« sei das Haus Don Juans gewesen, in dem die Dame Kobold spukt. »Geheimnisvoll schiebt es sich auf der Bühne hin und her und zeigt je nach Bedarf, indem die Mauer Vorhang wird, das eine oder das andere Zimmer. Das ermöglicht raschen Szenenwechsel, und wie der Zeiger der Uhr, die plötzlich aus einem Wappen hervorleuchtet, rasen die Bilder; ein holdes Gaukelspiel der Liebe und tollen Übermuts. ... Harlans Regie strotzt von geistreichen Einfällen. Es wird ein zauberhafter Abend, der das Herz leichtmacht. Man meint zu träumen.«[14] Ein wenig zurückhaltender lobte Herbert Jhering die Aufführung: »Veit Harlan hat als Regisseur eben erst begonnen. Aber er hat in dieser kurzen Zeit schon viel gelernt. ... Eine sehr muntere, bewegliche, durchgearbeitete Aufführung.« [15] Für die ›Berliner Morgenpost‹ war »Dame Kobold« eine »heitere, beschwingte und manchmal etwas stürmische Aufführung«. [16]

In derselben Spielzeit wurde am Agnes-Straub-Theater das Lustspiel »Pedro soll hängen« von Hintzsche und Hartlaub gegeben, die Vorlage für einen späteren Harlan-Film. Und zu den dort tätigen Regisseuren gehörte Wolfgang Liebeneiner, der wie Harlan seinen Wechsel zur Filmregie vorbereitete.

Solch ein Schritt mußte vorsichtig geübt werden, weswegen Harlan als eine Art Praktikum an dem historischen Liebesfilm *Die Pompadour* mitarbeiten durfte. Er war zunächst nur Drehbuchautor, gemeinsam mit Ödon von Horvath, der hierfür das Pseudonym H. W. Becker wählte. Doch der als Regisseur dilettierende Komponist Willy Schmidt-Gentner sah sich durch seine Aufgabe hoffnungslos überfordert, so daß Harlan eingriff und die Dialogregie übernahm. Hans Holt, Harlans Hauptdarsteller in *Unsterbliche Geliebte* und *Ich werde dich auf Händen tragen*, betätigte sich bei der *Pompadour* als ›Script-Girl‹. Die im Mai angekündigte österreichische Produktion wurde ab Ende Juli gedreht und im Oktober dem Publikum vorgestellt. Ein Gemälde von François Boucher hatte die Idee zu dem Film geliefert; allerdings wurde der Maler verjüngt. Der echte François Bucher war 42 Jahre alt, als er

Madame Pompadour begegnete, und sein Darsteller Willy Eichberger gerade mal dreißig.

Um ein Gemälde herum eine Geschichte zu erzählen, dieses Motiv findet sich wieder in Harlans *Unsterbliche Geliebte*. Die Kritiker hatten an diesem Einfall nichts auszusetzen, waren allerdings von der Ausführung nicht begeistert: »Weder die fehlende historische Wahrheit, noch ihr etwas abgegriffener Ersatz könnten aber einen Einwand gegen den Film bedeuten, wenn dieser durch seine filmische Gestaltung beides vergessen ließe. Das ist leider nicht der Fall.« Ein Vergleich mit William Dieterles soeben in Deutschland angelaufenem Kostümfilm *Madame Dubarry* wurde angestellt, mit dem sich *Die Pompadour* an Opulenz nicht messen konnte. »Dialoge und Monologe gedeihen in einem wenig anspruchsvollen Deutsch an beträchtlicher Länge und werden bisweilen (z. B. von Leo Slezak!) im reinsten Sprechstile der Bühnenoperette aufgesagt. Käthe von Nagy und Willy Eichberger entsprechen in ihrem Aussehen einer guten historischen Filmkonvention; mehr vermochten sie unter diesen Umständen nicht zu geben [...] Der Versuch, dem Leiter der Musik Willy Schmidt-Gentner die Regie zu übertragen, kann so leider nicht als geglückt bezeichnet werden.« (›Deutsche Filmzeitung‹) [17]

Veit Harlan inszeniert *Die Pompadour*

Seinem weiblichen Star hat *Die Pompadour* keinen Schaden zugefügt. »Mit dem Mittel dezenter Raffinesse überbrückt die Nagy die Zwiespältigkeit ihrer Rolle«, schrieb der ›Film-Kurier‹, »und füllt sie – allem Zweifel zum Trotz – aus ... wenn schon mancher Dialogsatz – von denen Veit Harlan mit geistvoller Prägnanz eine Fülle in den Film gab – aus ihrem Munde nur gesprochen, nicht gespielt wird.« [18]

So zufrieden zeigte sich Käthe von Nagy mit ihrem Drehbuchautor und Dialogregisseur, daß sie im Juni 1936 gegenüber dem Autor Erich Ebermayer erklärte, sie wolle ihren nächsten deutschen Film unter Harlans Regie drehen. Willy Schmidt-Gentner zog die Konsequenzen aus seiner schwachen Leistung und arbeitete fortan nur noch als Komponist, vor allem für Gustav Ucicky (*Mutterliebe*, *Heimkehr*), aber auch für Peter Lorre (*Der Verlorene*). Sein Assistent Harlan dagegen nahm seine erste eigenständige Filmregie in Angriff.

Vom Hinterhaus ins Ministerium

Bei der Durchsicht nationalsozialistischer Filmzeitschriften stößt der Leser wiederholt auf Fakten, die in der etablierten Filmgeschichtsschreibung verschwiegen werden. Barbaren, so die vorherrschende Meinung, können nicht gewußt haben, was hohe Kultur ist. Und wenn sie es gewußt haben, dann durften sie es nicht öffentlich sagen, dann durften sie es nur wie Joseph Goebbels ihrem Tagebuch anvertrauen. Die Realität sah anders aus: Auf *Das Cabinet des Dr. Caligari*, den Prototyp des expressionistischen Stummfilms, waren NS-Publizisten noch zwanzig Jahre nach seiner Herstellung stolz, nur wurden jetzt die jüdischen Beteiligten verschwiegen. Stolz waren NS-Filmpublizisten auch auf Leontine Sagans Lesben-Klassiker *Mädchen in Uniform*, wenngleich dessen Autorenschaft ganz Carl Froelich zugeschrieben wurde. Höchster Wertschätzung erfreute sich *Die Passion der Jeanne d'Arc* von Carl Theodor Dreyer und das Werk von Friedrich Wilhelm Murnau. Selbst Jean Renoirs *Die große Illusion* fand eine erstaunlich differenzierte Aufnahme; der Film sei für eine öffentliche Aufführung im Reich nicht geeignet, schrieb der ›Film-Kurier‹ am 14. Juni 1937, aber sein Rang als Kunstwerk sei unbestritten. Ähnlich dachte die NS-Fachpresse über Marcel Carnés *Hôtel du Nord*. Zu derartigen Konzessionen – dem ideologischen Gegner Talent zuzusprechen – war weder die kirchliche Filmkritik der fünfziger noch die linke Filmkritik der sechziger Jahre bereit.

Ein jüdischer Regisseur wie Josef von Sternberg und der für einen Juden gehaltene Charles Chaplin wurden weder ignoriert noch geächtet. Für eine Conrad-Veidt-Biographie ist noch 1937 mit Anzeigen geworben worden, obwohl er in England den Jud Süß gespielt und sich öffentlich vom NS-Regime distanziert hatte. Unter der Überschrift ›Das Neueste aus dem Ausland‹ kündigte der ›Film-Kurier‹ sogar eine Verfilmung von George Bernard Shaws »Heiliger Johanna« an – mit der als Jüdin ins Exil getriebenen Elisabeth Bergner in der Hauptrolle! Für dieselbe Zeitung ließ sich René Clair interviewen.

Die als Jüdin attackierte Ungarin Franziska Gaal schmückte noch im Januar 1935 die Titelseite der ›Filmwoche‹. Dasselbe Blatt übte leise Kritik an der dauerhaften Zusammenarbeit Marlene Dietrichs mit Josef von Sternberg, dessen Film über Katharina die Große zu maniriert gewesen sei, und wünschte sich, die Gerüchte über eine baldige Zusammenarbeit der Dietrich mit Ernst Lubitsch würden sich bewahrheiten. Auch das kam vor: Eine faschistische Filmzeitschrift wünscht sich für die berühmteste, begehrteste deutsche Schauspielerin der Welt einen Regisseur, der mit seiner Zigarre ganz dem von NS-Blättern verbreiteten Judenbild entsprach.

Mary Pickford hielt sich Mitte April 1937 in Berlin auf, um ihre Freundin Wera Engels zur Premiere von Werner Hochbaums Melodram *Man spricht über Jacqueline* zu begleiten. Robert Taylor schaute vorbei; Gary

Cooper plante einen Film unter der Regie von Karl Ritter und setzte sich an einen Tisch mit Zarah Leander und Wolfgang Liebeneiner. Wallace Beery besuchte im Frühjahr 1938 das Münchner Hofbräuhaus und gab Autogramme.

Wenn auf den Filmfestspielen von Venedig eine deutsche Produktion ausgezeichnet wurde, heißt es bisweilen, solch ein Preis sei ohne Wert, da es sich um ein faschistisches Filmfestival gehandelt habe. Aber in Venedig wurde Sternbergs *Die spanische Tänzerin* wegen seiner herausragenden Kameraarbeit ausgezeichnet; der Armenier Rouben Mamoulian, wegen seines ›Musa Dagh‹-Projekts von der NS-Presse angegriffen[1], holte sich einen Preis für den Farbfilm *Becky Sharp*. Paul Muni, der als einziger großer Hollywoodstar zu seiner Verwurzelung in der jüdischen Kultur stand, wurde für den Film *Louis Pasteur* des Emigranten William Dieterle geehrt und im ›Völkischen Beobachter‹ lobend hervorgehoben. [2] Zu den weiteren Preisträgern jener Jahre zählten *Die große Illusion* und *Winterset*, einer der wenigen explizit linken Filme aus Hollywood, der den Anarchistenprozeß gegen Sacco und Vanzetti behandelte. 1938 teilte sich Karl Ritter seinen Regiepreis für *Urlaub auf Ehrenwort* mit Marcel Carné *(Hafen im Nebel)*. Die antifaschistische Haltung von Marlene Dietrich schien sich nur auf den deutschen Faschismus zu beziehen, denn sie fand nichts dabei, sich 1937 als offizieller Gast der Filmfestspiele von Venedig feiern zu lassen. Joan Crawford und Zarah Leander konkurrierten mit ihr um die Gunst der Fotografen.

Das Dritte Reich trat in eine Phase der Konsolidierung ein, und auch die Lage des Films verbesserte sich. Unter den weiblichen Stars gab es 1935/36 als herausragende Neuentdeckung die Ungarin Marika Rökk. Leni Riefenstahl erregte mit ihrer Dokumentation über den Nürnberger Parteitag *Triumph des Willens* Aufsehen. Der Weltstar Pola Negri kehrte aus Hollywood nach Deutschland zurück und sorgte mit dem Comeback-Film *Mazurka* nicht nur hier für Begeisterung: als der Emigrant Joe May ein Remake in Hollywood drehte, mußte er sich Szene für Szene an das Original von Willi Forst halten, so angetan waren die Produzenten der Warner Brothers von dessen Regie. Dank der Mitwirkung von Emil Jannings wurde *Der alte und der junge König* in der ›New York Times‹ mit einem Aufmacher geehrt. Zu den weiteren Spitzenleistungen jener Jahre gehörten Reinhold Schünzels üppig ausgestattete musikalische Komödie *Amphitryon*, Luis Trenkers Goldgräber-Epos *Der Kaiser von Kalifornien*, Frank Wysbars romantischer Gruselfilm *Fährmann Maria*, die temporeichen Komödien *Allotria* von Willi Forst und *Glückskinder* von Paul Martin sowie das Melodram *Schlußakkord* von Detlef Sierck. (Sierck, wie Harlan durch Bildungsbürgertum und Theatererfahrung geprägt, hatte in demselben Jahr wie er als Filmregisseur debütiert. Gemeinsam ist ihnen auch die Zusammenarbeit mit Leopold Jessner, Richard Billinger, Kurt Meisel, Willy Birgel und Hans-Otto Borgmann. Beide haben sie im Laufe ihrer Karriere Strindbergs »Traumspiel« inszeniert, und beide sind nach Beendigung ihrer Filmlaufbahn zum Theater zurückgekehrt.)

Aus Österreich kam Werner Hochbaums *Die ewige Maske*, nach G.W.Pabsts *Geheimnisse einer Seele* (1926) ein weiterer Film, der sich von Sigmund Freuds »Traumdeutung« inspirieren ließ. »Wieder siegt ein Avantgardist«, jubelte der ›Film-Kurier‹ am 18.Januar 1936 und meldete fast 12000 Besucher nach fünf Tagen Laufzeit in Dresden. (Die irrige Annahme, Psychoanalytiker seien im Dritten Reich eine verfolgte Minderheit gewesen, hat allerdings auch zu einer Überschätzung des Films geführt. Obwohl die Werke von Freud jetzt verboten waren, sind seine wissenschaftlichen Erkenntnisse weiterhin genutzt worden.)

Krach im Hinterhaus wurde im Juli 1935 als neue Produktion angekündigt. Wie so oft bei Verfilmungen von Bühnenerfolgen ist nur ein kleiner Teil der Original-Besetzung übernommen worden, und anstelle von Ilse Fürstenberg verkörperte jetzt die zugkräftigere Henny Porten die Witwe Bock. Porten, neben Asta Nielsen der größte weibliche Star des deutschen Stummfilms, war in den letzten Jahren wegen ihres jüdischen Ehemannes in Schwierigkeiten geraten. Sie hatte zwar als Inbegriff der deutschen Mutter keine Konkurrenz und konnte somit nicht ganz von der Leinwand verbannt werden, aber in teuren Prestigefilmen fand sie keine Beschäftigung mehr: Sie konnte also ›froh‹ sein, in der billigen ABC-Film-Produktion *Krach im Hinterhaus* die Hauptrolle spielen zu dürfen. Umgänglich und dabei immer noch zugkräftig – mit solch einem Star arbeitete Harlan unter optimalen Bedingungen. Neben der Porten sollten ursprünglich auch Carsta Löck, Fritz Kampers und Ida Wüst zu sehen sein, aber als Ende Oktober 1935 die Dreharbeiten begannen, waren sie anderweitig beschäftigt. Ilse Fürstenberg hatte Glück im Unglück: anstelle der Witwe Bock erhielt sie die kleinere, aber wesentlich dankbarere Rolle der boshaften Nachbarin Frau Schulze. Rotraut Richter wiederholte ihre Darstellung der Edeltraut Panse – »schwach in Orthographie, aber stark in der Liebe« –, und weiterer Nachwuchs wurde mit Else Elster und Hilde Sessak präsentiert.

Maximilian Böttcher schrieb, gemeinsam mit Reinhold Meißner, das Drehbuch. Meißner übernahm auch die künstlerische Oberleitung; offenbar hielt man Veit Harlan noch nicht für erfahren genug, um die alleinige Verantwortung zu übernehmen. Im Terra-Glashaus in Marienfelde haben die Architekten »einen vollständig geschlossenen Bau geschaffen«, berichtete der ›Film-Kurier‹, mit »Raum für große Totalen, die Bruno Mondi mit seiner Kamera ausfahren kann«. [3] *Krach im Hinterhaus* sollte, obwohl sich das deutsche Publikum nicht daran gestört hätte, kein abgefilmtes Theater werden. Harlan war besessen von dem für ihn neuen Medium und wollte sich nicht einfach nur auf die Zugkraft des Stückes verlassen. Ohne bei einem Filmregie-

Meister in die Schule gegangen zu sein, und ohne ein erklärtes Vorbild zu haben, ging er daran, alle erdenklichen Möglichkeiten des Mediums zu nutzen.

Die Premiere fand am 20. Dezember 1935 in Breslau statt, während das Berliner Publikum den Film erst am 2. Januar 1936 sehen konnte. Der ›Film-Kurier‹ freute sich darüber, ein neues Milieu im Film zu beobachten, das viel zu selten von den Herstellern beachtet wird. [4] ›Der Film‹ jubelte: »Es ist ein strahlender und kräftiger Filmjunge geworden« und »ein Film der neuen Gesichter ... ein Film um das Tagesschicksal der harter Arbeit nachgehenden Menschen, von denen man als Masse keine klare Vorstellung hat.« Veit Harlans Regie bezeichnete der Rezensent als »sein Befähigungs-Gesellenstück«. [5]

Geteilte Freude brachte die ›Deutsche Filmzeitung‹ angesichts der Hauptdarstellerin zum Ausdruck. »Sagen wir es unumwunden, wir freuen uns, Henny Porten wiederzusehen; sagen wir aber im selben Satz, wir hätten gehofft, sie anders wiederzusehen ... Sie wird – weil sie keine Berliner Waschfrau und Büglerin ist – von den anderen, die den Berliner Boden fester unter den Füßen fühlen, fast überspielt. Das ist die erste Schwäche des Films. Seine zweite Schwäche rührt von der Regie (Veit Harlan), die keineswegs mangelhaft ist, wohl aber manchen filmischen Effekt unausgenützt ließ und viele filmisch begonnenen Szenen ins Theatermäßige, Bühnenmäßige einbiegen ließ. ... Gerade in diesem Film müßte Atmosphäre alles sein. Wie hampelt die Gerichtsverhandlung zwischen Leben und schlechtem Theater, wie unausgeglichen ist gerade hier die Führung der Regie.« [6]

Von derartiger Kritikerschelte – grotesk, wenn man bedenkt, wie unkritisch formal belanglose Filme zu der Zeit besprochen wurden – ließ sich das Publikum nicht beeindrucken. *Krach im Hinterhaus* wurde nicht nur, wie geplant, ein solider Erfolg, sondern übertraf mit seinen Einspielergebnissen wesentlich ambitioniertere, aufwendigere Filme. Unter den großen Kinoerfolgen der dreißiger Jahre war dies, mit Herstellungskosten von 200.000 RM, die einzige Low-Budget-Produktion eines dazu noch unbekannten Regisseurs. Die anderen beiden großen Erfolge der Saison 1935/36 waren das Melodram *Schwarze Rosen* mit Lillian Harvey und Willi Forsts Komödie *Allotria* mit Renate Müller, Jenny Jugo, Adolf Wohlbrück und Heinz Rühmann. Die ›New York Times‹ lobte an Harlans Debütfilm (US-Titel: *Trouble Back Stairs*) vor allem das Spiel von Rotraut Richter, obwohl gerade ihre Darstellung heute übertrieben theaterhaft wirkt. [7] Ansonsten hat *Krach im Hinterhaus* nichts von seinem Reiz verloren. Der Film ist keine lärmende Klamotte geworden, sondern enthält einige überraschend romantische, zärtliche Momente.

Das Hinterhof-Milieu war Harlan eigentlich fremd, aber über eine freche Berliner Schnauze verfügte er trotz seiner gutbürgerlichen Herkunft. Und indem er den Schauplatz der Handlung erweiterte, konnte er Ausflüge durch sein geliebtes Berlin einbauen. *Krach im Hinterhaus* ist eine Hommage an diese Stadt, während die späteren Arbeiten dieses Regisseurs eher im Niemandsland spielen. Die schöne Musik von Will Meisel und Fritz Domina, keine selbstverständliche Qualität in einem Schwank, verweist bereits auf die betörenden Partituren, die sich Harlan zu seinen Melodramen schreiben ließ. Auch der Konflikt zwischen Pflicht und Gefühl, dem die Witwe Bock ausgesetzt ist, sollte sich zu einem zentralen Thema bei ihm entwickeln. Nicht zuletzt ist *Krach im Hinterhaus* ein ideologisch zweideutiger Film. Es wird zur Pflicht gemahnt, und doch bleiben die Vertreter des Gefühls, die gegen das Gesetz verstoßen und nach eigenen Gesetzen handeln, sich selbst treu. Harlan sympathisiert mit der Witwe Bock, so wie er in *Kolberg* mit Nettelbeck sympathisiert. Die Rebellen, und nicht die sturen Befehlsempfänger, sind seine Helden.

Durch rasantes Tempo zeichnet sich schon der Vorspann aus, mit seinen umkippenden Titeln, und mit kurzen Aufnahmen Berliner Wahrzeichen etabliert Harlan den Ort der Handlung. (Ähnlich, nur langsamer und feierlicher, leitet er später *Opfergang* ein.) Innerhalb weniger Sekunden werden zwei Welten gegenübergestellt, denn die Kamera, eben noch im Touristen-Berlin mit seinen glanzvollen Sehenswürdigkeiten, befindet sich plötzlich in einem Hinterhof – so plötzlich, wie dann in *Jud Süß* vom Württemberger Hof zur Frankfurter Judengasse übergeblendet wird. ›Betreten der Rasenfläche verboten‹ – dieses Schild weist auf das Problem hin, mit dem die Protagonisten von *Krach im Hinterhaus* ihre Not haben: Verbote, Bespitzelung, Druck von oben. Haupt-Bösewicht des Films ist der Hausverwalter August Krüger (Reinhold Bernt), der die Bewohner in Angst und Schrecken versetzt, sich ihre Vergehen bis hin zu mündlichen Aussagen notiert und ihnen bei jeder Gelegenheit mit dem Gesetz droht – der aber selbst schnell durch Autoritäten einzuschüchtern ist. Er stellt der tüchtigen Witwe Bock nach, um ihr sogleich fehlende moralische Grundsätze vorzuwerfen.

Nur wenige Filme des Dritten Reiches haben sich so deutlich mit der alltäglichen Bespitzelung durch ›Volksgenossen‹ auseinandergesetzt wie *Krach im Hinterhaus*. So etwas mußte auf Kritik stoßen: der Rezensent des ›Film-Kurier‹ fand das denunzierende Hauswirtsehepaar »um einige soziale Stufen zu tief gesehen«; sie hätten »fast Unterweltcharakter«, und die lustvolle Gemeinheit in Gerda Kuffners Darstellung brachte den Rezensenten dazu, von einer »verdreckten Schlampe von Frau« zu sprechen. [8] Die Gemeinheit ihrer Mitbewohner, die sich als »Hausbulle«, »Kuhtrampel« und »Schlampe« beschimpfen, hat für die Guten einen Vorteil. Der Witwe Bock fällt es leicht, ihre intriganten Mitmenschen gegeneinander auszuspielen.

Um zu zeigen, daß das Leben im Hinterhof auch Freude bereiten kann, daß die Hausgemeinschaft auch für angenehme Abwechslung sorgt, lassen

Harlan und sein Kameramann Bruno Mondi die Kamera waghalsig an den Innenhofwänden hochklettern, an allen Fenstern vorbei, Freiheit in dieser Enge suggerierend. Weiterhin ist Tempo angesagt; später, bei der Gerichtsverhandlung, wird Tempo sogar vom Vorsitzenden angeordnet. Harlan macht schon hier ausgiebig Gebrauch von Parallelmontagen – wen wundert es da, daß er es zur Gewohnheit werden ließ, an mehreren Filmen parallel zu arbeiten?

Am schönsten, daran läßt der Film keinen Zweifel, ist es draußen, außerhalb des Hinterhofs. Ilse (Else Elster), die Tochter der Witwe Bock, unternimmt gemeinsam mit ihrem sozial höher gestellten Freund einen Ausflug. Der junge Assessor Dr. Erich Horn (Berthold Ebbecke) führt sie durch Berlin, und als sie ein Grundstück am See erblickt, meint Ilse, dort gebe es Ruhe, keinen Klatsch. Sie schämt sich nicht ihrer Herkunft, aber sie möchte heraus aus ihrer engen Welt, in der es keine Intimsphäre gibt. Mit viel Liebe zum Detail inszeniert Harlan die Verlobung der beiden in einem Restaurant. Erich nimmt Ilses Hand und legt sie an sein Gesicht; Ilse legt ihr Gesicht an die andere Seite der Hand und lächelt zart. Derber geht es zwischen einem anderen Paar zu. Nachdem Frau Schulze (Ilse Fürstenberg) die Qualitäten ihrer Tochter gelobt hat (»Was se macht, das macht se gründlich«), schneidet Harlan auf Paula Schulze (Hilde Sessak), die sich mit dem Bäckergesellen Gustav Kluge (Gerhard Bienert) im Kohlenkeller vergnügt. Am Ende erwartet Paula ein Kind von Gustav, ohne auch nur ein einziges Mal mit ihm im Bett gelegen zu haben.

Krach im Hinterhaus ist kein unpersönlicher Harlan-Film, keine Fingerübung, wie man erwarten könnte. Stattdessen tauchen in dieser Produktion regelmäßig Elemente auf, die das übrige Werk Harlans kennzeichnen. Häufig sagen bei Harlan zwei Personen an verschiedenen Orten dasselbe, wodurch nicht nur ein eleganterer Übergang zwischen zwei Einstellungen hergestellt wird, es werden auch räumliche Distanzen aufgehoben. Die Witwe Bock sagt »dumme Gans« zu einer Nachbarin, und Harlan schneidet auf eine Gans in Lokal, in dem Ilse und Erich gerade ihre Verlobung feiern. Bevor Frau Bock zur (Un)Tat schreitet und die Kohle mit Schwarzpulver füllt, schwenkt die Kamera über einen Kirchturm bei Nacht; genauso bereitet Harlan die Szene in *Das unsterbliche Herz* vor, in der Ev ihren Mann verführt. Der Kirchturm vermittelt dem Zuschauer, daß Frau Bock wie später Ev aus höheren Motiven sündigt. Henny Porten, Kristina Söderbaum, Paula Wessely *(Anders als du und ich)*: all diese Frauen verstoßen gegen das bestehende Gesetz, um Gutes zu tun.

Noch ein Harlan-Motiv ist der Vater-Sohn-Konflikt. Er spielt vor Gericht eine Rolle, wo sich Erich und sein Vater, der Justizrat Horn (Paul Mederow), als Vertreter gegnerischer Parteien wiedersehen. Und Politik kommt ins Spiel, als das Ehepaar Krüger, zunächst nur als Zeugen geladen, entlarvt wird. Beide erscheinen mit Bandagen am ganzen Körper, ›schwer verletzt‹ seit den Explosionen im Kohlenkeller, sie sind aber tatsächlich nur Simulanten, die die Krankenkasse betrügen. Für seinen Kohlenklau muß Krüger ins Gefängnis. Erstaunliche, gewagte Sätze fallen im Saal; Hausbewohner werden als Kommunisten bezeichnet, woraufhin sie ihren Parteiwiedereintritt beteuern (in die NSDAP?). »Kommt der Schulze uff Festung oder uff Konzertlager?« fragt Edeltraut einmal, wohl ein einzigartiges Beispiel dafür, daß in einem NS-Spielfilm auf die Einrichtung deutscher Konzentrationslager hingewiesen wurde.

Die Witwe Bock ist am Kohlenklau unschuldig, sie hat aber bei der Entlarvung des Diebes durchs Verursachen einer Explosion Schuld auf sich geladen. Von der eigenen Tochter wird sie denunziert – aus Liebe natürlich. (In *Der große König* wird Luise ihren geliebten Ehemann verraten, als er desertieren will.) Während Erich seine Verlobung mit Ilse zu lösen beabsichtigt – schließlich schadet es seiner Karriere, mit der Tochter einer Kriminellen liiert zu sein –, ist sein Vater von Ilses Auftreten beeindruckt. Kinder wie sie braucht das Land, Kinder, die die eigenen Eltern zur Raison rufen. Im vorliegenden Fall geht alles glimpflich aus: Frau Bock erhält eine Bewährungsstrafe, die Staatskasse trägt die Kosten. Auch Ilse hat Glück im Sinne der NS-Ideologie: sie verliert aufgrund ihrer Mitwisserschaft an Frau Bocks Tat ihre Arbeit und ist somit eine ideale Ehefrau.

Vor dem Happy-End gibt es noch einen weiteren Konflikt, denn Ilse wird von Gustav Kluge begehrt und von Erich besucht, der es sich anders überlegt hat und sie jetzt wieder heiraten will. Eine (von Harlan wiederholt behandelte) ›ménage à trois‹ kündigt sich an, bis Paula hinzukommt und Gustav von ihrer Schwangerschaft erzählt. Alles ist im Lot. Nur die Schuldfrage bleibt ungeklärt. Hat die Witwe Bock richtig gehandelt? Der Richter sagt nein, aber ein klares Schuldeingeständnis der Verurteilten bleibt aus. Wie Frau Teichmann in *Anders als du und ich* wird Frau Bock schuldig, und sie begreift nicht, warum. Die Zuschauer hat sie auf ihrer Seite, ohne daß der Richter damit herabgewürdigt wird. Harlan hat es immer wieder verstanden, bei einem Interessenkonflikt beiden Seiten gerecht zu werden.

Mit Heinz Rühmann, Ida Wüst, Fritz Kampers, Suse Graf, Erika Glässner und Carsta Löck als Hauptdarsteller wurde 1935 die Komödie *Kater Lampe* angekündigt, Veit Harlans nächste Regiearbeit, mit der er ab Anfang Dezember 1935 beschäftigt war. Bei der Vorlage handelte es sich um das einzige Stück des früh verstorbenen Emil Rosenow (1871–1904). Rosenow, Sohn eines Schuhmachermeisters, betätigte sich als Schriftleiter des sozialdemokratischen ›Chemnitzer Beobachters‹ und war seit 1898 Mitglied des Reichstags. Er schrieb unter anderem das Arbeiterschauspiel »Die im Schatten leben« (1912), zwei Bände »Wider die Pfaffenherrschaft« (1904/05) sowie 1902 den Schwank »Kater Lampe«. Der titelgebende Kater bedient sich bei allen

Dorfbewohnern und bringt ihre Welt durcheinander, führt aber auch Menschen zusammen. Teilweise mit Gerhart Hauptmanns »Biberpelz« vergleichbar, beleuchtet das Stück menschliche und soziale Konflikte, die Spannung zwischen Handwerkern und Großunternehmern und die Entstehung der Industrie in einem kleinen Dorf.

Es war der erste Tonfilm, der im Erzgebirge gedreht wurde. Als die erste Klappe fiel, hatte es leichte Veränderungen in der ursprünglich angekündigten Besetzung gegeben. Rühmann, Kampers und Löck waren nicht mehr dabei. Dafür trat der 29jährige Albert Lieven als jugendlicher Liebhaber auf, in der Rolle, die Harlan 1933 am Schiller-Theater verkörpert hatte. Lieven spielte noch im November 1936 an der Komödie am Kurfürstendamm den Oswald in »Gespenster« (jene Rolle, die Harlan einst an Kortner verloren hatte) und ging dann ins Exil. Veit Harlan stand vor einer schwierigen Aufgabe, denn er hatte noch nie als Regisseur mit einer Katze gearbeitet, und für diesen Film waren aufwendige Verfolgungsszenen geplant. »Die Katze springt auf das Regal und reißt die Mehltüte herunter, deren Inhalt sich auf die Verfolger ergießt« – solche Anweisungen im Drehbuch lesen sich leichter, als sie zu filmen sind. [9] Dennoch meisterte Harlan alle Schwierigkeiten, so daß sein zweiter Film im Februar 1936 der Öffentlichkeit vorgestellt werden konnte.

»Veit Harlan – heute schon, nach zwei Filmen, ein Meister der Milieukomödie«, urteilte Felix Henseleit. »Veit Harlan, der Regisseur, ist ein Milieuzeichner, ein Menschen- und Typenschilderer, der immer die treffende Formel, den richtigen Schlüssel zu einer Umwelt und zu ihren Menschen findet. Er ist kein Mann, der Klischees und Schablonen benutzt.« [10] Und im ›Film-Kurier‹ war zu lesen: »Ein lustiger Film, der seinen Humor aus dem sächsischen Holzschnitzer-Milieu des Erzgebirges bezieht ... Der deftige Humor des handfesten, an situationskomischen Momenten reichen Bühnenstückes ist dem Film erhalten geblieben. Aber auch das sozialkritische Element, der Abwehrkampf des Holzschnitzerhandwerks gegen die kapitalistisch durchgeführte fabrikmäßige Herstellung der Spielwaren, fehlt dem Film nicht.« Von den Darstellern stand an der Spitze »der Gemeindevorsteher Erhard Siedels, der Prototyp eines sächsischen Spießers, mit borstig nach oben gekämmtem Haar ... Veit Harlans Regie sorgt für Lebendigkeit, raschen Bildwechsel«. Es gab außerdem noch Landschaftsaufnahmen von »von starkem, malerischem Reiz«. [11]

Für die ›Deutsche Filmzeitung‹ war *Kater Lampe* »ein handfester, derblustiger, reichbewegter Film ... Es wird viel geredet in dem Film, aber noch mehr gelaufen, gekracht, getobt.« Die antikapitalistische Propaganda der Komödie ist auch hier erkannt worden: »Ernst Legal ist der Unternehmer, wie er im liberalen Buche steht, eine gewissenlose Figur, vierschrötig, wuchtig, der wandelnde Profit.« [12] Ernst Legal wiederholte die Karikatur eines fiesen Kapitalisten als Bader Bratvogel in *Das unsterbliche Herz*; der eigennützige, von Jacob Tiedtke verkörperte Reeder in *Kolberg* steht ebenfalls in dieser Tradition.

Harlan arbeitete wie am Fließband. Seine nächste Billig-Komödie hieß *Der müde Theodor* und basierte auf dem gleichnamigen Schwank von Max Neal und Max Ferner aus dem Jahr 1913. Neal (1865–1941) hatte außerdem die populären und allesamt verfilmten Stücke »Der Hochtourist« (1904), »Die türkischen Gurken« (1925) und »Das sündige Dorf« (1929) verfaßt. Für Harlan war es seine erste Arbeit für die kleine Majestic-Produktion; den Verleih übernahm die zur Tobis-Gruppe gehörende Syndikat-Film. Von Januar bis Februar 1936 wurde der Schwank mit Hitlers Lieblingsstar Weiß-Ferdl in der Hauptrolle gedreht. Für Buch und künstlerische Oberleitung war ein weiteres Mal Reinhold Meißner zuständig.

Der müde Theodor bot eine dankbare Aufgabe für Weiß Ferdl, der sich als Sonntagsreiter, Kaninchenzüchter und heimlicher Oberkellner präsentieren durfte, und vor allem als der gute Mann, der nicht nein sagen kann. Letzteres ist der Grund, warum ihn seine Frau mit dem Taschengeld so kurz hält. Theodor ist Rentner. Da seine Nichte mit einer schönen Stimme begabt ist und ihr Gesangsstudium nicht finanzieren kann, versetzt er das Perlenhalsband seiner Gattin und arbeitet als Oberkellner in einem Hotel. Daraus ergeben sich jede Menge Verwicklungen. Für seine nächtliche Tätigkeit braucht er ständig neue Ausreden. Er benutzt einen Schnarchapparat, um über seine Abwesenheit hinwegzutäuschen. Aber seine ständige Müdigkeit läßt sich schwer verheimlichen.

Selbstverständlich sind am Ende alle glücklich, wie es sich gehört. Es gibt zwei Hochzeiten, und die Ehefrau wird zurechtgewiesen: »Erika Glässner steht als energischer Haushaltungsvorstand an der Spitze, bis sie sich am Schluß in eine gehorsame Gattin verwandelt und zum äußeren Zeichen ihrer Unterwerfung die Schlüsselgewalt zurückgibt«, freute sich ›Der Film‹. [13] »Bringt man den Film auf einen Generalnenner, so lautet dieser: Weiß Ferdl«, hieß es in der ›Deutschen Filmzeitung‹, die hier den »Zweck einer harmlosen Unterhaltung« erfüllt sah. »In der äußeren Technik des Szenischen, des Bildlichen und des Tonlichen wird den Anforderungen genügt«, meinte dieselbe Zeitung etwas säuerlich. [14] Die ›New York Times‹ betrachtete den *müden Theodor* als »überdurchschnittlich gute Farce«. [15] Filme mit Weiß-Ferdl waren auch ohne einen guten Regisseur erfolgreich. Daß Harlan der beste Regisseur war, mit dem er jemals gearbeitet hat, wirkte sich auf die Karriere des Komikers nicht aus, die ohnehin bald beendet war. Seit 1937 mußte Weiß-Ferdl seine Auftritte wegen einer Herzschwäche reduzieren. Harlan selbst war mit dem *müden Theodor* nicht zufrieden, er fühlte sich mit dem bayerischen Humor zuwenig vertraut, aber wenigstens konnte er mit solchen Arbeiten sein Handwerk vervollkommnen.

Das Stück »Veronika« hatte er bereits am Theater inszeniert. Er beendete seine Phase als Schnellregisseur mit dessen Verfilmung, für die ein unnötiger Aufwand betrieben wurde. Hergestellt wurde *Alles für Veronika* – so der Verleihtitel – im März 1936 als schweizerisch-deutsch-ungarische Produktion, an Drehorten in Ungarn und in den Tiroler Alpen. Trotz zugkräftiger Namen in der Besetzung – Hans Moser, Theo Lingen, Grethe Weiser, Hilde Hildebrand – ließ sich der im August in Wien gestartete Film in Deutschland nicht leicht verkaufen. Daß der Produzent Moritz Grünstein hieß, durfte das deutsche Publikum nicht erfahren. *Alles für Veronika* erlebte von allen Harlan-Filmen des Dritten Reiches die schwächste Aufnahme bei der Kritik und ist, was für die Unsicherheit der Verleiher spricht, unter verschiedenen Titeln gelaufen *(Fräulein Veronika; Der Schlaumeier)*. Die ›New York Times‹ bezeichnete ihn zwar als »nette kleine Komödie«[16], aber als im Februar 1937 die Berliner Premiere stattfand, fragte sich die Kritik schon, was ein Regisseur von Harlans Rang hier verloren hätte.

Günther Schwark erhob künstlerische und ideologische Einwände. Die Geschichte sei nicht mehr zeitgemäß. »Wenn heute eine Warenhaus-Angestellte Gelegenheit hat, übers Wochenende in ein Wintersportgebiet zu fahren, so wird sie sich bestimmt nicht darüber den Kopf zerbrechen, wie sie für diesen Ausflug unter allen Umständen zu einem repräsentativen Silberfuchs kommt. ... Wir wenigstens kennen die Jugend von einer anderen Seite! ... Dann die Dialoge! Was dieser armen Vroni teilweise an Dialoggestammel und banalen Monologen zugemutet wird ... Wie konnte ein Veit Harlan das zulassen?! ... Grausamer konnte Thekla Ahrens kaum ›erledigt‹ werden, als mit diesem Wortgeschwafel in dauernden Großaufnahmen! Überhaupt Großaufnahmen von einer Anfängerin zu machen, deren Züge noch keinerlei Ausdrucksfähigkeit besitzen, ist an und für sich schon unverzeihlich. Gegen solch eine Art von Nachwuchspflege muß man sich mit aller Entschiedenheit wenden.«[17]

Thekla Ahrens war keine völlige Anfängerin mehr, sie war sogar in einem der visuell bemerkenswertesten Filme der dreißiger Jahre, in Werner Hochbaums *Die ewige Maske* aufgetreten. Als Schauspielerin lernen konnte sie dabei nichts, da Hochbaum von Darstellerführung wenig verstand und selbst Luise Ullrich in *Schatten der Vergangenheit* (1936) wie eine Dilettantin dastehen ließ. Der ›Film-Kurier‹ fand bei *Alles für Veronika* allenfalls lobende Worte für die lebendige Regie Harlans und die Leistung von Hans Moser als Generaldirektor. Der Darsteller von Veronikas Freund Paul, Willy Eichberger, verließ nicht lange nach diesem Film Europa. Er hatte bereits ab 1933 unter dem Namen Carl Esmond einige Filme in England gedreht und setzte seine Karriere ab 1938 in Hollywood fort.

Daß man zur Zeit der Berliner Premiere mehr von Harlan erwartete als Dutzendware wie *Alles für Veronika*, war auf sein erstes großes Melodram

Veit Harlan inszeniert *Maria, die Magd*

zurückzuführen: *Maria, die Magd*, ein bitterer, unbequemer Film, der Ende 1936 in die Kinos kam. »Was diesem Film zugrunde liegt, das ist mir passiert, ja mir selbst«, verriet Harlan während der Dreharbeiten. »Als ich noch ein ganz kleines Kind war, hatten mich meine Eltern in die Obhut eines Dienstmädchens gegeben, das immer in der wendischen Tracht seiner Heimat herumlief und Maria Klimank hieß. (So habe ich das Mädchen auch im Film genannt.) Ich habe diese Marie Klimank – Maria wurde sie nur in der Stadt genannt – später einmal wieder besucht. Sie ist erst vor kurzem gestorben. Also, diese Kindsmagd, wie man damals sagte, nahm mich einmal mit in ihr Dorf, und die Dorfkinder nahmen mich mit auf den Krebsfang. Das Mädchen suchte uns wie eine Verzweifelte, und da wir uns unter einer Brücke aufhielten, konnte sie uns nicht sehen, und wir konnten bei dem Lärm des rauschenden Wassers nicht ihre Rufe hören. Schließlich wurden wir gefunden. Mein Vater schrieb damals eine kleine Novelle ›Die Kindsmagd‹.«

Ob der Film nach dieser Novelle entstanden sei, wurde er gefragt. »Ja und nein! Inzwischen sind viele Jahre vergangen. Ich habe selbst Kinder, drei, und unser Kindermädchen nimmt sich der Kinder sehr an, zumal, wie ihr wißt, meine Frau oft beim Theater spielen muß. Besonders die kleine Susanne wird von dem Mädchen abgöttisch geliebt. Es interessiert sich weder für einen Mann noch für zuhause, und als wir es zur Taufpatin unserer kleinen Susanne machten, war es im siebenten Himmel. So eine Liebe ist noch nicht dagewesen. Aber diese Liebe hat auch etwas Gefährliches. Sie macht das Kind der Mutter teilweise abwendig. Und wenn dann die Mutter viel außer dem Hause sein muß, geschieht es unweigerlich, daß das Mädchen dem Kinde bald nähersteht als die eigene Mutter.«

Die Mutterschaft des Kindermädchens müsse gekündigt werden. Ist das nicht ein bißchen grausam, das Wort ›kündigen‹ nach so viel Aufopferung? »Es ist grausam«, erwiderte Harlan, »aber das Leben ist es nicht minder. Und unser Film geht auch bis an die Grenze der Grausamkeit. Es soll ja das wahre, echte, unerbittliche Leben geschildert werden. Drei Jahre schon schleppe ich mich mit dem Filmstoff herum, und ganz allmählich bin ich zu der jetzigen Form gekommen.«[18] Ganz unverhohlen bekannte sich Harlan hier zu seinem Sadismus, seiner Bereitschaft, bis ans Äußerste zu gehen, oder besser gesagt, seine Darsteller bis ans Äußerste gehen zu lassen. *Maria, die Magd* wurde der erste autobiographische Film seines Regisseurs, zudem mit seiner Ehefrau in einer Rolle, die viel von ihrem Hang zur Selbstentblößung forderte. Bezeichnenderweise hat Hilde Körber nicht sich selbst gespielt, sondern ihr eigenes Kindermädchen. Die Rolle seiner Frau hingegen ließ Harlan bei seinem ersten autobiographischen Film von der mondänen Hilde Hildebrand verkörpern. Sie spielt die Schauspielerin Alice Hagen, Gattin des Berliner Rechtsanwaltes Winter (Alfred Abel) und Mutter eines Sohnes (Arthur Fritz Eugens), für den sie kaum Zeit und für den sie deshalb als Kindermädchen Maria Klimank angestellt hat. Die gesellschaftlichen Verpflichtungen der Eltern haben Vorrang. Bei Maria ist der Fall umgekehrt, sie kennt nur die Pflicht und keine Freuden. Der Film handelt davon, wie beide Frauen einen Mittelweg finden, wovon letztlich auch der Vater profitiert. Es werden noch mehrere Harlan-Filme davon handeln, wie ein Mann durch die Konfrontation mit zwei gegensätzlichen Frauen zur Reife gelangt: *Die Reise nach Tilsit, Opfergang, Hanna Amon.*

Als Alice Winter ein längeres Gastspiel in Baden-Baden antritt und nicht weiß, wohin sie mit dem kleinen Gerd soll, weil Maria zur Silberhochzeitsfeier ihrer Eltern gehen will, schlägt Dr. Winter dieser vor, den Jungen aufs Land mitzunehmen. Überraschend ist auch ihr Freund Franz (Hans Schlenck) unter den Feiernden, der schon die Verlobungsringe bereithält. Gerd freundet sich mit Marias kleinem Bruder Christoph (Wolfgang Kieling) an. Ausgerechnet in dem Moment, als Maria sich nach langem Zögern zu einem Tanz überreden läßt, geschieht das Unglück. Die Jungen ziehen zum Krebsfang an einen Wildbach. Es ist Nacht, Regen setzt ein, und das Flußbett steigt. Maria, die die Jungen für verloren hält, ist außer sich vor Entsetzen und will sich in die Schlucht stürzen. Der Junge wird schließlich gerettet, aber ein Problem ist noch zu lösen: Marias neurotische Bindung an den Jungen muß bewältigt werden.

Gedreht wurde *Maria, die Magd* von Juli bis Mitte August 1936 in den Johannisthaler Ateliers. Die Zeitschrift ›Der Film‹ lobte »die künstlerische Besessenheit des Regisseurs«, und es war die Rede von »der elementaren Ausdruckskraft und Wucht der sich steigernden dramatischen Szenen und der einfachen natürlichen Lösung, die trotz Hochzeit am Schluß nicht wie ein übliches Happyend wirkt«. [19] Der ›Film-Kurier‹ hob die Botschaft hervor, daß ein Kind nicht seiner Mutter entfremdet werden dürfe, erstaunlich, wo doch genau das im Dritten Reich geschah. »Die Regie Veit Harlans [...] übersteigert etwas zu stark das Motiv der mütterlichen Liebe bei der Kinderpflegerin, so daß man manchmal das Gefühl hat, daß diese Sorge um das Kind schon fast ›ein Komplex‹ ist.« (Gerade das sollte es doch sein!) Der Rezensent fand es daher gut, daß der verhätschelte Junge eigenständig etwas unternimmt, auch wenn es ihn in Lebensgefahr bringt. »Dieser Unternehmungsgeist der beiden, die Art und Weise, wie die Jungens am Fluß Krebse fangen, und, als der Eimer von Krustentieren gefüllt ist, auch noch die Hosen ausziehen, um darin die reiche Beute zu verstauen, das ist der schönste und reizendste Teil an dem ganzen Film.«

Hilde Körber habe »in ihrer Verzweiflung erschütternde Momente. Ihre Gestalt hätte aber noch anziehender gewirkt, wenn die Regie sie nicht in zu krasser Schwarz-Weiß-Schattierung gezeichnet hätte. Man erinnert sich, um wieviel menschlicher die Pflegerin in *Maternelle* ist, deren Verhältnis zu den Kindern ebenfalls mütterliche Liebe erfüllt, ohne daß sie sich deshalb aber mit der Umwelt ins Mißvergnügen setzt, wie es hier zuweilen der Fall ist.«[20] (In dem französischen Film *La Maternelle* aus dem Jahr 1933 hatte Madeleine Renaud, die spätere Ehefrau von Jean-Louis Barrault, einen ihrer größten Erfolge.) Die ›Filmwelt‹ urteilte: »Großartig die Naturaufnahmen, das wilde, schäumende Wasser, großartig die verzweifelte Suche nach dem Kind.«[21]

Harlans Kampf gegen Kino-Konventionen ist bei aller Anerkennung auf Kritik gestoßen. Sein Versuch, zwiespältige Mutterfiguren in den Mittelpunkt zu stellen, wurde beanstandet. Bedenken brachte Hans Spielhofer (›Der deutsche Film‹) zum Ausdruck: »Der Titel klingt ›apart‹, er klingt nach Kammerspiel, nach Avantgarde. Und der Film Veit Harlans bewegt sich ja auch abseits der Heerstraße. Seine besondere Note hat er wie der Fährmann-Film [gemeint ist Frank Wysbars *Fährmann Maria*] in der Bildführung.« Spielhofer nahm Anstoß an der Figur der Maria und sah sie an der Grenze zur Karikatur gespielt von der »im allgemeinen etwas starr geführten Hilde Körber«.[22] In den USA lief der Film unter dem Titel *Maria, the Servant*. Die ›New York Times‹ fand ihn »so gut gemacht, daß er bis zuletzt das Interesse wachhält«[23], während der Rezensent der ›Variety‹ sich über die Figur der Alice aufregte – »eine verheiratete Primadonna, die so ultra-modern ist, daß sie keine Zeit für ihr Kind hat«.[24] Auch der ›Völkische Beobachter‹ sprach angesichts der Aufgabenverteilung in der Familie Winter von einer »unnatürlichen Situation«.[25]

Verrucht und sympathisch zu sein, diese Kombination verstieß gegen die guten Sitten. Sorgen ganz anderer Art machte sich noch im Mai 1937 der ›Film-Kurier‹: er glaubte im aktuellen Kinoprogramm eine »Selbstmord-Epidemie« zu entdecken und nannte als trauriges Beispiel hierfür *Maria, die Magd*, weil Maria in ihrer Verzweiflung dem Leben ein Ende machen will. Man solle dem deutschen Publikum doch lieber Filme vorführen, die positive Werte vermitteln.[26] So fand Harlan mit seinem ersten großen Regie-Kraftakt eine ähnlich zwiespältige Aufnahme wie Wysbar mit seinem *Fährmann Maria*: beide Filme erfreuten sich wegen ihrer formalen Brillanz Anerkennung, aber ihre Thematik rief Skepsis hervor.

Um den ungewöhnlich schnellen Aufstieg Veit Harlans zum Regiestar Nr.1 des NS-Kinos zu begreifen – er debütierte 1935 als Co-Regisseur, war 1936 mit nicht weniger als sechs Filmen beschäftigt und hatte bereits 1937 einen

118

Großfilm mit Emil Jannings vorzuweisen – muß man *Maria, die Magd* gesehen haben, eine beachtliche Leistung angesichts der vergleichsweise bescheidenen Mittel, die zur Verfügung standen. Harlan lieferte hiermit einen Beitrag zum Genre des Mutter-Films, einem im Dritten Reich erstaunlich wenig beachteten Genre. Und er machte einem wenige Monate vorher abgedrehten Film Konkurrenz, dessen Regisseur sich bereits als Meister des Melodrams etabliert hatte: Detlef Siercks *Schlußakkord*, in dem ebenfalls eine mondäne, triebhafte Ehefrau (Lil Dagover) und ein schlichtes, aufopferungsvolles Kindermädchen (Maria von Tasnady) einander gegenübergestellt werden. Sierck denunziert die Ehefrau und die dekadenten Kreise, in denen sie verkehrt: die vergnügungssüchtige Frau muß sterben und der anständigen Frau weichen. Anders verhält es sich bei Harlan: er läßt Hilde Hildebrand eine differenzierte Figur jenseits aller Heilige/Hure-Stereotypen gestalten, was den Mißbrauch dieser Darstellerin durch andere Regisseure erst recht verdeutlicht.

Auf der Bühne spielte sie im Gegensatz zu ihren Kinoeinsätzen interessante Rollen, war sie als Lady Windermere, Madame Sans-Gène, Christina von Schweden und Hedda Gabler zu sehen. Hilde Hildebrand, die »auf einen innerlich kalten, leicht ironischen Frauentyp festgelegt worden ist, der wohl über Liebe spricht und singt, aber nicht Liebe fühlen durfte« (Hans Schuhmacher) [27], wirkte für Hausfrauen- und Mutterrollen zu verrucht, und für traditionelle Liebesgeschichten strahlte sie zuviel Erfahrung aus. Andererseits konnte man sie auch keine bösen Frauen verkörpern lassen, dafür lag zuviel menschliche Wärme in ihrer Stimme. Die einzige Möglichkeit, mit ihr fertig zu werden, blieb daher die Verbannung ins Reich der Komödie, ins Lächerliche, wobei ihr dann euphemistisch Selbstironie bescheinigt wurde. Harlan immerhin hat sie ernst genommen. *Maria, die Magd* ist ein Beispiel dafür, daß traditionelle Weiblichkeitsklischees und NS-Film kein Synonym sein müssen.

Einmal raucht Alice in Gegenwart des hustenden Jungen, obwohl die Fensterläden geschlossen sind: Maria macht sie dermaßen hysterisch auf die Nachlässigkeit aufmerksam, daß die Sympathien des Zuschauers bei Alice bleiben. Später gibt es noch eine Parallelmontage: der Junge befindet sich in Lebensgefahr, während Alice auf der Bühne steht und ihren Applaus entgegennimmt: der Applaus geht direkt in das Rauschen des Wasserfalls über. Diese Tonüberblendung bleibt eine Spielerei mit dem Medium: die denunziatorische Wirkung (»Der Applaus für die Mutter erschlägt den Jungen«) entfällt wegen der durchweg würde- und liebevollen Darstellung Alices. Diese Frau ist oft nachlässig, aber daß sie ihren Sohn liebt, wird nie angezweifelt. Wenn sie sich am Ende doch noch gegen die Karriere entscheidet, geschieht das ohne äußeren Druck. Ihr Ehemann wirkt kultiviert und ein wenig dekadent, er respektiert die Lebensweise seiner Frau – Beruf vor Familie. Dr. Win-

Hilde Körber in *Maria, die Magd*

ter macht seiner Gattin Vorschläge, keine Vorschriften. Harlan mag privat ein Despot gewesen sein, aber in seinen Filmen erscheinen nachgiebige Männer erstaunlich oft. Männer, die es strikt ablehnen, autoritär aufzutreten.

Dem offiziell geforderten Frauentypus (Hausfrau und Mutter) haben die Filme des Dritten Reiches wenig Beachtung geschenkt. Fremde, exotische Frauen dominierten das Kino jener Jahre. Die sonst nur in Nebenrollen eingesetzte Hilde Körber war eine typisch deutsche Frau, aufopferungsbereit, pflichtbewußt statt lustorientiert, schmallippig, die Haare meist streng nach hinten gekämmt. Harlans Filme mit ihr sind alles andere als eine Liebeserklärung, und *Maria, die Magd* kann in einem Atemzug mit Orson Welles' *Die Lady aus Shanghai* (1948), Ingmar Bergmans *Herbstsonate* (1978) und Woody Allens *Ehemänner und Ehefrauen* (1992) genannt werden – als ein Film, mit dem ein Regisseur sich wenig galant von seiner Lebensgefährtin verabschiedet.

Hilde Körber und Hans Schlenk in *Maria, die Magd*

Mit ihrer humorlosen Frömmigkeit und ihrer Bauerntracht, die jegliche Körperlichkeit verleugnet, eignet sich Maria kaum als Identifikationsfigur, und das Interesse des attraktiven Verlobten an ihr ist nur vor dem Hintergrund der NS-Familienpolitik zu verstehen. Als Franz sich beklagt, Maria verbringe ihre ganze Zeit nur mit dem Jungen, beruhigt ihn ein Freund, dafür habe er später einmal eine gute Ehefrau in ihr. Als pathologischer Fall erscheint Maria vor allem deshalb, weil sie ihre abgöttische Liebe einem Kind schenkt, das nicht ihr eigenes ist. Aus Angst vor der eigenen Mutterschaft zieht sie die Ersatzmutterschaft vor. Das Happy-End besteht darin, daß sie sich bereit erklärt, mehr Zeit für ihren Verlobten aufzubringen (und Mutter zu werden). Da zu dem Zeitpunkt auch Alice ihren Beruf aufgegeben hat, ist die gesellschaftliche Ordnung am Ende wiederhergestellt worden, aber wie so oft bei Harlan bleiben die Regelverstöße stärker in Erinnerung.

Musik spielt bereits hier eine wichtige Rolle. Der Komponist Leo Leux hatte die Bühnenmusik zu »Dame Kobold« geschrieben und ist vor allem durch die Revuefilme von Hans H. Zerlett bekannt geworden. Geschickt kontrastiert er Marias Kinderlieder mit Alices Chansons. Eine Abschiedsszene auf dem Bahnhof, aus einem fahrenden Zug gefilmt (Hilde Hildebrand läuft neben dem Zug her und wartet vergeblich darauf, daß ihr Film-Sohn ihren Blick erwidert), hat Harlan in *Immensee* wiederholt. Und wie die Kamera bei einer Tanzszene in die Höhe fährt und ein Schwindelgefühl erzeugt, das findet man in *Die goldene Stadt, Immensee, Hanna Amon* und *Sterne über Colombo* wieder.

Auch ist der Sadist in Harlan schon spürbar: Hilde Körber muß, dem Wahnsinn nahe, unter Lebensgefahr im Wasser nach dem Jungen suchen. Mit einer Unerbittlichkeit, wie sie kaum jemand an den Tag gelegt hat, seit D.W.Griffith die fragile Lillian Gish in *Way Down East* (1920) mit einer Eisscholle auf einen Wasserfall zutreiben ließ, jagt Harlan seine Noch-Ehefrau durch den reißenden Strom. »Der Regisseur soll Diktator sein«, lautete am 2. Dezember 1935 eine Schlagzeile im ›Film-Kurier‹, und Harlan machte von dieser Erlaubnis vollen Gebrauch. (Mit Kristina Söderbaum ging er behutsamer um, wenn er sie ins Wasser, ins Moor oder in den Schnee schickte. Söderbaum wurde von Wasser umschlungen, Hilde Körber fast erschlagen.) Marias Hysterie läßt sich gut verstehen. Ihre Lage ist aussichtslos: kümmert sie sich um den Jungen, vernachlässigt sie den Verlobten, und tanzt sie mit dem Verlobten, dann macht sie sich schuldig, weil sie nicht zugleich auf den Jungen aufpassen kann. Der Junge gerät ausgerechnet dann in Lebensgefahr, als Maria sich zum ersten Mal gehen läßt. (In einem der nächsten Harlan-Filme hat die jugendliche Protagonistin ihr erstes Liebeserlebnis, während ihre Mutter stirbt.) Erstaunlicherweise zeigt Harlan angesichts dieser Problematik ebensoviel Sadismus wie Einfühlungsvermögen. Nicht weniger erstaunlich: Die Gefahr geht hier vom Land, von der Natur aus; Sicherheit bietet die Großstadt.

Ende 1936 kam ein Erlaß von Joseph Goebbels heraus, mit dem die bisher übliche Kritik durch die Kunstbetrachtung ersetzt werden sollte. »Freiheit des Schaffens und Unantastbarkeit der künstlerischen Ehre gesichert«, verkündete die Presse. Ein »Neues Verhältnis zwischen Presse und Film« würde nun bestehen. [28] Dabei hatte Goebbels noch ein Jahr zuvor bei einer Kritikertagung eine Rede über die Aufgaben der Kritik gehalten, in der ganz andere Töne zu vernehmen waren. Gewiß solle die Kritik »hart sein, den Dilettantismus abwehren und Rang- und Wertunterschiede machen ... Die Kritik soll den Leser zu eigenem Nachdenken anregen und ihn veranlassen, sich an Ort und Stelle selbst ein Urteil zu bilden«, meinte Goebbels damals und fügte hinzu, manchmal sei die Kritik sogar das größere Kunstwerk. Ihr Ziel sei ein »Urteil, das den Mut nicht raubt [...], das nicht abschließt, sondern anregt«. Der Kritiker solle nachsichtig sein und den guten Willen zu schätzen wissen. [29]

In Goebbels' 1936 in der Philharmonie gehaltenen Rede war dann von konstruktiver Kritik keine Rede mehr. »Um dem ewigen Querulantentum, das den Aufbau des deutschen Kultur- und Kunstlebens mit mißtönendem Begleitgesang verfolgte, den Boden ein für allemal zu entziehen, hat der Minister sich veranlaßt gesehen, in seinem Erlaß [...] die Kritik überhaupt zu verbieten und sie durch die Kunstbetrachtung oder Kunstbeschreibung ersetzen zu lassen.« Das wirkliche Genie dürfe »von kritischen Eintagsfliegen nicht mehr gequält und gemartert werden«.

Der Erlaß hat in späteren Jahren zu Mißverständnissen geführt. Denn Kritiken sind im Dritten Reich weiterhin geschrieben worden, das bekam auch Harlan zu spüren. Selbstverständlich war es im NS-Staat nicht mehr möglich, aktuelle deutsche Filme wegen ihrer Ideologie zu kritisieren, aber zwischen den Zeilen konnte man sehr wohl lesen, ob der Rezensent wirklich begeistert war oder nur pflichtgemäß den Inhalt wiedergegeben hat. (Einen weit schwerwiegenderen Niveauverlust hatte es schon zehn Jahre zuvor in der Sowjetunion gegeben: Lebhafte, konstruktive filmtheoretische Auseinandersetzungen fanden durch die Liquidierung von Filmzeitschriften sowie Denunziationskampagnen gegen einzelne Kritiker ein abruptes Ende.)

Das Presseecho von Harlans nächstem Film zeugte von echter Begeisterung. Er hatte *Die Kreutzersonate* bereits im August 1936 begonnen, als noch niemand *Maria, die Magd* kannte, dennoch wurde ihm diese Adaption von Leo Tolstois 1891 erschienener Novelle anvertraut, mit der Hollywood-erfahrenen Lil Dagover in der Hauptrolle. Eva Leidmann, die Autorin des von Werner Hochbaum verfilmten Romans »Ein Mädchen geht an Land« (1935), verfaßte das Drehbuch; sie starb im Februar 1938.

Tolstois Vorlage war der ideale Stoff für Harlan, denn selbst scheinbar nebensächliche Äußerungen zur Musik deckten sich mit seinen eigenen Vorstellungen. Der krankhaft eifersüchtige Posdnyschew sagt einmal: »Und die Musik überhaupt ist etwas Furchtbares! ... Die Musik zwingt mich, mich selbst, meine wahre Lage zu vergessen; sie bringt mich in eine andere, mir freundliche Lage; unter der Einwirkung der Musik scheint es mir, als fühlte ich etwas, was ich eigentlich gar nicht fühle, als verstünde ich, was ich nicht verstehe, als könnte ich, was ich nicht kann... Die Musik versetzt mich mit einem Mal, unmittelbar, in jene Seelenverfassung, in der sich der Tondichter befand. Meine Seele verschmilzt mit der seinen, und mit ihm zusammen gerate ich aus einem Zustand in einen andern; warum ich das aber tue, weiß ich nicht.« Die Musik gebe einen Reiz – »das aber, was man auf diesen Reiz hin tun soll, zeigt sie nicht«. Posdnyschews Ehefrau und der Nebenbuhler, der ihr Herz gewinnt, werden verbunden durch »die Musik, das raffinierteste sinnliche Lock- und Reizmittel«. [30] Um sein Publikum zu locken und zu reizen, bediente sich auch Harlan in erster Linie der Musik.

Lil Dagover spielte eine Pianistin, die ihren Beruf aufgegeben, einen Gutsbesitzer (Peter Petersen, der betrogene Ehemann aus *Maskerade*) geheiratet und einen Sohn (Wolfgang Kieling) zur Welt gebracht hat. (Bei Tolstoi sind es fünf Kinder.) Ihr Mann liebt keine Musik; Musik ist eine Sprache, die er nicht versteht. Ein berühmter Geiger, sein Vetter, kommt ins Haus (Albrecht Schoenhals, seit *Mazurka* Inbegriff des galant-zwielichtigen Verführers). Der Vetter und die Ehefrau veranstalten ein gemeinsames Hauskonzert, Beethovens Kreutzersonate. In Wiesbaden sehen die beiden sich dann zufällig wieder. Der Ehemann betrinkt sich und läßt sich mit leichten Mädchen ein. (Bei Tolstoi bleibt er treu.) Schließlich erschießt er aus Eifersucht seine Frau und wird freigesprochen, ist aber ein gebrochener Mann.

Hermann Sudermanns Schloß Blankensee, in der Märkischen Landschaft um Trebbin, wurde für diesen Film in ein russisches Landschloß umfunktioniert. Lil Dagover, die Hauptdarstellerin, genoß gerade eine Glanzphase ihrer Karriere. An ihrer Schönheit bestand zwar nie der geringste Zweifel, sie war in mehreren Klassikern des deutschen Stummfilms aufgetreten und hatte in Hollywood unter der Regie von Michael Curtiz gefilmt, aber erst seit Siercks *Schlußakkord* galt sie auch als gestandene Schauspielerin, was prompt mit besseren Rollen und ambitionierteren Filmen belohnt wurde. Gemeinsam mit Siercks Film wurde *Die Kreutzersonate* als Beispiel für einen anspruchsvollen Musikfilm angeführt.

Harlan irritierte seine Schauspieler durch Experimente mit dem Ton, die das Ziel hatten, eine natürlichere Sprechweise zu fördern. Das bedeutete hohe Anforderungen an den Tonmeister Joachim Thurban, wie sie zur selben Zeit in den USA von Douglas Shearer bei der *Kameliendame* erfüllt worden sind; dort war von Greta Garbo als sterbender Marguerite Gauthier jeder Hauch zu vernehmen. An den unmöglichsten Stellen wurden Mikrofone versteckt. »Es kam eine geheimnisvolle Wirklichkeit in die Szenen«, stellte Harlan zufrieden fest. »Auch die Intimität wurde gesteigert.« [31] *Die Kreutzersonate* fand nach der Premiere im Februar 1937 eine begeisterte Aufnahme. Allein im Universum Dresden wurden nach zehn Tagen 21 784 Besucher gezählt. Goebbels schrieb in sein Tagebuch, ohne den Namen des Regisseurs zu nennen: »[Ein] ganz großer, erregender und hinreißender Film der Ufa. Man ist ergriffen und auf das Tiefste erschüttert.« [32]

Die Presse teilte seine Begeisterung: »In diesem Ufa-Film wird das Wagnis unternommen, ohne Konzessionen an den vielzitierten ›Publikumsgeschmack‹ eine echte Seelentragödie zu gestalten.« (›Berliner Montagspost‹) »Der Film schlug das Publikum völlig in seinen Bann. Selten ist es so totenstill bei einer Vorführung.« (›Berliner Tageblatt‹) »Mit der ›Kreutzersonate‹

hat sich Veit Harlan in die Reihe unserer großen Filmregisseure gestellt. Es ist sein Verdienst und dem Zusammenspiel der Darsteller zu danken, daß Tolstois Werk eine so erschütternde Wiedergabe und Wiederauferstehung fand.« (›Berliner 8-Uhr-Abendblatt‹) »Unter seiner Führung erhält der Film ein hohes schauspielerisches Niveau.« (›Berliner Börsenzeitung‹) »Veit Harlan arbeitet mit den behutsamen und zarten Mitteln des Kammerspiels.« (›Berliner Volkszeitung‹) »Veit Harlan hat diesen Film mit sehr viel Eindringlichkeit inszeniert.« (›Berliner Morgenpost‹) [33]

»Unbedingt zu loben ist die Spielleitung Veit Harlans, der sich als guter Führer guter Schauspieler erweist und seinen Blick für wirkungsvollen Aufbau auch der kleinsten Szenen verrät.« (Fritz Röhl, ›Der Film‹) [34] »Die Regie hat diese Vorgänge mit feinem Verständnis, mit Kultur inszeniert.« (Günther Schwark, ›Film-Kurier‹) [35] »Das ist nun ein eindrucksvoller Musikfilm geworden, vom Niveau des ›Schlußakkord‹, wenn auch vielleicht nicht in diesem Umfange jedem Publikum zugänglich … Ein Film von vornehmer Bildkultur!« (Hans Spielhofer, ›Deutsche Filmzeitung‹) [36] Die ›New York Times‹ zeigte sich von der Perfektion des Films angetan und rühmte die unvergängliche Schönheit Lil Dagovers. [37]

Als stärkste Leistung wurde Peter Petersens Verkörperung des krankhaft eifersüchtigen Ehemannes empfunden. (Der damals bereits 60jährige Darsteller weist eine verblüffende Ähnlichkeit mit Hermann Schomberg auf, Harlans ›alter ego‹ in seinen Nachkriegsfilmen.) »Dieses dunkle, bärtige Gesicht scheint wie geschaffen zum Tummelpatz einer Leidenschaft, die stets mit Eifer sucht, was Leiden schafft«, meinte Hans Spielhofer und nannte Lil Dagover »eine der heute bedeutendsten und ausdrucksvollsten Gestalterinnen des deutschen Films.« Günther Schwark schrieb, Tolstois Erzählung sei »eine pessimistische, quälende Auseinandersetzung mit der allgemeinen Lebensmoral«; dank der Bearbeitung durch Eva Leidmann sei es »nicht so sehr die fordernde Erotik, die Jelaina in die Arme des anderen treibt, die Zuneigung zu ihm entspringt vielmehr dem künstlerischen, schöngeistigen Empfinden der jungen Frau«. Für Lil Dagover ist dies über die Jahrzehnte hinweg ihr Lieblingsfilm geblieben, obwohl sie in ihrer sechzigjährigen Karriere in Meilensteinen wie *Das Cabinet des Dr. Caligari, Der müde Tod, Zur Chronik von Grieshus* und *Königliche Hoheit* mitgewirkt hat.

In der ersten Einstellung rast ein Zug, vorbei an vom Wind geschüttelten Bäumen, von hinten links nach vorne rechts durchs Bild. Der Zug gliedert den Film wie die Zugvögel in *Hanna Amon*. Nach einem Eifersuchtsanfall Posdnyschews, der Jelaina zu einer Deutschlandreise veranlaßt, fährt der Zug wieder nach hinten links. Am Ende fährt er, diesmal durch eine freiere Landschaft, nach hinten rechts – nicht mehr rasende Eifersucht und Unheil, sondern Hoffnung suggerierend. Der geläuterte Mann will Gutes tun, damit ihm der Mord an seiner Frau verziehen wird.

Posdnyschew ist nicht nur eifersüchtig. Er ist krank und gemeingefähr-
lich. Das hatte Günther Schwark vom ›Film-Kurier‹ diskret verschwiegen.
Und solch ein geistesgestörter Mann darf einen deutschen Film dominieren!
Jelaina trifft keine Schuld. Lil Dagover strahlt Reinheit aus und hat nichts
mehr von dem Leichtsinn, der ihre Figur in *Schlußakkord* charakterisierte.
Sie ist hilflos an einen kranken Mann gefesselt. Den Violinisten liebt sie, und
dazu steht sie auch, dennoch hat die Pflicht als Ehefrau und Mutter Vorrang
für sie. Die starke Sinnlichkeit, die sie ausstrahlt, erscheint als Fluch, nicht
als passender Ausdruck ihrer reinen Persönlichkeit. Jelaina ist auch nicht
todessehnsüchtig wie einige der Figuren Kristina Söderbaums, sondern lediglich eine Gefangene, die ihre Rolle in Würde durchhalten will.

Jelaina wirkt dadurch noch sympathischer, daß ihr kleiner Sohn zu ihr
steht. Als der Vater sein Kommen mit einem Schuß ankündigt und somit ihr
Klavierspiel unterbricht, rennt der Junge davon; er hat kein Verständnis für
derlei Späße. Jelainas Liebe gilt der Kunst, als erstes hören wir ihr Klavierspiel, das bis vor ihr Haus dringt. Bei dem Hauskonzert, das Jelaina und
Gregor geben, zeigt Harlan in extremen Nahaufnahmen die Hände der Musi-
zierenden, so als würden sie sich streicheln. Zärtlichkeit und Trauer dominieren diesen Film, aus dem so leicht ein wüstes und lautes Drama hätte
werden können. Sterbend vergibt Jelaina ihrem Mann. Bei Tolstoi ging es
härter zu, dort ist die Frau von Posdnyschew gewürgt und erstochen worden,
um ihm sterbend zuzurufen, daß sie ihn haßt. Auch der Nebenbuhler ist
bei Tolstoi nicht so elegant und weltmännisch wie in der Darstellung von
Albrecht Schoenhals. Sein Körperbau ist dort »schwächlich, wenn auch keine
ausgesprochene Mißgestalt; auffallend das stark entwickelte Hinterteil, wie
bei einem Weib oder einem Hottentotten«. [38] Diese Herabwürdigung ließ
Harlan ebenso weg wie mehrere antisemitische Bemerkungen Tolstois. [39]

Trotz seiner Thematik, trotz der rasanten ersten Einstellung ist *Die Kreut-
zersonate* Harlans langsamster und leisester Film, mehr traurig als sadistisch.
Die Personen bewegen sich wie in Trance. Als Gregor auf Jelaina zugeht,
gleitet die Kamera vor ihm weg, so als würde er sie von sich schieben. Die
Ballszenen im Hause Posdnyschews sind dunkel ausgeleuchtet, was ihnen
eine gespenstische Wirkung verleiht. Die Gäste bewegen sich wie auf einem
Totenfest, und was Harlan in diesen Momenten gemeinsam mit seinem
Kameramann Otto Baecker erreicht hat, erinnert an die romantisch-nekro-
philen Inszenierungen von Evgenij Bauer, dem bedeutendsten russischen
Filmregisseur der Zarenzeit. Nachdem Posdnyschew Jelaina geschlagen hat,
liegt sie im Bett, ganz in Weiß, wie eine aufgebahrte Tote.

Unterhaltungen zwischen Posdnyschew und anderen Reisenden im Zug
(die Rahmenhandlung) zeugen von Harlans Vorliebe für philosophische Ein-
schübe. Die vier Personen im Abteil führen eine Diskussion über die Ehe,
die Rolle der Frau und die Möglichkeit einer andauernden Liebe. Harlan

ergreift keine Partei, er respektiert die erfahrene Frau mit ihrem Insistieren auf Liebesheirat und das Recht auf Scheidung, ebenso wie den Mann, für den das Eheleben Pflicht und Tragen einer schweren Bürde bedeutet. Um die Eintönigkeit von Jelainas Existenz zu verdeutlichen, hat der Regisseur darauf verzichtet, um jeden Preis Leben in den Film zu bringen. *Die Kreutzersonate* ist von einer kompromißlosen Härte und Düsterkeit und stellt somit ein gewagtes Experiment dar. Es ist erstaunlich, daß das Publikum dabei mitgemacht hat. Erstaunlich, daß Harlan den emotionalen Tiefpunkt seines Lebens, das Eifersuchtsdrama von 1929, noch einmal aufgearbeitet hat. Erstaunlich, daß solch ein harter, kompromißloser Film ohne befreiende Wirkung im Dritten Reich gedreht werden konnte. Harlans Selbsttherapie scheint geglückt zu sein, denn er hat nie wieder das Thema der Eifersucht so intensiv behandelt.

Hilde Körber bleibt weit hinter den Möglichkeiten ihrer Rolle zurück. Sie spielt die Sängerin und Prostituierte Gruschenka, die Posdnyschew in einer Bar kennenlernt und mit zu sich nimmt, und kann sich beim besten Willen nicht verrucht geben. Da hilft weder der bedeutungsvolle 360-Grad-Schwenk, mit dem Harlan sie einführt, noch das raffinierte Kostüm von Ilse Fehling, das sie trägt. »Eine interessante Person – aber verdorben«, wird von ihr gesagt. »Ich bin dir wohl zu ordinär?« fragt sie Posdnyschew. Eher nimmt man es ihr ab, wenn sie sagt: »Ich singe euch was Lustiges. Ich singe was vom Tod.« Das entsprechende Lied klingt dann auch erstaunlich ›artfremd‹, deutlich vom Lied der Seeräuber-Jenny aus der ›Dreigroschenoper‹ inspiriert. Aber die Halbweltdame bekommt sie auch hier nicht hin; nicht auszudenken, was Hilde Hildebrand, Hilde Sessak oder Charlotte Susa daraus gemacht hätten.

Starke Einzelmomente bleiben aus diesem merkwürdigen Film haften. Wenn Jelaina mit Gregor tanzt, geht Posdnyschew durch den Saal, und die Kamera folgt ihm ununterbrochen, um zu suggerieren, daß er seinerseits ununterbrochen auf das Paar starrt. Räumlich getrennte Personen werden in gewohnter Harlan-Manier miteinander verbunden. Gregor verlangt von Jelaina, die er in Deutschland wiedergetroffen hat, daß sie nie wieder zu ihrem Mann zurückkehren soll: »Ich lasse Sie nicht mehr zurück nach Rußland.« Harlan schneidet in dem Moment abrupt auf eine Großaufnahme des gehörnten Ehemannes, der so aussieht, als habe er die Bemerkung gehört. Später kommt es noch zu einer längeren Überblendung, bei der sich Posdnyschews Gesicht über das Profil der sich küssenden Jelaina und Gregor lagert. Julius Bab konnte den Film noch nach Kriegsende in einem New Yorker Kino sehen und schrieb Harlan am 28. Juni 1948: »Ich sah hier neulich die von Dir inscenierte ›Kreutzersonate‹ und fand Einiges in der Regie vorzüglich« [40] – ein großes Kompliment von jemandem, der sich immer mehr fürs Theater als für den Film interessiert hat und der als Jude allen Grund hatte, Harlan ablehnend gegenüberzustehen.

Auf Tolstoi folgte Gerhart Hauptmann. Dessen Drama »Vor Sonnenuntergang« war 1932 am Deutschen Theater in Berlin uraufgeführt worden und erwies sich als unfreiwillige Abschiedsinszenierung des großen Max Reinhardt. Werner Krauss feierte einen Triumph als siebzigjähriger Geheimrat Clausen, der sich in eine junge Gärtnerstochter verliebt und ähnlich wie König Lear gegen die Intrigen seiner Familie ankämpfen muß. Seine Rolle übernahm im Film Emil Jannings.

Jannings genoß seit 1920, seit dem Export der Lubitsch-Filme *Madame Dubarry* und *Anna Boleyn* in die USA, einen Ruf als der berühmteste deutsche Schauspieler der Welt. *Der letzte Mann, Variété*, Oscars für *Sein letzter Befehl* und *Der Weg allen Fleisches* – die Erfolge nahmen kein Ende. Dann kam der Tonfilm. Mit Jannings' Hollywood-Karriere war es vorbei. Der Star kehrte in seine Heimat zurück, ohne jemals in den USA einen Nachfolger zu finden, erzielte einen Welterfolg mit Josef von Sternbergs *Der blaue Engel* (1930), sah seine Position nach dem Mißerfolg des exzentrischen Märchen-Musicals *König Pausole* (1933) gefährdet und blieb dennoch für das Ausland das Aushängeschild des deutschen Films. Mit Hans Steinhoffs *Der alte und der junge König* (1935) stellte er sein Talent erstmals in den Dienst der Nazi-Propaganda.

Als nächste Jannings-Produktion wurde am 17. Juli 1935 *Der Herrscher* angekündigt: »Ein spannender, kontrastreicher Stoff aus dem Leben eines Großindustriellen«, versprach der ›Film-Kurier‹. Der anderthalb Jahre später fertiggestellte gleichnamige Film gilt heute als Verfälschung von Gerhart Hauptmanns Drama. Dabei wird im Vorspann ganz deutlich Harald Bratts »Der Herrscher« als zweite literarische Vorlage erwähnt, eine hundertprozentig werktreue Adaption von »Vor Sonnenuntergang« also gar nicht behauptet. Erich Ebermayer hatte zunächst vor, Hauptmanns Drama werktreu für die Leinwand zu adaptieren. Aber er verlor den Drehbuchauftrag an Thea von Harbou, die verpflichtet wurde, »Vor Sonnenuntergang« mit dem anderen Stück zu verbinden, um es auf diese Weise zu aktualisieren. In Bratts Komödie (daß es sich um eine solche handelt, verschweigt der Vorspann) übergibt der Präsident eines Stahlwerks seinem jüngeren Direktorium das Ruder. Er stellt nach einem Jahr fest, daß die Nachfolger das Werk an den Rand des Bankrotts getrieben haben und er es wieder übernehmen muß. Hier stehen sich »die Autorität des einzelnen und die Autoritätslosigkeit eines direktorialen Kollektivs« gegenüber, stellte Herbert Jhering nach der U:raufführung des Stückes fest. [41]

Der Herrscher funktioniert dramaturgisch genauso wie später *Jud Süß*. Unrecht geschieht, die gedemütigten Opfer wehren sich und siegen am Ende. Der Film-Clausen zerbricht nicht mehr an seiner Familie, sondern sucht sich eine neue – den Staat. Das war ganz im Sinne der NS-Ideologie, aber Harlans erster offen politischer Film blieb dennoch eine persönliche Arbeit mit autobiographischen Elementen. Harlan war, obwohl er wiederholt seine Ehefrauen, Kinder und Freunde eingesetzt hat, kein Filmemacher, der die Familie als Lebensform idealisiert. Ehepaare sind bei ihm meist kinderlos oder haben nur ein Kind. Große Familienzusammenkünfte sucht man in seinem Werk vergeblich. Am liebsten war ihm die Idylle zu zweit. Kein Wunder also, daß die Familie Clausen im *Herrscher* auf den Protagonisten eher bedrohlich wirkt.

Die Besetzung wurde zum Teil von der Reinhardt-Aufführung übernommen, sofern sie nicht emigriert war: Maria Koppenhöfer als Paula – von der es bei Hauptmann heißt: »Sie hat scharfe, nicht angenehme Züge, einen Geierhals, dabei eine entschieden sinnlich-brutale Körperlichkeit«[42] –, Käthe Haack, Helene Fehdmer und Max Gülstorff. Die hysterische, verkrüppelte Tochter spielte Hilde Körber anstelle der emigrierten Eleonora von Mendelssohn.

Marianne Hoppe, herb und natürlich und somit ein für Harlan wenig charakteristischer Frauentypus, übernahm die Rolle der Inken Peters. Die Musik schrieb Wolfgang Zeller, ein alter Bekannter Harlans aus Volksbühnen-Zeiten, der beim Film schon mit Lotte Reiniger, Walter Ruttmann, Carl Theodor Dreyer und G. W. Pabst gearbeitet hatte. Nach einer beruflichen Krise im Anschluß an Hitlers Machtergreifung holte ihn Jannings für *Der alte und der junge König* an die Spitze zurück. Zeller war ein Pionier der deutschen Filmmusik: während in Hollywood noch Archivmusik verwendet wurde, schrieb er bereits Originalpartituren. Seine Musik zeichnete sich durch einen sehr zurückhaltenden Einsatz aus, und bei einem so dialoglastigen Film wie *Der Herrscher* bot sich das auch an. Für massiven Orchestereinsatz hatte Zeller in drei weiteren Harlan-Filmen noch Gelegenheit.

Günther Anders, der Rudolph Maté bei dem Stummfilmklassiker *Die Passion der Jeanne d'Arc* assistiert und sich gerade als Kameramann etabliert hatte, zeichnete für die Außenaufnahmen in der Gutehoffnungshütte (Oberhausen, Rheinland) verantwortlich. Die Atelieraufnahmen leitete der Veteran Werner Brandes, der schon 1912 beim Film angefangen und vor dessen Kamera Harlan in *Abschiedswalzer* und *Stradivari* gestanden hatte. *Die Pompadour* war ebenfalls von ihm fotografiert worden.

Mit einem stark ausgeprägten Selbstbewußtsein, als wäre er schon längst der Starregisseur Nr. 1 im Dritten Reich, führte Harlan Regie und scheute sich nicht, einen Weltstar wie Jannings anzubrüllen. Die Premiere fand am 17. März 1937 in festlichem Rahmen statt. Das Ufa-Orchester spielte unter Zellers Leitung die Egmont-Ouvertüre von Beethoven. Goebbels war anwesend, mit ihm in der Loge saßen Emil Jannings und Marianne Hoppe. Führende Persönlichkeiten von Staat und Politik waren zugegen. Hans Spielhofer erkannte die Familie Clausen »als eine Art parlamentarischen Staat im kleinen, wobei jede[r] die Verantwortung auf den anderen abwälzt; dem gegenüber steht der Gründer als der eigenwillige Diktator ... [Die] Gemeinschaft des Volkes, die höhere Gemeinschaft also, steht über der engeren, der Familie ... Alles in allem ein Film, der seine hohen Auszeichnungen verdient und der deutschen Gegenwart würdig ist!« [43]

Lob gab es auch aus den USA. ›Variety‹ bezeichnete *The Sovereign* (so der US-Titel) als den »herausragenden deutschen Film der Saison ... Jannings macht seinem Namen erneut alle Ehre, er ist der stärkste auf dem deutschen Markt ... Eine außergewöhnlich talentierte Besetzung ist ihm zur Seite gestellt worden. Der Film beginnt mit einer Begräbnisszene, die zu den wirkungsvollsten und gewagtesten in der Filmgeschichte zählt. Zahllose Filmmeter lang sind nur naßglänzende Regenschirme zu sehen, dazu ertönt die eintönige Stimme des Pfarrers, begleitet vom Schluchzen der Hinterbliebenen. Es folgen Kameraeinstellungen von Füßen, die nervös in der Pfütze herumwaten, vom Herabsenken des Sarges und von den Gesichtern derer, die gekommen sind, um den Tod von Matthias Clausens' Frau zu betrauern. Und mit dieser einzigen Szene wird das Wesen jeder Figur erfaßt. ... Der Film ist eine exzellente Bearbeitung des morbiden Gerhart-Hauptmann-Stückes.« [44]

Für Fritz Röhl strömte eine »beinahe brutal zu nennende Gründlichkeit und Besessenheit [...] aus jeder Szene, jedem Bild, zwingt zur Hochachtung vor dem, was der deutsche Film zu leisten imstande ist«. *Der Herrscher* sei »ein Filmwerk, wie es einmalig sein dürfte ... Emil Jannings, sparsam in der Geste, klar und kurz im Dialog, überwältigend, wenn sein Temperament mit ihm durchgeht«. Die »dezent illustrierende Musik von Wolfgang Zeller, die sich einmal zu einer dröhnenden Werksymphonie steigert und den Läuterungs- und Genesungsprozeß des Herrschers musikalisch-dramaturgisch unterstreicht«, erntete Lob. »Ein besessenes Kollektiv – wobei wir Kollektiv im besten Sinne verstanden wissen – hat eine einmalige filmische Leistung vollbracht.« [45]

Der Herrscher lief auf den Filmfestspielen von Venedig. Dort wurden Julien Duviviers Melodram *Spiel der Erinnerung* und Carmine Gallones Historienschinken *Scipio l'Africano* als beste Filme ausgezeichnet, Zoltan Korda für *Elefantenboy* als bester Regisseur und Jean Renoirs pazifistisches Meisterwerk *Die große Illusion* für die beste Ensembleleistung, Bette Davis als beste Darstellerin für Michael Curtiz' Boxerdrama *Kid Galahad*. Als bester Darsteller konnte Emil Jannings eine Trophäe für seinen Herrscher mit nach Hause nehmen. Es war sein erster bedeutender Preis seit dem Oscar, den er im Mai 1929 erhalten hatte.

Für Emigranten bot der intensive Auslandseinsatz des *Herrschers* die Gelegenheit, alte Freunde und Kollegen wiederzusehen. Klaus Mann hatte nur Verachtung für Jannings übrig, von dem er schon in den zwanziger Jahren gewußt haben wollte, daß er mal ein Nazi werden würde; gemäßigter formulierte der Regisseur Berthold Viertel seine Enttäuschung, den großen Darsteller gebrochener Männer als Führerfigur zu sehen. Dabei hatten sich Kritiker in der Weimarer Republik darüber lustig gemacht, daß Jannings immer gebrochene Männer verkörpert hat.

Kritische Stimmen meldeten sich auch in Deutschland zu Wort. Die Fachschaft ›Film‹ der Berliner Lessing-Hochschule diskutierte über die Frage, ob die Wirkung des Films aus dem Stoff oder aus der Darstellungskunst komme. Zum Stoff wurde negativ vermerkt, daß Clausen gegenüber seiner eigenen Familie versagt habe, und das Geschenk an den Staat erscheine nur als letzter Ausweg, sei somit also eine fragwürdige Entscheidung. Der Film sei zu unkritisch gegenüber der Hauptfigur. [46] Die in Essen erscheinende Zeitschrift ›Der Ruhrarbeiter‹ (ein amtliches Blatt der NSBO und der Deutschen Arbeitsfront) widmete der »sozialen Fabel« von Harlans Film einen Leitartikel. Bedenken wurden angemeldet, gerade wegen der großen künstlerischen Leistung. Der Film könnte marxistische Propaganda bestätigen, hieß es, da er Schmarotzer in der Führungsetage zeigt. Der Herrscher selbst sei keine repräsentative Figur: Jannings' Spiel sei zu heldenhaft geraten, und die damit verbundene Idealisierung wecke übersteigerte Hoffnungen, die nicht erfüllt werden könnten. Insgesamt zeige der Film nicht die besten Seiten des industriellen Lebens. [47]

Ein Grazer Kino veranstaltete ein Ausschreiben, dessen Teilnehmer gebeten wurden, einen Aufsatz zu Harlans Film einzureichen. Thema: Hat der Herrscher sich richtig verhalten? Eine Teilnehmerin versuchte, dem Film versöhnliche und familienfreundliche Aspekte abzugewinnen und stellte sich vor, wie Clausen sich nach dem Ende der gezeigten Handlung noch mit der ganzen Familie verträgt. [48]

Von England aus lobte Graham Greene die Eröffnungssequenz auf dem Friedhof (»eine wohltuend bissige Einleitung, das Bild einer Beerdigung voller tröpfelnder Regenschirme und herzloser Gesichter«), fand den Film ansonsten allerdings zu wortlastig und Jannings' Spiel übertrieben. [49] In Schweden wurde *Der Herrscher* am 18. Oktober 1937 gestartet; hier hieß er abwechselnd *Föresolnedgangen* (eine wörtliche Übersetzung des Titels von Hauptmanns Drama) und *Härskaren*. Die politische Tendenz wurde beanstandet, was der ›Film-Kurier‹ ohne vorwurfsvollen Ton erwähnte. ›Dagens nyheter‹ urteilte: »Gerhart Hauptmanns Drama ist umgebaut zu einem nationalsozialistischen Weltanschauungsfilm mit klarer Absicht ... Im Interesse der Gerechtigkeit muß gesagt werden, daß diese Tendenz nicht nennenswert die vielen Familienszenen stört ... Die einleitende Begräbnisszene ist ein kleines Meisterstück von unheimlicher Traurigkeit.«

Im ›Socialdemokraten‹ hieß es, der Stoff sei »geschickt an die aktuelle Lage in Deutschland geknüpft worden, ohne von seinem künstlerischen Wert zu verlieren«. Während im ›Aftenbladet‹ zu lesen war: »Man kann über die Ideologie, die das Werk beherrscht, sagen was man will, sie macht den Film doch nicht weniger interessant oder weniger sehenswert.« Und im ›Nye daglia alle-handa‹ stand über den Hauptdarsteller: »In seiner Art ist Jannings immer noch der Erste in Europa, und wer kann schon mit ihm in Hollywood kon-kurrieren? ... Nicht einmal die Tendenz, die man hin und wieder zu spüren bekommt, spielt eine Rolle.«

Ähnliches war vom ›Svenska dagbladet‹ zu vernehmen: »Das Drama ist mit nationalsozialistischer Ideologie durchdrungen worden. Trotz dieser Ein-schränkungen muß der Film als spannend und eigenartig, als ein künstleri-scher Film von ungewöhnlicher Reife angesehen werden ... Der raubgierige Kreis von Parasiten um Matthias Clausen ist eine Studie von menschlicher Erbärmlichkeit, Eitelkeit, Klatscherei, Gemeinheit, so ätzende Schärfe, daß man im Filmarchiv des Gedächtnisses vergebens ein Gegenstück sucht. Man müßte es höchstens suchen in der vornehmsten französischen Produktion, mit deren Bildersprache dieses deutsche Werk eine verblüffende Verwandt-schaft hat. Ein deutscher Film ist nunmehr ein seltener Artikel auf dem schwedischen Filmmarkt ... Jannings haben wir lange nicht mehr gesehen, nicht mehr nach den amerikanischen Filmen, wo er zu vulgären Übertrei-bungen verleitet, oder vielleicht zu seinen rasenden Leidenschaftsausbrü-chen und zu wildem Augenrollen kommandiert worden ist. In ›Vor Sonnen-untergang‹ sind alle diese Manieren verschwunden, die Effekthascherei hat sich gegeben.« [50]

Dem Schauspieler Axel von Ambesser ist nach dem Kinobesuch »klarge-worden, daß Veit Harlan ein außerordentliches Regietalent war, wenn mir auch die Tendenz des Films nicht zusagte«. Er konnte es kaum fassen, als Harlan ihn persönlich anrief und zu Probeaufnahmen für sein nächstes Projekt, die politische Komödie *Mein Sohn, der Herr Minister*, einlud. [51] (Die Rolle ging dann an Willy Fritsch, der wiederum durch Hans Brausewet-ter ersetzt wurde.)

Die Arbeit mit Veit Harlan stellte sich als eine wichtige Erfahrung für Jannings heraus. Im expressionistischen Stummfilm war sein Hang zum Übertreiben nicht unangenehm aufgefallen. Aber als Professor Rath wirkte er mit seiner gestelzten Sprechweise lächerlich neben der natürlichen Unbe-fangenheit der Dietrich, und erst bei Harlan lernte er, wie man vor der Kame-ra lebensecht spielt. Von 1937 an war jeder Jannings-Film ein Fest, teuer, erfolgreich und staatspolitisch wertvoll. Jannings nahm seine Filmarbeit ernst, im Gegensatz zu den meisten Bühnenkollegen. Für die Figur des Indu-striellen Clausen diente Krupp als Vorbild. Jannings stand vor der schwieri-gen Aufgabe, Übermensch und Mensch zugleich sein zu müssen – Führer-gestalt und Mann von nebenan. Ein Balanceakt war *Der Herrscher* auch für Harlan, der es fertigbrachte, einen Propagandafilm im Gewand eines Salon-stücks zu inszenieren. Er verstand es wie kaum jemand sonst, zweigleisig zu fahren, jedem etwas zu geben, der Partei und den Literaturfreunden.

Maria Koppenhöfer, Marianne Hoppe und Emil Jannings in *Der Herrscher*

Die Vorspanndaten erscheinen auf Kohlezeichnungen, die verschiedene Bereiche der Industrie darstellen. Zellers strenge, klare Musik deutet ein wenig Leid an, verweist aber auch auf den positiven Ausgang; sie suggeriert Hoffnung und Erleuchtung. Von der ersten Einstellung an sind die Bildkompositionen karg wie später im *unsterblichen Herz*, Schwarzweiß ohne starke Abstufungen. Unter einem weißen Himmel ohne die fetten Wolken, die in *Opfergang* dominieren sollten, stehen die Trauergäste mit ihren Regenschirmen vor dem Grab von Frau Clausen. Ungeduldig verlagern sie das Körpergewicht von einem Fuß auf den anderen; Direktor Klamroth (Herbert Hübner), Clausens Schwiegersohn, fällt als erster unangenehm auf, da er auf die Uhr blickt. Bettina (Hilde Körber) wiederum, die Tochter der Verstorbenen, übertreibt es mit ihrer Trauer und will mit zu ihrer Mutter ins Grab. Der Witwer Matthias Clausen steht ruhig und gefaßt neben den anderen.

Ein Schwenk vom Friedhof auf die Fabrik zeigt, wo er mit seinen Gedanken ist. Die Fabrik ist sein Lebensinhalt. Für sie, und nicht für die Familie, hat er Verantwortung zu tragen. (Gerade Clausens tadellose Haltung bringt Klamroth dazu, seinem Schwiegervater fehlende Trauer zu unterstellen.) Unruhe macht sich breit. Das Orchester befindet sich in Wartestellung. Als der Pfarrer seinen letzten Satz gesagt hat: »Denn die Liebe höret nimmer auf«, reden die anderen laut mit, um den Satz schnell zuende zu bringen. Der Regen wird immer stärker. Als der Sarg herabgelassen wird, kommt Harlans Sadismus zum Vorschein, wenn er den auf den Deckel gelegten Kranz seitlich heruntergleiten läßt. Die Sequenz gehört zu dem Besten, was er jemals gedreht hat, und ist entsprechend gewürdigt worden. (Sie soll von Erich Ebermayer konzipiert worden sein, der ursprünglich das Drehbuch schreiben wollte.)

Die Hinterbliebenen sind mit ihren Gedanken schon beim Essen. In einer großen Halle der Clausen-Villa unterhalten sie sich über die verstorbene Frau, die bis zuletzt eine fabelhafte Erscheinung gewesen sei, und Klamroth spottet über den Pfarrer, der sich in seiner Rede »ausgeschleimt« habe. Der Tod von Frau Clausen sei schrecklich, aber nicht mehr zu ändern. Die Schwiegertochter Paula (Maria Koppenhöfer), immer mit einem Lorgnon in der Hand, möchte wissen, wem die Wertsachen gehören. Ottilie (Käthe Haack) wiederum erträgt es nicht, daß der leidenden Bettina mehr Aufmerksamkeit geschenkt wird als ihr. Wer hier mit wem verheiratet ist, läßt sich beim ersten Betrachten des Films kaum ausmachen, und das ist auch nicht erforderlich. Matthias Clausens Kinder und deren Ehepartner sind eine Meute, ein Haufen, unfähig zu lieben, unfähig, Achtung oder Zuneigung zu zeigen. Paula, die heimliche Herrin im Haus, steht meist allein, isoliert von den anderen. Durch das kraftvolle Spiel Maria Koppenhöfers hebt sie sich zusätzlich von den hypochondrischen, feigen, hinterhältigen Verwandten ab. Die Darstellerin verfügt über die sinnlich-brutale Körperlichkeit, die Hauptmann vorschwebte. »Eine mystische Frau, vielleicht die Größte seit der Réjane, der Yvette und der Duse«, hat Jürgen Fehling sie genannt. [52] Paula ist zwar intrigant, aber nicht feige. Sie hat Format. Sie ist gefährlich.

Clausen fühlt sich nicht wohl im Kreis dieser Familie, er will allein sein und faßt sich ans Herz – Zeichen dafür, daß die Familie ihn krank macht. Das Signal der Fabrik ertönt, hier gehört er hin. Er steigt die Treppen der Fabrik hinauf und besucht seinen jungen, sympathischen, dynamischen Ingenieur Ehrhardt (Peter Elsholtz) im Labor. Das flackernde Licht im Labor weckt Erinnerungen an die phantastischen Science-Fiction-Filme, die Thea von Harbou in den zwanziger Jahren konzipiert hat *(Metropolis, Die Frau im Mond)*. Wie überhaupt *Der Herrscher* mehr Harbou als Harlan gehört. Sein Element waren Wind und Wellen, ihres war der Stahl. Als Ehrhardt Clausen Kaffee anbietet, den er immer dann trinkt, wenn er fertig ist, erwidert Clausen: »Fertig sind nur die Toten. Ich bin noch nicht fertig... Heut nachmittag auf dem Friedhof habe ich es gesehen, das dunkle Tor des Todes stand offen. Wie lange noch, muß auch ich da durch.« (Das wiederum paßt zu Harlan: So ähnlich wird Aels in *Opfergang* sprechen.)

Clausen will selbst Rohstoffe produzieren, denn die deutsche Wirtschaft soll unabhängig sein von der Kupfereinfuhr aus dem Ausland. Aber Klamroth hat die Produktion eingestellt und will sogar generell den Betrieb einstellen. Empört veranlaßt Clausen eine Versammlung des gesamten Direktoriums. Neben sich am Konferenztisch läßt er Dr. Wuttke (Walter Werner) sitzen, einen schmächtigen, ihm ergebenen Mann, dessen Typus normalerweise im Film jener Jahre negativ dargestellt wurde, als kriecherischer Feigling. Aber wer vor Clausen kriecht, der ist eine treue Seele. Auch eine neue Sekretärin, Inken (Marianne Hoppe), ist eingestellt worden, der man auf Anhieb ihre moralische Integrität ansehen kann. Nachdem Clausen einen Schwächeanfall erlitten hat, ist Inken als Krankenschwester gefordert. Und das bleibt sie auch für den Rest des Films. *Der Herrscher* behandelt nicht die Liebe eines alten Mannes zu einer jungen Frau, sondern den Kampf eines alten Mannes um sein Werk, wobei ihn eine junge Frau kameradschaftlich unterstützt. Ein junger Mann hätte ihm genausogut helfen können, aber dann wäre es nicht zu den infamen Verdächtigungen gekommen, die die Familie gegen Inken hervorbringt. Nach seinem Anfall richtet sie ihn auf, und er lehnt sich zurück, hingebungsvoll wie ein kleiner Junge. Er sieht sie unscharf, wie die betrogene Ehefrau Kristina Söderbaum ihre Nebenbuhlerin Anna Dammann in *Die Reise nach Tilsit* unscharf sehen wird, oder der Maharadscha Willy Birgel die Zirkusreiterin Söderbaum in *Sterne über Colombo*.

Inkens Sympathie ist ihm ebenso sicher wie die der Arbeiter. Harlan gelingt eine imponierende Massenszene, die er sich möglicherweise vom proletarischen Kino der Weimarer Republik abgesehen hat, so wie auch die knabenhafte, asexuelle Inken eine Figur ist, die man eher in Filmen aus kommunistischen Ländern findet. Die Sequenz beginnt mit einem Schwenk über den Hof der Fabrik, auf dem die Arbeiter Clausen grüßen. 40 Jahre bestehen jetzt die Clausen-Werke, und unter 20000 Arbeitern ist Clausen der Tüchtigste. Ein Führer, ein Vorbild. Die Massenszene beeindruckt wegen ihrer Wildheit, ihrer Unordnung, wo Harlan sonst eher bei seinen Statistenheeren auf strenge geometrische Anordnung achtete. Als eine Blaskapelle zu spielen beginnt, fährt die Kamera in den Trichter einer Tuba – und es erfolgt eine Überblendung auf einen künstlich angelegten Teich. Wir befinden uns plötzlich in einer ganz anderen Welt, bei einem Fest unter feinen Leuten. Das Fest wird für Clausen gegeben, aber er ist kaum im Bild, woran man sieht, daß er nicht hierhin gehört.

Wie ein Fremdkörper wirkt auch Inken, die gemeinsam mit ihrer proletarischen Mutter (Helene Fehdmer) eingeladen wurde. Inken widersteht den Annäherungsversuchen von Klamroth. Paula, immer noch mit Lorgnon, beobachtet sie und will wissen, wer die »blonde Bohnenstange« ist. (Sie weiß es natürlich längst.) Paula rechtfertigt ihre Neugier damit, daß man seine Augen überall haben muß. Ihr stechender Blick nimmt die flinken Augen späterer Harlan-Schurken vorweg, wie die des Sekretärs Levy in *Jud Süß* und die von Vera Colombani in *Hanna Amon*. »Sieh dir doch bloß das Frauenzimmer mal an! Wie die sich an Klamroth anschmeißt«, empört sich Paula. Dabei ist es umgekehrt, Klamroth will mit Inken eine Spritztour unternehmen.

Theodor Loos, Hilde Körber und Emil Jannings in *Der Herrscher*

Als sie von ihm weggeht, schimpft er »blöde Gans«. Inken möchte nicht länger bleiben. Ihre naive Mutter findet die Leute alle sehr nett. »Furchtbar nett«, meint Inken ironisch. Auf dem Weg nach draußen werden Mutter und Tochter von Paula aufgehalten. »Das Tippfräulein«, grüßt Paula sie. »Haben Sie nicht einen Grünkramladen oder so etwas ähnliches? ... Für eine Stenotypistin ist ihr Kleid aber reichlich elegant. Haben sie das selbst bezahlt? Oder ist es das Honorar für eine Sonderleistung?« Beiläufig erfährt Paula, daß Inkens Vater unter falschem Verdacht in Untersuchungshaft Selbstmord begangen hat. »Wieso falschem Verdacht?« möchte sie wissen. Sie ist ein Biest durch und durch, ein Drachen, die Gemeinheit in Person, aber eben auch ein Gegner, vor dem man Respekt hat. Paula steht über den anderen, was Harlan durch die Bildkompositionen unterstreicht. Einmal sitzt sie, von hinten aufgenommen, in einem Sessel, ihren Kopf unter einer gigantischen Hutkrempe versteckt, und die Familie steht um sie herum. Sie ist die Königin und die anderen ihr Hofstaat. Allein durch ihren Rang als Spitzenschauspieler heben sich Jannings und Koppenhöfer von der übrigen Besetzung ab. Der Kampf wird zwischen ihnen ausgetragen, die anderen sind nur Komplizen.

Ganz anders ist Bettina, die altjüngferliche, hinkende Tochter, die ihren Vater abgöttisch liebt und ihm zugleich schadet. Bettina wird von ihren eigenen Verwandten nicht ernst genommen. Nachdem sie ihrem Vater ein Glas Milch aufdrängen wollte und mehr oder weniger höflich gebeten wurde, den Raum zu verlassen, sagt Clausen zu seinem Arzt und Freund Geiger (Max Gülstorff): »Wenn uns jetzt noch jemand stören will, dann bringen Sie ihn auf schmerzlose Weise um!«

Geiger nennt Bettina ein alterndes Mädchen, das körperlich zu kurz gekommen sei, und Paula bezeichnet ihr Klavierspiel als »Klimperei«. (Bettina spielt dasselbe Stück, das Octavia in *Opfergang* vortragen wird.) »Ich kenn doch das gequetschte Organ von Bettina«, sagt jemand anders, als es darum geht, eine weibliche Stimme zu identifizieren. »Ich bin wie irrsinnig«, heißt es aus Bettinas eigenem Mund, kurz bevor sie einen hysterischen Anfall erleidet. Es ist eine dankbare Rolle für Hilde Körber, aber keine Liebeserklärung an sie von Veit Harlan.

Leicht hypochondrisch, aber nicht so hysterisch wie Bettina, erscheint Ottilie, Clausens verheiratete Tochter. Käthe Haack, normalerweise die herzensgute Krankenschwester des deutschen Films, genießt es, als Ottilie einmal falsch, klatschsüchtig und gemein sein zu dürfen. Sie nascht und spricht mit vollem Mund.

Wolfgang (Paul Wagner) ist der verklemmte Sohn. Sein Kopf ist von Geburt an deformiert. Damit sind schon zwei von Clausens Kindern körperlich gezeichnet, was nur an der unzulänglichen Erbmasse von Clausens Frau liegen kann. In einer verblüffenden Szene streichelt Jannings seinem Film-Sohn die Stirn, um dann ganz unvermittelt auf sie einzuschlagen.

Fast zur Familie gehört der Anwalt Hanefeld (Harald Paulsen). Er hilft den anderen, Inken unter Druck zu setzen, damit sie mit ihrer Mutter die Gegend verläßt. Aber bei einem Gespräch mit Clausen wischt er sich nervös die Stirn, während Clausen ruhig raucht. Allein Egert hat unter den Kindern einen guten Charakter. Als er herumerzählt, daß sein Vater sich viel mit Inken trifft, sie jeden Sonnabend in der Gärtnerei besucht, dann tut er das nicht, um ihm zu schaden, sondern weil er sich für den alten Herrn freut. Er trägt helle Anzüge, während die anderen dunkle Sachen bevorzugen. Für Clausen ist er, der sich als einziger aus den Intrigen ein wenig heraushält, »wenigstens ein Hauch von reiner Luft in dieser Pesthöhle«.

Den Darsteller des Egert, Hannes Stelzer, empfand auch das weibliche Publikum als Lichtblick. Er hatte bereits 1935 neben Jannings in *Der alte und der junge König* auftreten sollen, wurde jedoch aus fadenscheinigen Gründen abgelehnt, erlebte dann im Jahr darauf als tragischer junger Held neben Jannings in *Traumulus* seinen Durchbruch, ließ als Mozart in *Eine kleine Nachtmusik* (1939) und neben Ilse Werner in *Bal paré* (1940) Frauenherzen höher schlagen – und verschwand erstaunlich schnell von der Bildfläche. Er

136

wurde zum Militärdienst eingezogen, bis er Ende 1944, einigen Quellen zufolge auch erst Anfang 1945, über Ungarn als Pilot abgeschossen wurde. Daß ein Schauspieler seines Ranges an die Front mußte, erscheint ungewöhnlich. Ermittlungsakten, die über ihn geführt wurden, deuten auf Verleumdungen, denen er seit Kriegsbeginn ausgesetzt war. Vordergründig ist ihm wiederholtes Nichterscheinen bei der Musterung vorgeworfen worden. Seine eheliche Verbindung mit der zehn Jahre älteren Maria Bard tat ein übriges, um ihn suspekt erscheinen zu lassen. (Maria Bard ihrerseits sorgte mit ihrer Frauenclique für Gesprächsstoff.) Offensichtlich war Stelzer ein Mann zwischen den Fronten, ein Musterarier mit seinem edlen Profil, gleichzeitig jedoch zu geheimnisvoll und introvertiert für einen deutschen Helden. Ganz wie Egert Clausen, bei dem es offen bleibt, ob er im neuen Deutschland noch eine Chance erhält oder nicht.

Die Familie geht Matthias Clausen nichts mehr an, das erkennt er im Laufe der Auseinandersetzungen. »Ich lebe in einer neuen, jungen Welt.« Nicht ihre Intrigen bewegen Clausen dazu, sich von seinen Verwandten zu lösen, sondern ihre Nutzlosigkeit. Bettinas Klavierspiel, dem keiner richtig zuhört, veranschaulicht sehr deutlich, daß es sich bei den Clausens um gelangweiltes Bildungsbürgertum handelt. Bei einer Familienfeier bezeichnet Clausen die anderen ganz offen als Schmarotzer. Der Entmündigungsantrag, den sie daraufhin gegen ihn formulieren (Verschwendungssucht, Tobsuchtsanfälle, Größenwahn, Gefährdung von 20 000 Arbeitsplätzen, Hörigkeit, willkürliches Verschenken von Familienschmuck an Inken, die den Ring von Clausens Mutter und Ehefrau trägt), kommt einem politischen Aufstand gleich, der natürlich niedergeschlagen wird. Denn Clausen ist *Der Herrscher*: »Mein Wille ist oberstes Gesetz, dem hat sich alles zu fügen.«

Die Kamera ist oft statisch, was sie auch sein darf bei den hervorragenden Dialogen und den hochkarätigen Darstellern, auf deren Wirkung Harlan sich verläßt. Dennoch tut es gut, wenn Clausen mit Inken eine Reise nach Italien unternimmt, durch die Ruinen von Pompeji wandert und die Kamera sich endlich bewegt, sich dazu noch an die frische Luft wagt, heraus aus den klaustrophobischen Zimmern und Inkens Studio-Gärtnerei. Hier setzt auch Zeller nach langem Schweigen wieder mit seiner Musik ein und nimmt Klänge vorweg, die er in *Immensee* ebenfalls zu Ruinenaufnahmen unterlegt hat. Die Erholung, die Clausen empfindet, überträgt sich auf den Zuschauer. Aber der Herrscher sehnt sich nach der Arbeit zurück und wird, wieder zuhause angelangt, mit dem Entmündigungsantrag seiner Familie konfrontiert. Eigentlich dachte er, die Kinder würden die weiße Fahne schwingen – mit solch kriegerischem Vokabular hat Thea von Harbou ihn versehen. Statt dessen sind sie zum Angriff übergegangen. Clausen will wissen, von wem »dieses widernatürliche Verbrechen« ausgeht. Er solle an seine Frau denken, fordert ihn Hanefeld auf.

Hier verliert Clausen endgültig die Geduld, und er zerschneidet das Bild seiner Frau, das wie auf einem Altar über ihm hing. Harlan – dessen am häufigsten eingesetztes filmisches Mittel, das Heranfahren an ein Gesicht, in diesem statischen Film wenig auffällt – überrascht mit einem Zoom auf das Bild der verstorbenen Frau Clausen. Der Zoom war zu der Zeit noch ein seltener Anblick für das Kinopublikum. In den USA hatte Rudolph Maté dieses Mittel in Harry Lachmans *Dantes Inferno* (1935) eingesetzt, Harlan sollte es noch intensiver in der Eröffnungssequenz von *Verwehte Spuren* anwenden und Leni Riefenstahl in *Tiefland* (1945) sogar eine Verbindung von Heranfahren und Heranzoomen riskieren.

Die Kinder betreten den Raum und sind entsetzt zu sehen, wie ihr Vater die Einrichtung zertrümmert. Die Katastrophe ist eingetreten, und niemand will die Verantwortung tragen. Inken räumt das Feld, um Clausen zu retten und seine Einweisung in eine geschlossene Anstalt zu verhindern. Das wird von ihm falsch verstanden. »Auch dein kleines Herz ist feige geworden«, stellt der einst so große Mann enttäuscht fest. Aber dann gibt ihm der Klang der Sirene neue Kraft. »Kinder, Frauen? Nein, Maschinen soll man zu Gefährten haben. Maschinen sind anständige Geschöpfe.« Clausen ist ein soldatischer Mann: wenn es im Privatleben nicht klappt, geht man an die Front. Er unternimmt eine Wanderung durch die Fabrikhallen, durch die Gießerei, und als er an einem Schmelzofen vorbeiläuft, fährt die Kamera direkt in die Glut hinein. Ein Loch bohrt sich in die Leinwand. Clausen ist wiedergeboren, teilt er dem treuen Wuttke mit. Er kommt aus dem Schmelzofen. Eine schriftliche Bestätigung, daß er im Vollbesitz seiner geistigen Kräfte ist, liegt vor. Gegner wie Klamroth sind unwichtig für ihn geworden; mit der Familie muß nicht abgerechnet werden, sie wird einfach ignoriert, hinter sich gelassen.

Dafür ist Inken zurückgekehrt, der Clausen eine Erklärung diktiert. Er vermacht sein gesamtes Vermögen »dem Staat, also der Volksgemeinschaft« (auf dieses Stichwort hin fährt die Kamera dicht an Jannings heran). Ein Nachfolger wird kommen. »Mag er vom Hochofen kommen oder vom Zeichentisch, aus dem Laboratorium oder vom Schraubstock, ich will ihn das wenige lehren, das ein Scheidender den Kommenden zu lehren vermag. Wer zum Führer geboren ist, braucht keine Lehrer als sein eigenes Genie.« Das ist eine weitere Parallele zu *Jud Süß*: nachdem das Unrecht aus der Welt geschafft wurde, endet der Film mit einer programmatischen Erklärung.

Goebbels war erfreut über den *Herrscher* und die allgemein positive Resonanz auf ihn. Am 26. April 1937 notierte er in sein Tagebuch: »Harlan ein kluger Kerl. Ich werd ihn mir merken.« [53] Intensivere persönliche Kontakte folgten darauf. Und am 1. Mai 1937 wurde Harlan in Begleitung von Emil Jannings in die Reichskanzlei eingeladen und Adolf Hitler vorgestellt.

Vor allem spürten jedoch die Schauspieler, daß hier ein wichtiger neuer Regisseur geboren war, unter dessen Leitung sie sich profilieren konnten.

Einen tiefen Eindruck hinterließen *Der Herrscher* und Jannings' Spiel bei Ernst Schröder. Als dieser 1940 neben Jannings in der Mammutproduktion *Ohm Krüger* auftreten durfte, wollte der große Mime von dem jungen Kollegen wissen, was ihn am *Herrscher* besonders beeindruckt habe. Schröder antwortete, »es sei wohl der Moment, wenn der Herrscher, von der Beerdigung seiner Frau nach Hause kommend, in der Bibliothek vor ihrem Porträt stehenbleibt und sich eine Zigarette anzündet«. Auf Jannings' Frage, wieso es gerade diese Szene gewesen sei, antwortete Schröder: »Weil Sie sich die Zigarette aus einem zerknitterten Papierpäckchen aus der Hosentasche holen und nicht aus einem goldenen Etui, wie man das im Film von einem Industriellen erwartet. Das Publikum kann fühlen, wie gerührt der Mann ist, da er als Gewohnheitsraucher gar nicht wahrnimmt, wie er mit der Zigarette beschäftigt ist – er ist in das Bild versunken. Beim Spiel mit einem Etui wäre die Nuance der Abwesenheit aus Rührung nicht möglich.« [54] Generell war Jannings' Spiel in seinen späteren Filmen von einer seltenen Subtilität und Zurückgenommenheit geprägt; es ist bedauerlich, daß gerade seine besten Leistungen in Propagandafilmen gegeben wurden.

Harlan blieb mit seinem nächsten Film bei der Politik, und nachdem schon die Beerdigungsszene im *Herrscher* satirische Züge enthalten hatte, war hier der ganze Film eine Komödie, eine Satire auf den Parlamentarismus. Die Vorlage, André Birabeaus Lustspiel »Mein Sohn, der Herr Minister«, lief noch im Komödienhaus am Schiffbauerdamm. Der Inhalt: Ein junger Mann, in Oxford erzogen, ist gerade Kultusminister geworden. Seine geschiedene Mutter hat ihren Einfluß spielen lassen, während sein Vater sein Dasein als Bürodiener fristet. Diese Erniedrigung ist dem Sohn unangenehm, aber der Vater möchte in seiner unauffälligen Stellung bleiben und nutzt als Diener die Angst der anderen vor familiären Enthüllungen aus. Er macht auch Gebrauch vom Recht des Vaters und ohrfeigt den Sohn vor dem versammelten Ministerium. Das hat einen Skandal und einen Kabinettswechsel zur Folge. Die Linksradikalen setzen den Bürodiener auf den Ministersessel, da er jetzt als revolutionärer Held gilt. »Aber die große Dampfwalze der Demokratie fährt auch über den neuen stürmischen Minister hinweg«, hieß es dazu in der ›Deutschen Filmzeitung‹. [55] Zuletzt sieht man zwei Ehepaare, Bürodiener und Ex-Minister samt Anhang, beim Angeln in ihrer kleinen Welt. Harlans zweiter politischer Film propagiert eine Flucht ins Privatleben.

»Wie wir von Veit Harlan erfahren«, berichtete der ›Film-Kurier‹ Mitte April 1937, »wird dieser und jener satirische Hieb in der Verfilmung noch kräftiger und eindeutiger ausfallen, weil eben der Film mit stärkeren Pointen arbeiten muß.« [56] Erstmals inszenierte Harlan direkt für die Ufa, die *Die Kreutzersonate* nur verliehen hatte. Hans Moser spielte den Bürodiener, und neben ihm wurden Françoise Rosay, Hans Brausewetter, Heli Finkenzeller und Hilde Körber engagiert. Von Françoise Rosays Ehemann Jacques Feyder war

Hilde Körber, Heli Finkenzeller und Hans
Brausewetter in *Mein Sohn, der Herr Minister*

schon 1929 mit *Les nouveaux messieurs* eine Satire auf den Parlamentarismus geliefert worden. Walter Röhrig und Franz Koehn entwarfen für Harlan die Bauten – im französischen Empirestil, um Erinnerungen an Frankreichs große Vergangenheit zu wecken. Ein ›N‹ für Napoleon wurde auf die Flügeltüren gemalt. Harlan begründete dies: »Für mich gehört Napoleon I. neben Friedrich dem Großen zu den genialsten Menschen, die je gelebt haben. ... Aber alle die Menschen, die sich hier zwischen diesen historischen Wänden bewegen sollen, sind ja Nichtstuer; es herrscht die Faulheit ... Sie beten ihn zwar an, aber zutiefst begreifen sie nichts mehr von seinem Geist.« [57]

Harlan hat sein Drehbuch farbig markiert: »So ist zum Beispiel die Sprache rot, die Bewegung schwarz und sind alle übrigen Hinweise des Drehbuchs entsprechend farbig voneinander unterschieden ... Mit ganz besonderer Vorsicht behandele ich die Sprache im Film. Sie ist ja völlig verschieden von den Anforderungen, die man an das Sprechen auf der Bühne stellen muß. Wenn ich nun Wert darauf lege, daß deutlich, aber leise gesprochen wird, daß die Dialoge zwanglos von den Lippen fließen, so geschieht das, weil nicht jedes einzelne Wort zur Geltung zu kommen braucht, sondern weil es viel wesentlicher ist, daß der Klang und der Tonfall eines Satzes zusammen mit dem Ausdruck es dem Zuschauer ermöglichen, den Sinn des Gesagten abzulesen.« [58]

Goebbels äußerte sich am 18. Juni positiv über *Mein Sohn, der Herr Minister*: »Sehr witzig. Vor allem Moser und Françoise Rosay. Auch Brausewetter und die Finkenzeller. Der Film vielleicht eine Idee nicht leicht genug. Zu absichtsvoll. Aber sonst im Ganzen gelungen.« [59] Georg Herzberg zufolge hat Harlan »die Bühnenvorlage übertroffen ... Dabei ist dieser Film kein ›Großfilm‹, er brilliert nicht mit Hunderttausend-Mark-Stars und sein Bauten- und Komparsenaufwand bewegt sich in mäßigen Grenzen. Aber er verfügt über Dinge, die alle diese Äußerlichkeiten zehnmal aufwiegen: Über eine interessante Handlung, über ein brauchbares Drehbuch und über eine sichergeleitete Darstellerschar.« Herzberg begrüßte auch, »daß die Segnungen des Parlamentarismus amüsant persifliert werden, ohne daß dieser Angriff mit der Propaganda für eine andere Staatsführung verbunden ist«. [60]

Hans-Walther Betz schrieb, Harlan sei »in ein Themen-Neuland vorgestoßen« und sei dabei, »auf dem Gebiet der politischen Satire jungen Ruhm zu ernten. Er hält in humorvoller Form Gericht mit Institutionen, die in seinem Vaterland überwunden sind.« Er »sprüht in Angriffslust und Kampfesfreudigkeit, ohne indessen jemals gallig oder bitterböse zu werden« und »tadelt mit der Überlegenheit eines wissenden und durch Erfahrung belehrten Richters, läßt mit freundlichem Spott das Trostlose eines Parteientheaters noch einmal auferstehen«. Alles in allem sei *Mein Sohn, der Herr Minister* eine Zeitkomödie, »die Veit Harlan mit Temperament und löblichem Schwung in Szene setzte«. [61]

Der neue Erfolgsregisseur Veit Harlan mit seiner Noch-Ehefrau Hilde Körber auf einem Filmball

Mit seiner politischen Tendenz war dem Film auch in anderen NS-Publikationen das Lob sicher. »Ein bezaubernder Film, die tollste Persiflage auf den Parlamentarismus in Frankreich, die man sich denken kann.« (›Das Schwarze Korps‹) »An der geschickten Hand, mit der Harlan die Schauspieler lenkt, mit der er rhythmisch gruppiert und effektvoll aufbaut, freut sich das Publikum ungemein«, stellte der ›Völkische Beobachter‹ fest. Dies sei ein »Höhepunkt des Dialogfilms«. (›Berliner Nachtausgabe‹) Harlan habe »diesen Film mit sicherem Gefühl für wirkungsvolle Abfolge der Szenen in flottem, mitreißendem Tempo gedreht«. (›Hamburger Tageblatt‹) [62]

Françoise Rosay, nicht nur Ehefrau des Meisterregisseurs Jacques Feyder, sondern auch mütterliche Freundin von Marcel Carné und seit der französisch-deutschen Co-Produktion *Die klugen Frauen* (1935) ein Weltstar, sollte noch in einem weiteren deutschen Prestigefilm auftreten, in Karl Ritters *Die Hochzeitsreise* (1939), bevor sie sich vom Dritten Reich distanzierte. Am 28. Oktober 1940 hieß es in einer der ›Meldungen aus dem Reich‹: »In deutschfreundlichen Kreisen und unter den in Holland lebenden Reichsdeutschen habe die Aufführung des französischen Films *Mutterschaft* (flämische Fassung) mit Françoise Rosay Verwunderung und Ablehnung ausgelöst, da die Rosay durch ihre antideutschen Hetzreden über den Straßburger Sender noch in Erinnerung sei.« [63]

Wenn es nach Veit Harlan gegangen wäre, hätte er als nächstes ein weiteres Drama von Gerhart Hauptmann verfilmt: die Tragikomödie »Die Ratten« mit Hilde Körber als Mutter John. An der fehlenden Beliebtheit Hauptmanns kann es nicht gelegen haben, daß aus dem Plan nichts wurde. Hauptmann galt zwar bei den NS-Machthabern als ›Sozi‹, wurde aber als kulturelles Aushängeschild gebraucht. Während Harlan sich mit den »Ratten« nicht durchsetzen konnte, spielte Ida Wüst die Mutter Wolff in der Hauptmann-Verfilmung *Der Biberpelz*. Gründgens' Staatstheater präsentierte allein 1937 zwei Hauptmann-Inszenierungen, »Und Pippa tanzt« und »Michael Kramer«. Zwei Erklärungen für das Scheitern von Harlans »Ratten« sind denkbar: der Stoff war zu deprimierend und die Darstellung von sozialem Elend unerwünscht, und außerdem verlor Harlan langsam das Interesse an Hilde Körber.

»... einer brandroten Sturmwolke gleich«

Mit Komödien und mit Melodramen hatte sich Harlan bislang einen Namen gemacht. Er war gut beraten, sich mehr aufs Melodram zu konzentrieren. Seine hohe Stellung in der Hierarchie der NS-Regisseure erlaubte es ihm jetzt, einen Film ganz nach eigenen Vorstellungen zu drehen. Mit völlig unbekannten Darstellern in den Hauptrollen und einem relativ niedrigen Budget nahm er eine Verfilmung von Max Halbes Pubertätsdrama »Jugend« in Angriff, in dem er selbst vor zwölf Jahren seinen Durchbruch als Schauspieler erlebt hatte. Das Stück wurde nach wie vor gern gespielt: Viktoria von Ballasko verkörperte das Annchen 1935 am Theater am Schiffbauerdamm, und im Oktober 1937, während Harlan mit seinen Dreharbeiten begann, brachte Eugen Klöpfer seine Inszenierung von »Jugend« an der Volksbühne heraus; diesmal spielten Marina von Ditmar und Will Quadflieg das jugendliche Liebespaar. Die Tobis-Filmkunst GmbH, die Harlans Film produzierte, konnte so immerhin aufgrund der Popularität der Bühnenvorlage mit starkem Zuschauerinteresse rechnen.

Es wurde ein kleiner, intimer Film, auf einen Schauplatz und wenige handelnde Personen reduziert. In Thea von Harbous Drehbuch fehlt eine Figur aus Halbes Drama: Amandus, Annchens schwachsinniger Stiefbruder, der sie am Ende versehentlich erschießt. Halbe beschreibt den Jungen als »kretinhaft ... Er vegetiert in einer Art von animalischem Triebleben ... In seinen schwarzen Augen lauert die Tücke eines Tieres.« [1] Gegen Ende, während Annchen und Hans sich zum Abschied umarmen – er will zuerst sein Studium beenden und dann zu ihr zurückkehren – erscheint Amandus vor dem Fenster, »glotzt hinein«, »fletscht die Zähne« [2] und schießt auf Hans, wobei Annchen sich in den Schuß wirft. Sie stirbt bei Halbe einen sinnlosen, zufälligen Tod; in Harbous Drehbuch dagegen treiben Annchens Schuldgefühle sie in den Selbstmord. Sie geht ins Wasser, als sie glaubt, von Hans schwanger zu sein und damit seinen guten Ruf gefährdet zu haben. Max Halbe war selbst mit der Änderung einverstanden.

Die Rolle des Annchen in Harlans Verfilmung war begehrt. Es wurde eine Vorauswahl von zwanzig Darstellerinnen getroffen, wobei drei junge Bewerberinnen in die Endauswahl kamen: Gisela Uhlen, Kristina Söderbaum und Charlotte Schellhorn. Eine Kommission, bestehend aus Paul Bildt, Herbert Jhering (als Theaterkritiker kaltgestellt, seit 1936 Leiter des Besetzungsbüros der Tobis), Emil Jannings und Veit Harlan, entschied sich für Kristina Söderbaum, denn sie verkörperte am besten das, was Halbe vorschwebte – »naive Sinnlichkeit, etwas Empfangendes, weich Weibliches, Hingegebenes«. [3] Als Gage wurden 2500 Rm vereinbart.

Kristina Söderbaums Vater war Dr. Henrik Gustav Söderbaum, Präsident der Königlichen Schwedischen Akademie der Wissenschaften und Vorsitzender des Gremiums, das seit 1901 die Nobelpreise verleiht. Als drittes von vier Kindern kam sie am 5. September 1912 in Stockholm zur Welt. Während ihre Schwester Ulla Ballettstunden bekam, wollte Kristina lieber ein Junge sein und nahm mit zwölf Jahren schließlich Reitunterricht. Daneben entwickelte sie eine Leidenschaft für das Kino; sie lernte mit Elisabeth-Bergner-Filmen die deutsche Sprache und behielt die Namen von Regisseuren, deren Werk sie besonders beeindruckt hatte: Ernst Lubitsch, Carl Froelich und G. W. Pabst hießen ihre Favoriten. Nach dem Tod ihrer Eltern ging Kristina im September 1934 zusammen mit der Schwägerin ihrer Schwester nach Berlin. Das Kunststudium ihrer Begleiterin war für die kinobegeisterte junge Schwedin nur ein Vorwand, um die Stadt kennenzulernen, in der sich die berühmtesten Filmstudios von Europa befanden. Die schwedische Filmindustrie befand sich zu der Zeit auf einem absoluten Tiefpunkt, unfähig, neu aufkommende Talente wie Zarah Leander, Ingrid Bergman, Kirsten Heiberg, Signe Hasso, Viveca Lindfors oder Alf Kjellin auf Dauer zu halten.

Kristina nahm Sprechunterricht bei Margarethe Wellhoener und lernte zwei junge Männer kennen, die für die nächsten zehn Jahre ihre besten Freunde werden sollten: Victor von Zitzewitz und sein Vetter Friedrich Karl von Puttkamer. Sie war dann vom Sprech- zum Schauspielunterricht bei Lilly Ackermann übergewechselt, als sie durch einen Zufall ihre erste Filmrolle erhielt. Victor von Zitzewitz hatte sich für eine Rolle in *Onkel Bräsig* interessiert und war zum Vorstellungsgespräch in Begleitung von Kristina erschienen. Dabei wurde sie für 60 Dm Tagesgage engagiert und durfte Liebesszenen mit Hans Brausewetter spielen.

Konsequenzen hatte der 1936 gedrehte und uraufgeführte Film für sie nicht. *Onkel Bräsig* war ein Film von mittlerem Prestige (Erich Waschneck führte Regie), er wurde freundlich aufgenommen, ohne sich nachhaltig einzuprägen. (In einigen Zeitschriften wurde *Onkel Bräsig* auf derselben Seite besprochen wie *Maria, die Magd.*) Wahrscheinlich ist die unbekannte junge Schwedin nur deshalb so schnell an ihre Rolle gekommen, weil es hier von vornherein nichts zu gewinnen oder zu verlieren gab.

Victor von Zitzewitz hatte zunächst mehr Glück. Noch in demselben Jahr spielten er und die 17jährige Gisela Uhlen die Hauptrollen in *Annemarie*, einer tragischen Liebesgeschichte aus dem Ersten Weltkrieg. Aber der im Rahmen der NS-Produktion pazifistische Film wurde trotz guter Kritiken schnell wieder zurückgezogen.

Bei ihrer Schauspiellehrerin freundete sich Kristina mit Eva Bildt an, der 1916 geborenen Tochter des Schauspielers Paul Bildt. Der wiederum war ein alter Weggefährte Veit Harlans. Seit 1908 mit der Jüdin Charlotte Friedländer verheiratet, benötigte Bildt eine Sondergenehmigung, um beim Film zu arbeiten, und Eva Bildt war es als Halbjüdin verboten, ihren nichtjüdischen Verlobten zu heiraten.

Bildt schlug Kristina vor, sich dem Starregisseur persönlich vorzustellen. Es war kein Geheimnis, daß Harlan sich mehr als nur eine neue Darstellerin wünschte. Seine Ehe mit Hilde Körber bestand nur noch aus Rücksicht auf die drei Kinder Thomas, Maria und Susanne, und er suchte eine Nachfolgerin. In der weißblonden, 1,63 Meter kleinen Schwedin fand der selbst nur 1,67 Meter große Regisseur eine neue Ehefrau und eine Inspiration, eine schöpferische Quelle. Es ist ausgeschlossen, daß er seine Meisterwerke *Immensee* und *Opfergang* jemals gedreht hätte, wäre er nicht Kristina Söderbaum begegnet. Der Despot Harlan hat sich als Regisseur zum Sklaven seiner Frau gemacht; er hat sie bei den Dreharbeiten zu seinen Filmen gedemütigt, um ihr gleichzeitig zu huldigen. Sie mußte büßen für das, was ihm seine früheren Frauen angetan hatten, und erhielt als Entschädigung dafür filmische Liebeserklärungen.

Veit Harlan wollte Kristina Söderbaum in *Mein Sohn, der Herr Minister* eine Nebenrolle anvertrauen, aber da mit Françoise Rosay und Carl Jönsson bereits zwei ausländische Darsteller an dem Film beteiligt waren, gab es für die junge Schwedin keinen Platz mehr auf der Besetzungsliste. In *Jugend* durfte sie dafür gleich im Mittelpunkt der Handlung stehen. Harlans Regieassistent Wolfgang Schleif war vor Beginn der Dreharbeiten die wichtigste Kontaktperson für die Neuentdeckung und half ihr beim Rollenstudium. Den Hans spielte Hermann Braun, der Sohn des Kammersängers Carl Braun. Auf einer Gastspielreise in New York zur Welt gekommen, hätte er fast den *Hitlerjungen Quex* (1933) gespielt, konnte aber den Part wegen einer Erkrankung nicht annehmen. Jetzt endlich bot sich ihm die große Chance. Allerdings auf Kosten von Victor von Zitzewitz, der ebenfalls an der Rolle des Hans interessiert gewesen war.

Vervollständigt wurde das Ensemble von erfahrenen Profis, allen voran Eugen Klöpfer als der gutmütige Pfarrer Hoppe, ein unorthodoxer katholischer Landgeistlicher, der sich liebevoll um die nichteheliche Tochter seiner verstorbenen Schwester kümmert. Klöpfer, ein gebürtiger Schwabe, 51 Jahre alt, Intendant der Volksbühne und Vizepräsident der Reichstheaterkammer, verkörperte einen ähnlichen Rollentypus wie Heinrch George, den Harlan ursprünglich für die Rolle des Pfarrers Hoppe engagieren wollte: schwergewichtig, laut, volkstümlich, eine Seele von Mensch und zugleich auch jähzornig, zu Gewaltausbrüchen fähig.

Ideal besetzt war die Rolle des Kaplans Gregor von Schigorski. Diesen Mann von Ende zwanzig, der aufgrund seiner Askese älter aussieht, besetzte Harlan mit Werner Hinz, der auf der Schauspielschule zu demselben Jahrgang gehört hatte wie er. Spitzenkräfte waren hinter der Kamera im Einsatz. Die Dekorationen entwarfen Hermann Warm, weltberühmt durch *Das Cabinet des Dr. Caligari* (1920), und Carl Haacker, eine führende Figur des proletarischen Films der Weimarer Republik (*Mutter Krausens Fahrt ins Glück*,

Plakat zu *Jugend*

1929; *Kuhle Wampe*, 1932). Neben der Drehbuchautorin Thea von Harbou garantierten der Kameramann Bruno Mondi und der Komponist Hans-Otto Borgmann, beide nur wenig jünger als Harlan, für Qualität. Mondi hatte bereits *Krach im Hinterhaus* ausgeleuchtet, aber erst jetzt begann seine regelmäßige Zusammenarbeit mit Harlan, die zwölf Filme umfassen sollte.

Borgmann, von Wagner und Bruckner beeinflußt und wider Willen der Komponist des Horst-Wessel-Liedes, war in den ersten Jahren des Tonfilms vorwiegend Assistent von etablierten Komponisten wie Bronislaw Kaper und Walter Jurmann gewesen, bevor er sich als eigenständige Persönlichkeit durchsetzen und mit dem »Tango Notturno« (1937) einen Hit landen konnte. Aber erst in seiner Zusammenarbeit mit Harlan hatte er die Möglichkeit, Musik und Bild optimal aufeinander abzustimmen. Von allen deutschen Filmkomponisten ist er am ehesten mit Max Steiner vergleichbar. Er arbeitete mit sehr kleinen musikalischen Einheiten, leicht erkennbaren Leitmotiven, die mal auf Situationen *(Verwehte Spuren)*, mal auf Personen *(Jugend, Opfergang, Hanna Amon, Familie Buchholz)* bezogen waren. Seine schwungvolle Musik kann man als konventionell empfinden, wenn man sie werkimmanent betrachtet. Aber wie Steiner verfügte er über einen seltenen, nicht erlernbaren Instinkt dafür, in welcher Situation welche Musik benötigt wird. Borgmanns Sohn Klaus und Thomas Harlan kannten sich von der Schule her; eine enge Freundschaft bestand jedoch zwischen den Vätern nicht, so sehr man es aufgrund ihrer gemeinsamen Filme annehmen könnte.

In den Ateliers der Tobis, sowie in der Umgebung von Ferch und Ketzin, wurde *Jugend* bis Anfang Dezember 1937 gedreht. Den fertiggeschnittenen Film bekam Joseph Goebbels vorgeführt, der am 30. Dezember 1937 in seinem Tagebuch vermerkte: »Ganz großartig gemacht, gespielt, dialogisiert. Ich bin hingerissen und erfreut. Wieder ein Wurf des deutschen Films.« [4] Am 2. Januar 1938 fügte er hinzu: »Nochmal Harlans *Jugend*. Alle sind auf das Tiefste erschüttert. Die Tragik ist ergreifend und rührend. Klöpfer und die beiden jungen Menschen ganz groß. Harlan ist glücklich über seinen Erfolg. Das kann er auch.« [5] Trotz Goebbels' Begeisterung kam *Jugend* erst am 12. April 1938 in Dresden zur Uraufführung; die Berliner Premiere fand am 3. Mai im Gloria-Palast statt. Harlan hatte sich erneut als Schauspielerregisseur profiliert. »Der Dialog vor allem«, schrieb Irmgard Martini in der ›Deutschen Filmzeitung‹ über Thea von Harbous Adaption, »zeigt eine Lockerung in der Behandlung, die man bisher nur beim amerikanischen Film sah.« [6]

»Wir wünschen allen begabten Anfängern solchen Schauspielführer«, äußerte sich Günther Schwark im ›Film-Kurier‹ [7] angesichts der Leistungen von Hermann Braun und Kristina Söderbaum, während Frank Maraun (›Der deutsche Film‹) die Visualisierung von Annchens Tod beanstandete: »Die Wasserleiche in scharfer Einstellung ist eine stimmungsmordende Geschmackssache.« [8] Dafür bescheinigte er Eugen Klöpfer »eine Leistung

Kristina Söderbaum und Hermann Braun in *Jugend*

von Weltformat ... Außer dem *Manuel* von Spencer Tracy [in Victor Flemings *Captains Courageous*, der gerade in den deutschen Kinos lief] hat man nichts ähnlich Starkes an unmittelbarer Persönlichkeitswirkung und einfacher menschlicher Fülle auf der Leinwand erlebt. Männliche Zartheit und Güte aus Kraft, Wehmut der Erinnerung und derbe bäuerliche Vitalität ... welche Vielheit der Töne und welche Geschlossenheit der Gestalt.« Noch 1942 stand für Herbert Jhering fest: »Im Film heißt sein Regisseur Veit Harlan. Wenn es eine sondernde, wertende, auslesende Geschichte des deutschen Films gäbe, wie es eine kritische Geschichte des deutschen Theaters gibt, so würde Klöpfers Pfarrer Hoppe in der ›Jugend‹ zu den schauspielerischen Wegweisern des deutschen Films gehören, in seiner schlichten Eindringlichkeit, in seiner männlichen Kraft und Weisheit und seinem seelischen Reichtum bei aller Zurückhaltung.« [9]

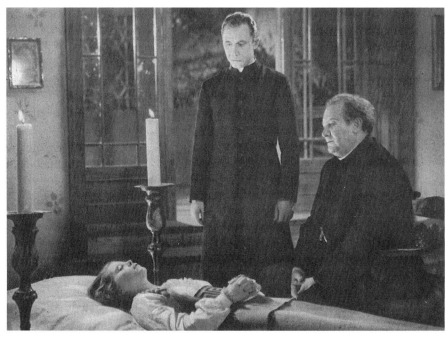

Kristina Söderbaum, Werner Hinz und Eugen Klöpfer in *Jugend*

148

Dennoch war Kristina der Star. Sie wußte, warum gerade sie die begehrte Rolle erhalten hatte: »Doch nicht, weil ich die beste Schauspielerin, sondern weil ich noch ein unschuldiges Mädchen war.« [10] Die US-Presse feierte die neue Entdeckung. »Das Mädchen ist erstaunlich begabt und hat eine ausdrucksvolle Stimme«, hieß es in ›Variety‹. [11] Hermann Braun hatte weniger Glück. Trotz des günstigen Starts konnte er sich nicht genügend etablieren, um vom Kriegsdienst freigestellt zu werden, und fiel im Januar 1945.

Man sieht es dem Film an, daß Kristina Söderbaum hier entdeckt worden ist. Die Lust des Regisseurs, seinen neuen Star zu erforschen, überträgt sich auf den Zuschauer. Nach dem Vorspann schwenkt die Kamera in einer durchgehenden Einstellung von Annchens Fenster aus über das kleine Dorf Ruszno, fährt durch das Zimmer des Mädchens, am Bild ihrer Mutter und den ungeordnet herumliegenden Kleidungsstücken entlang bis hin zum Bett. Der erste Blick auf Annchen, die mit nackter Brust im Bett liegt, etabliert Harlans sadistisch-voyeuristische Haltung: Annchen ist das geborene Opfer, das junge Ding, das nur dazu da ist, benutzt und zerstört zu werden. Auch ohne die Moralpredigten des jungen Kaplans, der sie auffordert, ins Kloster zu gehen, wäre sie von Schuldgefühlen geplagt. Wie in den späteren Harlan-Söderbaum-Filmen *Die goldene Stadt* und *Opfergang* hat die junge Protagonistin die Sünden von der Mutter geerbt und ist machtlos gegen das Schicksal, das den Lebenslauf der Mutter auf sie überträgt. Annchen weckt Beschützerinstinkte ebenso wie sadistische Gefühle. Sie lebt sittsam und bedient zugleich sexuelle Phantasien. Annchen ist darüber hinaus das Damenopfer, das der Junge benötigt, um zum Mann zu werden: Hans erlangt, nachdem Annchen ins Wasser gegangen ist, männliche Reife und kann sich auf sein Studium in Heidelberg konzentrieren.

Borgmann setzt gleich zu Beginn eine Reihe von Leitmotiven ein. Nach einer lieblichen Musik beim Schwenk über das Dorf ertönt das Hauptthema in Moll, sobald das Bild von Annchens toter Mutter zu sehen ist, während die herumliegenden Kleidungsstücke von lustigen Klängen begleitet werden. Harlan schneidet von Annchen auf den Kaplan und die Magd, und auch für diese Figuren – sowie später für Hans – erklingen eigenständige Themen. Bei den Dialogen hält sich Borgmann zurück; insgesamt verwendet er die Musik als Brücke zwischen einzelnen Sequenzen.

Schon wieder geht es um einen Generationenkonflikt, bei dem Harlan differenzierte Positionen vertritt. Annchen ist dem Einfluß von drei Männern (und einer Frau, ihrer toten Mutter) ausgesetzt. Im ersten Streitgespräch steht die Lebenserfahrung des Pfarrers Hoppe der Theorielastigkeit des steifen Kaplans Gregor gegenüber. Gregor will, daß Annchen für die Sünden ihrer Mutter büßt. Auf den Hinweis, das Mädchen könne nichts für den Fehltritt der Mutter, und die Sache sei doch längst verjährt, antwortet er: »Die Frucht der Sünde lebt.« Annchen soll in ein Kloster, zu den Vinzentinerinnen nach

Breslau geschickt werden. Harlan ergreift deutlich Partei gegen den Theoretiker, der sich auf seine Literatur beruft, und für den zupackenden Instinktmenschen Hoppe. Als ein Junge um Hilfe bittet, dessen betrunkener Vater gerade die Mutter schlägt und die Haushaltskasse plündert, zählt für Gregor nur, daß der Vater endlich wieder bei seiner Familie ist; daß er sie mißhandelt, kümmert ihn nicht. Hoppe dagegen greift persönlich ein. Er sucht die Familie auf, packt den betrunkenen Vater am Kragen und wirft ihn aus dem Haus; dann erst ermahnt er die Frau, sie solle auch etwas für den Familienfrieden tun.

Hans kommt nach seinem Onkel. Wie Pfarrer Hoppe ist er körper- und lustbetont, er denkt ebenso frei wie er redet. Ein wenig gerät er in die Defensive, wenn ihm Gregor vorhält, als Sohn reicher Eltern habe er ein einfaches Leben gehabt. »Mir sind die Flügel rechtzeitig gestutzt worden«, betont der Kaplan, der seine eigene Askese anderen Menschen aufzwingen möchte. Aber Harlan hat seinen Darsteller Werner Hinz nicht dazu angehalten, Gregor Schigorski als religiösen Fanatiker darzustellen. Gegensätze aufzuzeigen, das bedeutete für den Regisseur niemals, in Schwarzweißmalerei zu verfallen. Nicht Gregors Strenge und Intoleranz treiben das Mädchen in den Tod, sondern ihr eigener Todestrieb. Gleich nach ihrer ersten Begegnung mit Hans weiß sie, daß sich die Tragödie ihrer Mutter wiederholen wird. Und sie schreckt bei aller Unschuld und Unerfahrenheit nicht vor radikalen Lösungen zurück. Ehe sie ins Kloster muß, erschießt sie sich lieber, so sei schon ihre Mutter gewesen. Ein wenig übergeschnappt erscheint sie auch, wenn sie mit Hans spielt und ihn auf Distanz hält, ihn bewußt ärgert, um interessanter für ihn zu wirken. Daß sie in den schönsten Momenten an den Tod denkt, nimmt die Figur der Aels aus *Opfergang* vorweg. »Morgen um diese Zeit sind wir vielleicht schon tot« – solche Sätze gehen ihr in den Liebesszenen von den Lippen.

Für Harlan ist neben dem Pfarrer Hoppe auch der unbekümmerte, direkte, gegen sexuelle Heuchelei kämpfende Hans eine Identifikationsfigur. Kein Wunder, daß das sexuelle Erwachen der jungen Liebenden so deutlich geschildert wird, wie es die Zensur erlaubt hat. Hans erzählt Annchen ganz offen, daß er am nächsten Morgen gern in ihrer Gegenwart aufwachen möchte; das Paar ist dann auch gemeinsam im Bett zu sehen.

Völlig unkritisch steht Harlan der Figur des Jungen dennoch nicht gegenüber. Hans ist noch leichtsinnig und verantwortungslos, schläft mit Annchen, ohne an die Folgen zu denken. Hoppe dagegen wußte sich in seiner Jugend zu beherrschen. Die Frau, die er damals liebte und gehen ließ, war Hans' Mutter. Aber Hoppe ist Hans' Onkel. Liebte er seine eigene Schwester? Und bei Hans und Annchen handelt es sich um Cousin und Cousine. Harlan hat wiederholt inzestuöse Beziehungen behandelt, ohne sie, von *Hanna Amon* abgesehen, zu problematisieren.

Harlan mußte erst gar nicht die Reaktionen auf *Jugend* abwarten, um Kristina Söderbaum eine weitere Hauptrolle anzuvertrauen. Im März 1938, einen Monat vor der Uraufführung von *Jugend*, begann er mit den Dreharbeiten zu *Verwehte Spuren*. Als Vorlage diente ein Hörspiel des Shakespeare-Übersetzers Hans Rothe. Der war 1934 ins Exil gegangen, und seit Mai 1936 gehörte er zu den im Reich verbotenen Dichtern. Er durfte aber im Vorspann als Autor der literarischen Vorlage genannt werden. Erich Ebermayer wollte schon im Dezember 1936 gemeinsam mit Harlan das Hörspiel für die Leinwand bearbeiten; jetzt traten Thea von Harbou und Felix Lützkendorf an seine Stelle. Bruno Mondi und Hans-Otto Borgmann gehörten wieder zum Team. Die männlichen Hauptrollen spielten Frits van Dongen, der meistbeschäftigte junge Darsteller des nicht gerade produktiven niederländischen Films, der nun – wie vor ihm schon Johannes Heesters – sein Glück in Deutschland suchte, und Harlans alter Mentor Friedrich Kayßler. Als Kristina Söderbaums Mutter besetzte Harlan die Schauspielerin und Bühnenautorin Charlotte Schultz, die er wie Kayßler aus seiner Volksbühnen-Zeit kannte.

Verwehte Spuren erzählt die Geschichte von Madeleine Lawrence und ihrer Tochter Séraphine, die die Pariser Weltausstellung von 1867 besuchen und dort in verschiedenen Hotels untergebracht werden. Die Mutter stirbt an der Pest, und um eine Massenhysterie zu vermeiden, lassen die Behörden nicht nur die Tote und ihr Gepäck verbrennen, sie fordern das Hotelpersonal auch auf, die Existenz dieser Frau zu leugnen. Aber Séraphine gibt die Suche nach ihrer Mutter nicht auf, und als sie kurz davor ist, den Verstand zu verlieren, informiert sie der Polizeipräfekt über die geheimen Vorgänge, in der Gewißheit, daß die Patriotin Séraphine aus Liebe zu Frankreich die Wahrheit für sich behalten wird.

Es ist bemerkenswert, daß zwei weitere Filme, die eine fast identische Geschichte vor dem Hintergrund der Pariser Weltausstellung erzählen, nach ganz anderen Vorlagen gedreht worden sind: Die Episode aus Richard Oswalds *Unheimliche Geschichten* (1919), in der anstelle der Tochter ein Mann seine Frau vermißt, basierte auf der Erzählung »Die Erscheinung« von Anselma Heine, und der britische Film *Paris um Mitternacht* (1950, mit Jean Simmons und Dirk Bogarde) ging auf einen Roman von Anthony Thorne zurück.

Produziert wurde *Verwehte Spuren* von der Majestic-Film GmbH, aber den Verleih übernahm erneut die Tobis-Filmkunst. Die Dreharbeiten in Berlin und München, besonders die Nachtaufnahmen in München-Geiselgasteig, wurden von der Presse aufmerksam verfolgt. Mit einem Budget von 1.137.000 Rm war *Verwehte Spuren* einer der teuersten Filme des Jahres, aber daß seine spektakuläre Wirkung nicht allein auf die hohen Kosten zurückzuführen ist, sieht man an den drei Filmen des Jahres 1938, in die noch mehr Geld investiert werden mußte, und die dennoch vergleichsweise billig aussahen: Hans Steinhoffs *Tanz auf dem Vulkan*, Curt Goetz' *Napoleon ist an allem schuld* und Herbert Selpins *Sergeant Berry*. Harlan war ein sparsamer Gigantomane. Seine Filme gehörten – von *Der große König* und *Kolberg* abgesehen – nicht zu den teuersten des Dritten Reiches, aber sie sahen am teuersten aus.

Von dem zweiten Harlan-Söderbaum-Film zeigte sich Joseph Goebbels abermals begeistert: »Eine clever hingeworfene Leistung, mit Elan und Schmiß gemacht«, schrieb er am 16. Juli 1938 in sein Tagebuch [12], um am 26. Juli hinzuzufügen: »Dem Führer hat der Harlanfilm *Verwehte Spuren* großartig gefallen.« [13] Am 14. August fand die Uraufführung in Venedig statt. In den darauffolgenden Wochen konnte man *Verwehte Spuren* in München, Hamburg und Berlin sehen. Das Einspiel wurde auf 1.700.000 Rm geschätzt. Irmgard Martini (›Deutsche Filmzeitung‹) empfand *Verwehte Spuren* als »das Packendste, was man seit langer Zeit sah«. [14] »Förmlich betäubt von dem mitreißenden Tempo, der dahinströmenden Bildfolge und der nervenaufpeitschenden Handlung« verließ Carl Brunner (›Der Film‹) das Kino. »Es glüht ein leidenschaftliches Feuer zur filmischen Höchstleistung in diesem Werk, ein Fanatismus zum dramatisch bewegten Bild.« [15] Georg Herzberg (›Film-Kurier‹) lobte die Hauptdarstellerin – »Zuweilen steht Kristina Söderbaum wie ein junges Raubtier vor all den Männern, deren Unaufrichtigkeit sie entlarvt« – und Bruno Mondis Kameraarbeit, »von allen Atelierfesseln gelöst«. [16]

Für Ilse Wehner (›Der deutsche Film‹) war der Film aus drei Gründen kein voller Erfolg: die Einleitung sei zu lang, der Zuschauer werde schon zu früh in das Geheimnis eingeweiht, und die Pariser Polizei verhalte sich gegenüber Séraphine zu rücksichtsvoll. [17]

Die lange Einleitung schildert einen spektakulären Festzug durch die Straßen von Paris. Besucher aus aller Welt werden herangezoomt; so werden auch Séraphine und ihre Mutter dem Betrachter regelrecht entgegengeworfen. Lang und laut ist diese Einführung, von der auch Georg Herzberg meinte, sie könnte eine Straffung erfahren. Tatsächlich mußte Harlan seinem Publikum diese Strapazen zumuten, denn nur so konnte er verdeutlichen, wie erschöpft Madeleine Lawrence von dem ganzen Trubel ist. Sie zeigt bereits erste Symptome ihrer Infektion; sie ist krank und müde und sehnt sich nur nach einem Bett. Der zweite Einwand von Ilse Wehner, Harlan hätte das Geheimnis um Madeleines Verschwinden nicht so früh verraten dürfen, zeugt von einer sehr traditionellen Auffassung von Spannung. *Verwehte Spuren* bezieht seine emotionale Intensität gerade daraus, daß der Zuschauer mehr weiß als Séraphine. Hilflos – weil er nicht in das Geschehen eingreifen kann – muß er Séraphine bei ihrer Suche beobachten. Es verwundert nicht, daß auch Alfred Hitchcock an diesem Stoff Interesse gezeigt hat, denn bei ihm entstand die Spannung ebenfalls durch den Wissensvorsprung des

Zuschauers. Séraphine ist nicht das einzige Opfer. Sogar der Polizeipräfekt, der die Beseitigung von Madeleines Spuren veranlaßt hat, leidet unter der Schweigepflicht, die der Sicherheit zuliebe gewahrt bleiben muß.

Wehners dritter Vorwurf macht deutlich, in was für einem politischen System *Verwehte Spuren* entstanden ist. Sie fand, daß »es wohl am nächstliegenden gewesen wäre, die Tochter zu internieren«, statt sie frei durch die Pariser Straßen nach ihrer Mutter suchen zu lassen. So weit wollte Harlan in seinem Film nicht gehen, aus dramaturgischen Gründen, aber auch aus Rücksichtnahme auf ein Publikum, das die demokratischen Traditionen aus der Weimarer Republik verinnerlicht hatte. Andererseits plädiert Harlan ganz unverhohlen für die Einschränkung der Pressefreiheit, denn die einzige negativ gezeichnete Figur ist ein von Paul Dahlke verkörperter Journalist, der Séraphine bei der Suche nach ihrer Mutter helfen will, selbstverständlich nur aus Profit- und Sensationsgier. Daß seine Redaktion durchsucht und geschlossen wird, findet den Beifall des Films. Dahlke hatte soeben einen zynischen linken Politiker in *Mein Sohn, der Herr Minister* verkörpert; in *Anders als du und ich* war er der spießige, schwulenfeindliche Vater von Christian Wolff.

Unter dem Zwang, jeden seiner Filme mit einem Schlagwort als Propaganda entlarven zu müssen, wird so mancher in *Verwehte Spuren* Hetze gegen Frankreich erkennen. Dabei sympathisiert Harlan ohne Einschränkung mit dem Verhalten der französischen Behörden, und die Bedeutung der Weltausstellung für das Land wird nie in Frage gestellt. Die ganze Welt ist 1867 zu Gast in Paris, so wie die ganze Welt 1936 zu Gast in Berlin war. *Verwehte Spuren* ist als Ergänzung zu Leni Riefenstahls *Olympia* zu sehen: Harlan blickt hinter die Kulissen und zeigt, welche Gefahren bei solchen Anlässen zu meistern sind. Wer das Ereignis stört, der wird mit staatlicher Gewalt zum Schweigen gebracht wie Séraphine, die am Ende eine Erklärung unterschreibt, in der sie die Existenz ihrer Mutter leugnet – oder er wird verbrannt, ausgelöscht, mitsamt dem Gepäck wie Madeleine.

In künstlerischer Hinsicht erwies sich *Verwehte Spuren* sowohl für den Regisseur als auch für die Hauptdarstellerin als eine Steigerung ihrer bisherigen Leistungen. Kristina Söderbaum ist hier nicht mehr das hilflose Opfer, das nicht weiß, was ihm geschieht: Séraphine irrt zwar allein und verlassen durch Paris und zweifelt auch an ihrem Verstand, zugleich entwickelt sie aber eine ungeahnte Kraft, die den Hotelarzt Dr. Fernand Morot, der sie belügen muß und sie zugleich auch schützen will, als passiven Schwächling dastehen läßt. Während Hans in *Jugend* einen Reifeprozeß auf Kosten von Annchen durchlebt, vollzieht sich in *Verwehte Spuren* Séraphines Reifeprozeß auf Kosten ihrer Mutter, die sterben muß, um der Tochter ihre Entfaltung zu ermöglichen. In der johlenden Menge kommt es zu einem ersten Blickkontakt zwischen Séraphine und Fernand, bei der nur das nervöse Gerede der Mutter stört. (Séraphine und Morot werden zusätzlich durch ein betören-

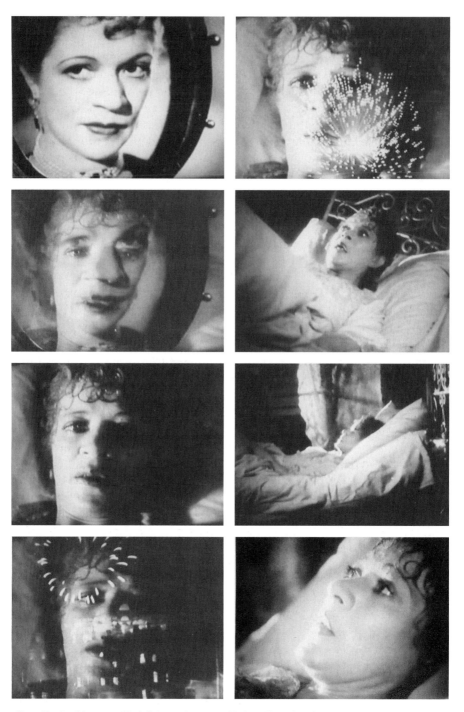

»Gute Nacht, Mama« – Madeleines einsamer Tod in *Verwehte Spuren*

des musikalisches Motiv von ihrem Umfeld isoliert, das nur dieses eine Mal erklingt.)

In der aufregendsten und makabersten Szene des Films betrachtet Séraphine auf ihrem Hotelzimmer das Medaillon ihrer Mutter und sagt: »Ich danke dir, daß du mich mitgenommen hast nach Paris. Gute Nacht, Mama.« Es erfolgt eine Überblendung auf Madeleine, die – in Großaufnahme – schweißüberströmt in ihrem Bett liegt und den Namen ihrer Tochter ruft. Über ihr Gesicht legt sich das Feuerwerk – und es entsteht der Eindruck, Madeleines Kopf würde zerspringen. Séraphine wiederum kann bei dem Feuerwerk vor ihrem Fenster nicht schlafen, erblickt unter den Passanten vor ihrem Hotel Dr. Morot und unterhält sich mit ihm darüber, was man in einer Nacht in Paris alles anstellen kann. Auf Fernands mehrdeutiges »Aber Mademoiselle Séraphine« folgt ein Schnitt auf Madeleine, durch ihr Fieber in Panik geraten, immer noch den Namen ihrer Tochter rufend. Harlan appelliert hier an eine der Urängste des Menschen, im Moment des Todes niemanden bei sich zu haben, und er betont Madeleines Hilflosigkeit durch das Jubeln der Masse auf der Tonspur – niemand kann die Rufe der sterbenden Frau hören. Er weist auch durch seine Parallelmontage die Mutter und den Arzt als Konkurrenten aus. Der Text von Madeleine und Fernand ist fast identisch (»Mein Gott, Séraphine«), nur mit unterschiedlicher Bedeutung. Die Mutter muß dem Liebhaber weichen. Madeleines Bild wird unscharf und gibt damit ihre eigene Sicht, ihr eigenes Dahindämmern wieder.

Harlans Weiterentwicklung als Filmregisseur zeigt sich zusätzlich in einer Vielzahl visueller Einfälle. Über der jubelnden Menge beim Festzug wird ein Ballon weitergereicht, ein Globus. »Die ganze Welt« geht durch die Hände der Paris-Besucher. Der Ballon rollt auf die Kamera zu, teilt das Bild schräg und deckt für einen Moment das Objektiv völlig zu. Harlans Architekten Hermann Warm und Carl Haacker haben ihm verschachtelte Treppenhäuser und Hotelkorridore gebaut, die er optimal zu nutzen versteht. Und wenn Séraphine vor dem Schlafengehen in den Spiegel schaut, tritt an die Stelle ihres Spiegelbildes ein Film im Film: der Spiegel wird zur Leinwand, auf der Séraphine und Fernand Morot Walzer tanzen und sich gegenseitig ihre Namen nennen. (Irving Pichels 1946 herausgekommenes Melodram *Morgen ist die Ewigkeit* nimmt diesen Einfall wieder auf, wenn Claudette Colbert in den Spiegel schaut und in diesem Spiegel ihre Erinnerungen an Orson Welles wiederkehren.) Das Motiv des Bildes im Bild kommt auch in *Jud Süß* und *Die Gefangene des Maharadscha* noch einmal vor. Wo ein anderer Regisseur die Leinwand geteilt oder zwei Einstellungen übereinander montiert hätte, bohrt Harlan kühn ein Loch in die Leinwand, worin er sich ja schon bei der stummen Stahlwerk-Sequenz im *Herrscher* geübt hatte. Nach dem Ende der Spiegel-Phantasie bläst Séraphine die Kerzen aus und legt sich schlafen. Man könnte auch sagen: sie bläst ihrer Mutter das Lebenslicht aus.

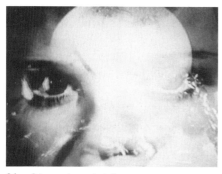

Séraphine erinnert sich an
Verwehte Spuren

Der Einsatz der Musik ist von noch stärkerer Bedeutung als in *Jugend*. Hans-Otto Borgmann beginnt im Vorspann mit einem Thema, das für den Tod steht und das er in Harlans *großem König* wiederaufnehmen wird. Auf eine kurze Einblendung der französischen Nationalhymne folgt das Hauptthema (›Die Weltausstellung‹), ein vorwärtstreibendes Marsch-Motiv, das so oft wiederholt wird, daß auch unmusikalische Zuschauer es sich einprägen können. Für Séraphines freudige Erregtheit und die Panik ihrer Mutter im Kampf mit dem Tod hat Borgmann hastig auf- und absteigende Themen gewählt, und am ›Morgen danach‹ – Madeleine ist tot und die frisch verliebte Séraphine gut ausgeschlafen – wird Borgmann dem Titel des Films gerecht, wenn er seine bisherigen Melodien verstummen läßt. Verwehte Spuren – verklungene Melodien.

Auch Zuschauer, die nicht bewußt auf Filmmusik achten, orientieren sich an deren Leitmotiven. Während Séraphine hilflos durch Paris irrt, muß auch das Ohr des Zuschauers auf seine Orientierung verzichten; die vertraute ›Weltausstellungs‹-Melodie ist verschwunden, und an ihre Stelle treten schwer einprägsame Themen, die den Eindruck verstärken, man sei aus einem schönen Traum gerissen worden. Gegen Ende des Films besucht Séraphine dann einen Ball, auf dem sie den Polizeipräfekten zu sprechen hofft, und endlich, nach so vielen fremden, unvertrauten Musikstücken, erklingt wieder das Hauptthema. Der Zuschauer erkennt das

Zeichen und ahnt, daß Séraphine gleich die Lösung des Rätsels finden wird. Was die Musik angekündigt hat, wird durch die Bilder bestätigt: Von einer Loge aus entdeckt Séraphine unter den Tanzenden eine junge Frau, die die Brosche der verschwundenen Mutter trägt, ein Requisit, das endlich die Anwesenheit von Madeleine Lawrence in Paris bestätigt.

Kurz nach der Uraufführung von *Verwehte Spuren* sprach Hans-Otto Borgmann im Rahmen der HJ-Filmtage über Filmmusik und ihre Probleme. Er betonte, daß der Komponist »mit einer geringen Zahl von Themen auskommen muß. Allerdings müssen es Themen sein, die Auswertungsmöglichkeiten bieten. Denn erst in der Auswertung, in der harmonischen Verwandlung, der Weiterführung, Verbreiterung und Änderung der Rhythmik [...] muß er seine Kunst erweisen.« [18] In *Verwehte Spuren* ist es Borgmann gelungen, eine Melodie so zu variieren, daß der Eindruck einer großen wesentlich größeren Themenvielfalt entsteht. (Als Walzer arrangiert, klingt sein Hauptmotiv ein wenig wie Maurice Jarres ›Lara‹-Thema aus *Doktor Schiwago*.) In einem weiteren Interview, im Dezember 1938, forderte er auch »mehr Mut, die Musik dort, wo sie stärkstes Ausdrucksmittel sein kann, ungehindert sich entfalten zu lassen«. [19] Harlan ermöglichte es ihm, seine Forderungen in die Tat umzusetzen.

In den USA wurde Kristina Söderbaum als Neuentdeckung gefeiert (*Jugend* kam hier erst später zur Aufführung). [20] Für Charlotte Schultz war *Verwehte Spuren* der erste von vier Harlan-Filmen, aber ihre Rolle als Madeleine blieb für sie unübertroffen. Madeleine könnte die Mutter von Aels sein, die in *Opfergang* nur noch in Erzählungen vorkommt: eine leichtsinnige, lebenslustige Frau, die ohne männliche Begleitung um die Welt reist; eine Frau um die vierzig, der man die Exzesse der Vergangenheit ansieht. Von ihrem verstorbenen Mann spricht Madeleine wie von einem Liebhaber, dessen sexuelle Energie wichtiger war als seine Zuverlässigkeit. Harlan läßt es offen, woher ihre (und später Aels') Krankheit kommt, aber bei ihrer Lebensweise erscheint es folgerichtig, daß sie von einem Virus befallen wird. Für Herbert Jhering, der sie schon zu Beginn ihrer Karriere sehr hoch geschätzt hatte, war Charlotte Schultz 1920/21 als »Käthchen von Heilbronn« und als Luise in »Kabale und Liebe« fehlbesetzt; sie sei mehr für derbe Rollen geeignet, schrieb er. Derb durfte sie dann an Harlans Seite in »Fahrt nach der Südsee« sein, und eine gewisse Derbheit kennzeichnet auch Madeleine trotz ihres vornehmen Getues.

Auf spätere Harlan-Filme verweist der Musikstudent Gustave (Hermann Wagner), der Séraphine bei der Suche nach ihrer Mutter unterstützt, ohne dabei ihr sexuelles Interesse wecken zu können – so wie fünfzehn Jahre später Michael in *Sterne über Colombo*, der für Yrida-Kristina sogar sein Leben opfert. Bei Harlan gibt es wiederholt fragile junge Männer, die Schwierigkeiten haben, ernstgenommen zu werden *(Hanna Amon, Anders als du und ich)* und zuweilen die Opferrolle annehmen müssen *(Das unsterbliche Herz, Die Reise nach Tilsit, Der große König)*. Harlan, äußerlich früh gealtert, hat das Interesse an der Jugend nie verloren.

Es gibt viel nackte Haut zu sehen in *Verwehte Spuren*. Wenn Harlan wiederholt die körperlichen Vorzüge von Kristina Söderbaum vor Augen führt, geht das über platten Sexismus hinaus: Harlan kommt es darauf an, die körperliche Robustheit seiner Protagonistin zu betonen, die es ihr ermöglicht, Strapazen durchzustehen.

Die Kürze des Vorspanns geht auf Anordnung von Goebbels aus dem März 1938 zurück. Danach sollten jetzt nur noch Titel, literarische Vorlage, Firmen (Herstellung, Verleih), Buch, Kamera, Regie, Bauten und wesentliche Darsteller genannt werden [21]; für detailliertere Angaben war im Programmheft Platz. Auf diese Angaben konnte man sich allerdings nicht immer verlassen: Hedwig Wangel und Erwin Biegel, im Vorspann von *Verwehte Spuren* erwähnt, wurden von den Gestaltern des Programmhefts übersehen.

Eine wesentlich bedeutendere Anordnung betraf die Zuschauer, die sich einen Film wie *Verwehte Spuren* nicht ansehen durften. »Juden dürfen keine Kinos mehr besuchen«, stand am 14. November 1938 auf der Titelseite des ›Film-Kurier‹. [22] Diese kurz nach der Reichskristallnacht erlassene Verordnung war für Joseph Goebbels »ein endgültiger Trennungsstrich zwischen der Lebensgemeinschaft des deutschen Volkes und der jüdischen Bevölkerung. [...] Es ist eine Entwürdigung unseres deutschen Kunstlebens, daß einem Deutschen zugemutet werden soll, in einem Theater oder Kino neben einem Juden zu sitzen!« Bevorstehende Gewalttaten gegen deutsche Juden sind bei der Gelegenheit auch schon angekündigt worden: Goebbels wies darauf hin, »daß jede Aktion des internationalen Judentums in der Welt nur den Juden in Deutschland Schaden zufügt«. Von der neuen Regelung war Thea Grodtcinsky betroffen, die jüdische Ehefrau von Paul Henckels, die Anfang der zwanziger Jahre an der Volksbühne große Erfolge gefeiert hatte. Harlan bot ihr die Möglichkeit, in seinem Heimkino Max Reinhardts *Sommernachtstraum* zu sehen.

Während der Dreharbeiten zu *Verwehte Spuren* beschlossen Veit Harlan und Kristina Söderbaum zu heiraten. Als Harlans älteste Tochter Maria von den Sommerferien nach Hause kam, hatte Hilde Körber das Haus in der Tannenbergallee schon freiwillig verlassen. [23]

Ein leichte Scheidung sollte Harlan jedoch nicht vergönnt werden, und zu allem Überfluß wurde er jetzt auch noch in die Goebbels-Baarova-Affäre verwickelt. Goebbels' Liebe zu der tschechischen Schauspielerin Lida Baarova, die seit 1935 in Deutschland filmte, hatte soviel Aufsehen erregt, daß aus ihr ein Politikum wurde. Der Minister und die Schauspielerin waren sich im Sommer 1936 erstmals begegnet. Goebbels' wurde zwar aufgrund seiner unzähligen Affären, vorwiegend mit slawischen Schönheiten, der ›Bock von

Die verlassene Ehefrau Hilde Körber

Babelsberg' genannt, aber die Affäre mit der Baarova erreichte eine Intensität, die den Minister an eine Scheidung von seiner Ehefrau Magda denken ließ. Sein Ruf als mustergültiger und treusorgender Familienvater stand auf dem Spiel, und dieser Ruf war nicht mehr Privatsache. Er dachte sogar an einen Rücktritt von seinem Posten. Letztlich wurde, als die Affäre in der zweiten Jahreshälfte 1938 eskalierte, die schöne Tschechin des Landes verwiesen und ihr Film *Preußische Liebesgeschichte* (Regie: Paul Martin) im Dezember 1938 wegen ihrer Mitwirkung verboten. Vorher allerdings wollte Goebbels das Problem noch auf andere Weise lösen.

Er beabsichtigte, im Scheidungsverfahren Körber-Harlan Lida Baarova als Scheidungsgrund einzusetzen und seine Geliebte dann eine Scheinehe mit Harlan eingehen zu lassen. Dieser war über den Vorschlag empört und lehnte es ab, von dem Minister auch noch im Privatbereich vereinnahmt zu werden. Hilde Körber konnte eher mit Goebbels' Gunst rechnen, da sie ihn und Lida Baarova bei der Organisation ihrer heimlichen Rendezvous' unterstützt hatte. Sie wird in seinen Tagebüchern überwiegend positiv erwähnt. [24] Andererseits mißfiel es dem Minister, daß sie ihre drei Kinder nicht nach den offiziellen Richtlinien erzog und daß sie ihren Kontakt zu Julius Bab aufrechterhielt. Dennoch stellte Goebbels Hilde Körber für das Scheidungsverfahren seinen Anwalt Dr. Dix zur Verfügung, während Harlan als sein eigener Verteidiger auftrat. Er wurde schuldig geschieden und verlor das Sorgerecht für die drei Kinder, unterhielt aber weiterhin Kontakt zu ihnen. Seine Tochter Maria sah sich in seinem Heimkino amerikanische Filme an.

Für Harlan hatte die Baarova-Affäre schwerwiegende Folgen. Goebbels schätzte ihn weiterhin als Künstler, aber von Freundschaft konnt keine Rede mehr sein. Die Tagebucheintragungen des Ministers zeugen von einer Haßliebe, einem Hin- und Hergerissensein zwischen Bewunderung für den Künstler und Wut auf dessen Eigensinn. Sein Staatssekretär Gutterer bestätigte nach dem Krieg, daß Goebbels Harlan dessen Haltung in der Affäre nie verziehen hat. Die Gesundheit des Starregisseurs Nr. 1 war nicht wegen der Scheidung gefährdet. In seiner Arbeitswut dachte er nie an Urlaub, und während der Dreharbeiten zu einem Film war er in der Regel schon mit der Planung des nächsten beschäftigt. Im Juli 1938 – vier Monate vor der Uraufführung von *Verwehte Spuren* – hatte er mit den Dreharbeiten zu seinem bis dahin aufwendigsten Film begonnen. Für *Das unsterbliche Herz* wurde ihm von der Tobis ein Budget von 1.748.000 Rm zur Verfügung gestellt, und während die Massenszenen von *Verwehte Spuren* noch in leicht kontrollierbaren Studiokulissen gedreht wurden, galt es jetzt einen Schiffsuntergang auf hoher See zu inszenieren. *Das unsterbliche Herz* erzählt die Geschichte des Schlossermeisters Peter Henlein, der die erste Taschenuhr mit Federantrieb erfunden hat.

An der literarischen Vorlage, Walter Harlans Stück »Das Nürnbergisch Ei«, hatte Herbert Jhering bemängelt, sie betone zu sehr das Private. Walter Harlan beleuchte zuwenig den »Gegensatz von Erfindung und ihrer Verwertung (Ingenieur und Industrie)« – zu den Widersachern des Idealisten Henlein gehört sein profitgieriger Schwiegervater Gülenbeck – und mache aus dem Stoff »ein Ehestück, ein Schwiegervaterstück, ein Freundesstück, ein Bruderstück, ein Schwagerstück. Alles Familie!« [25]

Gerade das Private hat Harlan Junior jedoch interessiert. Die Arbeitswut eines Mannes, der seine junge Frau vernachlässigt, und die daraus resultierenden Konflikte konnte er gut nachvollziehen. Zusammen mit Werner Eplinius schrieb er ein Drehbuch, in dem die Figur der Ev Henlein mehr Gewicht erhielt, zweifellos im Hinblick auf die Besetzung dieser Rolle mit Kristina Söderbaum. Zur Unterstützung seiner Frau stellte Harlan diesmal ein noch hochkarätigeres Ensemble zusammen als in seinen bisherigen Filmen: Heinrich George als Erfinder Henlein, Paul Wegener als Arzt Hermann Schedel, der den todkranken Henlein zu einer Operation überreden will, und der Opernsänger Michael Bohnen als Geograph und Erfinder des Globus Martin Behaim. Auguste Prasch-Grevenberg, die zu Beginn des Jahrhunderts die Frau Alving gespielt hatte, verkörperte Henleins Mutter; sie sollte als fast 100jährige noch das Ende des Zweiten Weltkriegs erleben.

Als jugendlicher Liebhaber wurde Raimund Schelcher eingesetzt. Er und einige seiner Mitspieler waren zu derselben Zeit auch auf der Bühne Kollegen: am 15. November 1938 hatte »Kabale und Liebe« am Schiller-Theater Premiere gehabt, unter der Regie des Intendanten Heinrich George, mit Schelcher (Ferdinand) und Wegener in tragenden Rollen. (Gisela Uhlen verkörperte die Luise.) Eines Tages sprach Schelcher, leicht angetrunken, von der Rampe aus direkt Adolf Hitler anblickend: »Ich verwerfe dich – ein deutscher Jüngling ... Es ist alles so sinnlos.« Seine Karriere war damit vorerst beendet. Daß er den Krieg überlebt hat, mal im Gefängnis, dann wieder an der Front in einem Strafbataillon, grenzt an ein Wunder.

Harlan legte großen Wert auf eine natürliche, moderne Sprache. »In meinem Film sollen keine stilisierten Museumsfiguren agieren, sondern lebendige Menschen von heute.« [26] Beim *unsterblichen Herz* war wie üblich Bruno Mondi der Kameramann, aber für die Musik zeichnete jetzt Alois Melichar verantwortlich. Hans-Otto Borgmann wäre der falsche Mann für das Projekt gewesen. Harlan wollte eine schwere, wuchtige, todernste Untermalung, und er gewann Melichar für die heikle Aufgabe, ausschließlich Musik von Johann Sebastian Bach zu verwenden. Schon zu Beginn der Dreharbeiten ist die Musik ausgiebig diskutiert worden, und Melichar, ohnehin einer der auskunfts- und publikationsfreudigsten Komponisten seiner Zeit, bekam wiederholt Gelegenheit, die Verwendung klassischer Musik im Film zu rechtfertigen. [27]

Das unsterbliche Herz (Arbeitstitel: *Der Titan*) war ein vorprogrammiertes Ereignis. Im Oktober 1938 fuhren dreißig Berliner Journalisten auf Einladung der Tobis nach Nürnberg, um Harlans Inszenierung eines spektakulären Trauerzugs beizuwohnen. Bewohner der Stadt Nürnberg stellten sich in historischen Kostümen als Komparsen zur Verfügung, den Befehlen Harlans gehorchend, der von einem Turm aus Regie führte, ausgerüstet mit Feldstecher und Lautsprecheranlage. Bei dieser Gelegenheit entstand ein Foto von Harlan, auf dem er wie ein Besessener in die Menschenmenge unter ihm zeigt und sich in seinem Fanatismus so weit vorbeugt, daß er vom Turm zu fallen droht.

Veit Harlan inszeniert *Das unsterbliche Herz*

Mit allem erdenklichen Aufwand wurde das Nürnberg von 1517 nachgestellt. Kopfsteinpflaster mußten mit Sand zugeschüttet und Oberleitungen entfernt, Telefonkabel mit Decken umhüllt, Schilder mit Tüchern bekleidet, Straßenbahnschienen mit Brettern und Zeugballen verdeckt, Reklameschilder mit Girlanden verhängt werden, bevor Harlan die Massenszenen in den Straßen von Nürnberg drehte. 500 Mitglieder der Nürnberger Reiter-SA und von Nürnberger Reitsportvereinen hüllten sich hierfür in mittelalterliche Trachten. Ein großer schwenkbarer Riesenkran wurde für Harlan konstruiert. Aber die größte Schwierigkeit stand noch bevor – die filmische Umsetzung des Schiffsuntergangs. Zu diesem Zweck wurde auf einer Swinemünder Werft, in der Provinz Pommern, ein kleiner Frachter in eine Kogge umfrisiert. Alte Zeichnungen und Pläne aus der Zeit von 1520 bis 1570 ermöglichten den Architekten eine Rekonstruktion der 23 Meter langen und sechs Meter breiten ›Stadt Nürnberg'. Vor Binz auf Rügen – ursprünglich war Helgoland geplant – ist dann unter großen Gefahren der Untergang des Segelschiffes aufgenommen worden.

Den fertiggestellten Film fand Joseph Goebbels zum Teil »ein bißchen übertrieben, aber stellenweise auch ganz groß«. [28] Er hat dann, wie einer Tagebucheintragung vom 25. Januar 1939 zu entnehmen ist, den Film »nochmal mit Harlan geprüft und einiges herausgeschnitten«. [29] Die feierliche Premiere fand am 31. Januar 1939 im Nürnberger Ufa-Palast statt. Ein eindrucksvolles Plakat wurde von Peter Pewas entworfen, aber dafür gab es diesmal nichtssagende Kritiken, uninspiriert, wie von oben verordnet.

Bei der Rezeption dieses neuen Harlan-Films lag der Schwerpunkt auf der Aktualität des Themas; die Einstimmung auf den kommenden Krieg machte sich bemerkbar. Während eine Nacktszene von Kristina Söderbaum auf Kritik stieß, wurde *Das unsterbliche Herz*, der nach dem *Robert Koch*-Film mit Emil Jannings teuerste Film des Jahres, als großes Ereignis gefeiert. Er spielte auch seine Kosten wieder ein, blieb mit seinen Einspielergebnissen allerdings hinter weniger ambitionierten Filmen wie *Opernball* (Regie: Geza von Bolvary) und *Paradies der Junggesellen* (Regie: Kurt Hoffmann) zurück. Sein Einspiel wurde auf 2.500.000 Rm geschätzt.

Harlan wirft den Zuschauer ohne Vorbereitung hinein ins Geschehen. Er zeigt, wie die ›Stadt Nürnberg‹ in Seenot gerät und auf einen Felsen zusteuert, wie durch ein Feuer an Bord Panik entsteht und ein Teil der Mannschaft den Tod findet. Ein Mann, der in seiner Kabine einen Globus markiert und von dem wir erst später erfahren, daß es der Geograph Martin Behaim ist, vertritt das Führerprinzip; als das Vorsegel weggerissen wird und die Mannschaft das Hauptsegel nur unter der Bedingung setzen will, daß die Kogge sich von der Küste fernhält, spricht Behaim ein Machtwort und geht selbst ans Steuer. Den Schiffsjungen Georg weist er an, den Globus um jeden Preis zu retten, so wie bald darauf in Kriegsfilmen die Fahne gerettet werden mußte. Der Junge springt ins Wasser, hält sich am Globus fest, verliert ihn und ertrinkt; Behaim würdigt ihn keines Blickes und rettet die Kugel. Das alles vollzieht sich zu wuchtiger Bach-Musik (Toccata und Fuge d-Moll, für großes Orchester instrumentiert), die für Stummfilmatmosphäre sorgt und das Entstehungsjahr des Films vergessen läßt. Wie ausgeblichen wirken die Bilder Bruno Mondis, auf denen man anstelle der gewohnten starken Schwarz-weiß-Kontraste nur grau gekleidete Menschen vor einem weißen Himmel sieht.

Ohne erkennbaren Bezug zum Schiffsuntergang wird dann Peter Henlein eingeführt. Der Schlossermeister arbeitet zusammen mit seinem Gesellen Konrad an einer Gewehrkugel, die spitz und nicht rund sein soll. Konrad ist in Ev verliebt, Henleins junge Frau, die zur gleichen Zeit mit Freunden ausreitet, und hat unbewußt eine Statue nach ihrem Gesicht modelliert; als Henlein ihn deswegen zur Rede stellt, löst sich im Handgemenge ein Schuß, und Henlein sinkt von einer Kugel getroffen zusammen. Daß sich Ev in diesem Moment in der freien Natur vergnügt, während ihr Mann hart arbeitet und schwer verletzt wird, könnte als Diffamierung ihrer Person verstanden werden – die verständnislose, vergnügungssüchtige Frau eines großen Erfinders. Frauenschaftskreise beklagten sich auch über die ihrer Ansicht nach negative Darstellung der Frau in den beiden Spitzenfilmen des Jahres *(Das unsterbliche Herz* und *Robert Koch)*. Dabei läßt der Film keinen Zweifel an Evs aufrichtiger Liebe zu ihrem Mann.

Ev ist eine erstaunliche Figur – eine verantwortungsbewußte Ehebrecherin. Sie liebt Konrad und ist nicht bereit, diese Gefühle zu leugnen, aber genauso liebt sie auch ihren Mann. Henlein ärgert sich anfangs zwar über

Kristina Söderbaum und Heinrich George in *Das unsterbliche Herz*

die Heimlichtuerei des jungen Paares, aber sobald er die Situation erkannt hat, akzeptiert er sie. Harlan zeigt Henlein, Ev und Konrad häufig in ›three shots‹ und verdeutlicht somit, daß sie alle drei zusammengehören. Das Thema der harmonischen ›ménage à trois‹ wurde von ihm noch ausführlicher in *Immensee* und in *Opfergang* behandelt. Während der Entstehungszeit von *Das unsterbliche Herz* galt Kristina Söderbaum in der Öffentlichkeit als Zerstörerin einer Ehe, und Hilde Körber wurde mit Solidaritätsbekundungen überhäuft – das mag erklären, warum der Film etwas übertrieben den guten Charakter von Ev betont.

Nachdem ihm die Kugel herausoperiert worden ist, tritt Peter Henlein als Zeuge vor Gericht auf – für Behaim, und erst jetzt wird die Funktion der Eröffnungssequenz für die folgende Handlung deutlich. Die ›Stadt Nürnberg‹ ist untergegangen, weil die Pendeluhren bei dem Seegang stehengeblieben sind und es so zu Fehlern in der Standortberechnung kam. Henlein verspricht eine neue Uhr zu konstruieren, die ohne Gewichte funktioniert. Wie er bald feststellen muß, bleiben ihm für die Erfindung nur wenige Wochen, denn ein Teil der Kugel ist noch in seinem Körper und bewegt sich auf sein Herz zu. Er steht vor der Wahl, sich einer Operation zu unterziehen, die ihn retten, aber durch einen Kunstfehler auch tödlich verlaufen könnte, oder auf die Operation zu verzichten und sich ganz der Erfindung zu widmen. Trotz seiner Bewunderung für den Arzt Schedel und sein Vertrauen in dessen Geschick entscheidet er sich gegen eine Operation. Auf Konrads Vorhaltungen, ein so wichtiger Mann wie er dürfe nicht sterben, antwortet Henlein: »Jeder Soldat darf für sein Vaterland sterben. Bin ich weniger als ein Soldat? Bin ich feiger als ein Soldat?« (In Walter Harlans Stück stirbt Henlein an Krebs, doch als Filmregisseur fand Veit Harlan das Motiv der wandernden Kugel – selbst wenn man sie nicht sieht und sie sich vorstellen muß – visuell ergiebiger.)

Konrad und Schedel akzeptieren diese Haltung schließlich, aber Ev kann das höhere Ziel nicht verstehen, für sie ist der Mann Peter Henlein wichtiger als der Erfinder. Sie erträgt es nicht, daß Henlein die Uhr als sein Kind bezeichnet und sich nur zu ihr auf die Bettkante setzt, um ihr das Prinzip des Federantriebs zu erklären. Schedel erklärt Ev, wie sie ihren Mann von seiner selbstzerstörerischen Arbeit fernhalten kann. »Du mußt vor Peter hintreten, so wie dich Gott geschaffen hat … Tanze vor ihm, Blumen im Haar, Kränze, wie eine Mänade … Du mußt ihn zu dir zwingen.« Für Ev sind das teuflische Mittel, aber Schedel erwidert: »Ja natürlich teuflische Mittel, was denn sonst für welche. Du bist doch eine Frau.« Also macht sich Ev daran, ihren Mann zu verführen. Ein Schwenk über das nächtliche Nürnberg, begleitet von Kirchenmusik, geht der großen Verführungsszene voraus – eine Verdeutlichung von Evs edlen Absichten. (Vorher hatte sie bereits zu Gott gebetet, er möge sie anstelle ihres Mannes zu sich holen.) Wenn sie dann, nackt unter einem Pelz und mit Blumen im Haar, das Arbeitszimmer ihres Mannes betritt, zeigt Harlan groß ihre bloßen Füße auf den Stufen. Ev tritt hinter ihren Mann, wirft den Pelz ab und umarmt Peter. Der lacht herzlich und befürchtet nur, Ev könne sich erkälten.

In diesem Moment verliert Ev die Beherrschung. »Die Uhr, die Uhr, und immer nur die Uhr«, bricht es aus ihr heraus, »und wer bin ich? Ich werde bald als berühmte Witwe eines berühmten Toten bewundert werden. Aber ich will mein Leben leben … Das ist jedes Mannes Dünkel, daß er glaubt, seine Frau ist nur für ihn da, sie hat für ihn zu leben und zu sterben … Im Namen aller Frauen der Erde antworte ich deinem männlichen Dünkel und Hochmut mit diesen meinen Fingern«, ruft sie aus und zerstört eigenhändig die Uhr, an der Henlein gerade gearbeitet hat. Er vergibt ihr, aber an seiner Einstellung – erst das höhere Ziel, dann das Privatleben – hat sich nichts geändert. In dieser Szene, die Kristina Söderbaum schauspielerisch auf einem Höhepunkt zeigt, wird Harlans Fähigkeit deutlich, bei einem Interessenkonflikt gegnerischen Parteien gerecht zu werden.

Ev geht in ihrer Hilflosigkeit vor Gericht und bewirkt damit, ohne es zu wollen, eine Anzeige gegen ihren Mann wegen Vernachlässigung der ehelichen Pflichten. (Solch einen Verrat aus edlen Motiven gibt es auch in *Krach im Hinterhaus* und *Der große König*.) Als ihm die gerichtliche Vorladung überreicht wird, weist er Ev aus dem Haus: »Du bist mein Feind. Aus Liebe, ich weiß, aber du bist mein Feind.« Er versteckt sich, begleitet von Konrad, auf der Nürnberger Burg und vollendet dort sein Werk. Als Ev am Pranger steht und Henlein seinen Gesellen fragt, ob er nicht zu ihr hinabsteigen und ihr beistehen will, antwortet Konrad: »Nein, wir beide gehören zusammen.« Das nimmt die Männerfreundschaften aus späteren Kriegsfilmen vorweg. Kein Wunder, daß Henlein die Liebe seiner Frau zu einem anderen toleriert, wenn ihm der Kamerad wichtiger ist als die Ehefrau. Sterbend gibt er Ev und Konrad seinen Segen und verfügt, daß die Uhr verbreitet, aber nicht zu einem großen finanziellen Nutzen verkauft werden soll – ein Beispiel für die antikapitalistischen Tendenzen des NS-Kinos.

Als Henlein stirbt, wird das Bild unscharf wie schon bei Madeleines Tod in *Verwehte Spuren*. *Das unsterbliche Herz* ähnelt, obwohl nur mit dem Prädikat ›künstlerisch wertvoll‹ ausgezeichnet, jenen ›staatspolitisch wertvollen‹ biographischen Filmen über große Deutsche, die zu der Zeit entstanden sind *(Robert Koch, Bismarck, Andreas Schlüter, Diesel)*. »Der Film ist das Hochlied des Menschen, der sich für eine hohe Aufgabe einsetzt und dabei sein Leben opfert«, hob Albert Schneider hervor. [30] Heinrich Georges Verkörperung des Peter Henlein ist eine einzige Sterbeszene, und er bringt das Kunststück fertig, permanent zu schwitzen und zu stöhnen und dabei immer noch natürlich zu erscheinen.

Harlan hat daneben noch seine persönlichen Gefühle für Kristina Söderbaum künstlerisch verarbeitet und der Öffentlichkeit vorgeführt, wie anständig eine Sünderin sein kann. Er schuf Massenszenen, deren Choreographie stark an William Dieterles *Der Glöckner von Notre Dame* erinnert. Schließlich konnte er auch noch seiner überraschend tiefen Religiosität Ausdruck verleihen – überraschend deshalb, weil Harlan in seinen Filmen wiederholt Vertreter der Kirche als Heuchler dargestellt hat. Aber so wie Ev Henlein regelmäßig Beten geht und zugleich akzeptiert, daß ihr Mann der Kirche fernbleibt, so verhielt es sich auch bei Harlan privat: er hatte wie Henlein seinen eigenen Glauben. Bereits der unkomplizierte, weltoffene Pfarrer Hoppe in *Jugend* entsprach seiner eigenen Auffassung von einer Religiosität, die nicht an die Institution der Kirche gebunden ist. In seinem Film über Henlein wollte er »noch einmal die Auseinandersetzung zwischen Dogma und wahrer Religiosität im Abbild der Glaubenskämpfe jener Zeit gestalten, die er schon zum Leitmotiv seiner *Jugend*-Inszenierung gemacht hat, und die ihm außerdem noch für einen *Erwin v. Steinbach*-Film aus der mittelalterlichen Bauhüttenwelt um das Straßburger Münster als Grundidee vorschwebt«. [31]

Der Film über den Baumeister Erwin von Steinbach, der im ausgehenden 13.Jahrhunderts gelebt hatte, kam nicht zustande. Noch Ende Januar 1939 sprach Harlan über dieses Thema. »In der Gestalt Erwin von Steinbachs soll das Künstlertum eines früheren Zeitalters heroisiert werden, das sich über die Kirchturmpolitik lokaler Engherzigkeit hinaussetzte und in und für die Zukunft baute. Erwin von Steinbach, gestärkt in seinem Wollen von seiner jungen Frau, setzt gegen eine Welt von Zweiflern seine Bauidee durch, entwirft einen der stolzesten und schönsten Baue der Gotik, von dem er weiß, daß seine himmelragende Kühnheit nicht mehr zu seinen Lebzeiten beendet werden kann ... Die Baugesinnung Erwin von Steinbachs begegnet sich mit dem Bauwillen unserer Zeit, die ebenfalls für die Ewigkeit schaffen will.« [32]

Mit derselben Idee befaßte sich seit 1935 eine junge Exil-Russin in den USA, die an einem monumentalen Roman über einen eigenwilligen, im positiven Sinne größenwahnsinnigen Architekten arbeitete: Ayn Rand, Vertreterin eines positiven Egoismus-Begriffs, veröffentlichte 1943 ihr Hauptwerk

»The Fountainhead« (dt. »Der ewige Quell«), dessen Tendenz sich allerdings in einem wesentlichen Punkt von dem unterscheidet, was Harlan zur Aufgabe der Architektur gesagt hatte. Rands Held Howard Roark baut Häuser nicht für sein Vaterland, sondern für sich selbst. Während die Nation von seiner Größe profitiert, zählt für ihn selbst nur die Verwirklichung der eigenen Vision.

Vielleicht war es bei Harlan insgeheim genauso? Was immer er in der Presse an Erklärungen abgegeben hat – seine Filme drehte er zuallererst für sich selbst und dann erst für Deutschland. Seine Filme gefielen den NS-Machthabern, aber darauf angelegt hat er es nicht.

Außerdem plante er noch den Film *Jürg Jenatsch*, der zum 300. Todestag des schweizerischen Freiheitshelden realisiert werden und den zweiten Teil (nach *Jugend*) einer religiösen Trilogie bilden sollte. »In einer Zeit, in der die Kirchen ihre religiöse Mission nur noch unvollkommen erfüllen [...], ist es notwendig, daß die Künstler im Volke das Bewußtsein von der Notwendigkeit des Glaubens für ein starkes Leben wach erhalten«, erklärte er in einem Interview. [33] Als im Dezember 1938 zwei neue Hans Albers-Filme für die Tobis angekündigt wurden, befand sich darunter auch ein Jenatsch-Film nach dem Roman von Conrad Ferdinand Meyer. Eine direkte Verbindung zu Harlans Projekt läßt sich jedoch nicht nachweisen.

In der herben Landschaft der kurischen Nehrung begann Harlan dann Anfang Februar 1939 mit den Außenaufnahmen zu der Hermann-Sudermann-Verfilmung *Die Reise nach Tilsit*. Sudermanns Erzählung, 1917 erschienen und 1927 von F.W. Murnau unter dem Titel *Sunrise* in Hollywood verfilmt, handelt von einer Ehekrise, die fast zum Mord führt. Ansas Balczus betrügt seine Frau Indre mit der Magd Busze, die ihn dazu anstiften will, seine Ehefrau umzubringen. Unter dem Vorwand eines Ausflugs nach Tilsit soll er einen Unfall mit dem Segelboot vortäuschen und Indre ertrinken lassen. Ansas gerät in einen Gewissenskonflikt, als er sich in seine Frau neu verliebt; und als das Boot auf der Rückfahrt von Tilsit kentert, ertrinkt er schließlich selbst.

Das Drehbuch schrieb Harlan allein. Die Personen wurden umbenannt: Ansas und Indre bekamen die Namen von zweien ihrer drei Kinder aus der Erzählung, Endrik und Elske. (Im Film hat das Ehepaar nur noch ein Kind.) Busze heißt bei Harlan Madlyn, das ist der Name einer Figur aus Sudermanns Novelle »Miks Bumbullis«.

Für Kamera und Musik waren wieder Bruno Mondi und Hans-Otto Borgmann zuständig; als Produktionsgesellschaft fungierte zum vorletzten Mal die Majestic-Film. Das Budget von 1.012.000 RM war für Harlans Verhältnisse bescheiden und ein Indiz für den privaten Charakter dieses Films. Als Kristina Söderbaums Partner sah man zum zweiten und letzten Mal Frits van Dongen, der bereits ein Jahr später in Hollywood unter dem Namen Philip

Dorn in *Escape* auftrat, einem der ersten Anti-Nazi-Filme der MGM. Der Kinderdarsteller Wolfgang Kieling aus *Maria, die Magd* und *Die Kreutzersonate*, der auch als Synchronsprecher Erfahrungen gesammelt hatte (für Freddie Bartholomew in *Manuel*), setzte seine Zusammenarbeit mit Harlan fort.

Die Experimentierfreude des Regisseurs im Hinblick auf die Besetzung war ungebrochen. Er besetzte Anna Dammann als »die fremde, dunkle, seltsam reizvolle Frau, die Endrik mit ihrer Liebe fesselt und in schwerste seelische Bedrängnis bringt«. [34] Anna Dammann hatte gerade, obwohl erst Mitte zwanzig, am Deutschen Theater die Ranewskaja in Tschechows »Kirschgarten« gespielt. Für sie bedeutete *Die Reise nach Tilsit* ein grandioses Filmdebüt; für Kristina Söderbaum dagegen kam es zu einem inneren Bruch mit ihrem Mann.

Bereits zu Beginn der Dreharbeiten hatte sie sich eine Nierenbeckenentzündung zugezogen, und außerdem erwartete sie ein Kind. In diesem Zustand mußte sie für eine Traumsequenz, in der Endrik Elske ertrinken sieht, unnötige Strapazen auf sich nehmen. Da als Drehort ein Wellenbad in Leipzig gewählt wurde, war Harlan nicht von den Launen der Natur abhängig, dennoch zwang er seine zukünftige Frau, mit nassen Kleidern und 38,5 Grad Fieber die Aufnahmen duchzustehen. »In den ersten Jahren, in denen ich mit Veit zusammen war, akzeptierte ich seine Allmacht. Er dachte für mich, er handelte für mich. Ich vertraute ihm absolut«, erklärte sie sich als reife Frau ihr devotes Verhalten. [35] Schwer krank begleitete sie Harlan am 5. April 1939 zum Traualtar.

Zehn Tage später kündigte die Terra-Filmkunst GmbH im ›Film-Kurier‹ ihre neuen Projekte an: »Liebeneiner inszeniert drei Stoffe – Filme mit Rühmann – Vom Millionenschuster bis Jud Süß.« In der näheren Erläuterung der Projekte hieß es dann: »Direktor Brauer hat sich selber zur Inszenierung [...] den *Jud Süß* vorbehalten, zu dem seine Mitarbeiter bereits jetzt eingehende historische Studien in Stuttgart betreiben.« [36] Im Juli gab es in derselben Zeitung nähere Angaben zum Stab der neuen Terra-Großproduktion: Peter Paul Brauer sollte für die Herstellungsgruppe Walter Tost Regie führen und Wolfgang Zeller die Musik schreiben; für die Rolle des Herzogs bemühte man sich um Heinrich George. »Es ist der erste antisemitische deutsche Film«, erklärte der ›Film-Kurier‹ in der Einleitung zu einem Aufsatz des 33jährigen Dichters und Stefan-George-Preisträgers Eberhard Wolfgang Möller. [37] Möller, der nach eigenem Bekunden immer noch mit Bleisoldaten spielte, war leidenschaftlicher Antikapitalist und hatte sich mit dem Drama »Rothschild siegt bei Waterloo« (1934) als geeigneter Drehbuchautor für den Süß-Stoff empfohlen. Der erfahrene Filmautor Ludwig Metzger wurde ihm zur Seite gestellt.

Harlan war noch bis Ende Mai 1939 mit der Fertigstellung seiner Sudermann-Verfilmung beschäftigt. Ohne Kristina Söderbaum drehte er dann von der ersten Augustwoche an seinen bizarrsten Film, die in einem fiktiven mittelamerikanischen Staat angesiedelte Komödie *Pedro soll hängen* – eine Westernparodie mit religiös-philosophischen Elementen. Es wurde mit einem Budget von 909.000 Rm der billigste Film seiner Prestigephase. Gustav Knuth spielte die Hauptrolle, ein robuster, dem frühen Harlan nicht unähnlicher Schauspieler, der ebenfalls SPD-Mitglied war und den Moritz Jäger in den »Webern« verkörpert hatte. Neben ihm: Heinrich George und die 16jährige Maria Landrock; sie sprang für Kristina Söderbaum ein, die am 20. Oktober 1939 nach einem Kaiserschnitt und etlichen Bluttransfusionen im Berliner Franziskus-Krankenhaus einen gesunden Sohn, Kristian Veit, zur Welt brachte.

Die Mutter wog nur noch 44 Kilogramm und wäre kaum in der Lage gewesen, in *Pedro soll hängen* als feurige Senorita aufzutreten, zumal die Rolle ihr große körperliche Strapazen zugemutet hätte. Maria Landrock, die in ihrem zarten Alter schon an der Volksbühne die Julia zu Will Quadfliegs Romeo verkörpert hatte, fehlte es dagegen nicht an Energie. Entsprechend wurde sie behandelt. »Wenn ihr Gustav Knuth mit derber Faust in die Haare greift und mit roher Gewalt die Widerspenstige auf seine Schulter wirft, muß Veit Harlan bremsen«, berichtete die ›Filmwelt‹: »Bring sie nicht ganz um«, soll er zu Knuth gesagt haben, »die Hälfte von ihr brauchen wir noch.« [38]

Die Dekorationen der Bühnenmaler Karl Machus und Erich Zander wurden aufmerksam von der Presse betrachtet: »Weißgetünchte Häuser mit hölzernen Veranden, grellbunte Sonnendächer darüber, schmale Treppenwege zwischen Mauern, spitzbogige Tore zu romantischen Gäßchen, holpriges Pflaster um einen Ziehbrunnen, Kneipen unter Palmen, Verkaufsstände zwischen blühendem Oleandergebüsch.« [39] Mit einer ungewöhnlichen Aufgabe sah sich der Kinderdarsteller Wolfgang Kieling konfrontiert: Harlan ernannte ihn zum Regieassistenten. Gleichzeitig nahm Kieling Schauspielunterricht bei Albert Florath und gab 1941 sein Bühnendebüt als Hans in Max Halbes »Jugend«. Mitten in die Dreharbeiten von *Pedro soll hängen* fiel die Nachricht vom Kriegsausbruch.

An eine Aufführung von *Pedro soll hängen* war vorerst nicht zu denken, obwohl die Dreharbeiten nur bis zur zweiten Septemberwoche gedauert hatten. Der Film wurde von Goebbels verboten. Die genaueren Umstände des Verbots sind nicht mehr zu klären; Harlan zufolge sah der Propagandaminister in dem Film katholische Propaganda. Wahrscheinlicher ist jedoch, daß der Film nicht zu Veit Harlan paßte – und sein Name war inzwischen ein Gütezeichen, ein Prädikat. Harlan, der Filme nur für sich selbst machen wollte, gehörte der Öffentlichkeit. Ein kleiner, exzentrischer, unwichtiger Film mit seinem Namen auf der Verpackung, das hätte die Kinogänger irritiert. Dafür fand am 2. November 1939 in Tilsit die Premiere des Sudermann-Films statt. Goebbels hatte wie üblich den Film vorab gesehen und notierte am

11. Oktober: »Ein gutgemachter, künstlerischer Film. Aber eine zu quälende Ehetragödie. Harlan schildert sein eigenes Erlebnis, und nicht einmal mit Geschmack.« [40] Die Parallelen zu Goebbels' eigener Ehekrise dürften zu seinem Mißvergnügen beigetragen haben, schließlich störte auch hier eine slawische Schönheit den ehelichen Frieden. *Die Reise nach Tilsit* ist der Schlüsselfilm zur Baarova-Affäre.

Die ›Deutsche Allgemeine Zeitung‹ beurteilte Harlans Arbeit negativ, was einmal mehr verdeutlicht, daß eine völlige Abschaffung der Filmkritik im Dritten Reich nicht stattgefunden hat. Anna Dammann kam gut weg, die ihren Part »mit beweglich lebendigem Charme, den geheimnisvollen Augen und ihrer fast slawisch anmutenden Art« verkörpert habe. Aber wie der Film »leider versäumt, sich mit seinen Bildern an der Landschaft, aus der er kommt, festzusaugen, so gehört auch die Sprach- und Sinnmelodie seiner Dialoge nicht zur Kurischen Nehrung. Nur Albert Florath und Charlotte Schultz haben den Tonfall und die lebenden Sätze, die beide nun einmal unerläßliche Voraussetzung eines Volks- und Landschaftsfilms sind. Der an sich sehr nette kleine Joachim Pfaff [...] bricht mit seiner kecken Berliner Mundart gelegentlich die Atmosphäre des Filmes, die auch der harte und fremde Tonfall des Fischerehepaares gefährdet.« [41] Harlan ließ das Paar von einer Schwedin und einem Holländer spielen: als Musikliebhaber war ihm der Klang einer Stimme wichtiger als der Dialekt.

»Es ist kein erhebender Film, aber doch ein starkes Werk«, urteilte Ilse Wehner. (›Der deutsche Film‹) [42] Hans Erasmus Fischer von der ›Filmwelt‹ warnte seine Leser vor der düsteren Stimmung des Geschehens, um dann Harlans Vorzüge zu loben: »diese schwingende, fieberhaft-gespannte Atmosphäre, die keineswegs immer durch einen äußeren Effekt herbeigeführt werden muß, sondern die über dem Ganzen lagert – einer brandroten Sturmwolke gleich ... Anna Dammann war die gefährliche Frau – kein in die Fischereinsamkeit verschlagener Vamp, sondern auch ein Mensch, den seine hemmungslose Leidenschaft treibt und hetzt – genau wie den Mann, dem Frits van Dongen schwerblütiges Temperament gibt.« [43] Die polnische Nebenbuhlerin werde in Harlans Film »menschlich begreiflich, da sie verzweifelt um ihre echte Liebe kämpft« [44], und überhaupt sei Madlyn »nicht jene lockere, oberflächliche Frau, für welche Elske und ihr Vater und die Leute in Elchweiden sie halten.« [45] Das Publikum zeigte sich angetan von dem neuen Harlan-Werk, dessen Einspiel 2.537.000 RM betrug. Geschätzt wurden zunächst 2.650.000 RM. Nur Magda Goebbels haßte den Film und verließ während einer Vorauffführung den Saal.

Bruno Mondi schuf, nach dem Grau im *unsterblichen Herz*, diesmal wieder Bilder mit starken Schwarz-Weiß-Kontrasten. Während Elske in ihr Umfeld integriert wird, heben sich Endrik und Madlyn stechend scharf vom Hintergrund ab, so als gehörten sie nicht ins Bild: Madlyn, wenn sie im dunklen

»Endrik, ich ertrinke!« – Kristina Söderbaum und Fritz van Dongen in *Die Reise nach Tilsit*

Pelz über den zugefrorenen Fluß schreitet, oder der ständig schwarz gekleidete Endrik, wenn er als verlorene, winzig kleine Figur im endlosen weißen Dünensand zu einem heimlichen Treffen eilt. Hans-Otto Borgmann bezeichnete die leise, einfache Musik zu diesem Film als die liebste unter seinen eigenen Kompositionen – »sparsames thematisches Material ... großzügige sinfonische Ausweitung«. [46] Sie enthält drei Hauptthemen: ein Liebesthema für Endrik und Elske, ein Thema für Madlyn und ein Liebesthema für Endrik und Madlyn. Madlyns Thema wird auch für Gefahrensituationen eingesetzt. Der komplizierte Einsatz der Leitmotive trägt wesentlich zur Verstörung bei, die der Film noch beim wiederholten Sehen auslöst, denn Borgmann hat nicht, wie bei leitmotivisch arbeitenden Komponisten üblich, einfach nur bestimmte Personen mit einer Erkennungsmelodie versehen. Seine Leitmotive sind abwechselnd auf Personen und auf Situationen bezogen, sie verdoppeln somit nicht das Geschehen, sondern kommentieren es, verleihen den Bildern zusätzliche Nuancen.

Selten ist Harlan mit seinem Sadismus gegen Kristina Söderbaum so weit gegangen wie hier. *Die Reise nach Tilsit* enthält die ausgedehntesten Ertränkungs-Phantasien in seinem Werk; nicht nur Elske, auch einem Jungen aus dem Dorf droht der nasse Tod. Daß Endrik vom Ertrinken seiner Frau träumt, während er schweißgebadet im hautengen Ripp-Shirt neben ihr im Bett liegt, verleiht den Phantasien noch eine starke sexuelle Komponente. Düster ist das Happy-End: Endrik, Elske und das Kind sind vereint, aber mehr als verhaltene Freude will nicht aufkommen bei der dunklen Ausleuchtung und Elskes Los, an der Seite eines Mannes alt zu werden, der sie umbringen wollte. In der Darstellung der Nebenbuhlerin hielt sich Harlan mehr an Murnau als an Sudermann. Sie ist keine Magd, sondern eine Frau aus der Großstadt:

Anna Dammann in *Die Reise nach Tilsit*

Glamour steht gegen Natürlichkeit. Murnau und Harlan hatten die beiden Frauen ähnlich konzipiert, doch in der Ausführung trennten sie Welten, bedingt durch ihre unterschiedliche sexuelle Orientierung. Wie so viele schwule Künstler war Murnau unfähig, glaubhafte Frauenfiguren zu schaffen, und während es bei Luchino Visconti oder Rainer Werner Fassbinder immerhin noch imposante Übermütter, faszinierende ›drag queens‹ gab, vermochte Murnau mangels Interesse keiner der beiden Figuren Leben einzuhauchen. Dafür holte er aus George O'Brien, dem Bodybuilder mit dem sanften Gesicht, eine anrührende Leistung heraus. Ganz anders Harlan: wenig interessiert an seinem männlichen Protagonisten, achtete er bei den Frauen auf Zwischentöne. Die anständige Frau hat einen Hang zum Fanatismus, während die verruchte Frau über ein gutes Herz und einen Ehrenkodex verfügt. Es zeugt von seinem Sadismus gegen Kristina Söderbaum, daß Harlan sie nicht nur körperlichen Strapazen ausgesetzt, sondern ihr auch eine hochkarätige Darstellerin gegenübergestellt hat. Bisher waren große Schauspieler wie Eugen Klöpfer, Friedrich Kayßler, Heinrich George und Paul Wegener zu Kristina Söderbaums Unterstützung eingesetzt worden. Jetzt gab es erstmals harte (und attraktive) Konkurrenz aus derselben Altersgruppe.

Bei Sudermann wird die Nebenbuhlerin Busze einmal ohne ersichtlichen Anlaß und ohne Vorwarnung mißhandelt. Indres Vater »nimmt seinem Kutscher die Peitsche aus der Hand und reißt ihr eins über. Lang übers Gesicht und den nackten rechten Arm herunter flammt die Strieme.«[47] Daß Busze dabei Widerstand leistet, wird ihr noch angelastet. Mitleidlos kommentiert Sudermann, die Trennung von Busze fiele Ansas jetzt leichter, »weil sie mit ihrem verbundenen Gesicht nicht gerade sehr hübsch aussieht«. [48] Bei Harlan wird Madlyn immerhin noch von Elskes Vater aufgefordert, den Ort und Endrik zu verlassen, bevor er sie schlägt – was den Vorfall nicht erfreulicher macht, aber doch gegenüber der Vorlage einen minimalen Fortschritt bedeutet.

Die Rivalin wird bei Harlan menschlich und intellektuell aufgewertet, dafür aber national ausgegrenzt. Im Dorf nennt man sie »die Polnische«, »dieses Luder«, »ein polnisches Weibsstück«, »Ausländerin« und »Hurengesindel«. Das zeugt von unbewußten antisemitischen Vorurteilen – Madlyn als rassige, schwarzhaarige Jüdin im Pelz. Für die ›Filmwoche‹ war sie »ein Mensch von anderer Art – ein Mensch von jener Art, die zwar denkt, aber doch in aller Rücksichtslosigkeit und Härte des Triebhaften hemmungslos bleibt«. [49] Mit verblüffender Ehrlichkeit erscheint Madlyn gleich zu Beginn bei Elske und fordert sie auf, ihren Mann Endrik freizugeben. Nichts kann sie umhauen, im wahrsten Sinne des Wortes: ein frecher Junge versucht ihr mit seinen Schlittschuhen über die Füße zu fahren, stürzt dabei jedoch, und Madlyn geht unbeirrt weiter, mit dem rabiaten Schritt einer sowjetischen Polit-Kommissarin. Sie ist eine kompromißlos Liebende, eine ehrliche Kämpferin, die sich nicht einmal durch Schläge einschüchtern läßt. »Muß ich wie ein Hund geschlagen werden«, sagt sie, »dann werde ich mich auch wie ein Hund wehren.«

Es zeugt von der Komplexität des Films, daß Madlyn auch für Kristina Söderbaum steht: diese mußte den Heiligabend 1938 allein verbringen, während Veit Harlan mit seiner Familie feierte. Madlyn wird zu Silvester von Endrik alleingelassen, der pflichtgemäß mit Elske und seinem Sohn feiert. Madlyn steht für Lida Baarova und Kristina Söderbaum, Elske für Magda Goebbels und Hilde Körber. Harlan mutete seiner jungen Frau zu, die seelischen Qualen ihrer Vorgängerin schauspielerisch zu durchleben. Gut und Böse, richtig und falsch sind da kaum zu unterscheiden. (Es spricht für andauernde Verbitterung, daß Söderbaums Memoiren Überschriften enthalten wie »Meine Vorgängerin bei Harlan läßt uns überwachen« oder »Demütigungen bei Hilde Körber«.)

Elskes kleiner Sohn nennt die Nebenbuhlerin Tante Madlyn, sie ist also nicht bei allen unbeliebt. Und als das Ehepaar auf der Rückfahrt von Tilsit in Seenot gerät, betätigt sich Madlyn sogar als Retterin. Nachdem sie keinen Wagen hat organisieren können, geht sie zu Fuß zu der Stelle, von der aus sie helfen könnte. Sie findet die bewußtlose Elske und legt ihr, damit sie keine Lungenentzündung bekommt, ihren eigenen Mantel über. Abwechselnd aggressiv, charmant und verletzbar, am Ende sogar ernsthaft besorgt um das Schicksal von Elske, paßt Madlyn in keine Schablone und wirkt mit ihren Zwischentönen außergewöhnlich modern. Anna Dammann verkörperte auch in ihren darauffolgenden Bühnenrollen das Fremde: als Goneril in »König Lear« (1940) und als Cleopatra in »Antonius und Cleopatra« (1943), jeweils unter Heinz Hilperts Regie am Deutschen Theater.

Ebensowenig wie Madlyn das Böse verkörpert, entspricht Elske dem Stereotyp der alles erduldenden Ehefrau. Sie ist bereit, Endrik freizugeben, aber ehe sie das gemeinsame Kind hergibt, bringt sie sich und das Kind eher um. Die Reise nach Tilsit, mit einem kleinen Segelboot über das – wie so oft bei Harlan – schwarze Wasser, sie ist eine Mutprobe, der Elske aus dem Weg gehen könnte. Aber sie will unbedingt ihren Ehemann auf die Probe stellen, selbst wenn es ihren Tod bedeutet.

Frits van Dongen, so charmant in *Verwehte Spuren*, erscheint hier hölzerner, als es die Rolle verlangt. Wenn er erfährt, daß Elske wahrscheinlich ertrunken ist, und sagt: »Ich kann nicht weinen«, dann klingt das so, als entschuldigte er sich für seine Unfähigkeit, eine Regieanweisung zu befolgen. Kristina Söderbaum wiederum spielt weder virtuos wie Anna Dammann noch unsicher wie Frits van Dongen. Sie ist mit ihrer Rolle identisch. (Es wäre Harlan zuzutrauen, daß er sogar noch die schwere Krankheit seiner Frau für ihre Darstellung ausgebeutet hat.) Wie sie in einem Tilsiter Restaurant Champagner bestellt und mit der Getränkekarte ihre Tränen verdeckt, das ist ebenso amüsant wie anrührend. In Szenen wie dieser wird auch deutlich, daß Harlan nicht an einer Diffamierung der Großstadt interessiert gewesen sein kann – einer der Standardvorwürfe späterer Kritiker. Denn erst in der Großstadt entwickelt Elske Lebensfreude, hier erst werden sie und ihr Mann zu Liebenden.

Sich eine andere Darstellerin in der Rolle der Elske vorzustellen, ist unmöglich. Als der Film im Februar 1940 in New York gezeigt wurde (unter dem Titel *The Trip to Tilsit*), hob der Kritiker Harry T. Smith von der ›New York Times‹ Kristina Söderbaum hervor; sie gehöre zu jenen »ausländischen Künstlern, die die deutsche Filmindustrie nach dem Verlust so vieler Talente unter dem Nazi-Regime noch am Leben erhalten« und erweise sich als eine »exzellente Tragödin«. [50]

Harlans Regie weist einmal mehr Qualitäten auf die von einem ehemaligen Theatermann kaum zu erwarten sind. Knapp, präzise und mit mobiler Kamera erklärt er in den ersten Sekunden die Situation. Es ist Nacht, die Kamera schwenkt von links nach rechts über einen Fluß, folgt dabei der Bewegung eines Segelbootes. Elske liegt im Bett, und der Platz neben ihr ist leer. Es erfolgt ein Ortswechsel – und wir sehen Endrik, wie er sich vor einem Hotel von Madlyn verabschiedet. Nach weniger als einer Minute steht fest, wer die Protagonisten sind, wo sie leben, wohin sie sich mit welchen Verkehrsmitteln bewegen können. Madlyn mit ihrem forschen Gang und ihrer klaren Diktion kommt Harlan entgegen, der hier ohne Schwulst, ganz schnörkellos eine einfache, packende Geschichte erzählt, so daß selbst Hilmar Hoffmann, einer der erbittertsten Gegner der NS-Nostalgie, verhaltenes Lob zum Ausdruck brachte. *Die Reise nach Tilsit* gehöre mit dem *Herrscher* zu den Klassiker-Adaptionen des Dritten Reiches, die »das krasse Mittelmaß« überragt hätten und sei eine von Harlans »besseren Arbeiten. Harlans Regie-Rhythmus wechselt nicht nur dramaturgisch-dynamisch zwischen ostpreußischer Landschaft und der atmosphärischen Innenansicht der Räume, er veräußerlicht psychologisch glaubhaft das Innenleben seiner beiden Protagonistinnen.« [51]

Dramatische Rettungsaktionen auf dem Wasser, die weiten Dünen und der Sturm, der das Volksfest in Tilsit beendet, verdeutlichen seine Vorliebe für eine weitere Protagonistin neben Kristina Söderbaum – die Natur. Harlan benötigte den Wildbach in *Maria, die Magd*, die schäumenden Wellen in *Opfergang*, den Sturm in *Das unsterbliche Herz* und *Anders als du und ich*, um sein Publikum zu überwältigen. Anders als Murnau, der *Sunrise* völlig im Studio gedreht hatte, wagte sich Harlan ins Freie. Und wenn er einmal eine ›Außenaufnahme‹ ins Hallenbad verlegte, war dieses nicht als Innenraum zu erkennen.

Die Reise nach Tilsit beschreibt eine Ruhe vor dem Sturm und beschwört kommendes Unheil herauf. Das ließ nicht lange auf sich warten. Nach dem Überfall auf Polen waren Filme kriegswichtig und mit ihnen die Regisseure. »Im Schatten meiner Filme« nannte Veit Harlan seine Autobiographie, eine Selbsteinschätzung, die von vielen Kritikern nicht geteilt wurde, da er doch im Scheinwerferlicht gestanden habe. Sie übersehen, daß, wer im Scheinwerferlicht steht, auch am stärksten überwacht wird. Wer Erfolg beim Publikum hat, der wird stärker politisch vereinnahmt und kann sich nicht einmal durch späteres Untertauchen aus der Affäre ziehen – eine Erfahrung, die Harlan mit seinem nächsten Film *Jud Süß* machen sollte. Seiner Position war er sich bewußt. »Wenn ich ehrlich bin, möchte ich aber gar nicht versäumt haben, diesem Dämon« – gemeint ist Goebbels – »ins Gesicht geschaut zu haben. Nicht nur, daß der Teufel auf alle Fälle interessant ist und daß die meisten Menschen langweilig sind – sondern ich habe in der Hitler-Zeit auch Phasen durchlebt, die ich als Künstler aus meiner Lebenszeit nicht auszuradieren wünsche. Es gibt mehrere Filme, die ich gerne und mit Hingabe gemacht habe.« [52] Die Filme aus jener Zeit empfand er als großes Glück, aber er war sich auch darüber im klaren, daß er dieses Glück teuer bezahlen mußte.

Die Falle

Als nächstes Harlan-Söderbaum-Projekt für die Tobis war eine Verfilmung von Friedrich Hebbels Trauerspiel »Agnes Bernauer« (1852) vorgesehen. Das hätte für Kristina Söderbaum – in einer Rolle, die Hilde Körber gerade an der Volksbühne verkörperte – einen zweiten Wassertod bedeutet, denn die schöne Bürgerstochter Agnes, in die sich der Sohn eines Herzogs verliebt, um ihretwegen die Standesgrenzen zu ignorieren und sie zu heiraten – diese schuldlos schuldige junge Frau wird auf Betreiben des Herzogs als Hexe in der Donau ertränkt. Sie muß sterben, weil sie mit ihrer Schönheit die staatliche Ordnung durcheinanderbringt. Das Publikum hätte die Hinrichtung der Protagonistin – und somit auch die staatliche Ordnung – niemals akzeptiert; wohl deshalb ist das Projekt von Goebbels nicht zugelassen worden.

Ansonsten muß es nicht immer auf ein Verbot durch Goebbels zurückzuführen werden, wenn ein geplanter Film nicht gedreht worden ist. In den ersten Kriegsjahren funktionierte die deutsche Filmindustrie so gut wie nie zuvor. Es wurden weniger Filme hergestellt, die dafür besser durchgeplant und überwacht werden konnten. Fast die gesamte Filmproduktion lag in den Händen der Gesellschaften UFA, Tobis, Terra, Wien-Film und Bavaria. Eingespielte Teams von Regisseuren, Drehbuchautoren, Kameramännern und Komponisten sorgten dafür, daß trotz der ideologischen Gleichschaltung noch

Die Frischvermählten: Kristina Söderbaum und Veit Harlan

Ehepaar Harlan mit Sohn Kristian Veit

176

die Entfaltung eines individuellen Studio- und Regiestils möglich war. Der allgemeine Enthusiasmus brachte es mit sich, daß aus Übermut voreilig Projekte angekündigt wurden, die sich aus organisatorischen Gründen nicht realisieren ließen.

Einige der bemerkenswertesten Produktionen der dreißiger Jahre litten noch unter miserabler Dialogregie und holprigen Schnitten. Die Regisseure Frank Wysbar und Werner Hochbaum erregten mit verblüffenden Bildeinfällen Aufsehen, aber sie konnten keine Schauspieler führen und hatten kein Gespür für Anschlüsse. Jetzt fanden Nachwuchsregisseure wie Helmut Käutner und Peter Pewas die Unterstützung herausragender Techniker, die es ihnen ermöglichten, tadellos saubere Arbeiten abzuliefern. Perfektion war kriegswichtig, das Publikum mußte von den alltäglichen Problemen abgelenkt werden. Nicht nur das Publikum. Auch die Künstler stürzten sich besessen in ihre Arbeit. Gerade die Nutznießer des Regimes hatten allen Grund, sich durch Arbeit abzulenken, um die Realität nicht wahrzunehmen. Das erklärt, warum selbst ein potentielles Routineprodukt wie Werner Klinglers Boxerfilm *Die letzte Runde* (1940) von einer Kreativität durchsetzt ist, die bei Genrefilmen nicht üblich war.

»Welche Filme wir doch jetzt herausbringen! Einer immer schöner als der andere. Meine Reinigungskur hat wahre Wunder bewirkt«, konnte Goebbels am 4. Oktober 1940 in sein Tagebuch schreiben, ohne entgegen seiner sonstigen Gewohnheit zu lügen oder zu übertreiben. [1] Während unter Stalin formale Experimente als Zeichen von Dekadenz verboten waren und die besten Regisseure kaltgestellt wurden, durften deutsche Regisseure sich in stilistischer Hinsicht austoben, mit gewagten Überblendungen und expressionistischer Ausleuchtung. Komponisten wie Theo Mackeben und Wolfgang Zeller setzten schon 1940 elektronische Musik ein.

In sexuellen Dingen zeigte sich die Zensur großzügig. Wo sonst auf der Welt gab es zu der Zeit Bettszenen, bei denen eine Frau mit ihren Lippen den freien Oberkörper ihres Partners hinab bis zum Bauchnabel entlangfährt wie in Arthur Maria Rabenalts *Meine Frau Theresa* (1942), wo sonst war das Stöhnen einer Frau bei der Defloration zu vernehmen wie in *Der verzauberte Tag* (1943), hätte ein großer Star wie Hans Albers sich splitternackt präsentieren dürfen wie in Herbert Selpins *Sergeant Berry* (1938) und *Ein Mann auf Abwegen* (1940)? Als *Der Ammenkönig* (1935) stellte sich Gustav Knuth zur Verfügung, um ein ganzes Dorf zu befruchten. In Gustav Ucickys *Der Postmeister* (1940) tanzte Margit Symo oben ohne, und in Leni Riefenstahls *Olympia* (1938) waren bei einer Sauna-Sequenz sogar männliche Genitalien zu sehen. Harlan selbst hatte das Liebespaar von *Jugend* am Morgen danach gemeinsam im Bett gezeigt.

Paula Wessely brachte in Ucickys *Ein Leben lang* (1940) ein uneheliches Kind zur Welt und war am Ende immer noch unverheiratet, ohne daß der

Film daraus ein Problem gestaltet hätte. Charlotte Thiele sagte in Wolfgang Liebeneiners *Ich klage an* (1941), daß sie ein Kind haben, aber nicht heiraten möchte, und sie wurde den ganzen Film hindurch als unabhängige Frau ernstgenommen. Sybille Schmitz hatte in Rabenalts *Das Leben ruft* (1944) sogar ein Kind abgetrieben; sie wurde sympathisch dargestellt und durfte am Leben bleiben. (In der Bühnenvorlage von Max Halbe stirbt die Figur.) Selbstverständlich erfüllte die sexuelle Freizügigkeit einiger NS-Filme auch die Funktion, über die strenge politische Zensur hinwegzutäuschen. Aber Erotik war generell ein fester Bestandteil nationalsozialistischer Kultur. An der Volksbühne traten Lil Dagover und Werner Hinz im Eva- bzw. Adamskostüm in Imre Madáchs »Die Tragödie des Menschen« auf. »Die Tendenz linker Gruppen ist meist unisex«, erkannte Susan Sontag, »ihre Symbole sind asexuell gewesen. Rechte Bewegungen dagegen, wie puritanisch und regressiv das von ihnen verkündete Gesellschaftssystem auch immer ist, haben nach außen hin etwas Erotisches an sich.« [2] So abwegig es zunächst klingen mag: Harlan war gerade als Erotomane prädestiniert, den bis dahin wichtigsten Propagandafilm des Dritten Reiches zu drehen. Um das Publikum zum Hinsehen zu zwingen, sind ein Gespür für Körperlichkeit und Sinnlichkeit die Grundlage.

In dem von Hans Poelzig entworfenen Haus in der Tannenbergallee 28, am nordöstlichen Rand des Grunewalds, erholte sich Kristina Söderbaum von den Strapazen ihrer schweren Geburt und von ihrer Nierenbeckenentzündung, während auf Harlan die folgenschwerste Aufgabe seiner Karriere wartete. Der von der Terra im Juli 1939 angekündigte *Jud Süß*-Film war im Stadium der Planung stehengeblieben. Wie bereits erwähnt, haben die Filmzeitschriften regelmäßig Projekte angekündigt, die dann nicht realisiert worden sind. Aber *Jud Süß* war nicht irgendein Projekt. Joseph Goebbels, seit der Baarova-Affäre auf unsicherem Posten, stand zusätzlich unter Druck, nachdem Hitler das fehlende politische Engagement der Filmschaffenden kritisiert hatte. Woher sollte es auch kommen? Seit dem Mißerfolg der ersten offen nationalsozialistischen Filme hatte die Industrie die Finger von der Tagespolitik gelassen. Allein Karl Ritter drehte kontinuierlich Filme, die offen politisch und zugleich beim Publikum erfolgreich waren, aber Ritter war nicht in der Lage, ein unpolitisches Publikum zu verführen. Seine Filme richteten sich an Zuschauer, die ohnehin schon nationalistisch und militaristisch eingestellt waren. In diejenigen, die das NS-Regime ablehnen und daher behutsam für dessen Ideen gewonnen werden müssen, konnte er sich nicht hineinversetzen.

Ritter war der Mann fürs Grobe, und Goebbels brauchte jemanden, der den Anschein von Ausgewogenheit geben konnte. Wolfgang Liebeneiner kam seinem Ideal näher, erschien ihm jedoch zu snobistisch. Somit war Veit Harlan Goebbels' Lieblingsregisseur und wäre es selbst dann geblieben, wenn er sich mit ihm privat noch schlechter verstanden hätte. Gerade weil er sich weniger für die Tagespolitik interessierte als für die zeitlose deutsche Seele, hat Goebbels ihn so geschätzt. Harlan konnte das Publikum zu blindem Gehorsam zwingen, indem er ihm Identifikationsfiguren vorsetzte, die sich treiben lassen und nicht reflektieren. Ob Friedrich der Große politische oder Aels Flodéen private Ziele verfolgt, beide richten sich nach einer inneren Stimme und handeln nicht im Sinne der Vernunft. Vertreter der Vernunft – Mathias in *Opfergang*, der Rektor in *Kolberg* – werden als wohlmeinende Schwächlinge dargestellt, als Menschen, die man toleriert, ohne ihre Argumente ernstzunehmen.

Veit Harlan war der Regisseur, der Goebbels selbst gern gewesen wäre. Daß er kaum einen Film ohne Goebbels' Einmischung hat drehen können, spricht eher für das hohe Ansehen, das er beim Propagandaminister genoß. Die Harlan-Filme lagen Goebbels so sehr am Herzen, daß er sie besonders intensiv kontrollierte.

Mit antisemitischen Filmen hatte sich das NS-Kino bisher zurückgehalten. Es gab jüdische Randfiguren in Franz Wenzlers *Hans Westmar*, Arsen von Cserepys *Nur nicht weich werden, Susanne* und Karl Ritters *Pour le Mérite* (1938). Aber es fehlten offen antisemitische Filme. 1935 kam die nicht mit antisemitischer Absicht gedrehte schwedische Komödie *Pettersson & Bendel* mit 70 Kopien in Deutschland heraus, ein geradezu sensationeller Aufwand für einen ausländischen Film in der untertitelten Originalfassung, ohne bekannte Stars und ohne einen namhaften Regisseur. Die Kritikerin Erika Fries lobte *Pettersson & Bendel*, in dem der naive Nichtjude Pettersson von dem Juden Bendel in krumme Geschäfte verwickelt wird, als einen zeitnahen Film und empfand es als beschämend, »daß ein solcher 100prozentig deutscher Film aus Schweden importiert werden mußte … Solche Filme müßten wir produzieren.«[3] 1938 gab es eine verfälschende Synchronisation der Komödie, antisemitische Artikel häuften sich auch in bisher unpolitischen Filmzeitschriften, und um die Zustimmung des Auslands zu suggerieren, wurde Sacha Guitry im Januar 1939 mit der Erklärung »Ich bin kein Jude« zitiert. Diese Erklärung muß nicht antisemitisch gemeint gewesen sein, sie erreichte aber ihren Zweck.

Hans H. Zerletts Komödie *Robert und Bertram*, am 7. Juli 1939 in Hamburg uraufgeführt, eröffnete dann eine kleine Reihe von vier antisemitischen Spielfilmen sowie einem Dokumentarfilm, die alle die Aufgabe zu erfüllen hatten, die Deportation von Juden in die Ostgebiete zu legitimieren. Ein persönliches politisches Engagement der beteiligten Künstler war für diese Zwecke gar nicht erforderlich. Nicht nur das Publikum wurde geschickt manipuliert, auch die Drehbuchautoren, Regisseure und Darsteller dürften ihre Tätigkeit in diesem Bereich als harmlos empfunden haben. Nicht Haß auf Juden, sondern gedankenloses Akzeptieren bestehender Vorurteile wurde von ihnen verlangt. Wie sollten sie auch im vorliegenden Fall Verdacht schöpfen? »Robert und Bertram« war ein populäres Singspiel von Gustav Raeder; es gehörte seit 1865 zum festen Repertoire volkstümlicher Theater und ist nach 1945 noch zweimal in Deutschland verfilmt worden, zuerst 1961 von Artur Brauner (mit Willy Millowitsch und Vico Torriani) und dann nochmal fürs Fernsehen. Die komische Figur des neureichen Bankiers Ipelmeyer, den die lustigen Vagabunden Robert und Bertram im Laufe der Handlung ausrauben, wurde für die Tobis-Produktion mit parasitären Zügen versehen und Verbrechen an seinem Vermögen dadurch gerechtfertigt, daß er als Jude selbst ein Schmarotzer sein müsse. Der Film war kein Publikumserfolg und stieß von offizieller Seite auf Kritik, weil man über Juden nicht lachen durfte.

Es folgte Heinz Helbigs *Leinen aus Irland*, eine Produktion der Wien-Film GmbH, die vor dem Anschluß Österreichs noch Tobis-Sascha hieß und hier erstmals ihre Linientreue beweisen sollte. Der am 16. Oktober 1939 in Berlin uraufgeführte Film schildert den Werdegang eines jüdischen Bel Ami, gespielt von Siegfried Breuer, und auch hier war die Vorlage, das gleichnamige Schauspiel (1928) von Stephan von Kamare, nicht antisemitisch im Sinne der NS-Ideologie, sie mußte erst von den Drehbuchautoren entsprechend aufbereitet werden. Der Film fand ebensowenig Anklang wie *Robert und Bertram* und war allein dazu geeignet, Breuer als schmierigen Verführer zu etablieren, der er auch in seiner berühmtesten Rolle blieb, in Helmut Käutners *Romanze in Moll* (1943).

Beiden Filmen war es nicht gelungen, den Kampf der Nationalsozialisten gegen das ›Weltjudentum‹ zu rechtfertigen. Nachdem Hitler am 30. Januar 1939 in einer Reichstagssitzung mit der »Vernichtung der jüdischen Rasse« gedroht hatte, fehlte immer noch ein Film, der Verständnis für solch eine Aktion wecken konnte. Diese Aufgabe erfüllte erst die Ufa-Produktion *Die Rothschilds*, deren Dreharbeiten am 12. April 1940 begannen. Die Regie wurde auch hier wieder einem Mann anvertraut, der sich mehr mit Komödien als mit Propagandafilmen einen Namen gemacht hatte: Erich Waschneck, Grethe Weisers Regisseur in *Die göttliche Jette* (1937). Das Ergebnis wurde nur geringfügig besser aufgenommen als die anderen beiden antisemitischen Filme, und Goebbels ließ *Die Rothschilds* schon zwei Monate nach der Premiere am 17. Juli 1940 aus dem Verkehr ziehen. Ein Glück für alle Beteiligten – Erich Ponto mußte sich nie für die Darstellung des Mayer Amschel Rothschild entschuldigen, Carl Kuhlmanns Nathan Rothschild geriet ebenfalls in Vergessenheit, und Bernhard Minetti (in der Rolle von Napoleons Polizeiminister) konnte in seinen Erinnerungen lapidar feststellen: »Der Film hatte natürlich eine Tendenz, ich hatte das ganze Buch aber nicht gelesen. Ich war der Fouché, der mit den ›Rothschilds‹ eine Geldaffäre hatte: Arbeit von einem Tag.« [4]

180

Goebbels selbst scheint die drei bisherigen antisemitischen Filme nur als Fingerübung betrachtet zu haben. Das zeigt sich am Zurückgreifen auf mittlere Talente ebenso wie an den Budgets. *Robert und Bertram* kostete 1.219.000 RM, *Leinen aus Irland* 744.000 RM und *Die Rothschilds* 951.000 RM; für *Jud Süß* standen dagegen stolze 1.982.000 RM zur Verfügung. Der Aufwand lohnte sich: Nach fast vier Jahren Kopfzerbrechen war endlich das größte ›Sorgenkind‹ der NS-Filmproduktion in guten Händen.

Angefangen hatte alles mit dem britischen Film *Jew Suss* (1934), der auf dem zehn Jahre alten Bestseller von Lion Feuchtwanger basierte. Regie führte Lothar Mendes, mit dem Harlan 1921 gemeinsam auf den Brettern der Volksbühne gestanden hatte. Es war nicht der erste und nicht der einzige ausländische Film, über den sich die Nationalsozialisten aufregten, aber es handelte sich um eine aufwendige Produktion mit dem international bekannten Conrad Veidt in der Hauptrolle, und somit gab es mehr Aufmerksamkeit als bei polnischen oder sowjetischen Filmen, denen illustre Namen fehlten und die somit dem Dritten Reich keinen Schaden zufügen konnten. Goebbels' Aufregung über *Jew Suss* erscheint aus heutiger Sicht völlig unverständlich. Denn der Film war zu schwach, um den Juden zu helfen oder dem Nationalsozialismus zu schaden. Viel Geld ist in die Ausstattung und die Kostüme investiert worden, und mit seinen schimmernden Bildern erweckt *Jew Suss* den Eindruck, Josef von Sternberg habe seine Hand im Spiel gehabt. (Der Film kostete 125.000 Pfund.)

Leider ist an weiteren Talenten gespart worden. Die britische Filmindustrie befand sich zu der Zeit auf einem absoluten Tiefpunkt. Ihre wenigen Aushängeschilder, Alfred Hitchcock etwa oder Alexander Korda, konnten nicht über die desolate Situation, den Mangel an kompetenten Regisseuren hinwegtäuschen. Wiederholt mußten Profis wie Raoul Walsh, Jack Conway oder Rowland V. Lee aus Hollywood geholt werden. Solche Talente zu importieren, ist bei *Jew Suss* versäumt worden. So wie diese britische Produktion hätte auch der deutsche *Jud Süß* ausgesehen, hätte anstelle von Veit Harlan der unbeholfene Peter Paul Brauer Regie geführt. Potentiell erschütternde Szenen verlieren ihre Wirkung aufgrund inszenatorischer Inkompetenz. Die Aussage: wenn ein Jude willkürlich getötet werden kann, können alle Juden willkürlich getötet werden, geht völlig unter aufgrund der unbeholfenen Dramaturgie, so daß zeitgenössische Kritiker mitunter gar nicht wußten, was der Film eigentlich wollte.

Ein Grund für das Scheitern war bereits die Wahl der Vorlage. Zwiespältige Figuren mögen vom künstlerischen Standpunkt her interessanter sein als eindeutige, aber im Jahr 1934 waren Künstler im Kampf gegen den Antisemitismus verpflichtet, eindeutig zu sein. Man hätte eine Geschichte wählen müssen, die Juden als unschuldig verfolgte Opfer zeigt. Um aber eine zwiespältige Figur wie Joseph Süss Oppenheimer mit all ihren Facetten vorzuführen, hätte es herausragender Talente bedurft; ein Virtuose wie Fritz Kortner hätte die Hauptrolle im Schlaf gemeistert.

Conrad Veidt dagegen, schon immer mehr eine markante Erscheinung als ein großer Schauspieler, versagte in den entscheidenden Momenten. Völlig im unklaren darüber, wie er den Joseph Süss Oppenheimer zu interpretieren hatte, konnte er seine Ratlosigkeit nicht verbergen. »Mendes' vor Edelmut triefende Figur«, schrieben Thomas Brandlmeier und Heidi Pillhatsch 1979, »wirkt eher unsympathisch; es ist eine sterile, konstruierte Figur, der die Dimension des Menschlichen fehlt.« [5] Obwohl gut gemeint, macht dieser Film wütend, ist hier doch eine einmalige Chance vertan worden. Auch die großen Hollywood-Studios hielten sich aus dem Konflikt heraus. Der jüdische Leiter der deutschen Filiale von Warner Bros. wurde zwar 1934 von den Nazis ermordet, aber Geld ist Geld, und um den Absatzmarkt Deutschland nicht zu verlieren, produzierten die USA keine offen antifaschistischen Filme, während es Stars wie Errol Flynn, Victor McLaglen und Wallace Beery erlaubt war, sich durch das Tragen von Armbinden oder den Hitlergruß offen zum NS-Staat zu bekennen. (Beery ließ sich sogar 1938 im Münchner Hofbräuhaus fotografieren.)

Jew Suss erwies sich als kein herausragender Erfolg bei Publikum und Kritik, aber eine gewisse Aufmerksamkeit war ihm dennoch beschieden. Ein Gegengift mußte her. Ein Anti-*Jud-Süß* aus Deutschland. 1937 wurde mit den Vorbereitungen begonnen. Die Autorenschaft des Drehbuchs, das Harlan schließlich mitverfassen und inszenieren sollte, konnte nie restlos geklärt werden, man muß sich mit einzelnen Aussagen zufriedengeben. Der Autor Ludwig Metzger soll schon 1921 ein Manuskript zu dem Thema verfaßt haben. 1937 machte dann Viktor Tourjansky aus einem Drehbuch von Metzger und Berthold Ebbecke (dem jugendlichen Liebhaber aus *Krach im Hinterhaus*) seinen exzellenten Spionagefilm *Geheimzeichen LB-17*; durch diesen Erfolg ermutigt, reichte Metzger sein *Jud Süß*-Manuskript bei Alf Teichs ein, dem Chefdramaturgen der Terra. Der Produktionschef Alfred Greven lehnte das Drehbuch ab, wurde vermutlich deswegen zur UFA versetzt und bei der Terra von Peter Paul Brauer abgelöst. Brauer stellte dann im Frühjahr 1939 die neuesten Terra-Projekte vor, darunter *Jud Süß*, und setzte sich selbst eigenmächtig als Regisseur ein, ohne sich mit seinen bisherigen Filmen für die anspruchsvolle Aufgabe qualifiziert zu haben.

In den Zeitungsberichten wurde Eberhard Wolfgang Möller als Drehbuchautor vorgestellt und Metzger als sein in Filmangelegenheiten versierterer Assistent. Möller erklärte ausführlich sein Konzept. Er habe eine Vielzahl von Quellen bearbeitet – Prozeßakten, aber auch die ›verhaßten‹ literarischen Werke, die Partei für Jud Süß ergriffen. Der echte Jud Süß hatte sich durch Wechselgeschäfte ein Vermögen erarbeitet, als ihn der Prinz Karl Alexander von Württemberg 1733 an seinen Hof nach Stuttgart holte.

Süß regelte für den vergnügungssüchtigen Herzog die Finanzen und erreichte dafür, daß die Judensperre in Württemberg teilweise aufgehoben wurde. Süß fand für ihn Wege, immer neue Abgaben einzuführen, aber so skrupellos er dabei auch vorging, warnte er gleichzeitig die Landstände vor einem Staatsstreich des Herzogs. (In Harlans Film wird der Herzog von Süß gegen die Landstände aufgehetzt.) 1737 erlitt Karl Alexander einen Schlaganfall. Süß, seiner Protektion beraubt, wurde fast gelyncht und ein Jahr später nach einem fragwürdigen Prozeß gehängt. Das Urteil stieß auf Kritik, ganz offensichtlich mußte Süß als Sündenbock für die Taten des Herzogs herhalten.

Wilhelm Hauff prangerte in seiner Novelle »Jud Süß« (1827) die Ungerechtigkeit des Urteils an. Bei ihm steht die unglückliche Liebesgeschichte des Aktuarius Gustav Lanbek, Sohn des Landschaftskonsulenten Lanbek, und Lea, der schönen Schwester des Kabinettsministers Jud Süß, im Mittelpunkt der Handlung. Süß ist nur eine Randfigur, und der Herzog von Württemberg kommt überhaupt nicht vor. Gustav verfügt nicht über das von der NS-Ideologie geforderte Rassebewußtsein, er »teilte zwar alle strengen religiösen Ansichten seiner Zeit, aber er schauderte über dem Fluch, der einen heimatlosen Menschenstamm bis ins tausendste Glied verfolgte und jeden mit ins Verderben zu ziehen schien, der sich auch den Edelsten unter ihnen auf die natürlichste Weise näherte«. [6] Die Hinrichtung des Süß nannte Hauff »unbegreiflich zu einer Zeit, wo man schon längst die Anfänge der Zivilisation und Aufklärung hinter sich gelassen, wo die Blüte der französischen Literatur mit unwiderstehlicher Gewalt den gebildeteren Teil Europas aufwärtsriß«. [7] Trotz solcher Sätze bezeichnete Alfons Arns in einem Aufsatz über die beiden Jud-Süß-Filme (1996) Hauffs Werk als eine »offen antisemitische Novelle«! [8]

Hauffs Novelle war die Vorlage sowohl für ein antisemitisches Stück von Eugen Ortner (1933) als auch für einen nicht realisierten prosemitischen Film von Conrad Wiene, in dem Fritz Kortner die Hauptrolle spielen sollte. Vom März 1929 bis zum Januar 1930 wurde ganzseitig für dieses Projekt geworben. Kortner spielte kurz darauf die Titelrolle in Richard Oswalds *Dreyfus*, der eine engagierte Stellungnahme gegen die Diskriminierung von Juden jedoch vermied. Nach Hauff schrieb Albert Leo Dulk sein Schauspiel »Lea« (1848 uraufgeführt). Lion Feuchtwanger verfaßte 1916 ein Stück und vollendete 1925 schließlich seinen großen Roman, den Paul Kornfeld in ein 1930 uraufgeführtes Schauspiel umarbeitete und den Lothar Mendes verfilmte. Das *Jud Süß*-Projekt, das Sergej M. Eisenstein 1930 während seines Aufenthaltes in Hollywood angeboten wurde, hatte wahrscheinlich Feuchtwangers Roman als Grundlage. 1929 erschien ein »Jud Süß«-Buch der jüdischen Historikerin Dr. phil. Selma Stern, die 1940 noch in Berlin lebte und dann emigrieren konnte. Goebbels dachte vorübergehend daran, Mendes' *Jew Suss* so zu synchronisieren, daß er sich wie *Pettersson & Bendel* antisemitisch auswerten ließ – als Beweis dafür, daß auch das Ausland solche Filme dreht. Der Plan wurde fallengelassen und ein eigener *Jud Süß*-Film vorbereitet.

Eberhard Wolfgang Möller erklärte im Oktober 1939 in einem Interview, es habe schon viele Bearbeitungen des Jud-Süß-Themas gegeben, aber seine sei die erste angemessene. Er distanzierte sich von Hauffs Vorlage: »Hauff lebte in einer Zeit, die die Juden wie die Polen besang und ›befreien‹ wollte, und von dieser Tendenz ist auch einiges in seine Novelle eingeflossen.« Hauff wurde, wie Albert Leo Dulk, von Möller zu den »im Grunde harmlosen vormärzlichen Liberalen« gezählt. Die schlimmsten Übeltäter seien Feuchtwanger und Kornfeld gewesen, die anhand dieses Themas »dem Rassegenossen Süß mit ihren Bühnenwerken ein Denkmal setzen wollten«. Möller ging es darum zu zeigen, »daß der Jude ein ganz anderer Mensch ist als wir, und daß ihm die uns angeborene sittliche Kontrolle über sein Handeln überhaupt fehlt«; er wollte »den Abgrund zwischen der jüdischen und der arischen Haltung« darlegen. Er habe versucht, »objektiv zu sein«, erklärte Möller, »aber unsere Objektivität ist eine andere als die der Vergangenheit, die alles verstehen und alles verzeihen wollte ... Um diese Art Objektivität zu dokumentieren, haben wir auf Anregung meines Arbeitskameraden Metzger das Ganze in den Rahmen einer Chronik gefaßt.« [9]

Peter Paul Brauer fertigte Probeaufnahmen mit verschiedenen Kandidaten für die Hauptrolle an – Paul Dahlke, Ferdinand Marian, René Deltgen, Rudolf Fernau, Siegfried Breuer, Richard Häußler. Nach den Erinnerungen des Reichsfilmintendanten Dr. Fritz Hippler verlor Brauer seine Machtposition, als er während einer Teestunde bei Goebbels seinem Ärger über Heinz Rühmann Luft machte. Rühmann hatte, gerade von seiner jüdischen Ehefrau Maria Bernheim geschieden, am 1. Juli 1939 mit Hertha Feiler gleich wieder eine Frau jüdischer Herkunft gewählt und – sein gröbstes Vergehen – auch noch die Ex-Ehefrau zur Hochzeit eingeladen. (Maria Bernheim heiratete nach Schweden: ihr Ehemann, der Schauspieler Rolf von Nauckhoff, arbeitete in den fünfziger Jahren wiederholt mit Harlan.) Rühmann äußerte gegenüber seinem Chef Brauer den Wunsch zu emigrieren, und dieser denunzierte ihn sogleich bei Goebbels. Der war jedoch nicht so sehr auf Rühmann böse, sondern auf Brauer – wegen dessen Unfähigkeit, in seinem Laden für Ordnung zu sorgen.

So verlor Brauer, den Goebbels auch künstlerisch nicht schätzte, den *Jud Süß*-Auftrag, er blieb aber bei der Terra und drehte dort überraschenderweise noch ein kleines Meisterwerk, die elegante, melancholische Jenny-Lind-Biographie *Die schwedische Nachtigall* (1941) mit Ilse Werner und Joachim Gottschalk. Goebbels mochte selbst diesen Film nicht und schrieb in sein Tagebuch über Brauer: »Noch solch eine Leistung, und es wird etwas schlimm für ihn.« [10]

Harlan, mit dem Schnitt von *Pedro soll hängen* beschäftigt, wollte sich zum Kriegsdienst melden, um dem *Jud-Süß*-Projekt zu entgehen. Er wandte sich hilfesuchend an Leni Riefenstahl, in der irrigen Annahme, sie hätte Einfluß auf Goebbels. Was mit Künstlern geschah, die sich Goebbels' Befehlen widersetzten, wurde an dem Schauspieler Jack Trevor demonstriert. Nachdem der gebürtige Brite einmal nur den Hitlergruß verweigert hatte, wurden ihm ein paar Zähne ausgeschlagen, und als er es nach Kriegsausbruch ablehnte, in englischsprachigen Propagandasendungen aufzutreten, suchten ihn Gestapo-Beamte auf, die ihn folterten und ihm dabei ein Ohr halb abrissen. [11] Später folgten noch die Hinrichtungen der Schauspieler Horst Birr und Robert Dorsay sowie die als Selbstmord getarnte Ermordung des Regisseurs Herbert Selpin.

Das deutsche Starsystem bot eine gewisse Sicherheit. Das Schicksal der an dem sowjetischen Film *Kämpfer* (1936) beteiligten antifaschistischen Künstler, die im Verlauf der Säuberungsaktionen ermordet worden sind (u. a. der Hauptdarsteller Bruno Schmidtsdorf), oder die brutale Zwangsverpflichtung für Friedrich Ermlers *Ein großer Bürger* (1938–39) wäre in Deutschland undenkbar gewesen. Sergej M. Eisenstein mußte erleben, wie einige seiner engsten Mitarbeiter, darunter Sergej Tretjakow, Osep Mandelstam und Isaak Babel, ermordet wurden; Babel gestand sogar unter Folter, mit Eisenstein regimekritische Gespräche geführt zu haben. Geheimpolizei drang in die Wohnung von Eisensteins Mentor Wsewolod Meyerhold ein, folterte ihn und erstach seine Ehefrau; Meyerhold selbst wurde 1940 hingerichtet. Das Klima der Angst, in dem der größte sowjetische Regisseur arbeiten mußte, blieb seinen deutschen Kollegen erspart. Aber was noch nicht war, konnte noch kommen, und Harlan scheint nichts anderes übrig geblieben zu sein, als im November 1939 die Regie von *Jud Süß* zu übernehmen.

Was alles hinter den Kulissen geschah, läßt sich nicht belegen, der fertige Film allerdings ist eindeutig keine lustlos ausgeführte Auftragsarbeit Harlans. Offenbar konnte Harlan nicht anders, als sein Bestes zu geben, auch bei einem Projekt, das ihm zunächst nicht paßte. Thomas Brasch äußerte im Gespräch mit Karsten Witte das Gefühl, »daß Harlan das völlig aus der Hand gerutscht ist ... Man kann nicht sagen, man macht einen Film pro oder contra diesen oder jenen, sondern, wenn man dann vor einem Bild sitzt, fällt man in dieses Bild rein und verfolgt dieses Bild.« [12]

Harlan nahm Veränderungen am Drehbuch vor. Er eliminierte Zwischentitel wie »Der Jude saugt das Land aus«, die das Drehbuch von Möller und Metzger enthielt, und die von ihm erdachte Vergewaltigungsszene, die die Lynchstimmung gegen Jud Süß erzeugt, spricht eher gegen seine antisemitische Haltung. Da er es mit seinem Rechtsempfinden nicht vereinbaren konnte, daß ein Jude willkürlich gehängt wird, nur weil er Jude ist – so wie in Hollywoodfilmen Indianer dahingemetzelt werden, ohne daß es dramaturgisch begründet wird –, erweiterte er das Geschehen um die berüchtigt gewordene Szene, in der Joseph Süss Oppenheimer die Christin Dorothea vergewaltigt und in den Tod treibt. So konnte er immerhin die Zustimmung des Publikums zu seiner Hinrichtung garantieren.

Selbst Zuschauer ohne antisemitische Vorurteile dürften der Hinrichtung applaudiert haben, da sie an einem brutalen Vergewaltiger durchgeführt worden ist. Ob das den historischen Tatsachen entsprach, konnte Harlan schlecht beurteilen; wie sich im Prozeß herausstellte, war seine Kenntnis der Literatur zum Fall Jud Süß äußerst dürftig. Dafür muß er den britischen Film *Jew Suss* gesehen haben, zu dem seine eigene Arbeit erstaunliche Parallelen aufweist. In beiden Versionen spielt das Motiv der verfolgten Unschuld eine zentrale Rolle. Süss' Schwester Naomi wird bei Lothar Mendes völlig eindimensional als Opfer in die Handlung eingeführt und behält diese Funktion bis zum konsequenten Ende. Eine verfolgte Jüdin bei Mendes, eine verfolgte Christin bei Harlan – die Vorzeichen sind verschieden, aber die beabsichtigte Wirkung dieselbe. Ganze Details der Ausstattung von *Jew Suss* sind von den deutschen Architekten übernommen worden, vor allem bei der dekorativen Hinrichtungsszene. Harlan, der Autodidakt ohne nennenswerte filmische Vorbilder, hat im Fall von *Jud Süß* die britische Vorlage kopiert. Auch die Geschichtsfälschung, Joseph Süss Oppenheimer nach Artikel 47 wegen sogenannter ›Rassenschande‹ hinrichten zu lassen, übernahm er aus Mendes' Version – obwohl sie dort nicht böswillig gemeint war. (Der historische Jud Süß wurde nicht wegen verbotener sexueller Handlungen hingerichtet, da in dem Fall auch zahlreiche Frauen aus Württemberg bestraft worden wären.)

Das von Harlan bearbeitete Drehbuch konnte sich sehen lassen, und am 5. Dezember 1939 schrieb Goebbels in sein Tagebuch: »Mit Harlan und Müller [sic] den Jud-Süßfilm besprochen. Harlan, der die Regie führen soll, hat da eine Menge neuer Ideen. Er überarbeitet das Drehbuch nochmal.« [13] Am 15. Dezember stellte Goebbels fest, das Drehbuch sei »von Harlan großartig umgearbeitet worden«. [14] (Möllers Name wurde später im Vorspann ein weiteres Mal falsch geschrieben, ein deutliches Zeichen von Geringschätzung.)

Zusammen mit seinem Aufnahmeleiter, dem ehemaligen Friseur, Schauspieler und Regisseur Conny Carstennsen, fuhr Harlan noch Ende 1939 nach Lublin, um dort mit echten Juden Synagogenszenen zu drehen. Es war geplant, im Anschluß an die Dreharbeiten in Lublin mit einigen jüdischen Kleindarstellern für Atelieraufnahmen nach Berlin zu fahren. Mit dabei war Alfred Braun, der berühmte Rundfunkreporter, der mit seiner Trauerrede für Stresemann 1929 Aufsehen erregt hatte, gleich 1933 ins KZ Oranienburg eingeliefert wurde und nach seiner Emigration über die Schweiz in die Türkei jetzt wieder in Deutschland lebte. »Um die Synagogenszenen ganz echt darstellen zu lassen«, erinnerte sich Harlan, »fuhr ich zunächst zusammen mit meinem Mitarbeiter Alfred Braun und meinem Aufnahmeleiter Conny Carstennsen nach Lublin in Polen. Ich erklärte dort in Gegenwart eines Rabbiners sehr genau, was ich aufnehmen wollte, was das Thema des Films sei, und daß sich jeder im klaren sein müsse, daß Goebbels keinen philosemitischen Film machen würde. Es meldeten sich eine große Zahl jüdischer Bürger aus Lublin, die sehr daran interessiert waren, aus Lublin fortzukommen, weil sie glaubten, in Berlin sicherer zu sein.« [15]

Harlan hat seine Kleindarsteller nicht nur benutzt, wußte Conny Carstennsen zu berichten: »In Lublin angekommen, gingen wir zum Oberrabbiner der dortigen Gemeinde und trugen ihm unsere Wünsche vor. Wir waren bei dem Oberrabbiner zum Kaffee eingeladen. Als Harlan ihn fragte, ob er den Juden in Lublin irgendwie behilflich sein könne, erzählte der Rabbiner uns, daß man sämtliche Bücher beschlagnahmt habe.« (Die Rabbiner-Schule in Lublin besaß die damals größte jüdische Bibliothek.) »Harlan versprach dem Rabbiner sofort, Abhilfe zu schaffen, und setzte beim deutschen Kommandanten von Lublin durch, daß die Juden ihre Bibliothek zurückerhielten. Als Dank dafür schenkte ihm der Oberrabbiner im Namen der Gemeinde eine Thora.« [16]

Zu den beabsichtigten Dreharbeiten kam es nicht, denn in Lublin brach Flecktyphus aus. Also fuhr Harlan mit seinem Team nach Prag, um dort die Synagogenszenen zu drehen. Es wurden auch Filme in jiddischer Sprache studiert, unter ihnen Klassiker wie Joseph Greens *Yidl mitn Fidl* (1936) und Michal Waszynskis *Dybuk* (1937). Bei den Vorführungen dieser Filme im Propagandaministerium bemerkte Harlan ein Phänomen, das auch die zwiespältige Wirkung seines eigenen Films kennzeichnen sollte – die Faszination des Fremden, der Reiz dieser Kultur, deren Vernichtung bevorstand. Spätestens bei seinen Recherchen dürften Harlans moralische Skrupel in den Hintergrund getreten sein. Was er jetzt im Blick hatte, das waren außerordentliche filmische Möglichkeiten. *Jud Süß* gab ihm die Gelegenheit, eine fremde Welt stimmungsvoll auf die Leinwand zu zaubern.

Der üble Zweck, die Wahrscheinlichkeit, daß auf einen großen Teil des Publikums diese fremde Welt abstoßend wirken könnte, all das zählte nicht. Harlan praktizierte Kunst. Vielleicht glaubte er sogar die Propaganda des Films abschwächen zu können, indem er ihn auf höchstem Niveau inszenierte. Er konnte und wollte nicht begreifen, ebensowenig wie seine späteren Gegner, daß Kunst und Propaganda kein Gegensatzpaar darstellen – ja er wußte nur zu genau, daß Propaganda erst durch Kunst ihre verheerende Wirkung erzielt.

Es war äußerst schwer, einen passenden Jud Süß zu finden. Emil Jannings hatte sich längst als Idealverkörperung des großen Deutschen etabliert und hätte auch kaum die sexuelle Gefahr vermitteln können, die in dem Drehbuch eine so entscheidende Bedeutung spielen sollte. Da zwei weitere Rollen mit schwergewichtigen Darstellern besetzt wurden, wäre durch einen dritten Dicken unfreiwillige Komik entstanden. Bei den anderen Schwergewichten handelte es sich um Eugen Klöpfer als Landschaftskonsulent Sturm und Heinrich George als Herzog. Klöpfer hatte den Jud Süß schon oft auf der Bühne verkörpert und kannte Lion Feuchtwanger persönlich, während George als hilfloser, infantiler Herzog eine Qualität ausspielen konnte, die Julius Bab schon Mitte der zwanziger Jahre erkannt hatte: »In diesem schweren Leibe, der auf mich auch immer mehr schwammig als gewaltig wirkt, steckt eine überraschend dünne, hohe, fast kastratenhaft wirkende Stimme, die sehr häufig einen pfeifenden, asthmatischen Ton gewinnt.« [17] Der Herzog ist bei Harlan kein richtiger Mann; er kann seine Frau nicht befriedigen, wagt sich nur an kleine Mädchen heran und tut alles, was Jud Süß Oppenheimer ihm rät.

Gustaf Gründgens nutzte die Protektion von Hermann Göring, um die Titelrolle nicht spielen zu müssen. Willi Forst war im Gespräch, von dem Goebbels meinte: »Er könnte endlich mal sich selbst spielen. Ich habe ihn früher immer für einen Juden gehalten.« [18] Bernhard Minetti, von dem Drehbuch angewidert, half offenbar seine geringe Popularität als Filmdarsteller. Ferdinand Marian wurde schließlich zum Verhängnis, daß er kurz zuvor einen großen Bühnenerfolg als Jago in »Othello« (Premiere am 6. Mai 1939 am Deutschen Theater) erlangt hatte. Er wirkte so gefährlich und sexuell anziehend, wie es die Rolle erforderte. Am 5. Januar 1940 schrieb Goebbels in sein Tagebuch: »Mit Marian über den Jud Süßstoff gesprochen. Er will nicht recht heran, den Juden zu spielen. Aber ich bringe ihn mit einigem Nachhelfen doch dazu.« [19] Am 12. Januar 1940 äußerte sich Goebbels dann begeistert zu Marians Probeaufnahmen. [20]

»Marian wehrte sich mit Kräften«, erinnerte sich Fritz Hippler. »Mag sein, daß er es aus Gewissensgründen tat – was indessen bei der Übernahme einer schauspielerischen Rolle nicht gerade die Regel ist. Mag sein, daß er sich durch die allzu gute Darstellung eines Juden – in einer regierungsamtlich zum Judenhaß geforderten Gesellschaft – der Gefahr der Identifikation auszusetzen fürchtete ... Mag sein, daß zutraf, was er auch Goebbels sagte, daß er um sein Image als Liebhaber und Frauenheld fürchtete.« [21] Generell bestand unter Schauspielern ein Unbehagen, Judenrollen zu spielen. Tatjana Sais, nach dem Krieg eine der bedeutendsten Kabarettistinnen der Bundesrepublik, allerdings auch die Darstellerin der Isidora Ipelmeyer in *Robert und Bertram*, meinte einmal: »Wissen Sie, es ist ein etwas heikles Gefühl, als Judenmädchen in das Bewußtsein des Publikums einzugehen. Mir wurde das an den entsetzten Blicken klar, mit denen uns die vielen Besucher während der Drehzeit musterten. Wir sahen wirklich aus wie waschechte Mischpoke.« [22]. Folglich sind auch Judendarsteller in Kritiken für ihre ›Überwindung‹ gelobt worden.

Der große Verwandlungskünstler Werner Krauss wurde für gleich zwei tragende Judenrollen verpflichtet, den Sekretär Levy und den Rabbi Loew, sowie für einige Kurzauftritte. Auch er recherchierte intensiv und studierte Filme in jiddischer Sprache. Ein Pauschalhonorar von 50.000 RM wurde mit ihm vereinbart. Zur Besetzung mehrerer Judenrollen mit Krauss erklärte Harlan, hier handle es sich nicht um die Befriedigung schauspielerischer Eitelkeit. »Es soll gezeigt werden, wie all diese verschiedenen Temperamente und Charaktere, der gläubige Patriarch, der gerissene Betrüger, der schachernde Kaufmann usw., letzten Endes alle aus einer Wurzel kommen.« [23] Daß Werner Krauss mit jüdischen Kollegen freundschaftlichen Umgang pflegte und dennoch Antisemit war, ist nicht so widersprüchlich, wie es klingt. »Für mich bist du kein Jude«, hat er nach Aussagen von Ernst Ginsberg geäußert, wenn ihm ein jüdischer Mitmensch sympathisch war. Obwohl er Krauss für Deutschlands größten Schauspieler hielt, gab Albert Bassermann aufgrund moralischer Bedenken den Iffland-Ring dem toten Alexander Moissi. (Allerdings landete der Ring auf Umwegen doch wieder bei Krauss.)

Für die Verkörperung der verfolgten Unschuld war Viktoria von Ballasko im Gespräch, aber letztlich sah man Kristina Söderbaum in der Rolle. Normalerweise hätte sie sich aufgrund ihrer angeschlagenen Gesundheit der Aufgabe entziehen können, aber da Harlan, taktisch unklug wie noch häufig in seinem Leben, sich für das *Agnes Bernauer*-Projekt eingesetzt hatte, galt Kristina Söderbaum für das Propagandaministerium als gesund.

Es bleibt wohl für immer ein Geheimnis, warum Schauspieler sich vor diesem Film drücken wollten. Erich Ponto ist nicht an den *Rothschilds* verzweifelt oder Paula Wessely an *Heimkehr*. Gerade wenn man davon ausgeht, daß die Bevölkerung den Holocaust in seinen entsetzlichen Dimensionen nicht voraussahen konnte, läßt sich die Angst vor der Beteiligung an *Jud Süß* nicht erklären. Schließlich handelte es sich um einen historischen Stoff, und daß die Geschichte ein wenig verfälscht wurde, konnten die wenigsten nachprüfen. Im Harlan-Prozeß sagte Malte Jaeger aus, er sei sich der Propaganda nicht bewußt gewesen; ihm sei es vor allem darum gegangen, mit diesem Film bekannt zu werden. Und eine damals sehr populäre Soubrette gestand mir, sie habe sich freiwillig um eine Rolle in *Jud Süß* beworben, einfach weil es solch ein Ereignis zu werden versprach.

Der technische Stab bestand zum Teil aus Kräften, die Harlan mit zur Terra genommen hat: seinem Kameramann Bruno Mondi, den Assistenten Wolfgang Schleif und Alfred Braun, seinem Trauzeugen und Chauffeur Friedrich Karl von Puttkamer, der jetzt erstmals als Schnittmeister fungierte. Damit schuf er sich Feinde beim Terra-Personal. Lediglich der Komponist Wolfgang Zeller gehörte zum Studio. Zeller war bei Kriegsausbruch überraschend zum Militär eingezogen und als Verpflegungsoffizier nach Polen geschickt worden – trotz seiner 46 Jahre und trotz seiner Bedeutung für den deutschen

Film. Die Musik zu *Jud Süß* mußte er trotzdem schreiben, dieser Auftrag war seine Alternative zum Kriegsdienst. Er komponierte und dirigierte in Uniform und bekam am deutlichsten zu spüren, daß die Arbeit an *Jud Süß* eine soldatische Pflichterfüllung darstellte.

Die Architekten Otto Hunte und Karl Vollbrecht, deren überragendes Talent sich seit ihrer Arbeit an Fritz Langs *Nibelungen* nicht verringert hat, rekonstruierten detailversessen das Stuttgart des 18. Jahrhunderts. Die luxuriösesten Innendekorationen gestalteten sie für die Gemächer des Süß. Die exquisiten Kostüme entwarf Ludwig Hornsteiner vom Großen Schauspielhaus Berlin, der auch den zur selben Zeit spielenden *Friedrich Schiller*-Film von Herbert Maisch mit seiner Kreativität aufwertete und ein paar Jahre später Marianne Hoppe für *Romanze in Moll* einkleidete.

Im Februar 1940 wurde Harlan von seiner Vergangenheit eingeholt. Ein Soldat, der seine Karriere aufmerksam verfolgt zu haben scheint, schrieb ihm einen Brief: »Sehr ›geehrter‹ Herr Harlan! Ein Frontsoldat – nicht einer, der wie Sie nur bei der inneren Front mitmacht – hat im V.B. ihren ›geistreichen‹ Artikel: Veit Harlan spricht vom Film‹ gelesen. Sie Dreckhund haben es nötig, in Antisemitismus zu machen. Ich habe Sie noch in den Zeiten gekannt, als Sie nicht genug mit Ihren damaligen jüdischen Kollegen feiern und den jüdischen Direktoren in den verkehrten Körperteil krochen ... Sie haben es gerade nötig, heute in herrschender Konjunktur zu machen. Aber mein Freund, es wird nichts vergessen. Wir haben in Polen die Granaten [pfeifen] gehört, als Ihr ›Theater spieltet‹. Eines Tages wenn aus Theater Tragödie wird, denkt ein Frontsoldat an Dich. Dann wollen wir mal sehen, wie ein kleingeistiger Dreckspatz sich in einer ernsten Situation benimmt. In diesem Sinne wünscht Ihnen, Herr Harlan, dass bald die Zeit Ihrer Bewährung kommen möge. Ein Frontsoldat.« [24]

Dieser Brief bringt nicht nur die begreifliche Abneigung von Soldaten gegenüber männlichen Filmschaffenden zum Ausdruck, die durch ihre Tätigkeit vom Einsatz verschont blieben; er zeigt auch das Gefälle zwischen überzeugten Nationalsozialisten und einem Zyniker wie Goebbels auf, der die ›Verfehlungen‹ ehemals linker Künstler gern übersah, wenn sie ihm die erwünschten Resultate vorlegen konnten.

Eine ärztliche Untersuchung Harlans wegen seiner unklaren rassischen Herkunft ist schließlich noch angeordnet worden, da mittlerweile nicht nur Juden, sondern auch Roma und Sinti ausgesondert wurden und Harlans Großvater mütterlicherseits in diese Kategorie fiel. (Wie bereits erwähnt, hatte die Familie Harlan behauptet, die Papiere von Adele Boothby seien mit einem Schiff untergegangen.) Das Ergebnis der Untersuchung lag im November 1940 vor: »Lt. Entscheid der Reichsst. f. Si. vom 17.9.40 bestehen gegen die Annahme, dass der Obengenannte deutschen oder artverwandten Blutes ist, keine Bedenken. (Die Mutter des Prüflings, Adele Boothby, ist am 25.1.1871 zu Hamburg ausserehelich geboren. Der Erzeuger konnte vom Prüfling nicht genannt werden.)« [25]

So sah sich ausgerechnet der Regisseur von *Jud Süß* wegen seiner Mutter, und auch wegen seiner ersten Ehefrau, in die Enge getrieben. Julius Bab, zuletzt im Jüdischen Kulturbund tätig, hatte Deutschland im Februar 1939 verlassen können, geriet nochmals in Lebensgefahr, als die Franzosen ihn nach Kriegsausbruch internierten, bekam im Oktober 1940 ein US-Visum und bestieg im Dezember von Lissabon aus ein Schiff, das ihn in die Vereinigten Staaten brachte. In New York lebte schon Francesco von Mendelssohn, der vorübergehend eine Nervenklinik aufsuchen mußte. »Die fließende Grenze zwischen snobistischer Exzentrizität und klinischem Wahnsinn, mit dem Mute der Verzweiflung, plötzlich übergesprungen«, notierte Klaus Mann am 9. Januar 1940 in sein Tagebuch. [26] Zu der Zeit war ein amerikanisches Sanatorium nicht der schlechteste Ort, an dem man leben konnte. Dora Gerson befand sich sieben Jahre nach Hitlers Machtergreifung wieder auf der Flucht. Nach dem deutschen Überfall auf die Niederlande versuchte sie, mit ihrem Mann und ihren zwei Kindern in die Schweiz zu gelangen, wo sie 1933 mit Erfolg aufgetreten war. Sie kam dort nie an. In Frankreich ist die Familie verhaftet und in ein Internierungslager gesperrt worden. Von dort erfolgte die Deportation in das besetzte Polen.

Am 2. April 1940 schrieb Harlan einen Brief an Hinkel, in dem er angab, über die Hintergründe des Attentats im Münchner Bürgerbräukeller Bescheid zu wissen. Er ›verriet‹, der Attentäter käme aus dem Kreis um Otto Strasser. Was nach belastendem Beweismaterial gegen Harlan klingt, ist nur ein Beispiel für seine politische Naivität. Denn gleich nach dem Attentat, das sich am 8. November 1939 ereignet hatte, war das Gerücht aufgekommen, der 1933 emigrierte Otto Strasser und der Britische Geheimdienst hätten ihre Hände mit im Spiel. Der Attentäter Georg Elser war an der deutsch-schweizerischen Grenze verhaftet worden, ebenso wie zwei Männer des Britischen Geheimdienstes, Captain Payne Best und Major R. H. Stevens, letztere an der holländischen Grenze. Harlans nicht gerade aktueller Hinweis dürfte ein müdes Lächeln bei Hinkel verursacht haben. Wahrscheinlich wollte er sich einfach nur als aufmerksamer Mitbürger profilieren und konnte später im Prozeß mit gutem Gewissen sagen, der Brief habe niemandem geschadet, und ihm habe er genützt. Otto Strasser lebte längst außer Gefahr in Großbritannien.

Natürlich mußte Harlan auch in der Presse Erklärungen zum Film abgeben. Frei sprechen und schreiben konnte er dabei nicht. *Jud Süß* war der Film, um dessen Schicksal Goebbels am meisten zitterte; er hatte Vorrang vor allen anderen Produktionen, und seinetwegen ist die Aufführung eines Dokumentarfilms, *Der ewige Jude*, aufs Jahresende verschoben worden. Nach der chaotischen Vorgeschichte verliefen die Dreharbeiten fast reibungslos.

Sie begannen am 15. März 1940. In der UFA-Stadt Babelsberg und in den Barrandov-Ateliers im besetzten Prag fanden bis Ende Juli weitere Aufnahmen statt. Zu den ausländischen Besuchern, die Otto Huntes Dekorationen bewunderten, gehörte die dänische Schriftstellerin Isak Dinesen alias Karen Blixen, die freilich nicht wissen konnte, was für ein Film hier in Arbeit war.

Jud Süß wurde mit all dem versehen, was einen großen NS-Prestigefilm ausmacht. Eine historische Begebenheit, deren Verfälschung von Zuschauern mit ungenauen Geschichtskenntnissen nicht nachgeprüft werden konnte. Ein Drehbuch, das Deutsche als Opfer von Juden darstellt, wodurch ein Teil des Publikums seine Schuldgefühle gegenüber den diskriminierten jüdischen Mitmenschen abbauen konnte. Prächtige Bauten und Kostüme sowie eine herausragende Besetzung. Vor allem aber war hier ein effektbewußter Regisseur und versierter Drehbuchautor am Werke, der Gefühle manipulieren konnte. Nur ein großer und hemmungsloser Melodramatiker war in der Lage, die Lücke zu füllen, die das Projekt seit 1937 hatte stagnieren lassen. Auf diesem Gebiet war Veit Harlan ohne Konkurrenz, weswegen es letztlich auch keinen Sinn macht, zwischen seinen Melodramen und den Propagandafilmen zu unterscheiden.

Detlef Sierck, der andere Meister des Melodrams, hatte Deutschland bereits verlassen, aber selbst wenn er geblieben wäre, hätten ihm das Fiebrige und die radikale Emotionalität Harlans gefehlt, die das NS-Kino brauchte. Auch in den Hollywood-Melodramen, die er später als Douglas Sirk gedreht hat, war die Regie eher sachlich und distanziert. Viktor Tourjansky und Wolfgang Liebeneiner bevorzugten leise Töne, hegten eine Vorliebe für kammerspielartige Melodramen. Allein Willi Forst kam in *Mazurka* und *Serenade* an Harlans Radikalität heran, spezialisierte sich jedoch zunehmend auf Wiener Operettenseligkeit.

Vor der Premiere gab es auf einmal Anweisungen, *Jud Süß* in der Werbung nicht mehr als antisemitisch zu bezeichnen. »Sollten in nächster Zeit einige Filme über Juden herauskommen, z.B. ein Film *Jud Süß*, so sollen sie nicht als antisemitische Filme bezeichnet oder besprochen werden. Eine derartige Charakterisierung dieser Filme ist deshalb nicht richtig, weil sie durch ihre Wirkung auf das Publikum ihren Zweck von selbst erfüllen werden.« [27] Die Rezensenten in den Filmzeitschriften taten alles, um den hetzerischen Charakter der betreffenden Filme zu leugnen. So lobte Hans Spielhofer an *Jud Süß* die »objektive Verteilung von Licht und Schatten auf beide Parteien«. [28] Wie bei Harlan üblich, durften auch nicht alle von ihm gedrehten Szenen in der Endfassung bleiben. Standfotos zeigen Heinrich George mit nacktem Oberkörper im Bett, womit der Herzog wohl zu drastisch als Lüstling gezeichnet worden wäre, oder eine jüdische Beerdigung, bei der die Trauernden ordentlich und gesittet neben dem Sarg laufen; so positiv durfte Harlan den Feind nicht porträtieren.

Selbstverständlich war der erste, der den fertigen Film zu sehen bekam, der Propagandaminister persönlich. »Ein ganz großer, genialer Wurf. Ein antisemitischer Film, wie wir ihn uns nur wünschen können. Ich freue mich darüber«, schrieb Goebbels am 18. August 1940. [29] *Jud Süß* erlebte seine Welturaufführung am 5. September 1940 im Cinema San Marco in Venedig. Harlan, Kristina Söderbaum und Ferdinand Marian nahmen den Applaus entgegen. Comte Volpi, selbst Halbjude, gratulierte Harlan und seiner Frau und saß beim feierlichen Abschlußessen direkt neben Kristina Söderbaum. Michelangelo Antonioni schrieb eine Lobeshymne, und Hans-Walther Betz, der von Italien aus für die Zeitung ›Der Film‹ berichtete, betonte die Aktualität von Harlans Werk, das eine »profunde Auseinandersetzung mit entscheidenden weltanschaulichen Fragen (und hier biologischen Problemen der Volks-Existenz)« behandle. »In Deutschland ist dieses Problem gelöst, anderwärts in Europa reift es seiner Bereinigung entgegen.« [30]

Antonioni hat sein Urteil innerhalb kurzer Zeit ein wenig revidiert. Im ›Corriere Pardano‹ schrieb er noch: »Wir sagen es ohne Umschweife: wenn es sich hier um Propaganda handelt, dann begrüßen wir Propaganda. Dies ist ein packender, eindringlicher, außergewöhnlich wirkungsvoller Film ... Das Tempo läßt für keinen Moment nach, und keine Episode steht zu einer anderen in Disharmonie: es ist ein Film von äußerster Vollendung und Ausgewogenheit ... Die Episode, in der Süß das junge Mädchen vergewaltigt, wurde mit erstaunlichem Geschick realisiert.« Zwei Wochen später beklagte er sich in ›Cinema‹ über ein paar grobe Effekte; sowohl die Selektion der minderjährigen Mädchen für den Herzog als auch die Vergewaltigung Dorotheas seien unerträglich grausam in ihrer Darstellung, und das Verhalten des Süß sei nicht immer glaubwürdig. Das revidierte Urteil beanstandete nicht den Antisemitismus des Films, lediglich die Mittel, die Harlan angewandt habe. [31]

Im Berliner Ufa-Palast am Zoo erlebte der Film am 24. September seine deutsche Uraufführung. Joseph Goebbels war persönlich anwesend und verlieh Harlans Arbeit das Prädikat ›Staatspolitisch und künstlerisch besonders wertvoll‹ sowie ›jugendwert‹. »Der Führer ist sehr eingenommen vom Erfolg von *Jud Süß*«, notierte er am 26. September. »Alle loben den Film über den grünen Klee, was er auch verdient.« [32] Karl Korn, nach dem Krieg Mitherausgeber der ›Frankfurter Allgemeinen Zeitung‹, sprach am 29. September in der Wochenzeitung ›Das Reich‹ sogar von einer »Wende der deutschen Filmkunst zum Ideenfilm ... Man spürt und erkennt aus diesem Film, daß das jüdische Problem in Deutschland innerlich bewältigt ist«, weil »die Epoche des Auseinanderfalls von völkischer Eigenart, Wirtschaft, Staat und Geist aufgehört hat und dem neuen totalitären Ordnungsprinzip weichen mußte.« [33]

Von den Darstellern wurde vor allem Werner Krauss umjubelt: »Er bekommt jenen behenden, schleichenden Gang, seine Zunge wird schwer, jiddische Laute entstehen, denn er psalmodiert sogar auf hebräisch, er weiß den württembergischen Bauern jüdisch verdrehte Finanzweisheiten einzutrichtern, die sie mit Staunen und Ungläubigkeit für bare Münze hinnehmen müssen. Ja, das ist in der Darstellung genial ausgeführt«, lobte Ernst von der Decken. [34] Für französische Rezensenten hatte Krauss noch größeren Seltenheitswert, da nicht jeder seiner Filme dorthin exportiert worden war: Odile Montval vom ›La France au Travail‹ schrieb: »Was für eine Freude, endlich Werner Krauss wiederzusehen, dessen Caligari und Jack the Ripper wir nicht vergessen haben, und den wir heute genauso bedrohlich, unheilvoll und bewundernswert wie beim letzten Mal wiedersehen.« [35] Auf den Kinoplakaten wurde allerdings Heinrich George stärker herausgestellt, dessen Puschkin-Verfilmung *Der Postmeister* gerade mit großem Erfolg in Frankreich lief.

Auch sonst fehlte es nicht an Anerkennung im Nachbarland. [36] »Dies ist ein sehenswerter, origineller und fesselnder Film.« (›Le Matin‹) »Einer der schönsten Erfolge des Kinos.« (Jean Laffray in ›L'Oeuvre‹) »Ein ergreifendes, starkes Werk, das den Zuschauer von Beginn an fesselt und ihn keinen Moment lang losläßt.« (François Vinneuil in ›Le Petit Parisien‹) »Von einer außergewöhnlichen filmischen Qualität.« (›La Gerbe‹) »Ein sehr schöner Film.« (›L'Illustration‹) »Ein großer Film voller Leidenschaft.« (André Robert in ›Beaux Arts‹) »Klar, lebhaft und dicht. ... Gutes Tempo.« (Georges Champeaux in ›Le Cri du Peuple‹) Die Filmhistoriker Maurice Bardèche und Robert Brasillach nannten – in der 1943 erschienenen Ausgabe ihrer »Histoire du Cinéma« – *Jud Süß* einen »bewundernswerten antisemitischen Film« und zeigten sich besonders von der Schlußsequenz begeistert: »Die Hinrichtung des Juden, die von Rachegefühlen bestimmte Begeisterung des Volkes, führen das Ende des Werkes zu einem beinahe freudigen Crescendo, das man in der Form nur aus den besten amerikanischen Filmen kennt.« [37]

Wichtiger als die Reaktion der Kritiker, die ja einen Film oft nur aus Opportunismus lobten, war die des Publikums, und das Publikum reagierte begeistert. Von den 1940 gestarteten deutschen Filmen erreichte nur Eduard von Borsodys *Wunschkonzert* noch höhere Besucherzahlen (26,5 Millionen). Das geschätzte Einspiel von *Jud Süß* betrug 6.200.000 RM, das tatsächliche Einspiel lag, nicht weit darunter, bei 5.970.000 RM. Die Zahl der Zuschauer belief sich auf 20,3 Millionen.

Es wäre bequem, hier von einem staatlich gesteuerten Erfolg zu sprechen. Aber die tatsächlichen Einspielergebnisse deutscher Filme der NS-Zeit belegen, daß das Publikum sich nicht wie eine Schafherde ins Kino treiben ließ. Der antibritische Propagandafilm *Carl Peters* (1941) etwa, schwerfällig von Herbert Selpin inszeniert, war trotz Hans Albers in der Hauptrolle und trotz der atemberaubenden Entwürfe des Ausstatters Fritz Maurischat kein Erfolg. Propaganda hat das deutsche Publikum grundsätzlich weder gestört noch angezogen. Daß *Jud Süß* auch im nicht besetzten Frankreich überwältigende Einnahmen erzielte, spricht für sich. Selbstverständlich ist dieser Erfolg von dem französischen Filmhistoriker Georges Sadoul geleugnet worden, dem zufolge jeder Franzose während der Okkupation in der Résistance war. Fotos von Menschenschlangen vor den Kinos, die *Le Juif Suss* zeigen, beweisen das Gegenteil. Außerdem liegen inzwischen genügend Informationen darüber vor, daß Antifaschismus und Antisemitismus kein Gegensatzpaar darstellen, daß es Zeitgenossen gegeben hat, die Nazis bekämpft und Juden verraten haben.

Ein glückliches Nachspiel gab es für Ludwig Metzger, den Harlan als Drehbuchautor an den Rand gedrängt hatte. Peter Paul Brauer schrieb an Metzger: »Sehr geehrter Herr Metzger! Wir haben uns entschlossen, wegen des außergewöhnlichen Erfolges, den der Film *Jud Süß* davontrug, Ihnen die bisher zugebilligten Honorare für Drehbucharbeit und zusätzliche Stoffrechte durch eine Prämie von RM 4000.- zu erhöhen. Wir hoffen, daß wir Ihnen damit eine Freude machen und daß Sie uns weiterhin die Treue halten wie bisher. Mit den besten Empfehlungen und Heil Hitler. Dr. Brauer.« [38]

Jud Süß beginnt mit einem Klagelied, einem Tenorsolo des später ermordeten Kammersängers Grünfeld, und sorgt somit schon in seinen ersten Sekunden für Irritation. Ein Klagelied ist kaum zur Diffamierung geeignet. Wolfgang Zeller hatte zu viel Respekt vor seinem Beruf, als daß er eine plump hetzerische Musik hätte schreiben können, wie sie aus der Feder von Franz R. Friedl im Dokumentarfilm *Der ewige Jude* zu hören war. Überlagert wird der jüdische Gesang von einer majestätischen Musik: schwer, feierlich, streng, deutsch. Der Kontrast zweier Welten, ein zentrales Motiv bei Harlan, ist somit von Zeller in wenigen Takten erfaßt worden. Hinzu kommt noch ein drittes Motiv, das deutsche Thema in einer leisen, zarten Variante. Zellers Ouvertüre stellt drei Personenkreise vor: die schwachen Deutschen, die starken Deutschen und die Juden.

Schnell und temporeich werden dann Zeit, Ort und Konflikt etabliert. Die Handlung spielt in der Residenz Stuttgart im Jahr 1733. Karl Alexander (Heinrich George) wird als Regent des Herzogtums vereidigt. Fanfaren erklingen, und wie in *Verwehte Spuren* gibt es einen Schwenk von links oben nach rechts unten auf eine Straße voller Menschen. Das Volk ist derb, einer Frau wird die Bluse vom Leib gerissen, der Herzog lacht. Als Kontrast hierzu: die kleinbürgerliche Familie Sturm, Vater (Eugen Klöpfer), Tochter Dorothea (Kristina Söderbaum) und angehender Schwiegersohn Faber (Malte Jaeger). Das Liebespaar ist unglaublich einfältig und infantil; zum ersten Mal in seiner Prestige-Phase mußte Harlan hier mit Figuren umgehen, zu denen er keinen persönlichen Zugang hatte.

Der Herzog verspricht seiner frivolen Frau Schmuck als Liebeslohn, sie schreiten nach links aus dem Bild, und ihre Bewegung geht über in die Bewegung paradierender Soldaten, die aus Obersicht aufgenommen auf die Kamera hinzuschreiten. Ein Loblied auf das schöne Württemberg wird ausgesprochen, die Kamera fährt auf das Wappen des Landes, und es folgt eine Überblendung auf ein jüdisches Schriftzeichen. Wir befinden uns plötzlich in der Judengasse. Der Herzog braucht Geld. Jud Süß Oppenheimer wird es ihm geben und sich damit Vorteile erkaufen. Während ein Gesandter des Herzogs mit Süß verhandelt, unterhalten sich zwei Juden vor seinem Haus – der eine steht unten in der Gasse mit blutverschmierter Schürze und langem Messer, der andere lehnt sich aus einem hohen Fenster heraus, mit einer halbnackten jungen Frau an seiner Seite. Harlan filmt das Gesicht des Schlächtermeisters aus Obersicht gegen den Boden, so daß der Körper des Mannes nicht zu sehen ist und er aussieht wie ein niederes, auf der Erde kriechendes Lebewesen. Um diesen Eindruck zu erzeugen, war eine besonders ausgeklügelte Kameraeinstellung erforderlich, die sich ein weniger begabter Regisseur niemals hätte ausdenken können. (Genauso wird Nettelbeck in *Kolberg* einmal aufgenommen, hier jedoch suggeriert die Einstellung seine Erdverbundenheit im positiven Sinne.) Ein Reißschwenk zwischen dem unten stehenden und dem oben lehnenden Juden, drastisch und brutal in seiner Wirkung, ist ein weiteres ›häßliches‹ filmisches Mittel, das Befremdung erzeugt.

Dagegen steht Jud Süß Oppenheimer, als wir ihn das erste Mal sehen, aufrecht vor der Kamera, die in einer eleganten Bewegung von ihm wegfährt. Leise, überlegen und verführerisch spricht er seinen ersten Satz: »Ich denke, Württemberg ist reich?« So wird er auf Anhieb als assimilierungsfähiger und für die rassebewußte Volksgemeinschaft gefährlicher Jude dargestellt. Die anderen Juden erkennt man als das, was sie sein sollen, er aber kann sich verstellen. Marians Widerwille gegen die Rolle verstärkt noch die Wirkung seiner Auftritte. Aus Angst, die Gunst des weiblichen Publikums zu verlieren, hat er den Joseph Süss Oppenheimer so attraktiv wie nur möglich gestaltet. Letztlich erscheint er – so unglaublich das angesichts der unterschiedlichen Konzeptionen klingen mag – sympathischer und anziehender als Conrad Veidt in der britischen Version.

Marian brachte das Kunststück fertig, Effeminiertheit mit einer unmißverständlich heterosexuellen Ausstrahlung zu verbinden. Veidt hatte die Rolle ebenfalls sehr weibisch angelegt, aber trotz der Präsenz der betörend schönen Benita Hume vermochte er kein Interesse am weiblichen Geschlecht zu suggerieren. Marian, dem seine Eitelkeit als Frauenheld wichtiger war als die antisemitische Botschaft, dachte von der ersten bis zur letzten Einstellung an seine Verehrerinnen, deren Zahl er ja dann auch multiplizieren konnte. Veidt erschien kalt, keusch und gehemmt, während Marian mit seiner offen zur Schau getragenen Lüsternheit die sexuellen Wünsche der Zuschauerinnen ansprach. Harlan unterstützte ihn dabei, inszenierte ihn wie eine Diva mit vielen Großaufnahmen und geschmeidigen Kamerafahrten.

Süß rasiert sich, legt seinen Kaftan ab und kommt mit gefälschten Papieren nach Stuttgart, wo Juden laut Gesetz keinen Zutritt haben. Der junge Faber erkennt ihn sofort als Juden und beleidigt ihn. Es ist die erste von zahlreichen Demütigungen, die Süß ertragen muß. Unter den Umständen ist er gezwungen, sich zu verstellen. Der Film zeigt, wie Antisemitismus Gegenreaktionen erzeugt. Nicht Süß beschließt, in Württemberg einzudringen, sondern ein Abgesandter des Herzogs kommt zu ihm und weckt seine Neugier. Süß wird benutzt – von einem Mann, der ihn als Juden verachtet, der aber auf seine finanzielle Hilfe angewiesen ist. Die Machtpositionen, die sich Süß aneignet, benötigt er zu seiner eigenen Sicherheit.

Neben dem Herzog gibt der Film auch den Frauen die Schuld daran, daß die heile deutschblütige Welt durcheinandergerät. Es ist Dorothea, die Süß in ihrer Kutsche mit hinein nach Stuttgart nimmt. An ihrer Seite erweckt der Fremdling weniger Verdacht. Immerhin läßt sich ihr Verhalten mit ihrer Naivität entschuldigen. Aber die anderen Frauen sind raffiniert, sie sehnen sich nicht nach einem Heim wie Dorothea, sondern nach Sex und Geld. Frauen sind unzuverlässig, lautet eine Botschaft von *Jud Süß*, und ein charmanter Jude hat keine Schwierigkeiten, mit ihrer Hilfe das Blut der Deutschen zu vergiften. Bezeichnenderweise kommt die schöne Jüdin, die zu Beginn des Films kurz zu sehen war, nie den sauberen Stuttgartern unter die Augen. Sexueller Leichtsinn durfte dem deutschen Mann nicht unterstellt werden; das männliche Publikum wäre verwirrt worden, hätte Harlan ihm eine schöne Jüdin präsentiert. (Anna Dammann verkörperte in *Die Reise nach Tilsit* eine attraktive nichtjüdische Polin, so etwas war noch erlaubt.) Das weibliche Publikum durfte verwirrt werden, und die Liebesbriefe, die Marian aufgrund seiner Darstellung erhielt, haben Goebbels' Pläne nicht sabotiert. Der Haß der deutschen Männer wurde gebraucht, und mit Sexualneid ließ er sich leicht anheizen.

Als Süß der Hinrichtung eines deutschen Schmiedes beiwohnt, steht Luziana prunkvoll gekleidet neben ihm. Eine begehrenswerte Frau an der Seite eines Juden – so etwas eignete sich gut, um subtil Lynchstimmung vorzubereiten. (Auch gegen Luziana: als »Judenhure« wird sie gerade dann beschimpft, wenn der Trommelwirbel einsetzt. Es könnte ihre Hinrichtung sein.) Süß ist bei Harlan das männliche Gegenstück zu einer ›femme fatale‹, deren Attraktion das Publikum ungestraft genießen kann, weil am Ende die Moral siegt und der Vamp als Verursacherin der verbotenen Gefühle bestraft wird. Die Frauen konnten sich darüber hinaus noch mit Süß' Mätresse Luziana und der Herzogin identifizieren. Diese werden zwar als unzuverlässige Edelhuren dargestellt, aber wie die amerikanische Filmhistorikerin Jeanine Basinger in ihrer Studie über den ›Women's Film‹ der dreißiger und vierziger Jahre betont hat (›A Woman's View‹, 1993) [39], war für eine Kinobesucherin die Garderobe einer Darstellerin wichtiger als die Frage, wie die Figur moralisch bewertet wird. Die Schauspielerinnen Hilde von Stolz und Else Elster dürfen mit der Unterstützung von Ludwig Hornsteiner und Bruno Mondi glänzen, wie es sonst nur den ganz großen Stars beschieden war. (Die blonde Herzogin ist in einer späteren Szene mit dunklem Haar zu sehen. Erst da wird deutlich, daß sie in den bisherigen Szenen eine Perücke getragen hat, daß sie also künstlich ist im Gegensatz zu der natürlich blonden Dorothea.)

Harlan zeigt eine verkehrte Welt. Christen werden von Juden unterdrückt, die Realität wird folglich mit verkehrten Rollen wiedergegeben. Christen erscheinen als verfolgte Minderheit, der die Ausrottung droht. In D.W. Griffith und Sergej Eisenstein hatte Harlan erstklassige Lehrmeister. *Die Geburt einer Nation* zeigt, wie weiße Südstaatler von ihren ehemaligen Sklaven terrorisiert und weiße Mädchen von schwarzen Männern sexuell belästigt werden; in einer berühmten Szene des 1905 spielenden *Panzerkreuzer Potemkin* wird Matrosen verfaultes Fleisch angeboten, was auch der offiziell geleugneten Realität des Jahres 1925 entsprach, und auch die sadistischen Lynch-Aktionen in *Oktober* gaben die Realität mit verkehrten Rollen wieder. In *Jud Süß* veranstaltet der Assistent Levy mit den armen Württembergern eine Gerichtsfarce, die es in der Form auch am Volksgerichtshof gegeben hat. Levy bezeichnet Faber und seine Freunde einmal als Gesindel. Süß sagt zu seinem Rabbi, er wolle den Stuttgartern »die Wahrheit auf unsere Art« verkünden. Die Wohnung der Sturms wird auf Veranlassung von Süß durchwühlt wie von der Gestapo.

Der junge Faber muß in den Untergrund gehen, um sein Land vor dem zunehmenden jüdischen Einfluß zu retten. Die masochistische Bewunderung des Herzogs für Jud Süß läßt an die masochistische Bewunderung jüdischer Persönlichkeiten für Nichtjuden denken, etwa an Sigmund Freuds Unterwürfigkeit gegenüber dem Musterarier Carl Gustav Jung, vor dem er einmal sogar in Ohnmacht fiel, um dann auf dessen starken Armen in ein Nebenzimmer getragen zu werden. Und der Fleischmarkt, den Süß für den Herzog veranstaltet, die Vorführung attraktiver junger Mädchen zur sexuellen Verwendung, nimmt die Selektionen vorweg, die in den kommenden Jahren an KZ-Häftlingen vorgenommen wurden. Verkehrte Welt!

Der Moment, in dem der Herzog sich an Minchen Fiebelkorn vergeht, gehört zu den erschütterndsten des Films und ist verständlicherweise von Kritikern und Historikern ignoriert worden. Für die Nationalsozialisten war der sexuelle Mißbrauch eines Mädchens kein schweres Verbrechen, wenn es sich bei dem Mann um einen Arier handelte, noch dazu um einen Herzog. Die antifaschistischen Kritiker des Films wiederum empfanden es als vernachlässigendswert, daß eine Nichtjüdin geschändet wurde. Schließlich befindet sich Minchen Fiebelkorn ja auf der Täterseite.

Ferdinand Marian und Werner Krauss
in *Jud Süß*

Eine Szene, die für viel Aufregung gesorgt hat, ohne diese zu rechtfertigen, ist der Einzug der Juden in Stuttgart. Die Menschen, die mit ihren Karren und ihrem Gepäck durch die Straßen ziehen, sehen eher ärmlich als gefährlich aus. Keiner von ihnen macht den Eindruck, als wolle er sich auf eine Christin stürzen – und die sexuelle Bedrohung ist ja weiterhin das zentrale Thema. Aus dem Zusammenhang genommen, unterscheidet sich diese Szene nicht vom Auszug der Sklaven in Cecil B. DeMilles *Die zehn Gebote* (1956). Ihre Aussage lautet, schlimm genug: orthodoxe Juden sind schmutzig und passen nicht ins saubere Stuttgart. Dazu leistet auch Zellers Musik einen Beitrag, die mit subtil eingesetzten, sehr hohen Violinenklängen das Herumfliegen von Insekten, also einen Hauch von Verwesung suggeriert. *Jud Süß* ist eindeutig ein Plädoyer für die Deportation von Juden. Und es wird eine Forderung von Martin Luther zitiert, man solle alle Synagogen niederbrennen. Die Vernichtung aller Juden aber fordert der Film an keiner Stelle, diese Botschaft ist erst retrospektiv hineininterpretiert worden. Die Lynchstimmung, die er gegen Süß und gegen Levy aufbaut, unterscheidet sich nicht von der Lynchstimmung, die in den meisten Genrefilmen gegen Bösewichter aufgebaut wird.

Obwohl er als Musterbeispiel eines Propagandafilms gilt, vermeidet *Jud Süß* erstaunlich oft die zu erwartenden Eindeutigkeiten. Welche Wirkung der Einfallsreichtum von Harlans Regie erzeugt, hängt ganz von

Kristina Söderbaum in *Jud Süß*

den Interessen und den Sehgewohnheiten des jeweiligen Zuschauers ab. Wenn Süß das Haus des Schmiedes Bogner halbieren läßt, weil ein Teil des Grundstücks jetzt ihm gehört, dann werden einige Zuschauer über die Ungerechtigkeit entsetzt sein, die dem tüchtigen Mann widerfährt; andere werden von der architektonischen Leistung beeindruckt sein, die Otto Hunte und Karl Vollbrecht vollbracht haben. Das halbierte Haus würde gut in Hans Poelzigs Golem-Stadt passen. Oder die Szene, in der Süß und Levy ein Gespräch belauschen, bei dem ihre Verbannung gefordert wird: sie blicken durch den Schlund einer Teufelsfratze, die die barocke Stuckdecke des herzöglichen Arbeitszimmers ziert. Harlans Spiel mit der ungewöhnlichen Perspektive ist so selbstverliebt-brillant, daß das formale Spiel die Botschaft in den Hintergrund drängt. (Ein visuelles Motiv aus *Verwehte Spuren* wird hier wiederaufgenommen: das Bild im Bild. Wir sehen Süß und Levy vor einer Wand mit einem Loch, und in diesem Loch stehen die Stuttgarter, die die Vertreibung der Juden fordern.) Das Purim-Fest – jene Sequenz, die Harlan ursprünglich in Lublin drehen wollte – ist hell ausgeleuchtet, abweichend von den Produktionsentwürfen Otto Huntes, hat also bei aller Fremdheit nichts Bedrohliches an sich, obwohl dem Regisseur später vorgehalten wurde, er hätte eine jüdische Feier mit weniger ekstatischen Ritualen wählen sollen.

Neben verteidigungswürdigen Szenen stehen die peinlichen, plumpen Momente. Vor allem Werner Krauss ist stellenweise zu so starkem Chargieren angehalten worden, daß Marian, als er sagt: »Ja ja, schon gut, Levy«, seinen Kollegen zu mehr Zurückhaltung zu ermahnen scheint. Diffamierend ist auch Krauss' erster Auftritt als Rabbi: hustend, würgend, sich räuspernd. Kraftausdrücke, sonst in Filmen aller Länder tabu, sind hier plötzlich erlaubt, sobald sie sich nur gegen Juden richten. »Du Scheißkerl«, darf zu Süß gesagt werden, wohl als Aufforderung an das Publikum, es nach dem Ende des Films gleiches auf der Straße zu tun. Wenn der junge Faber, entsetzt über den Tod seiner Frau, voller Mordswut »Jude!« schreit, betont die Musik nur kurz seine Wut, um dann das zärtliche Dorothea-Thema erklingen zu lassen, Fabers auch in dieser Situation noch edlen Gefühle betonend. Das Todesurteil gegen Süß, mit seinen fadenscheinigen Argumenten, unterstreicht schließlich die absurde, menschenverachtende Gesetzgebung sowohl der Justizorgane des 18. Jahrhunderts als auch der NS-Justiz, was ihre Urteilsbegründung angeht. Die Stuttgarter hassen Jud Süß, weil er das einfache Volk ausgebeutet, weil er eine junge Frau vergewaltigt und in den Tod getrieben hat. Aber deswegen wird er nicht hingerichtet. Vielmehr stehen nach einem alten Gesetz sexuelle Handlungen zwischen einem Juden und einer Christin unter Todesstrafe, was bedeutet: selbst wenn Dorothea sich in Süß verliebt und sich freiwillig mit ihm eingelassen hätte, hätte er sterben müssen.

Geistig wache Zuschauer werden trotz der geschickten Dramaturgie gemerkt haben, daß das Gesetz gegen ›Rassenschande‹ nur als billiger Vorwand herhalten mußte, um einen unbequemen Mann aus dem Weg zu räumen.

Die visuelle Gestaltung der Hinrichtung, während der dekorativ der Schnee fällt, hat Harlan vom britischen Film kopiert. Allerdings ist bei ihm der Käfig, mit dem Süß in die Höhe gezogen wird, in rascher Schnittfolge aus verschiedenen Perspektiven zu sehen. Das suggeriert eine höhere Zuschauerzahl: ob vom Parkett oder vom obersten Rang aus, ob von links außen oder rechts außen, von überall richten sich die Augen auf das Spektakel, das bei Bardèche und Brasillach Begeisterung auslöste und das Fritz Hippler in seinem Buch ›Betrachtungen zum Filmschaffen‹ zu der Erkenntnis veranlaßte: »Im übrigen ist die Inhaltsmöglichkeit des ›happy-ends‹ vielfältiger, als man denkt; es kann beispielsweise in dem Kuß eines Liebespaares bestehen oder im Tod der ›Annelie‹, die sich mit ihrem Mann wieder vereint, auf der anderen Seite aber auch im Aufhängen des ›Jud Süß‹ u.a.m.« [40]

Jud Süß endet mit der Verkündung eines Gesetzes: »Alle Juden haben innerhalb dreier Tage Württemberg zu verlassen. Für ganz Württemberg gilt hiermit der Judenbann. Gegeben zu Stuttgart im Februar 1738. Mögen unsere Nachfahren an diesem Gesetz ehern festhalten, auf daß ihnen viel Leid erspart bleibe an ihrem Gut und Leben und an dem Blut ihrer Kinder und Kindeskinder.« Die Verlesung des Judenbanns hat Zeller mit einer ›Erlösungs-Musik‹ unterlegt, wie sie auch in religiösen Filmen zu hören ist, etwa wenn Jennifer Jones in *Das Lied von Bernadette* (1943) die heilige Jungfrau erblickt, oder wenn in DeMilles *Die zehn Gebote* Gott zu Moses spricht.

Spätere Generationen wundern sich oft darüber, wieso ein Film bei seiner Erstaufführung die Gemüter erregt hat. Wie schlimm ist *Jud Süß*? Hat er angesichts der unzähligen Hetzfilme, die im Dritten Reich gedreht wurden, seinen Ruf verdient? Tatsache ist: Vorführungen von *Jud Süß* wurden von judenfeindlichen Zwischenrufen begleitet, und auf der Straße kam es danach nicht selten zu Gewalthandlungen gegen Juden. Der Reichsführer-SS Heinrich Himmler schrieb am 30. September 1940 einen Erlaß: »Ich ersuche Vorsorge zu treffen, daß die gesamte SS und Polizei im Laufe des Winters den Film *Jud Süß* zu sehen bekommt.« [41] Wachmannschaften in den Konzentrationslagern mußten ihn sich ansehen, oder behaupteten dies in späteren Prozessen, um ein milderes Urteil zu bekommen: Ähnlich wie Sexualstraftäter ihre Schuld zu vermindern meinen, wenn sie die Hersteller von Gewalt- und Sexfilmen verantwortlich machen, die sie zu ihren Straftaten animiert hätten, so konnten auch KZ-Wärter behaupten, sie seien eigentlich ganz friedliebende Menschen gewesen – wäre da nicht Veit Harlan gekommen, der sie mit *Jud Süß* manipuliert und mordende Bestien aus ihnen gemacht hat.

An den Darstellungen der orthodoxen Juden in Mendes' und in Harlans Film läßt sich sehr gut ein Kontrast zwischen Absicht und Wirkung studieren. Werner Krauss liefert teilweise eine üble Karikatur, dennoch bleibt er noch in seinen peinlichsten Momenten ein Virtuose, ein Schauspieler von Weltrang, und strahlt eine Faszination jenseits von Gut und Böse aus. In dem philosemitisch gemeinten britischen Film *Jew Suss* werden die orthodoxen Juden auf Kauzigkeit und humorlose Frömmigkeit reduziert, während höhere geistige Dimensionen ausgespart bleiben. Das heißt: die britischen Juden sind positive Figuren ohne Substanz, die deutschen Juden dagegen negative Figuren von großer Faszination. Eine Faszination, die dadurch noch verstärkt wird, daß der Gegenspieler von Jud Süß von keinem germanischen Hünen wie Hans Albers oder Curd Jürgens, sondern von dem eher schmächtigen und – anders als Horst Caspar – kein bißchen edelmütigen Malte Jaeger gespielt wird. Der Aktuarius Faber ist unfähig, seine Verlobte Dorothea zu beschützen; ein ›running gag‹ des Films besteht darin, daß Faber ständig unterbrochen wird, wenn er Dorothea küssen will. Jud Süß Oppenheimer hat, obwohl er einer scheinbar ›minderwertigen Rasse‹ angehört, unter den Württembergern keinen gleichwertigen Gegenspieler.

In seinem Buch ›Kino wider die Tabus‹ (1974) ging Amos Vogel auf die Mehrdeutigkeit des Films ein, den Goebbels sich doch so eindeutig gewünscht hatte. Der »große deutsche Schauspieler Werner Krauß« sorge »in einem der düstersten antisemitischen Filme, die je gedreht wurden«, für Irritation: »Die Nachschöpfung durch Krauß ist so detailliert und so eigenartig – sogar Mund und Augen versuchen den jüdischen Archetyp zu imitieren –, daß plötzlich eine fremdartige Würde durchzuscheinen beginnt.« [42]

Viele Irrtümer kursieren über Harlans Werk, an denen man sehen kann, wie flüchtig es untersucht worden ist. Verschiedene renommierte Autoren – Régine Mihal Friedman, Gertrud Koch, Karsten Witte, Marc Ferro – haben sich unabhängig voneinander mit vier Überblendungen befaßt, die *Jud Süß* enthalten soll und mit denen er sich angeblich verraten habe. (Nach Wolf Donner sind es sogar nur drei. [43])

Es handle sich bei ihnen um die einzigen Spezialeffekte des Films, und sie alle hätten die Aussage: Juden und Christen gehören zu zwei verschiedenen Welten; außerdem verfüge der Jude den Überblendungen zufolge über zwei Gesichter, mit denen er je nach Belieben in der einen oder der anderen Welt bestehen kann. Bei den vier Überblendungen handele es sich um folgende:

1) Das Württemberger Wappen geht in ein hebräisches Emblem über. Zwei Welten werden somit kontrastiert, der Hof und das Ghetto.

2) Das Bild des unrasierten Kaftan-Juden Oppenheimer wird überlagert vom Bild des eleganten Kavaliers Oppenheimer, rasiert und mit vollendeten Manieren.

3) Süß wirft vor den Augen des Herzogs Goldstücke auf den Tisch, die sich in graziöse Ballerinen verwandeln, d.h. er hilft mit seinem Geld dem Herzog, seine sexuellen Wünsche zu verwirklichen.

4) Eine Umkehrung von Überblendung Nr. 2: Jud Süß wird verhaftet, und das Bild des aalglatten Dandys geht über in das Bild des unrasierten Häftlings. (Dem Aktuarius Faber ist in der Haft kein Bart gewachsen.)

Daß es diese vier Überblendungen gibt, ist zu konstatieren, und auch ihre Interpretation erscheint einleuchtend. Nur kommen zu diesen vier Überblendungen noch acht weitere hinzu, die die Filmhistoriker einfach ignoriert haben, weil sie sich nicht entsprechend interpretieren ließen. Aber sie sind deutlich vorhanden, und es besteht kein Grund, über sie hinwegzusehen. Die insgesamt zwölf Überblendungen sind:

1) Württemberger Wappen – jüdisches Emblem.

2) Der weißbärtige Jude, der sich aus dem Fenster lehnt, fordert die junge Frau an seiner Seite auf, sich anzuziehen – die erste Aufnahme von Jud Süß Oppenheimer.

3) Der unrasierte Süß – der rasierte Süß (vorher Überblendung Nr. 2).

4) Süß wird trotz seiner Verkleidung von Faber als Jude erkannt – der Herzog bestaunt die Diamanten, die Süß ihm mitgebracht hat, d.h. Süß hat die finanzielle Macht, sich umgehend für die Demütigung durch Faber zu rächen.

5) Diamanten auf den Tisch – Ballerinen (vorher Überblendung Nr. 3).

6) Auf Veranlassung von Levy wird ein Brückenzoll für die Stuttgarter Bürger erhoben – der Plan wird ausgeführt, es kommt zu Protesten.

7) Süß erklärt dem Ehepaat Bogner, warum er ihr Haus halbieren muß – Handwerker zerschlagen die Hälfte des Hauses.

8) Arbeiten an dem Haus werden durchgeführt – das Haus ist fertig halbiert.

9) Sturm sorgt sich nach dem Einzug der Juden um das Blut seines Volkes – Besuch des Obristen Röder beim Herzog.

10) Süß empfiehlt dem Herzog, sich nach den Aszendenten des Rabbis zu richten – jüdisches Emblem beim Empfang des Rabbi Loew durch Süß.

11) Sturm erklärt Süß, der um die Hand Dorotheas anhält, daß sie bereits versprochen wurde – Trauung von Dorothea und Faber.

12) Der rasierte Süß bei der Verhaftung – der unrasierte Süß im Kerker (vorher Überblendung Nr. 4).

Soweit zu den mindestens zwölf Überblendungen. (Wieviele es in der ursprünglichen Fassung gegeben hat, läßt sich nicht mehr rekonstruieren.) Durch diese hohe Zahl werden die anderen vier Überblendungen relativiert. Und selbst wenn die vier Überblendungen die exponierte Stellung einnehmen würden, die ihnen zugeschrieben wird, bleibt die Frage, was so verwerflich sein soll an der Kontrastierung zweier Welten. Ein wesentlicher Mangel des britischen Süß-Films war ja gerade die Unfähigkeit des Regisseurs, den Hof und das Ghetto als zwei Welten voneinander abzuheben, wodurch ein Konflikt zwischen Juden und Christen völlig geleugnet wurde. Auch ein humanistischer Film ist auf die Darstellung der Unterschiede zweier Parteien angewiesen.

In den zahllosen Abhandlungen über *Jud Süß* ist ein erfreuliches, weil antirassistisches Detail übersehen worden: der schwarze Diener des Herzogs, der zuverlässig und würdevoll dargestellt wird. Harlan beschäftigte denselben Darsteller in *Pedro soll hängen*.

So wie Harlans *Jud Süß* seinen britischen Vorgänger im Sinne der deutschen Propagandamaschinerie korrigieren sollte, versuchte das Zweite Deutsche Fernsehen 1983, Harlan zu korrigieren. *Joseph Süss Oppenheimer* hieß das Fernsehspiel, in dem unter Rainer Wolffhardts Regie Jörg Pleva den Süß und Manfred Krug den Herzog verkörperte. (Die Erstausstrahlung war für den 24. Januar 1984 vorgesehen, doch wegen einer Israel-Reise des Bundeskanzlers Helmut Kohl beschlossen die Verantwortlichen des Senders, den Film erst am 14. Februar zu präsentieren.) Der Film verzichtete auf die Darstellung von Oppenheimers Korruption, seiner Denunziationen und Erpressungen und seines Sexualtriebes. Die Botschaft lautete: Wenn ein Jude anständig ist, verdient er unsere Sympathie. Mut aber hätte es gerade erfordert, auch für einen korrupten, ausschweifenden Juden Partei zu ergreifen.

»Mit der Verharmlosung der Oppenheimerschen Politik«, kritisierte Anke-Marie Lohmeier, »und der Charakterisierung ihrer Gegner als aggressive Antisemiten wird Süß von Anfang an in die Rolle eines wehrlosen Opfers gedrängt, und um diese Opferrolle plausibel zu machen«, sei dem Film jedes Mittel recht, zum Beispiel »Süß' Magenleiden, das als Folge seiner bedrückenden Existenz als Jude darzustellen« Autor und Regisseur sich nicht genierten. »Der Film appelliert damit an das Mitgefühl, nicht an das Rechtsbewußtsein seiner Zuschauer.« [44]

Es gab noch einen weiteren, in diesem Zusammenhang erwähnenswerten antisemitischen Film: *Der ewige Jude* (Drehbeginn bereits am 11. Oktober 1939, in der Zeitschrift ›Der Film‹ schon im Januar 1940 besprochen, aber erst am 28. November 1940 uraufgeführt), als »Dokumentarfilm über das Weltjudentum« angekündigt, ist der wohl radikalste Hetzfilm aller Zeiten, der ultimative Haß-Film. Er bemüht sich erst gar nicht um Subtilitäten und bombardiert den Zuschauer mit antisemitischen Beschimpfungen, ohne ihm Zeit zum Nachdenken zu lassen. Aufnahmen aus neu errichteten Ghettos in Polen sowie Ausschnitte aus alten Filmen mit Curt Bois in Frauenkleidern, Kurt Gerron schwitzend im Unterhemd und Peter Lorre als Kindermörder in *M* sollten die Vorliebe des Juden für alles Schmutzige und Häßliche belegen. Eine Graphik, die die Wanderung der Juden mit der von Ratten quer durch Europa vergleicht, sowie Aufnahmen einer Schächtung, das Durchtrennen von Rinder- und Schafskehlen, bilden den grausigen Höhepunkt. (Die Schächtszenen sollten ursprünglich in *Jud Süß* eingesetzt werden, ließen sich dort allerdings nicht integrieren. Ein Kuriosum an Rande: Ohne bei der Kritik Empörung zu verursachen, bediente sich Ernst Hofbauer 1972 in seinem Pseudo-Aufklärungsfilm *Mädchen beim Frauenarzt* einer fast identischen Graphik, um die Verbreitung von Geschlechtskrankheiten durch Kontakte zu Süd- und Südosteuropäern zu verdeutlichen.) Von der endgültigen Schnittfassung und den Kommentaren hat sich Dr. Fritz Hippler, dessen Name im Vorspann genannt wird, später distanziert.

Ein Erfolg war *Der ewige Jude* nicht, was weniger mit seinem Inhalt als mit seiner Form zu tun hat. Diese »Symphonie des Ekels« war seine Art Vorwegnahme des Splatter-Kinos der ausgehenden sechziger und siebziger Jahre. *Der ewige Jude* verhält sich so zu *Jud Süß* wie eine Vergewaltigung zu einer Verführung. Es ist unmöglich, diesen Film zu verteidigen; wahrscheinlich ist es auch deshalb erst gar nicht zu einer Anklage gekommen. Ein anderes Machwerk, das Historiker des NS-Films ignorieren, obwohl es der ebenso antisemitischen Filmaktion zuzurechen ist, entstand 1942 in Polen: *Juden, Läuse, Typhus*. Er lieferte ein Plädoyer für die Isolierung von Juden aus ›sanitären‹ Gründen. [45]

Im August 1940 erschien ein ganzseitiges rotes Plakat in der Sonderausgabe der Zeitschrift ›Der deutsche Film‹, auf dem der neueste Harlan-Film der Tobis angekündigt wurde: Kristina Söderbaum als *Agnes Bernauer*, der zweite Versuch. »Wie in seinem Film *Das unsterbliche Herz* gestaltet hier Veit Harlan wieder das dramatische zeitlose Schicksal einer geschichtlichen Persönlichkeit aus der Epoche zwischen Mittelalter und Neuzeit: Agnes Bernauer, der ›Engel von Augsburg‹, die Tochter des Baders und Chirurgen, die unebenbürtige Gemahlin des Herzogs von Bayern. Der Lebensbund zwischen diesen beiden Menschen, die Kämpfe um die Anerkennung ihrer heimlichen Ehe und der Tod der als Hexe verfolgten Agnes bilden die Handlung des tragischen Films.« [46]

Aber es kamen schon wieder andere Pläne dazwischen, und *Agnes Bernauer* mußte erneut aufgeschoben werden. Bereits im April, während der Dreharbeiten zu *Jud Süß*, war ein neuer, aufwendiger Fridericus-Film mit

Harlan besprochen worden. Am 12. September äußerte sich Joseph Goebbels dann zu einem weiteren Vorhaben, dessen Nichtzustandekommen zu bedauern ist: »Der Führer regt einen neuen, ganz großen und monumentalen Nibelungenfilm an. Ich spreche gleich mit Hippler und Harlan darüber. Harlan ist Feuer und Flamme dafür. Er ist auch am besten dazu geeignet. 1 ½ Jahre gebe ich ihm Zeit.« [47] Der Plan kann nicht lange diskutiert worden sein, denn weder hat Harlan ihn in seiner Autobiographie erwähnt, noch kann sich Hippler an derartige Pläne erinnern. [48]

Schließlich fiel am 24. September 1940 die erste Klappe für den Fridericus-Film *Der große König*. Als Harlan trotzdem an *Agnes Bernauer* weiterarbeitete, im November gar ein Exposé mit Produktionsentwürfen einreichte, verlor Goebbels ein für allemal die Geduld. Fritz Hippler mußte das Exposé an den Einsender zurücksenden, mit dem Hinweis (datiert vom 2. Dezember 1940): »Ich teile Ihnen mit, daß Ihre nächste Arbeit ein anderes Thema zum Inhalt haben soll und es sich für Sie empfehlen würde, sich von Ihrer Begeisterung, *Agnes Bernauer* als Regisseur zu gestalten, langsam aber radikal zu lösen.« [49] Über ein Jahr lang hatte Harlan an dem Projekt gearbeitet, und alles war jetzt umsonst. Ein weiteres Vorhaben, *Frau Föns*, mußte ebenfalls fallengelassen werden. *Der große König* hatte Vorrang.

Ein neuer Fridericus-Film war erstmals im November 1939 von Emil Jannings vorgeschlagen worden; der Tobis-Chef wollte Werner Krauss in der Hauptrolle sehen. Goebbels erwähnte am 5. April 1940 in seinem Tagebuch »einen Fridericus-Film für Harlan nach Jud Süß« [50], allerdings, wie er am 26. April hinzufügte, »den Friedrich nach Kunersdorf, nicht den Gartenlaube-Friedrich von Gebühr«. [51] Harlan übernahm für das Drehbuch die alleinige Verantwortung. Zu den Autoren, von denen er sich inspirieren ließ, gehörte Thomas Mann, den Alfred Kerr den »Vater des Fridericus-Kultes« nannte. [52]

Ausgehend von Preußens Niederlage bei Kunersdorf 1759, schildert Harlans Drehbuch die Kriegsmüdigkeit des Volkes und den Versuch des Königs, seine Machtposition und Preußens Ehre wiederherzustellen. Er muß sich gegen Intrigen aus Wien und Frankreich zur Wehr setzen und ist auch in Berlin von Menschen umgeben, die Frieden um jeden Preis bevorzugen. Schließlich gewinnt er die Schlacht bei Torgau, aber statt sich im Ruhm zu sonnen, geht er allein in die Kirche von Kunersdorf und träumt dort von einer friedlichen Zukunft. »Gute Ansätze, aber noch lange nicht ausreichend«, kommentierte Goebbels am 19. Juli Harlans erstes Exposé. [53] Erst im August 1940 war der Minister zufrieden.

»Veit Harlan zeichnet in seinem Fridericus-Film den einsamen König«, verkündete der ›Film-Kurier‹ im März 1941, als die Dreharbeiten schon begonnen hatten, und erläuterte »Die Tendenz des Regisseurs zur symbolischen Überhöhung und zum Pathos des Bildes«. »Eine bewußte Steigerung ins Erhabene«, Szenen, die »in ihrer ekstatischen Durchführung unwirklich« erscheinen, wurden von dem Filmjournalisten Heinrich Koch schon anhand von Harlans Drehbuchnotizen erkannt. [54] Die gesamte Presse widmete sich alsdann der Aufgabe, Parallelen von Friedrich dem Großen zu Adolf Hitler aufzuzeigen, ohne dabei den Namen des Führers zu nennen. Harlans König will Frieden und muß doch Krieg führen, weil ihn andere Nationen dazu zwingen. *Der große König* sollte kein beliebiger historischer Film werden; seine Handlung ist noch nach dem offiziellen Drehschluß der Tagespolitik angepaßt worden. Erstaunlich früh wurde hier die Kriegsmüdigkeit des Volkes thematisiert, wie man es von einem Film vor Stalingrad kaum vermutet hätte.

Gespart werden mußte nicht. Bis 1940 hatten auch die teuersten Filme des NS-Kinos nur etwas über zwei Millionen RM gekostet, doch ab 1941 jagte ein Großfilm den anderen: Gustav Ucickys anti-polnischer Hetzfilm *Heimkehr* (1941) kostete vier, Hans Steinhoffs antibritisches Buren-Epos *Ohm Krüger* (1941) fünfeinhalb und Josef von Bakys Agfacolor-Märchen *Münchhausen* (1943) sechseinhalb Millionen RM. Harlans Fridericus-Film kam mit einem Budget von 4.779.000 RM aus – das ist erstaunlich wenig angesichts seiner üppigen Schlachtszenen und läßt sich dadurch erklären, daß nicht die berittenen Soldaten, sondern nur ihre Kostümschneider bezahlt werden mußten. Harlan erinnerte sich: »Für den Film *Der große König* wurde mir alles zur Verfügung gestellt, was ich für notwendig hielt. Ich bekam fünftausend Pferde, als ich sie brauchte, und ich durfte mit echten Soldaten Schlachten jeden Ausmaßes drehen. Auf Geld kam es nicht an. Der General Daluege stellte mir nahezu die gesamte Berliner Polizei zur Verfügung.« [55]

Nicht nur Harlan, auch Hippler empfand Werner Krauss als den idealen Hauptdarsteller, aber Hitler soll diese Besetzung als Treuebruch gegenüber Otto Gebühr empfunden haben, der schon lange vor 1933 ein Förderer der nationalen Idee gewesen sei. Um Kristina Söderbaum in seinem Film zu beschäftigen, griff Harlan auf eine Anekdote zurück, nach der der König eine zerschossene Mühle als Quartier genutzt und eine Müllerstochter ihm gegenüber, ohne von seiner Identität zu wissen, ihrem ganzen Unmut Luft gemacht haben soll. Für diese junge Frau, Luise heißt sie im Film, benötigte Harlan eine Liebeshandlung, also baute er auf einer anderen Anekdote vom einfachen Feldwebel, der für seine widerrechtliche Eigeninitiative in einer Schlacht belohnt und zugleich bestraft werden mußte, die Figur des Feldwebels Treskow auf. Besetzt wurde diese Rolle mit Goebbels' Rivalen bei Lida Baarova, Gustav Fröhlich. Zum ersten Mal seit ihrer Scheidung trat Hilde Körber wieder bei Harlan auf. Sie spielte während der Dreharbeiten zum *großen König* am Deutschen Theater die Mascha in Tschechows »Drei Schwestern« und mußte sich auch hier, als vernachlässigte Königin Elisabeth, entsagungsvoll geben. Kurt Meisel wurde als ›der schöne Alfons‹ besetzt, ein Kurier, der von Schmuggelgeschäften lebt und ein Attentat auf den König plant. (Paul Hörbiger hatte Meisels Rolle empört abgelehnt, weil er sie als Hetze gegen Österreich empfand.)

Große Namen sind auch für die übrigen Rollen engagiert worden: Paul Wegener als listiger General Tschernitscheff, Paul Henckels als feiger Grenadier Spiller, Elisabeth Flickenschildt als dessen Frau, Otto Wernicke als gutmütig-autoritärer Oberst Rochow und Hans Nielsen als Fähnrich Niehoff, Treskows bestem Kameraden. Lola Müthel, die Tochter von Harlans altem Freund Lothar Müthel, spielte die Madame Pompadour und bekam Ernst Fritz Fürbringer als Partner zugeteilt, der den Ludwig XV. verkörperte. Für Kamera und Musik waren wie gehabt Bruno Mondi und Hans-Otto Borgmann zuständig, während die Bühnenmaler Erich Zander und Karl Machus zum zweiten Mal die Ausstattung überwachten. Ludwig Hornsteiners Kostüme, deren Akkuratesse und Attraktivität zum Schauwert von *Jud Süß* beigetragen hatten, sollten hier dasselbe leisten.

Während der Dreharbeiten besuchte Harlan wiederholt Leni Riefenstahl, die im Atelier nebenan *Tiefland* inszenierte. Somit entstand das Gerücht, er habe seiner berühmten Kollegin bei der Arbeit geholfen. Derartige Hilfe hatte sie allerdings nicht nötig, und bei zwei so starken Individualisten hätte sich eine Zusammenarbeit auch schwierig gestaltet.

Nach etwa drei Monaten Drehzeit ging das zweite Kriegsjahr 1940 zuende. Goebbels äußerte sich zufrieden in seinem Tagebuch: »Abends kleine Gesellschaft zur Jahreswende. Hommels, Harlans, Frau Slezak, Harald. Wir plaudern und tauschen Erinnerungen aus. Es ist sehr nett. Wie viel haben wir im vergangenen Jahr erlebt, und was wird das neue Jahr uns bringen? Wir hoffen alle: den Sieg.« [56]

Noch während der Dreharbeiten zum *großen König*, im Februar 1941, reiste Harlan mit Kristina Söderbaum nach Zürich, wo *Die Reise nach Tilsit* in festlichem Rahmen uraufgeführt wurde. Mitte April 1941 war dann *Der große König* fertig. Harlan führte den von Friedrich Karl von Puttkamer geschnittenen Film zuerst Emil Jannings und anderen Mitarbeitern der Tobis vor. »Es war ein ›Kolossal-Gemälde‹ im Stil des Malers Anton Werner«, stellte der Regisseur zufrieden fest. [57] Am 19. April 1941 erschien im ›Film-Kurier‹ ein ganzseitiges Plakat mit dem Hinweis »Fertiggestellt – Uraufführung demnächst«. Aber an eine baldige Uraufführung war nicht zu denken. »Vollkommen mißlungen«, befand Goebbels am 1. Juni 1941. »Das Gegenteil von dem, was ich gewollt und erwartet hatte. Ein Friedrich der Große aus der Ackerstraße. Ich bin sehr enttäuscht. Noch lange mit Hippler und Demandowski beraten.« [58] Am 6. Juni fügte er hinzu: »Mit Hippler die Umarbeitung des *Großen Königs* besprochen. Harlan ist, wie ich erwartete, unbelehrbar. Ich werde damit u. U. einen ganz neuen Regisseur beauftragen.« [59] Und am 15. Juni: »Harlans *Großen König* will Jannings etwas überarbeiten. Auch er findet ihn indiskutabel.« [60]

Es zeigte sich einmal mehr, daß Harlan in einem goldenen Käfig arbeitete. Ihm wurden alle erdenklichen Mittel zur Verfügung gestellt, dafür aber die Kontrolle über das Endprodukt entzogen. *Pedro soll hängen* war nach fast zwei Jahren noch immer nicht aufgeführt, und ein weiteres Lieblingsprojekt, der Farbfilm *Die goldene Stadt* für die Ufa, mußte aufgrund der Querelen um den Fridericus-Film aufgeschoben werden.

Daß die Liebeshandlung zwischen Luise und Treskow auf ein Minimum zu reduzieren war, stellte noch das geringste Problem dar. Entscheidender war ein anderer Fehler. In der ursprünglichen Fassung verhalf ein russischer General dem König zu einem Sieg; das durfte nach dem Überfall auf die Sowjetunion am 22. Juni 1941 nicht mehr gezeigt werden. Die Geschichte mußte korrigiert werden, was teure Nachaufnahmen mit Paul Wegener zur Folge hatte. Die Autoren Gerhard Menzel und Hans Rehberg (Verfasser des Schauspiels ›Der Siebenjährige Krieg‹) halfen beim Umschreiben. Einige Nachsynchronisationen waren erforderlich, um das starke Berlinern des Königs zu reduzieren. (In einer Rede zu Beginn des Films sagt Otto Gebühr immer noch »weita« anstelle von »weiter«.) Eine Enttäuschung erlebte Lola Müthel, deren Madame Pompadour völlig der Schere zum Opfer fiel, genauso wie Ernst Fritz Fürbringer, Hilde von Stolz (Dauphine) und Auguste Pünkösdy (Maria Theresia).

Beruflich kaltgestellt war Harlan wegen des Fridericus-Fiaskos keineswegs. Im Gegenteil, schon wieder wartete ein Großfilm auf ihn: *Narvik*, ein Kriegsepos für die Ufa, dessen Drehbuch Felix Lützkendorf verfaßt hatte. Im August 1940 war erstmals über dieses Vorhaben gesprochen worden, und obwohl sich Karl Ritter als Regisseur angeboten hätte, ging die Aufgabe an Harlan. Goebbels schrieb am 4. April: »Mit Harlan ›Narvik‹-Film durchgesprochen. Er will ihn im Herbst drehen. Er muß ganz groß werden. Harlan bietet eine gewisse Gewähr dafür.« [61] (Man beachte den reservierten Enthusiasmus von Goebbels.) Musik sollte wieder eine wichtige Rolle spielen. Goebbels schwebte eine Szene vor, in der sich Matrosen nach der Versenkung ihrer Torpedoboote Radioapparate zusammenbauen; mitten in der Nacht, in den verschneiten Bergen Norwegens, hören sie ein von Furtwängler dirigiertes Konzert, bestehend aus dem Horst-Wessel-Lied, dem Deutschlandlied und der 9. Symphonie von Beethoven.

Harlan flog nach Narvik, wo ihm die deutschen Offiziere klarmachten, daß ein Film mit spektakulären Kampfszenen nicht vor Ort realisiert werden könnte. Der Regisseur verlangte – entweder in einem Anflug von Größenwahn oder mit Sabotagegedanken – »vier Torpedoboote, wenigstens ein Schlachtschiff, hundert Transportflugzeuge, aus denen in mehreren Anflügen fünftausend Fallschirmjäger abspringen und außerdem sechs Stukas«. [62]

Ganz nebenbei und unauffällig erlebte *Pedro soll hängen* am 11. Juli 1941 seine Uraufführung in München. »Laut und geräuschvoll. Literatur. Ein Ver-

Pedro soll hängen

sager«, hatte Goebbels am 23. März 1940 geurteilt. [63] Harlans letzter Majestic-Film kam nur noch in einer verstümmelten Fassung in die Kinos, und der Name des Autors und Regisseurs wurde im Programmheft nicht einmal genannt. Dafür, daß die Tobis nicht viel mit ihm anzufangen wußte, und trotz der kaum vorhandenen Werbung waren die Kritiken sehr freundlich. »In dieser burlesken Filmkomödie mischen sich, wie es dem Geiste ihrer Gattung entspricht, Tiefsinn und Narrheit, Romantisches und Realistisches«, stellte Dr. Günther Sawatzki fest. Hier spüre man »in der plastischen Durchgestaltung der Massenszenen wie in der Intensivierung des Darstellungsstils eine meisterlich sichere Hand. So sind viele prächtige, wenngleich etwas unvermittelt nebeneinanderstehende Szenen entstanden, und die Kamera Bruno Mondis schwelgte in dem Wirbel dramatisch bunter Volksszenen, in kühnen Flug-aufnahmen und Perspektiven, in Großporträts von schöner Eindringlichkeit, in dem Spiel lebendigen Lichts und samtweicher Halbtöne.« [64]

Günther Schwark bemängelte einen Stilbruch bei der Verkündung von Pedros Todesurteil. »Der Film vergißt dabei seine satirische Schärfe. Mit einem Mal scheint es gar nicht mehr darum zu gehen, das Wildwest-Milieu zu parodieren. Nachdem in grotesker Übertreibung bis dahin höllisches Pellagonier-Temperament verpulvert ist, verfällt das Spiel in sokratischen Ernst und versucht sich in der Gefängniszelle in erbaulichen Theatergesprächen über das Fortleben nach dem Tode.« Die Dialoge fügten sich hier »etwas langatmig in den sonstigen Sechsachtel-Rhythmus des Films«. [65] Ernst Jerosch meinte, der Film sei »in seiner jetzigen Fassung eine Quelle ungetrübter Heiterkeit, die Zuschauer freuen sich gewaltig, und mehr war wohl auch nicht beabsichtigt«. [66]

Pedro soll hängen

»Der Film *Pedro soll hängen* ist ein Außenseiter«, stand für den Musikkritiker Dr. Hermann Wanderscheck fest. »Die Frage war, soll auch die Musik diese Stilmischungen von Realismus und Irrationalismus, von Parodie und Ernst, von Komik und Philosophie einfangen oder soll sie nur untermalen oder einige Szenen durch exotische Tanzrhythmen begleiten? Hans-Otto Borgmann hat sein Bestes versucht und zweifellos – das ergibt sich aus manchem Schnitt des Films – diese schillernde Eigenart des Films einfangen wollen ... Die Einleitungsmusik – ein glühendes Tanzlied und eine kontrastreiche, melodisch zarte Kammermusik – umreißt die Stilperspektive treffend.« Bewundernswert sei Borgmanns Bestreben, »die Schaukelstimmungen des Films, das Schweben zwischen Himmel und Erde, zwischen Metaphysik und Satire, zwischen Komödie und Tragikomödie auszugleichen«. [67]

Es hat wenig Sinn, an einem verstümmelten Film dramaturgische Mängel zu beanstanden. Wer *Pedro soll hängen* sieht, muß sich selbst die fehlenden Stücke hinzudenken. Selbst dann fällt es allerdings schwer, Harlans Begeisterung für den Stoff nachzuvollziehen. Die Geschichte des Raufboldes und Casanovas Pedro (Gustav Knuth), der glaubt, seinen Rivalen José (Werner Scharf) im Streit getötet zu haben, zum Tode verurteilt und am Ende wieder begnadigt wird, dürfte sogar für die Liebhaber anspruchslosen Volkstheaters nicht originell genug gewesen sein, es sei denn, man findet es witzig, wenn Ur-Berliner Schauspieler sich als Latinos verkleiden, mit braungeschminktem Gesicht und Mexikanerhut herumstapfen, unbefangen »nee«, »nö« oder »ach Quatsch« sagen und einen »Tekwillah« bestellen.

Kapitalismuskritik darf nicht fehlen. Weil der kleine fiktive Staat, in dem der Film spielt, dringend Geld benötigt, soll Pedro hängen, denn nur dann gilt die Regierung als respektabel und wird von den Amerikanern anerkannt. Das Geld bringt ihn an den Galgen, und Geld könnte ihn retten: Alice (Charlotte Witthauer), die reiche, verwöhnte Amerikanerin, begehrt Pedro wegen seiner angeblichen Tat und läßt sich in einem Anfall von Masochismus mit dem ›Mörder‹ in eine Zelle sperren. »Tut er ihr etwas?« will die Wärterin Evelyne (Trude Tandar) wissen. »Ich glaube ja«, schmunzelt Pedros Freund Manuel (Heinrich George). Alice würde Pedro freikaufen, dazu müßte er aber seine Freundin Pepita (Maria Landrock) verlassen. Und unter diesen Umständen läßt er sich lieber hängen – bis der ›Tote‹ sein Versteck verläßt und die Anklage hinfällig wird.

Ist der Humor, da der Film eine Justizgroteske behandelt, wenigstens gewagt, ein wenig subversiv? Oft scheint es so. Pedro schläft während der Urteilsverkündung und kann daher dem Todesurteil nicht widersprechen, außerdem ist die Leiche seines Opfers nie gefunden worden, damit wird die Willkür des Gerichts bloßgestellt, und wer bereit war, der konnte Parallelen zur deutschen Justiz sehen. Die Bürger, die an einem Tag noch Pedros Begnadigung gefordert hatten, streiten sich am nächsten Tag um die besten Plätze bei der Hinrichtung. »So sind die Menschen«, stellt Manuel resignierend fest. »Man lernt sie verachten.« (Solche Bemerkungen passen eher zum Nachkriegs-Harlan.)

Die Ausstattung von Zander und Machus sowie Bruno Mondis kontrastreiche Fotografie erfreuen das Auge, entsprechen dabei jedoch dem allgemein hohen Standard, den der deutsche Film auf diesen Gebieten aufrechterhalten konnte. Harlans Beteiligung erkennt man an der entfesselten Sinnlichkeit der Kneipenszenen, an den tiefausgeschnittenen Blusen der - Darstellerinnen – so etwas war dann erst wieder in den Sex & Crime-Produktionen der sechziger Jahre zu bewundern. Harlans Hang zur lustvollen Kolportage kam selten so deutlich zum Vorschein wie hier. Während die Fleischbeschau bei den dunkelhaarigen Mädchen Vitalität bedeutet, wird die blonde Alice erbarmungslos als Edelhure diffamiert. Selten ist eine Schauspielerin so erniedrigend eingeführt worden wie Charlotte Witthauer, die in einem offenen Wagen sitzt, breitbeinig in einem Tennisrock. (Man sieht es ihr nicht an, daß sie vom Staatstheater gekommen und eines der *Mädchen in Uniform* gewesen ist.) Dafür erweist sich die Darstellung des schwarzen Dieners, der José in seinem Versteck Gesellschaft leistet, als unerwarteter Glücksfall. Hier ist endlich einmal kein zitterndes Riesenbaby zu sehen, sondern ein athletischer, selbstbewußter Hüne, lustig, aber nie lächerlich.

Sensationell ist schließlich das reife, kraftvolle Spiel von Maria Landrock. Ihre Liebesszenen mit Gustav Knuth sind von einer ungewöhnlichen emotionalen Intensität, die den Film aus dem Gleichgewicht wirft, aber darauf kommt es ja ohnehin nicht mehr an. In Slapstick-Szenen macht sie eine ebensogute Figur. Wenn sie sich ihrem Verehrer Amadeo (Erich Fiedler) auf die Schultern stellt, um durchs Gitterfenster Pedro mit Alice zu beobachten, und dabei plötzlich abrutscht, an den Gittern hängt, dann absolviert sie das mit einer Grazie, die auch Paulette Goddard in den Chaplin-Filmen aufwies. Nicht Veit Harlan, sondern Maria Landrock hat am meisten unter der Zerstörung von *Pedro soll hängen* gelitten. Obwohl noch einige lohnende Aufgaben für sie folgten (neben Emil Jannings in *Altes Herz wird wieder jung*, 1943), ist sie nie wieder mit solch einer Aufmerksamkeit, wenn nicht sogar Besessenheit inszeniert worden wie von Harlan.

212

Das Einspiel wurde auf 1.200.000 RM geschätzt; selbst die Zugkraft der Namen Heinrich George und Gustav Knuth berechtigte bei diesem unkonventionellen Schwank zu keinen höheren Erwartungen. Mit der Freigabe von *Pedro soll hängen* endete für Harlan die unerfreulichste Phase seiner Karriere im Dritten Reich.

Deutsche Seele

Dem Berliner Publikum wurden die Überreste von *Pedro soll hängen* am 25. Juli 1941 vorgestellt, genau an dem Tag, an dem die erste Klappe für *Die goldene Stadt* fiel. Harlans erster Film unter seinem neuen Ufa-Vertrag basierte auf dem Schauspiel »Der Gigant« von Richard Billinger und handelte von der verhängnisvollen Sehnsucht der Bauerntochter Anuschka nach der ›goldenen Stadt‹ Prag. Anuschkas Illusionen werden brutal zerstört, als Toni, der Sohn ihrer Tante Donata Opferkuch, sie verführt und anschließend im Stich läßt. Der Vater, der Bauer Melchior Dub, verstößt sie, nachdem er sich zur Heirat mit seiner Wirtschafterin Maruschka entschlossen hat, und Anuschka geht, von allen verlassen, ins Moor. Dort hatte bereits ihre Mutter den Tod gefunden.

Billinger, 1893 geboren, war selbst bäuerlicher Herkunft und behandelte in seinen Stücken wiederholt den Stadt-Land-Konflikt. Für das Stück »Rauhnacht« hatte er 1931 den Kleistpreis erhalten, doch trotz seiner Blut- und Boden-Mystik schien seine vielversprechende Karriere mit Beginn des Dritten Reiches beendet. Zu finster und barbarisch wirkten seine Figuren. Der Nazi-Dichter Josef Magnus Wehner warf ihm »hemmungslose Geilheit« vor und zeigte ihn 1934 wegen »widernatürlicher Unzucht« an. Die Gestapo holte Billinger ab, der daraufhin drei Monate Untersuchungshaft in München absitzen mußte. Gerüchte kursierten, er habe zum Kreis um Ernst Röhm gehört. Als Käthe Dorsch von der Situation erfuhr, intervenierte sie bei Göring, und am 23. März 1935 wurde Billinger zusammen mit einem Mitangeklagten, Johann Reil, von allen erhobenen Vorwürfen freigesprochen. (Geändert hat er sich nicht: zu den handelnden Personen seines 1953 erschienenen Schauspiels »Das nackte Leben« gehört ›der Kastrierer‹.)

Billingers Werke wurden nicht verboten, aber die Intendanten scheuten sich, sie zu spielen, da der Name befleckt war. Erst Gustaf Gründgens setzte sich für Billinger und sein neuestes Stück »Der Gigant« ein und brachte es 1937 am Staatstheater heraus. Unter Jürgen Fehlings Regie spielten Käthe Gold (Anuschka), Eugen Klöpfer (Bauer), Maria Koppenhöfer (Maruschka), Kurt Meisel (Toni) und Annemarie Holtz (Donata Opferkuch). Die Verfilmung des Stückes wurde von der Ufa erstmals im August 1940 angekündigt: Erich Waschneck sollte Regie führen und Käthe Gold die Hauptrolle spielen. Als Drehbuchautoren dieser Produktion waren Richard Billinger und Werner Eplinius vorgesehen. Schon zu diesem Zeitpunkt stand fest, daß die Verfilmung *Die goldene Stadt* heißen würde und nicht »Der Gigant«. (Der Gigant ist bei Billinger eine große wächserne Figur, die in einem Glaskasten der Bauernstube steht.)

Um von der Tobis zur Ufa zu wechseln, benötigte Harlan die Erlaubnis von Goebbels. Mit der Unterstützung von Fritz Hippler bekam er sie. Dann reichte er ein dreiseitiges Exposé mit Besetzungswünschen bei der Ufa-Direktion ein und schlug vor, den Film in Farbe zu drehen. Dieser Wunsch stieß auf Ablehnung. Noch immer befand sich der deutsche Farbfilm im Experimentierstadium. Nach einem System der Schweizer Optocolor AG waren in den dreißiger Jahren mit unterschiedlichem Erfolg einige Kurz-, Dokumentar- und Werbefilme gedreht worden, darunter Rolf Hansens *Das Schönheitsfleckchen* (1936) mit Lil Dagover als Madame Pompadour, Svend Noldans *Deutschland* (1937) und Carl Junghans' *Reichsparteitag Nürnberg* (1938).

Als vielversprechender sollte sich das Agfacolor-System der IG Farbenindustrie AG erweisen, die im November 1936 Farbdiafilme auf den Markt gebracht hatte. Ausgerechnet die Hitlerrede in *Der ewige Jude*, in der die Vernichtung der jüdischen Rasse angekündigt wird, war mit zufriedenstellendem Ergebnis in Agfacolor präsentiert worden, allerdings handelte es sich dabei um eine statische Innenaufnahme. Schwieriger gestalteten sich bewegliche Außenaufnahmen, wie sie in der musikalischen Komödie *Frauen sind doch bessere Diplomaten* mit Marika Rökk vorkamen. An diesem Film wurde seit Ende Juli 1939 gedreht, aber Joseph Goebbels zeigte sich über die gelben Wiesen und rosigen Hauttöne dermaßen entsetzt, daß er eine öffentliche Aufführung vorerst untersagte.

Die deutschen Techniker wurden angehalten, sich an den Technicolor-Filmen aus den USA ein Beispiel nehmen, vor allem an den Selznick-Produktionen *Der Garten Allahs* und *Vom Winde verweht*. Letzterer wurde wiederholt deutschen Filmschaffenden vorgeführt. »Großartig in der Farbe und ergreifend in der Wirkung. Man wird ganz sentimental dabei«, schrieb Goebbels am 30. Juli 1940. »Eine große Leistung der Amerikaner. Das muß man öfter sehen. Wir wollen uns daran ein Beispiel nehmen.« [1] Der einzige deutsche Flm, der sich mit Erfolg ein Beispiel an der visuellen Gestaltung von *Vom Winde verweht* nahm, war paradoxerweise ein Schwarzweißfilm: Gustav Ucickys *Heimkehr* (1941) verrät bereits in der Vorspanngestaltung den Einfluß des Production Designers William Cameron Menzies, der jede Kameraeinstellung des amerikanischen Blut- und Bodenspektakels vorgezeichnet hatte; Menzies' Vorliebe für Totalen, für expressive Wolkenformationen und Silhouetten bei intimeren Szenen hat seine deutschen Kollegen beeinflußt.

Um ihr Projekt voranzutreiben, arbeiteten Harlan und sein Kameramann Bruno Mondi intensiv mit den Technikern der IG Farben zusammen. Ihre Fortschritte kamen dem Rökk-Film zugute, dessen Aufnahmen noch mehrfach umkopiert werden mußten. Am 31. Oktober 1941 erlebte *Frauen sind doch bessere Diplomaten* seine Uraufführung und war ein großer Erfolg beim Publikum. Harlan konnte sich über diesen Erfolg freuen, denn wenn schon die verwässerten Pastellfarben dieser Biedermeier-Komödie gut ankamen, dann mußte seine wesentlich ambitioniertere Farbdramaturgie erst recht auf Begeisterung stoßen.

Neben dem Farben-Problem gab es ein Besetzungsproblem. Die Rolle des Ingenieurs Leidwein, der in Anuschka die Sehnsucht nach der Stadt weckt, wollte Harlan mit Joachim Gottschalk besetzen, Hilde Körbers Bühnenpartner in »Agnes Bernauer«; Eugen Klöpfer hatte ihn um diese Gefälligkeit gebeten. Gottschalks Frau Meta war Jüdin. Harlan sah in der Verpflichtung des beliebten Darstellers keine Schwierigkeit; er hatte wiederholt mit Künstlern gearbeitet, die nur mit einer sogenannten ›Sondergenehmigung‹ beim Film beschäftigt werden konnten. Auf einer undatierten, im Berlin Document Center aufbewahrten Liste stehen die Namen Paul Bildt, Robert Herlth, Hans Meyer-Hanno, Otto Wernicke, Eduard von Winterstein (jeweils mit einer ›Volljüdin‹ verheiratet), Henny Porten (mit einem ›Halbjuden‹ verheiratet), Paul Henckels (›Halbjude‹ und mit ›Volljüdin‹ verheiratet) und Ernst Stahl-Nachbaur (›Halbjude‹). [2]

Für Gottschalk galten andere Regeln. Das Privatleben eines Charakterkomikers wie Hans Moser spielte für die Öffentlichkeit keine Rolle, aber der gutaussehende, stattliche Gottschalk war ein Rollenmodell und durfte sich keine Fehler erlauben. Den Vorschlag, seine Frau und seinen 1933 geborenen Sohn Michael ins Ausland zu bringen, nahm er nicht an, da er eine Ausweitung des deutschen Machtbereichs fürchtete und sich einen sicheren Ort für seine Familie in Europa nicht vorstellen konnte. Nachdem selbst Carl Froelich, immerhin Parteimitglied und Präsident der Reichsfilmkammer, mit seinem Einsatz für Gottschalk erfolglos blieb, ging die Rolle des Ingenieurs Leidwein an Paul Klinger, der schon seit 1933 in über zwanzig Filmen aufgetreten war, ohne sonderlich aufzufallen.

Kurt Meisel wiederholte seine Bühnenrolle als Toni, Annie Rosar wurde als Donata Opferkuch und Rudolf Prack als Großknecht Thomas besetzt. Auch sie waren schon seit mehreren Jahren im Film aktiv, ohne einen nennenswerten Durchbruch erlangt zu haben. Als Maruschka gab Lieselotte Schreiner – Penthesilea, Iphigenie und Medea an der Volksbühne – ihr Filmdebüt. Eugen Klöpfer wiederholte seine Bühnenrolle, allerdings wurde der Bauer in Johst umbenannt. Aus Anuschka wurde Anna, und natürlich spielte die Rolle im Film nicht Käthe Gold, sondern Kristina Söderbaum. Käthe Gold mag auf der Bühne eine überzeugende Naive gewesen sein; vor der Kamera, die jede Nuance erbarmungslos festhält, erschien sie nur falsch naiv und geziert. Die 47jährige ehemalige Stummfilmdiva Dagny Servaes erhielt als Gasthofbesitzerin Lilli Tandler, die Toni aushält und von ihm bestohlen wird, eine ihrer wenigen Tonfilmrollen.

Während der Dreharbeiten in Prag erfuhr Harlan von Joachim Gottschalks Selbstmord. Durch die bevorstehende Deportation von Frau und Sohn in Panik geraten, hatte er mit den beiden in der Nacht vom 6. zum 7. November 1941 den Freitod gewählt. Trotz Verbots durch das Propagandaministerium erschienen Brigitte Horney, René Deltgen, Wolfgang Liebeneiner, Ruth

Hellberg und Gustav Knuth zur Beerdigung. Zum zweiten Mal seit dem ungeklärten Tod von Renate Müller im Jahr 1937 geriet die NS-Presse gegenüber
der Öffentlichkeit in Beweisnot. Im Fall Gottschalk wurden erst gar keine
Lügen verbreitet: nach einer offiziellen Mitteilung durfte der Name des Verstorbenen in Rundfunk und Presse nicht mehr erwähnt werden.

Der große König wurde Ende Januar 1942 noch einmal Goebbels vorgeführt, fand jetzt seine Zustimmung und erlebte am 3. März 1942 seine fest-
liche Uraufführung im Berliner Ufa-Palast am Zoo. Als hätte es nie die geringsten Querelen gegeben, stand Harlan auf einmal wieder an der Spitze der
NS-Filmregisseure. Otto Gebühr wurde von Adolf Hitler zum Staatsschauspie-
ler ernannt. Goebbels verlieh dem Film das Prädikat ›Film der Nation‹, das
bereits *Ohm Krüger* und *Heimkehr* erhalten hatten. Der mit diesem Prädikat
verbundene deutsche Filmring ging an Harlan. »Mit solchen Filmen wächst
das Filmtheater über den Charakter einer Unterhaltungsstätte hinaus, wird
es zur ›moralischen Anstalt‹ im höchsten Sinne künstlerischer und volkspoli-
tischer Bedeutung«, jubelte Günther Schwark im ›Film-Kurier‹. »Kolossale
Schlachtenbilder von nie gesehener Wucht und Vehemenz sind hier gegeben. Was für Eindrücke, wenn die preußischen Musketiere in endloser
Phalanx (in wirksamer Schrägperspektive zum Beschauer) mit gefälltem
Bajonett zum Kampf antreten, wenn unübersehbare Reitermassen sich zur
Attacke vorwärts stürzen, wenn ein nach vielen Tausenden zählender Heer-
bann auf dem Marsch die weite Ebene in voller Breite und Tiefe füllt.« [3]

Harlans riskante Entscheidung, den körperlichen und vorübergehend
auch seelischen Verfall des Königs zu zeigen, fand volle Zustimmung. »Gerade die Tatsache, daß Friedrich keineswegs im landläufigen Sinne ein ›strahlender Held‹ war, der von Sieg zu Sieg eilte, sondern daß er sich seine Größe
erst durch Niederlagen und durch seine im Unglück bewiesene Seelenstär-
ke erkämpfte, machte ihn zur Heldengestalt des deutschen Volkes«, betonte
Schwark. Hieran zeigt sich, wie sehr die Presse im März 1942 bereits aus der
Defensive heraus argumentieren mußte. Es wurde versucht, das deutsche
Volk auf militärische Niederlagen einzustimmen. Bezeichnenderweise hat
Harlan das Happy-End seines Films als Vision gestaltet, als Traum vom Frie-
den, der durch seine pathetische Überhöhung unrealisierbar erscheint.

Kein anderer Harlan-Film kam so häufig auf die Titelseite des ›Film-
Kurier‹. Aber es gab auch kritische Stimmen, wie die ›Meldungen aus dem
Reich‹ des Sicherheitsdienstes verrieten. Zuschauer mit Geschichtskenntnissen erhoben Einwände gegen historische Verfälschungen, während Zuschauer ohne Geschichtskenntnisse Schwierigkeiten hatten, der Handlung
zu folgen. Die Schlußvision, in der das Auge Friedrichs des Großen wie das
Auge Gottes durch die Wolken hindurch auf die wiedererbauten Mühlen und
die tüchtigen Bauern und Bäuerinnen herabblickt, wurde als eine peinliche
Gleichung empfunden. [4]

Von den zehn teuersten Filmen des Dritten Reiches sind gleich fünf im Jahr 1942 uraufgeführt worden: *Der große König* (4.779.000 RM), Hans Steinhoffs *Rembrandt* mit Ewald Balser (3.665.000 RM), Wolgang Liebeneiners *Die Entlassung* mit Emil Jannings als Bismarck (3.600.000 RM), *Andreas Schlüter* mit Heinrich George (3.438.000 RM), *Die große Liebe* mit Zarah Leander (3.187.000 RM). Auch *Anschlag auf Baku* mit Willy Fritsch und Willi Forsts *Wiener Blut* kosteten über 3 Millionen RM. Harlans letzter Film für die Tobis war ein großer Erfolg. Das vorausgeschätzte Einspiel betrug 6.000.000 RM. Er wäre noch erfolgreicher gewesen, wäre nicht das weibliche Publikum so wenig berücksichtigt worden. *Der große König* ist ein reiner Männer-Film. Es war zwar üblich, daß nationalsozialistische Filmhelden zugunsten ihrer Pflicht ihr Liebesleben vernachlässigten, aber allein die Tatsache, daß es für sie noch solch einen Konflikt gegeben hat, zeugt immerhin von einer gewissen Aufmerksamkeit für das weibliche Geschlecht.

Friedrich der Große dagegen benötigt den Krieg, um seine Zeit nicht mit Frauen verbringen zu müssen. In ihrer Gegenwart fühlt er sich unwohl. »Er braucht mich nicht, weder in schweren noch in glücklichen Tagen«, beklagt sich die Königin Elisabeth (Hilde Körber). Unbehagen drückt er in seinen wenigen Begegnungen mit Luise aus. Allein der hübsche junge Prinz Heinrich (Claus Detlev Sierck) erwärmt das Herz des Königs; liebevoll deckt Friedrich den Jungen zu, als dieser in seinem Bett eingeschlafen ist. Es fallen von preußischer Seite aus geringschätzige Bemerkungen über Madame Pompadour und Maria Theresia. »Jetzt ist es mit der Weiberwirtschaft endlich zuende«, freut sich auch im gegnerischen Lager der General Laudon (Walter Franck), als er vom Tod der Zarin Elisabeth erfährt.

Die dienenden Frauen werden positiv gezeichnet: Luise wendet sich, als Treskow desertieren will, sofort pflichtbewußt an dessen Vorgesetzten Oberst Rochow (Otto Wernicke), während die Königin Elisabeth aufmerksam die kriegerischen Handlungen ihres abwesenden Gatten verfolgt. Als vorbildliche ›Hüterin der Rasse‹ zeigt sich Luise am Ende – nicht als trauernde Witwe, sondern als strahlende Mutter steht sie vor ihrer Mühle. Ihr Mann ist tot, aber dafür hat sie einen neuen ›Mann‹ zur Welt gebracht.

Der große König berührt zwei Tabuthemen – Kriegsmüdigkeit und Flucht vor dem Feind. »Geflohen – eine neue Vokabel für uns«, stellt General von Schenkendorf (Heinrich Schroth) nach der Schlacht von Kunersdorf fest. »Ich habe Rückenwunden gesehen«, bemerkt der König, entsetzt über eine Armee, »die lieber leben als siegen wollte.« Oberst Bernburg (Franz Schafheitlin) rechtfertigt den Rückzug seines Regiments: »Sollte ich den Rest auch noch sinnlos opfern? Sind wir auf dem Schlachthof – oder führen wir Krieg?« Einen Schlachthof aber hat der König gewollt, eine »Mauer von Preußenleibern« sollte errichtet werden, die den Feind aufhält. Der König ist von einer Todessehnsucht erfüllt, die die dämonisierende Ausleuchtung Bruno Mondis noch betont, und gerät immer dann in Hochform, wenn er von Vernichtung und Zerstörung sprechen darf. Hans-Otto Borgmann hat für seine Partitur das Todesthema aus *Verwehte Spuren* variiert, es tritt hier auf als das tiefe Summen eines Männerchores.

Nicht das geringste Anzeichen von Lebensfreude ist bei Schenkendorf (»Suchen wir den Tod, da er uns nicht zu finden scheint«) und dem König (»In drei Tagen sind wir in Torgau Sieger – oder tot«) festzustellen. Allein das Leben des jungen Prinzen Heinrich ist dem König teuer. »Kinder gehören nicht in den Krieg«, kommentiert er dessen Wunsch, als Soldat zu kämpfen. Aber Harlans Film behauptet gleichzeitig, daß Kinder in den Krieg ziehen wollen – das hatte schon 1939 Karl Ritters Preußenfilm *Kadetten* deutlich gemacht. Heinrich stirbt an den Blattern, doch sein früher Tod hatte auch die Funktion, das Publikum von 1942 auf das Sterben junger Männer an der Front einzustimmen. Gleich zu Beginn des Films bricht ein noch nicht volljährig aussehender Soldat, tödlich getroffen und aus dem Mund blutend, unter dem verächtlichen, mitleidlosen Blick Schenkendorfs zusammen.

Unter den Soldaten des Regiments Bernburg werden der sympathische und mutige Feldwebel Treskow und der feige Grenadier Spiller (Paul Henckels) kontrastiert. Treskow, den man sich im Gegensatz zum König sehr gut im Frieden vorstellen kann, rennt mit der Fahne in einem aufwendigen ›tracking shot‹ quer über das Schlachtfeld; um ihn herum wird geschossen, aber niemand trifft ihn.

Daß das gesamte Regiment Bernburg für seine Niederlage bei Kunersdorf bestraft wird, kann er, der sein Bestes getan hat, verständlicherweise nicht akzeptieren. Nachdem er auch für seine Eigeninitiative bei der Schlacht von Torgau ans Rad gebunden worden ist, läßt er sich von Spiller zur Desertion überreden, von der ihn nur noch die beherzte Luise abzuhalten vermag. Sein Ansehen ist gerettet, er darf weiter kämpfen und als Held sterben. »Sofort füsilieren«, lautet dagegen der kurze, knappe Kommentar des Königs zur weiteren Behandlung Spillers. Dessen fehlende Bereitschaft zu kämpfen, wird von einem Teil der Bevölkerung geteilt: »Keiner glaubt mehr an den Sieg«, weiß der Bürgermeister von Berlin (Jacob Tiedtke) zu berichten, sehr zum Entsetzen des Adjutanten von Dessau (Harry Hardt): »Geschimpft darf werden ... Aber an dem Sieg zu zweifeln, das ist Hochverrat.« Er ist noch einmal gnädig und behält die Information für sich.

Der kugelrunde Jacob Tiedtke wiederholte seine Rolle als behäbige, absolut unheroische Berliner Type in *Kolberg*. Schon in den zwanziger Jahren hatte er den »guten, dicken Philister« verkörpert, »die alte, behagliche Berliner Weißbiertype« von einer »stämmig behaglichen Menschlichkeit« (Julius Bab). [5] Daß Harlan in *Der große König* und *Kolberg* einen so sympathischen, gemütlichen Darsteller die im Sinne der NS-Ideologie negativen Eigenschaften vertreten ließ, zeugt von seiner diffusen politischen Einstellung.

Der große König

Was den Sinn des Krieges angeht, so versucht der Film erst gar nicht, ihn zu erklären. Friedrich der Große versteht es hervorragend, der Verantwortung für sein Handeln aus dem Weg zu gehen. Es sei schrecklich, daß »Völker eines Blutes« gegeneinander kämpfen müßten, aber »die historischen Notwendigkeiten sind stärker als unsere Wünsche«. Ein Bündnis mit Frankreich kommt nicht in Frage, denn »die Franzosen werden immer Preußens Feinde sein, solange Preußen sein Gebiet noch erweitern muß«. Warum das Gebiet erweitert werden muß, bleibt unklar. Die Unfähigkeit, sein Verhalten rational zu begründen, teilt der König mit anderen Harlan-Figuren, aber wenn die von Kristina Söderbaum verkörperten Frauen einer inneren Stimme folgen, richten sie wenigstens keinen Schaden an. Ihr radikales Vorgehen bleibt auf den Privatbereich reduziert.

Die Zeichnung mehrerer Nebenfiguren zeugt von Harlans politischer Indifferenz. Oberst Bernburg, der eher eine Schlacht verliert, als daß er seine Soldaten opfert, ist der würdevollste, sympathischste Repräsentant der militärischen Führung in diesem insgesamt eher unsympathischen Film. Aber war das beabsichtigt?

Für den Siegen-oder-Sterben-Fanatismus des Königs stehen Schenkendorf und General Zieten (Hans Hermann Schaufuss), letzterer ein keifender Gnom. (Schaufuss' eigener 22jähriger Sohn war im Oktober 1941 als Soldat vor Michailowska bei Orel gefallen.) General Laudon ist ein kultivierter, eleganter Gegner des

Königs, der etwas übertrieben die Größe seines preußischen Feindes hervorhebt. Wie so oft bei Filmen des Dritten Reiches geht von den Figuren eine Wirkung aus, die von den Herstellern nicht einkalkuliert werden konnte. Allein der Kurier Alfons (Kurt Meisel), als ›Kriegsgewinnler‹ mit geschmuggelten Waren reich geworden, ist ein schmieriger, französisch parlierender Schurke, der (in Vorwegnahme von Meisels Rolle in der *goldenen Stadt*) Luise betrunken machen und verführen will und einen ängstlichen, schwitzenden Koch (Hans Stiebner) zum Mord am König anstiftet.

Die Haltung zu Rußland ist selbst in der bestehenden, nach dem Überfall auf die Sowjetunion hergestellten Fassung, noch unklar. Das liegt zum einen daran, daß der General Tschernitscheff von dem Theatergiganten Paul Wegener verkörpert wird, neben dem Otto Gebühr trotz einiger Zwischentöne, die Harlan ihm beigebracht hat, nicht bestehen kann. »Dieser Russe mit seiner grinsenden Fratze«, wie ihn Friedrich nennt, hintergeht den Zaren und handelt ohne dessen Einwilligung. Zum Zaren selbst hat nicht nur Harlans Film eine positive Einstellung; bereits anläßlich der deutschen Erstaufführung von Josef von Sternbergs *Die große Zarin* im September 1934 war die groteske Überzeichnung des Zaren Peter beanstandet worden: »Immerhin vermeldet die Geschichte, daß Friedrich der Große das schließlich doch noch glückliche Ende des Siebenjährigen Krieges hauptsächlich diesem Zaren zu verdanken hat, der nach dem Tode seiner Tante Elisabeth, dieser glühenden Fridericus-Hasserin – sofort den Krieg gegen Preußen abbrach.« [6]

Die Massenszenen sind mit Abstand die besten, die Harlan jemals inszeniert hat. Vergleichbares ist nur noch Sergej Bondartschuk in seiner Tolstoi-Verfilmung *Krieg und Frieden* (1965 – 68) gelungen. Offenbar war so etwas nur in totalitären Staaten möglich, denn mit Komparsen, die bezahlt werden wollen, kommt ein Regisseur nicht so weit. Dabei ist es nicht die Masse allein, die imponiert, sondern deren Anordnung. Auffallend schlecht inszeniert und gespielt sind dagegen die Auseinandersetzungen zwischen Friedrich und seinem Bruder Heinrich (Claus Clausen). In monotonen, vorhersagbaren Schuß-Gegenschuß-Aufnahmen verteidigen die feindlichen Brüder ihre Positionen. Adern treten aus Clausens Stirn hervor. Solch hohles Deklamieren sollte dann in *Kolberg* zur Regel werden; dort allerdings konnte sich Harlan auf die Schauspielkunst eines Horst Caspar stützen.

Generell war Harlan bei den militärischen Unterredungen nicht mit dem Herzen bei der Sache. Ihm lagen mehr die apokalyptischen Schlachtszenen, während unter den intimen Momenten die stimmungsvoll ausgeleuchtete Begegnung zwischen Luise und dem König herausragt. Harlan experimentierte weiterhin mit dem Ton – das Flötenkonzert, von dem der König träumt, das in das Stöhnen des vergifteten Dieners Franz (Arnim Schweizer) übergeht – und ließ seinen Kameramann Bruno Mondi ein letztes Mal die Vorzüge des Schwarzweißfilms demonstrieren. Wie die Kamera mühelos von einer Großaufnahme des Königs in eine überwältigende Totale auf das Heer übergeht, das alles ohne den geringsten Ansatz von Unschärfe, das war in seiner technischen Sauberkeit in Harlans Farbfilmen nicht mehr möglich.

Daß die ›gute‹ preußische Armee dunkle Uniformen trägt und die ›böse‹ österreichische helle, ist kein so ungewöhnlicher Einfall, wie es zunächst scheint. Das gegensätzliche Paar Hell-Dunkel sei nicht immer an die traditionellen Signalwerte gekettet, haben die schwedischen Autoren Isaksson und Fuhrhammar in ihrem Buch ›Politik und Film‹ (1971) betont: »Viele der raffiniertesten Kriegsfilme in der Propagandageschichte« – Sergej Eisensteins *Alexander Newski* (1938), Hans Steinhoffs *Ohm Krüger* und *Der große König* werden als Beispiele genannt – »lassen sehr bewußt die hellen Farben den Feind vertreten und die dunkle die Seite der Helden [...] Die betonten Kontraste gehören vielleicht zu den Stilmitteln der Propaganda, die am meisten auffallen. Kontraste sind gefühlsmäßig ansprechender als Nuancen, sie sprechen eine deutlichere Sprache.« [7] Wenn Harlan sich mit seinem inszenatorischen Einfallsreichtum besonders um die Erzeugung von Kontrasten bemüht hat, geschah das nicht in der zumeist unterstellten denunziatorischen Absicht, sondern aus rein dramaturgischen Erwägungen. Nicht Haß auf den Feind, sondern Lust am Schlachtengemälde bringt *Der große König* heute zum Ausdruck. Somit war er nicht als filmische Waffe gegen eine bestimmte Nation zu gebrauchen, sondern nur als Vermittlung allgemeingültiger soldatischer Tugenden.

Mitte März 1942 war *Die goldene Stadt* abgedreht, und wie es sich mittlerweile für einen Harlan-Film gehörte, verging auch diesmal nach der Fertigstellung einige Zeit, ehe das Werk in die Kinos kam. »Harlan ist ein wahrer Virtuose in der Führung von Menschen«, urteilte Goebbels nach einer Vorführung, um dann seinen Einwand zu formulieren: »Leider hat der Film keinen befriedigenden Schluß. Der Unschuldige wird in den Tod getrieben, und die Schuldigen haben den Vorteil davon.« [8] Harlan hatte den Bauern sterben und, anders als Billinger, die Protagonistin nicht ins Moor gehen lassen. Für ihn war es »ein höchst unmoderner und unreligiöser Gedanke [...], daß ein Mädchen, das ein Kind trägt, nur weil der Vater des Kindes sie verlassen hat und weil ihr eigener Vater sie enterbt, sich das Leben nimmt.« [9]

In zwei Filmen von Gustav Ucicky, *Mutterliebe* (1939) und *Ein Leben lang* (1940), waren unverheiratete Mütter eindeutig positiv dargestellt worden, und in Wolfgang Liebeneiners *Ich klage an* sagt eine gutaussehende, verantwortungsbewußte junge Frau ganz selbstverständlich, daß sie Kinder haben, aber nicht heiraten möchte. Bei der *goldenen Stadt* lag der Fall anders, denn hier wäre ein »Tschechenbalg« (Goebbels) zur Welt gekommen, ungeeignet als Erbe eines deutschen Hofes. Annas Körper war ›vergiftet‹, wie bereits der Körper von Dorothea Sturm, also mußte sie sterben. Die Nachaufnahmen, in denen sie ihrer Mutter ins Moor folgt, kosteten die UFA weitere 180.000 RM,

Venedig 1942: Joseph Goebbles gratuliert Otto Gebühr, Veit Harlan und
Kristina Söderbaum

womit das Gesamtbudget der *goldenen Stadt* auf 2.726.000 RM angestiegen
war. »Mit dem von mir gewünschten Schluß wirkt der Film dramatisch und
bewegend. Er wird als Meisterwerk der deutschen Filmkunst und Filmregie
gewertet werden müssen«, freute sich Goebbels. [10]

Neben der Fertigstellung sind schon weitere Projekte besprochen worden.
Im Februar hatte Goebbels einen »Bergmannsfilm« für Harlan geplant, den
ursprünglich Wolfgang Liebeneiner drehen sollte. »Ich verspreche mir von
diesem Film vor allem für die Werbung des notwendigen Nachwuchses für
den Bergmannsberuf außerordentlich viel.« [11] Und am 18.Juni hielt er in
seinem Tagebuch fest: »Viktor Lutze will Harlan einen SA-Film drehen lassen. Ich sehe dazu im Augenblick keine politische oder propagandistische
Notwendigkeit. Ich glaube auch nicht, daß der Film besonders tiefen Eindruck in der Öffentlichkeit machen wird.« [12] Harlan war somit frei, noch
während der Nachaufnahmen zur *goldenen Stadt* sein bis dahin ehrgeizig-
stes Projekt in Angriff zu nehmen: die zeitgleiche Herstellung von drei Lite-
raturverfilmungen in Agfacolor.

Er plante, die Novellen »Immensee« (1850) und »Pole Poppenspäler« (1874)
von Theodor Storm sowie »Der Opfergang« (1911) von Rudolf G.Binding für
die Leinwand zu bearbeiten, dabei Kristina Söderbaum und Carl Raddatz
mehrfach einzusetzen. In seiner Autobiographie erklärte Harlan dieses Drei-
fachprojekt mit dem Wunsch, Kosten zu sparen, aber da es hier nicht um sein
Geld ging und seine Filme im Durchschnitt nicht mehr kosteten als die von
Hans Steinhoff oder Herbert Maisch, kann davon ausgegangen werden, daß
Harlans Ruhelosigkeit ihn zu diesem organisatorischen Kraftakt inspiriert hat.

»Pole Poppenspäler« wurde aufgeschoben, dafür als drittes Projekt das Schwarzweiß-Melodram *Zwischen Nacht und Morgen* vorbereitet, mit Alfred Braun als Regisseur und mit Käthe Gold, René Deltgen und Hans Schlenck in den Hauptrollen. Ein Bildhauer erblindet nach einem Unfall am Brennofen; eine Krankenschwester pflegt ihn, und es gelingt ihm, sie originalgetreu zu modellieren. »Die Ufa wagt sich in diesem Jahr auch an das Problem Käthe Gold heran«, kündigte der ›Film-Kurier‹ an, »eine unserer größten Bühnenbegabungen, der als Regisseur nun Veit Harlan (zusammen mit Alfred Braun auch über das Drehbuch) und Reimar Kuntze als Kameramann die Wege zu ebnen suchen, damit auch auf der Leinwand nichts von ihrer Innerlichkeit verloren geht.« [13] Das war ein höflicher Hinweis darauf, daß ihre bisherigen Leinwandauftritte zu wünschen übrig ließen.

Auf der 10. Internationalen Filmkunstschau von Venedig wurde *Die goldene Stadt* am 3. September 1942 uraufgeführt. *Der große König*, Willi Forsts *Wiener Blut* und Paul Verhoevens *Der große Schatten* liefen dort ebenfalls als deutsche Beiträge. Als die Festspiele am 15. September mit einer Preisverleihung beendet waren, hatte Harlan doppelten Grund zur Freude: er erhielt den Mussolini-Pokal für den besten ausländischen Film (*Der große König*), während Kristina Söderbaum als beste Hauptdarstellerin (*Die goldene Stadt*) mit dem Volpi-Pokal ausgezeichnet wurde. Bester Hauptdarsteller war der Italiener Fosco Giachetti, der in Goffredo Alessandrinis *Noi vivi* – einer dreistündigen Verfilmung von Ayn Rands Roman »We the Living« (1936) – den desillusionierten Kommunisten Andrei Taganov verkörpert hatte. *Die goldene Stadt* erhielt zusätzlich als Farbfilm den Preis des Präsidenten der Internationalen Filmkammer.

Weitere Preise gingen an Beiträge aus Ungarn, Rumänien, Spanien und Portugal. Nebenbei konnten Veit Harlan und Kristina Söderbaum ihre Hochzeitsreise nachholen.

Ernst Jerosch schrieb von Venedig aus eine Rezension für die Zeitschrift ›Der Film‹, nach der Anna ihren Gang ins Moor überlebt: »Nun, da das Kind um Haaresbreite verloren war, öffnet sich ein väterliches Herz. Adagio-Süße schimmert am Horizont. Der versöhnliche Ausklang – so raffiniert ist Harlan – übertönt aber die klirrende Disharmonie der vorangegangenen Brutalitäten nicht.« [14] Möglicherweise sind die Änderungen erst für die deutsche Premiere vorgenommen worden.

Es gab auch einen kleinen Skandal in Venedig: In einer Gondel saßen eines Nachts das Ehepaar Harlan, die Marika-Rökk-Konkurrentin Clara Tabody, der Reichsfilmintendant Fritz Hippler und Joseph Goebbels. Es war sehr heiß, Kristina Söderbaum streifte sich ihr Kleid vom Leib und sprang ins Wasser. Das brachte ihr den Vorwurf ein, einen schlechten Eindruck in der Öffentlichkeit hinterlassen und dem Ruf der deutschen Künstlerschaft geschadet zu haben.

Kristina Söderbaum in *Jugend*, 1937/38

Harlan führt Regie

Kristina Söderbaum, Veit Harlan und Frits van Dongen bei den Dreharbeiten zu
Verwehte Spuren, 1938

Das unsterbliche Herz, 1938/39

Heinrich George in *Das unsterbliche Herz*, 1938/39

Kristina Söderbaum und Paul Klinger in *Die goldene Stadt*, 1941/42

Kristina Söderbaum und Kurt Meisel in *Die goldene Stadt*, 1941/42

Kristina Söderbaum in *Immensee*, 1942/43

Kristina Söderbaum und Carl Raddatz in *Immensee*, 1942/43

Kristina Söderbaum in *Immensee*

Carl Raddatz und Kristina Söderbaum in *Immensee*

Kristina Söderbaum und Paul Klinger in *Immensee*

Carl Raddatz und Kristina Söderbaum in *Immensee*

Kristina Söderbaum in *Opfergang*, 1942/44

Kristina Söderbaum und Carl Raddatz in *Opfergang*

Kristina Söderbaum in *Opfergang*

Irene von Meyendorff und Franz Schafheitlin in *Opfergang*

Charles Schauten als Napoleon in *Kolberg*, 1943/45

Massenszene aus *Kolberg*

Adrian Hoven und Kristina Söderbaum in *Die Gefangene des Maharadscha*, 1953/54

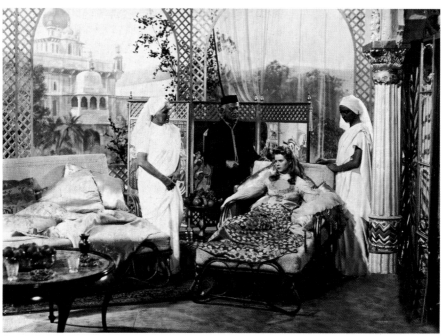

Greta Schröder-Wegener, Otto Gebühr und Kristina Söderbaum in *Die Gefangene des Maharadscha*

Kristina Söderbaum dreht *Sterne über Colombo*, 1953

Joachim Fuchsberger, Veit Harlan und Sabine Sesselmann bei den Dreharbeiten zu
Liebe kann wie Gift sein, 1958

Kristina Söderbaum am Grab von Veit Harlan

1942 war für das NS-Kino das Jahr der wenigsten, der teuersten und der erfolgreichsten Filme. *Die goldene Stadt* und der Zarah-Leander-Film *Die große Liebe* erzielten traumhafte Einnahmen. Nach der Berliner Premiere am 24. November (zugleich im Ufa-Palast am Zoo und im Germania-Palast in der Frankfurter Allee) eroberte Harlans erster Farbfilm ganz Europa. In Helsinki lief er drei Jahre lang; im Pariser ›Normandie‹ erreichte *La ville dorée* (so der französische Titel) einen Besucherrekord mit 470000 Zuschauern in 28 Wochen, wobei er stolze 14.809.473 Francs einspielen konnte. Die Zeitschrift ›Le Film‹ lieferte ihren Lesern Rekordmeldungen aus Paris, Nancy, Nantes, Dijon, Lyon, Marseille, Toulouse, Reims, Lille und Vichy. In Belgien haben Protestaktionen der Katholischen Kirche gegen die deutschen Farbfilme *Die goldene Stadt, Das Bad auf der Tenne* und *Münchhausen*, die sich offenbar gegen die sexuelle Freizügigkeit der Produktionen richteten, das Publikum erst recht angezogen.

Im Berliner Ufa-Palast lief *Die goldene Stadt* 73 Tage lang; bis auf *Die große Liebe* (91 Tage) hatte kein deutscher Film des Dritten Reiches eine so lange Laufzeit in seinem Uraufführungskino zu verzeichnen. Schon nach vier Monaten betrugen die Einspielergebnisse der *goldenen Stadt* über 6.400.000 RM; es wurden insgesamt 12.5 Millionen RM. Goebbels freute sich, »daß wir nun auf dem Gebiet des Farbfilms die Führung in Europa an uns gerissen haben. Wir werden jetzt alles daran setzen, um uns diese Führung nicht wieder nehmen zu lassen.« [15] Insgesamt fand der Film 31 Millionen Besucher. Der Erfolg der *großen Liebe* (27 Millionen Besucher) ist noch heute nachvollziehbar. Neben seinen Liedern, die nichts von ihrer Wirkung eingebüßt haben (›Mein Leben für die Liebe‹, ›Davon geht die Welt nicht unter‹, ›Ich weiß, es wird einmal ein Wunder geschehn‹), dokumentiert der von Rolf Hansen inszenierte Film den Berliner Alltag der Kriegsjahre, er erzählt eine reife Liebesgeschichte, und nicht zuletzt präsentiert er Zarah Leander auf dem Höhepunkt ihrer Karriere, natürlich und glaubhaft und dennoch bis in die Fingerspitzen ein Star. Sie machte einen unvergeßlichen Eindruck auf Federico Fellini, der sich noch auf den Berliner Filmfestspielen von 1986 lebhaft an die Diva erinnern konnte: »Immer bekam ich eine Gänsehaut. Sie war die Löwin, von der sich ein Mann gerne auffressen lassen würde.« [16]

Dagegen ist *Die goldene Stadt* ein Film, der weder die Realität einfängt noch eine reizvolle Traumwelt erschafft. Kristina Söderbaum ist in der Hauptrolle weder natürlich noch glaubwürdig. Gegner des Ehepaars Harlan-Söderbaum werden sich mit ihren Argumenten besonders leicht auf diesen Film berufen können. *Die goldene Stadt* bedeutete zweifellos einen Durchbruch für den deutschen Farbfilm, aber er ist schnell übertroffen worden, von Harlan selbst und von Helmut Käutner (*Große Freiheit Nr. 7*). Dennoch blieb er auch nach dem Krieg erfolgreich und erwies sich ein halbes Jahrhundert später auf dem Videomarkt noch als gewinnbringend.

Kristina Söderbaum und Paul Klinger
in *Die goldene Stadt*

Tourismus-Werbung: *Die goldene Stadt*

Harlans Regie ist so konventionell, daß man *Die goldene Stadt* mit einer anderen Besetzung nur schwer als sein Werk erkennen könnte. Offensichtlich haben die technischen Probleme seine Kreativität eingeschränkt. Der Vorspann, mit goldgelben Buchstaben auf glänzend blauem Untergrund, ist von atemberaubender Schönheit; es gibt eine interessante Einstellung, in der Anna und Toni (Kurt Meisel) auf dem leeren Platz vor dem Dom stehen und aus extremer Höhe aufgenommen werden, und unvergeßlich ist die Verführungsszene in Annas Schlafzimmer, bei der Anna und der sich über sie beugende Toni ganz in Rot getaucht sind.

Wenn Anna mit Leidwein an der Moldau steht, sieht man sogar ein seltenes Beispiel für naturalistische Töne im frühen Farbfilm, der ja sonst allzu oft zum Buntfilm geriet. Eindrucksvoll ist die Schlußszene, wenn das Moor in ein Kornfeld umgewandelt worden ist und die Kamera von Annas Grabstein aus in die Höhe steigt, das ganze Feld erfassend. An Stärken im Detail mangelt es nicht. Insgesamt wirkt die Farbgestaltung jedoch unbeholfen und beliebig. Bei *Frauen sind doch bessere Diplomaten* hatte das nicht gestört, denn eine Operette mit viel Tanz und Musik kann unkontrolliert bunt sein. Das Melodram verlangt stärkere Präzision; gerade die wenigen gelungenen Szenen zeigen, daß *Die goldene Stadt* insgesamt ein Stück Bauerntheater geworden ist. Wenn Anna sich bei ihrer Tante Donata Opferkuch (Annie Rosar) in Prag aufhält, wagt sich die Kamera kaum auf die Straße. Es fehlt Lokalkolorit, als sei kein Geld für Komparsen übrig gewesen. Von der Stadt ist nicht viel zu sehen. Wenig von dem, was Harlan interessiert (Natur, Architektur, Leidenschaft), kommt hier zur Geltung.

242

Am interessantesten erscheint der Film noch, wenn man ihn nach seiner Ideologie untersucht. Bei so gewaltigen Einspielergebnissen bleiben Propaganda-Vorwürfe nicht erspart, denn was im Dritten Reich erfolgreich war, scheint besonders gut den deutschen (Un-)Geist zu erklären. Gegen Harlans Film gab es die Einwände, er betreibe antitschechische Propaganda, er vertrete eine Blut-und-Boden-Ideologie, und er sei auch noch frauenfeindlich. Tatsächlich haben zeitgenössische Rezensenten ihre Besprechung des Films zu antitschechischen Äußerungen genutzt, aber es war während des Dritten Reiches üblich, im Programmheft oder in der Rezension ein faschistisches Vokabular zu gebrauchen, das mit dem jeweiligen Film selbst nichts zu tun hatte. Daß *Die goldene Stadt* antislawisch rezipiert worden ist, sagt nichts über Harlans Haltung aus. Nationalitäten werden bei ihm nicht deutlich getrennt. Wenn der Film eine Nation diffamiert, dann am ehesten noch das mittlerweile angeschlossene Österreich – dort waren die Darsteller der zwielichtigen Figuren, Annie Rosar, Kurt Meisel und Dagny Servaes, unüberhörbar kulturell verwurzelt.

Die goldene Stadt ist auch kein Film, der das gute Land gegen die böse Stadt ausspielt. Von Prag gibt es nur sonnige, freundliche Aufnahmen, als sei Tourismus-Werbung Harlans oberstes Ziel gewesen. Es ist eine wesentliche künstlerische Schwäche des Films, daß er von Prag nur ein paar Sehenswürdigkeiten ins Bild rückt, während die Bürger, die ja erst das Wesen einer Stadt ausmachen, weitestgehend unsichtbar bleiben. Zeitweilig entsteht der Eindruck, sämtliche Bewohner seien für die Dreharbeiten evakuiert worden. Zu einer die Stadt diffamierenden Darstellung hätte ein Menschengewimmel gehört, wie es Harlan bei den Ghettoszenen von *Jud Süß* angedeutet hatte. Die am positivsten gezeichnete Figur des Films, eine uneingeschränkte Autorität, ist ein Mann aus der Stadt, der Ingenieur Leidwein, der sich in beiden Welten wohl fühlt. Er ist kultiviert und erdverbunden zugleich. Die negativen, verantwortungslosen Figuren Toni und Donata sind wiederum zu provinziell in ihrer Erscheinung, als daß man sie als Verkörperung der Großstadt ansehen könnte. Die Redewendung »Wer nie fortgeht, der kehrt nie heim« ist sogar ein Plädoyer dafür, in der Stadt Erfahrungen zu sammeln.

Annas Tod ist wiederholt als Strafe für ihren Verrat am Land gewertet worden, aber daß sie Selbstmord begeht, scheint eher in ihrer Persönlichkeit begründet zu sein, in ihren tief verwurzelten Schuldgefühlen, wie schon bei Annchen in *Jugend*. Bereits Annas Mutter hatte Selbstmord begangen, folglich liegt die Todessehnsucht in der Familie. Der Bauer Jobst ist zwar nicht selbstmordgefährdet, aber er ist ein schwermütiger Mann, der seiner Tochter keine positiven Werte vermitteln kann. Die inzestuösen Elemente, die in erster Linie auf Eugen Klöpfers Darstellung des Vaters zurückzuführen sind, erklären den Freitod Annas noch zusätzlich. Anna bringt sich um, obwohl gleich zwei ansehnliche junge Männer – Leidwein und der Großknecht Tho-

Kristina Söderbaum sieht
Die goldene Stadt

mas (Rudolf Prack) – zu ihr halten würden. Was ihren Lebenswillen zerstört, das ist nicht der Verrat durch Toni, sondern der Anblick ihres Vaters bei der Vermählung mit seiner Wirtschafterin.

Von allen gegen *Die goldene Stadt* erhobenen Vorwürfen ist der der Frauenfeindlichkeit noch am ehesten begründet, auch wenn es sich hier nicht um ein Phänomen des Faschismus handelt. Anna ist hilflos und trotz ihrer körperlichen Robustheit unfähig, ohne männlichen Schutz zu leben. Mit Leidwein wäre sie glücklich geworden, aber sie weiß seinen Anstand nicht zu würdigen und ist empfänglicher für Tonis Leidenschaft.

Anna ist verträumt und hat kein sachliches Urteilsvermögen. Daß eine junge Frau vom Land in der Großstadt auch glücklich werden kann, zeigt allerdings die Entwicklung der Magd Julie (Inge Drexel), die sich ihren Freund sorgfältiger ausgesucht hat als Anna. »Ich bin froh, daß ich wegkam«, sagt sie, und niemand im Publikum dürfte ihr widersprochen haben. Die Warnung vor der falschen Partnerwahl ist die einzige explizite Botschaft des Films; an ihr ist zu erkennen, daß sich *Die goldene Stadt* primär an ein weibliches Publikum gerichtet hat. Dabei sind paradoxerweise die Rollen der Frauen weniger interessant als die der Männer. Annie Rosar und Dagny Servaes haben zwar wirkungsvolle Auftritte, aber es bietet sich ihnen keine Gelegenheit, ihre Rollen zu vertiefen. Selbst Lieselotte Schreiner bleibt hinter ihren Möglichkeiten zurück. Maruschka wird mit einem interessanten Detail eingeführt: direkt neben ihr steht ein Mann mit nackten Armen, als wir sie zum ersten Mal sehen, und wenn sie mit Jobst einen Ehevertrag schließt, kommt ihre Lust auf Macht und Geld ebenso zum Ausdruck wie die Angst, ihr Plan könnte doch noch scheitern. Aber die Figur bleibt eindimensional.

Annas Tod in *Die goldene Stadt*

Kristina Söderbaum gilt noch heute als Hauptattraktion des Films, dabei zeigt er sie nicht von ihrer besten Seite. Sie war zu alt für ihre Rolle, hatte nicht mehr die Frische, die ihr Annchen in *Jugend* so ergreifend machte. Harlan hat das erst bei *Immensee* und *Opfergang* begriffen, wo er ihren Figuren mehr seelische Reife zubilligte. In der *goldenen Stadt* wirkt sie durch die dem Alter unangemessene Naivität einfach nur dumm und somit nicht tragisch. Was jugendliche Frische angeht, kann sie neben der strahlenden Inge Drexel nicht bestehen.

Interessanter, wie gesagt, sind die Männerfiguren geraten. Der Bauer, ein Patriarch, wie er im Buche steht, ist kein Sympathie- und erst recht kein Würdenträger, sondern ein unzugänglicher, starrsinniger Mann, der mit seiner Intoleranz bereits seine Frau in den Tod getrieben hat, der seine Tochter zu lieben behauptet, ihr ins Gesicht schlägt, als sie ihren Ehepartner selbst bestimmen will, und sie anschließend mit derselben Brutalität umarmt. Einmal küßt er sie sogar auf den Mund. Er schwitzt ständig; sein Haar klebt an der Stirn oder steht seitlich ab. Die jungen Männer dagegen sind gepflegt (das gilt auch für Toni), sanft, höflich, verständnisvoll und aufgeschlossen. Der Großknecht Thomas, den der Bauer sich als Schwiegersohn wünscht, setzt Anna nie unter Druck und akzeptiert es, daß sie ihn nicht heiraten will. Er wartet geduldig und steht für sie bereit. Jobst nennt ihn deswegen einen »Schlappschwanz«, steht aber mit seiner Meinung allein.

Der Ingenieur Leidwein strahlt etwas mehr Autorität aus als Thomas, aber auch er erteilt Anna nur Ratschläge und versucht nie, sie zu bevormunden. Daß er Anna küßt, obwohl er von ihrer Verlobung mit Thomas weiß, zeugt von seinen angenehm lockeren Moralvorstellungen, ebenso wie die Selbstverständlichkeit,

245

mit der er Anna durchs Fenster beobachtet. So gibt es gleich zwei Männer, die bereit wären, Anna uneigennützig zu helfen, trotz ihrer ›Fehltritte‹ – eine Haltung, die dem offiziellen Männerbild des Dritten Reiches widerspricht. Es ist der Despot, der Herrenmensch Jobst, der als Außenseiter erscheint und eine Wandlung durchmachen muß. Natürlich läßt sich die freundlich-distanzierte Haltung von Leidwein und Thomas zu Anna auch anders erklären: keiner der Männer ist auf die junge Frau angewiesen. Beide interessieren sich in erster Linie für die Befruchtung des Bodens.

Der ›verkommene Tschechenlümmel‹ Toni ist keine eindeutige Figur. In Kurt Meisels Darstellung wirkt er wie ein kleiner, verantwortungsloser Junge und ist damit Welten entfernt von den eleganten, skrupellosen Verführern, die man von Albrecht Schoenhals *(Mazurka)*, Ferdinand Marian *(Jud Süß)* oder Siegfried Breuer *(Mutterliebe; Romanze in Moll)* kennt. Meisel strahlt äußerlich dieselbe Sauberkeit aus wie Kristina Söderbaum; sein Toni ist ein Parasit aufgrund seines Sex-Appeals, der es ihm bei den Frauen zu leicht macht. Meisels hemmungslos erotische Darstellung – wer sonst hätte es gewagt, am Gesicht der Söderbaum mit geöffneten Lippen entlangzufahren, sich von Dagny Servaes einen Finger in den Mund stecken zu lassen oder damit zu prahlen, seine Geliebte würde vor ihm niederknien und ihm dabei die Finger lecken? – läßt ihn vorübergehend zum Sympathieträger werden.

Die von Meisel ausgehende Faszination hat der SS-Gruppenführer und Generalleutnant der Polizei von Belgrad besser erkannt als spätere Harlan-Gegner aus dem linken Lager, mit ihrer traditionellen Unempfänglichkeit für sexuelle Subtexte: »Ich erachte es aber als vollständig abwegig«, beschwerte sich der pflichtbewußte Mann, »den Film in einem Slavenland, und noch dazu unter großer Aufmachung, zur Vorführung zu bringen. Wird doch damit kundgetan, wie deutsches Bauernblut durch tschechischen Einfluß zugrunde geht und wie es einem tschechischen Lümmel gelingt, ein durch das Vaterblut immerhin deutsches Bauernmädchen zu vernichten. Der Film zeigt direkt den Slaven, wie man es machen muß und wie leicht trotz der Rassenpropaganda der Einbruch in eine deutsche Bauernfamilie gelingt.« [17] Hier stellte sich dasselbe Problem wie bei *Jud Süß*. Der Schurke war zu anziehend geraten, sein Verhalten lud zur Nachahmung ein. Und wenn Toni Vorwürfe gegen Anna wegen ihrer »erpresserischen Melancholie« erhebt, läßt sich seine Abneigung nur zu gut verstehen.

In der einzigen ärgerlichen, noch für den heutigen Betrachter schockierenden Szene wird ein Mann aus der Großstadt, Nemecic, auf der Kegelbahn von den grobschlächtigen Bauern fast gesteinigt. Thomas rettet ihn. Schokkierend ist die Szene deshalb, weil die Angst des Großstädters lustig sein soll. Künstlerisch und ideologisch mit ebensovielen Stärken wie Schwächen versehen, war *Die goldene Stadt* wenigstens ein herausragender gesamteuropäischer Erfolg, selbst in Staaten, die Produktionen aus Hollywood anzubieten hatten. Der Erfolg stärkte Harlans Position; er konnte sich wieder mit seinem Doppelprojekt befassen, mit Storm und mit Binding.

Theodor Storms Novelle entstand 1849; der Erstdruck erfolgte 1851 und machte seinen Autor berühmt. Volksliedhaft, mit Lyrik-Einlagen und einer resignativen Grundhaltung erzählt er die Geschichte einer unerfüllte Liebe. Reinhard Werner, unverheiratet alt geworden, erinnert sich an seine Jugendgeliebte Elisabeth und den Schulkameraden Erich, der das Mädchen auf Wunsch ihrer Mutter geheiratet und somit zur Gutsherrin von Immensee gemacht hat. Die Liebe zerbrach an der Verschiedenheit; sie war ihm oft zu still, er ihr zu heftig. Storm, der die Handlung auf ein Minimum beschränkt hat, benutzte die Wasserlilie als Symbol des nie zu fassenden Glücks. Der Erfolg der Dichtung war enorm: »Immensee« brachte es zu Lebzeiten des Verfassers auf 30 Auflagen.

Aufgebaut wie ein Gedicht, die Kapitel wie Strophen angelegt, war die Novelle für Harlan eine ideale Vorlage. Denn er bevorzugte Novellen oder Erzählungen, die ihm als Drehbuchautor viel Freiraum gaben. Er und Alfred Braun ließen die Kindheit der Liebenden weg, die Erdbeersuche von Reinhard und Elisabeth im Wald, und sie wandelten – angesichts der NS-Rassenpolitik – die Begegnung des Studenten mit einem Zigeunermädchen ab. In Harlans und Brauns Drehbuch gibt es dafür noch zwei dunkelhaarige Nebenbuhlerinnen für Elisabeth: Reinhards Kommilitonin Jesta und die Opernsängerin Lauretta. Weil es seinem eigenen Naturell eher entsprach, machte Harlan aus dem Botanikstudenten Reinhard einen Musikstudenten, und er ließ seinen Namen auf ›t‹ enden.

Mit Bruno Mondi an der Kamera begannen die Dreharbeiten im Juni 1942. Als Darsteller des Reinhart wurde bis August 1942 noch René Deltgen erwähnt, der dann stattdessen die Hauptrolle in *Zwischen Nacht und Morgen* spielte. (Deltgen war erstmals in *Das Mädchen Johanna* aufgefallen und arbeitete auch als Synchronsprecher, u. a. für Spencer Tracy in *Manuel*.) Carl Raddatz übernahm den Part. Für den sanften, stillen Reinhart holte sich Harlan erneut Paul Klinger, und Carola Toelle, die in den zwanziger Jahren jugendliche Salondamen verkörpert hatte, wurde als Elisabeths Mutter besetzt, vielleicht auch wegen ihrer verblüffenden Ähnlichkeit mit Harlans Mutter auf einem ihrer letzten Fotos. *Immensee* sollte das einzige von Harlans Melodramen werden, in dem die Eltern der Protagonisten noch leben. Vor allem für Kristina Söderbaum war es ungewöhnlich, einmal nicht die Tochter einer früh verstorbenen Mutter spielen zu müssen.

Für die Rolle einer ihrer Rivalinnen konnte Germana Paolieri gewonnen werden. Die 35jährige, in Florenz geborene Künstlerin war der Star eines der erfolgreichsten Filme des italienischen Faschismus, *Luciano Serra, pilota* (1938), dessen Drehbuch von Benito Mussolinis Sohn Vittorio gemeinsam mit dessen Freund Roberto Rossellini verfaßt worden ist. Die Musik schrieb Wolfgang Zeller. Er erhielt dafür eine Gage von 10.000 RM, nicht viel, wenn man bedenkt, daß seine Kollegen Willy Schmidt-Gentner und Alois Melichar mit ihren Partituren doppelt so viel verdienten. Harlan selbst erhielt für seine Regie 80.000 RM und für das Drehbuch weitere 25.000 RM. An Kristina Söderbaum gingen 60.000 RM und an Carl Raddatz 20.000 RM. [18]

Im Juli 1942 drehte das Team in den Ruinen der Basilika Konstantin des Großen, am Rande des Forum Romanum. Unter einem Mittelbogen war wegen der guten Akustik ein Orchesterpodium für Konzertveranstaltungen errichtet worden, vor dem sich jetzt 2000 Zuschauer einfanden. Es spielte das Orchester der Königlichen Oper von Rom unter der Leitung von Maestro Luigi Ricci. Auch deutsche Soldaten befanden sich unter den Zuschauern. Mit dem Team und seinem 197seitigen Manuskript fuhr Harlan dann nach Eutin, einer Kleinstadt im Norden Deutschlands (und Carl Maria von Webers Geburtsstadt), um die Dreharbeiten fortzusetzen und mit den Einwohnern einen Trauerzug zu inszenieren. Sowohl in der ›Stadt der Rosen‹ als auch am Eutiner See wurde gedreht, wo Carl Raddatz und Kristina Söderbaum zwischen Wasserrosen hindurchschwimmen mußten.

Der Autor der anderen Vorlage, Rudolf G. Binding, hatte bemerkenswerte Parallelen zu Harlan aufzuweisen. 1867 in Basel geboren, als Sohn eines Juristen, in dessen Haus Nietzsche, Treitschke, Mommsen und weitere Vertreter der damaligen geistigen Elite verkehrten, ging Binding Junior eine Juristenlaufbahn ein, studierte Medizin, war aber zu ungeduldig, zu ruhelos für eine geradlinige Laufbahn und suchte woanders weiter nach seiner Bestimmung. Unzufrieden mit der zeitgenössischen Kultur, abgesehen von Clausewitz' »Vom Kriege«, begeisterte er sich fürs Reiten. Das Hochgefühl seiner Seele fand er auf dem Rücken der Pferde; er baute eine Pferdezucht auf und war schon um die vierzig, als er sein erstes D'Annunzio-Gedicht las, es zur Begeisterung des italienischen Dichters übersetzte und so seine eigentliche Berufung fand. Rittmeister im Ersten Weltkrieg, über die Friedensbedingungen verbittert, wurde Binding Mitglied der Deutschen Akademie der Dichtung, erhielt die Goethe-Medaille und brachte 1927 erstmals seine gesammelten Werke heraus. In dem Jahr wurde er sechzig; zu den Gratulanten gehörte Stefan Zweig.

Als erklärter Nationalist und Militarist sympathisierte er anfangs mit dem Nationalsozialismus und schrieb 1933 gegen Romain Rolland gerichtet die »Antwort eines Deutschen an die Welt«. Vielleicht trug deshalb in mehreren Romanen des ins Exil gegangenen Erich Maria Remarque der Bösewicht seinen Namen. Andererseits weigerte er sich 1933, ein Treuegelöbnis für Hitler mit zu unterschreiben. Binding blieb bei der preußischen Dichterakademie, versuchte einem Qualitätsverlust durch die Dominanz unbegabter regimetreuer Autoren vorzubeugen, machte sich Feinde dadurch, daß er für Robert Musil und Carl Zuckmayer Partei ergriff (den er 1935 für den Schiller-Preis

248

vorgeschlagen hatte), und daß er einer Jury angehörte, die 1936 einen Preis an den in Ungarn lebenden jüdischen Autor Dr. Paul Neubauer vergab. Auch eine Ehrung Thomas Manns zu dessen 60. Geburtstag hatte er dem Innenminister vorgeschlagen, obwohl er persönlich Manns Werk nicht schätzte. Er starb im August 1938. Seine letzte Lebensgefährtin, die er aufgrund der Nürnberger Gesetze nicht heiraten durfte, war die ehemalige Sekretärin Gerhart Hauptmanns, Elisabeth Jungmann. Zu seiner Totenfeier erschienen keine hohen NS-Würdenträger.

»Der Opfergang«, eines der meistgelesenen Werke der Zwischenkriegszeit, schildert den Konflikt eines Mannes zwischen zwei Frauen, den Binding selbst erlebt hatte. Albrecht Froben begegnet nach zehn Jahren Abwesenheit der Senatorentochter Octavia wieder, die mit 27 Jahren noch unverheiratet ist. Hinter dieser Figur verbirgt sich Helene Binding, geborene Wirsing, die der Dichter 1907 geheiratet hatte. Trotz seiner Skepsis angesichts ihrer unterschiedlichen Temperamente macht der unstete, lebhafte Albrecht der kühl-vornehmen Octavia einen Heiratsantrag. Beim nächtlichen Rudern lernt er dann Joie kennen, eine schwarzhaarige, braungebrannte Schulfreundin Octavias, die im Haus ihres verstorbenen Stiefvaters lebt. Hinter Joie, die abwechselnd als Nixe und als Amazone charakterisiert wird, verbirgt sich Eva Connstein, der Binding 1909 begegnet war.

Die beiden Frauen sind verschieden, aber gleichwertig: zwei Königinnen. Sie verkörpern Gehalt und Gestalt. Albrecht verdankt Octavia seine Ausgeglichenheit, aber wird unter ihrem Einfluß auch passiv. Joie dagegen ist fröhlich und sinnlich und gibt ihm Auftrieb. Joie ist »Gegenstand seiner Mannesleidenschaft« und Octavia von »dem seiner unaufhörlichen Verehrung«. [19] Octavia empfindet keine Eifersucht: sie freut sich für Albrecht. Dieser will seine Frau sogar an den Ausritten mit Joie teilnehmen lassen, aber Octavia lehnt ab; sie sagt von sich selbst, sie würde nicht zu Joies froher Art passen. Trotz ihrer anfänglichen Toleranz gegenüber der Affäre ihres Gatten fühlt Octavia sich zunehmend verlassen und ungeliebt.

Da bricht die Cholera aus. Joie erkrankt, und Albrecht grüßt sie von der Straße aus durchs Fenster. Joie bittet Albrecht, ein kleines Mädchen aus dem Seuchengebiet zu holen, um das sie sich gekümmert hat; er erfüllt ihr den Wunsch, steckt sich jedoch an und stirbt an der Cholera. In seiner Kleidung grüßt Octavia an seiner Statt unter größter Selbstüberwindung die kranke Joie, die daraufhin wieder gesund wird.

Harlan konnte persönliche Erfahrungen in dieses Werk einbringen. Seine Ehe mit Hilde Körber war von Anfang an durch die Unvereinbarkeit ihres introvertierten und melancholischen Wesens mit seiner aufbrausend-extrovertierten Natur gefährdet. Er und sein Mitarbeiter Alfred Braun veränderten ein paar Kleinigkeiten an der Vorlage, sie eliminierten die Rahmenhandlung und fügten eine wichtige Figur hinzu, Albrechts Freund Mathias. Eine

Karnevalsszene, bei der Octavia gewaltsam aus ihrer Reserve gelockt wird, wurde ebenfalls eingebaut. Um das autobiographische Element zu verstärken, versah Harlan Albrecht mit einer Vaterfigur, dem Sanitätsrat Froben. (Die genauen Verwandtschaftsverhältnisse bleiben unklar: Albrecht und Octavia sind eng miteinander verwandt, was der Film aber nicht problematisiert. Das inzestuöse Element hat lediglich die Funktion, die Abgeschiedenheit der Familie Froben zu betonen. Diese Menschen lassen niemanden von außen an sich heran.)

Andere Elemente aus Bindings Vorlage hat Harlan zwar nicht völlig hinzugedichtet, aber er hat sie stärker betont, so den Kontrast zwischen Albrecht und der Familie Octavias. Wenn sie stark ist, ist Harlans Joie stärker als Bindings Joie – so beim Reiten oder beim Umgang mit Pfeil und Bogen. Und wenn sie schwach ist, ist sie schwächer als bei Binding. Die Krankheit dieser jungen Frau ist bei Harlan ein durchgehendes Motiv, wenn auch erst in der von Goebbels aufgezwungenen Fassung. Abgeschwächt wurde wiederum die Bedeutung der Cholera für die Handlung – so weit wollte man im deutschen Film mit der Katastrophenstimmung dann doch nicht gehen. Bei Harlan ist die fremde Frau geheimnisvoller, von unklarer Herkunft; bei Binding kennt Octavia Joie aus der Schule.

Es gab wie bei allen Filmen seit *Jud Süß* Probleme mit der Besetzung und mit dem Inhalt. Da auch andere Schauspielerinnen mit Harlan arbeiten wollten, erteilte Goebbels Anweisungen, die Rolle der Joie nicht mit Kristina Söderbaum zu besetzen. Wiederholt äußerte er sich in seinen Tagebüchern abfällig über ihre starke Präsenz in Harlans Filmen. Um zu retten, was sich retten ließ, übte dieser mit der rassigen, dunkelhaarigen, bei Albert Florath und Maria Koppenhöfer ausgebildeten Margot Hielscher, die ohnehin Bindings Joie eher entsprach als Kristina Söderbaum, und ließ sie Szenen aus Frank Wedekinds »Erdgeist« vorspielen. Aber sie konnte nicht freihändig reiten, und ihr war ein Malheur unterlaufen: »Leider hatte ich mir in Prag – um diese Rolle zu bekommen – die Haare ROT färben lassen!!! Die fielen dann mächtig aus – zu meinem großen Schrecken! Die Farbmittel waren in der Kriegszeit wohl nicht die Besten. Also: keine Rolle und keine Haare! Eine noch immer bittere Erinnerung!« [20]

Dies und der Umstand, daß Goebbels wichtigeres zu tun hatte, als die Besetzung des Films *Opfergang* zu überwachen, ermöglichten es Harlan dann doch noch, im Sommer 1942 seine Frau als Hauptdarstellerin durchzusetzen. Die Presse hat auch hier wieder die Dreharbeiten begleitet und Anfang Oktober 1942 von einer der berühmtesten Szenen des Films, Söderbaums Hantieren mit Pfeil und Bogen, berichtet. Das Pferd Peggy, auf dem sie saß, war in jenen Jahren häufig im Einsatz, bei Arthur Maria Rabenalts *Zirkus Renz* wie auch beim Training des Nachwuchses auf der Ufa-Filmakademie.

250

Von einer Auseinandersetzung zwischen Harlan und seinem Hauptdarsteller Carl Raddatz erfuhr die Öffentlichkeit nichts: Verärgert über das ständige Herumbrüllen des Regisseurs, packte Raddatz Harlan am Kragen und warf ihn auf seinen Regiestuhl zurück. Von größerer Bedeutung aber waren denn auch Goebbels' Einmischungen. Dieser zeigte sich verunsichert über das allgemeine sexuelle Chaos, das der Krieg in Deutschland ausgelöst hatte, und untersagte Harlan eine Hymne auf die Untreue. Eine Heroisierung der Ehebrecherin Joie kam nicht in Frage: Nicht Albrecht, sondern Joie mußte sterben.

Dies brachte Harlan und Braun dazu, aus der Not eine Tugend zu machen und einen der reizvollsten Aspekte des Films zu konzipieren: Joie ist von Anfang an todgeweiht und der ganze Film somit von einer hemmungslosen Todessehnsucht geprägt. Durch die Querelen kam es zu einer Verzögerung der Dreharbeiten. Joie wurde in Joy und Joy in Aels umbenannt. (Auf der Seite 144 des Drehbuches steht auf einmal wieder Joie.) Die Musik schrieb Hans-Otto Borgmann, der wie Zeller für *Immensee* 10.000 RM erhielt.

Die Zeitschrift ›Der Film‹ würdigte im Januar 1943 Harlan und seine knapp zwei Jahre bestehende Herstellungsgruppe mit einem Aufsatz: »Seit 1937 darf Veit Harlan als der Beherrscher des deutschen Themas gelten. Mit der ihm eigenen Intensität und einem leidenschaftlichen Willen zur dramatischen Form als der erregendsten Aussage vom Leben riß er die Tore auf, die bis dahin ängstlich verschlossen gehalten wurden, denn es gab nur wenige Autoren und Regisseure, die es für möglich hielten, Regungen, des deutschen Lebens und der so oft verlachten deutschen Seele zur Gültigkeit einer entscheidenden Bekundung zu bündeln.« [21]

Harlan wurde zudem anläßlich des 25. Jubiläums der Ufa zum Professor ernannt, gemeinsam mit Wolfgang Liebeneiner. Beide waren nicht im voraus unterrichtet worden und freuten sich somit noch mehr über die Ehrung. Bei dem Festakt, am 3. März 1943 im Berliner Ufa-Palast am Zoo veranstaltet, ging ein ›Adlerschild des Deutschen Reiches‹ an Alfred Hugenberg, und das alles einen Monat nach dem Ende der Schlacht um Stalingrad. Harlan und Liebeneiner wurden als zwei Männer gelobt, »die in rastlosem Bemühen um die Aufwärtsentwicklung des deutschen Films ihre schöpferische Gestaltungskraft ganz dieser Aufgabe widmeten«. [22]

Im März 1943 hielten sich Harlan und Söderbaum in Schweden auf, wo *Die goldene Stadt* unter dem Titel *Den gyllene staden* vorgestellt wurde. Harlan hielt zu dem Anlaß Vorträge in Stockholm und in Uppsala. Für Kristina Söderbaum war es seit 1938 der erste Besuch in ihrer Heimat, wenngleich ihre Landsleute sie auch durch ihre Filme kannten. *Jugend* lief dort als *Unga manniskor*, *Das unsterbliche Herz* als *Det odödliga hjärtat* und *Die Reise nach Tilsit* als *Soluppgång*. *Soluppgång* war für *Die Reise nach Tilsit* ein passender und auch prophetischer Titel – er heißt wörtlich übersetzt ›Opfergang‹.

Ernennung zum Professor, 1943

Es gab anläßlich des Schweden-Besuchs Ärger, da Harlan freie Reden hielt und Projekte über Goethe und Beethoven ankündigte. Goebbels befürchtete Autoritätsverlust, wenn sich seine Untergebenen ohne vorherige Absprache öffentlich äußerten. Fortan durfte Harlan keinen Film mehr im Ausland vorstellen.

In der Beethoven-Biographie *Seid umschlungen, Millionen* wollte Harlan sein Comeback als Darsteller erleben. »Meine zum Widerspruch neigende Natur, mein Äußeres, mein Temperament – alles das würde sich für die Darstellung Beethovens eignen« [23], dachte er. Auch seine wilde Frisur paßte zu der Rolle; er hielt dann jedoch Werner Krauss für den geeigneteren Darsteller, bevor das Projekt ganz fallengelassen wurde.

Die Dreharbeiten zu *Immensee* und *Opfergang* dauerten bis Anfang 1943. »Es ist ein lyrisches Liebesepos, außerordentlich gemütvoll gestaltet«, lobte Goebbels am 12. Juni *Immensee*, »und wird sicherlich ein großer Publikumserfolg werden.« [24] Die Rollen von Elisabeth und Aels erlaubten es Kristina Söderbaum, eine ungeahnte Reife auszuspielen, und auch als Privatperson entwickelte sie zunehmend politisches Bewußtsein. »Wir haben heimlich BBC gehört«, erinnerte sich Therese Müller, Kindermädchen bei Harlans und nur wenige Monate älter als Kristina Söderbaum, ein halbes Jahrhundert später in Hans-Christoph Blumenbergs Dokumentarfilm *Die Reise nach Schweden*, »aber das hätte Herr Harlan nie erfahren dürfen, da wäre er empört gewesen, daß wir die Feindsender hören. Das haben wir heimlich gemacht ... Herr Harlan hat das nicht gewollt. Er war ja doch sehr überzeugt von der Politik und von dem ganzen Regime.« Ein weiterer Mithörer war der Chauffeur und Cutter ihres Mannes, ihr langjähriger Freund Friedrich Karl von Puttkamer.

Offensichtlich war er gemeint, als die französische Autorin Régine Mihal Friedman in ihrem Aufsatz ›Mein Tag mit Kristina‹ (1988) schrieb: »Mit einem befreundeten Schnittmeister, dessen Homosexualität ihn an den Rand geschoben hatte, hatte sie sich angewöhnt, heimlich ausländische Sender zu hören, und so erwartete sie die drohende Katastrophe.« [25]

Ein schockierendes Erlebnis war für Kristina Söderbaum der Tod von Victor von Zitzewitz, neben Puttkamer ihr bester Freund, bevor sie Veit Harlan traf. In der letzten Zeit hatte sie ihn nicht mehr so häufig gesehen. Erst 34 Jahre alt, setzte er am 25. Juli 1943 seinem Leben mit Zyankali ein Ende. Allem Anschein nach war er in Untergrundaktivitäten verwickelt und in eine Falle geraten. Ebenfalls 1943, vermutlich im März, wurde Harlans erste Ehefrau Dora Gerson mit ihrem Mann und den zwei Kindern ermordet. Sie soll sich nach ihrer Internierung in Frankreich noch einmal hilfesuchend an Harlan gewandt haben, allerdings sind hierüber nur ungenaue mündliche Aussagen überliefert.

In die Hände der Gestapo fielen Hans Behrendt, der Regisseur des Stummfilmklassikers *Die Hose*, der vermutlich schon während der Zugfahrt nach Auschwitz umgekommen ist, und Mathilde Sussin, Harlans Bühnenpartnerin in »Medea«, »Ein besserer Herr«, »Die Weber«, »Candida«, »Die Portugalesische Schlacht« und »Andreas Hollmann«. Sie starb 1943 im KZ Theresienstadt, wie auch Emil Faktor, einst Chefredakteur des ›Berliner Börsen-Couriers‹. Der Theaterkritiker Ernst Heilborn, der für die ›Frankfurter Zeitung‹ Harlans Darstellung in »Jugend« so hoch gelobt hatte, kam in Gestapo-Haft um. Dank der Unterstützung von Schauspielern wie Käthe Dorsch, Hubert von Meyerinck, Hans Brausewetter, Roma Bahn und Walter Franck konnte der Theaterleiter Moriz Seeler, für dessen gewagte Inszenierungen Harlan einst ohne Gage aufgetreten war, längere Zeit versteckt in Deutschland leben. Doch beim Versuch, das Land zu verlassen, ist er 1942 entdeckt und in ein Vernichtungslager deportiert worden.

In den Bombennächten, die auch für privilegierte Künstler mittlerweile zum Alltag gehörten, erfuhr Kristina Söderbaum ganz beiläufig von ihrem Spitznamen, der in der Bevölkerung längst etabliert war: ›Reichswasserleiche‹. Ausgedacht hatte sich diesen Begriff der Autor des Propaganda-Kurzfilms *Im Luftschutzkeller* (1940), ein Beitrag der Reihe *Tran und Helle*, in der Jupp Hussels und Ludwig Schmitz dem deutschen Publikum vorführten, wie es sich angesichts des Krieges zu verhalten hatte. Dasselbe sollte jetzt Harlan leisten. Goebbels beauftragte ihn, den ultimativen Durchhaltefilm *Kolberg* zu inszenieren.

Pläne zu diesem Thema gab es schon lange. Im August 1927 wurde ein Film zu dem Thema angekündigt, *Die Helden von Kolberg*, der auf dem Stück »Kolberg« von Paul Heyse basierte. (Wie er in seiner Autobiographie gleich dreimal erwähnt, verspürte Bernhard Minetti angesichts einer Inszenierung von Heyses »Kolberg« den Wunsch, Schauspieler zu werden.) Regie sollte Kurt Blachnitzky führen und das Drehbuch Willy Rath schreiben. 1935 war das Projekt weiterhin im Gespräch, kein geringerer als Arthur Maria Rabenalt hatte beim Manuskript seine Hände im Spiel. Am 1. Juni 1943 schrieb Goebbels schließlich seinen vielzitierten Brief an Harlan: »Hiermit beauftrage ich Sie, einen Großfilm *Kolberg* herzustellen. Aufgabe dieses Films soll es sein, am Beispiel der Stadt, die dem Film den Namen gibt, zu zeigen, daß eine in Heimat und Front gemeinsame Politik jeden Gegner überwindet.« [26]

Goebbels' Tagebüchern ist zu entnehmen, daß der Auftrag schon vor dem 1. Juni erfolgt war. Am 7. Mai diktierte der Minister: »Harlan, der sich zuerst gegen die Übernahme dieses Films gesträubt hatte, weil er den Beethoven-Film machen wollte, ist jetzt ganz Feuer und Flamme. Er hat in acht Tagen ein glänzendes Exposé zusammengebracht und will Ende Juni schon ins Atelier gehen. Die Premiere des Films verspricht er mir für Weihnachten. Dann werden wir ihn wahrscheinlich gut gebrauchen können.« [27] Der so oft zitierte Brief vom 1. Juni war also nur eine nachträgliche Bestätigung der bisherigen Verhandlungen. Erneut mußte Harlan gemeinsam mit Alfred Braun Personen erfinden und in den historischen Rahmen einbauen. Die Stadt Kolberg war im Siebenjährigen Krieg dreimal von den Russen belagert und 1761 besiegt worden. Im Jahr 1807 verteidigte sich die Stadt unter Gneisenau gegen die Franzosen bis zum Friedensschluß von Tilsit.

Um seine Frau einsetzen zu können, verarbeitete Harlan eine Anekdote, nach der die Königin Luise vor einem Bauernmädchen verstummt sein soll. Goebbels mißfiel das: »Leider hat Harlan, wie das so oft bei ihm der Fall ist, aus einem Nettelbeck-Film einen Söderbaum-Film gemacht. Nicht Nettelbeck, sondern ein Mädchen Maria steht im Mittelpunkt der ganzen Handlung«, gab er am 5. Juni zum Diktat. [28]

Daß es kein reiner Söderbaum-Film werden würde, dafür sorgten die anderen Mitspieler. Zur Besetzung gehörten Heinrich George (als Bürgermeister Nettelbeck, den er bereits 1932 auf einer Freilichtbühne verkörpert hatte) und Paul Wegener. Für die Rolle des Gneisenau holte Harlan sich Horst Caspar, den größten Heldendarsteller seiner Generation. Gustav Diessl spielte den Major Schill, Irene von Meyendorff die Königin Luise. Der 23jährige Heinz Lausch verdankte es seiner äußerem Erscheinung, daß er Kristina Söderbaums Bruder verkörpern durfte: »Der sieht ja aus wie Kristina als Junge!« rief Harlan aus, als er ihn das erste Mal sah. Die Musik wurde Norbert Schultze anvertraut, der, wenn es nach ihm gegangen wäre, schon bei *Immensee* mit Harlan zusammengearbeitet hätte. (Dreizehn Jahre später schrieb Schultze für Geza von Bolvarys *Immensee*-Remake *Was die Schwalbe sang* die Musik unter Verwendung einer Passage aus seiner *Kolberg*-Partitur.)

Als Regisseur war Harlan jetzt dreifach belastet – er hatte *Immensee* und *Opfergang* in der Fertigstellung, und für *Kolberg* drehte er ab Oktober die ersten Aufnahmen. Weiterhin wurde an der Verbesserung von Agfacolor gearbeitet. Harlan hielt Reden und verfaßte Aufsätze zur Farbe im Film. Auch Helmut Käutner bekam nach seinem herausragenden künstlerischen Erfolg mit *Romanze in Moll* die Möglichkeit, einen Farbfilm zu inszenieren, daran sieht man, daß Joseph Goebbels bisweilen bereit war, politisch mißliebige Künstler zu beschäftigen, wenn sie ihr Handwerk verstanden.

Um *Immensee* und *Opfergang* fertigzustellen, wurde ein Schneideraum bei Harlans im Keller eingerichtet. Das war bereits Anfang 1941 besprochen worden, als Harlan seine eigene Herstellungsgruppe bei der Ufa beantragt hatte. *Immensee* sollte zum 17. Dezember 1943 fertig sein; die Cutter Christa Loose und Friedrich Karl von Puttkamer hatten alle Hände voll zu tun. Als Christa Loose am 22. November den Schneideraum verließ, um in ihrer Wohnung nach dem Rechten zu sehen, wurde sie von einer Luftmine zerrissen. Einen Tag darauf verließ Friedrich Karl von Puttkamer den Schneideraum, um seinen Luftschutzdienst anzutreten. Besorgt um ihn, fuhren Harlan und Kristina Söderbaum über den Kurfürstendamm und die Kantstraße – Puttkamer wohnte in der Joachimsthaler Straße 11 –, um ihren Freund und Schnittmeister zu sehen, aber sein Haus stand in Flammen. *Immensee* erlebte seine Premiere also ohne die Cutter. Sie hätten aber ohnehin keine weitere Arbeit mehr verrichten müssen: »Es wurde kein einziger Schnitt und keine einzige Veränderung befohlen«, stellte Harlan zufrieden fest. [29]

Der 2.067.000 RM teure und mit 200 Kopien gestartete Film war sofort ein herausragender Erfolg, sein geschätztes Inlandeinspiel betrug 8.000.000 RM. Gleich nach der *goldenen Stadt*, Geza von Cziffras Eisrevue *Der weiße Traum*, der *großen Liebe* und *Wiener Blut* war *Immensee* der erfolgreichste Film des Dritten Reiches. Felix Henseleit (›Film-Kurier‹) äußerte sich zur Modernisierung der Geschichte: »Wenn Theodor Storm unsere Herzen anzusprechen vermag, dann muß das im Gewande jedes Zeitalters möglich sein.« Er lobte die Hauptdarstellerin: »Kristina Söderbaum schreitet als das Mädchen und dann als die Frau Elisabeth mit Beseeltheit, Anmut und Bestimmtheit zugleich durch den Film.« Zellers Musik, mit ihren Sopransoli, sei ein »Beispiel für die restlose Angleichung von Regie und Musik«. [30] Der Komponist habe »sich mit Herz und Seele den Stoff erschlossen... Die Musik blüht, schwingt, weicht jeder Sentimentalisierung aus«, lobte Dr. Hermann Wanderscheck. [31] Zellers Verwendung eines neuartigen elektronischen Instrumentes fiel auf, das er allerdings schon in *Jud Süß* verwertet hatte. Neu für den Komponisten, sicherlich von Harlan beeinflußt, war der Einsatz von Sopransoli; er wiederholte ihn in seiner nächsten Arbeit, der Partitur zu Peter Pewas' *Der verzauberte Tag*.

Selbst aus der Schweiz, in deren Presse deutsche Filme vergleichsweise streng bewertet wurden, kam Anerkennung. Es wurde hervorgehoben, »daß der Beschauer oft lange Zeit sich nicht der Farbe kritisch bewußt wird, und

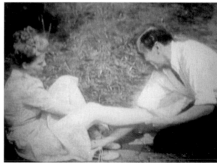

Kristina Söderbaum, Carl Raddatz
und der Immensee

das ist ein gutes Zeichen. Das Drehbuch zu ›Immensee‹ haben Veit Harlan und Alfred Braun zusammen geschrieben, und sie erwecken in der Handlung mit bemerkenswerter Einfühlungsgabe die lyrisch-zarte und elegische Grundstimmung der Erstlingsnovelle des Husumer Dichters. Namentlich ist die dem Geschehen angepaßte Musik Wolfgang Zellers zuweilen von strahlender sinfonischer Farbigkeit, und der Operateur Bruno Mondi, Deutschlands bester Kameramann, hat bezaubernde Landschaftsbilder und Idylle vom Gutshof Immensee geschaffen, so daß dieser Film allein schon optisch ein Genuß ist.« [32]

Immensee war für das deutsche Publikum die ideale Weihnachtsattraktion. Er lief in Belgien, ein paar Wochen, bevor es die Alliierten befreiten. »Meisterhafte Einheit von Spiel, Farbe und Musik« hieß es in Schweden. [33] Trotz eines offiziellen Einfuhrverbots deutscher Filme nach Finnland gelangten Kopien von *Immensee* dorthin, da ein großer Bedarf bestand. Noch im Sommer 1995 habe ich ältere Finnen getroffen, die sich an den Film erinnern konnten, obwohl sie sich nicht vorrangig für das Kino interessierten. In Zürich lief *Immensee* zwölf Wochen zu einer Zeit, da deutsche Filme kaum noch importiert wurden.

In Ungarn machte er unter dem Titel *Forgószél* Furore. Als die Ufa im Sommer 1944 eine Filiale am Bosporus eröffnete, profitierte *Immensee* auch davon; sein Erfolg wurde zum Anlaß genommen, Storms Novelle ins Türkische zu übersetzen.

Die Novelle sei »auch in den Tornistern unserer Soldaten zu finden«, bemerkte der ›Film-Kurier‹. Kein Wunder: die von Kristina Söderbaum verkörperte Elisabeth ist ihrem Mann auch nach dessen Tod noch treu. Dank

Harlans fairem Umgang mit allen Figuren konnten sich Soldaten je nach Charakter und Temperament mit dem draufgängerischen Reinhart oder dem introvertierten Erich identifizieren. Einer der größten Bewunderer von *Immensee*, der Landwirt und Erfinder Klaus Jebens, kaufte sich ein Gut in der Nähe von Plön und gestaltete sein Anwesen in der Holsteinischen Schweiz nach dem von den Architekten Erich Zander und Karl Machus entworfenen Anwesen. Er hatte *Immensee* als 17jähriger gesehen und gehörte zu den vielen Soldaten, die noch lange nach dem Krieg Fanpost an Kristina Söderbaum schickten.

Für Olaf Möller (›Journal Film‹, 1995) ist *Immensee* »Harlans wahres und einziges Meisterwerk ... *Immensee* verdeutlicht vielleicht auch, warum es so schwer ist, Deutschland zu hassen. *Immensee* ist der Film unserer Eltern und Großeltern, er zeigt vielleicht die Gedanken und Gefühlswelt, in der sie gelebt haben, er spricht von der Schönheit des Bürgertums; es ist jene Faszination, jene Atmosphäre des Untergangs, der Traurigkeit, der sich selbst dezidiert linke Regisseure wie Visconti nicht entziehen konnten.« [34] 1993 wurde *Immensee* noch einmal auf den 50. Filmfestspielen von Venedig gezeigt, im Rahmen einer Retrospektive mit Filmen des Jahres 1943.

Im Gegensatz zu den Exzessen, den hypnotisierenden Farbspielen von *Opfergang* ist der Ton von *Immensee* leise und verhalten – es ist der Ton eines Volksliedes, wie es schon der Vorspann versprochen hat. *Immensee* erzählt in einer langen Rückblende die Liebesgeschichte von Elisabeth (Kristina Söderbaum) und Reinhart (Carl Raddatz), dem Komponisten, dessen unstete Lebensweise dazu führt, daß sie Erich (Paul Klinger) heiratet, der ihr bestenfalls ein guter Freund sein kann. Erich weiß, wen seine Frau wirklich liebt, und er würde sie sogar für Reinhart wieder freigeben, wenn es sie nur glücklich machte. Als Elisabeth die selbstlose Liebe ihres Mannes erkennt, entscheidet sie sich endgültig für ihn und gegen Reinhart.

Für deutsche Soldaten war der schwächliche, zurückhaltende Erich eine bessere Identifikationsfigur als der draufgängerische Reinhart. 1943 konnte man nicht mehr von Heldentaten träumen, die einer Frau imponieren, und daß Elisabeth einem Mann den Vorzug gibt, der keinen Trumpf mehr in der Hand hält, erwies sich als die beste Durchhaltepropaganda, glaubwürdig durch ihre Realitätsnähe.

Als Erich mit dem Fernglas Elisabeth und Reinhart beim Baden beobachtet und resignierend feststellt: »Die wollen mich wohl nicht haben, die wollen allein sein«, kann sein Vater diese verweichlichte Haltung nicht verstehen. »Wer mich nicht haben will, nach dem würde ich doch nicht ausschauen. Man muß stolz bleiben!« (Otto Gebühr spricht den Text mit seiner üblichen schneidenden Stimme, die militärischen Drill verrät: wenn dieser alte Herr vom Immenseehof stirbt, stirbt eine Ära.) Aber trotz seines fehlenden Stolzes wird Erich an keiner Stelle als Schwächling denunziert.

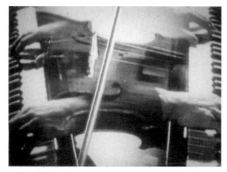

Die Jahre vergehen:
Montagesquenz aus *Immensee*

Einmal tanzt Elisabeth völlig ausgelassen
mit Reinhart: Erich freut sich für sie, sehr zum
Befremden seiner Schwiegermutter (Carola
Toelle). Für ihn zählt nur eines: »Elisabeth ist
schöner, wenn sie glücklich ist«, und wenn es
Reinhart ist, der sie glücklich macht, dann soll
der sie haben. Harlan, der einst mit der Reitpeitsche auf Fritz Kortner losgegangen war,
hielt mittlerweile nichts mehr von altmo-

Carl Raddatz in Gefahr:
Schlingpflanzen und dunkelhaarige Frauen

dischen Eifersuchtsdramen. Zwischen zwei Menschen, die dieselbe Person lieben, gibt es deswegen noch lange keine verbitterte Rivalität. Konflikte haben die Menschen eher mit ihrer eigenen Identität als mit anderen. »Ich weiß nicht, was ich bin«, sagt Elisabeth einmal, als ihre Mutter versucht, ihre Lebensweise im Vergleich zu der von Reinhart zu definieren.

Ganz am Anfang dirigiert Reinhart, und Elisabeth sitzt im Publikum. Das Philharmonische Orchester Hamburg spielt ›Die Seerose‹, Reinharts ›lyrische Suite‹. Die Musik ist eher wuchtig als lyrisch, und durch Schnitte wird ein Zusammenhang hergestellt zwischen Reinharts heftigen Bewegungen mit dem Stab und Elisabeths erstarrter Haltung. Er bereist die ganze Welt, sie bleibt zuhause in ihrer ›kleinen Welt‹. Aber es ist Elisabeth, die nachher die Entscheidung trifft; hier machen nicht zwei Männer unter sich aus, wer von ihnen die Frau bekommt.

Bereits Elisabeths Familie hat sich ganz offen über die Ehetauglichkeit von Reinhart geäußert, so wie sonst eigentlich nur über Frauen geurteilt wird. Dieser Mann sei für Schwärmereien gut, aber nichts zum Heiraten. Und Reinhart verliert Elisabeth, obwohl er der körperlich Stärkere ist. Sie verlangt von ihrem Lebenspartner eine Selbstlosigkeit, die sonst nur Männer von Frauen verlangen dürfen. »Erich ist der Stärkere«, erklärt sie Reinhart in Anwesenheit der Bienen, bei denen Stärke noch über die körperliche Kraft definiert wird, und deren Prinzip Reinhart vertritt. Erich kann verzichten, er hat Charakter. Wie so oft bei Harlan bestimmt der Gegensatz von Körper und Geist das Geschehen. Aber er ergreift sehr unterschiedlich Partei und manchmal überhaupt nicht. Der sexuell leicht erregbare Student Hans ist sympathischer als der lustfeindliche Kaplan Schigorski in *Jugend*, der grobschlächtige Bauer Jobst allerdings steht moralisch tiefer als der kultivierte Ingenieur Leidwein in *Die goldene Stadt*. Die Amazone Aels in *Opfergang* ist auf ihre Weise der kostbaren Vitrinenfigur Octavia gleichwertig.

Reinhart lebt wie ein Zugvogel; nirgendwo hält es ihn. Er ist rastlos, und es verwundert nicht, daß Elisabeth einen Vogel nach ihm benennt. (Dieser Vogel stirbt unmittelbar, nachdem Reinhart in einem heftigen, erotischen Zweikampf mit einer schönen, dunkelhaarigen Frau gezeigt wurde.) Sein eigener Vater belehrt ihn wegen seiner Unrast: mit den neuen Verkehrsmitteln käme man überall schneller hin, aber nicht näher. Reinhart will sich für Elisabeth nicht ändern, im Gegenteil: wenn er sein Ziel als Komponist erreicht hat, will er sie mitnehmen in die Welt – eine Zukunftsperspektive, die sie abschreckt. Einmal gerät er durch seinen Leichtsinn in Lebensgefahr: als er für Elisabeth eine Seerose holen will und sich dabei fast in den Schlingpflanzen verfängt. Hier ist es also einmal der Mann, der für seinen Leichtsinn bestraft wird. Die Szene rechtfertigt eine in anderen Zusammenhängen oft übertriebene Deutung: Wasser, Moor usw. als Metapher für die bedrohliche weibliche Sexualität.

Carl Raddatz in Sicherheit:
Klassische Bauwerke und
saubere Kameraden

Am Ende steht der Triebverzicht. Elisabeth, Reinhart und Erich haben sich in ihren höchsten Glücksmomenten so verhalten, als hätten sie die Pubertät noch vor sich. Sie wirken dadurch kindlicher, daß – ungewöhnlich, einzigartig in einem Harlan-Film – ihre Eltern noch leben. »Eigensinniger Bengel« sagt Elisabeth zu Reinhart, der vor allem dadurch zum Außenseiter wird, daß er seine Sexualität auslebt, draußen in der Welt, mit dunkelhaarigen Frauen. Wahre Liebe bedeutet hier nicht körperliche Vereinigung: Elisabeths Ehe mit Erich bleibt kinderlos. Das mag als Konzession an eine Zeit betrachtet werden, in der Männer und Frauen lange voneinander getrennt leben mußten, in der Abstinenz und Entsagung alltäglich waren, es entspricht aber auch Harlans Vorliebe für offene Lösungen und seinem Sich-Verweigern gegenüber einem eindeutig glücklichen oder unglücklichen Ende.

Wie es überhaupt auffällt, daß Harlan, durchaus kein Gegner deutlicher, drastischer Effekte, die Gefühlsregungen seiner Personen gern in der Schwebe hält: radikale Liebe oder ebensolchen Haß sucht man bei ihm vergebens. Wobei nicht nur zwei Frauen in Liebe zu einem Mann gut miteinander auskommen *(Opfergang)*, das entspräche den üblichen Männerphantasien, auch zwei Männer können dieselbe Frau lieben und dennoch Freunde sein *(Das unsterbliche Herz; Immensee)*.

In der Schlußszene experimentiert Harlan mit Schwarzweiß in Farbe. Er zeigt Elisabeth im schwarzen Kostüm vor dem Hintergrund einer weißen Schneelandschaft; nur ihr Gesicht bringt etwas Farbe ins Bild. Die Szene ist gespenstisch: sie spielt offiziell auf dem Flughafen von Amsterdam, aber zu sehen sind nur ein Flugzeug und zwei Menschen, die sich wortlos trennen. Die Welt ist wie ausgestorben. Reinharts Maschine fährt ins Nichts, sie verschwindet im Nebel. Und die ungewöhnlich lange Großaufnahme von Kristina Söderbaum – noch länger als die von Garbos Königin Christina – verstärkt das Gefühl, wir befänden uns schon in einer ganz anderen Welt. Wie Münchhausen auf dem Mond. Deutlicher konnte Harlan sein Unbehagen an der Gesellschaft nicht formulieren als durch diese Flucht ins Niemandsland. Die Witwe Bock in *Krach im Hinterhaus* und Elske *Die Reise nach Tilsit* hatten noch unter klatschsüchtigen Mitmenschen leiden müssen. Harlans Protagonisten in *Immensee* und *Opfergang* kennen solche Sorgen nicht mehr.

Abschied auf dem verschneiten Flughafen: Carl Raddatz und Kristina Söderbaum in *Immensee*

Opfergang war immer noch nicht aufgeführt. Goebbels fand ihn (nach einer Notiz vom 24. Juli 1943) »farblich außerordentlich gut geraten ... Leider ist er inhaltlich wieder wie ›Immensee‹, etwas überspitzt. Harlan arbeitet zuviel mit mysteriösen Chören, und auch sein Dialog ist etwas zu sentimental und äußerlich aufgebaut. Ich muß gelegentlich Harlan einmal ins Gebet nehmen. Er bewegt sich augenblicklich auf einer Linie, die nicht besonders viel Erfolg verspricht. Er muß wieder auf den Boden der Tatsachen zurückgerufen werden.« [35]

Es wurde intensiv an *Kolberg* weitergearbeitet. Die Stadt Kolberg war in Staaken bei Berlin nachgebaut worden. Im Zentrum des Interesses standen jedoch die üppigen Schlachtszenen, an denen sich rund 5000 Wehrmachtssoldaten beteiligten, sowie das Freiwilligenheer des 1942 übergelaufenen sowjetischen Generals Wlassow. Harlan war nicht um Ideen verlegen, um als Regisseur einen optimalen Überblick über das Geschehen zu gewinnen. Der Schauspieler Heinz Lausch glaubte einmal Gott zu hören, als er eine kraftvolle Stimme aus dem Himmel vernahm – es war kein geringerer als Harlan, der von einem Fesselballon aus mit dem Megaphon Anweisungen gab. Sein Fanatismus hielt sich allerdings in Grenzen. Der Zusammenprall zweier gegnerischer Armeen sollte ursprünglich gedreht werden, aber nachdem ihn Lausch und Gustav Diessl gebeten hatten, diese Szene zu streichen, ließ er sich überzeugen. Die Dreharbeiten zu *Kolberg* hatten ohnehin schon fünf Komparsen das Leben gekostet, und die Zahl hätte sich bei dem Aufeinanderprall vergrößert. Durch ihre Rolle wenig ausgefüllt, profilierte sich Kristina Söderbaum während der Dreharbeiten als Krankenschwester, sie

Harlan inszeniert *Kolberg*

ging von Bett zu Bett und pflegte Verwundete. Die blutige Realität holte die-jenigen ein, die glaubten, durch Filmarbeit vom Krieg verschont zu bleiben.

Insgesamt hat *Kolberg* jedoch mehr Menschen geholfen als geschadet. Tausende von Komparsen wurden nicht nur vom Kriegsdienst befreit, sie genossen diesen Zustand auch länger als erwartet: Harlan, normalerweise ein Schnellregisseur, ließ sich diesmal sehr viel Zeit. Horst Caspar wurde dadurch von einem Fronteinsatz bewahrt, und der bei Drehbeginn 20jährige Lausch hatte den Krieg sowieso schon hinter sich. Er war als Soldat in der 6.Armee verwundet und daraufhin freigestellt worden.

Für Gustav Diessl erwiesen sich die Kampfszenen als besonders anstrengend, denn er hatte sich ein paar Jahre zuvor bei einer Himalaya-Expedition eine schwere Malaria zugezogen und 1942 einen Schlaganfall erlitten, mit der Folge einer Gesichtslähmung. Seine rechte Körperhälfte war teilweise unbeweglich. Unfreiwillig verstärkte sein Leiden die fatalistische Stimmung der Szenen mit Schill. Daß er trotzdem noch die Energie aufbrachte, seine Frau – die umschwärmte Opernsängerin Maria Cebotari – ausgiebig zu betrügen, bemerkte Anneliese Uhlig, die anschließend mit ihm in Prag den Kriminalfilm *Ruf an das Gewissen* gedreht hat: »Seine Begleiterinnen sind immer jüngere – nun, Damen könnte man sie nicht einmal nennen. Bald ist es ihm auch nicht mehr peinlich, wenn ich ihm mit ihnen auf meinen Spaziergängen über den Hradschin begegne.« [36]

Mitten in den Dreharbeiten erfolgte die Verhaftung des Schauspielers Hans Meyer-Hanno, der noch vor Kriegsende im KZ starb. Seine Frau Irene Saager war Jüdin und durch die Verhaftung ihres Mannes von der Deportation bedroht. Mitte Juni 1944 starb Harlans Ausstatter Karl Machus.

Für den 17.Juli 1944 war ein Internationaler antijüdischer Kongreß in Krakau vorgesehen, auf dem auch *Jud Süß* gezeigt werden sollte. Der Kongreß mußte wegen der Invasion der Alliierten abgesagt werden; hätte er stattgefunden, wäre Harlan ein weiteres Mal in Verlegenheit geraten und um einen kompromittierenden Auftritt nicht herumgekommen. Am 20. Juli erfolgte das Attentat auf Adolf Hitler. Während der Dreharbeiten zu *Kolberg* schlug Goebbels Harlan dann weitere propagandistische Filmstoffe vor, darunter eine Geschichte des Horst-Wessel-Liedes in Agfacolor. Als weiterer Vorschlag unterbreitete Goebbels ein Porträt der deutschen Presse – von Gutenberg bis zum ›Völkischen Beobachter‹ – der letzten hundert Jahre mit dem Titel *Die siebente Großmacht*. Vertreter der jüdischen Presse wie Theodor Wolff, Georg Bernhardt und Alfred Kerr sollten darin angegriffen werden.

Verspätete Beiträge zur antisemitischen Propaganda wären eine Verfilmung von Gustav Freytags Roman »Soll und Haben« sowie eine Adaption von Marlowes »Der Jude von Malta« gewesen. Harlan wußte diese Projekte ebenso zu sabotieren wie den antiklerikalen *Andreas Vöst* nach Ludwig Thoma, *Die Leutnante von Metz* sowie einen U-Boot-Film. Stattdessen drehte er im Herbst 1944 Probeaufnahmen zu *Segen der Erde* nach dem Roman von Knut Hamsun. Harlan hat die Ernteszenen, die in *Kolberg* zu sehen sind, eigentlich für *Segen der Erde* arrangiert, mußte das Projekt jedoch auf die Nachkriegszeit verschieben. 1952 kündigte er einen weiteres Mal seine Hamsun-Adaption an.

Im August 1944 war *Kolberg* abgedreht. Goebbels zeigte sich wieder einmal unzufrieden, verlangte zahlreiche Schnitte und beauftragte Wolfgang Liebeneiner mit der Umarbeitung. Auch die Drehbuchautorin Thea von Harbou wurde beauftragt, den Film zu verbessern, an dem nach Aussagen des früh ausgestiegenen Alfred Braun insgesamt acht Autoren gearbeitet haben. Die Kriegsszenen waren zu realistisch inszeniert worden und erzeugten eine demoralisierende Wirkung, zu der Harlans Sadismus beigetragen hatte. Unter anderem brachte in der ersten Fassung von *Kolberg* eine Frau unter Qualen ihr Kind zur Welt, während das Haus bombardiert wird. »Harlan kniet sich zu sehr in die Schreckensszenen hinein und vernachlässigt demgegenüber die intimeren Wirkungen«, hatte sich Goebbels schon am 15. Juli 1943 angesichts des Exposés beklagt. [37]

Von Liebeneiner abgelöst und nur gelegentlich beim Schnitt konsultiert, war Harlan frei für ein Projekt, das er lieber umgangen hätte. Von September bis Oktober 1944 arbeitete er an einem Drehbuch nach Shakespeares *Der Kaufmann von Venedig*: Werner Krauss sollte seinen Erfolg als Shylock wiederholen, den er unter Lothar Müthels Regie im Mai 1943 am Burgtheater Wien gespielt hatte. Der Kritiker Karl Lahm schrieb damals für die ›Deutsche Allgemeine Zeitung‹: »Die Maske allein schon, das von grellrotem Haar- und Bartwuchs umrahmte blaßrosa Gesicht mit den unstet pfiffigen Äuglein, der speckige Kaftan mit dem umgeschlagenen gelben Kulttuch, der gespreizte, schleppende Gang, das hupfende Fußstampfen in der Wut, die krallige Gestik der Hände, das gröhlende oder murmelnde Organ – dies alles eint sich zum pathologischen Bild des ostjüdischen Rassetyps mit der ganzen äußeren und inneren Unsauberkeit des Menschen bei Hervorhebung des Gefährlichen im Humorigen.« [38] Der üble, zu recht berüchtigte Text hat dazu geführt, daß auch Krauss' Darstellung zu den berüchtigsten der Theatergeschichte zählt. Dabei läßt es sich heute nicht mehr nachweisen, ob Krauss den Shylock tatsächlich so diffamierend gestaltet hat, oder ob Karl Lahm seiner antisemitischen Phantasie freien Lauf gelassen hat.

Neben Krauss sind Gustaf Gründgens (Antonio), Horst Caspar (Bassanio), Kristina Söderbaum (Portia) und Bettina Moissi (Jessica) vorgesehen worden, sowie Ulrich Haupt, Paul Wegener, Joachim Brennecke, Gustav Diessl, Otto Tressler, Hans Brausewetter, Käthe Dyckhoff, Heinz Lausch, Erich Ponto und Paul Bildt. Gründgens war am 5. September von Wolfgang Liebeneiner aufgesucht worden, der ihn auf das bevorstehende Engagement hinwies, und am 26. September versuchte Harlan persönlich, Gründgens wegen der Verpflichtung zu sprechen.

Wer das Projekt initiiert hat, konnte nie restlos bewiesen werden. Dorothea Hollstein, deren Buch »Jud Süß und die Deutschen« (1971) zu den wenigen sachlichen Abhandlungen über die NS-Propaganda gehört, sieht Harlan als den Urheber, übersieht dabei jedoch, daß nicht alle Briefe von bzw. an Harlan erhalten sind. Das früheste ihr vorliegende Dokument zum *Kaufmann von Venedig* ist ein Brief vom 12. Oktober 1944, den der Reichsfilmdramaturg Eberhard Frowein über Hinkel an Goebbels gerichtet hat: »Veit Harlans Plan, den ›Kaufmann von Venedig‹ zu verfilmen, ist von dem Herrn Minister grundsätzlich gebilligt worden.« Was ging dem Brief voraus? Daß von »Harlans Plan« die Rede ist, bedeutet nicht, daß er ganz von sich aus dieses Projekt beantragt hat. Er selbst meinte später, von verschiedenen ihm zugewiesenen antisemitischen Projekten sei dieses noch das vertretbarste gewesen. Am 12. November sowie am 12. Dezember 1944 beklagte sich Goebbels in seinem Tagebuch darüber, daß der Literaturliebhaber Harlan sich unbedingt an die Sprache Shakespeares halten wollte.

Unhaltbar ist allerdings die Behauptung, nur die Kriegslage habe das Projekt verhindert. Denn wenn die deutsche Filmindustrie bis zum Kriegsende aufwendige Filme produziert hat, warum sollte dann gerade der staatspolitisch wertvolle *Kaufmann von Venedig* aufgeschoben werden? Zumal Harlan beabsichtigte, einen bewußt stilisierten Theaterfilm ohne komplizierte Außenaufnahmen zu drehen?

Daß Harlan von sich aus den *Kaufmann von Venedig* verfilmen wollte, erscheint allein dadurch schon unwahrscheinlich, daß er sich in der zweiten Hälfte des Jahres 1944 mit allen Mitteln für seinen Beleuchter Fritz Kühne eingesetzt hat, dessen Frau Loni als Jüdin um ihr Leben bangen mußte. Kühne sollte zum Volkssturm eingezogen werden, und sein Tod hätte ihre Deportation bedeutet. Trotz der Protektion durch Harlan, der wiederholt die Unabkömmlichkeit seines Beleuchters betonte, verloren Kühne und seine Frau die

Nerven und begingen am 5. November 1944 gemeinsam in ihrem Haus in Potsdam Selbstmord. Sie hinterließen einen Brief: »Sehr geehrter Herr Professor und Gemahlin! All Ihre große Güte und Liebe war leider umsonst. Wir haben keine Kraft mehr, unser Schicksal zu tragen. Zu oft wurden unsere Herzen zerrissen um ein unverdientes Los. Nehmen Sie, verehrte Beide, unseren innigsten Dank. Gott lohne Ihnen Beiden, was Sie an uns getan haben. In treuer Dankbarkeit Ihre Loni und Fritz Kühne.« Kurt Meisel und Kristina Söderbaum gingen zur Beerdigung der Kühnes, während Harlan durch Nachbesprechungen über *Kolberg* verhindert war.

Weiterhin forschte er nach der Tochter der greisen Frieda Richard, die ins KZ gekommen war; als stellvertretenden Produktionsleiter beschäftigte er bis drei Wochen vor Kriegsende den als Halbjuden klassifizierten Richard König, und eine neue Wohnung in der Tannenbergallee 18 – 20 stellte er den jüdischen Frauen von Hans Meyer-Hanno und einem Regisseur Noack zur Verfügung.

Dann endlich stand die Uraufführung von *Opfergang* bevor. Im Januar 1943 abgedreht, aber von Goebbels verboten, fand seine Premiere jetzt in Schweden statt. Kristina Söderbaum pendelte zu der Zeit zwischen Berlin und Hamburg und arbeitete für ein Hilfswerk, das Süßigkeiten aus Schweden entgegennahm. Als sie im Juli 1944 die Genehmigung erhielt, zur Premiere des Films in ihre Heimat zu reisen, hoffte sie, auch ihren vierjährigen Sohn Kristian mitnehmen zu können, damit er bis zum Ende des Krieges in Sicherheit wäre. Aber im August 1944 wurde ihr mitgeteilt, daß sie nur allein, ohne Begleitperson, in einem vorgeschriebenen Zeitraum von drei Wochen den *Opfergang*-Premieren in Malmö, Göteborg und Stockholm beiwohnen dürfte. [39] Am 2. Oktober 1944 wurde der Film unter dem Titel *Vildfågel* (›Zugvogel‹) im Kino ›Spegeln‹ in Stockholm uraufgeführt und noch im März 1945 unter den großen Erfolgsfilmen registriert. [40] Am 8. Dezember 1944 fand die deutsche Premiere in Hamburg statt. Am 29. Dezember kam er in Berlin heraus. Werner Fiedler (›Deutsche Allgemeine Zeitung‹) besprach ihn sehr reserviert, tadelte die Abweichungen von der Vorlage und schrieb mehr um den Film herum, als daß er sich mit ihm selbst auseinandergesetzt hätte. Über die Hälfte des Textes bestand aus einer – nur aus Höflichkeit nicht direkt an Harlan gerichteten – Mahnung an alle Drehbuchautoren, die es wagen, eine bedeutende Novelle zu adaptieren. [41]

Auch in Schweden und der Schweiz ist *Opfergang* deutlich reservierter aufgenommen worden als *Immensee* – von der Kritik. Beim Publikum fand der 2.270.000 RM teure Film – an Harlan gingen davon 80.000 RM für die Regie und 25.000 RM für das Drehbuch – eine begeisterte Aufnahme; schon sein Inlandeinspiel wurde auf stolze 10.000.000 RM geschätzt. In Zürich wurden nach zwei Spieltagen 50.000 Besucher gezählt, *Opfergang* übertraf dort US-Spitzenproduktionen wie *So grün war mein Tal* und *Mrs. Miniver*. [42]

Wind und Wellen

Aels (Kristina Söderbaum), die an den Folgen einer rätselhaften Tropenkrankheit leidet, könnte wieder gesund werden, wenn sie vernünftig wäre. Aber sie will nicht vernünftig sein. »Ich will leben«, erklärt sie ihrem Arzt, »ich will nicht vegetieren. Ich will mir nicht bei allem überlegen, ob ich nun darf oder ob ich nicht darf. Lieber will ich kürzer leben.« Aels ist eine unvernünftige Frau und *Opfergang* ein unvernünftiger Film. Während sich die Kriegslage für Deutschland zunehmend verschlechterte, schien auch das Kino außer Kontrolle zu geraten. Die Grenze zwischen Gut und Böse, zwischen Gesund und Krank wurde immer undeutlicher. Das NS-Kino der Kriegsjahre war erstaunlich oft ein Kino der Verstörung, der Irritation. Auch wenn die eingereichten Drehbücher streng kontrolliert wurden, so konnte immer noch durch Ausleuchtung und Musik eine Untergangsstimmung erzeugt werden. Während der Volksgerichtshof Menschen wegen defätistischer Äußerungen zum Tode verurteilte, entstanden defätistische Filme.

Opfergang ist ein Film, der das Publikum nicht zum Durchhalten auffordert, sondern die Niederlage als unabwendbar und attraktiv darstellt. Im In- und Ausland wurde Harlan vorgeworfen, *Opfergang* sei weltfremd und habe nichts mit der Realität zu tun. Aber sein Lebensgefühl dürfte das der meisten Deutschen gewesen sein. Ohne die Gewißheit, den nächsten Tag noch zu erleben, lernten sie den Augenblick zu genießen. Genau das tut Aels. Wenn ihr nach einem Ausritt zumute ist, spielt es für sie keine Rolle, ob er ihrer Gesundheit schadet.

Das Element der Todessehnsucht ist nicht erst von Harlan in die deutsche Filmgeschichte eingeführt worden. Die Liaison des deutschen Films mit dem Tod hatte schon wesentlich früher begonnen, mit Joe Mays *Hilde Warren und der Tod* (1917) und Fritz Langs *Der müde Tod* (1921). Nach Gustav Ucickys fatalistischem U-Boot-Drama *Morgenrot* (1933) und Frank Wysbars *Fährmann Maria* (1936) fand sie mit *Opfergang* ihren Höhepunkt und Abschluß. Ihren Höhepunkt, weil Harlan Farbe für solch ein schwarzes Sujet verwendet und weil er den Tod hemmungslos erotisiert hat, und ihren Abschluß, weil deutschen Künstlern nach 1945 die Lust am Untergang erst einmal vergangen sein dürfte.

Der Vorspann von *Opfergang*, mit seinen zarten Aquarellzeichnungen und der *pianissimo* einsetzenden Musik von Hans-Otto Borgmann, verspricht noch einen zahmen, zurückhaltenden Film. Auch der Schwenk über Hamburg, der den Ort der Handlung etabliert, läßt mit seiner strengen, feierlichen musikalischen Untermalung keine Verrücktheiten erwarten. Harlan wollte die Stadt zunächst aus einem fahrenden Auto heraus filmen, entschied sich jedoch für die erhabene Feldherrenperspektive. Die Einstellungen sind durch eine Starre gekennzeichnet, die als typisch für das NS-Kino gilt. Das musikalische Thema, das die Aufnahmen der Hamburger Bauwerke und Denkmäler begleitet, wird wenig später als das Albrecht-Thema etabliert; die Musik sagt aus, daß er der Herr über diese Stadt ist. Albrecht Froben (Carl Raddatz), der naturverbundene Hamburger Senatorensohn, »dem der Weltfahrer seit Generationen im Blute steckt«, kehrt von einer Expedition zurück und wird mit einem Festakt im Hamburger Bürgerhaus geehrt. Als Geschenk erhält er eine Weltkugel von rund einem Meter Durchmesser – »die ganze Welt«.

Albrecht sieht den Rummel um seine Person gelassen, aber sein bester Freund Mathias (Franz Schafheitlin), der sich für ostasiatische Kunstwerke interessiert, ermahnt ihn, nicht zu bescheiden zu sein: »Schließlich sind das ja Verbindungen, die du wiederhergestellt hast, die in den letzten Jahren schon gar nicht mehr für Deutschland bestanden haben.« Zu den Gastgeschenken und Andenken, die Albrecht aus seinem Koffer holt, gehören ein japanischer Krieger aus dem Shogun der Ashikaga, »so um das Jahr 1500«, und die elfgesichtige Kwannon, eine Göttin, die ihre Tugend gegen alle Anfechtungen bewahrt hat. Im Original-Drehbuch holt Albrecht auch noch ein Paar japanische Stöckelschuhe aus dem Koffer, die im Film durch einen roten Kimono ersetzt werden. So wird Albrecht schnell und präzise als Hallodri eingeführt, als einer, dem alles zufällt, der die Welt mit links erobert und sich nichts daraus macht.

Albrecht besucht die Familie seiner Cousine Octavia (Irene von Meyendorff), die symbolisch schon durch die elfgesichtige Kwannon eingeführt worden ist (und auch musikalisch: als Albrecht die Kwannon aus dem Gepäck holt, erklingt das Octavia-Thema) – und sofort kommt eine andere Welt zum Vorschein. Die Eingangshalle der Frobens ist leer und dunkel, die Jalousien sind geschlossen. »Die Herrschaften lieben die grelle Sonne nicht«, erklärt der Diener. Eine Standuhr schlägt gespenstisch, und aus einem Nebenzimmer ist Klavierspiel zu hören. Hier ist niemand gestorben, aber das erschließt sich dem Zuschauer erst im nachhinein. Während Albrecht darauf wartet, empfangen zu werden, betrachtet er die Wappen, Glasmalereien und Schiffsmodelle in der Halle. Harlan bedient sich bei der Präsentation der Wappen einer Überblendung, um zu zeigen, wieviel Zeit für den aktiven, unsteten Albrecht beim Warten vergangen ist.

Endlich kommt Octavia im bodenlangen weißen Kleid die Treppe herab. »Sie scheint wahrhaftig einen Heiligenschein zu tragen«, heißt es hierzu im Drehbuch. [1] Eine Welt für sich ist ihr Zimmer, mit seinem flauschigen Teppich. »Der ganze Raum atmet Reichtum.« [2] Daß sie gern auf dem Boden sitzt, deutet ihre Naturverbundenheit an, zeigt aber auch, daß sie sich noch nicht an die richtige Natur heranwagt und die Imitation vorzieht. Im Drehbuch wird dieser Eindruck durch eine Szene verstärkt, die im Gewächshaus spielt, und in der Octavia mit Orchideen hantiert. Albrecht bringt Mißfallen

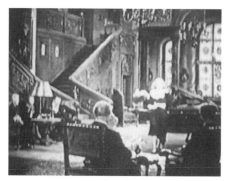
Die Eingangshalle der Frobens
in *Opfergang*

Otto Tressler liest Nietzsche in *Opfergang*

zum Ausdruck, weil es gegen die Naturgesetze verstößt, Blumen auf diese Art zu züchten.

Bei einer spektakulären Alster-Regatta siegt Albrecht mit der Jolle ›Octavia‹, und gleich darauf verlobt er sich mit der Frau, nach der die Jolle benannt worden ist. Die Regatta-Aufnahmen kommen in den erhaltenen Kopien des Films nicht mehr vor, nur ein auffällig grober Schnitt zeigt an, wo sie sich befunden haben, und ein Standfoto belegt ihre Existenz. Mit Sicherheit wäre der Wettkampf ein Fremdkörper gewesen. Alfred Braun sollte als Radioreporter zu hören sein, das hätte gestört in einem Film, der vom Reiz des Unausgesprochenen lebt. »Der Name Octavia saust über das Wasser«, steht im Drehbuch [3], auch das wäre unpassend gewesen, denn das Element der Bewegung wird erst durch Aels eingeführt. (Was das Drehbuch unbedingt lesenswert macht, sind nicht nur die Abweichungen vom fertigen Film, sondern auch einige Stilblüten Harlans wie z.B. »Auf dem Bauch vor ihm [gemeint ist Mathias] liegt Albrecht«. [4])

Octavias Familie liebt es, am Sonntagvormittag bei geschlossenen Fensterläden Nocturnos zu spielen und Dionysos-Dithyramben von Nietzsche zu lesen: »Die Sonne sinkt«. Harlan wollte ursprünglich die Kamera an den Zuhörern entlangfahren lassen, aber er entschied sich für statische Einstellungen, bei denen die Personen einzeln aufgenommen und somit voneinander isoliert werden. Die Sequenz erfüllt vordergründig die Funktion, den Naturmenschen Albrecht gegen die Kulturmenschen Mathias, Octavia usw. abzugrenzen, aber auch die Rangordnung innerhalb der Familie tritt deutlich zutage. Als der alte Senator Froben (Otto Tressler) seine Nietzsche-Rezitation beendet hat, wird er gelobt. »Sehr schön«, meint seine Frau (Annemarie Steinsieck). Doch niemand lobt das Klavierspiel von Octavia.

Beim Vortrag des Senators sind Harlan und Mondi ein Risiko eingegangen, das sich gelohnt hat. Während sie in der Schlußszene von *Immensee* eine fast völlig weiße Leinwand zeigten, wagen sie hier das andere Extrem und präsentieren den Senator in braun-schwarzen Bildern – eine kühne Vorweg-

Carl Raddatz und Kristina Söderbaum in *Opfergang*

nahme der fein abgestuften Braun- und Grautöne, die der Kameramann Gordon Willis für Francis Ford Coppolas *Der Pate* (1972) erzeugt hat. Albrecht fällt es nicht schwer, dieser düsteren Welt zu entfliehen; nichts kann ihn davon abhalten, bei dem schönen Wetter nach draußen zu gehen und zu rudern. Ganz offen gesteht er der kultivierten Familie Froben, daß er sich ihrer Lebensweise nicht anpassen kann. Dabei ist der Generationskonflikt im Vergleich zum Drehbuch abgeschwächt worden. Dort äußert Albrecht sich noch spöttisch über den Senator, aber im Film hat er trotz aller Differenzen Ehrfurcht vor dem alten Mann. (In einem Brief an Julius Bab schrieb Harlan,

Pfeil und Bogen: Kristina Söderbaum in *Opfergang*

daß sein eigener Vater »aus einem bürgerlichen Oberlehrertum bestand« und »oft ehrpusselig – ja manchmal spießig war«. [5]) Und nachdem Albrecht sich von der Familie entfernt hat, sollten der Senator und der Sanitätsrat Terboven (Ernst Stahl-Nachbaur) einen Disput über das Lesen und das Leben führen. Damit wäre freilich erneut etwas ausgesprochen worden, das der Film ohnehin vermittelt, und es hätten Nebenfiguren zuviel Gewicht bekommen.

Unmittelbar nach seiner Flucht aus dem Reich der Toten, beim Rudern, lernt Albrecht Aels kennen, die plötzlich aus dem Wasser auftaucht und sich von seinem Boot ziehen läßt. Nach dem Drehbuch sollte Aels einen Badeanzug und eine Badekappe tragen, im Film ist sie nackt. Das hat weniger mit Voyeurismus zu tun als mit Harlans Bedürfnis, ihre Natürlichkeit zu betonen.

Der Kontrast zwischen der schwermütigen, lichtscheuen Familie (die dann völlig aus dem Film verschwindet) und der lebhaften, naturverbundenen Aels täuscht, wie sich bald bei einem Gespräch von Aels mit dem Sanitätsrat Terboven herausstellt: sie ist krank und ihre Stärke nichts anderes als ein letztes Aufbäumen vor dem Zusammenbruch. Nicht Leben und Tod werden hier gegenübergestellt, sondern zwei Formen des Sterbens. Die Familie stirbt leise, kultiviert und in Würde, während Aels es darauf anlegt, in der Bewegung, beim Exzeß getötet zu werden. Sie reitet freihändig: die Hände braucht sie für Pfeil und Bogen. Nur wenige Sequenzen in der Filmgeschichte sind so voller Bewegung wie jene, in der Aels auf dem Rücken ihres weißen Pferdes von links nach rechts am Meer entlangreitet, während die weißen Schaumkronen der Wellen von rechts nach links an der Kamera vorbeigleiten.

Aels: »diese moderne Penthesilea voll brennender, fordernder Daseinsfreude«, nannte sie der ›Film-Kurier‹. [6] Auch im Drehbuch fallen

Kristina Söderbaum in *Opfergang*

entsprechende Bemerkungen über sie. »Ist ja eine kleine Amazone«, sollte Octavia sagen. [7] Und Albrecht »schaut mit verzehrenden Augen auf die moderne Penthesilea«. [8] Als sie in die Stadt geht, heißt es im Drehbuch: »Voll Lebenslust greift sie in die Luft über sich und scheint sich aus dem Himmel ein Strahlenbündel Sonne zu reißen.« [9]

Vor Aels kann Albrecht nicht so leicht fliehen wie vor der Familie, denn wie sie Nähe zum Tod herstellt, das ist aufregend, schön und erotisch. Den Tod zu verharmlosen war üblich und oft sogar Pflicht im Dritten Reich, aber Harlan ging weit darüber hinaus mit seiner Todeserotik, die Goebbels so verstört haben soll. Eine bizarre Liebesszene spielt im Heu. Aels, im schwarzen Frack, umarmt Albrecht, küßt ihn und sagt: »Wenn ich einmal tot bin, hörst du, will ich, daß meine Asche ins Meer gestreut wird ... und wenn die Welle dann deinen Fuß streichelt, dann sollst du wissen, daß ich es bin.« Aels muß erst sterben, um Albrecht umschlingen zu können. Die Szene wird nicht sentimental gespielt: Kristina Söderbaum wirkt gerade hier gesund und fröhlich, sie strahlt über das ganze Gesicht, wenn sie vom Tod spricht. Und wenn sie stirbt, mit entblößter Brust und gelöstem Haar, in passiver Haltung, dann scheint sie den Tod im doppelten Sinne zu empfangen. Ein sich öffnendes Tor, fließendes Wasser – das ist sexuell ungewöhnlich explizit. Das Tor ist Caspar David Friedrichs Gemälde »Friedhofseingang« nach-

Irene von Meyendorff in *Opfergang*

empfunden; dasselbe Bild diente ein halbes Jahrhundert später als Vorlage für die Schlußsequenz von Kenny Ortegas Fantasyfilm *Hocus Pocus* (1993).

Goebbels soll bei seiner letzten Begegnung mit Harlan, im Februar 1945, einen Satz von Aels zitiert (»Die Brücke ... die hinüberführt ... Wer weiß, wie bald wir sie beschreiten müssen«) und geäußert haben, die Todesnähe sei »doch zwingend dargestellt und so versöhnlich, daß man den Blick nicht abzuwenden braucht, wie man das wohl sonst tut, wenn man den Tod zu sehen glaubt oder wenn man in die Sonne schaut«. [10] Goebbels' Stimmungsschwankungen sind verständlich bei einem Film von so provozierender, auch zuweilen geschmackloser Schönheit.

Traditionelles männliches und weibliches Rollenverhalten wird in *Opfergang* zunächst bestätigt. Albrecht, angesehenes Mitglied im deutschen Kolonialbund, hat die Welt gesehen: präzise kann er auf einem Globus die Stationen seiner Reise beschreiben, und er darf neben seiner Ehefrau noch eine Geliebte haben. Als Mann kann er es sich erlauben, leichtsinnig und sprunghaft zu sein. Nicht so Aels: sie hat ebenfalls viel von der Welt gesehen, aber wo sie herkommt (Finnland? Schweden?) und wo sie sich im Winter aufhält (Afrika?), das bleibt unklar. Das Reisen, für Albrecht Quelle der Kraft, hat Aels krank gemacht. Daß sie auch noch Mutter, Geliebte und Kamerad zugleich sein kann, verstößt gegen jede Norm. Sie weiß nicht, was sie will, daher weiß auch niemand, wer sie ist. Octavia dagegen hat weder die Welt noch ihr näheres Umland gesehen. Sie zeigt keine eigenen Wünsche, keine eigene Identität und ist dabei so edel und schön, daß sie mit ihren bodenlangen weißen Kleidern eigentlich im Museum stehen müßte. Sie wird von Harlan mit einer ungewöhnlichen Ehrfurcht inszeniert.

Octavia verläßt das Haus nicht einmal in Begleitung: der Film zeigt sie zunächst nur in Innenräumen, auf ihrer Terrasse oder im Vordergarten. Als sie dann später doch noch das Haus verläßt, um der Spur von Aels zu folgen, ist das ein großes dramatisches Ereignis. Sie wird von Mathias wie ein kleines Kind ertappt und muß sich vor ihm rechtfertigen. »Was willst du denn?« hält er ihr vor, »was kannst du denn schon wollen hier auf der Straße?« Mathias bildet mit Octavia ein ähnliches Paar wie Albrecht mit Aels. Auf dem Maskenball, der laut Drehbuch »eine bacchantische Ausgelassenheit« vermitteln sollte [11], sehen sich Octavia und Mathias gleichermaßen sexuellen Attacken ausgesetzt. Während dies für Octavia eine Art sexueller Initiation darstellt, besteht für Mathias keine Chance mehr; er ist »ohnehin mehr ein Gelehrter als ein Sportsmann«

Irene von Meyendorff in *Opfergang*

(Octavia), somit eheuntauglich und wird nur gebraucht, solange die passive Octavia einen Vermittler benötigt. Auf dem Ball ist er unfähig, Octavia zu retten, also impotent. Und Albrecht will seine Frau nicht retten.

Der Eindruck, Harlan propagiere konformes Rollenverhalten, täuscht. *Opfergang* ist nicht nur ein Flirt mit dem Tod, sondern auch ein Spiel mit sexuellen Rollen. Albrechts »Pionierarbeit im Sinne des deutschen Kolonialgedankens«, die anfangs gepriesen wird, gerät schnell in Vergessenheit. Kaum hat er seinen Koffer ausgepackt, legt er sich einen roten Kimono, der für eine potentielle Geliebte gedacht war, selbst um die Schultern. Auf einem Maskenball flirtet er am Sektbüffet mit zwei Frauen, die in schwarzem Jackett und Zylinder herumlaufen. (Im Drehbuch geht er noch stärker zur Sache und jagt mit den Frauen zusammen die Rutschbahn hinunter.) Daß sie von der Hüfte abwärts weiblich gekleidet sind, fällt kaum auf. Diese beiden Wesen – oben Mann, unten Frau – erinnern ihn als Aels, aber warum sind es keine weiblich gekleideten Frauen, die diese Erinnerung in ihm hervorrufen? Wenn er mit Aels im Heu liegt, legt Albrecht seinen Kopf in ihren Schoß, als wäre sie seine Mutter. Es sind aber vor allem die ›männlichen‹ Qualitäten, die er an ihr schätzt. Aels lockt Albrecht nicht mit den sogenannten Waffen einer Frau: auch wenn sie im weißen Badeanzug gute Figur macht, wirkt sie eher sportlich als erotisch. Sie imponiert ihm so, wie ihm ein anderer Mann imponieren würde. Das Dilemma ihrer Beziehung ist, daß Aels sowohl Kamerad als auch Geliebte für Albrecht sein will – das kann nicht gutgehen, es irritiert und überfordert ihn. »Ich habe nicht so eine tiergewandte Hand wie

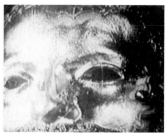

Maskenball

Sie«, räumt Albrecht angesichts von Aels Reitkünsten ein, das bedeutet, er gibt die Männerrolle an sie ab und macht, nach mehreren herablassenden Bemerkungen, erstmals einer Frau ein Kompliment. Zuletzt gibt er seine Männerrolle auch noch an Octavia ab.

Harlan war nicht daran interessiert, Aels als traditionelle ›femme fatale‹ und als Störfaktor darzustellen, auch wenn sie Unruhe ins Bild bringt mit ihren Rottönen und ihren maskulinen Accessoires (Reitpeitsche, furchterregende Doggen). Daher entschied er sich auch gegen die rassige, dunkelhaarige Margot Hielscher, die Bindings Joie eher entsprach, und setzte Kristina Söderbaum durch, ein Symbol für Reinheit und Unschuld. Aggressiv wirkt Aels nur einmal, als sie Mathias ankündigt, sie werde um Albrecht – das hieße gegen Octavia – kämpfen. Dabei trägt sie ein rotgeblümtes Kleid, und ihre Haare sind hochgesteckt. Insgesamt besteht jedoch eine unterschwellige Solidarität zwischen den beiden Frauen, zwischen denen interessanterweise kein einziges persönliches Gespräch stattfindet. Solch ein Gespräch ist nicht nötig, die beiden verstehen sich auch so.

Personal und Schauplätze hat Harlan auf ein Minimum reduziert. Selbst eine so wichtige Figur wie Octavia wird, nachdem Albrecht Aels begegnet ist, relativ lange nicht gezeigt, obwohl sie sich an demselben Ort aufhält. Harlan braucht sie gerade nicht, also zeigt er sie nicht. Er zeigt vieles nicht. Wer dem Film nicht aufmerksam folgt, der wird weder die Verlobung noch den Zeitpunkt von Albrechts und Octavias Heirat vermuten können. Die Totale über Hamburg zu Beginn, der Blick auf Aels' von Bäumen halb verdecktes Haus – das sind Ausnahmen in einem Film, der dem Zuschauer keine präzise Orientierung erlaubt. (Im Drehbuch gab es noch zahlreiche ›establishing shots‹ für das Haus der Frobens, und per Rückprojektion sollte durch Octavias Zimmer das Haus von Aels zu sehen sein.) Aels' erste Begegnung mit ihrer nichtehelichen Tochter Susanne und deren Pflegemutter findet in einem Raum statt, von dem der Zuschauer erst später, zusammen mit Octavia erfährt, daß er sich im Hamburger Hafenviertel befindet. (Diese erste Begegnung fehlt im Drehbuch; dort ist auch die kleine Susanne nicht das Kind von Aels. Aels' Vater Herr Flodéen hat einen Mann totgefahren und die Pflege für dessen Kind übernommen.)

Der Film ist entvölkert. Gegenüber dem Drehbuch wurden auch die Handlungen der Nebenfiguren auf ein Minimum reduziert, sie tun nicht mehr als nötig. Was hätte es auch genutzt, Mathias zu zeigen, wie er an seinem Buch über Ostasien weiterarbeitet? Und die Krankenschwester (Charlotte Schultz, die hysterische Madeleine Lawrence aus *Verwehte Spuren*) mußte bei der Umsetzung des Drehbuchs ihre Aufgaben an den Sanitätsrat abgeben. Sie ist im Film nur noch eine Komparsin. Umständlich wird im Drehbuch die Typhusgefahr in die Handlung eingeführt; der Sanitätsrat spricht mit Octavia über die Epidemie, Octavia geht mit der Information zu Matthias, der wiederum Albrecht auf die Lage aufmerksam macht. Im Film erfährt Aels von der Seuche direkt aus der Zeitung, und sie benachrichtigt Albrecht. Wozu sollten mehr Personen als nötig an der Rettung der kleinen Susanne beteiligt sein? Und eine entscheidende Verbesserung gegenüber dem Drehbuch ist Albrechts Haltung beim Gruß. Er steht nicht mehr vor dem Tor, sondern sitzt auf dem Rücken eines Pferdes. Das verleiht ihm mehr Würde und betont zugleich seine Verletzbarkeit, denn als er in den Stall zurückkehrt, fällt er vom Pferd.

Ein weiteres Beispiel für die fehlende räumliche Orientierung ist der Handlungsabschnitt, der in Düsseldorf spielt. Von dieser Stadt, in die Albrecht mit Octavia zieht, um von Äls loszukommen, sind nur ein Hotelzimmer und ein Ballsaal zu sehen. Auch scheinen sich Albrecht, Octavia und Aels im luftleeren Raum zu bewegen – es ist meist leer auf den Straßen. Geheimnisse werden regelrecht kultiviert. Bei ihrer ersten Begegnung sieht Albrecht die Nixe Aels nur von hinten, und er sagt, er sei gar nicht neugierig auf die Lösung dieses Geheimnisses. Als Mathias Aels zur Rede stellt wegen ihrer Wirkung auf Albrecht, da beschuldigt sie ihn, etwas ausgesprochen zu haben, was unausgesprochen bleiben sollte. Mathias ist der nüchterne Realist, der weiß, was er tut. Zugleich hat er auch Angst vor der Realität; er beobachtet lieber, als daß er selbst handeln würde, während Aels, der jegliche kritische Distanz zu ihrem Handeln fehlt, das Leben in vollen Zügen genießt. Albrecht steht nicht nur zwischen den beiden Frauen, er steht auch zwischen Mathias und Aels. Wie ein kleiner Junge, der noch nach Leitbildern sucht, orientiert er sich abwechselnd an seinem besten Freund und an der schönen, wilden Fremden.

Die Struktur des Films ist bis zur Karnevalsszene klar, deutlich, überschaubar. *Opfergang* enthält einzelne in sich abgeschlossene Sequenzen, die für sich stehen und nicht miteinander verbunden werden. Der Übergang zwischen ihnen: langsames Ab- und Aufblenden, läßt den Film statisch erscheinen, verleiht ihm auch fragmentarischen Charakter. Fließende Übergänge, Überblendungen, Parallelmontagen werden vermieden. Der Arzt, der Aels ermahnt hat, gesünder zu leben, verharrt in seiner Stellung wie ein Nachrichtensprecher, der auf die nächste Einblendung wartet. So wie diese Sequenz endet, beginnt jene im Hotelzimmer in Düsseldorf, in der Octavia Mathias von dem bevorstehenden Karneval erzählt. Sie sitzt auf ihrem Platz und wartet ein paar Sekunden, bevor sie zu sprechen anfängt.

Die fehlenden Übergänge sind kein künstlerisches Unvermögen: Harlan beschränkt sich auf das Elementare und überläßt es dem Zuschauer herauszufinden, was zwischen den Bildern geschehen ist. Statt Räume zu erforschen, steht die Kamera schon fest im Raum, und die Personen sitzen an ihrem Platz. Wo sie herkommen, wo sie hingehen, das interessiert nicht. Im roten Kleid auf ihrem grünen Rasen schießt Aels mit Pfeilen um sich. Wie sie dann plötzlich in ihren weißen Badeanzug und an den Strand gekommen ist, bleibt unklar, obwohl der Dialog eine unmittelbare Kontinuität suggeriert. Vom Strand wiederum reitet Aels in die Dünen, und auch zwischen diesen beiden Orten ist kein Weg zu erkennen. Erst wenn Octavia Aels in die Stadt folgt, legt die Kamera einen längeren Weg zurück und verbindet Orte miteinander.

Harlans Minimalismus spricht für sein künstlerisches Selbstvertrauen und geht manchmal bis an die Grenze der Zumutbarkeit. Aels' Unterhaltung mit der Pflegemutter Frau Steinkamp (Frieda Richard) in einem undefinierten Raum hat er als durchgehende Einstellung von zweieinhalb Minuten gefilmt. Das Gespräch zwischen Octavia und Albrecht im Krankenhaus ist ein Moment von extremer Langsamkeit und Kargheit, eines Michelangelo Antonionis würdig. Bewegung erlaubt sich Harlan nur dort, wo es dramaturgisch notwendig ist.

Bei der Karnevalsszene gibt es erstmals eine Parallelmontage als Versuch, die räumliche Trennung zweier Personen zu überwinden. Während Albrecht an der Bar sitzt und für einen Moment ins Leere starrt, schreibt Aels einen Brief an ihn – der seinen Adressaten per Telepathie zu erreichen scheint. Ansonsten ist es die Musik, die abwesende Personen herbeizitiert.

Die Räume: Albrecht und Mathias können von ihrem Arbeitszimmer aus Hamburg überblicken, während Aels und Octavia der Blick nach außen verwehrt bleibt. Sie scheinen sich durch Puppenstuben zu bewegen; ihre Fenster sind höchstens dazu da, Licht hereinzulassen. Bei Albrecht im Zimmer ist die Kamera mobiler. Aels ist eine genaue Sicht nach draußen erst vergönnt, als sie sterbend im Bett liegt und den Anblick des vorbeireitenden Albrecht benötigt, um zu überleben. Die unklare, Aels und Octavia zugedachte Perspektive übernimmt Albrecht erst, als er mit Fieber im Krankenhaus

Octavia grüßt Aels in *Opfergang*

liegt. Er blickt aus dem Fenster und sieht nur den Himmel, ein paar Äste und Regentropfen. Das ist weit entfernt von seiner erhabenen Aussicht über Hamburg und bringt seine Hilflosigkeit zum Ausdruck. In diesem Moment wird Octavia klar, daß sie die männliche Rolle übernehmen muß.

Harlan hatte zunächst sogar vor, Albrecht im Krankenhaus mit Opium behandeln zu lassen, wobei der Dampf des Sterilisators eine phantastische Traumszene einleiten und Albrecht Aels im Nebel davonreiten sollte. Mit der gewagten Überblendung, die im fertigen Film zu sehen ist, erzielte Harlan ebenfalls eine phantastische Wirkung. Wie zwei Geister, für die räumliche Trennung nicht existiert, reden die beiden miteinander. Albrecht macht Aels klar, daß er sich für Octavia entschieden hat, und verschwindet aus Aels' Blickfeld. Die von ihm okkupierte Leinwandhälfte wird schwarz, nachdem er ausgeblendet worden ist, und Aels spricht ihre letzten Sätze.

Zu dem gewagten Stil gesellt sich die gewagte Thematik. *Opfergang* behandelt unter anderem sexuelle Verweigerung in der Ehe mit anschließender Vergewaltigung. Albrecht vergewaltigt Octavia allerdings nicht selbst, dies überläßt er anderen Männern (›nur‹ symbolisch, versteht sich). Octavia gewinnt auf dem Maskenball den Preis für die beste Maske; sie wird von der Menge ergriffen, und nachdem ihr die Flucht gelungen ist, sieht man sie mit blutrotem Umhang weinend in der Kutsche sitzen. »Man sieht, daß Octavia tausend Tode stirbt«, heißt es noch im Drehbuch mit einem Sadismus, der dem Film fehlt. [12] Sie geht ins Bett, und als sich Albrecht zu ihr auf die Bettkante setzt, sieht sie ihn an, als hätte sie gerade etwas ebenso Schönes wie Schmerzvolles erlebt.

Zur Musik enthält schon das Drehbuch konkrete Anweisungen: »Jagende Musik bei Segelszene«. [13] Wenn Aels stirbt: »Hier verwandelt sich die Musik in einen traumhaften, gespenstischen Galopp.« Die Musik bekommt einen »schrillen, ängstlichen Klang, und mit einem Schlag [...] bricht sie ab und verschwindet in der Ferne«. [14] Hans-Otto Borgmann hat nicht nur eingängige Melodien komponiert, die dem Film Schwung verleihen. Wenn

Octavia auf eine Kommode zugeht, um Matthias die goldene Maske zu zeigen, die sie auf dem Karneval tragen will, dann ist das ein völlig banaler Vorgang, dem erst die aufgeregte Musik Bedeutung verleiht. Allen drei Hauptpersonen wurde ein eigenes musikalisches Thema zugeordnet. (Bezeichnenderweise gibt es keines für Mathias.) Aber Borgmann begnügt sich nicht damit, anwesende Personen mit einer Erkennungsmelodie zu versehen. Bei der Liebesszene zwischen Aels und Albrecht im Heu ist auf einmal Octavias Thema zu hören, so wird ihre Anwesenheit suggeriert. Es erfolgt ein Schnitt, und die alleingelassene Octavia läuft zu Aels' Thema ungeduldig durchs leere Haus.

Als Aels gegenüber Frau Steinkamp erklärt, sie werde bald wieder gesund sein, erklingt das Albrecht-Thema, das auch Octavia begleitet, während sie die goldene Maske aus der Kommode holt. Dieses musikalische Motiv steht nicht nur für Albrecht als Person, sondern auch für seine Kraft, und wenn Octavia erstmals Tatkraft verrät, eignet sich das Albrecht-Thema besser zur Untermalung als das Octavia-Thema, das eher Besorgnis ausdrückt. (Die neu erlangte Stärke Octavias zeigt sich auf dem Karneval, wenn sie majestätisch die Treppe hinunterschreitet. Im Drehbuch sollte sie noch hinaufsteigen.) Zuweilen kündigt die Musik auch ein Geschehen an. Wenn Albrecht und Octavia von ihrem Balkon aus beobachten, wie Aels in die Stadt geht, dann wird durch den Einsatz des Octavia-Themas deutlich, wer von den beiden jetzt die Initiative ergreift.

Durchweg garantiert Borgmanns Musik, daß dem Film jeder Ansatz von herkömmlichem Realismus ausgetrieben wird. Wuchtige Chöre verleihen den alltäglichsten Vorgängen überlebensgroße Dimensionen. Der Eindruck des Schicksalhaften entsteht bei Harlan immer in erster Linie durch die Musik, egal, ob sie von Borgmann, Zeller oder Schultze stammt. Sogar bei einem gewöhnlichen Gespräch zwischen Octavia und Mathias brummen ominös die Chöre – aber was ist bei Harlan schon gewöhnlich?

Borgmann ist kein Despot wie Erich Wolfgang Korngold, der keine Töne neben den eigenen duldet. Nach einem Crescendo des Aels-Themas in ihrer Sterbeszene verstummt die Musik kurz, um dem Rauschen des Meeres den Vorrang zu lassen. Danach, als Albrecht und Octavia ruhig und diszipliniert am Strand entlangreiten, werden ihre Themen zu einem verbunden, Zeichen dafür, daß sie sich einander angeglichen haben. Die Musik endet, wie sie begonnen hatte, *pianissimo*.

Opfergang hat, wenn auch mit fast einem halben Jahrhundert Verspätung, zur Rehabilitierung Harlans beigetragen. Filmhistoriker und -kritiker, die bereit sind, sich positiv über ihn zu äußern, betonen, Harlan habe ja nicht nur *Jud Süß*, sondern auch *Opfergang* inszeniert. Ist es deswegen sein »bester Film«, wie Claudius Seidl meint? [15] Es ist mit Sicherheit einer seiner fehlerhaftesten. Gleich als erste Einstellung enthält er einen leicht verwackel-

ten Schwenk über Hamburg; es folgen unter-
belichtete, unattraktive Ansichten der Stadt
sowie unnötig grobe Schnitte. Und um das
Publikum zu hypnotisieren, fehlt es an Tempo.
Der gleichzeitig gedrehte *Immensee* ist ein
›besserer‹ Film, nicht nur, weil er als einziger
Harlan-Film noch in der vom Regisseur beabsichtigten Form existiert. *Immensee* ist gefühl-
voll ohne übertriebene Sentimentalität. Die
Farben sind natürlicher, wie auch die Gefühle. Aber schon in den zwanziger Jahren hatte
der Kritiker Willy Haas eine Lobrede auf »das
Ungeschickte, Unausgeglichene, Überladene,
Überspannte mancher deutscher Filme« gehalten. [16]

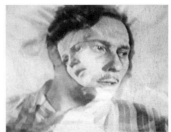

Opfergang ist oft ungeschickt, unausgeglichen, überladen und überspannt – Qualitäten,
die im deutschen Kino nicht gerade oft anzutreffen sind. Wer perfekte Glätte fordert, der
kann hier vieles beanstanden. Aber auch
Hitchcocks *Marnie* (1964) ist anfangs wegen
technischer und darstellerischer Mängel verrissen worden, die sich später als irrelevant
erwiesen haben. *Opfergang* gewinnt beim wiederholten Sehen an Reiz, wenn sich immer
mehr Details erschlossen haben und die Mängel als Selbstverständlichkeit hingenommen
werden. Wenn es nicht mehr allein darum
geht, ob der Film gut oder schlecht gemacht
ist, so wie man ein Industrieprodukt bewertet.

Ein Film, der viel wagt, weist zwangsläufig
mehr Fehler auf. Harlan hat in *Opfergang* viel
gewagt, er hat ein Ehedrama um Themen wie
Androgynität, Frigidität, Geschlechtskrankheiten, Homoerotik, Inzest, Masturbation, Todessehnsucht, Transsexualität, wilde Ehe und
Zoophilie bereichert. Fast einmalig im deutschen Kino ist die Steigerung ins Übersinn-
liche; üblich ist eine Entscheidung für Realismus oder das vordergründig Phantastische.
Die Gratwanderung, durch die sich *Opfergang*
auszeichnet, ist allenfalls noch G.W. Pabst mit

Aels stirbt in *Opfergang*

279

Aels stirbt in *Opfergang*

Geheimnisvolle Tiefe (1949) gelungen, einem bizarren Genre-Mix aus Forscherbiographie, Kapitalismuskritik und Religiosität, das bei der deutschen Kritik auf völliges Unverständnis stieß. Der massive Einsatz von Musik, vor allem jedoch die ansteigende Kamera erzeugt ein Gefühl von Spiritualität, das den späten Pabst mit Harlan und mit Frank Borzage verbindet, dem amerikanischen Meister des übersinnlichen Melodrams. (In *Opfergang* verzichtet Harlan ausnahmsweise auf die ansteigende Kamera; das Thema ist schon abgehoben genug.)

Für das heutige Publikum erhöht sich der Reiz von *Opfergang* dadurch, daß es sich um eine Art Giftschrank-Film handelt. Und nicht zuletzt ist das Publikum auch durch die Gefühlsarmut neuerer Regisseure emotional dermaßen ausgehungert, daß ein Zuviel an Gefühlen auf einmal wieder wünschenswert erscheint. Verteidiger Harlans tun allerdings des Guten zuviel, wenn sie auch noch einen Akt des Widerstands in *Opfergang* zu erkennen glauben. Daß Aels, Albrecht und Octavia isoliert von der Außenwelt leben, könnte als innere Emigration gewertet werden, als Rückzug. Aber die Tugenden, für die sie am Ende stehen, signalisieren einen Sieg der Pflicht über die entfesselte Leidenschaft. Die wilde Aels wird zahm und stirbt, während die Überlebenden, der wilde Albrecht und die leblose Octavia, einen gesunden Mittelweg finden.

Das merkwürdige Happy-End besteht darin, daß Octavia zum Mann wird: als zwei fast identisch gekleidete Reiter verlassen sie und Albrecht das Bild, nachdem sie sich sehr förmlich die Hand gereicht und sich einen Kuß gegeben haben, der eher nach einem Bruderkuß aussieht. Das überrascht, denn wiederholt hatte der Film angedeutet, die schöne, unberührbare Octavia würde die sinnlichen Qualitäten von Aels übernehmen. Aels war für sie immer mehr Vorbild als Rivalin. Statt sich von ihrer Sterilität zu lösen und wie Aels zu werden, übernimmt Octavia die Rolle von Albrecht, zunächst lediglich, weil er im Fieber im Krankenhaus lag und nicht mehr vom Pferd aus die sterbende Aels grüßen kann. Doch Octavia führt die Maskerade noch nach Aels' Tod fort, als sie gar nicht mehr erforderlich ist. Freundschaft und Kameradschaft haben über die Sinnlichkeit gesiegt.

Nur als Mann verkleidet kann Octavia ihren Platz an Albrechts Seite bewahren. Daß die Kamera von den beiden Reitern wegschwenkt auf die rote Rose – Symbol für Aels –, verstärkt den Kontrast zwischen der eliminierten

Weiblichkeit und der überlebenden Männlichkeit.
Aels mußte nicht wegen
ihrer männlichen Qualitä-
ten, wegen ihrer waghalsigen Reitkünste sterben,
sondern wegen ihrer weib-
lichen sexuellen Hingabe.
Bei einem konventionellen
Happy-End hätte Octavia
am Ende ein Kind erwartet,
oder zumindestens wäre
solch eine Entwicklung angedeutet worden. Nichts
dergleichen hier bei Har-
lan. Askese ist der einzige

Die rote Rose in *Opfergang*

Ausweg aus der konfusen Sexualität seiner Protagonisten.

Im Drehbuch spielt die Schlußszene nicht am Tag, sondern bei Nacht. Glut-
rote Sonne geht über dem Meer unter. Und am Boden liegt keine Rose, son-

Bruderkuß: Irene von Meyendorff und Carl Raddatz in *Opfergang*

dern ein toter Vogel, der gegen den Leuchtturm geprallt ist. (Symbolisch: die Weiblichkeit, die an der Männlichkeit zerbrochen ist.) Daß Harlan anstelle des Vogels eine rote Rose am Ufer liegen ließ, mag man bedauern, erfreulich ist dafür die Änderung des Schlußdialogs: Albrecht: »Denk nicht zurück!« Octavia: »Doch – Ich werde es nie vergessen. Und ich will's auch nicht vergessen. Warum mußte sie sterben, damit ich glücklich sein kann –.« Albrecht: »Octavia … Sie stand nicht mehr zwischen uns … Ich hatte schon vorher zurückgefunden – aus Wind und Wellen – in die Stille deiner großen Liebe – die stärker ist als Wind und Welle.« Octavia: »So war es nicht umsonst?« Albrecht: »Dein Opfergang? Kein Opfer ist umsonst.«

Opfergang lebt vom Reiz des Unausgesprochenen. Mit der ursprünglich geschriebenen Unterhaltung am Ende wäre *Opfergang* wohl kaum zum Kultfilm geworden. In der endgültigen Fassung wechseln Albrecht und Octavia nur wenige Worte. Albrecht: »Es war ihr Wunsch, daß ihre Asche ins Meer gestreut wird.« Octavia: »Sie ist zurückgekehrt. Wind und Welle waren ihr Element. In Wind und Welle …« Sie bricht ab. Es folgt der Bruderkuß, und sie reiten ruhig davon.

Schutt und Asche

Kolberg erhielt mehr Prädikate als jede andere Produktion des Dritten Reiches: ›Film der Nation‹, ›staatspolitisch und künstlerisch besonders wertvoll‹, ›kulturell wertvoll‹, ›volkstümlich wertvoll‹, ›anerkennenswert‹, ›volksbildend‹ und ›jugendwert‹. Die Premiere fand am 30. Januar 1945 gleichzeitig in Berlin und in der eingeschlossenen Festung La Rochelle in Frankreich statt, pünktlich zum zwölften Jahrestag von Hitlers Machtübernahme. Theo Fürstenau erkannte »Bilder von freskenhafter Wucht« und ein »Gegeneinander von Furioso und lyrischer Stille«. [1] Insgesamt war das Presseecho wegen der Papierknappheit so mager wie das Programmheft. Nur für kriegswichtige Publikationen wurde noch Papier zur Verfügung gestellt. Unter anderem erschien in 5000facher Auflage das Werk eines unbekannten Autors, der nach Kriegsende schnell Karriere machen und Harlans erbittertster Gegner werden sollte. Das Buch hieß »Oasenfahrt« und sein Autor Erich Lüth. [2]

Eine Stadt, die belagert wird und sich verteidigt – das ist der Stoff, aus dem großes, packendes Kino entsteht. Die Besessenheit des Propagandaministers Joseph Goebbels und seines Lieblingsregisseurs Veit Harlan, der keine Kosten und Mühen scheuende Versuch, den Kampfgeist des deutschen Volkes zu stärken, all das waren ideale Voraussetzungen für eine grandiose Götterdämmerung des NS-Kinos. Aber das überwältigende Spektakel findet nicht statt. Dem Film fehlt es an Kraft, allerdings auch an der Hysterie, die von ihm hätte ausgehen können, das macht ihn unerwartet erträglich. Man glaubt über weite Strecken nicht *Kolberg* zu sehen, sondern eine Dokumentation über *Kolberg*, oder einen überlangen Trailer. Nie war Harlans Regie so distanziert wie hier.

Schlachtszene aus *Kolberg*

Das Bedürfnis, trotz der kriegsbedingten Materialknappheit einen Mammutfilm zu produzieren, bestand auch in Großbritannien, Frankreich und der Sowjetunion. Parallel zu Harlans *Kolberg* drehten Laurence Olivier *Heinrich V.*, Marcel Carné *Kinder des Olymp* und Sergej M. Eisenstein *Iwan der Schreckliche*. *Kolberg* hat von allem etwas: Der erste Blick auf das Volksfest der Kolberger läßt an den Boulevard du Crime denken, Alexandre Trauners unvergeßlichen Entwurf zu *Kinder des Olymp*, aber was sich bei Harlan innerhalb der attraktiven Dekorationen abspielt, ist nicht halb so interessant. Was die Eindimensionalität der Figuren angeht, muß sich Harlan nicht neben Eisenstein verstecken, aber Eisenstein ließ seine Darsteller konsequentes Schmierentheater spielen, die Monstrosität seiner Inszenierung mit ihrer hemmungslosen Lust am Ornamentalen ist bei ihm das Faszinierende. Die naturalisti-schen Schlachtszenen schließlich, die – anders als beim *großen König* – weniger an Gemälde als an Fotografien denken lassen, hat *Kolberg* mit *Heinrich V.* gemeinsam, nur daß dort Sätze von William Shakespeare zu hören sind und keine von Joseph Goebbels. Neben diesen drei Mammutproduktionen wirkt *Kolberg* trotz seiner Massenszenen recht bescheiden, ohne epischen Atem.

Die Handlung ist simpel, allerdings kann man ihr gelegentlich kaum folgen, da die Personen wenig Profil erhalten. Daß man sie sich überhaupt merken kann, liegt allein an den bekannten Darstellern. Die Rahmenhandlung spielt in Breslau im Jahr 1813. Gneisenau (Horst Caspar) sucht den König (Claus Clausen) auf und bittet ihn im Namen aller Generäle, einen Aufruf an das Volk zu richten. Krieg sei nicht länger nur eine Sache der Armee: »Das Volk wird die Armee sein.« Der König nimmt Gneisenau nicht ganz ernst: »Sie sind ein Phantast ... Poet ... deutscher Träumer.« Aber dann erzählt ihm der junge Mann die Geschichte der Belagerung von Kolberg, deren Kommandant er einst war, und wie die Bürger dieser kleinen Stadt Widerstand leisteten. Gleich in den ersten Minuten des Films fällt ein Satz, bei dem sich die Frage stellt, wieso Goebbels ihn nicht herausgeschnitten hat – weil er ganz offensichtlich auf Hitlers Autoritätsverlust anspielt und auf den Wunsch der Bevölkerung nach einem Regierungswechsel: »Ein König muß sein Volk führen, das ist eine natürliche und gottgewollte Aufgabe. Und wenn er das nicht kann, dann muß er abtreten«, fordert Gneisenau. »Wie jener deutscher Kaiser damals in Wien. Er verließ sein Reich in der Stunde der Not.«

Genau diesen Vorgang zeigt die erste Rückblende, übertitelt mit »Wien 1806«. Franz II. (Franz Herterich) löst sich von seinen Pflichten gegen das Deutsche Reich und legt seine Kaiserkrone nieder. »Wenn es etwas geben kann, den tiefen Schmerz zu mildern, der mich in diesem tragischen Augenblicke niederbeugt, wo die tausendjährige Geschichte eines Reiches zuende geht, so ist es allein die Hoffnung und Zuversicht, daß dieses Opfer den Völkern den Frieden bringt und von nun ab die Waffen schweigen.« Das Ende eines tausendjährigen Reiches anzusprechen, auch das zeugt eher von Todessehnsucht als von Überlebenswillen. Als Regisseur zeigt Harlan in diesen ersten Sequenzen nicht das geringste filmische Geschick oder Interesse, lediglich seine Vorliebe für Verdoppelungen kommt zum Vorschein. Wenn der König in Gegenwart von Gneisenau von Friedrich dem Großen spricht, wird ein Gemälde von Friedrich dem Großen dazwischengeschnitten, und wenn Franz II. vom Niederlegen seiner Krone spricht, zeigt Harlan die niedergelegte Krone auf dem Tisch.

Gemeinsam mit seinem Komponisten Norbert Schultze sorgt Harlan dann für den ersten imponierenden Moment. Die Stadt Kolberg wird in der zweiten, den Hauptteil der Handlung bestreitenden Rückblende als Ort des Geschehens mit vier Einstellungen etabliert, deren letzte aus einer Großaufnahme der wuchtigen Kirchenglocke besteht. Langsam setzt sich die Glocke in Bewegung, und die Kamera fährt ehrfürchtig von ihr weg.

Beim Dorffest in Kolberg werden die wichtigsten Personen vorgestellt. Der Bürgermeister Nettelbeck (Heinrich George) unterhält sich mit Freunden über die Bedrohung durch Napoleon, und darüber, wie man auf sie reagieren sollte. Der Reeder Goldow (Jacob Tiedtke) ist bereit zu kapitulieren: »Einer muß ja regieren, aber wieso gerade wir?« »Knechte im eigenen Haus«, schüttelt Nettelbeck den Kopf. Mit am Tisch sitzen der Bauer Werner (Otto Wernicke), seine Tochter Maria (Kristina Söderbaum) und der verwöhnte Sohn Claus (Kurt Meisel). Claus war auf einer Musikschule in Straßburg; er kommt mehr nach der Mutter, von der es heißt, sie sei nie Bäuerin geworden, sondern immer die Kantorstochter geblieben – ganz anders als die pflichtbewußte, arbeitswillige Maria. In *Kolberg* wird somit ein Motiv aus *Jugend* und der *goldenen Stadt* variiert. Der Fluch der unglücklichen, früh verstorbenen Mutter lastet hier allerdings nicht auf der Tochter, sondern zur Abwechslung auf dem Sohn.

Die Handlung wird kurz unterbrochen, als Napoleon (Charles Schauten) in Potsdam das Grab Friedrichs des Großen besucht. Napoleon spricht zu dem Toten und ist sich darüber im klaren, daß er hier nicht als Sieger stehen würde, wäre Friedrich noch am Leben. Mit der kurzen Sequenz konnte Harlan seine Bewunderung für beide Herrscher zum Ausdruck bringen. Sie sind zwei gleichwertige Gegner, wie zuletzt Aels und Octavia. Derweil sieht Maria in Kolberg ihren Bruder Friedrich (Heinz Lausch) und Leutnant Schill (Gustav Diessl) wieder.

Der französische Feind rückt näher. Vergeblich versucht Nettelbeck dem General Loucadou (Paul Wegener mit angemalten schlechten Zähnen) klarzumachen, warum eine Rationierung der Lebensmittel erforderlich ist, denn Loucadou verdrängt die Gefahr und wäre im Fall eines Angriffs bereit zur Kapitulation. Auch Schill wundert sich über die unbenutzten Kanonen und darüber, daß kein Einwohner von Kolberg eine militärische Ausbildung erhalten hat. Dies will er nachholen. Aber bevor er die Männer zu Soldaten erziehen kann, muß er erst einmal selbst genesen. Im Haus des Bauers Werner bricht er zusammen, während Claus im oberen Stockwerk geigt. Maria weist ihren Bruder zurecht, der besteht aber darauf, mit dem Krieg nichts zu tun zu haben. Er lebt allein für die Kunst.

Schill geht schwermütig, verärgert über den fehlenden Realitätssinn der Kolberger, an den Strand, um allein zu sein. Maria folgt ihm, begleitet von Schultzes traurigem ›Maria-Thema‹. Die beiden reden kaum miteinander, weil sie sich auch ohne Worte verstehen, und machen es sich in den Dünen bequem. Langsam gewinnt Schill wieder seine Kraft zurück, so daß er auf dem Marktplatz die Zivilisten ausbilden kann.

Es wird Winter in Kolberg. Den Wechsel der Jahreszeiten hat Harlan eindrucksvoll eingefangen, von betörender (und wie so oft bei Schultze slawisch klingender) Musik untermalt. Die Kamera fährt von eingeschneiten Häusern zurück, Fensterrahmen schieben sich ins Bild, und die Kamera gleitet von links nach rechts zu einem Konferenzraum. Hier endlich werden Außen und Innen miteinander verbunden. Nettelbeck berät sich mit dem Zehnmännerrat, dessen Vorsitz er führt, und zu dem auch Fanselow (Franz Schafheitlin), der Rektor (Paul Bildt) und der Reeder Goldow gehören. Ein Brief des Generalgouverneurs für Pommern ist eingetroffen, den Nettelbeck auf französisch vorliest, um ihn dann auf Wunsch der anderen zu übersetzen.

Die Kolberger werden zur Kapitulation aufgefordert, ohne daß es zum Kampf gekommen ist. »Wir werden ganz einfach per Post erobert.« Und so einfach, meint Nettelbeck, dürfe man es dem Feind nicht machen. Denn »was würde zum Beispiel aus einem Preußen werden, das sagt: ›Du, Napoleon, du bist ja soviel stärker, soviel mächtiger, komm man und verschluck uns man ruhig, wir können ja doch nichts gegen dich machen‹, was würde aus diesen Menschen werden, die so denken und so sprechen würden? Ja, die würden sich doch selbst ausrotten, und sie verdienten auch gar nichts anderes, als ausgerottet zu werden.« Nettelbeck setzt sich durch. Keine Kapitulation, lautet seine Antwort an die Franzosen. Napoleon flucht, weil die Kolberger sich seinen Gouverneuren widersetzen, und beschließt, die Kolberger mit seinen Kanonen zu demoralisieren.

Die Jahreswende 1806/07 leitet Harlan mit einem visuellen Motiv ein, das auch in *Jud Süß* und in *Hanna Amon* vorkommt: Weingläser werden zur Bildmitte hin angestoßen. Nettelbeck, Schill und die Familie Werner feiern gemeinsam Silvester und fragen sich, ob sie im nächsten Jahr noch so zusammen sein können. Die Filmcrew wird sich dasselbe gefragt haben. Friedrich unterhält sich mit Schill über Maria, um die er sich Sorgen macht. Friedrich ist von unglaublicher Einfalt, einmalig in Harlans Werk, er übertrifft noch den jungen Faber aus *Jud Süß*. Friedrich liest fast nie, aber diesen einen Satz hat er sich gemerkt: »Tue keinem Mädchen etwas zuleide. Bedenke immer, daß deine Mutter auch einmal ein Mädchen gewesen ist.« Schill soll an diesen Satz denken und Maria nicht ins Unglück stürzen. Sie darf sich nicht in einen Mann verlieben, der schon mit dem Krieg verheiratet ist und jeden Moment sterben könnte.

Schill verspricht Friedrich, Maria nicht an sich zu binden, und behauptet, damit ein Opfer zu bringen. Das überzeugt nicht, bleibt eine leere Worthülse. Schill liebt niemanden, er bewegt sich durch die ganze Handlung wie ein lebender Toter. »Du bist für den Frieden geschaffen«, sagt er zu Maria. Er selbst ist für das Sterben geschaffen.

Bei einer weiteren Auseinandersetzung mit Loucadou geht Nettelbeck auf den inkompetenten Kommandanten von Kolberg mit dem Säbel los und wird verhaftet. Währenddessen nähern sich die Franzosen. Die Kamera übernimmt den Blick durchs Fernrohr, und das Bild ist rund wie bei den Auf- und Abblendungen der Stummfilmzeit. Die Ereignisse überschlagen sich, zu allem Überfluß konfus zusammengeschnitten. Claus stößt in der Gaststätte zusammen mit anderen unpatriotischen Gästen auf Napoleon an. Sein Vater schlägt ihm das Glas aus der Hand, spuckt aus, wird außerhalb der Gaststätte von einem Franzosenfreund mit dem Bajonett bedroht und überlebt nur, weil sein Angreifer selbst durch einen Schuß getötet wird. Wie so oft im deutschen Film klappt es mit der Action nicht. Eindrucksvoll dagegen ist, wenn dekorativ und zu schöner Musik (›Marias Thema‹) das Haus der Werners abbrennt.

Der Bauer Werner kommt in den Flammen seines Hauses um. Und Marias Ersatzvater Nettelbeck wird zum Tode verurteilt. Er überreicht Maria durchs Gitter hindurch einen Brief, den sie nach Königsberg bringen soll. In dem Brief bittet er den König um einen mutigen jungen Kommandanten. »In dieser Stunde, da glaube ich, da darf man ja wohl alles«, sagt Nettelbeck und spricht dabei Harlan aus der Seele. Schill versteht nicht, wie Nettelbeck ausgerechnet Maria zum König schicken kann. Für ihn ist sie nur ein kleines Mädchen. Schill: »Ich hab Angst um dich. Macht dich das nicht ein bißchen glücklich?« Maria: »Ich möchte lieber, daß du stolz auf mich bist.«

Nettelbeck wird freigelassen. Das Volk jubelt. Maria ist inzwischen in Königsberg angekommen. Ein Major (Paul Henckels) will sie nicht zum König durchlassen, aber es imponiert ihm, wie energisch sie auftritt. Hier, weit weg von ihrer Familie und dem Mann, der sie zu lieben vorgibt und sie doch nicht ernst nimmt, ist sie selbständig und frei. Anstelle des Königs empfängt sie die Königin (Irene von Meyendorff). Diese ist in Eile, erwartet den Zaren Alexander von Rußland, aber für eine Kolbergerin hat sie immer Zeit. Sie sorgt dafür, daß ein neuer Kommandant nach Kolberg geschickt wird. Die Begegnung zwischen den beiden Frauen gehört zu den Sequenzen, die Goebbels noch im Dezember 1944 drastisch zurechtschneiden ließ; offenbar haben ihn die lesbischen Andeutungen, die langen, schweigsamen Blicke irritiert.

Sie bleiben noch in den bestehenden Kopien irritierend genug. Irene von Meyendorff strahlt nicht die mütterliche Wärme einer volksnahen Monarchin aus, ist kein Symbol für Jungfräulichkeit und Reinheit, sondern ein unnahbares Sexsymbol und der beste Marlene Dietrich-Ersatz, der im Dritten Reich aufzutreiben war. In Wolfgang Liebeneiners *Königin Luise* (1957) sah Ruth Leuwerik zwar nicht weniger ansprechend aus, absolvierte ihren Part gar mit tiefem Dekolleté und wogendem Busen, doch die Präsenz von Kindern betonte die Mütterlichkeit ihrer Figur. Irene von Meyendorff ist weder mit Mann noch mit Kind zu sehen, sie wird nicht einmal beim Namen genannt; somit dient sie als Projektionsfläche für alle erdenklichen Phantasien.

Gneisenau stellt sich Nettelbeck als neuer Kommandant von Kolberg vor. Sofort gibt es Auseinandersetzungen zwischen ihnen. »Sie wollen führen und können nicht gehorchen?« fragt Gneisenau den einfachen Mann aus dem Volke, der bisher immer nur aus Eigeninitiative gehandelt hat. Nettelbecks Vorgehensweise würde zur Anarchie führen. Gemeinsam lernen sie, daß Herz und Verstand sich nicht ausschließen müssen. Dennoch bleibt die Botschaft des Films unklar, der einmal Gehorsam predigt und dann wieder mit den Rebellen sympathisiert.

Als Kolberg massiv beschossen wird, sieht Maria von einem Boot aus ihre Stadt brennen. Sie will nicht allein überleben und geht an Land zurück. Claus erträgt den Krach der Kanonen nicht und verliert die Beherrschung. Die anderen Bürger akzeptieren, was Gneisenau ihnen befiehlt – auch daß Kolberg unter Wasser gesetzt werden muß und die Häuser dabei zerstört werden. Nettelbeck wird die Leitung der Schwemmung übertragen. Die Bürger legen einen Graben an, eine Schleuse wird geöffnet, und die Kamera fährt mit dem Wasser (für das Schultze ein eigenständiges Leitmotiv komponiert hat) den Graben entlang. Einen Ausrutscher leistet sich Harlan, wenn er ein Paar, das gerade sein Heim verloren hat, vor Freude im Wasser umhertanzen läßt.

Wenn Claus im Wahn nur daran denkt, wie er seine Geige retten kann, und sich die Kamera nicht an ihn herantraut, ist dies allerdings nicht dem Regisseur anzulasten. Schließlich hatte Harlan bei Madeleines Tod in *Verwehte Spuren* auch keine Hemmungen, das schweißüberströmte Gesicht der Sterbenden in Großaufnahme zu erfassen. Auf Anweisungen von Goebbels sind Meisels hysterische Ausbrüche herausgeschnitten worden.

Claus wird tödlich getroffen, und Friedrich tröstet Maria, die jetzt nur noch ihn hat. Maria ist seine große Liebe, das nimmt die inzestuösen Andeutungen von *Hanna Amon* vorweg. Wenig später wird Friedrich tot herbeigetragen, und Kolberg steht weiter unter Beschuß. Ein einbeiniger Mann löst Maria beim Löschen des Feuers ab. »Die Häuser können sie uns verbrennen, unsere Erde nicht«, tröstet sich Nettelbeck. »Dann werden wir eben Maulwürfe.« Und Gneisenau spricht in einem bedrückten, für ihn wenig charakteristischen Tonfall über das, »was einen überhaupt noch am Leben hielt ... in dieser trostlosen Zeit, dieser allgemeinen Nacht über Deutschland«.

Er läßt Nettelbeck zu sich rufen. Der will lieber sterben, als die Stadt dem Feind zu übergeben. Die letzte Kugel sei noch nicht verschossen. »Lieber unter den Trümmern begraben als kapitulieren.« Nettelbeck geht vor Gneisenau auf die Knie, der zum Schein behauptet, einer Kapitulation zuzustimmen, und fleht ihn an: »Kolberg darf nicht aufgegeben werden.« »Das wollte ich von ihnen hören«, freut sich Gneisenau. »Jetzt können wir zusammen sterben.« Sie umarmen sich, und die Franzosen stellen das Feuer ein, da sie mehr Soldaten verloren haben als Kolberg Einwohner hat. Der Rauch aus den Häusern verfliegt, Kirchengesang erklingt. Am Strand ziehen Maria und Nettelbeck eine positive Bilanz. Nicht der Sieg zählt, sondern die Bereitschaft zum Opfer.

Die dramaturgischen Mängel von *Kolberg* lassen sich durch die geringe künstlerische Freiheit Harlans angesichts von Goebbels' Einfluß erklären, nicht jedoch die technischen. Zur selben Zeit hat Helmut Käutner mit relativ geringen Mitteln einen so vollkommenen Film wie *Unter den Brücken* gedreht – da ist jeder Schnitt sauber und präzise ausgeführt, zeugt nichts von den unsicheren Umständen, unter denen gearbeitet werden mußte. Bei *Kolberg*, dem teuersten Film des Dritten Reiches, ist der entscheidende Fehler ausgerechnet die fehlende Sorgfalt beim Schnitt. Während die Schlachtszenen präzise ausgeführt sind und durch rasante Kamerafahrten mitreißen, ist Harlan für die Innenaufnahmen wenig eingefallen.

Die wichtigen Gespräche sind plump gefilmt. Frontale Porträtaufnahmen dominieren, es wird in die Kamera hineindeklamiert. Als Schill seinen Männern Anweisungen gibt, blickt ein Komparse apathisch ins Leere. Wenigstens tröstet die geschmackvolle Farbfotografie von Bruno Mondi über so manche Schwäche hinweg. Sie verfremdet nichts und erzeugt eine für Farbfilme der damaligen Zeit ungewöhnliche Natürlichkeit, läßt *Kolberg* sogar modern erscheinen, solange nicht geredet wird. Doch die herausragende Qualität des Films bleibt die Musik von Norbert Schultze, der wahrscheinlich unter günstigeren Bedingungen arbeiten konnte als die übrigen Beteiligten. Ein Dutzend Themen hat er komponiert, wobei das traurige ›Maria-Thema‹ am häufigsten eingesetzt wird, und er schuf mit wuchtigem Choreinsatz eine apokalyptische Stimmung.

Mit einer kindischen Freude am Aufbauen und Zerstören von Kulissenstädten verbraucht Harlan das 8-Millionen-Budget. Margarete Schön, die Kriemhild aus Fritz Langs *Nibelungen*, steht auch hier wieder inmitten einstürzender Häuser, allerdings nicht mehr als überlebensgroße Herrscherin, sondern als Nettelbecks ängstliche Hausdame. Erstaunlicherweise ist *Kolberg* kein düsterer Film wie *Der große König*, sieht man von Gustav Diessls schwermütiger Darstellung ab. *Kolberg* ist ein Film ohne Nacht und Nebel, ohne

Wolken und Regen; er spielt überwiegend im Freien bei Sonnenschein, ist somit mehr Abenteuer- als Durchhaltefilm.

Auf der Gefühlsebene stimmt kaum etwas. Vom Leiden wird gesprochen, aber es bleibt bei der Behauptung. Maria verliert den Mann, den sie ›liebt‹, ihren Vater, ihren Bruder und ihr Haus, und sie gewinnt daraus angeblich ihre Größe, weil das Größte immer nur unter Schmerzen geboren werde. Harlan konnte sich mit diesen Figuren kaum identifizieren, denn bei allem Fanatismus als Künstler lag ihm Opferbereitschaft fern. Den Darstellern wohl auch, die oft neben ihrer Rolle stehen – was ihnen eher zugutekommt.

Das Thema Kolberg beschäftigte Goebbels noch mehrere Wochen nach der Premiere des Films. »Der Kampfkommandant von Kolberg – wenn man ihm diesen Titel überhaupt zuerkennen will – hat beim Führer den Antrag gestellt, Kolberg kampflos dem Feind zu übergeben«, regte sich der Minister am 6. März auf. »Der Führer hat ihn gleich ab- und einen jungen Offizier an seine Stelle gesetzt. Haben denn diese verkommenen Generäle überhaupt kein geschichtliches Empfinden und Verantwortungsgefühl, und hat ein Kampfkommandant von Kolberg zur jetzigen Zeit viel mehr den Ehrgeiz, einem Loucadou als einem Gneisenau nachzueifern?« [3] Als die Stadt am Sonntag, dem 18. März, fiel, gab Goebbels einen Tag später zum Diktat: »Kolberg haben wir nunmehr räumen müssen. Die Stadt, die sich mit einem so ausserordentlichen Heroismus verteidigt hat, konnte nicht mehr länger gehalten werden. Ich will dafür sorgen, dass die Räumung von Kolberg nicht im OKW-Bericht verzeichnet wird. Wir können das angesichts der starken psychologischen Folgen für den Kolberg-Film augenblicklich nicht gebrauchen.« [4]

Es bestanden weiterhin Ambitionen, deutsche Kinos mit Ware zu versorgen. Im November 1944 war mit den Dreharbeiten zu der Storm-Verfilmung *Der Puppenspieler* begonnen worden, die ursprünglich parallel zu *Immensee* und *Opfergang* produziert werden sollte. Theodor Storms 1874 erschienene Novelle »Pole Poppenspäler« behandelte einen Gegensatz, der Harlan lebenslang interessierte, den von Künstlertum und Bürgertum. Der blonde, hochgewachsene Max Eckard, der an den Münchner Kammerspielen zu Horst Caspars Hamlet den Laertes verkörpert, und der in Gustaf Gründgens' *Zwei Welten* (1940) als Erntehelfer einen glänzenden Eindruck hinterlassen hatte, erhielt die Rolle des Handwerkersohnes Paul, der von der Welt des fahrenden Volks fasziniert ist. Als seine große Liebe Lisei wurde Elfie Mayerhofer, als deren Eltern Eugen Klöpfer und Maria Koppenhöfer besetzt. Harlan begnügte sich wie schon bei *Augen der Liebe* mit der künstlerischen Oberleitung und übertrug seinem Freund und Mitarbeiter Alfred Braun die Regie. Gedreht wurde ein weiteres Mal in Agfacolor – bis zum April 1945. Der Film blieb unvollendet.

Dagegen war das 1942 begonnene Melodram *Augen der Liebe*, das vorübergehend auch *Zwischen Nacht und Morgen* hieß, im Dezember 1944 von der Zensur genehmigt worden, gelangte jedoch nicht mehr zur Uraufführung. »Der Film ist scheußlich und spielt zu drei Vierteln in Krankenhäusern und Operationssälen«, ärgerte sich Goebbels. [5] Erst im Oktober 1951 sollte die Premiere stattfinden; zu dem Zeitpunkt befanden sich die Darsteller Hans Schlenck, Paul Wegener und Maria Koppenhöfer längst nicht mehr unter den Lebenden, und da Harlan in Ungnade gefallen war, wurde sein Name im Vorspann nicht genannt.

Mit dem Propagandaminister traf sich Harlan ein letztes Mal am 17. Februar 1945, wenige Tage nach dem britisch-amerikanischen Luftangriff auf Dresden. Bei dieser Gelegenheit schwärmte ihm Goebbels noch einmal von der Wirkung vor, die der Film *Opfergang* auf ihn ausgeübt habe. Von der Todessehnsucht, die er als Künstler zum Ausdruck zu bringen vermochte und die auch Goebbels ergriffen hatte, war Harlan selbst keineswegs erfüllt. Er unternahm alles, um wenigstens seine Frau und seinen Sohn Kristian aus Deutschland herauszubekommen. Wie schon anläßlich der schwedischen Premiere von *Opfergang* lautete die Bedingung allerdings: entweder die Mutter oder das Kind, und es konnte eine Ausreiseerlaubnis für Kristian Veit und sein Kindermädchen Maria Theresia Müller eingeholt werden. Von Berlin aus fuhr Harlan mit Frau und Kind in Richtung Lübeck, von wo eine Bahn nach Dänemark fahren sollte. Kurz vor Lübeck wurde die Familie, obwohl eindeutig als nicht-militärisches Ziel erkennbar, von Tieffliegern beschossen. Die drei überlebten durch ein Wunder, und wie geplant konnten Kristian und Frau Müller über Dänemark nach Schweden ausreisen.

Dafür lernten Harlan und Kristina Söderbaum völlig unerwartet die Realität des Nationalsozialismus kennen, vor der sie bisher als Künstler die Augen hatten verschließen können. In Hamburg wurden sie wegen eines Spionagevorwurfs festgenommen, wobei insbesondere Kristina Söderbaum unter dem Verdacht stand, in Schweden zu britischen Offizieren Kontakt aufgenommen zu haben. Über mehrere Tage wurde das Ehepaar vorgeladen, um sich alles erdenkliche Beweismaterial anzusehen und Fragen zu beantworten. Die Zerstörung der Wache durch eine Bombe setzte dem Verfahren ein Ende.

Harlans Schaffenswille war ungebrochen. Da verstärkt von einer Wunderwaffe die Rede war und Vermutungen angestellt worden sind, was solch eine Atombombe anrichten könnte, beschloß er, zu dieser Thematik ein Drehbuch zu verfassen. Er recherchierte und nahm Kontakt zu höheren Stellen auf, um nähere Einzelheiten zu dieser Waffe zu erhalten, aber niemand teilte seine Begeisterung, und so blieb *Die Flucht des Ingenieurs* eines seiner vielen nicht realisierten Projekte.

Der Titelheld sollte aus Angst um den Mißbrauch seiner Erfindung die Flucht ergreifen, um nicht von verantwortungslosen Politikern gezwungen zu werden, die Erfindung zur Zerstörung der Menschheit einzusetzen. Das verweist schon auf das zentrale Thema von Harlans Nachkriegsfilmen: die Frage nach der eigenen Schuld, nach der Mitverantwortung an politischen Verbrechen. Wie der Ingenieur hatte Harlan sein Talent mißbrauchen lassen. Jetzt stand er vor den Trümmern seiner Existenz. Das Haus in der Tannenbergallee war bereits am 12. Dezember 1944 zerbombt worden, und nach dem Tod von Hitler und Goebbels gab es auch das System nicht mehr, in dem zu arbeiten Harlan gewohnt war.

Immerhin hatte er zahlreiche Gefahrensituationen überlebt. Dagegen waren in den letzten Monaten des Krieges mehrere Darsteller verstorben, mit denen er gearbeitet hatte. Maria Bard, Harlans Partnerin in den Einaktern »Die Mitschuldigen« und »Die Matrone von Ephesus«, vergiftete sich, nachdem es ihr nicht mehr gelungen war, ihren Ehemann Hannes Stelzer vor dem Fronteinsatz zu bewahren. Stelzer fiel ein paar Monate später als Soldat, ebenso wie Hans Schlenck, Claus Detlev Sierck, Hermann Braun und Werner Scharf. [6] Walter Lieck starb im KZ. Harlans erster Mentor Friedrich Kayßler, ein großer Liebhaber der russischen Seele und hervorragender Tolstoi-Interpret, wurde von sowjetischen Soldaten ermordet, als er eine Frau vor der Vergewaltigung bewahren wollte.

Aus Angst vor Vergeltungsschlägen sowjetischer Soldaten nahmen Paul Bildt und dessen Tochter Eva eine Überdosis Veronal. (Bildts jüdische Ehefrau war schon am 6. März 1945 an Krebs verstorben.) Bildt konnte nach siebzig Stunden wiederbelebt werden, seine Tochter war tot. Durch Kriegseinwirkungen starben Hans Brausewetter und Hans Adalbert Schlettow. Charlotte Schellhorn, die in die engere Auswahl für *Jugend* gekommen war, beging gemeinsam mit ihrer Mutter aus Angst vor der Gestapo Selbstmord. Charlotte Schultz, der unvergeßlichen Madeleine aus *Verwehte Spuren*, erging es wie ihrer Filmfigur: sie verschwand völlig, ohne eine Spur zu hinterlassen. Von ihr, deren große Zeit an der Volksbühne Harlan 1919/22 miterlebt hat, gibt es weder ein Sterbedatum, noch wird sie in den Bühnenjahrbüchern ab 1945 geführt.

In Frankreich und Italien herrschten noch rauhere Sitten: Robert Brasillach, der Filmkritiker und –historiker, der *Jud Süß* so überschwenglich gelobt hatte, wurde geköpft. Die Todesstrafe drohte auch Arletty wegen ihrer Affäre mit einem deutschen Offizier; in ihrem Fall kam es noch rechtzeitig zu einer Begnadigung. Aber daß den Schönen und Erfolgreichen nicht alles nachgesehen wurde, erfuhren die italienischen Stars Luisa Ferida und Osvaldo Valenti. Das Traumpaar aus Alessandro Blasettis Historienfilm *Die eiserne Krone* (1941), wegen seines extravaganten Lebensstils ebenso bewundert wie beneidet, fiel Partisanen in die Hände. Beide wurden am 30. April 1945 in Mailand erschossen. Klatschgeschichten, denen zufolge das drogensüchtige Paar an Orgien teilgenommen habe, bei denen Widerstandskämpfer gefoltert worden seien, dienten Roberto Rossellini und Pier Paolo Pasolini als Grundlage für ihre Filme *Rom, offene Stadt* (1945) und *Die 120 Tage von Sodom* (1975).

Die überlebenden deutschen Filmkünstler aber dachten bereits wieder an den Neuaufbau ihrer Industrie. Ende 1945 wurde auf Initiative Helmut Käutners in Hamburg eine »Interessengemeinschaft der Filmhersteller« gegründet und eine Adressenliste mit den Namen jener veröffentlicht, die sich am Aufbau einer Spielfilmproduktion in Hamburg beteiligen wollten. Auf der Liste standen neben Käutner auch Veit Harlan und Kristina Söderbaum, jetzt zu erreichen unter der Adresse Hamburg 39/Sierichstraße 154. Bald darauf zogen sie in die Scheffelstraße 14. Darüber, daß es für ihn nicht reibungslos weitergehen würde, war sich Harlan im klaren. Aber er rechnete nicht mit den willkürlichen Verhaftungen in Hamburg, anonymen Anrufen, Drohungen und der unverhohlenen Lynchstimmung. Interessanterweise verhielten sich die Alliierten Behörden ihm gegenüber wesentlich sachlicher als die Gegner aus Deutschland.

Für das Ehepaar Harlan bestand die Möglichkeit, nach Schweden auszuwandern, denn Kristina Söderbaum stand in engerem Kontakt zur Königin Sibylla von Schweden. Beide Frauen wurden innerhalb eines kurzen Zeitraums Mutter: Kristina Söderbaum brachte am 5. Februar 1946 ihren zweiten Sohn Caspar Veit und Königin Sybilla zwei Monate später den Sohn Carl Gustav zur Welt. Zur Ausreise kam es aber nicht, allerdings hielt sich Ulla Söderbaum zur Truppenbetreuung in Deutschland auf, wo sie ihre Schwester zum ersten Mal nach langer Zeit wiedersah. Im Herbst schließlich, nach 18 Monaten Trennung, erfolgte das Wiedersehen mit dem Sohn Kristian, der sich in der Zwischenzeit auffallend verändert hatte. Mitschüler hatten ihn wegen seines in Verruf geratenen Vaters geschlagen und gedemütigt.

1946 verunglückte Ferdinand Marian mit seinem Wagen tödlich; von Schuldgefühlen wegen seiner Darstellung des Jud Süß belastet, soll er sich betrunken haben und gegen einen Baum gerast sein; anderen Aussagen zufolge war er schon immer ein katastrophaler Autofahrer gewesen. Heinrich George wurde nach einer Denunziation durch Kollegen im ehemaligen KZ Sachsenhausen interniert, das die Sowjets als Lager für hohe Würdenträger des Dritten Reiches eingerichtet hatten; er wurde mißhandelt und starb an den Folgen einer Blinddarmentzündung. Beim Tod des Jud Süß-Drehbuchautors Ludwig Metzger soll es sich um Mord gehandelt haben. Gerhart Hauptmann, der bedeutendste unter den nicht emigrierten deutschen Dichtern, dessen Drama »Vor Sonnenuntergang« Harlan verfilmt hatte und dessen Tragikomödie »Die Ratten« er mehrmals für die Leinwand bearbeiten wollte, fiel wegen Kollaboration mit den Nationalsozialisten in Ungnade. Er starb 1946, mußte aber, wie sich schnell herausstellte, seine herausragende Position in der deutschen Literaturgeschichte nicht einbüßen.

Die ersten deutschen Filme kamen wieder in die Kinos. In der sowjetischen Besatzungszone drehte Wolfgang Staudte *Die Mörder sind unter uns*, der zwar realistisch und zeitbezogen zu sein schien und die Reetablierung von Nationalsozialisten im Nachkriegsdeutschland voraussah, der aber auch harlaneske Züge aufwies: Viel Schicksal, Irrationalismus und antinaturalistische Ausleuchtung waren im Spiel. Ruinen wurden wie Opernkulissen fotografiert. Bezeichnenderweise bestand die entscheidende Wirkung des Films darin, mit Hildegard Knef einen neuen Star zu etablieren. In Frankreich erntete Harlan derweil Lob für *Opfergang* (französischer Titel: *Offrande au bien-aimé*), von dem Henri Colpi in seinem Buch ›Le cinéma et ses hommes‹ (1947) schwärmte. [7] 1971 erfuhr *Opfergang* auf dem Filmfestival von Toulouse – Motto: »Les plus beaux mélos du monde« – eine weitere Würdigung.

Monatelang wartete Harlan auf seine Entnazifizierung. Ohne sie konnte er nicht wieder arbeiten, und er steckte voller Pläne, hatte den Kopf voller Ideen. Lion Feuchtwanger schrieb ihm einen Brief, in der irrigen Annahme, *Jud Süß* basiere auf seinem Roman. Für Harlan war das die erste von mehreren Gelegenheiten, über sein Wirken im Dritten Reich zu diskutieren.

Seine Tätigkeit als Regisseur konnte er vorerst nur anonym wieder aufnehmen, und das lediglich am Theater. Daß er seine Hand im Spiel hatte, wußte die Öffentlichkeit allerdings auch so, denn es war kein Geheimnis, daß Kristina Söderbaum ausschließlich unter der Regie ihres Mannes auftrat. Wo sie erschien, konnte er nicht weit sein. Er inszenierte mit ihr und Richard Lauffen in den Hauptrollen den viktorianischen Thriller »Gaslicht« von Patrick Hamilton im Eppendorfer Gemeindesaal. Danach verkörperte Kristina Söderbaum die Rosalinde in Shakespeares »Wie es euch gefällt« und ging für die Direktion Plaza Gastspiele auf Tournee mit dem Stück »Augen der Liebe« (nicht mit dem gleichnamigen Film zu verwechseln). Sie trat in Gütersloh auf und dann in Erlangen, Bayreuth, Köln, Detmold, Bad Oeynhausen, Mannheim, Karlsruhe und Bielefeld. Harlan konnte wegen seiner wiederaufgetretenen Herzschwäche nicht allen Proben von »Augen der Liebe« beiwohnen, die vorwiegend in Wohnungen in Köln und in Hamburg abgehalten wurden. Aber er leitete die Generalprobe und dachte sich zusammen mit den Beleuchtern filmische Effekte aus, die das Geschehen beleben sollten.

Bei der Premiere am Zuelpicher Platz in Köln wurde als Regisseur Willy Ernst Ritterfeldt genannt. Doch das Verschweigen von Harlans Namen verhinderte nicht, daß faules Gemüse zu Kristina Söderbaum auf die Bühne flog. Es gab Zwischenrufe wie »Frau Harlan, wir wollen Sie nicht sehen!«

Material wurde gegen den ›Jud Süß‹-Regisseur gesammelt. Ihm sollte der Prozeß gemacht werden, dazu wurden Zeugen gesucht. Am 15. Mai 1946 lieferte der Journalist Alexander Pohl aus Innsbruck eine schriftliche Erklärung ab, nach der Harlan bei einer Pressekonferenz gesagt habe, er wolle richtige Juden als Komparsen für seinen Film, und diese würden nach Drehschluß dann umgebracht werden wie alle anderen auch: Diese Aussage erwies sich aber als so unglaubwürdig, daß sie im Prozeß keine Erwähnung fand. [8] Der Schauspieler Ernst Stahl-Nachbaur sagte am 29. Dezember 1947 aus, Harlan sei persönlich korrekt gewesen, aber »von der Persönlichkeit Hitlers und dessen Führermission zutiefst überzeugt«. [9] Stahl-Nachbaur wollte mit ihm diskutieren, dies habe jedoch zu nichts geführt. Harlan glaubte fest an den Sieg und gebrauchte Nietzsche-Zitate, hat aber Stahl-Nachbaur wegen seiner abweichenden Ansichten nicht denunziert. Von Harlans Begeisterung über eine atomare Wunderwaffe erzählte Paul Bildt.

Schwere Anschuldigungen erhob Prinz Ferdinand zu Schoenaich-Carolath. Die Harlans waren nach der Zerstörung ihres Hauses von Berlin nach Amtitz bei Guben auf das Schloß des Prinzen gezogen, und dieser habe nach Konflikten mit dem Ehepaar das Schloß räumen müssen. Außerdem habe Kristina Söderbaum den Prinzen wegen Feindsender-Hörens denunziert. Er sei daraufhin ins Gefängnis gekommen. Nach einer weiteren Aussage soll Harlan in den dreißiger Jahren den Hausdiener des Staatstheaters zusammengeschlagen haben, weil dieser ihm den Zugang verwehrt hatte; dank Goebbels' Protektion sei er dafür nicht belangt worden. Diese Aussage erwies sich als wertlos, da Harlan bereits seit 1934 nichts mehr mit dem Staatstheater zu tun gehabt und er die Aufmerksamkeit von Goebbels erst 1937 erlangt hatte.

Alfred Beierle, der Leiter des Berliner ›Theaters der Erzählung‹, sagte im Dezember 1947 aus, Harlan habe sich telegraphisch bei Hitler um den Regieauftrag für *Jud Süß* bemüht. Am 9. Januar 1948 wurde in der ›Zeitschrift für Fragen des Judentums‹ ›Der Weg‹ der Leserbrief eines H.G. abgedruckt, der behauptete, er habe Harlan zur Entstehungszeit von *Jud Süß* mit dem Auto umhergefahren. Harlan habe ihm anvertraut, er wolle die Judenfiguren besonders bösartig gestalten. Er habe auch Einzelheiten des Drehbuchs mit Hilde Körber besprochen. H.G. versäumte es nicht, auf deren »führende Rolle« in der CDU hinzuweisen. All diese Äußerungen sind von den ermittelnden Behörden als wertlos und wichtigtuerisch empfunden worden.

Ein Reifeprozeß konnte in dieser Atmosphäre weder bei Harlan noch bei Kristina Söderbaum ausgelöst werden. Kristina Söderbaum suchte und fand Trost im Glauben. Sich in die eigene Naivität weiter hineinzusteigern, blieb die einzig mögliche Rettung vor weiteren Zusammenbrüchen. Sie brauchte zudem ihre Kraft, um Harlan beizustehen. Er war in den letzten Monaten drastisch gealtert und hatte einen Herzinfarkt erlitten. Als er im Dezember 1947 von der Hamburger Spruchkammer als unbelastet in die Gruppe V (Mitläufer) eingestuft und somit entnazifiziert wurde, kam es zu wütenden Protesten. Allerdings berichteten die Zeitungen noch zu Weihnachten 1947, das Verfahren gegen Harlan sei längst nicht abgeschlossen, seine Gegner hatten also noch die Chance, den Regisseur renazifiziert zu sehen. Obwohl er nicht unter Hausarrest stand, dachte Harlan nicht daran, unterzutauchen. Er wollte seinen guten Ruf wiederherstellen und in Deutschland arbeiten.

Anfang April 1948 besuchten er und Kristina Söderbaum im Hamburger Waterloo-Lichtspieltheater die West-Premiere des DEFA-Films *Ehe im Schatten*, in dem der Regisseur Kurt Maetzig das Schicksal des Schauspielers Joachim Gottschalk nachgestaltet hatte. Der erste große Harlan-Skandal war die Folge. Teile des Publikums waren empört, daß Harlan bei einem Film mit dieser Thematik als Zuschauer erschien. Zwar hatte Harlan zu jenen einflußreichen NS-Künstlern gehört, die Joachim Gottschalks Position durch Rollenangebote gestützt hatten, aber davon wollte niemand mehr etwas wissen. Das Ehepaar mußte den Saal verlassen, und in der Presse wurden groteske Anschuldigungen erhoben: Harlan habe beim Besuch des Kinos eine türkische Zipfelmütze und Gartenkleidung getragen. Durch solche Verleumdungen wurde er in seiner Trotzreaktion bestärkt, die darin bestand, sich nur als ein unschuldig verfolgtes Opfer zu sehen.

Der ehemalige Filmkritiker Erich Lüth nutzte den Zwischenfall, um sich in der Mai-Ausgabe des ›Film-Echo‹ erstmals in der Sache zu Wort zu melden. Für Lüth war nicht Adolf Hitler, Joseph Goebbels, Alfred Rosenberg oder Julius Streicher – sondern Veit Harlan der »antisemitische Aktivist Nr. 1 des Dritten Reiches«, kein Mitläufer also, sondern der Anführer. Die sechs Millionen ermordeten Juden bezeichnete Lüth als die »Opfer des bösen Harlan-Geistes«, und daraus sei die Konsequenz zu ziehen, daß der »Vergifter der Menschenseelen« hier »nicht hergehört«. Obwohl zahllose Juden bereits nach Hitlers Machtergreifung das Land verlassen hatten, weil sie befürchteten, totgeschlagen zu werden, behauptete Lüth, erst mit *Jud Süß* hätte das Unheil begonnen. Wo andere an Harlan charakterliche Defizite beanstandeten, stellte Lüth gleich ein »völliges Manko an menschlicher Substanz« fest. [10]

Die Staatsanwaltschaft beim Landgericht Hamburg bat am 29. Mai den in New York lebenden Julius Bab um eine eidesstattliche Erklärung. Kannte er doch Harlans Interview mit dem ›Völkischen Beobachter‹. Hatte sich Harlan ihm gegenüber dazu erklärt? Bab antwortete am 28. Juni, er könne sich an das Interview nicht mehr erinnern. Allerdings bestätigte er, daß Hans J. Rehfisch Walter Harlan provoziert und indirekt dessen Tod verschuldet habe.

Mitten im Sommer des Jahres 1948, am 15. Juli, wurde Anklage gegen Harlan erhoben. Das Wort ›Selbstreinigung‹ fiel, und um nichts anderes ging es. Gemeinsam mit seiner Sekretärin Lu Schlage bereitete sich Harlan auf seinen Prozeß vor. Der Staatsanwalt forderte zwei Jahre und 105 000 Mark Strafe für ihn, die Anklage vor dem Hamburger Schwurgericht lautete »Verbrechen gegen die Menschlichkeit«. Ein Kardiologe riet Harlan, sich krankschreiben zu lassen, da sein Herz den Aufregungen bei den Verhandlungen nicht gewachsen sein würde, aber Harlan wollte den Prozeß so zügig wie möglich hinter sich bringen.

In England hatte währenddessen ein Film Premiere, der die Diskussion um *Jud Süß* beeinflussen sollte: David Leans *Oliver Twist*, eine sorgfältige Adaption des Klassikers von Charles Dickens. Alec Guinness spielte den feigen, hinterlistigen Ghetto-Juden Fagin, der kleinen Londoner Jungen das Stehlen beibringt. Der Film ist nicht mit antisemitischer Absicht gedreht worden, sondern war ein Musterbeispiel für Werktreue, bei der die literarische Vorlage nicht hinterfragt wird.

In Dickens' Roman wird Fagin etwa 300mal als Jude bezeichnet, und die Illustrationen von George Cruikshank taten ihr übriges, um Vorurteile zu verstärken. Die Ankündigung der deutschen Uraufführung im Februar 1949 löste Tumulte aus. In den USA wurde erst im Juli 1951 eine verstümmelte Fassung gezeigt. Die mahnenden Stimmen waren schnell verklungen, und im deutschen Fernsehen gehörte *Oliver Twist* bald zum Dauerrepertoire. Dabei ist Alec Guinness' Spiel als Fagin ähnlich brillant-dubios wie das von Werner Krauss.

Selbst ein Film, der den Antisemitismus anprangert, kann also antisemitische Gefühle verstärken. Darauf wies Max Horkheimer in einem Gutachten zu dem Thriller *Im Kreuzfeuer* hin, um das ihn die Produktionsgesellschaft RKO Radio gebeten hatte. In dem Drama, einem der größten Prestigeerfolge des Jahres 1947, geht es um die Aufklärung eines Mordes, der, wie sich herausstellt, antisemitische Motive aufweist. Die Tat wird zwar verurteilt, aber Horkheimer befürchtete, daß die Thematisierung des Judenhasses an sich schon zur Nachahmung anregen könnte, zumal es sich beim Täter um einen gutaussehenden, athletischen US-Soldaten handelte. [11] Propaganda ist niemals eindeutig, auch wenn sie es nach dem Wunsch der Hersteller sein soll. Filme wie *Jew Suss*, *Jud Süß* und *Im Kreuzfeuer* sind nicht die einzigen Beispiele hierfür. Henrik Ibsen, von dessen Drama »Gespenster« man annehmen sollte, es sei im Dritten Reich als zersetzend empfunden worden, wurde 1936 im ›Völkischen Beobachter‹ als »Vorkämpfer auf dem Gebiet praktischer Erbgesundheitspflege« gepriesen. [12]

Im Juli 1948 schrieb Harlan einen Brief an den amerikanischen Rabbiner Dr. Joachim Prinz, der aus Deutschland geflohen war. Beide kannten sich von früher als Patienten des Berliner Arztes Dr. Hirsch, dessen Praxis sich in der Uhlandstraße Ecke Kurfürstendamm befand. Harlan sprach in seinem ungeschickten Brief die Befürchtung aus, der Prozeß gegen ihn würde »Unheil für das Judentum« zur Folge haben – das klingt eher nach einer ›gutgemeinten‹ Drohung. Zu seinem Film *Jud Süß* äußerte er sich folgendermaßen: »Keine Hetze, sondern Darstellung des jüdischen Problems mit künstlerischen Mitteln, kein verzerrtes Bild, sondern Aussprache des Wesentlichen, des Menschlichen.« Wenn der Film wirklich so harmlos war, wieso hat er ihn dann nicht drehen wollen? Harlan fürchtete, daß durch den Prozeß »erneut ein Gegensatz heraufbeschworen wird, der im Interesse des Friedens besser überbrückt würde durch den Willen zur Verständigung und zur gegenseitigen Toleranz«. [13]

Dr. Prinz antwortete in einem erstaunlich freundlichen Brief, er habe erst bei seinem Besuch in Hamburg von der bedeutenden Rolle des Films und seines Regisseurs in Deutschland erfahren. »In Amerika war ich mir einer solchen Bedeutung nicht bewußt. Die amerikanische allgemeine Presse (mit Ausnahme der deutschsprachigen, die ich nicht zu häufig lese) hat sich mit der Angelegenheit nicht sehr beschäftigt. Es gab da weder große Überschriften noch aufsehenerregende Berichte. Der Name Veit Harlan ist dem amerikanischen Publikum kein Begriff. Ich sage das nicht, um Ihre künstlerische Begabung und Bedeutung zu verkleinern, sondern um der ganzen Angelegenheit die Perspektive zu geben, die Sie – verständlicherweise – verloren haben.«

Rabbi Prinz schrieb weiter: »Schauspieler, Regisseure, Filme und die ganze Kunst sind triviale Bagatellen im Angesicht des Todes von vielen Millionen Menschen ... Wenn auch nur ein einziger unter ihnen durch Ihren Film gelitten hätte und in den Tod gehetzt worden wäre, wäre das Grund genug, die Menschen, die ihre Künstlergabe in den Dienst der Henker gestellt haben, vor das Tribunal des Rechtes zu stellen ... Was das Unheil betrifft, das dem jüdischen Volke aus dem Prozeß entstehen könnte – lassen Sie das unsere Sorge sein. Wir haben viele Sorgen. Wir können noch eine zusätzliche ertragen ... Das Heil und Unheil aller Menschen hängt von ihrem eigenen heiligen Willen ab, alles zu tun, um dem menschlichen, moralischen und geistigen Verfall (von dem man in Deutschland so viel sieht und spürt) eine neue, menschliche Welt entgegenzusetzen. Mit allen guten Wünschen für diese erneuerte Welt, bin ich Ihr Dr. Joachim Prinz.« [14]

In diesem Brief wurde Harlan noch aufgefordert, sich seiner Verantwortung zu stellen und außerdem zu versuchen, sich am geistig-moralischen Wiederaufbau zu beteiligen. Damit stand Rabbi Prinz allerdings im Widerspruch den zu deutschen Harlan-Gegnern, die ihn ganz von der Bildfläche verschwinden lassen wollten.

Nicht nur der Film *Jud Süß*, sondern auch die Theaterinszenierung »Augen der Liebe« brachte Harlan in Konflikt mit der Justiz. Von Anfang 1949 bis zum Mai wurde gegen ihn wegen illegaler Regietätigkeit ermittelt. In Anwesenheit von Peter Beauvais, später ein Starregisseur des deutschen Fernsehens, wurden die Darsteller Gabriele Kelter, Will Meyen und Joachim Rake vernommen, zudem ein Elektriker, der Beleuchtungsinspektor Rudolf Dornath und der Beleuchter Fritz Albrecht, der auf Harlans Experimente mit filmischen Effekten hinwies. Die Ermittlungen verliefen im Sande, da Harlans Anwesenheit bei einigen Proben nicht ausreichten, um ihn als Regisseur der gesamten Inszenierung zu überführen.

Es fehlte aber auch nicht an ermutigenden Erlebnissen. Im Sommer 1947 gab es ein herzliches Wiedersehen mit Lucie Mannheim, gleich darauf der

Beginn eines Briefwechsels mit Julius Bab und sogar Verhandlungen mit der Filmgesellschaft ›Italia‹ über ein Projekt. Aber die Gesundheit machte Harlan zu schaffen. Der Journalist und spätere Drehbuchautor *(Die Halbstarken)* Will Tremper, damals mit Thomas Harlan befreundet, traf den Regisseur im April 1949, als er in Berlin vernommen wurde. »Ich sah einen noch nicht mal fünfzig Jahre alten Mann, der wie ein Siebzigjähriger auf mich wirkte.« [15] Harlan hätte sich leicht ins Ausland absetzen können, etwa ins deutschsprachige Ausland. In Österreich konnte Gustav Ucicky seit 1947 wieder filmen, Arthur Maria Rabenalt ebenso; auch Werner Krauss fand hier eine weniger feindselige Atmosphäre vor. Doch Harlan lieferte sich dem Gesetzgeber aus: eine Haltung, die von seinen Gegnern ausschließlich als Unverschämtheit ausgelegt wurde.

Der Prozeß

Die Verhandlung begann am 3. März 1949 am Hamburger Schwurgericht unter dem Vorsitz des Landgerichtsdirektors Dr. Tyrolf, von dem die Öffentlichkeit Jahrzehnte später erfuhr, daß er im Dritten Reich ein ›furchtbarer Jurist‹ gewesen war. Harlans Verteidigung übernahm Dr. Otto Zippel. Der Vertreter der Anklage, Oberstaatsanwalt Dr. Gerhard Kramer, hatte über einen Zeitraum von einem Jahr eine 23seitige Anklageschrift vorbereitet. 115 Original-Süß-Akten aus Stuttgart wurden zu diesem Zweck konsultiert, als gelte es, nach über dreihundert Jahren noch einmal die Schuld von Jud Süß Oppenheimer zu überprüfen. Angenommen, es hätte sich herausgestellt, daß der Original-Jud Süß der schlechteste Mensch aller Zeiten gewesen ist – hätte das Harlans Schuld verringert? Wäre sein Film dann weniger verwerflich gewesen? Die Juristen scheinen so gedacht zu haben.

Drei Wochen sollte der Prozeß dauern, seine Kosten betrugen etwa 500 000 DM. Über 35 Zeugen sind geladen worden. Lion Feuchtwanger blieb aus gesundheitlichen Gründen in den USA. Werner Krauss war bereits in einem anderen Zusammenhang vernommen worden und mußte im Harlan-Prozeß nicht mehr auftreten.

Die Verteidigung beantragte, den britischen Film *Oliver Twist* vorzuführen, als Beispiel für ein Kunstwerk, das antisemitisch wirken kann. Auch der Dokumentarfilm *Der ewige Jude* sollte zu Harlans Entlastung gezeigt werden. »Aber ist der Mord des einen eine Entschuldigung für den Totschlag des anderen?« fragte der Journalist der ›Hessischen Nachrichten‹. [1] Solche Fragestellungen gehörten nicht zur Regel. Die Mehrheit der Journalisten stellten keine Fragen. Es wurde gegen den »Groß-Nutznießer« Harlan polemisiert und ausgiebig auf die hohen Gagen verwiesen, die er und seine Frau bezogen hätten. An *Jud Süß* habe er – dessen Gage am Staatstheater 2.000 RM, bei *Krach im Hinterhaus* noch 3.000 RM und bei der *Kreutzersonate* 10.000 bis 12.000 RM betrug, und der für das 110.000 RM teure Haus in der Tannenbergallee 28 gleich 30.000 RM bar zahlen konnte – stolze 80.000 RM verdient, oder sogar 123.000 RM. Kristina Söderbaum habe für die Darstellung der Dorothea Sturm 40.000 RM erhalten, eine Angabe, die im Laufe des Prozesses auf 60.000 RM stieg. Insgesamt habe das Ehepaar zuzüglich des Honorars von Harlans Drehbuch 145.000 RM kassiert. (Zum Vergleich: Heinrich George erhielt für *Kolberg* eine Pauschalgage von 120.000 RM.)

Reichtum und hohe Gagen als Zeichen moralischer Verwerflichkeit! Keine sonderlich überzeugende Argumentation! Außerdem warf man Harlan sein angeblich lautes und stolzes Auftreten vor … Der erste Prozeßtag erwies sich also als unergiebig, so daß Journalisten sich gezwungen sahen, über Harlans geringe Körpergröße zu spotten. Für Gabriele Tergit war Harlan »ein kleiner, grauhaariger, untersetzter Mann von 50 Jahren, dem niemand den

Künstlersohn oder gar selber einen Künstler ansehen würde«.[2] Sein Lebenslauf wurde verlesen, und seine Silberschmiedlehre wurde beschrieben, als habe es einmal positive Ansätze zu einem einfachen proletarischen Leben gegeben. Es fiel auch ein Hinweis auf Dora Gerson, die sich 1942 noch einmal hilfesuchend an Harlan gewandt habe, und auf die jüdischen Trauzeugen bei der Eheschließung mit Hilde Körber. Zudem stellte sich heraus, daß Harlan die literarischen Vorlagen zu *Jud Süß* nicht kannte, sein Geschichtswissen hatte er aus einem zeitgenössischen Konversationslexikon bezogen.

Am zweiten Tag erschien der zunächst wegen einer Gastspielreise in Süddeutschland entschuldigte Schauspieler Eugen Klöpfer. Er benötigte infolge eines Unfalls einen Krückstock und sagte aus, er sei jeden Drehtag von *Jud Süß* froh gewesen, das Filmstudio verlassen zu können. Seine Beteiligung an diesem Film bezeichnete er als »nicht anständig«. In der darauffolgenden Woche kam es zur Vernehmung von Dr. Fritz Hippler. Staatsanwalt Kramer erhob gegen ihn den Vorwurf der Kuppelei und der Zuhälterei – er habe Goebbels mit Frauen versorgt und für den Propagandaminister ein Album mit pikanten Fotos angelegt. Auch habe er 1943 nicht wegen seines Einsatzes für Erich Kästner und Werner Finck seinen Posten als Reichsfilmintendant verloren, wie bis dahin angenommen worden war, sondern wegen seines liederlichen Lebenswandels. Beweise für seine Anschuldigungen legte er nicht vor. Doch selbst, wenn man Hippler einen Verschleiß an Frauen und Alkohol nachgewiesen hätte – was hatte das mit Harlan zu tun?

Peter Paul Brauer, NSDAP-Mitglied und ursprünglicher *Jud Süß*-Regisseur, wurde zwei Stunden lang angehört. Er nannte Harlan den größten Könner unter den Filmregisseuren, was Beifall im Saal verursachte. Aber er warf ihm auch Mißbrauch des eigenen Talents vor. Ähnliches sagte Alf Teichs aus, der Harlan vorwarf, das *Jud Süß*-Projekt gerettet zu haben. Teichs unterstellte ihm keine politischen Motive, vielmehr hätten die künstlerischen Möglichkeiten eine entscheidende Rolle für ihn gespielt. Auch bei Heinrich George sei kein Bewußtsein von Schuld zu verspüren gewesen: Teichs hatte nach Kriegsende mit dem Schauspieler gesprochen, der nicht verstehen konnte, was an der Übernahme der Rolle des Herzogs so verwerflich gewesen sein soll.

Malte Jaeger, wegen eines »Urfaust«-Engagements in Bremen zunächst entschuldigt, erschien im Zeugenstand und gab zu, den Faber gespielt zu haben, um durch den Film bekannt zu werden. Allerdings hatte nach seinen Angaben keiner der Mitwirkenden das Gefühl, an einem Propagandafilm beteiligt zu sein. Der Komponist (und Nachbar von Ferdinand Marian) Hans-Otto Borgmann und der Produktionschef Otto Heinz Jahn bestätigten Harlans Angaben, denen zufolge er Soldat werden wollte, um dem Regieauftrag zu entgehen. Harlans Aufnahmeleiter Conny Carstennsen beschrieb, wie er und Harlan Ende 1939 nach Lublin gefahren seien, und wie gut Harlan die jüdischen Kleindarsteller behandelt habe. Hans Hermann Schaufuss, dessen Sohn als Soldat gefallen war, schrieb es dem Einsatz Harlans zu, daß sein zweiter Sohn nicht auch noch an die Front mußte. Andere geladene Zeugen wie die Jud-Süß-Kandidaten Paul Dahlke, Rudolf Fernau, Richard Häußler und René Deltgen, aber auch Paul Bildt, Bruno Mondi und Wolfgang Schleif konnten nicht erscheinen, weil sie für die DEFA arbeiteten. Für sie war es äußerst schwierig, aus der sowjetischen Besatzungszone herauszukommen, um in Hamburg auszusagen. Sie sollten zum 17. März notfalls mit Polizeigewalt vorgeführt werden. Ratsamer erschien es jedoch, den Prozeß nach Berlin zu verlegen.

Ferdinand Marians Witwe Maria Byk, die zuletzt in München Theater gespielt hatte (u.a. neben Maria Koppenhöfer in Erich Engels Inszenierung von »Unsere kleine Stadt«), erwies sich wegen der Hysterie, die den Prozeß umgab, als kaum vernehmungsfähig. Sie hatte Marian 1936 geheiratet, und ihr jüdischer erster Mann, der Theaterregisseur Julius Gellner, war vorübergehend von Marian versteckt worden. Während des Harlan-Prozesses gab es Versuche, sie einzuschüchtern; ein Unbekannter stieß sie sogar in die Alster, von der Presse wurde sie belächelt und als »redelustig« (›Neue Zeit‹) bezeichnet. Ihrem Selbstmord während des Prozesses begegnete die Öffentlichkeit mit Desinteresse. Und der Aussage von Kristina Söderbaum maß man kein Gewicht bei. Nur Harlan war von ihr begeistert: »Sie erzählte alles getreulich – in großer Breite, naiv wie ein Kind.« [3] Der Prozeß erreichte seinen Tiefpunkt, als der frühere Pressesprecher und Stenograph von Goebbels, Otto Jacobs, über das Nacktbaden Kristina Söderbaums in Venedig befragt wurde – vermeintlich zur Unterhaltung des Propagandaministers Joseph Goebbels. Harlan geriet daraufhin außer sich vor Wut und erlitt während des Prozesses einen erneuten Herzinfarkt. Daraufhin wurde der Prozeß, wie bereits von Kramer vorgeschlagen, nach Berlin verlegt.

Vom 22. März an verhandelte man in Moabit. Um Richard Häußler vernehmen zu können, mußte das Gericht ins Filmatelier ziehen, wo Häußler in der Artur-Brauner-Produktion *Mädchen hinter Gittern* mitwirkte. Seine Aussage war zu unergiebig, um den Aufwand der Vernehmung zu rechtfertigen. Wieder im Gerichtssaal, sagte dann Alfred Greven aus. Er bezeichnete Alf Teichs als den geistigen Urheber von *Jud Süß*; seit 1937 habe er das Projekt vorbereitet. Greven nahm seine Beschuldigungen gegen Teichs allerdings bald wieder zurück. Ihm war vor der Vernehmung irrtümlich mitgeteilt worden, Teichs habe Selbstmord begangen. Vor einem lebenden Teichs aber wollte er seine Aussagen nicht mehr aufrechterhalten.

Es existierte außerdem auch eine von Ferdinand Marian hinterlassene Niederschrift vom 20. September 1945, in der er sich über den hilflosen Regisseur Brauer ausließ, sowie über das Wetteifern der Schauspieler darum, wer der schlechteste Jud Süß sei. Oskar von Arnim gab Auskunft über Harlans

Kontakte zur Strasser-Gruppe. Erich Engel, der am Theater nicht nur »Weh' dem, der lügt« mit Harlan, sondern auch »Othello« mit Ferdinand Marian inszeniert hatte, belastete den Angeklagten dann mehr als jeder andere Zeuge in dem Verfahren. Er hatte Harlan in den zwanziger Jahren durch Fritz Kortner kennengelernt und sich 1933 aufgrund des Interviews im ›Völkischen Beobachter‹ von ihm distanziert. Von diesem Interview wiederum distanzierte sich die Verfasserin Charlotte Koehn-Behrens, die ähnlich wie der ›Film-Kurier‹-Schriftführer Günter Sawatzki versicherte, Harlan habe sich in ihrer Gegenwart nie antisemitisch geäußert.

Wolfgang von Gordon, zur Entstehungszeit von *Jud Süß* Chefdramaturg bei der Terra und jetzt in derselben Funktion bei der DEFA, sagte aus, Harlan sei nicht begeistert gewesen, als er den Regieauftrag bekam, aber nachdem er einmal begonnen hatte, habe er korrekt und voller Engagement seine Arbeit verrichtet. Von Gordon betonte auch, wohl im Hinblick auf die Harlan nun belastenden eigenen Äußerungen in der NS-Presse, daß viele Künstler in den Zeitungen Kommentare von sich gaben, die nicht ihrer eigentlichen Haltung entsprachen. Der Kameramann Bruno Mondi, der Regieassistent Wolfgang Schleif, der Leiter der Herstellungsgruppe Otto Lehmann und Alfred Braun sagten alle pro Harlan aus, obwohl ihnen Entlassung durch die auf ihr antifaschistisches Image bedachte DEFA drohte.

Der Kulturfilmregisseur Herbert Kiene leistete eine Aussage, mit der die von Erich Engel wieder an Gewicht verlor. Er erklärte, Harlan habe sich bereits 1933 gegenüber Kollegen und Freunden von dem Interview im ›Völkischen Beobachter‹ distanziert. Von den Äußerungen Kienes abgesehen, halfen Harlan am besten die Aussagen jener Zeugen, die ihn nicht mochten. Ihnen konnte nicht vorgeworfen werden, sie würden zugunsten eines Freundes auftreten. Die Witwe von Hans Meyer-Hanno etwa bestätigte, Harlan habe bei der Protektion ihres kommunistisch aktiven Mannes Mut bewiesen.

Einen Auftritt der besonderen Art absolvierte Gustav Fröhlich, der Hauptdarsteller des ersten westdeutschen Nachkriegsfilms *Sag' die Wahrheit* [sic]. Fröhlich nannte Harlan einen Vollblutnazi und behauptete, während der Dreharbeiten zum *großen König* wegen einer mutigen Äußerung zur Kriegslage denunziert worden zu sein. Wie sich herausstellte, hatte Harlan damals tatsächlich Bericht erstattet. Fröhlich nutzte seinen Auftritt vor Gericht allerdings noch, um sich über Harlans geringe Körpergröße lustig zu machen und dabei ganz nebenbei seine eigene stattliche Erscheinung hervorzuheben.

Hätte das Gericht seine Ex-Ehefrau Gitta Alpar vorgeladen, dann wäre Fröhlich als skrupelloser Wendehals entlarvt worden. Die jüdische Opernsängerin berichtete erst Jahrzehnte später, wie ihr damaliger Ehemann sie unmittelbar nach der NS-Machtergreifung mit ›Heil Hitler!‹ begrüßt habe. Die Kollegen Hans Albers, Willy Fritsch und Willi Forst hätten sich ihr gegenüber tadellos verhalten, betonte Gitta Alpar, aber Fröhlich entschied sich damals gegen sie und für die neue Regierung. Seinen Versuch, nach 1945 wieder Kontakt mit ihr aufzunehmen, durchschaute sie sofort als opportunistische Geste.

Die Aussage eines Holocaust-Überlebenden zugunsten Harlans hätte dem Regisseur eigentlich nutzen sollen, aber Dr. Heinz Leopold, Vorsitzender der Vereinigung »Die von Theresienstadt«, wurde vom Vertreter der Nebenklage gedemütigt und als »geistesschwach« bezeichnet, nachdem er die Ansicht vertreten hatte, *Jud Süß* sei kein Film, der die Deutschen zu Lynchaktionen animiert habe.

Gegen Harlan wiederum sagte der *Münchhausen*-Regisseur Josef von Baky aus, der soeben den Film *Der Ruf* mit Fritz Kortner gedreht hatte, doch er kannte Harlan einfach zu wenig. Der Schauspieler Franz Schafheitlin versicherte, Harlan habe entgegen bisher aufgestellter Behauptungen kein ›Heil Hitler‹ von den Komparsen des Films *Der große König* verlangt. Von Mut zeugte die Aussage Gustaf Gründgens', der zu Harlan in keinem engen Verhältnis stand und ihm in keiner Weise zu Dank (»Wie du mir, so ich Dir«) verpflichtet war. Er verwies auf den Druck von oben, auf die Zwangsverpflichtung zu einer künstlerischen Aufgabe, die es im Dritten Reich gab. Paul Henckels, Halbjude und mit der Jüdin Thea Grodtcinsky verheiratet, sagte zugunsten von Harlan aus ebenso wie Willi Forst.

Außerdem meldete sich die Witwe des Kammersängers Grünfeld, dessen Stimme *Jud Süß* eröffnet hatte, meldete sich zu Wort: »Sehr verehrter Meister Harlan! Es ist vielleicht von Interesse für Sie, daß mein Mann als jugendlicher Tenor bis 1939 in Prag tätig war und in ihrem Film ›Jud Süß‹ in einer kurzen Tempelszene ein kleines Tenorsolo sang. Er hatte von ihrer menschlichen Einstellung jüdischen Künstlern gegenüber eine gute Meinung und meinte, daß Sie wohl kein Antisemit sein könnten.« Sie erklärte in einer Berliner Versammlung der Europa-Union, Harlan habe »den jüdischen Sängern große Elogen gemacht, ihnen Mut zugesprochen und gesagt, daß es ›nicht mehr lange dauern‹ könne«. [4]

Auch daß der Harlan-Film *Alles für Veronika* von dem Juden Moritz Grünstein produziert worden war, kam zur Sprache. Ein konsequenter NS-Karrierist hätte sich im Jahr 1936 solch einen ›Ausrutscher‹ niemals erlaubt. Er hätte auch keine Mitarbeiter unterstützt, die durch sogenannte Mischehen belastet waren. Und für seinen Erfolg im Dritten Reich, besonders aber für den Erfolg von *Jud Süß*, sei er nicht haftbar zu machen. Das Schwurgericht war der Ansicht, daß ein Künstler gar nicht imstande sei zu bestimmen, ob er einen zugkräftigen oder einen schlechten Film herstelle. Am 16. April 1949 hielt Harlan ein zweistündiges Schlußplädoyer; das Urteil sollte nach Ostern verkündet werden. Es erfolgte am Vormittag des 23. April ein Freispruch nach § 465. Beim Verlassen des Gerichtssaals kündigte Harlan als nächstes Filmprojekt *Sokrates* an.

Nach dem Urteil des Hamburger Schwurgerichts war Harlan kein Verbrecher gegen die Menschlichkeit mehr, das verschlechterte jedoch eher die Stimmung gegen ihn. Ein Kommentar des ›Neuen Deutschland‹ zum Freispuch lautete: »Nichts ist in Ordnung. Aus den Massengräbern, aus der verstreuten Asche von Majdanek und Auschwitz, Sachsenhausen, Ravensbrück und Buchenwald schreit es in alle Winde: Veit Harlan, der Mörder! ... Er hat durch den Film *Jud Süß* das Gift des Rassenhasses in Millionen Herzen und Hirne gepflanzt.« [5] W. B. (Willi Bredel?) verkündete in der ›Täglichen Rundschau‹: »Der Filmregisseur Veit Harlan hält sich nach seinem glänzenden Freispruch bereit, neue Mordaufträge zu übernehmen.« [6]

Golda Meir kommentierte da doch um einiges versöhnlicher, nein, nicht versöhnlicher: »Harlan war eine der vielen Schattenfiguren im Nazireich. Wir brauchen nicht die vielen Figuren verfolgen, sondern suchen die Verantwortlichen, welche die Figuren in Bewegung setzten.« [7]

Hilde Körber erging es besser als ihrem Ex-Ehemann. Sie war im Krieg zur Rüstung abkommandiert worden, richtete aber mit ihrer Kurzsichtigkeit so viel Schaden an, daß man sie wieder freistellte. Ab Oktober 1945 spielte sie am Hebbel-Theater die Lady Macbeth. An demselben Haus trat 1948 ihre älteste Tochter Maria in »So war Mama« auf, durfte sich allerdings nicht Maria Harlan nennen. Nachdem sie von einem Kontakt des Regisseurs und Intendanten Boleslav Barlog zu Julius Bab erfahren hatte, schrieb Hilde Körber am 25. August 1946 einen Brief nach New York an Bab, dessen Bücher sie während des Dritten Reiches nicht verbrannt hatte, wie es damals verlangt worden ist. Über den Vater ihrer Kinder schrieb sie: »Veit ist ein Opfer seines Ehrgeizes – der ja immer der Feind des Menschen ist und Menschen Besinnung in jeder Beziehung raubt.« [8]

Aber nicht nur sie wandte sich an Bab. Auch Esther Harlan schrieb an ihn, und Veit Harlan führte einen regen Briefwechsel mit seinem väterlichen Freund, auf den später noch eingegangen wird. Sein Bruder Peter schrieb Bab am 4. März 1948 von seiner Werkstatt aus, die sich auf der Burg Sternberg befand. Von seinen drei Söhnen sei einer in britischer Gefangenschaft, doch es bestehe kein Grund zur Klage; der jüngste Sohn Klaus besuche eine Waldorfschule und befasse sich dort mit den Kompositionen Paul Hindemiths. Veit Harlans Onkel Wolfgang, der Bab zuletzt bei der Beerdigung Walter Harlans im Jahre 1931 gesehen hatte, schrieb am 30. April 1948 aus Rüsselsheim eine Art Bittbrief an den ›reichen Amerikaner‹, der sich gar nicht vorstellen könne, wie groß das Elend in Deutschland sei. (Daran, daß Bab noch im letzten Moment seinen Mördern entkommen konnte, scheint Wolfgang Harlan nicht gedacht zu haben.) Er habe sein Vermögen der Fliegerei geopfert, sei dann siebzehn Jahre als Opelhändler in Dresden tätig gewesen und arbeite jetzt als Treuhänder für NS-Vermögen. Ihm ginge es so schlecht, daß er von

155 auf 105 Pfund abgemagert sei. Ob Julius Bab nicht helfen könne? [9] (Wolfgang Harlan starb 1951.)

Aber nur mit Hilde Körber pflegte Bab einen wirklich herzlichen Briefwechsel, und auch in anderen Kreisen gewann sie Vertrauen. Als Marlene Dietrich gleich nach Kriegsende ihren alten Freund Hubert von Meyerinck in Berlin besuchte, gehörten Hilde Körber, Heinz Rühmann, Walter Franck und Alexa von Porembsky zum Kreis der Auserwählten, die den Weltstar sprechen durften. Elisabeth Bergner, die im Oktober 1949 erstmals nach Deutschland zurückkehrte, ließ sich mit Hilde Körber fotografieren. Und nachdem sie sich über eine Polemik gegen den ermordeten Friedrich Kayßler geärgert und für den Kollegen Partei ergriffen hatte, bat man Hilde Körber, mit derselben Eloquenz eine Rede vor der deutschen Jugend zu halten. Sie wurde dann für vier Jahre CDU-Abgeordnete und erhielt den Spitznamen ›C-Duse‹. (Ein Fortschritt gegenüber ihrem früheren Spitznamen: ›Reichsklagemauer‹.) Verbal wesentlich geschickter und disziplinierter als Harlan, verfaßte sie 1947 eine lange Erklärung, in der sie sich über die katastrophale Kulturpolitik in Berlin beklagte, die so große Künstler wie Hermine Körner, Gustaf Gründgens und Anna Dammann aus Berlin vertrieben habe, wie auch über die desolate finanzielle Situation Berliner Künstler. »Die Besten müssen zugrunde gehen und die hemmungslosen Elemente, die wie Unkraut den Boden der Kunst überwuchern, setzen sich zusammen aus Schiebern und Ausgehaltenen.« Statt nur zu klagen, formulierte sie auch Lösungsvorschläge (etwa zur Versteuerung der Gagen) und beantragte die Gründung einer Städtischen Hochschule für darstellende Kunst. Sie übernahm schließlich auf Bitten des Senats 1951 die Max-Reinhardt-Schauspielschule. Bisher nur formell katholisch, fand sie durch das unbeschadete Überstehen des Krieges wieder zu Gott und wurde zutiefst religiös – was sie nicht daran hinderte, sich negativ zum Paragraphen 218 zu äußern. Man solle erst die Not der Lebenden zur Kenntnis nehmen, schrieb sie, ehe man sich über ungeborenes Leben streitet. [10]

Der aus dem Exil zurückgekehrte Journalist Curt Riess protegierte mehrere exponierte Künstler des Dritten Reiches, die ihm als Gegenleistung interessante Geschichten lieferten. Auf diese Weise kam dann sein monumentales filmgeschichtliches Werk »Das gab's nur einmal« (1956) zustande, reizvoll wegen seines reichhaltigen Fotomaterials, aber unzuverlässig auf der Textebene. [11] Harlan zählte nicht zu den Glücklichen, die von Riess protegiert wurden. Dennoch rückte sein Comeback als Filmregisseur näher. Am 21. September 1949, einen Tag vor seinem 50. Geburtstag, suchte ihn Hans Domnick auf, ein ehemaliger Schnittmeister, jetzt Geschäftsführer bei der Filmaufbau Göttingen. Domnick unterbreitete ihm den Vorschlag, die Novelle »Aquis submersus« von Theodor Storm zu verfilmen. Nach finanziellen Mißerfolgen (Wolfgang Liebeneiners Borchert-Adaption *Liebe 47*, der Tier-

Das Haus in Starnberg

film *Amico*), die er durch erfolgreiche Curt-Goetz-Komödien auszugleichen verstand, versprach er sich viel von Harlan, dessen *Die goldene Stadt* bei einer Umfrage nach dem Film, den das deutsche Publikum damals am liebsten wiedersehen wollte, häufig genannt worden war. Domnick zahlte dem seit fünf Jahren arbeitslosen Regisseur 5000 DM Vorschuß, von dem sich dieser ein Haus am Starnberger See kaufte. Unter der Adresse ›Starnberg, Hofbuche 4‹ waren er und Kristina Söderbaum in den fünfziger Jahren zu erreichen. Ihren Wohnsitz in Hamburg behielten sie zwar noch bis 1951, doch sie fühlten sich in der Stadt unwohl.

Es stand noch ein zweiter Schwurgerichtsprozeß bevor. Das Verfahren ging in die zweite Instanz, nachdem der Oberste Gerichtshof für die britische Besatzungszone nach Einlegung einer Revision das erste Urteil aufgehoben hatte. Jetzt stand die Person Harlans im Mittelpunkt und nicht der Film *Jud Süß*. Der zweite Prozeß sollte nur einen Monat dauern, und wieder war Oberstaatsanwalt Kramer der Ankläger. Das Interesse der Öffentlichkeit hielt sich diesmal in Grenzen. Erneut sagte der mittlerweile 70jährige Dr. Leopold für Harlan aus, der insgesamt 52 Monate im KZ verbracht hatte. Was er zu sagen hatte, mißfiel den Reportern. Eine aufstrebende junge Journalistin aber sorgte dann doch noch für den schlagzeilen- und verkaufsträchtigen Gesprächsstoff.

Karena Niehoff war zur Entstehungszeit von *Jud Süß* Sekretärin bei der Terra gewesen, enge Mitarbeiterin des Drehbuchautors Ludwig Metzger,

307

Taufpatin seines Kindes und als Halbjüdin unter seiner Protektion, ihm somit zu Dank verpflichtet. Am 14. April 1950 behauptete sie im Zeugenstand, Harlan habe das Drehbuch von Möller und Metzger antisemitisch verschärft. Doch sie verwickelte sich in Widersprüche, sagte aus, Harlans umgearbeitetes Drehbuch nie gelesen zu haben, und auch den Film müsse sie noch einmal sehen, um sich ein Urteil zu erlauben. Mit ihrer übertrieben pointierten Aussage erzeugte sie Gelächter und Unruhe im Saal, und ihr Auftritt wäre auch wieder in Vergessenheit geraten, hätte es nicht eine Auseinandersetzung außerhalb des Gerichtssaales gegeben. Während eines Tumults auf dem Gang hatte man sie nämlich als »Judensau« beschimpft. Schlagzeilen wie »Nazi-Demonstration für Harlan!« waren die Folge.

Der Hamburger Bürgermeister Max Brauer (SPD), den die Nationalsozialisten ins Exil getrieben hatten, erklärte hierzu: »Es handelt sich bei dem ›antisemitischen Skandal im Harlan-Prozeß‹ um den geglücktesten, raffiniertesten Trickfilm, den uns die Kommunisten jemals vorgeführt haben ... Die Vorgänge standen in engstem Zusammenhang mit anderen provozierenden Vorfällen, die von der kommunistischen Partei in Hamburg inszeniert worden sind. Hamburger! Laßt euch nicht von Provokateuren mißbrauchen, denn auch bei den Kundgebungen auf dem Korridor vor dem Schwurgerichtssaal wurde festgestellt, daß die Zeugin Niehoff die Zuhörer mit dem Schimpfwort ›Nazi-Schweine‹ titulierte, bevor dann die ebenso bedauerliche Beschimpfung ›Judensau‹ fiel. Die Frau, die dieses Wort sagte, ist – ich drücke mich sehr vorsichtig aus – in der Umgebung einer östlichen Vertretung zu suchen!« [12]

Ob Brauers politische Einschätzung von Karena Niehoff zutrifft, mag dahingestellt bleiben. Harlan jedenfalls war der letzte, der in dem Moment eine antisemitische Aktion inszeniert hätte, schließlich konnte ihm solch ein Vorfall nur schaden. Trotz der feindseligen Stimmung gegen ihn erfolgte am 29. April 1950 ein Freispruch. Mitte Juli verzichtete die Staatsanwaltschaft auf Revision. Und obwohl er mit Protesten rechnen mußte, unternahm Harlan jetzt Vortragsreisen durch Universitätsstädte, unter anderem Marburg. Dann gönnten er und Kristina Söderbaum sich ihre erste Italienreise seit 1942. Filmpläne wurden durchgesprochen und wieder verworfen, darunter ein Projekt mit Vittorio Gassmann. Aus Eifersucht und aus Angst, nicht mehr gebraucht zu werden, gab Harlan seine Hauptdarstellerin nicht in fremde Hände. Ihm fehlte das Selbstvertrauen, das er noch vor zehn Jahren besessen hatte, und war sich nicht sicher, ob die Zuschauer seinetwegen oder ihretwegen ins Kino gingen.

Im Herbst 1950 wollte Werner Krauss seinen Burgtheater-Erfolg »John Gabriel Borkmann« in Berlin wiederholen und löste damit eine Protestwelle aus. Mit brutalen Schlagstockeinsätzen sorgte die Polizei dafür, daß die Aufführungen stattfinden konnten.

Der Protestant Harlan hatte schon vor Jahren der Kirche den Rücken gekehrt, aber die dem Katholizismus zugewandte Kristina Söderbaum konnte ihn jetzt beeinflussen – nicht nur den Privatmann, sondern auch den Künstler. Sein erster Nachkriegsfilm *Unsterbliche Geliebte*, dessen Dreharbeiten am 20. August 1950 begannen, sind von einer Religiosität geprägt, die seinem bisherigen Werk fehlte. Storms »Aquis submersus«, 1876 erschienen, erzählt eine Liebestragödie aus dem 17. Jahrhundert. Der Maler Johannes wird beauftragt, ein Bild von Katharina zu malen, deren brutaler Bruder, der Junker Wulf, sie mit einem seiner Saufkumpane verheiraten will. Johannes und Katharina verlieben sich ineinander, fliehen und finden vor den Bluthunden des Bruders Zuflucht in einer Kirche. Dort werden sie eingeholt, der Bruder schießt auf Johannes, von dem Katharina bereits ein Kind erwartet, und sie heiratet einen Priester. Jahre später kommt es zu einem Wiedersehen zwischen Johannes und Katharina, deren unbeaufsichtigt spielender Sohn währenddessen ertrinkt. Der Priester wird bei Storm wenig schmeichelhaft beschrieben, was Harlan zu ändern gedachte.

Er stellte seiner Frau Hans Holt und Hermann Schomberg an die Seite. Hinter der Kamera stand diesmal Georg Bruckbauer. Bruno Mondi, von 1937 bis 1944 sein fester Mitarbeiter, produzierte allerdings weiterhin traumhaft schöne Agfacolor-Bilder und erlangte seinen größten Erfolg mit den *Sissi*-Filmen.

In Göttingen gab es keine adäquate Kopieranstalt. Hans Domnick mußte ständig mit den Mustern von *Unsterbliche Geliebte* nach Berlin fahren. Erst sollte der Film in Farbe gedreht werden, doch dann entschied man sich für Schwarzweiß. Das war zuviel für die Nerven von Georg Bruckbauer, der zusammenbrach und durch Werner Krien ersetzt werden mußte. Ansonsten bestand für das Team kein Grund zur Klage. »Die Arbeit war genauestens vorbereitet und verlief, bis auf die üblichen Schwierigkeiten mit dem Wetter, harmonisch und reibungslos«, erinnerte sich Hans Holt. [13]. Der Komponist Wolfgang Zeller arbeitete unter außergewöhnlichem Zeitdruck, denn *Unsterbliche Geliebte* sollte Weihnachten 1950 seine Uraufführung erleben. Aber dazu kam es nicht. Am 20. September 1950 gab der Hamburger Senatsdirektor und Leiter der staatlichen Pressestelle Erich Lüth eine folgenschwere Erklärung ab. In seiner Rede zur Eröffnung der »Woche des deutschen Films«, die er in Vertretung des Hamburger Kultursenators hielt, forderte er die Anwesenden zu einem Boykott des Harlan-Films auf. Die Folge war eine Aufschiebung der Premiere und eine Schadensersatzforderung der Domnick-Filmproduktion gegen Lüth.

Von allen Kontrahenten Harlans war Lüth der hartnäckigste. Hier standen sich aber nicht nur ein prominenter NS-Karrierist und ein unauffälliger Antifaschist gegenüber. Harlan und Lüth verkörperten zwei gegensätzliche Lebensprinzipien: Egoismus gegen Altruismus, Individualismus gegen Kollektivismus. Harlan war in erster Linie an seiner Selbstverwirklichung interessiert, er war laut, eitel und unbeherrscht. Dagegen hat Lüth sein ganzes Leben lang immer nur das Wohl der anderen im Sinn gehabt. Obwohl er sich in seinen Selbstzeugnissen dafür entschuldigt, nicht genügend gegen den NS-Staat unternommen zu haben, war er tatsächlich ein Musterschüler, an dessen Verhalten in den Jahren 1933 bis 1945 sich kaum etwas aussetzen läßt. Auf den ersten Blick ein bescheidener Mann, kommt in seinen Texten wiederholt der Stolz zum Ausdruck, ein guter Deutscher zu sein. Es dürfte nur wenige Lebenserinnerungen geben, in denen so viele jüdische Freunde auftreten. Diese Freunde empfingen ihn, als er nach Israel reiste, »mit großer Herzlichkeit, fast als wäre ich einer von ihnen«. [14] Einer von ihnen zu sein – solche Bedürfnisse kannte der Einzelgänger Harlan nicht.

Harlan etwa hat darauf verzichtet, die Heirat seiner Tochter Susanne mit einem Mann jüdischen Glaubens werbewirksam auszuschlachten, obwohl es gut für sein Image gewesen wäre. (Susanne ist ihrem Mann zuliebe zum jüdischen Glauben übergetreten, beabsichtigte sogar, mit ihm nach Israel auszuwandern. Das Ehepaar zog dann jedoch nach New York.)

Erich Lüth hegte eine Vorliebe für alles Kleine und Leise. Große, starke Persönlichkeiten mochte er weniger. Er äußerte sich abfällig über die »Exzentrik eines selbstverherrlichenden Alfred Kerr«. [15] Natürlich verzichtete er bei Kerr auf das Adjektiv ›jüdisch‹. Lüth hatte sich selbst vor 1933 als Kritiker versucht. Hans Schwab-Felisch bezeichnete ihn sogar – als hätte es nie einen Rudolf Arnheim oder einen Siegfried Kracauer gegeben – als den »Begründer der künstlerischen Filmkritik«. [16] Das bevorstehende Comeback von Harlan nun bot Lüth die Gelegenheit, auch einmal wieder auf das kulturelle Leben Deutschlands Einfluß zu nehmen. Als Senatsdirektor konnte Lüth es sich nicht leisten, höhere Beamte mit brauner Vergangenheit anzuklagen. Ein Künstler wie Harlan dagegen genoß keine staatliche Protektion, der Kampf gegen ihn war risikofrei, und da sich die breite Bevölkerung auch lieber über einen Prominenten aufregte als über anonyme Hintermänner, stand er nicht allein. Bei seinem Kampf gegen den Regisseur scheute er auch vor pathetischen Äußerungen nicht zurück: »Aber durfte ich aufgeben?« fragte er sich, als Freunde ihm rieten, den Kampf gegen Harlan zu beenden. »Das wäre eine große moralische Niederlage gewesen, nach Auschwitz ganz undenkbar!«[17] Ein Kapitel seiner Autobiographie »Viel Steine lagen am Weg« (1966) trug die Überschrift »Mein Kampf gegen Veit Harlan«. (Mein Kampf!)

Das Landgericht Hamburg erließ am 18. November 1950 eine einstweilige Verfügung, mit der Lüth untersagt wurde, seinen Boykott-Aufruf gegen Veit-Harlan-Filme zu wiederholen. Lüth habe gegen Artikel 2 des Grundgesetzes verstoßen, der die freie Entfaltung der Persönlichkeit garantiere: »Die deutsche Rechtsordnung billigt selbst jedem Verbrecher zu, daß er nach

Verbüßung seiner Strafe [...] seinen früheren Beruf wieder aufnimmt«[18], hieß es in der Begründung des Gerichts.

Lüth hatte andere Pläne mit Harlan, wie er in einer Rundfunkrede deutlich machte: »Von ihm erwartete man nichts als – Schweigen. Er hätte nicht unbedingt wieder Regisseur werden müssen, sondern viele Berufe ergreifen können. Er hätte Filmcutter, Requisitenverwalter, Kunsttischler oder Kinopförtner, Türschließer oder ›letzter Mann‹ im Sinne des Jannings-Filmes werden können, wenn er nur die Einsicht gehabt hätte, sich zu bescheiden.«[19]

Veit Harlan als Toiletten-Mann! So drastisch haben nur wenige ihre Rachephantasien geäußert. Lüth geriet sicher auch in Panik wegen der bevorstehenden und heiß erwarteten Weihnachtspremiere von *Unsterbliche Geliebte*. In 50 Städten sollte der Film gleichzeitig gestartet werden, und das Ausland kaufte den Film im voraus. Im Pressebüro der Domnick-Filmproduktion häuften sich Briefe aus der Schweiz, der Türkei, Mexiko, Spanien, Schweden, Italien, Frankreich und Ägypten – von überall meldeten sich Zuschauer, die sich für *Die goldene Stadt*, *Immensee* und *Opfergang* begeistert hatten und von dem Künstlerpaar noch mehr Filme sehen wollten.

Im schwedischen oder italienischen Ausland hätte Harlan ein angenehmeres Leben führen können, und ins Ausland wollten ihn seine Gegner auch vertreiben. Am 11. November 1950 berichtete die ›Frankfurter Allgemeine Zeitung‹, daß der »Nicht-kommunistische Bund der Verfolgten des Naziregimes« Geld für Harlan sammeln wollte – um ihm ein Visum für Südamerika zu finanzieren. »Harlan soll auswandern«, forderte der »Bund«.

Von einer »Volksbewegung« gegen den »Goebbels-Regisseur« wußte am 25. November 1950 das ›Hamburger Echo‹ zu berichten: Karl Meitmann, Mitglied des Deutschen Bundestages, schrieb unter Bezugnahme auf Lüths Eröffnungsansprache bei der ›Woche des deutschen Films‹: »Es kann unter anständigen Deutschen nur eine Meinung geben: Harlans *Jud Süß* war der übelste politische Schandfilm, der je in einem deutschen Atelier gedreht wurde.« Diese militante Ablehnung bekam auch Ferdinand Marian zu spüren. Die ›Tägliche Rundschau‹ etwa forderte ein Verbot sämtlicher Filme mit Ferdinand Marian: »Wir wollen Marian nicht mehr sehen. Aus jedem seiner Filme starrt uns die abgründig verzerrte Fratze seines Jud Süß an. ... Und deshalb soll der, der sich von den Nazis nicht aus den Filmateliers verbannen lassen wollte, heute von der Leinwand unserer Kinos verbannt sein.«[20]

Meitmann forderte einen Kampf »gegen Schädlinge (!) des deutschen Wiederaufbaus«. »Harlan gehört in kein deutsches Atelier mehr, Harlan-Filme gehören in kein deutsches Kino!« Und er gefiel sich sogar in der Opferrolle: »Möge Domnick jetzt die Aufhebung meiner Immunität beantragen und auch mich vor den Kadi zerren.« Ähnliches war von Lüth zu hören: »Ich bin bereit, für meinen Kampf gegen Harlans erneute Tätigkeit als Filmregisseur ins Gefängnis zu gehen.«[21] Dazu kam es nicht.

Die Falken, die sozialistische Jugendbewegung Deutschlands, gaben über den Landesverband Hamburg ein Plakat heraus: »Sechs Millionen gemordet!« – darunter Kleingedrucktes – »Veit Harlan« – wieder Kleingedrucktes – »Verbot«. [22] Im Bundestag wurde ein Antrag auf Verbot des Harlan-Films *Unsterbliche Geliebte* gestellt. Der Vorsitzende der Sozialdemokratischen Partei Kurt Schumacher meinte allerdings, der Antrag würde nicht durchkommen.

Ein wirksames Zeichen gegen die allgemeine Hysterie in der Harlan-Debatte setzte als erster Hans Schwab-Felisch, der für seinen Aufsatz ›Der Fall Harlan‹ in der Zeitschrift ›Der Monat‹ die gegnerischen Parteien persönlich aufsuchte, auch den aus dem Exil zurückgekehrten und jetzt in Hamburg lebenden Hans Rehfisch. Schwab-Fehlisch äußerte sich zu Harlan vergleichsweise sachlich: »Harlan scheint lebhaft, sehr gebildet, von schneller Reaktionsfähigkeit zu sein. Er entwickelt eine scharfe Gegnerschaft gegen die Existentialisten, fällt zutreffende Urteile über neue Filme, führt Klagen über die Richtungslosigkeit der Jugend. ›Sie ist zwar clever und nüchtern, aber sie lebt nicht mehr aus einem Zentrum heraus.‹ Sie habe etwas Greisenhaftes. Kritik sei bei ihr anzutreffen, aber keine Originalität, wenig schöpferische Kraft.« Weiter meinte Schwab-Felisch, es sei »durchaus anzunehmen, daß Harlan in seinem Innern nie Antisemit gewesen ist«. Aber er beanstandete, Harlan sei »blind gegenüber dem doch wahrhaftig naheliegenden Gedanken, daß er es niemals soweit hätte zu treiben brauchen, um überhaupt in eine derartige Zwangslage geraten zu können«. [23]

Wie aber kontrolliert man seinen Erfolg? Hätte Harlan bewußt schlechte oder langweilige Filme drehen sollen? Seine Gegner zumindest wollten sich nicht in einen besessenen Künstler hineinversetzen, auch nicht in einen Künstler, der selbst bei einem ungeliebten Projekt wie *Jud Süß* nichts anderes tun konnte, als sein ›Bestes‹ zu geben. Über Lüth, der im Krieg Soldat gewesen war, schrieb Schwab-Felisch: »Offizier zu werden lehnte er ab. Er hat eine ›saubere Weste‹.« Ironisch ist das trotz der Anführungszeichen sicher nicht gemeint gewesen. In jenen Jahren galt der kleine Mann, der keine höhere Verantwortung tragen mag, als das Ideal des Deutschen. Nicht zufällig erreichte Heinz Rühmann gerade in dieser Zeit den Höhepunkt seiner Karriere.

Unerwartet beteiligte sich Helmut Käutner, mit dem sich Harlan in den ersten Nachkriegsjahren noch gut verstanden hatte, auf einmal an der Kampagne gegen ihn. Im Januar 1951 trat er gemeinsam mit der Schauspielerin Bettina Moissi an Lüth heran und erzählte, wie Harlan sich für das Projekt *Der Kaufmann von Venedig* eingesetzt und was für ein fürchterliches antisemitisches Drehbuch er verfaßt habe. Harlan war vor den Kopf gestoßen. Woher kam diese plötzliche Abneigung gegen ihn? Wenn im Dritten Reich ein Kollege nett zu ihm gewesen war, hatte dies mit der Angst vor Denunziationen zusammenhängen können, dazu aber bestand in der Nachkriegszeit, als die beiden viel miteinander verkehrten, kein Anlaß mehr – am wenigsten für Käutner. Von allen Regisseuren des Dritten Reiches verfügte dieser nach 1945 über die günstigste Ausgangsposition, da er moralisch über jeden Zweifel erhaben war und seine Position mit dem Episodenfilm *In jenen Tagen* (1947) festigen konnte. Und da es seiner Karriere nicht eben förderlich war, in den ersten Nachkriegsjahren mit den Harlans zu verkehren, muß wohl Sympathie im Spiel gewesen sein. Käutner half Harlan sogar bei der Vorbereitung zum Prozeß und bot Kristina Söderbaum Rollen in seinen Produktionen *Film ohne Titel* (1948, von Rudolf Jugert inszeniert) und *Epilog – Das Geheimnis der Orplid* (1950) an, die sie aus Solidarität zu Harlan ablehnte.

Die Freundschaft war beendet, als Käutner Harlan zum Bundesgenossen gegen einen anderen hochangesehenen NS-Regisseur machen wollte und Harlan sich dagegen wehrte. Ausschlaggebend für die Aktion von Käutner und Moissi dürfte ein weiterer Faktor gewesen sein: Käutner hatte nach seinem günstigen Start einige katastrophale Mißerfolge zu verzeichnen. *Der Apfel ist ab* (1948), *Königskinder* (1950) und *Epilog* (1950) waren ambitionierte zeitbezogene Filme, das machte ihr Scheitern um so schmerzvoller. (Die Besetzungsliste von *Epilog* bestand kurioserweise aus wichtigen Weggefährten Harlans: Carl Raddatz, Irene von Meyendorff, Horst Caspar, Fritz Kortner, Hilde Hildebrand und Hans Stiebner, der einst als Koch den *großen König* vergiften wollte und auch jetzt bei Käutner als Koch auftrat.) Die Pechsträhne sollte noch bis 1954 andauern, bis zu dem pazifistischen Meisterwerk *Die letzte Brücke*. Danach entstanden noch so herausragende Filme wie *Ludwig II.* (1955), *Himmel ohne Sterne* (1955) und *Der Rest ist Schweigen* (1959). Bettina Moissi konnte ohnehin nicht auf eine ruhmreiche Vergangenheit wie die von Käutner zurückblicken. [24] Jetzt aber wurden beide mit dem lebhaften Publikumsinteresse an Harlans Comeback konfrontiert. Der ›Bambi‹ für die beliebteste Darstellerin ging zwar 1951 an Maria Schell, aber nach Sonja Ziemann, Marika Rökk und Vera Molnar folgte auf dem fünften Platz auf der Beliebtheitsskala schon Kristina Söderbaum – obwohl von ihr seit sechs Jahren kein Film mehr auf deutschen Leinwänden zu sehen gewesen war. Das Interesse an Kristina Söderbaum stand zugleich für ein lebhaftes Interesse an Veit Harlan.

Harlan, so Käutner und Moissi, habe Shakespeares Drama mit einer Rahmenhandlung versehen: Ein jüdischer Leibarzt verübt ein Attentat auf die Königin Elisabeth. Sie entgeht dem Tod und beauftragt Shakespeare, ein Stück über die jüdische Gefahr zu verfassen. Diese Art von plumper Propaganda verabscheute selbst Goebbels, und Harlan hätte sich, weniger aus moralischen denn aus künstlerischen Gründen, solch eine Rahmenhandlung auch nicht ausgedacht. Bettina Moissi sagte aus, sie habe die Rolle der Jessica spielen müssen und deswegen die furchtbarsten Seelenqualen erlitten. Harlan dagegen erinnerte sich, die junge Nachwuchsschauspielerin sei besorgt gewesen, sie könne die Rolle wegen ihrer Schwangerschaft verlieren. Goebbels hatte sie in einer Probeaufnahme für einen farbigen Karl-May-Film als Indianerin gesehen und daraufhin verfügt, sie solle die Jessica spielen. Während Harlan noch mit der Fertigstellung von *Kolberg* befaßt war, habe Moissi ihn ständig gefragt, wann die Dreharbeiten endlich anfangen würden.

Käutner und Moissi waren von Erich Lüth ›beraten‹ worden. Damit, sowie mit seiner Forderung, Harlan solle nur noch Toiletten putzen, hatte Lüth nach Ansicht seines alten Freundes Olaf Mumm den Bogen überspannt. Mumm, der sich jetzt als Schriftsteller betätigte, war im Krieg Lüths Vorgesetzter gewesen. Als solcher wußte er, daß Lüth es keineswegs abgelehnt hatte, Offizier zu werden, vielmehr sei er zuwenig aufgefallen, um für eine Beförderung in die nähere Auswahl zu kommen. Er schrieb seinem ehemaligen Kameraden am 16. Januar 1951 von Göttingen aus: »Du gefällst Dir in Deiner absurden Michael-Kohlhaas-Rolle und entwickelst diese politische Gschaftlhuberei, um Deinem mir bekannten sehr soliden Geltungstriebe Genüge zu tun – oder [...] und das fände ich menschlich noch trauriger: Du, sagen wir ›verkoppelst‹ Deine Aktion mit geschäftlichen Spekulationen, die Du Veit Harlan, dem Künstler, vorwirfst.« Was Lüth praktiziere, sei »gemeinste Verhöhnung der Toten! ... Auf jeden Fall läßt Deine biedererscheinende, aber giftigseiende Polemik nicht auf das Verantwortungsbewußtsein schließen, das man von Dir erwarten müßte.« Die Nazis hätten Erich Kästner und Frank Thiess toleriert, Lüth aber sei zu solch einer Toleranz nicht bereit – ausgerechnet er, der NS-Leseabende veranstaltet, das Nazi-Blatt ›Der Dreizack‹ redigiert und noch im August 1944 Papier für 5000 Exemplare seiner ›Oasenfahrt‹ erhalten habe. Lüth habe trotz seiner »an und für sich unbestrittenen (aber sehr passiven) Gegenschaft zum Hitlerstaat das Dritte Reich mitunterstützt: Du an Deinem Platz, vom Staat gezwungen, als der unbekannte Erich Lüth! Veit Harlan aber unter dem gleichen Zwang als ein weltbekannter Regisseur!« Harlan habe »das unter Zwang getan, was Regisseure anderer Nationen oft freiwillig ebenso getan haben, angefeuert von der Furie des Krieges. ... Dein Vorgehen aber, ist die Methode des Totalitären, das Du immer zu bekämpfen vorgabst.« Mit seinen offenen Worten riskierte Mumm berufliche Nachteile, da Lüth sich für seine neueste Novelle einzusetzen gedachte und das jetzt wohl kaum noch tun würde. [25]

Zum *Kaufmann von Venedig* hatten sich lange vor Käutner und Moissi der Boxer Max Schmeling (eidesstattliche Erklärung vom 25. Dezember 1947) und der Schriftsteller Dr. h. c. Reisiger (Brief vom 22. März 1949) geäußert. Reisiger hatte gemeinsam mit Harlan das Projekt sabotiert, und Schmeling, der in den letzten Kriegsmonaten mit dem Autor zusammenlebte, konnte dies bestätigen. [26]

Selbst wenn er *Unsterbliche Geliebte* nicht gedreht hätte, wäre Harlan wieder durch die Wiederaufführung seiner alten Filme ins Gespräch gekommen.

Mehrere westdeutsche Verleiher, darunter Schorcht-Gloria und Constantin, haben fast sämtliche alten Harlan-Filme erworben. Sehr bald sollten die Kinos wieder *Opfergang, Die Reise nach Tilsit, Immensee* und *Die goldene Stadt* spielen. Der Regisseur verdiente daran zwar keinen Pfennig, dennoch muß es ihn gefreut haben, daß sein Comeback nicht gegen den Willen des Publikums stattfand. Die Produzenten, die ihm wieder eine Chance gaben, waren keine engen Freunde, sondern Profis, die sein Können achteten und sich volle Kassen von seiner Regiehand versprachen. In Österreich bestanden keine so großen Berührungsängste: John Simon, später einer der angesehensten und meistgefürchteten New Yorker Kritiker, hielt sich im Sommer 1950 in Salzburg auf und konnte dort *Opfergang* sehen. Die Faszination, die Irene von Meyendorff dabei auf ihn ausgeübt hat, hält bis heute an.

Auf seine Vergangenheit kam Harlan weiterhin freiwillig zu sprechen. Im ›Hamburger Abendblatt‹ vom 30. Januar 1951 erschien ein offener Brief von ihm, »Veit Harlan und die Reue« übertitelt, in dem er schrieb: »Ich weiß sehr wohl, daß in meiner Unfähigkeit, mich Goebbels' verbrecherischen Händen zu entwinden, eine Schuld liegt. Ich will diese Schuld selbst nicht verkleinern und habe das auch vor Gericht nicht getan. Sie lastet schwer auf meiner Seele, und ich glaube, daß diese Last die Strafe ist, die der Herrgott für solche Schuld in die Herzen der Menschen senkt. Ich habe von dieser Schuld zu einem Zeitpunkt gesprochen, wo das für mein Urteil noch gefährlich war. Ich habe sie meinen Richtern bekannt – und meinen Verteidigern damit manche schwere Stunde bereitet.«

Kalte Heimat

Unsterbliche Geliebte wurde am 31. Januar 1951 in Herford uraufgeführt. Das starke Publikumsinteresse überraschte niemanden, jedoch enthielten die Kritiken mehr Lob, als zu erwarten war. Der ›Evangelische Filmbeobachter‹ stellte fest, Harlans künstlerische Handschrift sei wieder einmal unverkennbar. »Stil, Anlage und Ausführung sind so typisch Harlan, daß auch die Tatsache, daß sein Name im Vorspann überhaupt nicht erscheint, den Zuschauer keinen Augenblick im Zweifel über den Regisseur dieses Films läßt ... Was er uns vorlegt, ist ein sehr dichtes, geschlossenes Filmwerk, das an manchen Stellen etwas überzogen ist, aber mit Nachdruck von den hohen Idealen der Liebe, der Treue und der Menschlichkeit redet. Es mag Menschen geben, die einem Veit Harlan vor allem die christlichen Töne dieses Filmes übelnehmen, aber wir haben keinen Grund, daß wir nicht an einen Wandel seiner Anschauungen unter den drückenden Erlebnissen der vergangenen Jahren glauben dürften ... Angenehm fällt auf, daß vor allem die Figur des Pfarrers, der bei Storm keine allzu liebenswerten Züge besitzt, im Film zu einer beeindruckenden menschlichen Persönlichkeit gewandelt wurde.«[1]

Für das ›Film-Echo‹ zählte *Unsterbliche Geliebte* zu jenen Werken, »die das Gemüt und das Herz ansprechen«. Es sei »ein Film, durch den die Schwere der norddeutschen Landschaft zieht, ohne ausweglos zu werden. Ein Film, über dem ungeschrieben das Wort aus der biblischen Geschichte steht: ›Wer frei von Sünde ist, der werfe den ersten Stein.‹ Großartige schauspielerische

Hedwig Wangel und Kristina Söderbaum in *Unsterbliche Geliebte*

Hans Holt und Kristina Söderbaum in *Unsterbliche Geliebte*

Leistungen, ausgezeichnete Kameraführung und bis ins Kleinste gestaltende Regie« wurden attestiert. [2]

  Unsterbliche Geliebte ist auch von Hans Hellmut Kirst rezensiert worden,
dessen Aufstieg zum Bestsellerautoren (»08/15«, »Die Nacht der Generale«)
bevorstand. Über Harlans Comeback schrieb er in der Zeitschrift ›Der neue
Film‹: »Diesen schwerblütigen Stoff, aus einer zeitfernen, versunkenen Welt,
hat der Regisseur Veit Harlan in stilistisch außerordentlich geglückte Einzel-
bilder zerlegt. Er erstrebt Schönheit, Atmosphäre und Symbolkraft des
Optischen. Sein Kameramann Werner Krien schafft das auch, er operiert meisterhaft mit flutendem Licht und gedämpften Schatten, seine beispielhaft aus-
geleuchteten Innenaufnahmen haben die Ausdruckskraft alter Bilder, und die
Großaufnahmen wirken eindringlich und suggestiv.« Allerdings, beklagte sich
Kirst, fehle den Einzelaufnahmen »der rhythmische Zusammenklang, jene
fließende, strömende Gewalt der ineinander übergehenden Bildfolgen: das
rein filmische Element. Der Schnitt mutet oft hart an, gelegentlich sogar
gewaltsam und – bei der Zartheit des Stoffes – brutal.« Insgesamt sei dies
jedoch – aufgrund exzellenter Einzelleistungen wie Walter Haags Bauten,
Heinz Martins Tonsteuerung und Wolfgang Zellers Musik – ein Film, der »die
Herzen der nicht kompliziert denkenden Theaterbesucher gefangennehmen
wird«. [3]

Weniger begeistert zeigte sich der ›Katholische Film-Dienst‹: »Daß die *Unsterbliche Geliebte* nicht der große künstlerische Wurf wurde, den die Freunde des politisch umstrittenen Regisseurs erhofften und den seine zahlreichen Gegner befürchteten, ist wohl vor allem der gekünstelten Darstellung der Söderbaum, den Theatereffekten der Regie und Harlans unsicherer Dialogbearbeitung zuzuschreiben.« Immerhin: »In religiös-sittlicher Beziehung hat der Film auch stärkere Seiten. Katharina weiß sich in allem, was sie tut, vor Gott verantwortlich; die klare Ablehnung des ihr zugemuteten Angriffs auf das ungeborene Leben verdient heutzutage doppelte Hervorhebung.«

Beanstandet wurde lediglich, daß der evangelische Pfarrer Katharina freigibt und ihrer Liebe zu Johannes Vorrang einräumt: »So liegt die Gefahr des Films darin, daß er dem immer weiter fortschreitenden Problem der Säkularisierung der Ehe Vorschub leistet.« Der Satz des Pfarrers »Das verurteilt nicht Gott, sondern nur die Menschen« fiel besonders unangenehm auf. Zusammenfassend hob der Rezensent aber nochmals die »in jeder Weise taktvolle Darstellung der Annäherung der Geschlechter« hervor. [4] Einen »erschütternden Mangel an instinktivem Gefühl für die Unantastbarkeit der Ehe« beklagte hingegen Georg Behrens (›Lübeckische Blätter‹): »Der Fall ist deshalb so ernst, weil dieser Film von breitesten Schichten unseres Volkes mit Rührung und Begeisterung aufgenommen worden ist, denn die mehrfach wiederholte Verlängerung der Spielzeit kann unmöglich nur auf Neugier und Sensationslust zurückgeführt werden. Geblendet durch hohe technische und künstlerische Qualitäten des Films haben offenbar die meisten Zuschauer nicht bemerkt, daß in diesem Film die Ehe feierlich außer Kraft gesetzt wird.« [5]

Hermann Schomberg, Darsteller des selbstlosen Pfarrers, entwickelte sich zu Harlans wichtigstem Darsteller in den fünfziger Jahren. »Er war der prädestinierte Nachfolger der Giganten Steinrück, Jannings, George, Krauß und Klöpfer«, erinnerte sich Hans Holt, »und hatte mit seinem Falstaff etliche Jahre später im Burgtheater einen Sensationserfolg. Aber leider war er auch ein Falstaff, was Essen und Trinken anbelangt.« [6]

Zum Jahresende zog die ›Filmwoche‹ Bilanz und veröffentlichte eine Aufstellung der ›Bambi-Sieger‹, der erfolgreichsten Filme des Jahres. Den ersten Platz belegte *Schwarzwaldmädel*, den zweiten *Das doppelte Lottchen* und den dritten *Unsterbliche Geliebte*. Obwohl sich viele Kinobetreiber aus Angst vor eingeworfenen Fensterscheiben dem Druck der Straße beugten und den Film aus ihrem Programm nahmen, konnte die ›Film- und Mode-Revue‹ im August 1952 melden, daß *Unsterbliche Geliebte* von 9 Millionen Zuschauern gesehen worden war. Zum Vergleich: *Schwarzwaldmädel* erreichte 14 Millionen Zuschauer. (Filmhistoriker haben Harlans Nachkriegserfolge beharrlich geleugnet. Auch von Zarah Leander wird kontinuierlich behauptet, niemand sei nach 1945 mehr ihretwegen ins Kino gegangen, dabei ist *Gabriela* der dritterfolgreichste Film des Jahres 1950 gewesen.)

Filmgeschichte sollte *Unsterbliche Geliebte* ausschließlich wegen der Demonstrationen machen. Dabei spielten Inhalt und Ideologie des Werkes keine Rolle. Der Symbolgehalt des Namens Harlan war ausschlaggebend. Und je mehr Zustimmung der Regisseur erfuhr, umso besorgter reagierten seine Feinde. Ständig erschienen neue Erfolgsmeldungen. Josef B. Kügel, ein Kinobetreiber aus Ingolstadt, berichtete: »Der neue Veit Harlan-Film, der seit drei Tagen in meinem Theater ohne den geringsten Störungsversuch läuft, reiht sich würdig an die früheren Meisterwerke dieses begnadeten Regisseurs an. In meiner mehr als 20jährigen Praxis als Theaterbesitzer habe ich ein solch ergriffenes Publikum nur bei wenigen Anlässen erlebt. Der Publikumsandrang ist infolge der vorangegangenen Pressekampagne und der positiven Mundreklame äußerst rege.«[7]

Es fand sogar ein Jahr nach der Uraufführung, im Januar 1952, die erste Versammlung der »Gesellschaft zur Förderung des Films *Unsterbliche Geliebte*« statt. Solch ein Vorgehen mag heute albern erscheinen, aber die noch junge deutsche Demokratie stand auf dem Spiel, sie mußte vor allen möglichen Gegnern geschützt werden, auch vor solchen, die ehrenhafte Motive anzuführen wußten. Zwölf Jahre lang waren unliebsame Filme verboten worden, damit sollte jetzt Schluß sein.

Gegen ein Verbot von *Unsterbliche Geliebte* sprach sich auch Julius Bab aus. Er war der einzige international renommierte Publizist, der sich zum Fall Harlan äußerte. Dadurch, daß er im New Yorker Exil lebte, hatte seine Stimme allerdings nicht dasselbe Gewicht wie die von Erich Lüth. »Ich kenne Veit Harlan«, schrieb er, »und ich kenne seine Schwächen – und auch die anderer Leute. Und ich bin gegen Hexenverbrennung in jeder Gestalt! ... Ich bin durchaus sicher, daß Veit Harlan weder Nazi noch Antisemit gewesen ist, ich glaube auch, daß er sich schließlich in einer Zwangslage befand.« Bab teilte die Ansicht, die Hans Schwab-Felisch im ›Monat‹ über die »Psychologie des Nichtnationalsozialisten« geäußert hatte: daß gerade dieser sich immer öfter als Nazi gebärdet, um dafür zu kompensieren, daß er tief im Herzen keiner ist. Weil der Fall Veit Harlan »der Fall von Hunderttausenden« gewesen ist, konnte Bab »verstehen, daß dieser Veit sich in eine Märtyrer-Stimmung hineingesteigert hat, weil er für etwas büßen sollte, was so viele andere ungestraft begingen. ... Sollen die Gemüter nicht einmal zur Ruhe kommen? Soll man sich darauf versteifen, Recht zu behalten in einem Fall, wo Recht und Unrecht so eng verfilzt sind? Soll man nicht durch diesen mörderischen politischen Lärm endlich wieder die Stimme der Kunst hören?« fragte er.

»Wie wäre es, wenn man abwartete, ob der neue Harlan-Film wirklich gut ist? Ist er schlecht, dann soll man ihn so boykottieren, wie es jeder schlechte Film verdiente – und meinetwegen noch ein bißchen mehr. Aber ist er wirklich gut – dann mögen die Leute, die persönliches Ressentiment nicht überwinden können, immer noch zu Hause bleiben. Aber die anderen mögen sich den Film ansehen – eine wirklich gute künstlerische Arbeit wird dem deutschen Renommee nirgends schaden. Laßt uns nichts beschönigen – aber laßt uns nachgerade rostige Streitäxte begraben.«[8]

Daß Bab sich nicht nur flüchtig mit dem Fall Harlan befaßt, sondern dauerhaft mit dem Sohn seines Freundes Walter Harlan korrespondiert hatte, wußte die Öffentlichkeit nicht, und das wäre Bab auch nicht recht gewesen, der sich gegen eine Vereinnahmung als Alibi-Jude wehrte. Der früheste erhaltene Brief Veit Harlans an Bab datiert vom 23. August 1947. Harlan berichtete über seinen Sohn Thomas, der gerade in Tübingen studierte, und kam dann auf sein eigenes Problem zu sprechen: »Die unglückselige Verstrickung, in der sich diejenigen Deutschen befanden, die durch ihren Beruf direkt unter den Oberbefehl von Goebbels gekommen sind, läßt sich gar nicht so genau beschreiben. Es sucht ja auch jeder nach einer Ausrede. ... Neulich war Lucie Mannheim bei mir. Sie kam aus London und ist mit einem Engländer verheiratet. Ich bin seit ihrem Besuch viel zuversichtlicher, denn sie hatte eine so rührend unbeirrbare Einstellung zu mir – diese ewige Berliner Range, daß es mich nahezu erschüttert hat. Wir sprachen auch von Dir. Meine Frau spielte jetzt die Rosalinde ... Ich habe jetzt weiße Haare und einen weißen Spitzbart und soll meinem Vater ähnlich sehen.«

Bab scheint etwas reserviert geantwortet zu haben, worauf Harlan vorbereitet war. Resigniert schrieb er am 6. Oktober, es werde nur noch mit »abgebrauchten und wirkungslosen Schlagworten« argumentiert, um dann weiter zu versuchen, seine Lage im Dritten Reich zu beschreiben: »Gar nicht die wirklichen Befehle von Goebbels waren das Entscheidende für den Niedergang des Anstands in unseren Filmen und des Edelmuts, sondern seine bloße Existenz war es, die im Entstehungsprozeß eines Drehbuches über uns schwebte. ... Es ist eine Schmach, aber man muß es eingestehen: wir gewöhnten uns an kleine oberflächliche Gesinnungslosigkeiten, um den großen zu entgehen. ... Alles das klingt wie eine Verteidigung und immer wieder verfalle ich in den Fehler, mich verteidigen zu wollen, indem ich etwas erkläre, was unerklärlich ist.« Am 6. Dezember äußerte er sich schon zu seinem ersten Nachkriegs-Filmprojekt. Der Film sollte *Xantippe* heißen und das Leben des Sokrates behandeln. In zeitlosen Kostümen sollten die Personen, unter ihnen Dionysos, durch das zerstörte Hamburg laufen. »[D]urch diese Trümmer geht Sokrates und Phaidon und das geschlagene Griechenvolk und mit der Abendsonne des untergehenden Griechenlands geht Sokrates zu den Müttern.«

Auf eine von Hans J. Rehfisch in New York geleistete Aussage zum Tod Walter Harlans – die New Yorker Staatsanwaltschaft war vom Landgericht Hamburg um Amtshilfe ersucht worden – konnte Harlan gelassen reagieren, wie sein Brief an Bab vom 29. Mai 1948 zeigt. Das Protokoll der Sitzung, in der sein Vater tot zusammengebrochen war, existierte noch und bewies, daß Rehfisch Walter Harlan tatsächlich als Nationalisten und Antisemiten beschimpft hatte. Veit Harlan konnte seinen damaligen Haß auf Rehfisch also plausibel begründen, »und wenn mich danach (es kann noch Monate dauern) der Ekel noch nicht umgebracht hat, dann werde ich ganz vorsichtig meine Schritte in die Welt meiner Arbeit zurücktasten lassen«. Julius Bab hielt charakterlich nicht allzu viel von Hans J. Rehfisch und gab Veit Harlan vollkommen recht, was die Umstände von Walter Harlans Tod betraf, doch in einem anderen Punkt vermochte er nicht zu helfen. Angeblich sollte Bab Veit Harlan vor dessen Interview mit dem ›Völkischen Beobachter‹ ein paar Ratschläge erteilt und gewußt haben, daß der abgedruckte Text mehr oder weniger eine Fälschung war. Veit Harlan bat Julius Bab, sich daran und an das Interview zu erinnern. Bab aber konnte sich nicht erinnern.

Nach einer längeren Pause schrieb Harlan am 21. Februar 1951, er sei »skeptisch geworden, ob ein Jude in Amerika einen normalen [sic] Deutschen, der hier geblieben ist, überhaupt noch verstehen kann«. Er beklagte sich über Hans Schwab-Felischs Aufsatz im ›Monat‹, vor allem über dessen Scheinobjektivität, und verwies auf die ›schmutzige Weste‹ seines Hauptgegners Erich Lüth, der noch 1944 eine NS-Zeitung ins Leben gerufen habe. »Ich weiß – man wird nicht sauberer, weil andere dreckig sind, aber daß dieser Lump im Namen der 6 Millionen Gemordeten sprechen darf, nur um Karriere zu machen, ist einfach widerlich.« Er erregte sich über »Gewissenserpressungen«: »Um politische Geschäfte zu machen [...], müssen die 6 Millionen Toten herhalten.« Auf die Wut folgten wieder Resignation, Hilflosigkeit, Regression: »Ich habe schon zuviel geschrieben. Eigentlich suche ich nur Deine Hand. ... Ich bin auch so unendlich müde, das Unsinnige zu widerlegen ... Sogar das meiste Gute, was sie schreiben, ist falsch. Ich bin so wichtig geworden, wie ich mich nie genommen habe und wie ich es nicht bin. ... Man braucht nur einen Schauprozeß. In diesem Schauprozeß muß die Rolle des Angeklagten mit einem bekannten Namen besetzt sein.«

In einem weiteren Brief, datiert vom 18. Juni 1951, erlaubte sich Veit Harlan eine Taktlosigkeit gegenüber Julius Bab. Er argumentierte, mit seiner Tätigkeit für den Jüdischen Kulturbund habe Bab den Nazis genauso gedient wie er, Harlan, mit seinen Tobis- und Ufa-Filmen. Die reale soziale Ächtung, die die jüdischen Künstler im Alltag zu ertragen hatten, verbietet natürlich eine solche Gleichsetzung.

Durch eine bevorstehende Europareise Babs erhielt seine Freundschaft mit Hilde Körber neuen Auftrieb. Am 12. Mai 1951 informierte sie ihn über Thomas, der in Paris studierte, und Maria, die jetzt Frau Buschoff hieß und für Ende Juli ein Kind erwartete. Hilde Körber selbst war jetzt, wo sie sich nicht mehr um ihre Kinder kümmern mußte, in eine kleine Wohnung in der Rula-er Straße gezogen. Konflikte mit Harlan gab es offenbar noch dreizehn Jah-re nach der Scheidung, denn am 12. Juni schrieb sie verzweifelt an Bab: »Tho-mas will sie sehen!!! Der arme Junge hat es so schwer! Der Vater hat ihn so in die Zange genommen. Doch der Junge ist so gut – es fehlt ihm so sehr ein warmes, männliches, väterliches Herz. Was Veit gegen mich unternimmt, ist untermenschlich und unbegreiflich – er belügt sich selbst in allem. Genug – genug.« Aufgrund ihrer Überlastung als Schauspielerin und Lehrerin war Hil-de Körber nicht in der Lage, nach Paris zu fahren, wo Bab definitiv hinrei-sen wollte, doch sie vermittelte ihrem Sohn ein Treffen. Dieser schrieb am 29. Juni 1951 mit einer für einen 22jährigen merkwürdig ungelenken, kind-lichen Schrift an Bab: »Darf ich Sie bitten die Güte zu haben mir sagen zu wollen, wenn Sie in Paris eingetroffen sind.«

Als Mitglied in der Gesellschaft für christlich-jüdische Verständigung orga-nisierte Hilde Körber Babs Berlin-Aufenthalt im Juni 1951. Die Korrespon-denz ging auch nach seiner Abreise noch weiter, und sie versprach ihm am 14. September des Jahres, ihm die Kritiken zur ›Wilhelm Tell‹-Inszenierung zu schicken, mit der das im Krieg zerbombte Schiller-Theater wiedereröff-net wurde und in der der 84jährige Albert Bassermann sein deutsches Thea-tercomeback gefeiert hatte. Sie schrieb ihm, wie sehr sie unter der räumli-chen Distanz zwischen New York und Berlin litt. Bab zeichnete auf die letzte Seite ihres Briefes ein Herz mit dem Kürzel J.B. darin; mit einem Pfeil ver-band er das Herz – sein Herz – mit dem Gruß ›Ihre Hilde‹. [9] Sein letzter Brief erreichte sie nach seinem Tod im Jahr 1955.

Trotz mehrerer Wiederbegegnungen mit alten Freunden schrieb Bab am 5. Mai 1954 an Ludwig Berger: »Nach Deutschland (wo ich viel ›bequemer‹ leben könnte) will ich nun doch nicht zurück. Zuviel ungehängte Mörder laufen dort herum, und ich möchte nicht in die Lage kommen, unwissent-lich dem Mann die Hand zu schütteln, der etwa die kleinen Kinder meiner Nichte in die Gaskammern gestoßen hat.« [10]

Produzenten und Schauspieler legten nach wie vor Wert darauf, mit Veit Har-lan zu arbeiten. Nicht nur seine alten Weggefährten aus der Zeit vor 1945, sondern auch Vertreter der jüngeren Generation wie der 20jährige Lutz Moik. [11] Der ehemalige Kinderstar und Hauptdarsteller des ersten DEFA-Farbfilms *Das kalte Herz* (1950) hatte während der Dreharbeiten zu Paul Ver-hoevens *Die Schuld des Dr. Homma* (1951) die 13 Jahre ältere Schauspiele-rin Ilse Steppat kennengelernt, die von ihm sehr angetan war und ihm einige Zeit später mitteilte: »Ich mache gerade einen Film mit dem Harlan, den mußt Du kennenlernen.« Moik flog umgehend nach München, wo der Farbfilm *Hanna Amon* vorbereitet wurde. Kristina Söderbaum wunderte sich etwas über seinen Besuch, denn die Rolle von Hanna Amons Bruder Thomas, der

mit seinem Leichtsinn die Familie ins Unglück stürzt, war längst mit Siegfried Breuer Jr. besetzt.

Offenbar hatte sich Moik umsonst auf den Weg gemacht. »Die Rolle ist
wirklich besetzt«, erklärte ihm auch Harlan, »aber ich wollte Sie mal kennenlernen. Die Ilse hat mir so viel von Ihnen erzählt. Und jetzt habe ich mir mal
gedacht, Sie machen eine Szene mit der Kristina. Sie lesen sich die Szene
durch, und dann spielen wir die zusammen.« Es war eine sehr dramatische
Szene, die Moik zu bewältigen hatte. Thomas Amon, von dem der Fortbestand
der Familie abhängt, hat sich in die lasterhafte Vera Colombani (Ilse Steppat) verliebt, die als Herrin auf dem Amon-Hof kaum geeignet ist. In einem
klärenden Gespräch soll ein Ausweg aus der Situation gefunden werden, doch
Vera beleidigt die Familie Amon und bringt Thomas so sehr in Rage, daß er
sie töten will. Lutz Moik spielte mit einer unglaublichen Intensität. »Tut mir
leid«, sagte Harlan anschließend zu seiner Frau, »der ist einfach besser.« Moik
wurde engagiert, und die Herzog-Produktion mußte zwei Darsteller bezahlen, da Siegfried Breuer Jr. schon einen Vertrag unterzeichnet hatte.

Breuer Jr. hatte freundlichere, weichere Züge als Moik, der die Verstört-
heit und den Fanatismus von Horst Buchholz vorwegnahm. Harlans Entscheidung für Moik zeigt, daß ihm kein gemütlicher Heimatfilm vorschwebte.
Geprobt wurde vier Wochen lang in Possenhofen am Starnberger See, in der
Nähe von Harlans Haus. Moik war auf einen längeren Aufenthalt nicht vorbereitet und wollte nachhause fliegen, um seine Sachen zu holen, aber Harlan entgegnete ihm: »Zahnbürsten gibt es auch hier.« Wenn geprobt wurde,
durfte Moik nicht einmal in die Kantine gehen, um sich eine Limonade zu
holen. »Er hatte irrsinnige Angst«, erinnert sich der Schauspieler, »daß man
ihn verläßt. Er wollte immer Leute um sich haben. Seine Leute.« Die Fähigkeit, seine Mitmenschen zu fesseln, war jetzt für Harlan überlebenswichtig.

Von August bis November 1951 wurde *Hanna Amon* gedreht, Harlans erster
Farbfilm nach 1945. Der Kameramann Werner Krien mochte ihn nicht, ver-
ärgerte ihn mit Sticheleien und hielt den Betrieb auf. »Wir hatten Schwierigkeiten mit dem Filmmaterial«, erinnert sich Moik, »das kam manchmal verdorben zurück.« Szenen mußten neu gedreht werden, möglicherweise war
Sabotage im Spiel. Um die Herstellungskosten nicht noch mehr in die Höhe
zu treiben, wurde Krien durch Georg Bruckbauer ersetzt. Die Stimmung war
ansonsten gut. Harlan führte seine Darsteller intensiv, aber nicht mit dem
brutalen Fanatismus, der ihm so oft nachgesagt wird. Brutal war Harlan nur
manchmal zu seiner Tochter Susanne. Nur mit ihr zusammen haben die anderen Darsteller ihn laut erlebt.

Um spontane Einfälle war er nicht verlegen, auch wenn sie den Drehplan
durcheinanderbrachten. Er engagierte eine uralte Frau, die er in einer Gaststätte entdeckt hatte, ein richtiges »Kräuterweibchen« (Moik). Ihr verrunzel-
tes Gesicht kam Harlans Vorliebe für ungewöhnliche Gesichter entgegen;

man erinnere sich nur an die Besatzung der ›Nürnberg‹ in *Das unsterbliche Herz*. »Ich habe die gestern getroffen«, erklärte er sich gegenüber dem Team, »ich find' die gut. Die muß ja nischt machen, die sitzt da einfach. ›Gell, Muttchen‹, sagte er zu der Frau, ›dann schlägste 'n Kreuz, und dann, wenn die Kamera weg ist, dann kannste wieder die Augen zumachen‹.«

Das Drehbuch von Richard Billinger enthielt inzestuöse Elemente, die abgemildert und auf Anspielungen reduziert werden mußten. Willi Forst hatte gerade einen ungeheuerlichen Skandal mit dem Film *Die Sünderin* verursacht, in dessen Mittelpunkt eine selbstbewußte, intelligente und begehrenswerte Prostituierte stand, und die wütende Reaktion der katholischen Kirche übte eine verheerende Wirkung auf das künstlerische Niveau des westdeutschen Nachkriegsfilms aus. Irritiert und gelähmt, belastet durch eine erdrückende Atmosphäre, die ähnlich im Hollywood der McCarthy-Ära existierte, wagten sich die Drehbuchautoren nicht an ernsthafte (und das heißt immer auch: erwachsene, kontroverse) Themen heran. Harlan sah sich mit zwei Gegnern konfrontiert. Den einen gefiel es nicht, daß er überhaupt filmte, und den anderen mißfiel die Art, was er filmte.

Erich Lüths Widerspruch gegen die einstweilige Verfügung des Gerichts, im Januar eingereicht, wurde am 22. November 1951 abgelehnt. Er reagierte mit einer Beschwerde beim Bundesverfassungsgericht, wieder von Krawallen begleitet. Doch als sich einen Monat später bei der Uraufführung von *Hanna Amon*, zu Weihnachten im Stuttgarter ›Universum‹, die Darsteller dem Publikum zeigten, wurden auch Rufe nach dem Regisseur laut, der angesichts dieser Ermutigung auf die Bühne trat und seinen Applaus persönlich entgegennahm. In den kommenden Monaten zog *Hanna Amon* 5 Millionen Zuschauer an und war somit trotz der Boykottaktionen ein überwältigender Erfolg, wenngleich er nicht zu den drei ›Bambi-Siegern‹ des Jahres gehörte: die hießen *Grün ist die Heide, Die Försterchristl* und *Sie tanzte nur einen Sommer*. (*Sie tanzte nur einen Sommer*, der schwedische Liebesfilm, der Ulla Jacobsson und Folke Sundquist in aufsehenerregenden Nacktszenen präsentierte, entwickelte sich in der DDR zum größten Erfolg des Jahres. Dort bestand wenig Interesse an sozialistischen Produktionen: ein Jahr zuvor waren die Spitzenreiter Marika Rökks Comeback *Das Kind der Donau* und der antibritische NS-Propagandafilm *Titanic*.)

Als Anfang 1952 die ›Bambis‹ für die beliebtesten Filmschauspieler verliehen wurden, belegte Maria Schell erneut den ersten Platz (5014 Stimmen), diesmal jedoch gleich gefolgt von Kristina Söderbaum mit 4611 Stimmen. Die weiteren Plätze belegten Johanna Matz, Sonja Ziemann, Inge Egger, Marika Rökk, Liselotte Pulver, Hildegard Knef, Cornell Borchers, Vera Molnar, Hilde Krahl und Zarah Leander. Der ›Bambi‹ für den künstlerisch wertvollsten Film ging übrigens an Peter Lorres Triebdrama *Der Verlorene*. Das muß erwähnt werden, da sich das Gerücht hält, die Deutschen hätten ihn wegen seiner antifaschistischen Botschaft abgelehnt. Tatsächlich ist der Film eher schwerfällig und fatalistisch, doch Anerkennung gab es trotzdem.

Über *Hanna Amon* war im ›Film-Echo‹ zu lesen: »Der Stoff trägt stark opernhafte Züge ... Durch Einbau von Chören und symbolischen Erscheinungen wird eine Dichte im Regieablauf erreicht, die auf das Publikum nicht ohne Wirkung bleiben kann.«[12] Und ›Die Filmwoche‹ stellte fest: »Die weit ausladende Inszenierung bestätigt erneut die ungebrochene Vitalität und das Eigene des Könners Harlan. Alle filmischen Mittel zur Verdichtung der Charakteristik und Spannung sind von ihm in solch barocker Fülle aufgeboten worden, daß die außerdem eingeblendeten Bildassoziationen aus der Allegorie und Mythologie die handfeste Wirklichkeit der Handlung fast zu überwuchern drohen.«[13]

Dagegen blieb der ›Katholische Film-Dienst‹ unbeeindruckt: »Aus dieser rührenden Story wurde ein farbiger Film nach bekannter Harlan-Manier. Bauernethos, Pflichttreue, Familiensinn, Kinderliebe, Dirndlherzigkeit und Religiosität appellieren schwermütig mit heidnisch-christlicher Symbolik in Bild und Musik ans ›deutsche Gemüt‹. Auch die sentimentalen Sterbeszenen – diesmal gleich zwei – fehlen ebensowenig wie das feierliche Harlan-Schlußbild einer Blume in Großaufnahme.«[14] Weder die lobenden noch die tadelnden Kritiken ließen erahnen, was für ein unbequemer Film *Hanna Amon* damals gewesen ist.

Kristina Söderbaum als Häftling
Hanna Amon

Hanna Amon kann als Heimatfilm definiert werden, wenn man davon ausgeht, daß ein Heimatfilm wie ein Western durch seinen Schauplatz bestimmt wird. Ein Western, ob brutal, romantisch oder komisch, ist ein Western, weil er unter Farmern oder Cowboys spielt. Ein Heimatfilm ist ein Heimatfilm, weil er im Gebirge, auf einer Alm, auf dem Land spielt, weil seine Protagonisten in der Landwirtschaft tätig sind und die Großstädter als Fremdlinge erscheinen. Aber mit seiner zerstörerischen Leidenschaft

Kristina Söderbaum mit Heiligenschein in
Hanna Amon

hebt sich *Hanna Amon* von traditionellen Heimatfilmen ab. *Schwarzwald-mädel* (1950), *Grün ist die Heide* (1951), *Der Förster vom Silberwald* (1954) und *Die Fischerin vom Bodensee* (1956) muteten dem Publikum keine ernst-haften Konflikte zu, ihre Bilder waren einfach nur bunt. Das Publikum stell-te nicht mehr die hohen Ansprüche an eine ausgefeilte Farbdramaturgie, die die Agfacolor-Produktionen des Dritten Reiches geprägt hatte.

Künstlerisch ambitionierte Heimatfilme, die visuell oder in der Personen-zeichnung gegen etablierte Regeln verstießen, blieben Ausnahmeerscheinun-gen. Zu diesen rühmlichen Ausnahmen gehören Hans H. Königs *Rosen blü-hen auf dem Heidegrab* (1952), der in einer düsteren Moorlandschaft spielt und neben einigen harlanesken Handlungselementen auch noch Hermann Schomberg, Hilde Körber, Albert Florath und Hedwig Wangel in der Beset-zungsliste aufweist, sowie Anton Kutters *Wetterleuchten am Dachstein / Die Herrin vom Salzerhof* (1953). Hier schuf Gisela Fackeldey eine der faszinie-rendsten Frauenfiguren des deutschen Nachkriegskinos, eine reife, mächti-ge Frau mit Appetit auf jüngere Männer; leidenschaftlich, hemmungslos, lebendiger als all die braven Mädels, die die katholische Kirche als Norm for-derte.

Harlan ging mit seiner sexuell unersättlichen ›femme fatale‹ Vera Colom-bani, die Unheil in einem kleinen Bergdorf verbreitet, noch weiter. Anders als Gisela Fackeldey mit ihren Zwischentönen mußte Ilse Steppat als Dra-chen auftreten, als Schlange, die in Gestalt einer Frau das Paradies von Brüderlein und Schwesterlein zerstört. Wenn Aels Unruhe in die Welt von *Opfergang* gebracht hat, dann wütet Vera Colombani in *Hanna Amon* wie ein Orkan. Sie ist die heikelste Figur in Harlans Werk und selbst für seine Ver-hältnisse eine unrealistische Gestalt – die Wiedergeburt der Schlange. Diese Frau unterscheidet sich von der Figur des Joseph Süß Oppenheimer nur dar-in, daß sie keine Jüdin ist. Harlans Talent fürs Denunziatorische jedoch wur-de nirgends so ausgeprägt vorgeführt wie hier. Daß Ilse Steppat die Rolle mit Elan verkörpert, mit Freude am Spiel, irritiert zusätzlich. Wieviel Parodie war beabsichtigt? Was will uns Harlan mit der Präsentation von Vera Colombani sagen? Zwei Deutungen sind möglich.

Wer in Harlan nur den Unverbesserlichen sieht, der wird folgendes ver-muten: Sein Versuch, sich den DEFA-Film *Ehe im Schatten* anzusehen, hatte drei Jahre zuvor zu einem Skandal geführt. Das Publikum empfand es als Zumutung, sich zusammen mit dem Regisseur von *Jud Süß* einen Film anzu-sehen, dessen Protagonist gemeinsam mit seiner jüdischen Frau in den Tod geht. Es fällt schwer, an einen Zufall zu glauben, da ausgerechnet Ilse Step-pat, die in Maetzigs Film die jüdische Frau gespielt hat, bei Harlan in einer Schurkenrolle auftritt. In *Hanna Amon* wird undifferenziert gehetzt und zur Tötung einer Person aufgerufen. Der Film beginnt mit Hanna Amons Entlas-sung aus dem Gefängnis. Ihre gestreifte Anstaltskleidung zeugt ebenso von

Harlans Selbstmitleid – auf seine Frau pro-
jiziert – wie der Heiligenschein um Hannas
Kopf, den eine Requisite im Hintergrund erzeugt. Hanna hat, wie sich später erst heraus-
stellen wird, Vera Colombani erschossen, und
der ganze Film läuft auf eine Rechtfertigung
dieser Tat hinaus.

Auf Vera Colombani gibt es Anspielungen,
noch ehe sie auftritt. Nachdem Hanna einen
befreundeten Arzt (Hermann Schomberg) mit
›Zentaur‹ begrüßt hat, protestiert dessen Mutter
(Elise Aulinger): »Ein Zentaur ist ein Tier-
mensch, halb Tier, halb Mensch. So was hab ich
nicht zur Welt gebracht.«[15] So etwas scheint
es aber in der Welt von *Hanna Amon* zu geben,
es wird erst noch auftreten. Das nächste Signal:
Hanna und ihr geliebter Bruder Thomas beobachten die Zugvögel. Hans-Otto Borgmanns
›Zugvögel-Thema‹ braust auf – und bricht ebenso abrupt ab wie ein Schnitt auf eine furchterregende schwarze Katze erfolgt. Der Arzt verteidigt das Tier zwar, so wie er alle Tiere verteidigt:
»Die alten Ägypter stellten sich das Göttliche
eben nicht in einem Menschen vor, sondern im
Schakal, im Falken, im Affen, in der Katze. Im
Tier ist das Göttliche, das Geheimnis.« Aber
Vera Colombani hat nichts Göttliches an sich.
In maskuliner Kleidung sitzt sie bei ihrem
ersten Auftritt hoch zu Roß und verstößt einen
jüngeren Liebhaber (Ferdinand Anton), den sie
mit der Reitpeitsche bedroht. Später bringt dieser sich um.

Bei einem Pferderennen hebt sie sich deutlich vom übrigen Publikum ab, mit ihrem
merkwürdigen Raubvogel-Kostüm, das nur

Ilse Steppat in *Hanna Amon*

das Gesicht freiläßt. Durchs Fernglas erspäht sie ihr nächstes Opfer, Thomas,
der ihre Gespanne führt. »Die Spinne spannt ihr Netz«, kommentiert Hanna
die Situation für all jene Zuschauer, die trotz Veras gierig hervorgeschobe-
nem Unterkiefer und ihrem Fingerschnippen noch nicht begriffen haben, was
hier vorgeht. Vera ist nur böse. Sie ist kein Mensch – sie ist das Unheil. Ilse
Steppat sind keine Differenzierungen erlaubt. Selbst als James Bonds Gegen-
spielerin in ihrem berühmtesten Film, *Im Geheimdienst seiner Majestät*

Ilse Steppat in *Hanna Amon*

(1969), durfte sie für einen Moment menschlichere Seiten zeigen.

Als Vera Colombani wird sie die »Hure von Babylon« genannt, und ihr Alter sei schwer zu schätzen (»Die sie lieben, halten sie für dreißig ... Dann halte ich sie für sechzig«). Ein »Teufelsweib« nennen sie zwei Landarbeiterinnen. Die Mutter des verstoßenen Liebhabers (Hedwig Wangel) klagt, ihr Sohn sei durch sie »verdorben, verhext ist er, verloren. Diese Rothaarige ... so eine hätte man früher verbrannt.« Hier wird zum ersten Mal Veras physische Vernichtung als Lösung des Problems vorgeschlagen.

Nur ein halbes Jahr lang lebt Vera in dem Dorf, »solange die Sonne scheint. Beim ersten kalten Lüftchen schwirrt sie ab gen Süden.« Kein Heimatgefühl hält sie: egoistisch und ungebunden, geht sie immer dorthin, wo es gerade am schönsten ist. (»Weh dem, der keine Heimat hat«, sagt Hanna.) Daß die Bewohner sie nicht mit Steinen aus dem Dorf jagen, hat einen guten Grund: Vera ist reich, sie hat auch die Kirchenglocke gestiftet. (»Der Teufel läutet die Glocken«, lautet ein Kommentar. In *Hanna Amon* wird viel kommentiert.) Das ist eine deutliche Parallele zu Jud Süß; schon der hatte sich die Sympathien der anständigen, naiven Bürger erkauft. Wie Jud Süß hat auch Vera Colombani eine ganze Dorfgemeinde dank ihrer finanziellen Überlegenheit in der Hand. Ihr Lieblingstier ist ein Uhu. »Fremde hackt er. Mir frißt er aus der Hand.« Was er frißt, will Thomas wissen. »Rohes Fleisch, ist doch ein Raubtier.« Wie Jud Süß, nach dessen Weggang der Vater Sturm erst einmal das Zimmer auslüftet, verursacht Vera körperlichen Ekel. Mehrmals berührt sie Hanna Amon, legt ihr die Hand auf die Schulter, Hanna geht dann schnell auf Distanz.

Wer in Harlan allerdings nicht nur den Unverbesserlichen sieht, kann die Figur auch anders deuten. Vera ist selbst ein Opfer, eine hilflose Marionette des Schicksals. Sie hat die Fäden nicht in der Hand, ihre Handlungen sind vorbestimmt. Sie sieht sich selbst als die Schlange im Paradies, und zu ihrem Flirt mit Thomas gehört, daß sie ihm Trauben über das Gesicht hält, die für ihn noch zu hoch hängen. Harlan steigerte sich mit seinen Filmen immer mehr in einen Glauben an das Schicksal. Madlyn und Jud Süß handelten noch bewußt, nicht Vera. »Die Spinne spannt ihr Netz«, sagt Hanna, aber Spinnen können nicht anders, sie müssen so leben. Vera leidet darunter, daß sie zerstören muß.

Sie leidet auch unter der Provinzialität der Dorfbewohner, wie später der kultivierte Antiquitätenhändler Boris Winkler unter der gutbürgerlichen Welt der Teichmanns. Hier stoßen zwei Welten aufeinander. »Raus aus diesem Saunest!« flucht sie dann auch, als es sie wieder einmal gen Süden treibt.

Vera ist überzeugt davon, daß ihr die Dorfbewohner jederzeit die Hand lecken würden, wenn sie es will. Einmal tanzt sie mit dem Bürgermeister (Hans Hermann Schaufuss), der einen Kopf kleiner ist als sie und dem sie dann anschließend die Wange tätschelt. Das Angebot, Thomas zu heiraten und Herrin auf dem Amon-Hof zu werden, empfindet sie als Beleidigung: das sei ein »Kuhstall«, mit seinen »Betten, in die seit 300 Jahren die Amons geworfen werden«, sie sei »lieber eine Hure als eine Amon«. Vera ist auch ein Damenopfer (wie Annchen in *Jugend*, Madeleine in *Verwehte Spuren*). »Du Tier, du«, meint Thomas einmal zu ihr, worauf sie erwidert: »Das Tier hat dich erst zum Menschen gemacht.« Thomas muß dieser Frau begegnen, um zum Mann zu werden. Am Ende ist er ein Mann geworden, und Vera kann nun sterben.

Als einziger Mensch in diesem Film ist Vera am Steuer eines Wagens zu sehen; Hanna fährt mit dem Fahrrad oder mit der Kutsche. Der silber glänzende Wagen wäre selbst in einer Großstadt ein Fremdkörper, und daß Harlan die Hupen in Großaufnahme zeigt und Borgmann für Vera ein musikalisches Motiv komponiert hat, das an das Madlyn-Thema aus *Die Reise nach Tilsit* erinnert und mehr nach einem Warnsignal klingt als nach einer Melodie – all das verdeutlicht die Außenseiterfunktion dieser Frau. Sie existiert nur als Eindringling. Ihr Schloß ragt aus der Landschaft heraus wie das

Tobsuchtsanfall: Ilse Steppat in *Hanna Amon*

von Graf Dracula. In ihren weiten Kostümen aus hartem Stoff, dazu noch mit ihrem Kurzhaarschnitt, ist sie von undefinierbarer Geschlechtszugehörigkeit; wiederholt lacht sie mit befremdlich tiefer Stimme.

Tobsuchtsanfall: Ilse Steppat und Lutz Moik in *Hanna Amon*

Für einen kurzen Moment nimmt Harlan das Doppelgängerinnen-Motiv aus *Die Reise nach Tilsit* und *Opfergang* wieder auf. Nachdem Vera ihr Pferd erschossen hat (»Wir verlieren kein Rennen«) und vor dem Stall Hanna gegenübersteht, sind beide Frauen in Weiß gekleidet. (Tatsächlich trägt Hanna nur einen weißen Schal über ihrer bunten Tracht und Vera ein silbernes Kleid, aber Ausleuchtung und Wahl des Bildausschnitts lassen beide weißgekleidet erscheinen.) Es entsteht der Eindruck von zwei verfeindeten Königinnen.

Hanna Amon greift das Thema der *goldenen Stadt* auf, nur daß hier anstelle von Anna Thomas der bäuerlichen Enge entfliehen will. Vor allem aber kann *Hanna Amon* als düstere Version von *Opfergang* gesehen werden. Wie Octavia ist Hanna die uneigennützige, opferbereite Frau, die keine eigenen Wünsche kennt. Wie Albrecht ist Thomas der leichtsinnige junge Mann, den das Fremde reizt. Beiden, Albrecht und Thomas, wird ein Globus geschenkt – die ganze Welt. Und wie Aels ist Vera ein Zugvogel, den es nirgendwo lange hält. Beide sind in die Gefahr verliebt und tragen androgyne Züge. Aels hat ihren Hund erschossen, Vera tötet ihr Pferd. Vera ist die böse Zwillingsschwester von Aels, ihre ungebundene Lebensweise wird denunziert. Man vergleiche nur Matthias' Besuch bei Aels mit Hannas fast identisch inszeniertem Besuch bei Vera. In *Opfergang* stehen sich mit Matthias und Aels zwei moralisch gleichwertige Parteien gegenüber, dagegen wagt sich Hanna, als sie Vera besucht, in die Höhle der Löwin. Aels' furchterregende Doggen sind hier nicht mehr nötig, Vera ist allein schon gefährlich genug.

Überraschende Zwischentöne gibt es bei der Präsentation von Hanna. Wenn sie sich wäscht, wird die Nacktheit ihrer Arme durch den Seifenschaum auf ihrer Haut betont, außerdem lassen Make-up und Frisur sie merkwürdig verrucht erscheinen. (Hinzu kommt, daß Söderbaums Gesicht deutlich an Ausdruckskraft gewonnen hat.) Im Hinblick auf die inzestuösen Motive fällt auf, daß Hanna Thomas nicht als ihren Bruder zu sehr liebt, sondern als ihren Sohn. Doch ihre mütterlichen Gefühle werden als schwesterliche mißverstanden und in den Schmutz gezogen. In dem – neben der geforderten Hexenverbrennung – heikelsten Moment des Films bezeichnet Vera die Liebe Hannas zu Thomas als »widerlich, unrein, schändlich, verbrecherisch ... Blutschande!«

Die Reinhaltung des Blutes ist von Bedeutung. Mit einer Blutspende hat Hanna einmal das Leben von Thomas gerettet; mit Veras Blut droht den Amons das Aussterben. Es wird nicht offen gesagt, aber eine Ehe zwischen Vera und Thomas würde keinen Nachwuchs hervorbringen. Thomas hat generell einen merkwürdigen Geschmack bei Frauen, er ignoriert die kesse, frische Rosl (Harlans Tochter Susanne) und heiratet die strenge, ernste Lioba (Brigitte Schubert), der er in dem gesamten Film keinen einzigen liebevollen Blick gönnt. Bezeichnenderweise kann sich Lutz Moik an seine Partnerin nicht mehr erinnern. Doch Thomas' Verhältnis zu seinen vier Frauen ist, auch wenn es beim Zuschauer Kopfschütteln verursacht, psychologisch glaubwürdig. Die blonde, deutlich feminine Rosl erinnert ihn zu sehr an Hanna, die er liebt und von der er doch loskommen möchte, loskommen muß, um erwachsen zu werden. Er will nicht von einer emotionalen Falle in die nächste tappen. Er will weg von der Mutter, weg von mütterlichen Frauen. So unterschiedlich Vera und Lioba sein mögen, sie sind anders als Hanna, nur darauf kommt es Thomas an. Die eine verkörpert die Hure, die andere den Kameraden – alles ist Thomas recht, solange es keine ›Mutter‹ ist, mit der er sich einläßt.

Ilse Steppat in *Hanna Amon*

Die Zugvögel übernehmen eine gliedernde Funktion und sind von Borgmann mit einem eigenen Thema versehen worden. Das unbeschwerte Glück von Hanna und Thomas wird durch die erste Zugvogel-Sequenz beendet,

Ilse Steppat in *Hanna Amon*

danach tritt Vera auf. Nach dem Vorwurf der Blutschande stürzt Hanna vom Fahrrad, und Harlan zeigt die Zugvögel, deren Anblick diesmal durch schnelle Schnitte Verstörung erzeugt, während Borgmanns Zugvogel-Thema in atonaler Verfremdung erklingt. Der nächste Einschnitt erfolgt vor Thomas' Rückkehr; er war mit Vera in Monte Carlo, hat sie als erster ins Gesicht geschlagen und wurde damit zum Mann. Nach der Rückblende, in der die Ereignisse bis zur Tötung Veras erzählt werden, begegnet Hanna kurz ihrem Bruder wieder, dabei sehen wir ein letztes Mal die Zugvögel, und Hanna geht in den Tod. Nicht ins Wasser oder ins Moor, sondern in den Schnee.

Als Thomas nach einem Wutanfall von Vera sagt: »Ich liebe Sie«, da legt Harlan über sein Gesicht lodernde Flammen. Wie die Kamera in die Höhe geht, als Thomas mit Vera tanzt, diese schwindelerregende Bewegung gab es bereits in *Maria, die Magd*, *Die goldene Stadt* und *Immensee*. Radikal, mehr in der Konzeption als in der Ausführung, ist auch eine Traumszene, in der Hanna sich in die Göttin Isis verwandelt und der Zuschauer sich plötzlich auf einer Barke wiederfindet. Noch ein Motiv aus *Opfergang* ist die aufschreckende Wirkung der Farbe Rot. Die schwarze Katze, die das Unheil (Vera) ankündigt, wird von dem kleinen Caspar Harlan gehalten, der einen roten Pullover trägt. Rot und Schwarz füllen das Bild, Leidenschaft und Tod suggerierend. Wenn Thomas als gereifter Mann auf seinen Hof zurückkehrt, trägt er einen flotten weiß-rot gestreiften Schal.

Skulpturen, Gemälde und Zeichnungen dominieren den Film; sie haben bei Harlan schon immer eine wichtige Rolle gespielt. Das Drehbuch der *Pompadour* etwa ging nicht auf eine literarischen Vorlage, sondern auf ein Gemälde zurück. Bilder von verstorbenen Ehefrauen oder Müttern ermahnen in *Der Herrscher* und *Ich werde dich auf Händen tragen* die Überlebenden; Konrad drückt in *Das unsterbliche Herz* seine Liebe zu Ev nicht mit Worten, sondern mit einer Skulptur aus; weitere Beispiele für Harlans Einsatz von bildender Kunst sind die Stuckdecke in *Jud Süß*, Gemälde von Königen in *Der große König* und *Kolberg*, das Trivialgemälde von Octavia in *Opfergang*; Erich, der Elisabeth zeichnet, in *Immensee*, das Bilderbuch in *Die goldene Stadt*, Magdalenas Aktfoto in *Liebe kann wie Gift sein*, Klaus' abstrakte Gemälde in *Anders als du und ich*, und ein Gemälde ist der Auslöser der Rückblende in *Unsterbliche Geliebte*.

Die goldene Stadt

Immensee

Hanna Amon

Die Gefangene des Maharadscha

In *Hanna Amon* stellt Harlan einen Rekord auf, zu Recht wird in der Stabliste der Maler Alexander Indarak erwähnt. Wenn Hanna ihre Schulkinder unterrichtet, ist jeder erdenkliche Vogel als Gemälde präsent. Die Zeichnung eines Jungen löst eine (völlig überflüssige) Rückblende aus. Die Schlange im Paradies wurde an das Haus der Amons gemalt. Wird die verstorbene Mutter von Hanna und Thomas erwähnt, schneidet Harlan schnell auf ein Gemälde, das Frau Amon zeigt. Im Haus des ›Zentaur‹ stehen Tiere aus Holz und aus Stein herum, Zeichen von Harlans Liebe zur Bildhauerei, seiner bevorzugten Freizeitbeschäftigung.

In zweifacher Hinsicht setzte Harlan mit *Hanna Amon* einen Schlußstrich. Kristina Söderbaum starb hier ihren letzten Filmtod. Und Hans-Otto Borgmann schrieb seine letzte Musik für Harlan. Die beiden sind nie besonders eng befreundet gewesen, trotz ihrer musikalischen Seelenverwandtschaft, und aufgrund seiner Hinwendung zur atonalen Musik waren Harlans Filme für Borgmann nicht mehr so ergiebig wie früher. Dennoch gab er sein Bestes und kümmerte sich schon während der Dreharbeiten um das Projekt.

Am Ende des Jahres konnte Harlan ein positives Resümée ziehen. Seine ersten zwei Nachkriegsfilme waren fertiggestellt, uraufgeführt und von mehreren Millionen Zuschauern gesehen worden. Außerdem hatte seine Tochter Maria ihn zum Großvater gemacht: in der Nacht zum 1. August 1951 kam ihr erster Sohn Sebastian zur Welt. Zwei weitere Enkel – einen von Maria und einen von Susan-

Opfergang

Ich werde dich auf Händen tragen

Der große König

ne – sollte Harlan noch kennenlernen; Thomas wurde erst lange nach dem Tod des Vaters Vater.

Die Bereitschaft, sich potentiellen Gegnern zu stellen, hatte Harlan nicht verloren. Im Januar 1952 führte er ein Gespräch mit Erlanger Studenten, die sich ihm nach anfänglicher Skepsis nicht verschlossen. Daher scheiterte auch der Versuch, eine Anti-Harlan-Erklärung der gesamten Erlanger Professorenschaft zu bewirken. Ende Februar 1952 sollte Harlan noch einen Vortrag im Franz-Althoff-Bau in Stuttgart halten, aber aus Angst vor gewalttätigen Protesten wurde die Veranstaltung abgesagt. Ein durch den Oberbürgermeister der Stadt Frankfurt verhängtes Aufführungsverbot gegen *Unsterbliche Geliebte* führte zu einer Außerordentlichen Bezirksversammlung der Frankfurter Filmtheaterbesitzer am 18. April 1952.

Unterstützung erhielt Harlan vom Senator und DP-Bundestagsabgeordneten Hans Ewers-Lübeck: »Die Unduldsamkeit künstlerischer Leistungen gegenüber, wenn der Autor solcher Leistungen politisch mißliebig erscheint, ist ein Kennzeichen totalitärer, diktatorisch regierter Staaten ... In einem angeblich freien demokratischen Staatswesen ist die Untergrabung einer rein künstlerischen Tätigkeit wegen politischer Mißliebigkeit eines Autors nur als Rückfall in faschistisch-bolschewistische Methoden verständlich ... Ihre neuen Filme haben mit Politik und Tagespropaganda nichts zu tun. ... In meiner Heimatstadt Lübeck ist Ihr erster Film viele Wochen lang in stets ausverkauften Häusern gelaufen, obwohl weder in den Zeitungen noch in sonstiger Weise darauf irgendwelche Hinweise erfolgten.«[16] Ein Emigrant schrieb von den USA aus einen Leserbrief: »Ich bin schon seit zwölf Jahren aus Deutschland fort und bin heute 23 Jahre alt. Ich habe schon viele Veit-Harlan-Filme hier in Amerika gesehen ... Ich kann nur sagen, daß er einer der besten Regisseure ist, den Deutschland hat. Ich bin jüdischer Religion. Meine Freunde werden nun vielleicht sehr schlecht von mir denken, aber das macht mir nichts aus. Dreimal hoch für Harlan und Söderbaum. Alfred Zydower, Michigan.«[17]

Kinobesitzer kämpften um die Aufführungsrechte von Harlans

Ehepaar Harlan Anfang der fünfziger Jahre

Filmen. Einige von ihnen, die *Unsterbliche Geliebte* und *Hanna Amon* nicht spielen durften, erhoben Schadensersatzforderungen, weil ihnen ein gutes Geschäft entging. Harlans alte Filme liefen wieder, mußten allerdings bearbeitet werden; nicht selten wurde sein Name aus dem Vorspann entfernt, oder es wurde wie bei *Verwehte Spuren* schnell von seinem Namen weggeblendet. Der ›Evangelische Filmbeobachter‹ störte sich anläßlich der Wiederaufführung von *Immensee* im Januar 1952 an der unverkennbaren Autorenschaft: »Der Film ist nicht von Storm, sondern von Harlan, ebenso wie später *Opfergang* nicht von Binding, sondern ebenfalls von Harlan ist.«[18]

Wohlwollend äußerte sich der ›Evangelische Filmbeobachter‹ im März 1952 zum Wiedereinsatz der *Reise nach Tilsit*: »Dieser [...] Film, der sich auch durch die Schlichtheit der angewandten darstellerischen Mittel auszeichnet, verlockt in vielfacher Hinsicht zum Vergleich mit heutigen Streifen aus der gleichen Hand ... Hier vermag es der Regisseur noch, in der Milieugestaltung Genüge zu finden und sich weniger um künstlerische ›Atmosphäre‹ zu mühen.«[19] Der ›Katholische Film-Dienst‹ schrieb, hier handle es sich um einen »seiner schlichtesten, aber bemerkenswertesten Filme«; er hinterlasse »einen vorteilhaften Gesamteindruck«. [20]

Eine »Lex Harlan« wurde vom Münchner Stadtrat vorgeschlagen, das dem Regisseur jegliche Filmarbeit verbieten sollte. Harlan protestierte mit Erfolg dagegen. Im Juli 1952 kam *Verwehte Spuren*, im Oktober *Opfergang* neu heraus. Die Schwarzweißfilme sind von der bundesdeutschen Kritik besser aufgenommen worden als die Farbfilme. Ebenfalls im Oktober kamen Gerüchte in Umlauf, sowjetische Händler hätten *Jud Süß* in die arabischen Staaten verkauft. Obwohl derartige Aktionen angesichts der damaligen Judenpolitik in der UdSSR denkbar waren, zeugen diese Gerüchte wohl eher von der zunehmend irrationalen antikommunistischen Haltung westdeutscher Medien.

Auf der Flucht

Harlan kündigte ein weiteres Mal *Segen der Erde* an, begann dann jedoch mit den Dreharbeiten zu einer Komödie, deren ursprünglicher Titel mehr nach einem Problemfilm klang: *Du siehst Dich an und kennst Dich nicht.* Die farbigen Außenaufnahmen sind planmäßig in vierzehn Tagen auf Capri abgedreht worden, dann begab sich das Team für die Schwarzweißaufnahmen ins Göttinger Atelier. Aufgrund der andauernden Krawalle und der damit verbundenen nervlichen Belastung spielte Harlan mit dem Gedanken, die Regie an seinen Freund Geza von Bolvary abzugeben, aber die Idee wurde verworfen. Im Mittelpunkt der Verwechslungskomödie sollte der Philosophieprofessor Paul stehen, der zum Leidwesen seiner Frau Angelika schnarcht und sich deswegen operieren lassen will. Er täuscht für die Zeit, in der der Eingriff vorgenommen wird, eine Reise nach Capri vor; seinen Vetter Dulong bittet er, von Capri aus Karten an Angelika abzuschicken. Doch Dulong, der Angelika selbst begehrt, wittert einen Seitensprung Pauls und überredet Angelika, ihrem Ehemann nachzureisen.

Kristina Söderbaum und Hans Nielsen traten zum ersten Mal seit dem *großen König* wieder gemeinsam vor die Kamera, um das Professorenehepaar zu spielen. Für weitere Rollen stand der Münchner Komet-Film eine internationale Besetzung zur Verfügung. Der in Deutschland geborene Kurt Kreuger, seit 1944 US-Staatsbürger, kehrte aus dem Exil zurück, um die Rolle des Dulong zu übernehmen. Er hatte in Hollywood zunächst aalglatte Nazi-Hünen verkörpert und war dann ins Liebhaberfach aufgestiegen. Die Französin Paulette Andrieux stand als Lou an seiner Seite. Harald Juhnke, damals noch am Anfang seiner Karriere, war ebenfalls mit von der Partie. Er hatte 1950 gemeinsam mit den Harlan-Töchtern Maria und Susanne die Komödie *Drei Mädchen spinnen* gedreht.

Harlan konnte sich erneut ein festes Team von Mitarbeitern zusammenstellen: Werner Krien stand zum dritten Mal hintereinander an der Kamera. Sein Assistent war erneut Gerhard Krüger, der für Harlans letzten Film 1958 selbst zum Chefkameramann aufsteigen sollte, und Franz Grothe komponierte seine erste von insgesamt vier Filmmusiken für Harlan. Daneben gehörten noch der Cutter Walter Boos, der Tonmeister Heinz Martin und der Aufnahmeleiter Woldemar Wasa-Runge zu seinem neuem Team. Einen besonderen Beitrag zur Aufmunterung des Regisseurs leistete Ende 1952 die Zeitschrift ›Film- und Mode-Revue‹ mit dem Fortsetzungsbericht »Der Fall Veit Harlan.« Zu den Mitarbeitern des Blattes gehörte als London-Korrespondent der Emigrant Dr. Hans Wollenberg, der als Gründer der ›Licht-Bild-Bühne‹ einige frühe Harlan-Filme rezensiert hatte.

Am 10. Januar 1953 wurde der Film fertiggestellt. Die Premiere stand bevor, und zum ersten Mal gab es jetzt keine Protestveranstaltungen gegen

Harlan. Profitiert hat von diesem Stimmungswechsel vor allem der siebenjährige Sohn Caspar, dem im Gegensatz zu seinen älteren Brüdern eine friedliche Kindheit beschert war. Er kam in den Genuß eines ruhigeren Familienlebens und wurde selbst in der 68er Zeit nicht wegen seiner Herkunft behelligt.

Harlans erste Nachkriegs-Komödie hatte am 27.Februar 1953 Premiere und hieß jetzt *Die blaue Stunde*. »Harlan als Autor und Regisseur einer heiteren Ehekomödie und Kristina Söderbaum in der Rolle einer kapriziösen jungen Ehefrau, die einen Boogie-Woogie aufs Parkett legt, der vor jedem Hot-Fan bestehen kann – die Überraschung ist gelungen«, jubelte das ›Film-Echo‹. »Es geht natürlich auch hier um Mißtrauen, Eifersucht und Liebe … Die Handlung ist amüsant und dank der witzigen Dialoge und reizenden Einfälle hört das Gelächter im Zuschauerraum nicht auf. Allerdings zeigen Traumvisionen und Sphärenmusik, daß Harlan den Film gemacht hat … Dieser neue Harlan-Film wird beim Publikum eine kleine Sensation auslösen, Kristina Söderbaum wahrscheinlich neue Freunde gewinnen und einen Sturm auf die Kassen bringen.« [1]

Der ›Evangelische Filmbeobachter‹ teilte die Begeisterung nicht: »Gut, daß der Vorspann versichert, es handle sich um eine Komödie. Aus dem Film selbst erfährt man das nicht. Veit Harlan ist dafür nicht der Mann. Unter seiner Pranke wurde ein zarter Stoff zum Betonklotz, von dem das Pathos nur so trieft, während wieder die obligaten Chöre im Hintergrund am Werk sind.« Kristina Söderbaum spielte ihre Rolle »mit teilweise bewundernswertem Temperament … Aber sie kann heute noch nicht sagen ›Bitte, mach’ die Türe zu‹, ohne die Augen zu rollen, als ginge es um Tod oder Leben. Harlan war eine unserer stärksten Regiehoffnungen. Drei Filme hat er seit Kriegsende gedreht. Sie genügen, um die Hoffnungen zu begraben.«[2]

Im ›Katholischen Film-Dienst‹ war zu lesen, *Die blaue Stunde* sei »streckenweise durchaus charmant serviert … Und man atmet auf, Kristina Söderbaum einmal anders als von Tragik umringt zu erleben. Gleichzeitig jedoch bleibt Veit Harlan seinem bewährten Rezept treu, in die gefühlzerweichte Herzmitte des deutschen Publikums vorzustoßen.« [3] Der geschäftliche Erfolg von *Unsterbliche Geliebte* und *Hanna Amon* wiederholte sich nicht. In mittelgroßen Städten lief *Die blaue Stunde* passabel, aber in den meisten Großstädten kam er erst gar nicht zur Aufführung. Das ›Film-Echo‹, das seine Leser über den Erfolg der Produktionen nicht anhand von Besucherzahlen oder Einspielergebnissen informierte, sondern anhand von Noten, gab dieser Komödie die Note 4.4, womit *Die blaue Stunde* als größter Mißerfolg unter Harlans Nachkriegsfilmen dasteht. Zum Vergleich: *Sterne über Colombo* erhielt die Note 1.8, *Die Gefangene des Maharadscha* 2.4, *Anders als du und ich* 3.1, *Liebe kann wie Gift sein* 3.5, *Es war die erste Liebe* und *Ich werde dich auf Händen tragen* jeweils 3.9 und *Verrat an Deutschland* 4.0.

Ehepaar Harlan zurück aus Indien 1953

Ermutigt durch die skandalfreie Präsentation der *blauen Stunde* brachten deutsche Kinobetreiber *Das unsterbliche Herz* wieder heraus, und Harlan wagte sich an ein aufwendiges Projekt, das ihm die Münchner Divina-Film angeboten hatte. Es handelte sich um einen Zweiteiler, dessen Inhalt die Plagiatsgrenze fast überschreitend an *Das indische Grabmal* erinnerte: Eine Zirkusreiterin wird von einem Maharadscha nach Indien entführt, und ihre Freunde versuchen sie zu befreien. Harlan und Peter Francke, die gemeinsam das Drehbuch verfaßten, ließen sich ganz offensichtlich auch von Cecil B. DeMilles phänomenal erfolgreichem Zirkus-Spektakel *Die größte Schau der Welt* (1952) inspirieren, nur daß sie anstelle der Ringling Brothers den Zirkus Busch zur Mitarbeit gewannen.

Vom künstlerischen Standpunkt her fand Harlan das Projekt nicht sehr ergiebig, kaum eines seiner Lieblingsthemen ließ sich hier verarbeiten, aber er war für jede Möglichkeit zu einem Auslandsaufenthalt dankbar und willigte deswegen ein, *Sterne über Colombo* und *Die Gefangene des Maharadscha* zu inszenieren. Schon *Die blaue Stunde* war teilweise auf Capri entstanden. Im Ausland drohten ihm keine Krawalle, hier fand er Ruhe und Erholung. Anders als mit seinem Wunsch, einmal für längere Zeit aus Deutschland herauszukommen, läßt sich seine Bereitschaft jedenfalls nicht erklären, mit einem unfertigen Drehbuch und ohne durchdachte Planung aufzubrechen. Ab dem 25. Februar 1953, nach einem strapaziösen Flug, ist vier Monate lang in Indien und in Ceylon gedreht worden. Kristina Söderbaum stand erneut im Mittelpunkt; Willy Birgel und Adrian Hoven sollten um ihre Gunst werben, und in kleineren Rollen traten alte Weggefährten Harlans wie Otto Gebühr, Greta Schröder-Wegener und Theodor Loos auf. Eine weitere tragende Rolle sollte Willy Fritsch übernehmen, diese wurde jedoch gestrichen. Identifikationsfigur und Sprachrohr für den Regisseur war erneut Hermann Schomberg. Franz Grothe komponierte, wie der Vorspann stolz verkündete, seine 100. Filmpartitur.

Eine Panne jagte die andere: Drehgenehmigungen fehlten, der Zirkus Busch hatte nebenbei andere Termine und konnte nur begrenzt für den Film zur Verfügung stehen; außerdem wurden technische Ausrüstungen an den falschen Ort geliefert. Das ewige Warten erwies sich für Harlan als zermürbend. Im Dezember war der Film abgedreht, und dem Cutter Walter Boos fiel die undankbare Aufgabe zu, das Material so zusammenzuschneiden, daß das konfuse Geschehen einen Sinn ergab. Adrian Hoven bemühte sich in einer Fortsetzungsgeschichte für die ›Film-Revue‹, das Chaos als fröhliches Abenteuer darzustellen.

Noch vor der Uraufführung des ersten Teils, *Sterne über Colombo*, fand am 27. November 1953 ein besonderes Ereignis statt. Obwohl Harlan mittlerweile längst wieder etabliert war, hatte bislang kein Berliner Kino auch nur einen seiner Nachkriegsfilme gezeigt. Das wurde jetzt nachgeholt mit der Berliner Premiere der *blauen Stunde*. Im Januar 1954 folgte *Hanna Amon*, während *Sterne über Colombo* nach der Premiere am 17. Dezember relativ schnell – im Februar 1954 – Berlin erreichte. *Unsterbliche Geliebte* folgte im Mai 1954.

Auf die Kosten von *Sterne über Colombo* anspielend, schrieb Georg Herzberg: »Dieser Film wird (und muß ja wohl auch) die Menschen in Scharen vor die Kinokasse bringen.« Der Unterhaltungswert sei trotz einiger Peinlichkeiten hoch, und »selbst die, die bisweilen ein Lächeln nicht unterdrücken können, werden hingehen, den zweiten Teil zu sehen«. [4] Für den ›Katholischen Film-Dienst‹ war »das Ganze wie botanischer Garten mit Kitschkulisse ... Unter der Regie Harlans wird alles zur Attrappe. Selbst die Natur.«[5]

Überraschend differenziert urteilte der ›Evangelische Filmbeobachter‹: »Ein halber Monumentalfilm des Regisseurs Veit Harlan ... Eine billige Zumutung, um anscheinend eine nicht billige Filmexpedition finanziell abdecken zu können ... Dieser Streifen hat bestechende und kitschige Szenen etwa gleichmäßig über die Meter verteilt ... Die Söderbaum ist hie und da schrecklich geschraubt, an anderer Stelle auch manchmal charmant.« Es handele sich insgesamt um einen »großangelegten, faszinierenden und zugleich peinlich berührenden Film.«[6] Bei der nächsten Bambi-Verleihung schnitt Kristina Söderbaum zwar wesentlich schlechter ab als im Vorjahr. Die ersten drei Plätze waren jetzt von Ruth Leuwerik, Maria Schell und Johanna Matz belegt, gefolgt von Hildegard Knef, Gertrud Kückelmann, Sonja Ziemann, Marika Rökk, Liselotte Pulver, Ruth Niehaus und Inge Egger, aber angesichts der heftigen Anfeindungen und der negativen Presse konnte sie mit dem elften Platz immer noch zufrieden sein.

Zur Aufnahme durch das Publikum berichtete das ›Film-Echo‹: »Während die breite Masse diesen Film sehr gut und zum Teil auch begeistert aufnahm, sind die Söderbaum-Harlan-Verehrer etwas enttäuscht, denn sie vermißten das Große und Starke, das die Harlan-Filme der Vorkriegszeit auszeichnete.« Immerhin: »Der Farbfilm dürfte mit zu den geschäftlich erfolgreichsten Filmen des Jahres 1954 zählen.« [7]

Willy Birgel in *Sterne über Colombo*

Sterne über Colombo fängt gut an. Im Vorspann bahnt sich die Kamera ihren Weg durch einen Sternenhimmel, und in der ersten Einstellung wird, Fellinis Eröffnungssequenz aus *Das süße Leben* vorwegnehmend, Kristina Söderbaum mit dem Hubschrauber über München eingeflogen. »Hier spricht Yrida«, ruft sie mit kindlicher Stimme durchs Megaphon, »die Kunstreiterin des Zirkus Busch.« Bei ihrem Auftritt in der Manege sieht sie der Maharadscha von Jailapur (Willy Birgel), der sich soeben einer Augenoperation unterzogen hat. Die Kamera nimmt seine Perspektive ein, zeigt Yrida als schimmernde Vision. Sie erinnert ihn an die Königin Christine von Schweden, und eine schwedische Prinzessin ist sie tatsächlich – Armut trieb sie zum Zirkus.

Der von Weltschmerz geplagte Clown Götz (Hermann Schomberg) spricht das aus, was Harlan wohl dachte. Nach einer niveaulosen Nummer beklagt er sich beim Zirkusdirektor (Herbert Hübner). Clown: »Ich hab die Badewannennummer so satt. Ist zu geistlos. Lassen sie mich doch mal meine neue Nummer machen.« – Direktor: »Die mit der Weltkugel, wo die Erde platzt wegen der Atombombe? Sie sind ja verrückt, Mensch. Wie lange sind sie beim Zirkus? Das Publikum will doch im Zirkus keine Philosophie und keine Politik hören.« – Clown: »Ach, das Publikum, das Publikum, immer geht es nach dem Publikum. Das Publikum will was mit nachhause nehmen. Auch aus dem Zirkus.« – Direktor: »Seien sie mal friedlich, Götz.« – Clown: »Ach Gott, ein Narr werden, aber einer, der den Leuten die Wahrheit sagt, so einer wie bei Shakespeare, und was bin ich geworden? Dummer August.« – Direktor: »Machen Sie Ihren Weltschmerz für sich alleine ab und nicht in der Manege.« – Clown: »Mein Lebensinhalt liegt in der Badewanne. Mir dreht sich alles.«

Harlan als der Idealist, den niemand versteht. Der sich unter Wert verkaufen muß. Der den Leuten etwas Wesentliches sagen will. Leider ist bei *Sterne über Colombo* nichts von diesem Anspruch zu spüren; der Film hat weder auf der verbalen noch auf der visuellen Ebene viel zu bieten. Es gibt gelungene voyeuristische Einlagen: Kristina Söderbaum ist beim Umkleiden und im durchsichtigen Zirkuskostüm zu sehen, und wenn sie in einem trägerlosen Kleid mit dem Maharadscha an einem Tisch sitzt, nimmt die Kamera sie von der Schulter aufwärts auf, so daß der Eindruck von Nacktheit entsteht. Yrida wird beim Umkleiden von dem betrunkenen Raubtier-Dompteur Ambo (Gilbert Houcke) sexuell belästigt, der nur einen Tigerfell-Slip trägt. Für sonstige visuelle Reize sorgen: von den Zirkusbesuchern hochgehaltene Wunderkerzen; das Bad eines Elefanten, auf seinem Rücken Yrida im blauen Badeanzug mit rotem Sonnenschirm; ein Globus-Ballon wie aus *Verwehte Spuren*.

Das ist nicht viel und doch schon alles, was sich Positives über *Sterne über Colombo* sagen läßt. Es ist mit Sicherheit der Tiefpunkt in Harlans Spätwerk. Beim Tanz von Söderbaum und Birgel geht die Kamera zwar in die Höhe, wie man es schon aus *Maria, die Magd, Die goldene Stadt, Immensee* und *Hanna Amon* kennt, aber hier will sich der hypnotisierende Effekt nicht einstellen. Auch Söderbaums Auftritte im Frack sind nur noch ein müdes Zitat, eine Erinnerung an bessere Zeiten, an *Opfergang*.

Daß mit Birgel und Karl Martell zwei besonders kalte, unsympathische Darsteller des NS-Kinos tragende Rollen ausfüllen dürfen, hilft dem Film auch nicht weiter. Die Regie ist über weite Strecken uninspiriert, und es fehlen die interessanten Nebenhandlungen, die beim *indischen Grabmal* die Spannung steigern halfen. »Die Gefangene des Maharadscha – ich ahne Unheil«, sagt jemand am Ende. Das klingt wie eine Drohung vor dem zweiten Teil des Films, der ja dann tatsächlich so hieß.

Kurz vor Schluß gibt es noch einen bewegenden Moment, wenn der Nachwuchs-Artist Michael, ein sauberer Jüngling wie aus *Verwehte Spuren* und *Jugend*, bei der Entführung von Yrida ein Messer in den Rücken geschleudert bekommt und seine Leiche anschließend aufgebahrt wird. Die Trauer des Clowns Götz um seinen einzigen Sohn ist dank Hermann Schombergs Spiel ein erschütternder Moment. Ansonsten handelt es sich hier um einen Film, bei dem es auch den einfühlsamsten Zuschauer nicht interessiert, was mit wem passiert. Von Schomberg abgesehen, quälen sich die Darsteller mit ihren schlecht geschriebenen Rollen ab; eine gute Figur machen immerhin der unverbrauchte Gilbert Houcke, der nur sich selbst zu spielen braucht, und Adrian Hoven, der überzeugend indisch aussieht.

Zu der am 5. Februar 1954 vorgestellten Fortsetzung *Die Gefangene des Maharadscha* urteilte das ›Film-Echo‹: »Veit Harlan bekannte selbst, daß er eine farbenprächtige Unterhaltung im Magazin-Stil schaffen wollte. Er enthebt somit den Kritiker der Verpflichtung, sich ernsthaft mit diesem ›Werk‹ auseinanderzusetzen. Die Kassen bejahen die Berechtigung der Herstellung.« Allerdings seien »Handlung und Dialog auch oder gerade für eine Magazin-Geschichte oft zu breit und für manchen sogar langweilig«. [8]

Wie zu erwarten, ließ der ›Katholische Film-Dienst‹ noch weniger Gnade walten: »Der Unfug bläht sich zur unfreiwilligen Groteske auf. Harlan will sich nun einmal mit dem simplen Abenteuer nicht begnügen, und so mogelt er wieder Drei-Groschen-Tiefsinnigkeiten ein, die, mit gefühlsdurchweichtem Pathos vorgetragen, zur ausgemachten intellektuellen Blamage werden... Mit dem absurdesten Abenteuer hätte man sich zufrieden gegeben. Aber dies? ... Im übrigen ist die Handlung so verworren, daß man nur mit Anstrengung auf dem laufenden bleibt.«[9] Der ›Evangelische Filmbeobachter‹ empfand *Die Gefangene des Maharadscha* als »Zumutung an ein gesundes Urteilsvermögen« und »eine riesige, schillernde Seifenblase«.[10] Nach dem überwältigenden Erfolg des ersten Teils hatte jetzt das Zuschauerinteresse ein wenig nachgelassen, aber über dem Durchschnitt lag das Einspiel der Fortsetzung allemal. Die Gloria-Film konnte bei *Sterne über Colombo* Kasseneingänge von DM 3.120.125 registrieren; für *Die Gefangene des Maharadscha* kassierte die Firma DM 2.583.769. [11]

Als Erzählkino ist der zweite Teil mehr noch als der erste ein Desaster, aber gerade die Schwächen des Drehbuches erlauben es Harlan, hemmungslos seiner Phantasie freien Lauf zu lassen. Er muß keinen Respekt mehr vor seiner Geschichte zeigen, das hätte sie in diesem Fall ohnehin nicht verdient. Stolz, mit majestätischer Musik unterlegt, führt er eine ganze Reihe indischer und pseudo-indischer Bräuche vor. Zu den Höhepunkten gehört ein Aufmarsch der Elefanten, die gegen den Strom zu ihrem Buddha wandern.

Gleich nach dem Vorspann informiert uns ein Text darüber, daß die schwedische Zirkusreiterin Yrida »von verbrecherischen Kreaturen« des Maharadscha von Jailapur »geraubt und entführt worden« sei. Es wird auch auf »das Ränkespiel seines Ministers« (Karl Martell) hingewiesen, »der ihn über die Liebe zu Yrida vom Throne stürzen will«, sowie auf des Maharadschas Sohn Gowaran (Adrian Hoven), der mit dem Vater um Yridas Liebe konkurriert. »In diese Verwirrung aus den Katastrophen der Zirkuswelt – welche in dem Film *Sterne über Colombo* vor unseren Augen abrollten – führt uns der II.Teil in die Wunderwelt Indiens.« Alles zum Inhalt ist hiermit gesagt, der Rest ist eine pure Stilübung, angefüllt mit Selbstzitaten.

Yrida, die ihr Gedächtnis verloren hat und nicht mehr weiß, wer sie ist, wird im Palast des Maharadscha durch Gemächer getragen wie Aels, vorbei an seidenen Tüchern und einer Fülle exotischer Requisiten. Auch daß Harlan sie wiederholt durch einen Fensterrahmen aufnimmt und sie mal mit dem Maharadscha, dann wieder mit dessen Sohn ausreiten läßt, erinnert an *Opfergang*. Franz Grothe hat sogar in sein Liebesthema für Yrida und Gowaran Hans-Otto Borgmanns viernotiges ›Aels-Thema‹ eingebaut. Die Dienerin, die Yrida umsorgt, wird von Greta Schröder-Wegener gespielt, die sich als Hofdame in *Kolberg* um Maria gekümmert hat. Yrida ist eine Gefangene im goldenen Käfig, so hat sich Anna in der *goldenen Stadt* gefühlt. An *Pedro soll hängen* erinnert die ausgedehnte Liebesszene in der Todeszelle zwischen Yrida und Gowaran, der verdächtigt wird, ein Attentat auf seinen Vater verübt zu haben. Der Maharadscha ist so hilflos seinen finsteren Beratern ausgesetzt wie der Herzog in *Jud Süß*. Der Schwarm der Zugvögel, die über die Köpfe von Götz und Ambo hinwegfliegen, ist noch größer als der in *Hanna Amon* und der Wasserfall, den sie durchqueren, noch wilder als der in *Maria, die Magd*.

Neu und ungewohnt sind die spektakulären Kostümwechsel von Kristina Söderbaum. Für diesen Aspekt hatte Harlan nie sonderlich viel Interesse gezeigt, und daß Yrida trotz ihrer hysterischen Anfälle noch Zeit hat, von einer teuren Robe in die nächste zu schlüpfen, steigert die Schauwerte der Produktion.

Weitere Zitate, die sich auf *Opfergang* beziehen, belegen dessen hohen Stellenwert in Harlans Werk. Götz und Ambo finden Yridas Spur, als sie einen Yogi (Rudolf Vogel) aufsuchen. In einer Glaskugel erscheint Yrida, über deren Gesicht plötzlich schwarze Tücher fallen. Ähnlich war auch Aels' Gesicht in der Fieber-Vision von Albrecht verschwunden. (Götz, Ambo und der Yogi werden dabei in rote Farben getaucht, die für die psychedelischen Kultfilme der sechziger Jahre charakteristisch werden sollten.) Der Palast schließlich, in dem Yrida lebt und aus dem Götz und Ambo sie befreien wollen, ist eine Festung, ein verwunschenes Schloß wie Aels' Haus.

Harlans Interesse an schönen, zuweilen bizarren Bildern macht den wesentlichen Reiz aus, dank dessen *Die Gefangene des Maharadscha* sich besser durchstehen läßt als *Sterne über Colombo*. Aber auch für autobiographische Verweise bot sich Gelegenheit. Der Maharadscha ist ›schuldlos schuldig‹ geworden; auf seine Veranlassung hin wurde Yrida entführt, aber daß Michael dabei ums Leben kommen würde, hat er nicht gewollt. (Ihm ist es zu verdanken, daß die Folter abgeschafft wurde.) Sein Sohn macht ihm wegen Michaels Tod Vorhaltungen, wirft ihm vor, seine Ziele mit Blut und Mord erreicht zu haben. Gowaran hat in Deutschland studiert und dort eine andere Weltanschauung angenommen; während einer ihrer Auseinandersetzungen fragt der Vater den Sohn: »Hast du es in Deutschland verlernt, was die Treue zum Vater ist? Was die Treue überhaupt ist?« Vielleicht hat es ähnliche Gespräche zwischen Harlan und seinem ältesten Sohn Thomas gegeben. Auch die Angst des alternden Mannes, seine Frau an einen Jüngeren zu verlieren, ist ein Thema des Films.

Als zweite Identifikationsfigur neben dem Maharadscha steht der Clown Götz für den Regisseur. Er ist durch einen Irrtum ins Gefängnis gekommen, wird nach seiner Entlassung von Ambo abgeholt und läuft in einer langen Einstellung an der Mauer entlang. Weil er mit allen Mitteln nach Yrida suchen will, warnt ihn ein Abgesandter des Maharadscha (Rolf von Nauckhoff) vor Unannehmlichkeiten, doch das läßt ihn kalt: »Ich war schon im Gefängnis,

Rudolf Vogel sieht Kristina Söderbaum in der Glaskugel in
Die Gefangene des Maharadscha

Kristina Söderbaum sieht Adrian Hoven in *Die Gefangene des Maharadscha*

es macht mir gar nichts aus, nochmal reinzukommen.« Ähnlich empfand auch Harlan, wenn er sich durch sein undiplomatisches Vorgehen in neue Schwierigkeiten brachte.

Die Gefangene des Maharadscha ist ein interessant mißlungener Film, voller irregeleiteter Kreativität. Er kann sich auf jeden Fall neben Fritz Langs uninteressant mißlungenen Indien-Filmen *Der Tiger von Eschnapur* und *Das indische Grabmal* (beide 1959) sehen lassen. Und Harlan ist eine Ehre zuteilgeworden, der er sich offensichtlich gar nicht bewußt gewesen ist: Ausgerechnet er, der Prügelknabe, durfte den bis dahin aufwendigsten westdeutschen Nachkriegsfilm inszenieren. Daher klingt auch der Satz, mit dem sich Yrida am Ende von ihrem Volk verabschiedet, so zweideutig: »Ich danke Euch für Eure Liebe.« Damit wird das Publikum angesprochen, das dem Regisseur und seiner Muse die Treue gehalten hat.

Eine folgenreiche Aktion veranstaltete Harlan am 2. April 1954: Er fuhr in Begleitung seiner Sekretärin Lu Schlage, seines Sohnes Thomas und des ›Spiegel‹-Journalisten Klaus Hardt nach Zürich, um dort in Gegenwart eines schweizerischen Notars eine Sicherheitskopie von *Jud Süß* zu verbrennen.

Im goldenen Käfig: *Die Gefangene des Maharadscha*

(Das Original befand sich in Washington.) Die Super-8-Aufnahmen eines Herrn Hettwer, der mitgekommen war, um die Zeremonie für private Zwecke festzuhalten, geriet an die Öffentlichkeit, und Harlan wurde beschuldigt, in eigener Sache Werbung zu betreiben. Seine Gegner vermuteten, er wolle nur den Export seiner anderen Filme in die Schweiz ermöglichen und auf allzu bequeme Weise einen Schlußstrich unter seine Karriere im Dritten Reich ziehen.

Umfragen hatten schon vor Jahren ergeben, daß das deutsche Publikum *Die goldene Stadt* besonders gern wiedersehen wollte; dieser Wunsch ging jetzt in Erfüllung. Ermuntert durch den großen Zuspruch, wollte Harlan endlich wieder einen künstlerisch wertvollen Film inszenieren, den auch die Kritiker mögen würden. 1938 war sein Versuch gescheitert, Gerhart Hauptmanns Tragikomödie »Die Ratten« mit Hilde Körber in der Hauptrolle zu verfilmen; jetzt sollte sich Kristina Söderbaum als Tragödin profilieren. Die Gloria-Film, Verleiherin von *Sterne über Colombo* und *Die Gefangene des Maharadscha*, hatte die Rechte an Hauptmanns Klassiker erworben, sie jedoch, ohne Harlan zu informieren, an Artur Brauners CCC-Film verkauft. So begannen unter Robert Siodmaks Regie die Dreharbeiten zu den *Ratten*. Was unter Harlan ein wüstes, fiebriges Melodram geworden wäre, geriet Siodmak zu einer zwar technisch überragenden, jedoch kalten, akademischen und seelenlosen Fleißarbeit.

Als Ersatz wollte Harlan für die Gloria-Film eine Adaption von Honoré de Balzacs »Die Herzogin von Langeais« realisieren, wofür er auch nach Spanien fuhr, um passende Drehorte zu finden. Edwige Feuillère hatte die Rolle der Herzogin 1942 in einem französischen Film verkörpert, und Greta Garbo wollte unter Max Ophüls' Regie ein Comeback mit demselben Stoff wagen. Von Spanien aus wurde Harlan aber wieder nach Deutschland zurückgerufen, denn die Gloria-Film hatte ihn für einen riskanten politischen Stoff vorgesehen: die Geschichte des Spions Dr. Sorge.

So drehte Harlan ab September 1954 seinen ersten Nachkriegsfilm, der wegen seiner Thematik Kontroversen ausgelöst hat. Der Vorwurf lautete Verherrlichung des Kommunismus. Das kam für Harlan überraschend, da sein Engagement für dezidiert linkes Theater, oftmals unter Verzicht auf eine Gage, schon rund dreißig Jahre zurücklag und er mittlerweile andere Vorwürfe gewohnt war. Völlig unzumutbar klang der Vorwurf allerdings für Harlans Gegner, die ja eher aus dem linken Lager kommen. Tatsächlich hat

Harlan das antikommunistische Potential des Sorge-Stoffes nicht annähernd ausgeschöpft. Denn Sorge war schon während der Säuberungsprozesse in Ungnade gefallen, seine Meldungen nach Moskau galten als wertlos, und er wäre mit Sicherheit auch liquidiert worden, hätte er sich in den dreißiger Jahren in der Sowjetunion aufgehalten. Nach seiner Verhaftung in Tokio wurde seine in Moskau lebende Frau als Spionin verurteilt und nach Sibirien deportiert, wo sie im Mai 1943 starb (offiziell an einer Gehirnblutung). Sorges Hinrichtung fand erst am 7. November 1944 statt.

In einer Zeit der dubiosen Filme, in denen NS-Größen rehabilitiert worden sind und gezielt die Wiederaufrüstung propagiert wurde (*Canaris*, 1954; *Des Teufels General*, 1955; *Stern von Afrika*, 1957), sorgte ausgerechnet Harlans politisch unentschlossener Spionagefilm für einen Skandal. Eigentlich hatte er zu dem Stoff keinen Bezug, aber aus Dankbarkeit für die Gloria-Chefin Ilse Kubaschewski nahm er das Angebot an, und er fand in der Geschichte ein Motiv, das ihn persönlich interessierte: die Solidarität einer Frau mit ihrem verhafteten, eingesperrten, verurteilten Mann.

Es gab einen regelrechten Wettlauf verschiedener Firmen um die Verfilmung des Sorge-Stoffes. Die Münchner Divina-Film und ihre Verleiherin Gloria machten das Rennen, und die unterlegenen Firmen mußten sich wohl oder übel mit anderen Spionen begnügen; so verkörperte Martin Held bei der Berolina-Film den Agenten Erich Gimpel in Werner Klinglers *Spion für Deutschland. Der Fall Dr. Sorge* spielt 1941 in Tokio. Dr. Richard Sorge, Sohn einer russischen Mutter und eines deutschen Vaters, ist Korrespondent der »Frankfurter Zeitung« und hat Zugang zur deutschen Botschaft, wo er zusammen mit japanischen Agenten ein Spionagenetz aufbaut: die Organisation ›Grille‹, die Informationen an die Rote Armee funkt. Vier Wochen vor Hitlers Überfall auf Rußland ist man dort dank Sorge schon informiert. Auch über den Kriegseintritt Japans weiß er im voraus Bescheid. Als die Situation für ihn zu brenzlig wird, versucht er nach China zu fliehen, wird aber vorher verhaftet. Die Botschaftsangehörige Katharina hält weiter zu ihm, obwohl er ihr Vertrauen mißbraucht hat.

Eine Reportage im ›Spiegel‹ bot die Grundlage für das Drehbuch, das Harlan gemeinsam mit seinem Sohn Thomas und Klaus Hardt schrieb. Für die Titelrolle wollte er den britischen Schauspieler Herbert Lom, und als das nicht möglich war, Curd Jürgens. Auch dieser Plan ließ sich nicht verwirklichen. Die Rolle ging schließlich an Paul Muller, einen 30jährigen, 1,86 Meter großen Schauspieler aus dem Elsaß, in seiner eleganten, etwas hageren, dämonischen Erscheinung an Conrad Veidt erinnernd, der bisher nur in italienischen Filmen aufgetreten war. Harlan war mit dieser Besetzung nicht sehr glücklich und fühlte sich überrumpelt. Angeblich hatte Muller in Venedig einen Preis gewonnen, aber das stimmte nicht. Verärgert über den Darsteller und ein Drehbuch, an dem viel herumgedoktert werden mußte, weil es sowohl den deutschen als auch den japanischen Behörden zu gefallen hatte, dachte Harlan an einen Rücktritt von dieser Aufgabe. Nur das Versprechen der Gloria-Produktion, ihn anschließend einen Film seiner Wahl drehen zu lassen, konnte ihn umstimmen.

Neben Paul Muller spielte Kristina Söderbaum sich selbst, die treue Frau, die auch in den schwersten Zeiten zu ihrem Gefährten hält; Harlans Partner aus *Taifun*, Inkijinoff, ein Schüler des unter Stalin liquidierten Meyerhold, war auch hier wieder dabei. Von September bis Dezember 1954 wurde in Japan und bei München gedreht. Am 12. Januar 1955 fand in München die Premiere statt, doch gleich darauf erfolgte ein Verbot durch die FSK in Wiesbaden. Harlan war es gewohnt, die Absetzung eines seiner Filme aufgrund von Krawallen zu erleben, aber hier hatten die Zensurbehörden aufgrund der Tendenz Einspruch erhoben. Die Probleme der Gloria-Chefin Ilse Kubaschewski mit dieser Produktion lösten Wortspiele in der Presse aus. Kein Wunder bei den Titeln der zu dieser Zeit vom Pech verfolgten Produktionen: Roberto Rossellinis *Angst* ließ sich nur schwer verkaufen, Harlans *Der Fall Dr. Sorge* wurde verboten, und zugleich erlebte Luise Ullrich *Ihre große Prüfung*.

In *Der Fall Dr. Sorge* kamen die Sowjets zu gut weg, lautete der Vorwurf, also mußten einem japanischen Staatsanwalt antikommunistische Thesen in den Mund gelegt werden. Am 1. Februar erfolgte dank der Änderungen eine Freigabe des Films, der jetzt – den Titel hatte sich Ilse Kubaschewski ausgedacht – *Verrat an Deutschland* hieß. Das ›Film-Echo‹ urteilte: »Es ist ein Spionage-Film wie hundert andere auch, nicht so reißerisch wie die amerikanischen Produkte, dafür aber als Veit Harlan-Film mit dem üblichen Sentiment belastet.« Die reichlich verwendeten Wochenschau-Aufnahmen haben den Film »besonders gespenstisch und faszinierend« gemacht. »Ein besonderes Lob verdient die Musik Franz Grothes, die, aus Morsezeichen entwickelt, eine wirklich an die Nerven gehende Intensivierung der Atmosphäre vollbringt.« Als Katharina ihrem Gefährten mit einem Kuß durch die Gitter Blausäure in den Mund schiebt, soll es Gelächter gegeben haben. »Aber möglicherweise kommt dieser typische Harlan-Schluß beim größeren Teil des Publikums gerade an«, vermutete der Rezensent. [12] Die von ihm so gelobte Musik ist leichter zugänglich als der Film, denn der ›Valse Exotique‹ ist – als erste Musik aus einem Harlan-Film – auf CD erschienen. [13]

Der *Evangelische Filmbeobachter* fand, »der hier vorgeführte Dr. Sorge hätte während des Dritten Reiches in Deutschland kaum frei herumlaufen können. Im Ausland wäre er vielleicht gewesen, sicher aber nicht als Freund eines deutschen Botschafters, sondern als Emigrant. Einen solchen Trottel von Botschafter, eine solch dumme Kuh als Botschaftssekretärin, ja sogar einen derart leichtsinnigen ›Sonderbeauftragten‹ des Führers kann Harlan auch nur einem sehr anspruchslosen Publikum verkaufen ... Irgendeinen

Standpunkt vertritt natürlich auch Herr Harlan nicht. Immerhin fallen Sätze, die er morgen vor einer kommunistischen Entbonnisierungskommission wird brauchen können ... Sachlich unzuverlässig« sei der Film, »schlecht, langweilig, und darum nicht zu empfehlen«. [14]

Der *Katholische Filmdienst* ärgerte sich über »die verworren-tiefsinnige Anlage des Drehbuches, das Spiel mit Symbolen, die ein künstlerisches Niveau vortäuschen wollen, der Appell an unechte Gefühle und die zum Teil verfehlte Rollenbesetzung ... War es Ungeschick oder gar Sympathie, daß in dem Film die Ideologie der Sowjetunion anscheinend das allein Beständige im Wechsel der Systeme ist? Die einzigen markanten Gestalten sind der idealistische Kommunist Sorge und seine Helfer, vor allem der japanische Mittelsmann Osaki (imponierend dargestellt); sie sterben nicht als Verbrecher, sondern wie standhafte Märtyrer einer unbesieglichen Idee.« Harlan sei von einer »bemerkenswerten Instinktlosigkeit für das Unangebrachte« und täte »besser daran, sich politischen Themen ein für alle Male zu versagen«. [15]

Auch in seiner entschärften Fassung ist *Verrat an Deutschland* noch einer der erstaunlichsten Filme der Adenauer-Ära. Hier wird mit unmißverständlicher Klarheit gesagt, daß es sich beim Angriff Deutschlands auf die Sowjetunion um keinen Präventivschlag gehandelt hatte, sondern daß sadistische und rassistische Motive im Spiel gewesen seien. Die besser angesehenen Frank Wysbar-Filme *Hunde, wollt ihr ewig leben* (1959) und *Nacht fiel über Gotenhafen* (1960) erwähnen mit keinem Wort, was deutsche Soldaten überhaupt vor Stalingrad zu suchen hatten, oder welche Ereignisse der Vertreibung der Deutschen aus Ostpreußen vorausgegangen sind.

Kristina Söderbaum beklagt den Tod von Millionen russischer Soldaten, auch das eine Sensation angesichts der kontinuierlich anti-sowjetischen Politik der Bundesregierung. Ganz offensichtlich hat hier Thomas Harlan seine Hand im Spiel gehabt, Veits linksradikaler Sohn. Der Vater hat dann die Radikalität etwas abgeschwächt, von der immer noch genug übrig blieb. *Verrat an Deutschland* ist ein Musterbeispiel für einen Film, dem die verdiente Würdigung verwehrt wurde, weil sein Regisseur Veit Harlan hieß.

Der unangenehmste Charakter des Films ist Hitlers Stellvertreter Otto Schollinger, der sämtliche Asiaten als Untermenschen betrachtet, und für ihn sind Japaner, Russen und Polen allesamt Asiaten. Schollingers Spitzname lautet »Der Schlächter von Warschau«. Daneben ist er noch ein Sextourist der übelsten Sorte. Die von ihm aufgesuchten Damen kann man nicht beneiden: stark alkoholisiert, erzählt er ganz offen, daß er schon als kleiner Junge Geisha-Puppen die Haare ausgerissen habe. Daß Wolfgang Wahl die Figur nicht überzeichnet, macht Schollinger umso furchterregender.

In der Rahmenhandlung von *Verrat an Deutschland* geht es wieder um die Schuldproblematik, Harlans Hauptthema der fünfziger Jahre. Katharina wird von japanischen Beamten verhört: »Wußten Sie denn nicht, welcher furchtbaren Organisation Sie sich zum Teil ungewollt, aber zum wesentlichen Teil doch gewollt zur Verfügung gestellt haben?« (Das ist die Frage, die auch Harlan wiederholt gestellt wurde.)

Mit der Organisation ist die Kommunistische Patei gemeint, und in den groben Handlungszügen ist *Verrat an Deutschland* auch ein antikommunistischer Film. Die Guten sind die Amerikaner und die Japaner; letztere werden durch von Kommunisten gefälschte Dokumente dazu gebracht, einen Angriff der Amerikaner zu fürchten und deshalb Pearl Harbour zu bombardieren. ›Verrat an Japan‹ wäre ein passenderer Titel gewesen. Doch durch die antikommunistische Aussage wird die Kriegsschuld der Deutschen in keiner Weise verringert. Die einzigen ›guten‹ Deutschen in diesem Film sind passive Nicht-Nazis wie Katharina und der Botschafter (Herbert Hübner), schuldbewußte Nazis wie Katharinas Vater, der in Polen tausende von Geiseln erschießen ließ und sich dann umbrachte – und ein kommunistisches Funker-Paar Berliner Herkunft, das Nachrichten nach Moskau durchgibt.

Gespielt wird dieses kommunistische Paar, Klausen und Anna, von dem korpulenten Hermann Speelmans, der Hermann Schomberg als Harlan-Double ablöst, und Blandine Ebinger, der gefeierten Friedrich-Hollaender-Interpretin. Die zwei sind uneingeschränkt sympathische Figuren, einfache Leute aus dem Volk. »Ich bin Funker, kein Held«, sagt Klausen. Ähnlich argumentiert der Botschafter, der im Laufe einer erregten politischen Diskussion sagt: »Wir haben ein Amt und keine Meinung.« Mit ihnen wird Dr. Sorge kontrastiert, ein aalglatter Karrierist, den Paul Muller konsequent kalt anlegt. Für die bedingungslose Liebe der naiven Katharina hat er nur ein müdes Lächeln übrig; eine charakterliche Veränderung bewirkt sie nicht.

Kristina Söderbaum verkörpert sich selbst. Sie ist die Frau, die durch ihre Liebe zu einem zwielichtigen Mann mit ins Unglück gerissen wird. Und die weiter zu dem Mann hält, auch als sie erfährt, daß er sie benutzt hat. Verbirgt sich hinter Dr. Sorge nun Veit Harlan? Keineswegs. Paul Mullers hagere Erscheinung erinnert eher an Joseph Goebbels, und es gibt zwei weitere Parallelen zu dem Propagandaminister: Sorge wird »Der Doktor« genannt und ist nach eigener Aussage jemand, »der so viel lügen muß«. »Lügen-Doktor« war eine gängige Bezeichnung für Joseph Goebbels. Als der Funker Klausen verhaftet wird, sagt er in Gedanken an Sorge: »Die Großen läßt man laufen, und die Kleinen ... ich trau' mich gar nicht weiterzusprechen.« *Verrat an Deutschland* ist ein Ausdruck von Harlans Haßliebe zu Goebbels. Dementsprechend gelungen ist denn auch die Figur des Dr. Sorge: Harlan konnte die Figur nicht verteufeln, weil er aus eigener Erfahrung wußte, daß Menschen nicht immer ausschließlich das Gute oder das Böse verkörpern. Die Unzufriedenheit Harlans mit seinem Hauptdarsteller war unberechtigt: Muller zeichnet den Dr. Sorge so, daß man bis zuletzt eine unterschwellige Sympathie für ihn empfindet.

350

Der Film ist reich an christlicher Symbolik, die Harlan unter dem Einfluß Kristina Söderbaums eingesetzt hat. Zu Beginn werden dreizehn Japaner erschossen, die in der Haltung von Gekreuzigten am Pfahl hängenbleiben. Auf einem Empfang trägt Katharina zu einem tief ausgeschnittenen Kleid ein unübersehbar großes Kreuz um den Hals. Wenn sie Sorge in der Todeszelle besucht, reicht sie ihm ein Kreuz durchs Gitter, das er trotz seiner Abneigung gegen alles Religiöse entgegennimmt. Und wenn der Kommunist Osaki (Inkijinoff) zum Galgen schreitet, läßt Harlan einen Heiligenschein auf ihn fallen.

Es tauchen zahlreiche visuelle Motive aus anderen Harlan-Filmen auf: die Glocken aus *Kolberg*, eine Grille im Käfig wie der Vogel aus *Immensee* und – ein Höhepunkt – das gemeinsame, zunehmend ekstatische Cembalospiel von Katharina und Sorge, das an *Die Kreutzersonate* erinnert. Franz Grothes Musik kann hier stärkere Akzente setzen als in den Indien-Filmen. Besonders eindrucksvoll ist, wie er nach Katharinas Enttäuschung den ›Valse Exotique‹ atonal verfremdet, um ihn dann wieder harmonischer klingen zu lassen, als Katharina sich mit dem Verrat des Geliebten abgefunden hat.

Ungewöhnlich, und ein starker Kontrast zu den kitschigen Indien-Filmen, ist der Doku-Look von *Verrat an Deutschland*. Die eingeschnittenen Wochenschauen wirken nicht wie Fremdkörper. Auch ist es eine seltene Wohltat, in einem Harlan-Film Figuren zu sehen, die, statt vom Schicksal getrieben zu werden, nach ihrem Verstand handeln. (Folglich sind auch keine Chöre auf der Tonspur zu vernehmen.) In seiner Weigerung, eindeutig Position zu beziehen, nimmt *Verrat an Deutschland* die Agententhriller der sechziger Jahre vorweg, die ebenfalls durch ein moralisches Chaos gekennzeichnet sind. Nicht zuletzt ist *Verrat an Deutschland* ein erfreuliches Kuriosum in Harlans Werk, da er sich hier – erstmals seit *Krach im Hinterhaus* – von seiner schnoddrigen, urberlinischen Seite zeigt. In einem sachlichen Ton, der ihr sonst nie erlaubt war, sagt Kristina Söderbaum am Ende: »So weit ich jetzt glücklich sein kann, bin ich es.«

Harlans Ruhephase als Regisseur harmloser Unterhaltungsfilme war beendet. Die Flucht ins Ausland – vier aufeinanderfolgende Filme hatte er außerhalb Deutschlands gedreht – befreite ihn nicht vor Angriffen. Es sollte über zwei Jahre dauern, bis er erneut arbeiten konnte. Zumindest erwies sich *Verrat an Deutschland* laut ›Film-Echo‹ als »geschäftlich passabel«. [16] DM 1.129.318 betrugen die Kasseneingänge bei der Gloria-Film. [17] Eine Enttäuschung war es dennoch, gemessen an den Erwartungen, die an Harlan und an den aufregenden Stoff gestellt worden waren. Harlan verklagte den Gloria-Verleih auf Vertragserfüllung, da er sich mehr finanziellen Gewinn aus dem Film erhofft hatte, und ging im September 1955 sogar deswegen vor Gericht. Dadurch verlor er einen wichtigen Geschäftspartner, der ihm eine kontinuierliche Weiterbeschäftigung garantiert hätte.

Sein Sohn Thomas bereitete währenddessen ein Bühnenstück über den Aufstand im Warschauer Ghetto vor, das »Bluma von Warschau« heißen sollte. [18] Er war zwei Jahre zuvor in Israel mit Überlebenden des Aufstands zusammengetroffen und hatte dort von einer Geschichte gehört, die ihn faszinierte. Bei den Recherchen war Thomas Harlan ein Münchner Rabbiner behilflich, der ihm ein Buch aus dem Polnischen übersetzte. Sein Erstlingswerk sollte sogar als deutsch-schweizerische Co-Produktion verfilmt werden, auch amerikanisches Geld war im Spiel, und zusammen mit Franz Marischka hatte er ein Drehbuch verfaßt. Das Projekt zerschlug sich, der Text des Stückes erschien 1961 unter dem Titel »Ich selbst und kein Engel«.

Aufstand der Heuchler

In der zweiten Hälfte der fünfziger Jahre erlebte der deutsche Film einen unerwarteten Aufschwung. Infolge des Wirtschaftswunders sank der Bedarf an oberflächlicher, trostspendender Unterhaltung; die Bundesbürger waren stabil genug, um härtere Kost zu vertragen. Sie stellten höhere Ansprüche, wobei ihnen risikofreudige Produzenten entgegenkamen. Vorübergehend vom Pech verfolgte Regisseure wie Helmut Käutner und Wolfgang Staudte stellten ihre ungebrochene künstlerische Kraft unter Beweis und veranschaulichten ebenso wie der zur Regie übergewechselte Schauspieler Bernhard Wicki, daß Kunst und Kommerz kein Gegensatzpaar darstellen. Obwohl die führenden europäischen Filmländer Frankreich und Italien hießen, wurde von 1956 bis 1959 kontinuierlich jedes Jahr eine deutsche Produktion für den Oscar in der Kategorie ›Bester fremdsprachiger Film‹ nominiert: *Der Hauptmann von Köpenick* (1956), *Nachts, wenn der Teufel kam* (1957), *Helden* (1958) und *Die Brücke* (1959).

Auf die ›Ten Best‹-Liste der ›New York Times‹ gelangten *Die letzte Brücke* (1954), *Der Hauptmann von Köpenick, Nachts, wenn der Teufel kam, Das Mädchen Rosemarie* (1958) und *Die Brücke*. Das ›Time Magazine‹ stellte ähnliche Bestenlisten auf; hier wurden *Die letzte Brücke* und *Des Teufels General* (1955) genannt. Bei Golden Globe-Verleihungen wurden *Weg ohne Umkehr* (1953), *Kinder, Mütter und ein General* (1955), *Vor Sonnenuntergang* (1956), *Bekenntnisse des Hochstaplers Felix Krull* (1957), *Das Mädchen Rosemarie, Wir Wunderkinder* (1958), *Die Brücke* und *Der brave Soldat Schwejk* (1960) geehrt. (Um das zu erfahren, ist allerdings ein Blick in englischsprachige Literatur erforderlich. Deutsche Filmhistoriker tun zumeist alles, um internationale Erfolge des westdeutschen Films vor Oberhausen totzuschweigen.)

Zu den deutschsprachigen Künstlern, die sich in Venedig oder in Cannes einen Preis abholen durften, gehörten Curd Jürgens, Wolfgang Staudte und Maria Schell. Hollywood zeigte Interesse an Sabine Bethmann, Cornell Borchers, Horst Buchholz, O. W. Fischer, O. E. Hasse, Curd Jürgens, Christine Kaufmann, Hildegard Knef, Marianne Koch, Christiane Maybach, Elisabeth Müller, Liselotte Pulver, Heinz Rühmann, Barbara Rütting, Maria Schell, Oskar Werner und Sonja Ziemann, an den Regisseuren Käutner und Wicki, an dem Komponisten Hans-Martin Majewski und dem Kameramann Georg Krause.

Nach einer Phase übertrieben vorsichtiger, biederer Filme gab es wieder Grund zur Hoffnung. Die in der ersten Hälfte der fünfziger Jahre dominierende Harmlosigkeit war bei Publikum und Kritik auf zunehmende Ablehnung gestoßen, und die deutschen Künstler standen angesichts risikofreudigerer Produktionen aus dem Ausland unter Leistungsdruck. Repräsentantinnen des Heile-Welt-Kinos wie Maria Schell und Romy Schneider begannen zu rebellieren, forderten unbequemere Stoffe. In dieser kurzen Zeit war es möglich, engagierte und dennoch emotional ansprechende Filme zu drehen, die Herz und Verstand gleichermaßen berücksichtigten und mehr als nur gute Absichten erkennen ließen. Staudte, Käutner und Wicki beherrschten ihr Handwerk, sie vertraten einen Antifaschismus mit humanistischer Grundlage und konnten eigene Erfahrungen und Beobachtungen in ihre Filmarbeit einbringen, während die Vertreter ihrer Nachfolgegeneration durch ein Erfahrungsdefizit eingeschränkt zu sein scheinen.

Daß man nicht ewig an alten Erfolgsrezepten festhalten kann, sah auch Kristina Söderbaum ein, trotz ihrer anhaltenden Beliebtheit beim konservativen Publikum. Dessen ungeachtet verfolgte Harlan die Absicht, nach der Auftragsarbeit *Verrat an Deutschland* ein weiteres urdeutsches Melodram im Geist der *goldenen Stadt* zu drehen, denn seiner Ansicht nach hatte der deutsche Film seinen Nationalcharakter verloren. Die Menschen sprachen noch deutsch, beklagte er sich, aber von einem deutschen Geist sei in den Filmen nichts mehr zu spüren. [1] Trotz des mäßigen Erfolgs von *Verrat an Deutschland* hatte Harlan nichts von seinem Selbstbewußtsein verloren, und mit seinem nächsten Film beabsichtigte er nicht nur seinen eigenen künstlerischen Ruf wiederherzustellen – nein, dem gesamten deutschen Film wollte er wieder internationales Ansehen verschaffen!

Es fällt leicht, über diesen Anspruch zu spotten, aber angesichts der Lustlosigkeit, mit der viele seiner Kollegen ihre Regietätigkeit verrichteten, erscheint Harlans Selbstüberschätzung als erfreuliche Alternative. Daß sein großes nationales Melodram dann doch nicht mehr zustandekam, lag weniger an seiner Einsicht als an der Entscheidung der Divina-Gloria-Filmproduktion, ihm als nächstes einen Stoff anzubieten, der die Mißstände bei den gesetzlichen Krankenversicherungen anprangern sollte. Harlan räumte dem von Ernst von Salomon mitverfaßten Drehbuch keine Erfolgschancen ein, lehnte den Auftrag ab und wurde durch den *08/15*-Regisseur Paul May ersetzt. *Weil du arm bist, mußt du früher sterben* erlebte im April 1956 seine Uraufführung und erwies sich als finanzielles Desaster.

Vorübergehend ohne Arbeit, hätte Harlan einen Prozeß gegen die Firma anstrengen können, doch er unterließ es, um den Ruf, den er innerhalb der Industrie noch genoß, nicht zu gefährden. Schließlich erhielt er nach zweijähriger Untätigkeit ein Angebot von der Berliner Arca-Filmproduktion, die sich mit ansehnlichen Kolportage-Streifen wie *Liane, das Mädchen aus dem Urwald* (1956) einen Namen gemacht hatte. Der Film, wegen dem die Arca an Harlan herantrat, sollte sich mit dem Thema der Homosexualität befassen. Harlan, nach *Verrat an Deutschland* wenig interessiert an Tabu-Themen, hätte das Angebot abgelehnt, hätte die Arca nicht bereits die Zusagen renommierter Schauspieler wie Paula Wessely und Paul Dahlke vorzuweisen gehabt. Außerdem erhielt Harlan die Erlaubnis, am Drehbuch Änderungen vorzunehmen. Obwohl er sich unter seinem Comebackfilm etwas anderes vorgestellt hatte, bereitete er diese neue Produktion mit positiven Gefühlen vor. Hilde Körber, seit 1951 mit der Leitung der Max-Reinhardt-Schauspielschule betreut, lieferte ihm die erforderlichen jugendlichen Nachwuchskräfte und übernahm selbst eine Nebenrolle.

Im Mittelpunkt der Handlung sollte eine Mutter stehen, die ihren ›homosexuell gefährdeten‹ Sohn mit dem Hausmädchen verkuppelt und sich dafür vor Gericht verantworten muß. Als ihr Gegenspieler war ein Antiquitätenhändler vorgesehen, der Jugendliche an sich bindet. *Das dritte Geschlecht* lautete der Arbeitstitel, in Anlehnung an die haarsträubende, wenngleich gutgemeinte These von Dr. Magnus Hirschfeld, bei Homosexuellen handle es sich um ein eigenes Geschlecht.

Es erwies sich als glücklicher Zufall, daß gerade Harlan für den ersten deutschen Film zu diesem Thema seit Richard Oswalds *Anders als die anderen* (1919) engagiert wurde. Denn trotz der Versuche, seinen guten Ruf wiederherzustellen, blieb er innerlich der radikale, rücksichtslose Künstler, der gern provoziert. Und die Homosexualität war, gerade weil sich ihre strafrechtliche Verfolgung rational nicht begründen ließ, das größte Tabu der Zeit. Selbst völlig frei von homosexuellen Neigungen, besaß Harlan durch persönliche Kontakte eine besondere Affinität zu dem Thema. Schon in den zwanziger Jahren hatte er durch seinen Freund Francesco von Mendelssohn so berühmte homosexuelle Künstler wie den ›Ben Hur‹-Darsteller Ramon Novarro und den Regisseur Friedrich Wilhelm Murnau kennengelernt. Eleonora von Mendelssohn, Francescos Schwester, gehörte – wie nach ihr Greta Garbo und Marlene Dietrich – zu den Eroberungen der lesbischen Schriftstellerin Mercedes de Acosta.

Harlans Bereitschaft, für die Hauptrolle in »Charleys Tante« Frauenkleider anzuziehen, vor allem aber seine Hervorhebung dieser Rolle in seiner Autobiographie [2], zeugt von sexueller Aufgeschlossenheit. Er hatte 1926 sogar auf eine Gage verzichtet, um Klaus Manns inzestuös-schwul-lesbischem Drama »Anja und Esther« zu einem Berliner Start zu verhelfen.

Darüber hinaus war er durch Kristina Söderbaum mit zwei homosexuellen Männern befreundet, deren tragischen frühen Tod im Jahr 1943 er nie vergessen konnte: Victor von Zitzewitz und Friedrich Karl von Puttkamer. Ihn hatte auch das Schicksal von Claus Detlev Sierck erschüttert, dem 1925 geborenen Sohn des Regisseurs Detlef Sierck aus dessen Ehe mit Lydia Brinken. Als Sierck seiner jüdischen zweiten Ehefrau Hilde Jary zuliebe ins Exil ging, ließ er seinen Sohn zurück, der daraufhin Goebbels' Schikanen ausgesetzt war. Goebbels, erinnert sich Harlan, »verfolgte ihn völlig ungerechtfertigt wegen Homosexualität, brachte ihn damit vor die Gestapo, verbot ihm zu filmen und schickte den ungewöhnlich zarten und empfindsamen Jungen zum Militär. Er ist gefallen.« [3]

Währenddessen versuchte Hilde Körber, die eigentlich nie wieder heiraten wollte, ihren Kollegen Hubert von Meyerinck durch eine Scheinehe zu retten. Meyerinck, zu dessen engsten Freunden Francesco von Mendelssohn und Hans Brausewetter gehörten, war schon einmal 1938 wegen Verstoßes gegen den Paragraphen 175 verhaftet worden; er überlebte das Dritte Reich ohne Scheinehe, da er vermögend genug war, um Erpresser bezahlen zu können. Ludwig Berger, Harlans Regisseur am Theater (»Der Widerspenstigen Zähmung«) und beim Film *(Der Meister von Nürnberg)*, lebte ganz offen mit seinem Lebensgefährten Jan de Hartog zusammen, so wie auch Rochus Gliese, der Murnau-erfahrene Ausstatter von *Hanna Amon*. Richard Billinger, nach dessen Schauspiel »Der Gigant« *Die goldene Stadt* gedreht worden war, und von dem das Drehbuch zu *Hanna Amon* stammte, war wegen seiner Homosexualität sogar von der Gestapo abgeholt worden; nach 1945 konnte er mit diesem Erlebnis allerdings nicht prahlen, da ihm in der Bundesrepublik weiterhin Strafverfolgung drohte.

Von solchen Freunden und Mitarbeitern abgesehen, qualifizierte sich Harlan dadurch für das Thema, daß er wiederholt gegen sexuelle Heuchelei zu Felde gezogen war, am deutlichsten in *Jugend* und *Das unsterbliche Herz*. Ihm standen auch in den Schauspielern Friedrich Joloff und Otto Graf zwei Milieukenner zur Seite: Joloff, der sich ungezwungen wie kaum ein Kollege durch die Berliner Schwulenszene bewegte, der scharenweise junge Männer zu sich einlud und hinter sorgfältig verschlossenen Türen aufwendige Parties mit ihnen feierte, brachte den Mut auf, seinen eigenen Lebensstil vor der Kamera wiederzugeben; Graf dagegen übernahm die Rolle eines Richters.

Die Angst vor dem heißen Eisen war so groß, daß der Drehbuchautor Dr. Felix Lützkendorf von einem Mitglied der Deutschen Gesellschaft für Sexualforschung um Änderungen gebeten wurde. Der Film dürfe – alle Achtung! – auf keinen Fall den Eindruck erwecken, Homosexualität sei eine Vorstufe zum Verbrechen. Auch sollte die Existenz von therapeutischen Einrichtungen erwähnt werden. (So unerfreulich das vom heutigen Standpunkt aus klingen mag: Angesichts der strafrechtlichen Verfolgung von Homosexuellen war ihre Einstufung als Therapiebedürftige ein erster Schritt, sie vor dem Gefängnis zu bewahren.) Schließlich legte der Psychologe einen Entwurf vor, nach dem es in der Geschichte nur noch um den Verdacht der Homosexualität gehen sollte.

Die Änderungswünsche wurden nicht berücksichtigt; das letzte Wort gehörte Felix Lützkendorf. Drehbeginn war der 8. Mai 1957. Harlan, nach zweijähriger Pause wieder in einem Filmstudio, stürzte sich engagiert wie in früheren Zeiten in seine Arbeit. Der 19jährige Christian Wolff stand als Klaus Teichmann zum ersten Mal vor der Kamera. Harlan »war besessen«, erinnert er sich. »Es war bis jetzt die intensivste Arbeit mit einem Regisseur. Und in 37 Berufsjahren hat man ja eine Menge kennengelernt. Ich erinnere mich noch genau an sehr konzentrierte Proben vor Drehbeginn im Hotelzimmer meiner Filmmutter Paula Wessely. Harlan war kämpferisch, von Resignation keine Spur. Vielleicht war das sein Fehler. Vielleicht hätte er sich – wie viele seiner (geschickteren) Kollegen – nach Kriegsende etwas länger ›bedeckt‹ halten sollen. Vielleicht wäre er dann nicht der Alleinschuldige für alles gewesen, was die Reichsfilmkammer verbrochen hatte.«[4] Ingrid Stenn spielte das Hausmädchen; sie war kein völlig neues Gesicht, das paßte jedoch gut zu ihrer Rolle, denn Gerda sollte bereits über einige Lebens- und Liebeserfahrung verfügen, also etwas reifer als Klaus erscheinen. Paul Dahlke, der für Harlan unsympathische Rollen in *Mein Sohn, der Herr Minister* und *Verwehte Spuren* verkörpert hatte, spielte den intoleranten Vater von Klaus.

Die Musik, nach wie vor ein wichtiger Bestandteil jedes Harlan-Films, wurde einem relativen Neuling, dem 34jährigen Erwin Halletz übertragen, der schon einem etwas schwerfälligen, aber erfolgreichen Melodram von G. W. Pabst, *Das Bekenntnis der Ina Kahr* (1954), mit einer wuchtigen Ouvertüre Leben eingehaucht hatte. Drei *Liane*-Filme der Arca-Produktion versah er mit aufbrausendem Orchestereinsatz.

Mitten in den Dreharbeiten, am 13. Juli, verstarb der 70jährige Nebendarsteller Kurt Vespermann. (Bereits im März hatte Harlan innerhalb von zwei Tagen seine alten Weggefährten Albert Florath und Paul Bildt verloren.) Ansonsten gab es keine Zwischenfälle – bis der Film der FSK vorgelegt wurde. Sie verlangte Änderungen. Das Thema an sich war genehmigt, aber die Art und Weise von Harlans Darstellung mißfiel. Der Kunsthändler Boris, durch den Klaus in homosexuelle Kreise gerät, durfte am Ende nicht mehr frei herumlaufen. Genauso wie im Kriminalfilm, wo auch die Verbrecher am Ende bestraft werden müssen. »Nicht nur, daß der Homosexuelle am Schluß verhaftet werden mußte, was in der ersten Fassung nicht geschah, sondern auch alle Szenen, in denen Homosexuelle sympathisch waren und gerecht handelten, mußten rücksichtslos entfernt werden«, erinnert sich Harlan. »Die Folge der Veränderungen war, daß ich in vielen Zeitungen als ein Mann bezeichnet wurde, der ›in der Nazi-Zeit Juden gehetzt habe und jetzt Homosexuelle hetze‹.«[5]

Es gilt als unschicklich, einer Äußerung von Harlan zu glauben, aber der unbelastete Christian Wolff bestätigt dessen Version: »Wir mußten nachdrehen, es mußte nachsynchronisiert werden. Die Thematik wurde völlig verändert ... Harlan hatte diese Veränderungen nicht mitgetragen, er hat sie auch nicht gedreht. Aber in der Presse wurde dann gepoltert: ›Erst dreht er einen Antisemitenfilm, jetzt einen gegen die Homosexuellen‹.«[6] Für Harlan setzte sich Dr. Hans Giese ein, der Leiter des Instituts für Sexualwissenschaften in Frankfurt am Main; ein Mann, der sich für die Reform des Paragraphen 175 starkgemacht hatte. Er beschrieb in einem Leserbrief an die

Plakat zu *Anders als du und ich*

›Frankfurter Allgemeine Zeitung‹ die Machtlosigkeit des Regisseurs gegenüber der Zensur. [7]

Und in einem offenen Brief schrieb Harlan selbst: »Ich nehme an, es interessiert Sie [...], daß es in Deutschland einen Menschen gibt, der ganz und gar nichts von dem mittelalterlichen Paragraphen 175 hält. Der vielmehr glaubt, daß die fortschreitende Anthroposophie diesen Paragraphen als unmenschliche Freiheitsberaubung erkennen müßte, und der diesen Gedanken zur Grundlage der Behandlung eines Filmes gemacht hat, den er machen mußte – weil die Umstände es ihm unmöglich machten, statt dieses Films ein weniger gefährliches Thema zu wählen.«[8]

Hätte Harlan die liberalen siebziger Jahre noch erlebt und in dieser Zeit die Erklärung verfaßt, könnte man von dreistem Opportunismus sprechen. Aber er hat den Brief in den fünfziger Jahren geschrieben, als es riskant war, sich für Homosexuelle einzusetzen. Diese befanden sich nicht einmal ansatzweise in einer Position, die es ihnen erlaubt hätte, die Filmindustrie durch Boykottaufrufe unter Druck zu setzen. Harlans Kniefall vor den Homosexuellen kann also nur einen Grund gehabt haben: seine persönliche Überzeugung. Insgesamt ist ihm dreierlei vorgeworfen worden: 1) Verherrlichung der Homosexualität, 2) Diffamierung von Homosexuellen, 3) Diffamierung von moderner Kunst durch ihre Assoziierung mit Homosexuellen. Ein Opportunist hätte sich nach der Mehrheit gerichtet, er hätte sich der herrschenden Sexualmoral und dem neuen Kunstideal gebeugt.

Seine Premiere erlebte *Das dritte Geschlecht* am 29. August in Wien. In Deutschland startete er unter dem Titel *Anders als du und ich* und wurde mit dem Untertitel *§ 175* versehen. »Ein Film, von dem alle sprechen!« verkündete selbstbewußt der Verleih. »Ein Film, den jeder sehen will!«[9] Der ›Katholische Film-Dienst‹ drückte sich erstaunlich gemäßigt und sachlich aus: »Der sehr geschickt verfahrende Film [...] war als ein Wagnis, als eine Auseinandersetzung mit dem Problem der Homosexualität angekündigt worden. Aber er läßt dieses heiße Eisen sehr rasch fallen und wendet sich zu einer Tragödie der Mutter ... Daß der Film bei alledem sehr geschickt verfährt, flüssig inszeniert, gut gespielt und handwerklich ansehnlich ist, macht seine moralischen Fehler bei der Behandlung eines derart wichtigen Themas im Hinblick auf die Meinungsbildung des breiten Publikums noch bedenklicher.«[10]

Obwohl die Verbindung von Homosexuellen mit moderner Kunst beanstandet und dabei der gute Ruf der Kunst, nicht der der Homosexuellen verteidigt wurde, kann man dem Rezensenten keine inhumane Homophobie vorwerfen. Das blieb dem ›Evangelischen Filmbeobachter‹ überlassen, demzufolge es in dem Film um den Versuch einer Mutter gehe, ihren Sohn »vor solch schrecklicher Verirrung zu bewahren ... Einer Strafanzeige des Vaters weiß der Jugendverderber sich durch Flucht ins Ausland zu entziehen.« [Der

Rezensent hatte die erste Fassung gesehen.] Es sei fraglich, ob die Gefährdung Jugendlicher »durch abwegig veranlagte Personen [...] überhaupt in die Kinos gehört«. Empört fügte der Rezensent hinzu: »Es wird aber argumentiert, als ob man über das in den meisten Kulturstaaten strafrechtlich verbotene Treiben geteilter Meinung sein könnte. Ja, fast hat es den Anschein, hier sollte der von den Betroffenen ersehnten liberalen Diskussion um solche Verirrungen als einer Vorbereitung für eine etwaige Gesetzesänderung in tendenziöser Weise das Wort geredet werden ... Eine Anzahl tüchtiger Schauspieler, voran Paula Wessely, in dieser zwielichtigen Geschichte agieren zu sehen, halten wir für beschämend.« Der Film sei »höchst gefährlich«. [11]

Wie es das Beispiel der katholischen Kollegen gezeigt hatte, war es sehr wohl möglich, der Homosexualität auf sachliche Weise ablehnend gegenüberzustehen, ohne für den Erhalt eines nationalsozialistischen Gesetzes plädieren zu müssen – denn genau das war der nach 1933 verschärfte Paragraph 175. Bezeichnend für die moralische Haltung des ›Evangelischen Filmbeobachters‹ ist auch der Hinweis, der Auftritt der Wessely hier sei beschämend. Wenn es einen Film gab, für den sich die große Burgtheater-Schauspielerin zu schämen hatte, dann war es Gustav Ucickys antipolnischer und antisemitischer Hetzfilm *Heimkehr*. Aber die Diffamierung anderer Völker hat die kirchlichen Stellen meist kalt gelassen, wenn nur die Moral gewahrt blieb. Der Hinweis auf die Ablehnung der Homosexualität in Kulturstaaten sollte wohl betonen, es sei ein Zeichen hoher Kultur, Homosexualität zu verurteilen.

Wie bereits *Jud Süß* fungierte *Anders als du und ich* als Stimmungsbarometer. Und abermals richtete sich die Wut der Kritiker gegen den Mann, der die Diskussionen ausgelöst hat.

Karena Niehoff, die Harlans Film für den ›Tagesspiegel‹ rezensierte, mußte Details falsch wiedergeben, um einen Verriß zu rechtfertigen. Zunächst einmal bezeichnete sie Homosexualität als »ein Schimpfwort, mit dem man bestimmte, politisch unliebsame Gruppen gleich en masse verbannte«; ihre Anteilnahme galt somit gar nicht den manifest Homosexuellen, sondern nur jenen Männern, die ›unschuldig‹ derartiger Neigungen bezichtigt worden sind. Den überlegenen, kühlen Boris nannte sie einen »überkandidelten Lüstling«, und die Anzeige gegen Frau Teichmann, die er im Film aus Notwehr erstattet, erstattet er nach ihren Angaben aus purer Gemeinheit. Für Homosexuelle setzte sie sich aufgrund ihrer großen kulturellen Leistungen ein – was nichts anderes bedeutet als die Aussage, daß untalentierte, nicht kreative Homosexuelle zu Recht geächtet werden. [12]

Von der sich progressiv gebenden, 1957 erstmals erschienenen ›Filmkritik‹ hätte man Erkenntnisse erwarten können, die von denen der Tagespresse abwichen. Aber nichts dergleichen brachte Enno Patalas zustande. Er befand sich in einem Dilemma: die Verherrlichung der Homosexualität durfte er Harlan nicht vorwerfen, damit hätte er sich zuwenig vom ›Evangelischen

Filmbeobachter‹ abgehoben, aber ein Plädoyer für Schwule zu halten, lag auch nicht in seinem Interesse. Die – nicht nur deutsche – Linke hat zu Homosexuellen schon immer ein gestörtes Verhältnis gehabt, was unter anderem dazu führte, daß Klaus Mann im antifaschistischen Exil seine Neigungen leugnen mußte, um als ernsthafter Mitkämpfer akzeptiert zu werden. Zwar hatten sich in den zwanziger Jahren SPD und KPD für eine Änderung des Sexualstrafrechts zugunsten von Homosexuellen eingesetzt, dies war jedoch nur ein Teil ihres Kampfes gegen die bürgerliche Gesellschaftsordnung.

Sympathie für Schwule wurde nur geheuchelt, um die Institution der Ehe zu bekämpfen. Doch sobald Gerüchte über die sexuellen Vorlieben von Hitlers Kampfgefährten Ernst Röhm an die Öffentlichkeit drangen, änderte sich der Kurs. Da sich das ›gesunde Volksempfinden‹ leichter ansprechen ließ als der Intellekt, wurden im Kampf gegen den Nationalsozialismus auch dessen spätere Opfer angegriffen. »Rottet die Homosexuellen aus und der Faschismus wird verschwinden«, riet Maxim Gorki 1934 in seinem Aufsatz »Proletarischer Humanismus«[13], und daß ähnliche Ansichten in abgemilderter Form auch in Deutschland kursierten, brachte sogar den heterosexuellen Dichter Kurt Tucholsky dazu, sich gegen die Diffamierung Homosexueller durch Antifaschisten auszusprechen, wobei er freilich kaum Mitstreiter fand. (Schwulenfeinden aus dem rechten Lager muß man immerhin zugestehen, daß sie keine Heuchler sind und ihre Abneigung offen formulieren.)

Enno Patalas erwähnte in seiner Kritik den »guten deutschen Paragraphen 175«, ohne ihn ernsthaft anzuprangern und sprach anstelle von »Homosexuellen« von den »Anormalen«. Weiterhin behauptete er, der Verführer Boris Winkler sei möglicherweise Jude und der ganze Film ein Plädoyer für seine Einweisung ins KZ – Phantasievorstellungen, die sich durch kein Bild und kein Wort des Films belegen lassen. [14] Noch 1985 behauptete Olaf Stüben in seinem Buch ›Verdammte Zärtlichkeit‹, Zuschauer würden nach dem Besuch von *Anders als du und ich* »mit Wut im Bauch und Lynch-Justiz-Gedanken an den heimischen Herd zurückkehren«. [15] Erst Hermann J. Huber hat 1987 in seinem Lexikon zur Homosexualität im Film darauf hingewiesen, daß die Angriffe gegen den Film vor allem gegen die Person Harlans gerichtet waren und keine Parteinahme für Homosexuelle bedeuteten.

Daß Enno Patalas sich durch Diffamierungen ›Andersartiger‹ nicht den Genuß eines Filmes verderben ließ, zeigte sich vier Jahre später in seiner Besprechung von Roberto Rossellinis *Rom, offene Stadt* (1945). Während in der nationalsozialistischen Realität lesbische Frauen im Rahmen von Euthanasie-Aktionen vergast oder unter sonstigen Vorwänden hingerichtet worden sind, präsentierte Rossellini als Repräsentantin des Faschismus eine grell geschminkte lesbische Gestapofrau. »Die Sachen sind da – warum sie manipulieren: darin liegt das ganze Programm des rossellinischen Neorealismus von 1945 beschlossen«, klärte Patalas seine Leser auf. »Die Sachen waren in der Tat da, die Realität fiel die Menschen an. Die Realität, das waren Razzien, Verhöre, Folterungen, Erschießungen, Überfälle.«[16] ... und auch lesbische Gestapofrauen? Am 2.Februar 1945 hatte Ferdinando Maria Poggioli, einer der talentiertesten Kollegen Rossellinis, den Gashahn geöffnet, weil seine Lage als Schwuler im Faschismus immer unerträglicher wurde, und wie Giorgio Bassanis Roman »Brille mit Goldrand« zeigt, handelte es sich dabei um keinen Einzelfall. Aber Rossellini brachten derartige Vorfälle nicht davon ab, gleichgeschlechtliche Liebe als Symbol für den Faschismus zu diffamieren.

1944 wurde die Schriftstellerin Christa Winsloe – ihr Stück »Gestern und heute« diente als Vorlage für den Film *Mädchen in Uniform* – in ihrem französischen Exil ermordet. Die Frau, die 1933 aus Deutschland fliehen mußte, wurde gemeinsam mit ihrer Freundin Simone Gentet von einem Résistance-Mitglied erschossen. Aufgrund ihrer abweichenden Sexualität galten beide als Gefahr – auf der einen wie auf der anderen Seite.

Hans Schwab-Felisch von der ›Frankfurter Allgemeinen Zeitung‹ behauptete erst gar nicht, sexuell aufgeschlossen zu sein, er verzichtete auf jegliche Heuchelei und formulierte ganz offen seinen Ekel angesichts der ›schmutzigen‹ Thematik. »Laßt uns danach die Hände waschen«, schlug er vor, um sich, wie es auch schon Niehoff und Patalas getan hatten, mehr über die Diffamierung von moderner Kunst aufzuregen als über die der Homosexuellen. Um sich seinen Ekel nicht allzu sehr anmerken zu lassen, versah er die Kritik mit der Überschrift »Ein überflüssiger Film«, als sei zu dem Thema schon alles gesagt gewesen. [17]

Für Günter Dahl (›Filmpress‹) war Händewaschen zuwenig. »Muß man sowas drehen?« fragte er zu Beginn seines Textes, aufgrund dessen man sich wieder mit dem ›Evangelischen Filmbeobachter‹ versöhnen möchte. Dahl versuchte seine Verlegenheit mit Witzeleien zu kaschieren: »Auf geht's ihr Leute, san ma schwul! Unter diesem Motto mag der Produzent zum Sammeln geblasen haben.« Er erzählte kurz den Inhalt des Films, der damit enden würde, daß »wieder eine Seele vom warmen Abgrund gerettet« worden sei, und kam dann zu seinem Urteil: »Aufhören! Sofort aufhören! Verdammt noch mal, wir wollen es doch gar nicht so genau wissen! ... Der (pseudo-)hochgeistigen künstlerisch interessierten Lebensform der Homosexuellen in diesem Film steht das Spießbürgertum bei den ›normalen‹ Bankdirektors gegenüber. Laßt uns also ganz rasch unnormal werden: Wir sind schließlich keine Spießer!« Darin bestand seiner Ansicht nach die Botschaft. »Wie indezent, instinktlos und bar jeden guten Geschmacks ist das alles gemacht ... Die Kamera krallt sich fest an Leibern in knappen silberfarbigen Hosen, an nackten Herrenbeinen, an den irren Augen des homosexuellen Chefs« – den Dahl auch den »Oberschten der warmen Brüder« nannte! »Igitt«, endete sein Text. »Wenn der Vorhang sich schließt, eilt man, um sich die Hände zu waschen. Am liebsten würde man baden.«[18]

Aus zwei Gründen ist die Besprechung bemerkenswert. Dahl hat als einziger Kritiker erkannt, daß Harlan die sauberen Spießbürger bloßstellt und nicht die Schwulen. Verraten hat er sich ganz nebenbei auch. Denn die Kamera krallt sich an keinem halbnackten Knabenkörper fest; sie bleibt während des Ringkampf-Tanzes im Haus von Boris Winkler auf Distanz. Es kann nur Dahl selbst gewesen sein, der sich an den nackten Beinen festgekrallt, sie mit seinem eigenen Auge herangezoomt hat.

Beim Kultusministerium in Düsseldorf sollte sogar ein Verbot des Films erwirkt werden. Unterschrieben hatten den Protest u. a. Professor Dr. Joseph Neyses, Leiter des Robert-Schumann-Konservatoriums und des Bach-Vereins Düsseldorf, Professor Dr. Köngeter von der Staatlichen Kunstakademie, Mitglieder des Architektenrings Düsseldorf und der Sozialistischen Jugend Die Falken, der Leiter eines deutsch-französischen Pantomimenensembles und eine Vereinigung für Jazz-Musik. Trotz der sexuellen Toleranz, die Künstlern so gern unterstellt wird, galt die Sorge der Unterzeichner nur dem Ruf moderner Kunst. [19] Nur ›Die Welt‹ riskierte eine Kritik an den bestehenden Gesetzen in der Bundesrepublik. »Mut hätte dazu gehört, eine von der gängigen und vom gegenwärtigen Gesetz legitimierten Meinung abweichende Ansicht zu vertreten.« Dies habe Harlan jedoch nicht getan. [20]

Selbst bei den ausgewogeneren Kritiken fällt eine Weigerung auf, genauer auf den Film einzugehen, als habe man sich geschämt, richtig hinzusehen. Felix Lützkendorf und Veit Harlan waren reif für das Thema der Homosexualität, nicht allerdings die bundesdeutschen Feuilletonisten. Keine Peinlichkeit, die der Film hin und wieder enthält, kann es mit den Peinlichkeiten aufnehmen, die 1957 von einigen Rezensenten zu Papier gebracht wurden.

Für einen positiven Ausgleich sorgten nicht einmal die Homosexuellen-Zeitschriften. Was dort zu lesen war, unterschied sich kaum von den Kommentaren der heterosexuellen Presse; andernfalls wären diese Blätter wohl auch verboten worden. ›Der Weg‹ meinte sogar: »Aufklärung kann man nicht aus dem Kino beziehen ... Für das wahre Problem sind Ärzte, Richter und Seelsorger zuständig, nicht Filmregisseure.«[21] Als hätten Ärzte und Richter nicht schon genug Schaden unter Schwulen und Lesben angerichtet! *Anders als du und ich* war ein wichtiger erster Schritt, noch mit Fehlern behaftet, aber ein positives Signal.

Trotz der zahlreichen feindseligen Reaktionen erwies sich *Anders als du und ich* als Harlans letzter bedeutender Publikumserfolg. Wie so oft hatte sich an dieser Produktion gezeigt, daß das ›dumme Publikum‹ sexuell wesentlich aufgeschlossener war als die Filmkritik der damaligen Zeit. Im Stuttgarter Gloria-Palast zog der Film in sieben Tagen 25 994 Besucher an, in der Lichtburg Essen waren es in sechs Tagen 19 492 Besucher. Noch im Januar 1959 konnte die Constantin, die den Verleih übernommen hatte, zufriedenstellende bis sehr gute Geschäfte vermelden. [22]

In der US-Zeitschrift ›Variety‹ wurde *Anders als du und ich* positiv rezensiert: »Im Gegensatz zu den meisten anderen deutschen Problemfilmen« zeichne sich dieser »durch Takt und guten Geschmack aus … Harlans Regie ist offenherzig, realitätsnah und temporeich. Er verdient auch Lob für die geschickte Schauspielerführung. Der Authentizität halber hat er einige Szenen an Berlins Schwulentreffpunkten gedreht.« Und während die deutschen Kritiker wie üblich taub auf den Ohren waren, hob ›Variety‹ die Musik von Erwin Halletz als Pluspunkt hervor. [23] Kommerziell gab das Blatt dem Film geringe Chancen, da viele Länder Homosexualität tabuisierten, aber ein ergiebiger Export kam dennoch zustande. In Italien lief *Anders als du und ich* als *Processo a porte chiuse*, in Schweden abwechselnd als *Inte som du och jag* und als *Oskuld*.

Die größte Hürde konnte schließlich genommen werden, als sich ein amerikanischer Verleiher fand. Der unabhängige Produzent Ilya Lopert, der später Billy Wilders *Küß mich, Dummkopf* (1964) herausbringen sollte, zahlte 350.000 Dollar für die Rechte an *The Third Sex* und verkaufte die Produktion mit einem Profit von 50.000 Dollar an David Dietz, der dem Film 1959 einen Start in New York verschaffte. Als Regisseur wurde vorsichtshalber der Regieassistent Frank Winterstein angegeben. Die ›Deutsche Woche‹ war entsetzt über den Auslandseinsatz des Films, der »dort ein recht seltsames Bild von der Bundesrepublik zeichnet«. [24] Daß es in diesem Land Homosexuelle gibt, sollte die Weltöffentlichkeit offenbar nicht erfahren.

A.H. Weiler von der ›New York Times‹ gab sich mehr gelangweilt als empört und nannte *The Third Sex* ein »routiniertes Rührstück«. [25] Aber nach seiner Präsentation auf dem Videomarkt erfreute sich *The Third Sex* verstärkter Anerkennung: Raymond Murray, Videothekenbesitzer und Buchautor aus Philadelphia, empfand ihn als »historisch bedeutsam … außergewöhnlich in seiner Darstellung von Schwulen, der unnachgiebigen Reaktion der Gesellschaft auf sie und des Aufeinanderprallens des alten Deutschland mit dem neuen … Verschiedene Charaktere halten einleuchtende Verteidigungsreden zugunsten der Homosexualität.« [26]

Die historische Bedeutung von Harlans Werk erkannte auch James L. Limbacher, der in seinem Nachschlagewerk ›Sexuality in World Cinema‹ schrieb: »Ein für seine Zeit ziemlich gewagter Film über deutsche Homosexuelle. Für heutige Verhältnisse ist er etwas wunderlich und angesichts der heutigen Permissivität eher altmodisch. Aber für die späten fünfziger Jahre bedeutete er einen Durchbruch.« [27]

Von seinen »letzten törichten Filmen« sei ihm dieses »Filmchen« noch am liebsten gewesen, erklärte Veit Harlan in seiner Autobiographie. [28] Die Bescheidenheit ist unangemessen, der Film hat es in sich. In seiner visuellen Gestaltung eher sachlich, ist er von einer thematischen Komplexität, die für drei verschiedene Filme gereicht hätte. Frau Christa Teichmann wird als erste Person des Films eingeführt, und der Name von Paula Wessely steht an erster Stelle im Vorspann. Das muß man sich vergegenwärtigen, denn in der Auseinandersetzung um *Anders als du und ich* wurden Rolle und Darstellerin zur Nebensache erklärt. Frau Teichmann tritt zwar, wie es sich für eine ordentliche Hausfrau der Adenauer-Ära gehört, bescheiden in den Hintergrund, dennoch ist ihr Opfergang eine bewegende Geschichte für sich. Frau Teichmann steht wegen schwerer Kuppelei vor Gericht. Natürlich ist sie unschuldig und die ganze Situation absurd. Paula Wessely vor Gericht! Selbst in *Heimkehr*, wenn sie den Tag herbeisehnt, an dem man kein Wort Polnisch und kein Wort Jiddisch mehr hört, sondern nur noch Deutsch – selbst da wirkt sie noch wie eine Heilige. Ihre äußere Erscheinung – »der Gedanke an weiches Fleisch kommt nicht auf angesichts der makellosen, aber glanzlosen Ebenmäßigkeit dieser Büste« (Heide Schlüpmann [29]) – verstärkt den Eindruck moralischer Integrität.

»Da können alle Gerichte der Welt kommen. Das fühlt man, ob man schuldig ist. Ich meine, wenn man das nicht mehr fühlt, wonach soll man sich dann überhaupt noch richten?« Frau Teichmann spricht in gewisser Weise auch für Veit Harlan. »Da wirst du schuldig, und du weißt es nicht«, so kommentiert Frau Teichmann ihre Verurteilung. In Rückblenden wird erklärt, was sie getan hat; wie schon bei *Hanna Amon* läuft alles auf die Rechtfertigung einer Tat hinaus. Und worin besteht das Verbrechen von Frau Teichmann? Sie hat aus Sorge um ihren ›sittlich gefährdeten‹ Sohn Klaus das Hausmädchen Gerda auf ihn angesetzt und somit »eine erkannte Unordnung durch eine andere Unordnung« (die Worte des Richters) bekämpft. Das Ergebnis: der Junge ist geheilt, die Mutter muß dafür büßen. Das Gefühl von Ungerechtigkeit wird dadurch noch verstärkt, daß Gerda zwar sympathisch, aber keinesfalls als unschuldig dargestellt wird. Kleine Details, etwa wie sie beim Kochen einen Löffel ableckt, deuten sexuelle Neugier an.

Wenn Frau Teichmann sogar in ihren eigenen Augen an etwas schuld ist, dann sind es die homoerotischen Neigungen ihres Sohnes. »Wir Frauen sind mit schuld daran, daß die Männer so sind«, verrät sie, die Erfahrene, Gerda im Gespräch von Frau zu Frau. Ob Männer zu aufdringlich sind oder zu schüchtern – es sei die Sache der Frauen, etwas daran zu ändern. ›Wir Frauen‹, das sind weiche, weltfremde Mütter und Mädchen, die nicht deutlich genug zeigen, was sie wollen. Für die Verbreitung solcher Ansichten hat Frau Teichmann ihre Strafe redlich ›verdient‹. Sie ist eine Mutter, der die Erziehung entgleitet wie den (in den letzten drei Fällen verstorbenen) Müttern in *Maria, die Magd, Jugend, Die goldene Stadt* und *Kolberg*.

Ihre Nachsichtigkeit gegenüber Klaus, dessen gesellschaftlichen Umgang sie nur zaghaft kritisiert, hat allerdings weniger mit Toleranz zu tun als mit fehlender Autorität. Sie lebt nur, um zu dienen und zu leiden, darin besteht dann ihre ›Größe‹. Harlan setzt Frau Teichmann ein Denkmal dafür, daß sie im Dienst der bürgerlichen Ordnung soviel Opfergeist demonstriert. Die Kinozuschauerin kann sich mit ihr darüber freuen, daß der Sohn endlich ein Mädchen umarmt, und dabei das eigene Unglück vergessen. (In Kristina Söderbaums Darstellung wäre Frau Teichmann weniger erhaben und denkmalhaft erschienen, als es bei Paula Wessely der Fall ist. Söderbaum hätte selbst zu leichtsinnig gewirkt, um als Retterin ihres Sohnes zu überzeugen. Auch fehlt ihrem Masochismus das heroische Element, das die ›Größe‹ der Wessely ausmacht.)

Es gibt noch eine andere Mutter in dem Film, gespielt von Hilde Körber. Sie duldet die Homosexualität ihres dichtenden Sohnes (ihr eigener Mann war Tänzer, das besagt alles) und ist auch einverstanden damit, daß er von einem reiferen Mann gefördert wird. Sie wird nicht vor Gericht gestellt, aber dafür bekommt sie auch keine Enkelkinder.

Auf einer weiteren Ebene ist *Anders als du und ich* ein Remake von *Jugend*. So wie Harlan 1938 lustvoll den Körper von Kristina Söderbaum erforscht hat, ist diesmal Ingrid Stenn das Objekt der Begierde. Harlans Blick auf seine junge Protagonistin ist aber nicht mehr sadistisch, sondern nur noch voyeuristisch. Ingrid Stenn ist auch keine Darstellerin, die sadistische Gefühle aufkommen läßt; sie erinnert an die junge Hildegard Knef mit ihrer Natürlichkeit und ihrem gesunden Lebenshunger. Wie sie sich, die Teichmanns sind ›zufällig‹ verreist, auf die Verführung von Klaus vorbereitet, wie sie nackt vor dem Spiegel steht, sich die Zähne putzt und durch die Tür hindurch mit dem Jungen spricht, wobei ihr der Schaum der Zahncreme über die Lippen läuft – das zeugt von einer pornographischen Phantasie, die den Neid von Arthur Maria Rabenalt erweckt haben dürfte. Gerda ist kein hilfloses, manipulierbares Objekt und zeichnet sich überdies durch eine emotionale Reife aus, die den Erwachsenen fehlt. Als Klaus nachts von einem verbotenen Besuch bei seinem Freund Manfred zurückkehrt, verrät sie ihn nicht an seinen Vater. Souverän bewährt sie sich bei einer polizeilichen Vernehmung und kritisiert das kalte, sachliche Vokabular der Justiz (»Unzucht… stattgefunden«).

Nach dem überheblichen Gneisenau in *Kolberg* und dem leichtsinnigen Bruder von *Hanna Amon* überrascht es, Harlan bei einem Generationskonflikt so deutlich auf Seiten der Jugend zu sehen. Auch Thomas Amon stand zwischen zwei Welten, zwischen der mondänen Vera und der hausbackenen Schwester Hanna. Thomas war leichtsinnig, im Unrecht, jähzornig. Klaus hingegen ist ein intelligenter Junge, dessen Gefühle man nachvollziehen kann. Daß er zu seinem Vater keine Ebene findet (»Ich glaube, mein Vater ist nie jung gewesen«), ist eindeutig dessen Schuld. Das sanfte, aufgeweckte Lächeln von Christian Wolff kontrastiert deutlich mit der aggressiven Humorlosigkeit von Paul Dahlke. Klaus ist neugierig, interessiert an ungewöhnlichen Menschen: wenn er sich mit abstrakter Malerei und elektronischer Musik beschäftigt, dann ist das nicht Ausdruck von Krankheit oder pubertä-

rer Verwirrung, sondern ein Zeichen von Aufgeschlossenheit und Experimentierfreude. Nie
versucht der Film, Klaus als verhaltensgestört
hinzustellen. Nicht einmal verwirrt ist er. Dieses Gefühl überläßt er den Eltern.

Noch erstaunlicher ist eine von Peter Nijin-
skij verkörperte Nebenfigur, ein selbstbewußter jugendlicher Schwuler, der sich beim Ver-
hör auf der Polizeiwache nicht einschüchtern
läßt und der der These widerspricht, es gebe
keine homosexuellen Jugendlichen, nur irritierte Heranwachsende, die von einem Erwachsenen verführt werden.

Wenn Gerda Klaus auf ihre Reize aufmerksam macht, ist das in visueller Hinsicht der
Höhepunkt eines Films, der sonst vorwiegend
aus kalten, flachen Schwarzweiß-Aufnahmen
besteht. Hier allein wird die Schaulust be-
friedigt, hier leuchten und leben die Bilder.
Gerda steht in ihrem Zimmer vor einer unglaublichen Tapete, die wie ein Himmel voller
Sterne aussieht, und Erwin Halletz' anschwel-
lende Musik entspricht dem, was sich der Produzent David O. Selznick von Dimitri Tiomkin
für *Duell in der Sonne* (1946) gewünscht hatte:
Orgasmus-Musik. Zur sexuellen Vereinigung
kommt es draußen auf dem Rasen, wo der
Sturm weht und die Äste hin- und herschlagen.
Hier geht Harlans Regie deutlich über die Routine hinaus. Und schon wieder hat er etwas
falsch gemacht: Vergewaltigung! hieß es rund
dreißig Jahre später, als unter dem Dogma der
politischen Korrektheit jede heftige Umar-
mung als sexuelle Gewalt definiert wurde.

Ingrid Stenn und Christian Wolff
in *Anders als du und ich*

Anders als du und ich hat nicht deswegen so
viele Kontroversen ausgelöst, weil er sich mit selbstloser Mutterliebe und
Frühlings Erwachen beschäftigt. *Anders als du und ich* ist auch ein homo-
sexuelles Remake von *Jud Süß*. Die Grundsituation, das Aufeinanderprallen
zweier Welten, ist dieselbe, und Harlans Haltung ist in beiden Fällen nicht
so eindeutig, wie es scheint. Schon 1940 vollzog er einen Balanceakt, er machte es jedem recht. Wenn Jud Süß grundlos beschimpft wird, ohne etwas getan
zu haben, dann wird der Antisemit sagen, es müsse kein Grund vorliegen,

Ingrid Stenn und Christian Wolff
in *Anders als du und ich*

um einen Juden zu beschimpfen; Menschen mit einem normalen Gerechtigkeitsempfinden dagegen werden sofort Partei für den Juden ergreifen. In *Anders als du und ich* ist aus Jud Süß der Antiquitätenhändler Dr. Boris Winkler (Friedrich Joloff) geworden, ein kultivierter Mann um die fünfzig. »Wir sind der Abschaum«, stellt er resignierend fest, als er gesetzlich verfolgt werden soll, und er träumt von einem Leben in einem Land, »wo sich die Polizei nicht immer in das Privatleben einmischt.« Abermals dürften die Zuschauerreaktionen gespalten gewesen sein: die einen sagen, jawohl, ihr seid der Abschaum, und wenn ihr euch ausleben wollt, dann geht ins Ausland, während die anderen an Winklers Schicksal Anteil nehmen.

Beide, Jud Süß und Boris Winkler, werden zuerst von ›anständigen Mitbürgern‹ angegriffen und begehen aus der Defensive heraus ihre Gemeinheiten, was im vorliegenden Fall die Anzeige wegen Kuppelei gegen Frau Teichmann ist. Ansonsten muß festgestellt werden, daß Winkler keinen einzigen seiner Jungen ins Unglück stürzt. Niemand nimmt Drogen oder begeht Selbstmord, weil er mit ihm in Berührung gekommen ist. Das unterscheidet diesen Mann, trotz der anderen Parallelen, von Joseph Süß Oppenheimer und Vera Colombani, die den Tod von Dorothea Sturm bzw. Hans Zorneder verschulden. Eher läßt sich Boris mit Madlyn Sapierska vergleichen, die Unruhe stiftet und eine Ehekrise verursacht, ohne dabei ein schlechter Mensch zu sein.

Was Boris' hinterhältige Anmache betrifft, die Art etwa, wie er Klaus ganz unvermittelt die Hand auf die Schulter legt – solch eine Geste spricht nicht für Harlans Homophobie, sondern für gute Beobachtungsgabe. Anders als bei *Jud Süß*, wo die jüdischen Sprechrollen von Nichtjuden verkörpert wurden, ist hier echten Homosexuellen eine Selbstdarstellung ermöglicht worden. Friedrich Joloff erhielt die für einen schwulen Schauspieler der fünfziger Jahre einzigartige Möglichkeit, seine eigene Lebensweise auf der Leinwand zu verewigen. Darüber haben sich dann milieufremde Heterosexuelle aufgeregt.

Klaus' kleinbürgerlicher Vater ist die unangenehmste Figur. Der Begriff ›Kleinbürger‹ erscheint mir angemessen, obwohl Teichmann laut Drehbuch Bankdirektor sein soll. Denn seine Lebensauffassung zeugt von einer Provinzialität, mit der sich Harlan und Lützkendorf niemals identifizieren konnten. Die einzigen homosexuellenfeindlichen Äußerungen in diesem Film stammen von Teichmann, der fordert, man müsse Homosexuelle vorbeugend bestrafen. »Aus diesen Kreisen kommen ja die Verbrecher«, weiß er zu berichten. Über den schwulen Schulfreund von Klaus sagt er: »Alle gesunden Jungen lehnen diesen Manfred ab.« Angesichts einer Travestie-Show: »Da kann man ja Angst kriegen ... Daß es so etwas gibt.« Zu Winklers Vorwurf, geistig wache Menschen könnten sich in dieser spießbürgerlichen Welt nicht entfalten: »99 Prozent leben in dieser Welt, ohne zu ersticken.« Zu seiner eigenen Anzeige gegen Winkler: »Dafür werden mir noch viele Eltern dankbar sein«, das heißt: die Eltern müssen sich erst organisieren, damit die Justiz gegen Homosexuelle einschreitet.

Christian Wolff und Friedrich Joloff in *Anders als du und ich*

Christian Wolff und Günther Theil in *Anders als du und ich*

Wenn Teichmann mit seinem Schwager Max (Hans Nielsen) in die Wohnung von Manfreds Mutter geht, gleicht das einem Gestapo-Besuch: die arme, schwache Frau an der Nähmaschine, umstellt von zwei kräftigen Männern in langen schwarzen Mänteln, die mühelos den Raum einnehmen und ihr klarmachen, wie fahrlässig sie bei der (Nicht-)Erziehung ihres Sohnes handelt. Harlan versucht nie, diesen Sittenwächter sympathisch zu zeichnen. Teichmanns eigene Frau, die sonst alles erduldet, meint, von ihm gehe »eine Sicherheit aus, vor der man sich fürchtet«. Paul Dahlke hat in zwei seiner wichtigsten Rollen, in *Romanze in Moll* und *Der fallende Stern* (1950), mit seiner Borniertheit die erlebnishungrigen Ehefrauen in den Tod getrieben.

Um so mehr ist der Schwager Max ein Sympathieträger. Auch er strahlt väterliche Autorität aus, aber man kann ihn, so widersprüchlich das klingt, als ›liberalen Spießbürger‹ bezeichnen. Er lebt angepaßt, aber das Fremde erschreckt ihn nicht: »Die Welt ist voller Schatten, aber auch die Schatten gehören zur Natur.« (Diese Bemerkung ist bei der FSK auf Kritik gestoßen, wurde aber erstaunlicherweise nicht herausgeschnitten.) Max' erster Satz, wenn der Gerichtssaal geräumt und unter Ausschluß der Öffentlichkeit verhandelt wird, ist bezeichnend für ihn. »Die tun, als ob wir kleine Kinder wären.« Es imponiert ihm, daß Klaus, vom Vater eingeschlossen, das elterliche Haus durchs Fenster verläßt, auch wenn der Besuch bei Manfred sein Ziel ist. Einen Travestiekünstler (Marcel André) in einer Bar begrüßt er wie einen alten Bekannten, und sogar zu Manfred ist er freundlich, obwohl er weiß, wer und ›was‹ er ist.

Die Kritiker Harlans sind weder auf die Figur des Werner Teichmann noch auf die des Onkel Max eingegangen, obwohl diese Vaterfiguren es sind, die eine Diskussion über Homosexualität führen.

Harlan leistet sich ein paar denunziatorische Überblendungs- und Beleuchtungseffekte. Manfred liest Klaus aus seiner Novelle ›Der Regenbogen‹ vor (»In grellen, fast schmerzenden Farben spiegelte sich der Regenbogen in den gelb-lehmigen Pfützen der Niederungen«), darüber legt Harlan das Bild einer schwarzen Pfütze, in die es hineinregnet, begleitet von Oskar Salas elektronischer Musik. Bei Boris Winkler zuhause ist Verdunkelung angesagt; Winkler selbst wird dämonisierend von unten angeleuchtet, nachdem er Klaus ›verhext‹ hat, und bei einem Ringkampf halbnackter Jünglinge geht die Kamera schon mal in die Schräglage. Ob die Assoziierung Homosexueller mit abstrakter Malerei und elektronischer Musik diskriminierend gemeint ist, mag dahingestellt bleiben. Schwule müssen nicht immer Verdi hören und auf geblümten Sofas sitzen. Es hat schließlich auch keinen Sturm der Entrüstung gegeben, als die erste Zwölfton-Musik zu einem kommerziellen Hollywood-Film für Vincente Minnellis *Die Verlorenen* (1955) geschrieben wurde – einem Film, der in einem Sanatorium für psychisch Kranke spielt.

Klaus wendet sich zwar von Manfred ab und Gerda zu, die er auch dann so malt, wie sie wirklich aussieht, aber er wirft deswegen seine abstrakten Gemälde nicht ins Feuer, und unter Homosexuellen verkehrt zu haben, verursacht bei ihm keinen nachträglichen Ekel. (Man denke im Vergleich dazu an Hans Zorneder in *Hanna Amon*, der vor Vera Colombani ausspuckt.) Auffallend ist auch Harlans fairer Umgang mit Manfred: blond, zierlich, traurig, wird weder er noch irgend ein anderer Homosexueller in dem Film der Lächerlichkeit preisgegeben. Harlan gönnt Manfred einen bewegenden Moment, als er, im Schatten eines Baumes stehend, Klaus beim Rock'n'Roll mit einer Freundin beobachtet. Wenn durch Manfred ein Vorurteil zum Ausdruck kommt, dann ist es das Vorurteil, Schwule seien immer unglücklich. Aber so sah in den fünfziger Jahren die Realität nun einmal aus. Der Darsteller des Manfred, Günther Theil, hat später Selbstmord begangen.

Die Attacken gegen Harlan im Zusammenhang mit diesem Film erscheinen besonders fragwürdig, wenn man bedenkt, wie unkritisch hierzulande mit einem weiteren Werk von Roberto Rossellini, *Deutschland im Jahre Null* (1948), umgegangen wird. In diesem Trümmerfilm irrt ein kleiner blonder Junge durch das zerbombte Berlin und fällt einem ›bösen Onkel‹ in die Hände. Rudolf Thome hat diesen Mann einmal – ganz im Stil des ›Illustrierten Film-Kurier‹ – auf folgende Weise beschrieben: »Er war Nazi und ist offensichtlich homosexuell. Er ist vom Schuldienst suspendiert und lebt von allerlei dunklen Geschäften, die nicht näher erläutert werden. Er wohnt in einer prächtigen Villa mit einem gepflegt aussehenden, ebenfalls homosexuellen ehemaligen General und schickt Edmund mit einem Grammophon und einer

Hitler-Schallplatte zur Reichskanzlei. Dort gebe es genug dumme Amerikaner, die dafür viel Geld ausgeben.«[30]

Dunkle Geschäfte, prächtige Villa – diese Merkmale waren einst der antisemitischen Propaganda vorbehalten. Da Homosexuelle nur zu Tausenden und nicht zu Millionen vernichtet worden sind, wird ihnen der Opferstatus aberkannt, gilt *Deutschland im Jahre Null* weiterhin als realitätsnah, ja sogar als humanistisches Meisterwerk. (Seine gerechte Strafe hat Rossellini leider nicht mehr erleben dürfen: *Deutschland im Jahre Null* entwickelte sich aufgrund der voyeuristischen Art, in der der kleine Junge beobachtet wurde, zum Pädophilen-Kultfilm.)

Luchino Viscontis infame Geschichtsfälschung in *Die Verdammten* (1969) verdient an dieser Stelle ebenfalls Beachtung: Ein sensibles, antifaschistisch eingestelltes Liebespaar spielt dort ein leises Stück von Bach – und wird brutal von einer kessen Travestienummer abgelöst. Die Botschaft: sexuell Degenerierte haben die anständigen Liebhaber klassischer Musik vertrieben. Marlene Dietrichs Schlager ›Kinder, heut abend, da such' ich mir was aus‹ muß als Symbol der Barbarei herhalten.

Ebenfalls keinen Einwand, jedenfalls keinen ideologischen, gab es gegen Rolf Thieles Sex-Komödie *Frisch, fromm, fröhlich, frei* (1970). Thiele wußte aus den Folgen des Röhm-Putsches komische Wirkungen zu erzielen, was gibt es auch Lustigeres als zwei von der Gestapo verfolgte ältere Schwule, die sich davor fürchten, »von hinten« erschossen zu werden? Zarah Leander mußte sich sogar posthum den Vorwurf einer Biographin gefallen lassen, sie habe sich im Dritten Reich nur für ein paar befreundete Schwule eingesetzt – da habe es doch wichtigere Aufgaben gegeben. [31]

Anders als du und ich spielt vorwiegend in dunklen Räumen, aber Schwule wurden damals nun einmal ins Versteck gezwungen. (Folgerichtig läßt sich Winklers Wohnung nicht genau lokalisieren, während das Haus der Teichmanns mit seinem Umfeld präsentiert wird.) Die Angriffe gegen Harlan in diesem Zusammenhang sind ein Musterbeispiel für sexuelle Heuchelei und haben ihn darin bestärkt, sich als unschuldig verfolgtes Opfer zu sehen.

Harlan und das Thema der Homosexualität waren unerwünscht, erregten die Gemüter und – erfreulich für den heutigen Betrachter – brachten die Heuchler der Nation dazu, sich in der Öffentlichkeit zu blamieren. Was die künstlerischen Aspekte angeht, so ist vor allem die Darstellung von Christian Wolff hervorzuheben. Er hatte die schier unmögliche Aufgabe zu bewältigen, zart und trotzdem nicht effeminiert zu erscheinen. Bei einem robusteren Darsteller wie Götz George hätte sich das Publikum gefragt, wieso sich die Mutter überhaupt erst Sorgen um ihren Sohn macht. Einem effeminierten Darsteller hätte niemand das sexuelle Interesse an Gerda geglaubt. Christian Wolff glaubt man alles. Wie geschaffen für Harlans Welt, kann er Rätsel aufgeben und Raum für Phantasien lassen.

Zu einem feierlichen Anlaß – 100 Jahre deutsche Schwulenbewegung – sollte *Anders als du und ich* dann eine überfällige Neubewertung erfahren. Manfred Herzer wies darauf hin, daß in Harlans Film ein Charakter vorkam, »der bis dahin in der Geschichte des Kinos nicht vorkommen durfte: ein schwuler Mann, der sich erfolgreich gegen seine Unterdrückung wehrt. ... Selbst in dieser entstellten Version enthält *Anders als du und ich* noch immer zahlreiche Szenen mit schwulenfreundlicher Tendenz, wie sie in europäischen oder amerikanischen Filmen erst in den siebziger Jahren möglich waren.« Im Ausland gelte der britische Film *Teufelskreis* (1961) als Wendepunkt in der Darstellung von Homosexuellen. »Der Auftritt eines schwulen Mannes, der sich nicht versteckt und nicht in den Selbstmord getrieben wird, sondern der sich gegen den Terror der Normalen wehrt, hatte aber bereits 1957 in *Anders als du und ich* stattgefunden.«[32]

Nach über zwanzig Jahren drehte Kristina Söderbaum ihren ersten Film unter einem anderen Regisseur. In *Zwei Herzen im Mai* spielte sie eine tapfere Ehefrau mit dem Namen Annemie, die ihren Gatten, einen erfolglosen Schlagerkomponisten, mit Büroarbeit finanziell unterstützt. Als er Erfolg hat und seine Aufmerksamkeit einer hübschen jungen Sängerin schenkt, verläßt sie ihn, um nach dem Krieg zu ihm zurückzufinden.

Dieter Borsche war in der Rolle des Komponisten zu sehen, und Geza von Bolvary führte Regie. Obwohl Borsche durch seine Erfolge mit Ruth Leuwerik und Maria Schell zu den absoluten Top-Stars des deutschen Nachkriegskinos gehörte, sorgte weder sein Name noch der von Kristina Söderbaum für sensationelle Kassenergebnisse: Neben *Endstation Liebe, Madeleine und der Legionär* und *Eine Frau, die weiß, was sie will* (bei denen Namen wie Horst Buchholz, Hildegard Knef und Lilli Palmer nichts ausrichten konnten) gehörte *Zwei Herzen im Mai* zu den geschäftlich enttäuschendsten Filmen des Jahres 1958.

Im Januar 1958, als *Zwei Herzen im Mai* herauskam, erhielt Erich Lüth die gerichtliche Genehmigung, zum Boykott von Harlan-Filmen aufzurufen. Das Bundesverfassungsgericht hob die Entscheidung vom November 1951 wieder auf, was einige Zeitungen prompt als Sieg der Meinungsfreiheit feierten, so als habe Harlan sechs Jahre lang die Bundesrepublik unterjocht. Mehr als eine Formalität war dieses Urteil nicht, denn viel gab es nicht mehr zu boykottieren. Wer sich politisch engagierte, engagierte sich gegen die Remilitarisierung der Bundesrepublik oder gegen Atomversuche. Ein weiterer Boykottaufruf gegen Harlan durch Lüth hätte bei der Öffentlichkeit nur ein müdes Lächeln verursacht. In seiner 1959 erschienenen Autobiographie »Aller Tage Abend« machte sich Fritz Kortner über den exhibitionistischen Philosemitismus lustig, den einzelne deutsche Nichtjuden betrieben: Lüth durfte sich angesprochen fühlen.

Größere Bedeutung hatte für Harlan ein Briefwechsel mit dem Stumm-filmregisseur Richard Oswald, der 1933 von den Nationalsozialisten aus Deutschland vertrieben worden war und jetzt in Hollywood lebte. Oswald war der Regisseur des vermutlich ersten Films zum Thema Homosexualität, *Anders als die anderen*, der zu seiner Zeit einen noch größeren Skandal ver-ursacht hatte als *Anders als du und ich*. Er antwortete Harlan mit einem Brief, aus dem wieder einmal hervorging, daß die tatsächlichen Opfer des NS-Regimes, die am ehesten einen Grund gehabt hätten, Harlan zu hassen, bei aller Skepsis viel ausgewogener über ihn urteilten als die kleinen Mitläufer mit ihrem spät erwachten Antifaschismus. Oswald und Harlan waren in einem Punkte Leidensgenossen, denn sie hatten sich beide wegen der Be-handlung eines Tabuthemas Beschimpfungen anhören müssen. Bei Oswald war der Feind deutlich zu erkennen und einzuordnen: er stand rechts. Har-lan dagegen hatte es mit obskuren Gegnern unterschiedlicher politischer und moralischer Haltung zu tun, die selbst nicht so recht wußten, wie sie zur Homosexualität stehen sollten.

»Mein lieber Veit Harlan!« begann Oswald seinen Brief. »Irren ist mensch-lich. Sie haben geirrt, aber Sie sind auch ein Mensch. Das ersehe ich aus Ihrem Brief vom 8. Februar. Einen Satz aus Ihrem Brief kann ich nicht goutie-ren: zwischen einem jüdischen und einem deutschen Regisseur ist ja eigent-lich kein Unterschied. Hauptsache, dass einer eine Persönlichkeit und ein anständiger Mensch ist. Jedenfalls hat mich Ihr Brief gefreut. Ich glaube auch nicht, daß viele in Ihrer Situation das Herz gehabt hätten, diesen Brief zu schreiben. Aber vergessen wir Alles, was gewesen ist. Ich weiß, daß Situatio-nen so stark sein können, daß ein Mensch sie kaum zu überwinden vermag. Ich weiß, Sie sind ein ausgezeichneter Regisseur, ebenso wie Werner Krauss ein großer Künstler ist. Auch unter den Nazis gab es einen Fouché. Ich wür-de mich jedenfalls freuen, Ihren Film zu sehen und habe keinen Einwand mehr gegen den Titel.« Oswald hatte sich darüber geärgert, daß die Metro-Goldwyn-Mayer ihren Film *Tea and Sympathy* (1956), in dem eine Lehrerin ihren sensiblen (also nicht ganz männlichen) Schüler in die Liebe einführt, in Deutschland unter dem Titel *Anders als die anderen* herausbrachte. [33]

Im Anschluß an *Anders als du und ich* sollte Harlan für den Produzenten Franz Seitz den Kriegsfilm *Die grünen Teufel von Monte Cassino* inszenieren, in dem deutsche Truppen Kunstschätze vor US-Bombardements nach Rom retten. Unvertraut mit der Thematik, lehnte er ab. Der Riefenstahl-Schüler Harald Reinl inszenierte vom 25. November 1957 an den Film mit Joachim Fuchsberger in der Hauptrolle. Dafür widmete sich Harlan einer Dirnen- und Drogengeschichte, die bei ihrem Kinostart den wunderschönen Titel *Liebe kann wie Gift sein* trug.

Gedreht von März bis Mitte April 1958 nach einem Skript von Walther von Hollander und Joachim Wedekind, behandelt der Film den sozialen Abstieg von Magdalena Köhler, der einzigen Tochter des Präsidenten einer Bauge-sellschaft. Sie ist in einem Mädcheninternat, dann unter der Aufsicht einer strengen Erzieherin aufgewachsen. Bei einer Gemäldeausstellung lernt sie den Modemaler Robert Ferber kennen. Mit ihrer Neugier nach dem wirk-lichen Leben ist Magdalena ein leichtes Opfer. Ferber läßt sie fallen, als er merkt, daß sie ihn liebt, und gibt sie an einen Freund weiter, der sie mit Alkohol abfüllt. Dann kommt ihr Aktgemälde an die Öffentlichkeit. Der Vater verstößt sie, sie landet auf dem Strich und versteckt einen Rauschgift-händler in ihrer Wohnung, der sie mit Morphium versorgt. Kurz vor ihrem Tod besucht sie ihren Jugendfreund Stefan, der eine andere Frau geheiratet hat. Magdalena stirbt in Frieden, und ihr Vater bereut sein Handeln.

Inhaltlich erinnert *Liebe kann wie Gift sein* an *Die goldene Stadt*. Das er-lebnishungrige Mädchen, der sture Vater, der anständige Freund, der unan-ständige Verführer, die Einsicht des Vaters nach dem Tod des Mädchens. Daher verwundert es, daß Harlan diesen Stoff nicht mochte. Nach seiner eige-nen Darstellung hatte ihn die Arca-Gesellschaft, wie zuvor schon die Gloria-Divina-Produktion, vertraglich so gebunden, daß er ohne größere finanziel-le Verluste nicht hätte absagen können. Das Drehbuch bot Kolportage im besten Sinne, und die Rolle der Magdalena war sehr reizvoll für attraktive Nachwuchsschauspielerinnen. Um eine geeignete Kraft zu finden, startete der Produzent Gero Wecker eine große Suchaktion, bei der ihn die Frauen-zeitschrift ›Ihre Freundin‹ unterstützte. Ausgewählt wurde die 21jährige Münchnerin Sabina Sesselmann, die sich nach dem Abitur als Mannequin betätigt, am Berliner Max-Reinhardt-Seminar unter Hilde Körber gelernt und 1957 in dem Kinderfilm *Aufruhr im Schlaraffenland* ihr Leinwanddebüt gegeben hatte.

Joachim Fuchsberger verkörperte den einzigen anständigen Mann in dem Film. Als gewissenloser Verführer wurde Helmut Schmid eingesetzt – »ein bulliger Hüne mit breitgezogenen Kinnladen, hinter dessen halb aufgeklapp-ten Lippen quadratische Zähne sichtbar werden«. [34] Liselotte Pulver, seine spätere Ehefrau, empfand sein Gesicht als »zärtlich brutal«. [35] Solche Eigen-schaften waren erforderlich, um Magdalenas Abhängigkeit plausibel zu machen, während Willy Birgel, der die würdelose Maharadscha-Rolle gut überstanden hatte, für den Vater die nötige Kälte mitbrachte. Wieder umgab Harlan dasselbe technische Team, mit dem er bei *Anders als du und ich* ge-arbeitet hatte: Kurt Grigoleit stand hinter der Kamera, und Erwin Halletz schrieb die Musik.

»Er war ein phantastischer Regisseur«, erinnert sich Sabina Sesselmann an Harlan, »und er hat absolut keinen lustlosen, resignierten Eindruck hin-terlassen, obwohl es eine Auftragsarbeit war. Er hat sich sehr intensiv um alle Schauspieler gekümmert, und deswegen sind auch alle ausnahmslos gut.«[36] Auch nach Joachim Fuchsbergers Erinnerungen war Harlan zu der Zeit »alles andere als gebrochen und ohne künstlerische Energie. Den Film ›Liebe kann wie Gift sein‹ inszenierte er mit grosser Hingabe ... Natürlich kam auch seine Verbitterung in späteren, recht persönlichen Gesprächen zum Vorschein ... Meine Arbeit mit ihm war außerordentlich interessant und hat mir für meine weiteren Filme bemerkenswerte Impulse gegeben.«[37]

»Harlans rücksichtslos intensive Arbeitsart«, berichtete die ›Film-Revue‹, »ist ebenso berüchtigt wie geschätzt. Er geht immer aufs Ganze. Die Wetterlage wechselt wie bei jedem intuitiven Künstler häufig, aber das Klima ist zuverlässig. Den weichen, sensitiven Kern unter der rauhen Schale spürt man nicht erst, wenn man die harte Nuß geknackt hat. Sein ›Brummen‹ ist gemütlich und weniger gefährlich als die lakonische Verschwiegenheit anderer Zeitgenossen.« Noch immer der unerbittliche Perfektionist, erteilte Harlan Regieanweisungen wie »Auf der 25. Rose von links will ich anderes Licht haben!« oder »Komm, nu wer' mal 'n bißchen nervöser!«[38]

Am 25. Juni 1958 lag *Liebe kann wie Gift sein* erstmals dem Arbeitsausschuß der FSK vor und wurde nicht freigegeben, da eine ›fragwürdige Frau‹ zu positiv dargestellt worden und somit das religiöse Empfinden verletzt worden sei.

Während eine vorzeigbare Endfassung von *Liebe kann wie Gift sein* erarbeitet wurde, brachte eines der gewagtesten Filmprojekte der fünfziger Jahre Harlans Vergangenheit wieder ins Gespräch. Der aus dem Exil zurückgekehrte Produzent Peter Goldbaum hatte sich am 2. Juli 1958 bei der FSK einen Titelschutz-Anspruch gesichert – für *Jud Süß*! Goldbaum verfolgte die Absicht, die von Harlan unter Goebbels verfälschte Geschichte wieder zu korrigieren und der Öffentlichkeit klarzumachen, wer Joseph Süss Oppenheimer wirklich gewesen sei. Ein begreifliches Anliegen angesichts der gutgemeinten, aber stümperhaft geratenen britischen sowie der böswillig verleumdenden, aber perfekt gestalteten deutschen Fassung. O. W. Fischer erklärte sich bereit, die Titelrolle zu spielen. Aber das Projekt zerschlug sich ebenso wie ein *Freud*-Projekt, das John Huston mit Fischer ankündigte. Aus Angst, sich die Finger zu verbrennen, wagte sich die Industrie nicht einmal an einen offen prosemitischen Film.

Liebe kann wie Gift sein erlebte am 23. Juli 1958 seine Premiere. Für den Anlaß hatte Sabina Sesselmann ihren Urlaub in Ischia abgebrochen. »Die Kritiker waren erbost, die übrigen Zuschauer jedoch ergriffen.«[39] Georg Herzberg wies im ›Film-Echo‹ darauf hin, daß »Veit Harlan die Realistik bis an die Grenze des gerade noch zumutbaren und FSK-Möglichen« getrieben habe und nannte das Werk »pikant abgeschmeckte Kolportage ... Schauspielerisch ist der Film in doppelter Hinsicht bemerkenswert. Sabina Sesselmann kann unter Harlans Führung zeigen, daß sie Talent hat ... Renate Ewert hat das tugendsame Gegenstück zu der Heldin zu spielen. Sie macht das mit sehr

Plakat zu *Liebe kann wie Gift sein*

sympathischer Munterkeit.«[40] Der ›Evangelische Filmbeobachter‹ sagt dazu: Harlans neuer Film sei »nicht nur inhaltlich verdorben, sondern auch durch eine schlechte Regie verpfuscht. So etwas Verlogenes, so viel Gefühlsschwulst, so viel unechtes religiöses Pathos, einen so arrogant erhobenen Zeigefinger hat man selten erlebt ... Wir warnen alle, Zeit und Geld an dieses Machwerk zu verschwenden.«[41]

Sabina Sesselmann und Paul Klinger in *Liebe kann wie Gift sein*

Der ›Katholische Film-Dienst‹ fand es unbegreiflich, wie ein wohlerzogenes Mädchen an »Aktbildern von kompromittierender Widerwärtigkeit« Gefallen finden könne. Der Film habe sein Thema »unter bemühtem Aufwand von horrenden Geschmacklosigkeiten« behandelt und die Regie Wert darauf gelegt, »die vom Vater Verstoßene in der melancholisch edlen Pose der Verlassenen zu zeigen ... Nicht abfinden kann man sich freilich mit der Tendenz, die Fehlhaltung des Mädchens – sie wird Morphinistin und wechselt unablässig ihre feisten Liebhaber – als Schicksal anzugeben, das dem menschlichen Willen völlig entzogen ist.« Der Rezensent störte sich daran, daß Magdalena »mit einer Rauschgoldglorie ausgestattet ist, mit einer unechten Feinheit im Äußeren, die es erfolgreich verhindert, daß überhaupt eine sittliche Fragestellung ernsthaft diskutiert wird« und beklagte die »Degradierung religiöser Motive«. [42]

Sabina Sesselmann, Helmut Schmid und Reinhard Kolldehoff unternahmen eine Promotion-Tournee durch Deutschland. Das Publikum reagierte weder entsetzt noch überwältigt. *Liebe kann wie Gift sein* erwies sich als passabler Erfolg. In Nürnberg zeigte sich das Publikum zufrieden, das Geschäft wurde als guter Durchschnitt betrachtet. Das Publikum in Stuttgart, »das die wirkungssichere Fotografie und die darstellerischen Leistungen« voll anerkannte, störte sich lediglich »an der peinlichen Moral-Trompeterei«. Das Geschäft lief auch hier zufriedenstellend. [43]

Unzählige Filme werden aus obskuren Gründen von der Kritik verrissen; *Liebe kann wie Gift sein* ist da keine Ausnahme. Dieses »Filmchen« (Harlan) ist nicht deshalb schlecht, weil es sich bei ihm um Kolportage handelt, sondern weil es von den kolportagehaften Elementen kaum Gebrauch macht.

Schon die Vorspannmusik enttäuscht. Erwin Halletz, der so wunderschön reißerische Ouvertüren zu komponieren verstand, präsentiert einen lässigen Schlager, als erwarte uns ein Peter-Kraus-Musical. Später wird deutlich, daß der Einsatz des Schlagers »Magdalena« dem Film einen moritatenhaften Charakter verleihen soll – einmal erscheint sogar ein Leierkastenmann mit einem Schimpansen –, doch die Umsetzung dieser Idee läßt zu wünschen übrig.

Keine der Figuren wird durch ihr Umfeld charakterisiert. Harlan, der sich so gut auf Schwarzweißmalerei verstand, unterläßt sie hier völlig zugunsten einer Unparteilichkeit, die bei *Verrat an Deutschland* noch funktioniert hatte. Der Kontrast zweier Welten soll laut Drehbuch eine Rolle spielen, wird aber nicht angemessen visualisiert. Zwischen Magdalenas behütetem Elternhaus und der zwielichtigen Welt der Künstler – kein Unterschied. Der Vater, vor dessen Zorn die Tochter sich fürchten müßte, – eine blasse, unzureichend entwickelte Figur, obwohl mit Willy Birgel treffend besetzt – schimpft auf seine Tochter: »Sie ist bis ins innere Mark verfault. ... Wenn so etwas nicht gesteinigt wird, wo soll die Welt dann hinkommen? ... Der Kern ist faul.« Allein, man glaubt ihm die Worte nicht. Ein weiterer starker Darsteller, der nur einmal kurz vorbeischaut, ist Paul Klinger als Pfarrer. *Liebe kann wie Gift sein* ist ein Billigfilm, bei dem das Budget und die Zeit nicht ausgereicht haben, um auch nur etwas Atmosphäre zu schaffen. Wenigstens eine Außenansicht der Villa, in der Magdalena mit ihrem Vater lebt, wäre dienlich gewesen.

Daß Magdalena trotz Bloßstellung durch ein Aktgemälde, die Vertreibung aus dem Elternhaus und Vergewaltigung durch einen Freund des Malers nicht die Fassung verliert, mag noch als Ausdruck ihrer Souveränität gedeutet werden. Ihr anschließender Absturz wirkt dann aber umso unglaubwürdiger, selbst im Rahmen des Genres. Magdalena versteckt den Drogenhändler Hans von Hehne (Friedrich Joloff) bei sich und will, als er seine Ampullen und sein Spritzbesteck auspackt, auch etwas abhaben. »Man vergißt alles? Das ist genau das, was ich brauche.« Aber was will sie denn vergessen? Es bleibt unklar. Harlan entdramatisiert, wo er starke Akzente hätte setzen müssen. Sabina Sesselmanns Spiel ist tadellos, doch die Kamera bleibt bei entscheidenden Szenen auf Distanz. Magdalenas Verfall wird nicht einmal durch Schminke verdeutlicht, selbst hier hat die Produktion gespart.

Die lebhafteste Figur ist der Verführer Robert (Helmut Schmid). »Sie waren wohl schlecht in der Schule?« sagt er zu Magdalena. »Alle hübschen Mädchen waren schlecht in der Schule.« Sein früheres Modell Ruth findet das Aktgemälde von Magdalena (es heißt »Schmerzlicher Frühling«) erstaunlich dezent: »Mich malst du immer frontal.«

Liebe kann wie Gift sein war einer von mehreren Dirnen-Filmen des Jahres 1958, und wie deren bester und erfolgreichster, *Das Mädchen Rosemarie*, entlarvt auch er die Heuchelei der bundesrepublikanischen Elite. Magdalenas Kunden sind verheiratete Männer wie der Galerist Bogalla (Werner Peters). Ein greiser Kunde, vor dem sie die Flucht ergreift, wird als 'Herr Doktor' vorgestellt und macht einen distinguierten Eindruck. Sogar der gute Stefan ist nicht ganz frei von doppelter Moral. Er ärgert sich über die Distanz, die seine Verlobte Susanne (Renate Ewert) zu ihm wahrt, und daß er sie nicht einmal küssen darf. Doch als er die bei ihm einquartierte Magdalena im Babydoll erwischt, zeigt er sich moralisch entrüstet.

Susanne malt Vögel, wie Hanna Amon. Robert nennt sie »die Spatzenmalerin«. Sie hat auch ein Spatzenhirn. Einmal sagt sie: »Männer vergessen immer die Datums«, woraufhin Stefan sie korrigiert. Und das bei einer Frau, die als Buchhändlerin arbeitet! Immerhin hat sie Temperament; sie beißt Stefan die Lippe blutig, als er sie zu küssen versucht, und wenn sie in einer verräucherten Jazzkneipe wild tanzt, läßt Harlan heftig die Kamera nach links und rechts kippen. Raffiniert geschnitten, ist diese Sequenz der Höhepunkt des Films. Mit kippender Kamera nimmt Harlan auch Magdalena auf, die aus dem Haus des Vaters rennt. Magdalena ist für den Rest des Films ein Nachtgeschöpf und hält sogar einen stummen Monolog mit dem Totenschädel, der in Stefans Zimmer liegt. Ganz anders Susanne: Um zu betonen, wie gesund sie ist, zeigt Harlan sie bevorzugt vor dem Hintergrund einer Neubausiedlung – heute ein Symbol für soziales Elend und Verlorenheit, damals ein Zeichen von Fortschrittlichkeit. Dabei kann die junge Frau auch zynisch sein. Nach einem klärenden Gespräch mit ihrer vermeintlichen Rivalin Magdalena sagt sie zu Stefan: »Die arme Puppe da oben kannst du nicht mehr reparieren.«

Harlan hat zwar so intensiv mit den Darstellern gearbeitet, daß sie sich noch Jahrzehnte später an ihn erinnern konnten, aber daß die Kamera auch aktiv mitspielen muß, scheint er vergessen zu haben. Nur wenige Momente erinnern an seine besten Zeiten. Die Vermieterin, bei der sie Schulden hat, zeigt er aus Magdalenas Perspektive, ganz verschwommen, so wie Elske in *Die Reise nach Tilsit* Madlyn gesehen hat. Das Aktfoto kommentiert er mit einer Überblendung, die schwarzes Wasser zeigt – ein Motiv aus *Anders als du und ich*. Stefans Zimmer, in dem die vorübergehend obdachlose Magdalena schlafen darf, dekoriert sie wie einen Friedhof, das hatte schon Octavia in *Opfergang* getan. Wenn Magdalena stirbt, wird das Bild unscharf, wie schon bei Peter Henleins Tod in *Das unsterbliche Herz*.

Kein Harlan-Film kommt ohne die Schuldfrage aus: als Magdalena im Sterben liegt, sagt Stefan zu Robert: »Du hast sie umgebracht, und ich habe es geschehen lassen.« Stefan spricht Harlan aus der Seele.

»Was ich auch tue, alles geht schlecht aus«

Mehr als nur zufriedenstellende Ergebnisse verdankte die Arca-Produktion den *Liane*-Filmen, die Marion Michael als deutsche Brigitte Bardot präsentierten, ebenfalls notdürftig bekleidet und mit einer blonden Löwenmähne auf dem Kopf. Auf *Liane, das Mädchen aus dem Urwald* waren *Liane, die Tochter des Dschungels* (1957) und *Liane, die weiße Sklavin* (1957) gefolgt – und mehr nicht. Unzufrieden mit ihrem Nackedei-Image, nahm das deutsche Urwaldmädchen Schauspielunterricht, dessen Ergebnis natürlich so schnell wie möglich vorgeführt werden sollte. Anlaß hierzu war ein Film mit dem vielsagenden Titel *Rausch eines Sommers*, dessen Drehbeginn für den 20. Juni 1958 angekündigt wurde. Erfahrene Kräfte wie Gustav Knuth, Mathias Wieman und Hilde Körber sollten die junge Schauspielerin unterstützen, aber als – einen Monat später als beabsichtigt – am 23. Juli die erste Klappe fiel, hatte sich die Besetzung geändert, und es stand kein Regisseur zur Verfügung! Jedenfalls wurde der Presse kein Name genannt.

Erst mit Verspätung ist dann Fritz Stapenhorst eingesetzt worden, der bisher nur Episoden der Landser-Lustspiele *Heldentum nach Ladenschluß* (1955) und *Parole Heimat* (1955) inszeniert hatte. Ihm wurde die Führung von gleich drei jungen Nachwuchskräften anvertraut, das waren neben Marion Michael Christian Wolff und als dessen Rivale der 24jährige Raidar Müller aus den populären *Immenhof*-Filmen. Der Titel lautete jetzt nicht mehr *Rausch eines Sommers*, sondern *Es war die erste Liebe*. Schon wieder mit einem Skandal kokettierend, verkündete die Arca, ihr neuer Film werde »die kritische Aufmerksamkeit der katholischen Kirche finden«. [1]

Der Titel gab den Inhalt wieder: Ein katholischer Theologiestudent, Peter, erlebt in Schleswig-Holstein die erste Liebe und zweifelt an seiner Berufung; die Eltern des Mädchens wiederum machen sich Sorgen um ihre Tochter, denn Annika verliebt sich in einen Mann, den sie ohnehin nicht heiraten kann. Eine einfache Geschichte, ein todsicheres Rezept, sollte man meinen, aber es tauchten Probleme auf. Christian Wolff erinnert sich: »Stapenhorst war der Regisseur. Aber, je länger wir drehten, umso weniger war der Produzent mit dem Ergebnis zufrieden. So bat man Harlan, zu retten, was noch zu retten war. Das versuchte er auch. Mit der Bedingung, offiziell nicht als Regisseur genannt zu werden.«[2] Dem Komponisten Norbert Schultze und dem Star Marion Michael zufolge ist Harlan sogar der ursprünglich vorgesehene Regisseur gewesen; aus nicht zu ermittelnden Gründen brach er seine Arbeit ab und wurde von Stapenhorst ersetzt, der der Aufgabe kaum gewachsen schien. Auf Marion Michael hat Harlan eindeutig den stärkeren Eindruck hinterlassen, und während andere Darsteller ihn bei aller Bewunderung auch als besessen und unerbittlich empfanden, wirkte er auf sie liebevoll und einfühlsam.

Am 15. Oktober fand die Premiere statt, fast gleichzeitig mit Marion Michaels 18. Geburtstag. Die Kritiken waren nicht sehr freundlich, auch nicht im ›Film-Echo‹: Für Georg Herzberg war die eigentliche Schwäche des Films »die Inszenierung. Ein Regisseur wie Fritz Stapenhorst, der nicht einmal dafür sorgen kann, daß sattelfeste Schauspieler wie Fritz Tillmann und Richard Häussler in jeder

Christian Wolff und Marion Michael in *Es war die erste Liebe*

Szene den richtigen Ton treffen, der Maria Holst und Hilde von Stolz bei ihren entscheidenden Aufgaben ohne Hilfe läßt, konnte nicht der richtige Mann sein, um gleich zwei junge Schauspieler durch diffizile Rollen zu führen. Christian Wolff und Marion Michael haben keinen Halt aneinander. Christian Wolff wirkt im Gegensatz zu seinen Leistungen bei Baky, Harlan und Liebeneiner so unfertig, daß sich dieser Eindruck auch auf seine Figur überträgt und man sich mehr als einmal die Frage vorlegt, ob dieser junge Mann überhaupt schon irgendwelcher Entscheidungen fähig ist.« Zur Entlastung Stapenhorsts verwies Herzberg auf die überstürzte Verpflichtung des Regisseurs. »Wenn tatsächlich der Regieauftrag erst in letzter Minute erteilt wurde, ist manches zu erklären.« [3]

Im ›Katholischen Film-Dienst‹ hieß es: »Leider besteht kein Grund, diesen Film ausführlich vorzustellen. Seine Absichten sind deutlich auf eine spekulative Liebesromanze gerichtet.« Der Rezensent beklagte die »massive Beziehungslosigkeit zu Priestertum und Religion«. Verhaltenes Lob hatte er für Christian Wolff übrig, dafür wurden Marion Michael ihre Halb-Nacktszenen aus den *Liane*-Filmen nachträglich verübelt: »Marion Michael [...] in einer Rolle zu sehen, die kindliche Unschuld und sogar eine innere Entwicklung bezeugen soll, das ist schon fast peinlich.« [4] Simone de Beauvoir sollte kurz darauf in einem Essay über Brigitte Bardot deren Nacktheit als Symbol von Unschuld erkennen, aber für den ›Katholischen Film-Dienst‹ war wohl jede Frau, die sich auszog, eine Hure. Und der ›Evangelische Filmbeobachter‹ schüttelte den Kopf: »Wieder ein oberflächlicher Film, der am wirklichen Leben vorbeiläuft. Darum gerade für Jugendliche ungeeignet und Erwachsenen nicht zu empfehlen.« [5]

Über die Autorenschaft von Harlan kann nur spekuliert werden. In *Es war die erste Liebe* lassen sich verschiedene Handlungs- und Stilelemente ausmachen, die an seine früheren Filme erinnern. Richard Häußler spielt Bach-Musik (Toccata) auf dem Klavier, dasselbe Stück, das für *Das unsterbliche Herz* eingesetzt worden war. Christian Wolff kommt aus Süddeutschland in den Norden, das bedeutet ein Aufeinanderprallen zweier Welten. Marion Michael wird ähnlich liebevoll-voyeuristisch ins Bild gesetzt wie einst Kristina Söderbaum (und zuletzt Sabina Sesselmann). Symbolisierte in *Immensee* ein Vogel die Liebe von Elisabeth und Reinhart, so steht hier ein Salamander für das labile junge Glück von Annika und Peter. Natürlich stirbt auch er.

Von den ›Salamander-Szenen‹ weiß Marion Michael noch, daß Harlan sie inszeniert hat. Wie Richard Häußler am Klavier gefilmt wird, das nimmt die klavierspielende Ines in *Ich werde dich auf Händen tragen* vorweg. Der deutlichste Hinweis auf Harlans Beteiligung ist eine dramatische Rettungsaktion: Ein kleiner Junge befindet sich während eines Gewitters in einem Boot, allein auf dem See, und wie die Dorfbewohner mit Fackeln den See bei Nacht absuchen, das erinnert an die Rettungs- und Bergungsaktionen aus *Maria, die Magd*, *Die Reise nach Tilsit*, *Jud Süß* und *Die goldene Stadt*. Daß dies kein richtiger Harlan-Film ist, zeigt sich am fehlenden Tempo und der, so schön sie auch klingt, eindimensionalen Musik von Norbert Schultze. Auch das Publikum mochte sich nicht so recht begeistern: *Es war die erste Liebe* bedeutete für die Arca-Produktion zwar keinen totalen Reinfall, spielte aber nicht annähernd das Geld ein, das die *Liane*-Filme eingebracht hatten.

Das Vertrauen der Industrie in die Zugkraft von Harlan blieb ungebrochen. Seine nächste Arbeit für die Arca, *Ich werde dich auf Händen tragen*, wurde angekündigt mit dem Satz: »Geschäftsstark wie die großen Erfolgsfilme Veit Harlans *Die goldene Stadt*, *Immensee* u. a.«[6] Auch die scheinbar so nebensächliche Tatsache, daß Werner Eisbrenner für die Musik verantwortlich zeichnete, spricht für das Prestige des Films: Eisbrenner war der ehrgeizigste (und dabei nicht sonderlich kollegiale) deutsche Filmkomponist der fünziger Jahre. Er suchte sich das ergiebigste aus, was einem Komponisten in diesen Jahren angeboten wurde.

In der literarischen Vorlage, der Novelle »Viola tricolor« (1874), hatte Theodor Storm seine eigenen verwirrten Gefühle nach dem Tod der Ehefrau Constanze 1865 und der Wiederheirat mit Dorothea Jensen 1866 verarbeitet. ›Viola tricolor‹ ist der botanische Name für das ›Wilde Stiefmütterchen‹, und in der undankbaren Rolle der Stiefmutter befindet sich die Protagonistin Ines nach ihrer Heirat mit dem verwitweten Gelehrten Rudolf. Dessen Tochter Nesi hängt noch sehr an der Mutter. Erst Ines' eigene Mutterschaft führt zu einem glücklichem Ende.

Die Parallelen zu Harlans eigenen Erfahrungen sind verblüffend. Gäbe es Storms Vorlage nicht, dann könnte man annehmen, autobiographische Aufzeichnungen hätten dem Drehbuch zugrundegelegen. Auch Harlan hatte 1939 seinen drei Kindern eine Stiefmutter vorgesetzt, an die sie sich erst gewöhnen mußten. Und die Stiefmutter Kristina Söderbaum hatte gleichfalls eine Art Feuerprobe bestehen müssen, die lebensgefährliche Geburt ihres Sohnes Kristian Veit, um als Mutter akzeptiert zu werden.

Harlan begann am 16. August mit den Aufnahmen und drehte zum ersten Mal seit den Indien-Filmen wieder in Farbe. Seine dritte Arca-Produktion, wenn man *Es war die erste Liebe* nicht mitrechnet, erlebte am 7. November ihre Uraufführung und fand keine begeisterte Aufnahme. Hermine Fürstweger beanstandete im ›Film-Echo‹ Abweichungen von der Vorlage; was an den Abweichungen so schlecht gewesen sein soll, vermochte sie nicht zu begründen. »Bleibt ein Film, der besonders in Kleinstädten reelle Chancen hat, und dem der noch immer zugkräftige Name Kristina Söderbaums den nötigen Zuspruch verschafft.«[7]

Hart fiel das Urteil des ›Evangelischen Filmbeobachters‹ aus: »Wenn die für ihre minderwertige Ware [...] bekannte Arca-Produktion und der ebenso bekannte Veit Harlan zusammen einen Film machen, dann kommt genau das heraus, was man erwartet: Der schlimmste Kitsch, der gegenwärtig in der deutschen Filmwirtschaft hergestellt wird ... Kitsch ist Gestaltung mit nicht gemäßen Mitteln, ist ein Zuviel an Gefühl, ist die Unwahrhaftigkeit.«[8] Der ›Katholische Film-Dienst‹ gab sich etwas großzügiger; der Film sei nach »einer verstaubten Novelle von Storm« in »typischem Veit-Harlan-Stil« inszeniert worden. »Einen herberen Ton in die linde Geschichte dieses Mutterwehs bringt die kleine Schweizerin, die Nesi zu spielen hat; eine glückliche Besetzung, ganz abseits vom Klischee unserer süß-putzigen Kinokinder.«[9] Kristina Söderbaum hat den Film nicht sonderlich geschätzt, und auch Veit Harlan ist sich seiner Regieleistung kaum bewußt gewesen. Über dreißig Jahre später hat Georg Seeßlen dann anläßlich seiner Videoauswertung die Qualitäten dieses Werkes erkannt[10], von denen sich die deutschen Fernsehzuschauer dank mehrerer Ausstrahlungen selbst überzeugen konnten. *Ich werde dich auf Händen tragen* ist nicht nur ein autobiographischer Film in der Tradition von *Maria, die Magd* und *Opfergang*, es ist auch ein für Harlan-Verhältnisse außergewöhnlich sauber gearbeiteter Film mit perfekten Anschlüssen. Nichts ist hier zu spüren von der Weltfremdheit und der Antiquiertheit, die einige seiner Filme kennzeichnen. Harlan hätte noch viel erreichen können, wäre er kein so kranker, körperlich gebrochener Mann gewesen.

Das große Spätwerk, mit dem Dichter, Maler und Komponisten ihre Laufbahn beenden, ist scheidenden Filmregisseuren in der Regel nicht vergönnt. Statt sich zu steigern, verfallen sie in Routine und Resignation. Daß sich Cecil B. DeMille (*Die zehn Gebote*, 1956), Douglas Sirk (*Solange es Menschen gibt*, 1959) und Pier Paolo Pasolini (*Die 120 Tage von Sodom*, 1975) auf grandiose Weise vom Kino verabschiedet haben, muß als Ausnahme angesehen werden; die traurigen, bestenfalls noch akzeptablen Abschlußarbeiten von

Hans Holt in *Ich werde dich auf Händen tragen*

Vorspann von *Ich werde dich auf Händen tragen*

Charles Chaplin, Federico Fellini, Abel Gance, Howard Hawks, Alfred Hitchcock, Victor Sjoström, Fritz Lang, G.W. Pabst, Jean Renoir oder Vittorio de Sica stehen für die Regel.

Ausgerechnet Harlan war bei seinem Abschied vom Kino noch in Hochform. Wer die Filme, die Douglas Sirk für den Produzenten Ross Hunter gedreht hat, wegen ihrer Inneneinrichtung mag, der wird auch hier auf seine Kosten kommen, da anstelle kleinbürgerlicher Enge weite, lichtdurchflutete Räume das Bild bestimmen und Harlan wiederholt mit der Tiefe des Raumes spielt. Die Farbgestaltung ist durchweg dezent und manchmal sogar verblüffend. Vor allem ist dies ein persönlicher, ein hundertprozentiger Harlan-Film und keine lieblos ausgeführte Auftragsarbeit. Es ist ein konsequenter, in sich geschlossener Film aus einer Zeit, in der andere Altmeister des Kinos irritiert nach einem neuen Stil suchten, den Zugang zur Jugend anstrebten und doch nur zwischen den Stühlen landeten. Zum angenehmen, versöhnlichen Ton von *Ich werde dich auf Händen tragen* gehört, daß die Figur des Vaters sympathischer gezeichnet wird als in Storms Vorlage, und gegenüber Storms Absage an die christliche Religion steht Harlans positive Figur des Priesters. Die zunehmend positive Zeichnung religiöser Personen ist auf den Einfluß von Kristina Söderbaum zurückzuführen.

Anstelle eines Vorspanns steht die Schlußszene aus *Opfergang* am Anfang: Strand, Meer, schäumende Wellen, von wuchtiger Musik begleitet. Es geht zielstrebig voran: Hans Holt steht mit wehendem Haar in den Sylter Dünen; Musik – das Klavierkonzert in a-moll opus 16 von Grieg – treibt ihn zu Kristina Söderbaums Haus. Angezogen von ihrem Klavierspiel, betritt er ihr Grundstück und schaut ungeniert durchs Fenster. Ein so netter, kultivierter Mann darf das. Wo die Musik verbindet, sind keine Worte erforderlich; Holt wird ins Haus gebeten, die Kamera schwenkt gen Himmel, als müsse sie sich diskret zurückziehen; der Vorspann läuft ab, danach wird noch gebadet und geheiratet. Harlans Figuren lassen sich treiben und halten sich nicht mit Formalitäten auf. Rudolf Asmus, der Mann, den Holt verkörpert, ist Antiquitätenhändler und Witwer. Er hat sich weniger in Ines Thormälen verliebt als in ihr Klavierspiel; seine Frau Maria hatte ebenfalls das Stück von Grieg im Repertoire. Ines ist Konzertpianistin und von einer schlechten Erfahrung mit einem Mann gezeichnet; als Rudolf den Namen des Vorgängers wissen will, wundert sich Ines: »Wollen Sie den Namen behalten? Ich will ihn vergessen.« Während sie gemeinsam in der Nordsee baden, ist die Kamera wieder von den Dünen aus aufs Meer gerichtet, und Musik schwillt an.

Ines zieht zu Rudolf nach Florenz, wo er zusammen mit seiner Tochter Agnes, genannt Nesi, und deren Kinderfrau Anne lebt. Nesi und Anne akzeptieren die neue Herrin im Haus nicht, die infolge der Strapazen fast eine Fehlgeburt erleidet, aber am Ende ist alles gut: Anne wird des Hauses verwiesen, Ines bringt Zwillinge zur Welt, und Nesi sagt ›Mutter‹ zu ihr, wohl wissend, daß eine Stiefmutter nichts Böses sein kann, wenn doch sogar eine Blume nach ihr benannt wird – die ›viola tricolor‹.

Der Film ist voller Anspielungen auf Harlans Gesamtwerk. Ines glaubt aus dem Gartenhaus das Klavierspiel der toten Maria Asmus zu hören und zweifelt an ihrem Verstand wie Séraphine in *Verwehte Spuren*. Tourismus-Einlagen (die Sehenswürdigkeiten von Florenz werden vom Flugzeug aus kommentiert) erinnern an *Die goldene Stadt* und die Indien-Filme, gelbe Sonnenuntergänge wiederum an *Immensee*. Ines sehnt sich nach Norddeutschland zurück, wie sich Oktavia in *Opfergang* nach dem Haus an der Elbe zurückgesehnt hat; an denselben Film erinnern die guten Ratschläge des besten Freundes, den anstelle von Franz Schafheitlin hier Hans Nielsen verkörpert. Und natürlich darf in keinem Harlan-Nachkriegsfilm das Thema der Buße fehlen. Nesi, die von zuhause ausgerissen ist und Ines viel Kummer bereitet hat, begegnet im Zug einem Geistlichen (Malte Jaeger), der sie ermahnt, zur Familie zurückzukehren und die Prügelstrafe zu akzeptieren. »Du mußt die Strafe auf dich

Showdown: Kristina Söderbaum wirft Hilde Körber aus dem Haus

nehmen, Nesi, nur so kannst du es wieder gutmachen ... Mit jedem Schlag wird Schuld von dir genommen. Jeder Mensch braucht die Strafe, die er verdient, für sich selbst. Das kannst du noch nicht verstehen, aber wenn du geschlagen wirst, dann beißt du die Zähne zusammen.«

Mehr noch als seine Filme rekapituliert Harlan seine Ehen. Hilde Körber und Kristina Söderbaum wirken nicht nur in beliebigen Rollen mit, sie werden regelrecht als Privatpersonen gegeneinander ausgespielt. Der Sadismus ist nicht unbedingt beabsichtigt; nach den Erinnerungen von Kristina Söderbaum strebte Harlan vielmehr eine Versöhnung zwischen den Frauen an. Erfolg hatte er mit seinen Bemühungen nicht, und ein Gefühl von Unversöhnlichkeit vermittelt auch der Film. Wenn Anne zusammen mit Rudolf, Ines und Nesi am Mittagstisch sitzt, wird sie mehr geduldet als geliebt, ist sie ein Störfaktor, den aus Mitleid niemand zu beseitigen wagt. Annes Entlassung geht eine dramatische Konfrontationsszene voraus.

Anne: »Das Kind hatte ja keinen glücklichen Augenblick hier im Haus ... Wer hat denn das hier alles angerichtet? Wer hat denn den Frieden hier im Haus zerstört?« Ines: »Sie wissen ja gar nicht, was Sie reden, Anne.« Anne: »Das weiß ich sehr genau. Wenn ich auch nur ein Kinderfräulein bin, unsereins hat auch ein Herz.« Ines: »Ich verbiete Ihnen weiterzusprechen. Gehen Sie auf Ihr Zimmer!« Anne: »Ich wüßte nicht, was ich lieber täte. In diesem Haus, da wird ja nur hinausgeschmissen und verboten. Erst die Mutter und dann das Kind, und jetzt komme ich dran. Aber ich warte erst nicht lange. Ich geh von selber.« Ines: »Und zwar sofort! Packen Sie Ihre Koffer!« Anne: »Die paar Sachen, die unsereins hat. Ich hab ja eh nichts. Nur das Kind. Das Kind, das ... mein ganzes Leben war nur für das Kind. Was soll ich denn hier im Haus, ohne Nesi?« Ines: »Weil Sie das Kind geliebt haben, habe ich mir Ihre permanenten Unverschämtheiten die letzten acht Monate gefallen lassen. Aber offenen Haß lasse ich mir nicht gefallen. [Zum Chauffeur] Georg, helfen Sie Anne mit den Koffern und fahren Sie sie zum Bahnhof.«

Hilde Körber wiederholt hier ihre Rolle aus *Maria, die Magd*. Der Kreis schließt sich, und schon wieder ist sie die Gouvernante, deren abgöttische Liebe einem fremden Kind gilt. Wenn Maria ihren Verlobten verloren hätte, wäre wahrscheinlich aus ihr eine Frau wie Anne geworden. Niemand mag sie – der Chauffeur Georg (Günter Pfitzmann) nennt sie »die Tiroler Brillenschlange ... Die hat hier sowieso ausgespielt, die Alte.« Wie Mrs. Danvers in *Rebecca* achtet Anne darauf, daß die Erinnerung an die verstorbene Herrin des Hauses gewahrt bleibt, aber Mrs. Danvers war überlegen und würdevoll, während Anne sich als hysterisches, bemitleidenswertes Wrack präsentiert.

Harlan verarbeitet daneben seine Ehe mit Kristina Söderbaum. Ein wenig Sadismus ist noch im Spiel, wenn Ines' Geburt als Feuerprobe dargestellt wird, aber in erster Linie darf sie hier eine Kraft, eine Gesundheit vermitteln, die weit von ihrer üblichen Opferrolle entfernt ist. (Im weißen Badeanzug macht sie noch dieselbe gute Figur wie in *Opfergang*.) Als Ines das erste Mal im Haus ihres Mannes Klavier spielt, zeigt Harlan die Reaktionen von Anne und Nesi, zeigt er mit leichten Kamerabewegungen, wie Ines Leben ins Haus bringt. Daß das Klavierspielen ihre Leidenschaft ist, hatte Octavia Froben nur behauptet; Ines beweist es, wenn sie sich ekstatisch in die Tasten wirft und ihr Haar schüttelt. *Ich werde dich auf Händen tragen* ist ein Familienfilm, mit guten alten Freunden realisiert. Er dokumentiert das italienische Exil der Harlans und die Probleme reifer Liebender. Neu und ungewohnt nach einigen bitteren Filmen erscheint der optimistische Ton: *Ich werde dich auf Händen tragen* wirkt unangestrengt, leicht, vorwärtsblickend.

Enno Patalas scheint bereits bei einer blonden Haarsträhne in einem Harlan-Film rot – oder braun – gesehen zu haben: »Veit Harlan, der Unwandelbare, wieder auf der Fährte Storms: diesmal dient ihm ›Viola tricolor‹ als Vorwand, seinen trüben Schicksalsmythos, seine Aversion gegen das ›Fremde‹ und seinen Blutskult weiterzuverfolgen: der Geist der toten ersten Frau des Helden, der ›Welschen‹, verschwört sich mit ihrem Kind und ihren intriganten Verwandten gegen die neue, blonde Frau.«[11] Wahrscheinlich war es die folgende Unterhaltung über Nesi, die er als Schlüsselszene des Films empfunden hat: Rudolf: »Sie hat von ihrer Großmutter her auch italienisches Blut in den Adern, manchmal ist sie wie ein Vulkan.« – Ines: »Dann ist sie also eine österreichisch-italienische Schweizerin.« – Rudolf: »Nein, sie ist eine österreichisch-schweizerische Italienerin.«

Wer will, kann darin eine Lektion in Rassenkunde entdecken. Aber eine Aversion gegen das ›Fremde‹ läßt sich da beim besten Willen nicht ausmachen. Anne ist der wesentliche Störfaktor, und dieser wird ausgerechnet vom Inbegriff der deutschen Hausfrau und Mutter verkörpert. Darüber geht Patalas hinweg; und daß die wenigen fröhlichen Momente, die Ines in der ersten Zeit in Florenz erlebt, einem italienischen Hausmädchen (Monika Dahlberg) zu verdanken sind, paßt ihm ebensowenig ins Konzept.

Der Sub-Plot um den Pavillon erinnert an die klassischen ›gothic novels‹ mit ihren verbotenen Räumen, die die neugierige Heldin nicht betreten darf. Harlan hält sich mit Schockwirkungen zurück, aber er nutzt ein Gewitter, um das Schlafzimmer von Rudolf und Ines in Blau zu tauchen, und wenn der Pavillon abbrennt, konzentriert sich die Kamera auf das Klavier, dessen Saiten zerreißen und sich an der Filmmusik beteiligen. Die Art und Weise, wie das Klavier verbrennt, ist natürlich vollkommen unrealistisch; statt von außen nach innen zu verbrennen, schießt das Feuer aus ihm hervor, als habe jemand Benzin zwischen die Saiten gegossen. Aber wer fragt bei einem Melodram nach herkömmlicher Logik? Wenn Rudolf von einem Bahnhof aus telefoniert, flackert rotes Licht durch die Scheibe, und auch hier ist es müßig zu fragen, ob auf Bahnhöfen tatsächlich Rotlicht in solchen Mengen flackert.

Interessant ist wieder das, was Harlan uns nicht zeigt. Wenn Ines zu Beginn in ihrem Haus in Schleswig-Holstein am Klavier sitzt, befindet sich ihre Mutter unauffällig neben ihr, kaum noch im Bild – abwesend und unbeteiligt. Und wenn sich Rudolf auf dem Friedhof mit der Mutter und der Schwester seiner verstorbenen Frau unterhält, gibt es zwar Nahaufnahmen von der Mutter; Laura dagegen, die Schwester, die Rudolf nach dem Willen seiner Frau heiraten sollte, damit alles in der Familie bleibt, ist nur von weitem, und dann auch noch von hinten zu sehen. Wie in *Opfergang* hat Harlan nicht aus finanziellen Gründen gespart; er ist einfach jemand, der nur das zeigt, was er für wichtig hält. Der Film endet ungewöhnlich: Rudolf, Ines und die gezähmte Nesi treten durch ein Tor und laufen, in einer selbst für Harlan antiquiert anmutenden Einstellung, in den hinteren Teil des Bildes; Nesi, jetzt allein im Bild, hebt eine gelbe Blume auf und hält sie, seitlich zu ihrem Kopf, in die Kamera, so wie Octavia die goldene Maske gehalten hat. Dabei lächelt Nesi verschmitzt, sie blinzelt mit den Augen. Tut sie das, weil die Sonne sie blendet, oder heckt sie wieder eine Gemeinheit aus? Wie so oft bei Harlan bleibt eine Erklärung aus. Er liebte es bis zuletzt, Gefühle in der Schwebe zu halten.

Ich werde dich auf Händen tragen erlebte in Süddeutschland ein zufriedenstellendes bis sehr gutes Geschäft, andernorts lief der Film eher mäßig. Das ›Film-Echo‹ ermittelte als kommerziell erfolgreichste Regisseure des Jahres 1958 Kurt Hoffmann, Ernst Marischka, Helmut Käutner, Geza von Cziffra, Rolf Thiele, Alfred Weidenmann, Wolfgang Liebeneiner, Geza von Radvanyi und Werner Jacobs. Beliebteste Schauspielerinnen waren Nadja Tiller, Liselotte Pulver, Marika Rökk, Romy Schneider und Ruth Leuwerik. [12] Kristina Söderbaum verfügte zwar noch über eine treue Anhängerschaft und saß bei feierlichen Anlässen häufig in der ersten Reihe, aber um im deutschen Film eine exponierte Rolle zu spielen, dafür reichte ihre Beliebtheit nicht mehr aus. Und Harlan scheute die Anstrengungen, die die Herstellung eines Filmes mit sich brachten.

Ein Angebot aus dieser Zeit empfand er als Gipfel der Schamlosigkeit. Ihm sei, empörte er sich in seiner Autobiographie, eine dumme, ekelhafte Geschichte angeboten worden, die dann ein anderer Regisseur mit einem bekannten französischen Schauspieler verfilmt habe. [13] Offensichtlich handelt es sich hierbei um den Gruselschocker *Die Nackte und der Satan* (1959), den Victor Trivas für die Rapid-Film inszeniert hat. Der Franzose Michel Simon spielte die Hauptrolle, und hinter der Kamera stand Georg Krause, der sich trotz seiner vielgerühmten Arbeit mit Peter Pewas, Elia Kazan, Stanley Kubrick und Wolfgang Staudte dazu bereit erklärte, stilvolle kleine Schundfilme wie *Ein Toter hing im Netz* (1960) auszuleuchten.

Harlans Entscheidung, *Die Nackte und der Satan* nicht zu inszenieren, ist ebenso verständlich wie bedauerlich, denn er besaß ein Faible für Kolportage, was sich freilich mit seinen bildungsbürgerlichen Idealen nicht unbedingt immer vereinbaren ließ. Trivas machte aus der aufregenden, makabren Story ein biederes Fernsehspiel, dessen erstaunlicher Erfolg an den Kinokassen sich nur auf die – letztlich so gar nicht befriedigte – Sensationslust des Publikums zurückführen läßt.

Harlan begann immer häufiger über Herzschmerzen zu klagen. Er nahm Tabletten, um seine Schmerzen zu betäuben. Zudem waren seine Schulden eines Tages so groß, daß er das Haus am Starnberger See verkaufen mußte. Er und Kristina Söderbaum zogen in ein Bauernhaus in Degerndorf am Inn. Die Formalitäten für den Umzug und Verkauf mußte sie erledigen, denn Harlan selbst fehlte der Sinn fürs Praktische. Drei Jahre lang war es dann still um ihn. Erst 1962 tauchte sein Name wieder in den Zeitungen auf, und das gleich in drei verschiedenen Zusammenhängen.

Die einzige Kopie von *Pedro soll hängen* war nach dem Krieg in die USA mitgenommen worden, und nachdem im Laufe eines Prüfungsverfahrens von Januar bis März 1962 weitere 800 Meter der Schere zum Opfer fielen, erfolgte eine Freigabe. Kaum jemand dürfte sich jedoch bereit gefunden haben, für die Verstümmelung einer Verstümmelung auch noch Eintrittsgeld zu zahlen. Im selben Jahr bewirkte der Zusammenschnitt der Indien-Filme als *Die blonde Frau des Maharadscha*, daß dieses schwierige Projekt noch einmal die Kassen klingeln ließ. (Es handelt sich um einen äußerst lieblosen Zusammenschnitt, der wie ein abendfüllender Trailer anmutet. Fast alle großen Momente mit Hermann Schomberg fehlen.) Größere Aufmerksamkeit aber erlangte Harlan mit seinem bevorstehenden Comeback als Theaterregisseur.

Er sollte nach einer bereits 1961 getroffenen Vereinbarung am Grenzlandtheater Aachen August Strindbergs Drama »Ein Traumspiel« inszenieren. Die Premiere war für den 8. September 1962 geplant. Wie schon in den ersten Nachkriegsjahren hat sich die Direktion mehr für Kristina Söderbaum, die für die Rolle von Indras Tochter vorgesehen war, als für den Regisseur interessiert. Nicht so die Presse. Man witterte braune Gefahr und schlug Alarm. Ein besonders grotesker Artikel erschien am 11. April 1962 im Dortmunder ›Westdeutschen Tageblatt‹. Überschrift: »Das steckt dahinter: Die Erhebung des Kino-Ariers.« Der Autor Bert Frenzel stellte sich mutig mit einem Foto vor, auf dem er aussah wie eine Mischung aus Jerry Lewis und Alfred E. Neumann (aus dem Satiremagazin ›Mad‹). Eine Satire hatte Frenzel jedoch nicht beabsichtigt. Von keinerlei Sachkenntnis getrübt, hielt er Hans Steinhoffs *Ohm Krüger* für einen Harlan-Film und behauptete, Harlan habe seine erste Frau [!] Hilde Körber für die Muster-Arierin Söderbaum verlassen. Nicht genug damit, verlieh er Strindbergs Schauspiel den Titel »Indras Tochter«. [14]

Daß es heftige Debatten um sein Aachener Engagement geben würde, hätte Harlan zu diesem Zeitpunkt wohl kaum noch vermutet. Ausgelöst wurden sie ausgerechnet in der Schweiz, wo Harlan sehr erfolgreich gewesen und noch 1943 vom Zürcher Stadtrat empfangen worden war. Unter dem Titel *Entsagung* konnte nach Kriegsende selbst *Kolberg* hier gezeigt werden, ohne daß sich jemand an den Goebbels-Parolen gestört hätte. Jetzt aber regten sich Harlan-Gegner darüber auf, daß das Zürcher Kino ›Stauffacher‹ *Anders als du und ich* präsentieren wollte, obwohl dieser in über 50 anderen Schweizer Städten lief. Die Demonstranten brachten zum Ausdruck, daß nicht Form oder Inhalt des Films, sondern der Name des Regisseurs anstößig sei. »Veit Harlan-Filme sind eine Schande für Zürich« stand auf ihren Transparenten.

Die Proteste in der Schweiz führten dazu, daß der Aachener Intendant Kurt Sieder sich im Juni 1962 von Harlans Verpflichtung zurückziehen und ihn nicht das »Traumspiel« inszenieren lassen wollte. Er gab als Grund für den Rückzieher Angst vor wirtschaftlichen Nachteilen und der Aufkündigung von Abonnements an. Harlan klagte mit Erfolg vor dem Arbeitsgericht.

Bevor er nach Aachen ging, beschäftigte er sich jedoch noch ein letztes Mal mit Gerhart Hauptmann. Lena Hutter, die 1935 unter seiner Regie in »Krach im Hinterhaus« mitgewirkt hatte, bat ihn, im Fränkischen Theater auf Schloß Maßbach den »Biberpelz« zu inszenieren. Seit 1960 stand ihr und ihrem Kollegen Oskar Ballhaus das Schloß als Spielort zur Verfügung. Traugott Buhre gehörte in den fünfziger Jahren zum Ensemble des Theaters, und in den kommenden Jahren sammelten Peer Augustinski und Gila von Weitershausen hier erste Erfahrungen. Unter Harlans Regie spielte Ballhaus den Wehrhahn, Annemarie Asmus die Mutter Wolffen und Lena Hutter die Frau Motes. Premiere war am 8. September 1962, Harlans Gegner haben sie offenbar verschlafen.

Oskar Ballhaus, der den Regisseur ebenfalls von früher kannte, »fand einen alten, neuen Harlan. Körperlich schon gebrochen durch mehrere Herzinfarkte, hatte seine seelische Strahlkraft sich voll entfaltet. Ein gütiger Mensch, voll innerer Teilnahme und voll Verstehen, ja voll Weisheit stand er vor mir. ...

Horchend auf jeden Eigenton des Schauspielers, intensiv jeder psychologischen Nuance nachspürend, mit ungebrochenem Humor jede mögliche Pointe herausarbeitend und auch die schwierigste Situation noch mit Güte und Geduld meisternd. Er schaffte eine Probenatmosphäre, in der jeder Schauspieler sein Eigenes voll zur Entfaltung bringen konnte.«[15]

Von einem weiteren Herzinfarkt genesen, reiste Harlan im Frühling 1963 nach Capri, um das »Traumspiel« zu bearbeiten. Nebenbei diktierte er seine Memoiren. Sie sollten für ihn die letzte Möglichkeit bleiben, sein Leben aus eigener Sicht zu beschreiben. Seine Gefühle kamen auch durch Strindbergs Text gut zum Ausdruck. Einige von Strindbergs Sätzen klingen so, als habe Harlan sie geschrieben. »Was ich auch tue, alles geht schlecht aus«, sagt ein Offizier. »Jede Freude im Leben muß ich mit doppeltem Leid bezahlen.« Und der Dichter im Stück sagt: »Seitdem habe ich keine Ruhe mehr; die Menschen nennen mich ehrlos, einen Abschaum. Und es hilft nichts, daß mein Gewissen mir sagt: Du hast recht getan, denn in der nächsten Stunde sagt es: Du hast unrecht getan! So ist das Leben!«[16]

Die Premiere wurde auf den Beginn der neuen Spielzeit, auf den 7. September 1963, verlegt. Der UPI-Korrespondent Dr. Heinz Wissig schrieb nach der Premiere von »Ovationen für Veit Harlan ... Mittels differenzierter Lichtregie, verschiebbarer Tafelbilder und geschickter Ausnutzung von Vorhängen traf Harlan den Charakter der traumhaft ineinandergleitenden Aktion. Die Tafelmalereien von Willi Thomas waren lediglich um einen Grad zu sentimental-naiv geraten. In der sprachlichen Führung der Personen scheute der Regisseur nicht vor dem expressionistischen Schrei zurück. Die Leiden am irdischen Dasein, das Grundthema des Stückes, zeigten in der Interpretation Harlans Parallelen zu der Furchtbarkeit griechischer Schicksalstragödien auf. Diese Konzeption wurde noch durch Verwendung von Beethoven-Musik (Teile aus dem Vierten Satz ›Gewitter und Sturm‹ der sechsten Symphonie) verstärkt. Die Schlußszenen erhielten dagegen dann durch Orgelklänge und Summchöre einen Grad zuviel an melodramatischer Süße.«

»Kristina Söderbaum sprach im ersten Teil etwas zu maniriert, wurde im zweiten Teil aber von Station zu Station auf ihrer irdischen Reise im Sprachklang überzeugender, steigerte dann im dritten Akt die herrlichen Verse über das gnadenlose Dasein der Menschen zu ergreifender Darstellungskunst. Wie hier die Schauspielerin aus ihrem Film-Rollenklischee des ›naiv-sinnenhaften Weibchens‹ herausbrach und das Format einer Charakterdarstellerin erreichte, wirkte auf die Zuschauer beklemmend. Aus den zu äußerst dynamischem Sprechen angehaltenen Darstellern fiel Wolfgang Ziemssen in der Rolle des Offiziers durch eine gepflegte Modulationsfähigkeit der Stimme auf.«[17]

»Die Inszenierung war kümmerlich, konnte auf der winzigen Bühne allerdings kaum besser sein«, erinnerte sich Hans Daiber. »Kristina Söderbaum

Veit Harlan 1963

als Indras Tochter hätte besser sein müssen. Die Unbeschriebenheit, die einst rühren und verzaubern konnte, war zur Leere geworden. Das Premieren-publikum bereitete ihr eine Ovation, schenkte ihr Blumen über Blumen.«[18] Zur Besetzung gehörten auch Horst Schultheiß, später einer der populärsten Berliner Volksschauspieler, und Dorothea Neukirchen, die den Film *Dabbel Trabbel* (1982) mit Gudrun Landgrebe inszeniert hat.

Geplante Gastspiele in den niederländischen Städten Maastricht, Heerlen und Kerkrade mußten abgesagt werden, wie verschiedene Zeitungen in der letzten Septemberwoche meldeten, aber das Ensemble ging mit der Insze-nierung innerhalb der Bundesrepublik auf Tournee. Harlan zog vorüber-gehend zu seiner Tochter Maria nach Berlin, wo er ärztlich besser versorgt werden und außerdem seine Enkel sehen konnte. Seine Gesundheit ver-schlechterte sich weiter. Das Regie-Comeback mag ihn ebenso getröstet haben wie der Besuch des amerikanischen Filmhistorikers David Stewart Hull, der sich die ungewöhnliche Mühe machte, für sein geplantes Buch »Film in the Third Reich« Zeitzeugen aufzusuchen. Harlan gab Hull bereitwillig Auskunft, der *Rothschild*-Regisseur Erich Waschneck dagegen verweigerte die Aussage.

Noch wichtiger als die Erinnerung an seine Filmarbeit erschien Harlan, da er die Nähe des Todes spürte, die Vereinigung im Jenseits mit seiner Frau.

Hilde Körber und Veit Harlan mit Enkelkindern

Für sie kam es nicht in Frage, aus der katholischen Kirche auszutreten, also wurde er am 13. Februar 1964 Katholik. Er ließ sich endgültig im sonnigen Süden nieder, der schon seinen Filmfiguren Aels Flodéen und Vera Colombani als Zufluchtsort gedient hatte, saß allerdings nur noch im Rollstuhl und mußte getragen werden. Vorübergehend lag er in einem Krankenhaus in Neapel, doch nach einer leichten Besserung seines Gesundheitszustandes kehrte er nach Capri zurück. Er hatte weiterhin den Kopf voller Pläne und dachte daran, so bald wie möglich ein weiteres Stück auf Schloß Maßbach zu inszenieren. Dessen Intendanz schickte ihm 5000 DM zu, offiziell eine Nachzahlung, weil er für den »Biberpelz« zuwenig Geld bekommen hatte. Tatsächlich handelte es sich um eine freundschaftliche Geste.

Dann machte sich bei Harlan eine Lungenentzündung bemerkbar. Es gab Schwierigkeiten mit der Krankenkasse, da er sich im Ausland aufhielt, aber nach Deutschland konnte er auf keinen Fall mehr zurücktransportiert werden. Als sich der Tag der Silberhochzeit näherte, dèr 5. April, hatte Kristina Söderbaum kein Geld, um sich Schmuck zuzulegen; sie mußte ihn sich ausleihen. Thomas Harlan reiste aus Ascona an, und aus Berlin kamen Kristian und Caspar. Ganz offensichtlich aber war nicht die Silberhochzeit der Grund für diese Familienzusammenkunft, sondern die Nähe des Todes.

Auf dem Sterbebett hinterließ Harlan der Nachwelt noch einige Sätze auf Tonband: »Aachen hat mir den Rest gegeben, und mein Herz stöhnt ... Aber es stöhnt nicht nur, es jubelt auch, und wenn's mir noch schlechter gehen sollte. Ich werde Aachen nicht bereuen. Nirgends hat sich der Sinn meines Lebens besser erfüllt als in der Arbeit am ›Traumspiel‹ in Aachen. Es ist geistig, religiös, namentlich und auch in jeder Beziehung hochstehender als das, was ich bisher im Film gemacht habe, mögen die Filme noch so gut gewesen sein. Diese große Tiefe und diese ewige Wahrheit, die Strindberg ausspricht, und die zu gestalten wir Gelegenheit hatten, und die auszusprechen [...] Kristina [...] in einer so großartigen Weise Gelegenheit hatte, die lohnen sich für jedes Opfer.«[19] Veit Harlan starb am 13. April auf Capri. Nicht an Krebs, wie in einigen Quellen angegeben wurde. Herzschwäche war in der Harlan-Familie verbreitet.

Am 15. April fand die Beerdigung statt. Die Hinterbliebenen, unter ihnen auch Thomas, Kristian und Caspar Harlan sowie Ulla Söderbaum, folgten dem Sarg aus schlichtem Kastanienholz.

Symbol für sich selbst

Als tragischen, durch Hetzkampagnen beschleunigten künstlerischen Niedergang bewerten Harlans Anhänger die letzte Phase seiner Karriere. Genauso, nur mit Genugtuung, bewerten auch seine Gegner diese Phase. Eine sehr oberflächliche Einschätzung, die sich zu sehr an der Höhe der Budgets und der Besucherzahlen orientiert. Tragisch ist an Harlans letzten Jahren einzig und allein sein Gesundheitszustand. Für diesen waren allerdings nicht allein die Verhaftungen, die Prozesse und die unzähligen Verleumdungen verantwortlich: Arbeitswut und eine in der Familie verbreitete Herzschwäche taten ihr übriges. Zu einer beruflichen Kaltstellung ist es nicht gekommen. Harlan konnte bis zu seinem Tod einigermaßen kontinuierlich arbeiten und war nur 1955/56 sowie von 1959 bis 1961 ohne Beschäftigung. Auch konnte er sein 50jähriges Bühnenjubiläum feiern, zählt man seine Komparsentätigkeit am Deutschen Theater mit.

Bis zum Ende ist er ein vitaler, besessener Regisseur geblieben, das belegen die Aussagen seiner letzten Mitarbeiter. Es geschah sicher gegen seinen Willen, daß er zuletzt kleine, bescheidene Filme gedreht hat, aber den großen Künstler erkennt man daran, daß er auch mit geringen Mitteln große Wirkungen erzielt, und das ist ihm gelungen. In den Arca-Produktionen von *Anders als du und ich* bis *Ich werde dich auf Händen tragen* fehlen wuchtig auftretende Staatstheater-Mimen ebenso wie bombastische Kamera- und Toneffekte: Harlan entwickelte sich auf die alten Tage noch zu einem Meister der kleinen Form.

Damit kehrte er zu seinen Anfängen zurück. Das einzige, was noch gefehlt hätte: eine billige kleine Filmkomödie zum Abschluß. Der ›Film-Revue‹ hatte er 1958 angekündigt: »Zum Ausgleich will ich als nächsten Film – Quatsch machen! ... Eine ganz verrückte Idee. Ich habe Jo Herbst und Rolf Ulrich gebeten, mir das Drehbuch zu schreiben.«[1] Dazu ist es nicht mehr gekommen.

Die Verfasser der Nachrufe blieben sich einig, mit wenigen Ausnahmen: Hans Scholz (›Der Tagesspiegel‹) warnte vor »der törichten und darum so häufig vorgebrachten Auffassung [...], Harlan habe die mörderischen Aktionen der Hitlerei durch seinen Film geradezu ausgelöst oder doch Öl ins Feuer gegossen. Es heißt, die NS-Mordmaschinerie wahrlich von Grund auf verkennen, wenn man glaubt, sie habe eines schöngeistig verbrämten Films bedurft, um messernd anzulaufen.« Auf die Selbstgerechtigkeit der Harlan-Gegner anspielend, schrieb er: »Wie viele stolperten und fielen heute genauso. Ihr Glück, daß die Voraussetzungen zu Anfechtung und Versuchung fehlen!« Nach dem Ende des Dritten Reiches »wollte niemand mehr so recht an ihm beteiligt gewesen sein und dahinter gestanden haben. Wie froh war man da, einen drallen, geradezu prachtvollen Sündenbock aufgetrieben zu haben.

Da mußte am Bocke Harlan wenn nicht alles, so doch vieles gelegen haben. Schäme sich an der Bahre, wer betroffen!« [2]

Im US-Branchenblatt ›Variety‹ erschien ein Nachruf mit der Überschrift »Death Of a Convenient Scapegoat« (›Tod eines willkommenen Sündenbocks‹); er wurde als Aufmacher gedruckt und nahm mehr Platz ein als der Nachruf auf Ben Hecht: »Harlan war einer der prominentesten und auch fähigsten deutschen Filmregisseure der dreißiger und frühen vierziger Jahre. Es hat ehemalige Nazis gegeben, die im Showbusiness wieder Fuß fassen konnten. Nicht so Harlan, obwohl er nie ein Mitglied der NSDAP gewesen war. Ehemalige Kollegen, fanatische Anhänger der Partei, gingen ihm nach der Niederlage Deutschlands aus dem Weg, weil es ihrem Ruf geschadet hätte, mit dem Regisseur gesehen zu werden.« Der Verfasser des Nachrufs zitierte Schuldbekenntnisse von Harlan, der den Haß einzelner Juden auf seine Person gut verstehe, zugleich aber auch beteuerte, kein Antisemit gewesen zu sein. Im Prozeß habe man keine antisemitische Bemerkung aus seinem Mund belegen können. [3]

»In seinen Filmen führt er eine exakte und vorbildliche Schauspielerregie«, schrieb Rolf Burgmer im 7. Band der ›Neuen Deutschen Biographie‹. »Im Farbfilm macht er die Farben zu einem natürlich, fast selbstverständlich anmutenden Gestaltungsmittel.« Bei *Jud Süß* werde »zumeist übersehen, daß die Figur des Süß-Oppenheimer im Film nicht exemplarisch für das Judentum steht und ihr diese Bedeutung erst durch Propaganda und Presse gegeben wurde. ... Harlan ist ohne Zweifel in beachtlichem Umfang ein Nutznießer des Nationalsozialismus. Ihm wird jedoch in der Öffentlichkeit ein weit größeres Mitverschulden auferlegt, als es gerechtfertigt ist.« [4]

Ein Jahr nach Harlans Tod wurde *Kolberg* vom Atlas-Verleih wieder ins Kino gebracht. Schon 1957 war eine derartige Aktion geplant. *Kolberg* lief jetzt unter dem Titel *Der 30. Januar 1945*, »angearmt« [sic] (Karsten Witte [5]) mit Erläuterungen des Schweizer Dokumentarfilmers Erwin Leiser. Ausgerechnet Leiser, der als Jugendlicher aus Deutschland vertrieben worden ist, und dem man wohl kaum einen Hang zur NS-Nostalgie unterstellen kann, mußte Kritik einstecken, als die DDR-Presse die Wiederaufführung von *Kolberg* zum Anlaß nahm, gegen die ›braune‹ Bundesrepublik zu hetzen, in der mit Goebbels' Propaganda Profit gemacht werde. Dabei ist mit der Wiederaufführung von *Kolberg* ein NS-Mythos zerstört und nicht gefestigt worden, wie Edmund Luft erkannt hat: »Die Inszenierung besitzt nichts von jenem formalen Geschick, das Harlan etwa beim ›Jud Süß‹ an den Tag legte, auch merkt man wenig vom Aufwand der neun Millionen Reichsmark, die das Spektakel gekostet haben soll.« [6]

Vereinzelt wurde, wenn auch nur zwischen den Zeilen, Anerkennung formuliert: Nach Ansicht von Peter W. Jansen (›Frankfurter Allgemeine Zeitung‹), der den Film 1945 als 14jähriger gesehen hatte, ließ es »sich nicht leugnen – und wem nützte das etwas –, daß der Propagandafilm Goebbelscher Prägung bei allem nationalen Kitsch durchaus auf der Höhe der Filmkunst war«. [7] Heiko R. Blum (›Frankfurter Rundschau‹) fügte hinzu: »Noch heute, nach zwanzig Jahren, kann man *Kolberg* als hervorragenden Monsterfilm bezeichnen. Der Brand von Kolberg kommt dem filmgeschichtlich bedeutsamen Brand von Atlanta in Flemings *Vom Winde verweht* nahe.« [8] Günther Kriewitz (›Stuttgarter Zeitung‹) betonte »die unbestreitbare Begabung Veit Harlans – gerade sie machte seine Filme ja besonders gefährlich«. [9] Sogar der ›Vorwärts‹ räumte ein, der Film könne 1945 seine starke Wirkung auf das Publikum nicht verfehlt haben. »Dafür war er zu gut, dafür erscheint sein Appell zu suggestiv.« [10]

Kristina Söderbaum sah sich inzwischen genötigt, ihr Haus in Degerndorf zu verkaufen. Hochverschuldet, nahm sie sich eine Wohnung in Schwabing und begann bei Photo Porst in Nürnberg eine Ausbildung als Fotografin. Ihre neue Laufbahn startete sie mit Fotoromanen, und sie hatte das Glück, mit Elisabeth Volkmann als Modell arbeiten zu können, deren starke körperliche und stimmliche Präsenz noch einige Sexfilme der frühen siebziger Jahre bereichern sollte. Auch ein Beatles-Konzert verfolgte Kristina Söderbaum mit ihrer Kamera. Hin und wieder nahm sie Aufgaben als Schauspielerin wahr. Sie gastierte 1966/67 am Fränkischen Theater, wo sie in Georges Bernanos' Stück »Die begnadete Angst« eine Nonne verkörperte. Gemeinsam mit Nicholas Ray hatte sie einen Gastauftritt in Will Trempers *Playgirl* (1966), der dann wegen der drohenden Überlänge herausgeschnitten werden mußte. Ein Comeback beim Film gelang ihr aber erst 1974 mit Hans-Jürgen Syberbergs *Karl May*, wo sie an der Seite von Harlans Erzfeind Helmut Käutner auftrat sowie von Käthe Gold, Lil Dagover und Rudolf Fernau.

Hans-Christoph Blumenberg widmete ihr die Dokumentation *Die Reise nach Schweden* (1993), und als Alida Valli erkrankte, übernahm sie deren Rolle in Carlo U. Quinterios *Night Train to Venice* (1993), einem phantastisch-romantischen Thriller über Neonazis, die die Passagiere eines Zuges terrorisieren, mit Hugh Grant, Tahnee Welch und Malcolm McDowell in den Hauptrollen. Etwas konfus erzählt, besticht der Film durch die Kameraarbeit eines großen Meisters, Armando Nannuzzi *(Flucht nach Varennes, Brille mit Goldrand)*. In einer Szene muß Kristina Söderbaum mitansehen, wie die Neonazis einen Schlafwagenkontrolleur mißhandeln, und hat dabei Visionen von der Bücherverbrennung.

Harlans Bruder Peter starb 1966 kurz vor seinem 68. Geburtstag, und drei Jahre später erlag Hilde Körber 62jährig einem Krebsleiden. In seiner Autobiographie »Aller Tage Abend« hatte sich Fritz Kortner schon 1959 verpflichtet gefühlt, seine negative Einschätzung ihrer Person zu revidieren: »Was mir über die nun gealterte Frau heute zu Ohren kommt, stimmt nicht zu ihrem Wesen von damals ... Welche moralische Gegenkraft muß diese Frau entwickelt haben, durch die sie schließlich über ihre gefährlichen Unterströmungen hinweggekommen ist.«[11] 1962 spielte sie unter Erwin Piscators Regie die Frau Loman in »Tod eines Handlungsreisenden«, und noch kurz vor ihrem Tod beteiligte sie sich an einer Demonstration anläßlich der Ermordung von Martin Luther King. Fritz Moritz Harlan starb 1970 und Esther Harlan 1980. Nur 56 Jahre alt wurde Harlans zweite Tochter Susanne. Dr. Susanna Jacoby, wie sie zur Zeit ihres Freitodes am 3. Januar 1989 hieß, war ihrem früh verstorbenen Ehemann zuliebe zum jüdischen Glauben übergetreten, daher wurde ihr Vorname um einen Vokal verändert. Sie arbeitete zuletzt als Tierärztin und liegt neben ihrer Mutter auf dem Berliner Waldfriedhof begraben. Berta Harlan starb 1998.

Maria Körber ist im Gegensatz zu ihrer jüngeren Schwester dem Schauspielerberuf treugeblieben; sie arbeitete selten für das Kino (Frank Wisbars *Durchbruch Lok 234*, 1963), war aber häufig im Fernsehen (*Im Vorhof der Wahrheit*, 1975) und auf der Bühne zu sehen. In Boleslav Barlogs »Biberpelz«-Inszenierung am Berliner Hansa-Theater spielte sie 1987 die Mutter Wolffen an der Seite ihres zweiten Ehemannes Joachim Kerzel; Heinz Lausch *(Kolberg)* und Lutz Moik *(Hanna Amon)* gehörten ebenfalls zum Ensemble. Wie ihre Mutter erteilte auch Maria Körber bis vor kurzem Schauspielunterricht.

Thomas Harlan, dem man nachsagt, in den fünfziger Jahren Kinos angezündet zu haben, die Harlan-Filme zeigten, drehte einige politisch engagierte, halbdokumentarische Filme, von denen *Wundkanal* (1984) Aufsehen erregte. Für die Hauptrolle hatte Harlan Junior den ehemaligen SS-Mann Alfred Filbert engagiert, der wegen Massenerschießungen zu lebenslanger Haft verurteilt, dann aber aus gesundheitlichen Gründen freigelassen worden war. Karena Niehoff (›Der Tagesspiegel‹) nannte den Regisseur ein »gebranntes, verwundetes und zum Vatermord entschlossenes Kind«. [12]

Caspar, der jüngste und umgänglichste von Harlans Söhnen, drehte ebenfalls Filme, mit denen er sich an Kinder und Jugendliche richtete (*Am Wannsee ist der Teufel los*, 1981). Kristian Veit wurde nach seinem Architekturstudium Industriedesigner, entwarf Uhren für Pierre Cardin und hat sich im Schweizer Kanton Solothurn niedergelassen.

Veit Harlans Name blieb in den ersten Jahren nach seinem Tod weiterhin im Gespräch. Diskussionen um eine neue *Jud Süß*-Verfilmung nach einem Drehbuch von Hans Habe sorgten im Sommer 1966 für Auseinandersetzungen. Im Herbst erschien dann die heiß erwartete Autobiographie, die noch vom Krankenbett aus diktiert worden war. Sie sollte zunächst »Entlastet, Gruppe 5« heißen; weitere Titelvorschläge lauteten »Ich filmte für Deutschland« und »... filmte für Deutschland«. Der Münchner Filmsachverständige H. C. Opfermann kürzte Harlans Manuskript um die Hälfte und brachte es unter dem Titel »Im Schatten meiner Filme« im Sigbert Mohn-Verlag heraus; das ungekürzte Original wird in der Bayerischen Staatsbibliothek verwahrt.

In der Werbung des Mohn-Verlags hieß es, das Buch sei eine »teils amüsante und pikante, teils schreckliche und erregende Lektüre«. Selbst wenn man diesen Fehltritt ignorierte, bot das Werk Grund zur Ablehnung. Raimund LeViseur (›Der Abend‹) empfand das Buch als »von einer solchen bestürzenden Ahnungslosigkeit […], daß einem grausen muß«.[13] ›Die Andere Zeitung‹ vertrat die schon mehrfach geäußerte Ansicht: »Dieser Harlan hätte nach 1945 nur schweigen müssen.«[14

Während in den Folgejahren immer mehr ausländische oder deutsch-jüdische Journalisten Kontakt zu Altnazis oder Kollaborateuren aufnahmen und mit Hilfe von deren Selbstzeugnissen Erkenntnisse über den Nationalsozialismus gewannen, blieb bei deutschen Nichtjuden die Angst vor der Ansteckung. Während regelmäßig detailversessene Hitler-Biographien auf den Markt kamen, war ein genauerer Blick auf Harlan verboten. Er selbst sollte schweigen, und über ihn sollte geschwiegen werden, sofern es nicht um *Jud Süß* oder *Kolberg* ging.

Doch das Interesse am NS-Kino ließ sich nicht unterdrücken. Bereits 1964 war in Gütersloh Joseph Wulffs »Theater und Film im Dritten Reich« herausgekommen, eine Sammlung von seltenen, schwer zugänglichen Briefen und Artikeln. Wulff kommentierte die einzelnen Dokumente nicht, sondern ließ sie für sich selbst sprechen. 1968 stellte Erwin Leiser sein Buch »Deutschland, erwache!« vor, in dem er die NS-Filme nach ihren konkreten politischen Zielen untersuchte. Mit seiner Weigerung, auf formalästhetische Aspekte einzugehen, und seinem Festhalten an Dialogpassagen übersah er zwar das, was die Filme so verführerisch macht – ihre Bilder. Aber im Gegensatz zu späteren Abrechnungen mit dem Kino des Dritten Reiches war sein Werk sachlich gehalten. Leiser stand zwischen den Fronten: NS-Film-Nostalgikern galt er als Miesmacher und Spielverderber, während ihn Studenten der Berliner Film- und Fernsehakademie, deren Direktor er 1966 bis 1969 war, wegen seines Insistierens auf geregelten Unterricht als »Faschist« beschimpften.

David Stewart Hull brachte 1969 sein Buch »Film in the Third Reich« heraus, das er 1959 auf Anregung von James Card (Kurator für Film am George Eastman House, New York) begonnen und für das er auch noch Harlan persönlich interviewt hatte. Hull betrachtete die Filme des Dritten Reiches unter politischen und ästhetischen Gesichtspunkten, aber oft auch nur nach dem Zufallsprinzip (bedeutende Stars wie Zarah Leander, Marika Rökk und La Jana, oder Regisseure wie Peter Pewas und Viktor Tourjansky werden kaum beachtet), dennoch für jemanden, der in der deutschen Kultur nicht verwurzelt war, hat er wertvolle Beobachtungen gemacht. Dorothea Hollsteins »Antisemitische Filmpropaganda« (1971; 1983 neu aufgelegt als »›Jud Süß‹ und die Deutschen«) war dann gut zwei Jahrzehnte lang die gehaltvollste Abhandlung über den Film des Dritten Reiches, auch wenn mit der antisemitischen Propaganda nur ein Teilaspekt berücksichtigt wurde.

Weitestgehend unbemerkt von der Öffentlichkeit stellte Eberhard Wolfgang Möller 1971, ein Jahr vor seinem Tod, sein »Russisches Tagebuch« mit dem Untertitel »Aufzeichnungen vom Südabschnitt der Ostfront 1941–1943« vor. Der Verfasser mehrerer antisemitischer Stücke hatte gemeinsam mit Ludwig Metzger das Drehbuch zu *Jud Süß* verfaßt, bevor Harlan hinzugezogen wurde. Staatsanwälte und Filmhistoriker haben sich zu keiner Zeit für Möller interessiert, obwohl sein dritter Nachkriegsroman »Chicago oder der Mann, der auf das Brot trat« (1956) dieselben antisemitischen Vorurteile verbreitete wie sein Vorkriegswerk.

Aus Schweden kam das Buch »Politik och film« (1971, dt. 1974: »Politik und Film«), dessen Autoren Isaksson und Fuhrhammar die Propaganda verschiedener politischer Systeme mit gleicher Strenge analysieren. Daß die Verfasser im Zusammenhang mit dem sowjetischen Film ein »politisches, moralisches, künstlerisches und pädagogisches Fiasko« feststellten, einen »Hohn auf die Wirklichkeit und eine Demütigung für das Volk«[15], hätten deutsche Filmhistoriker niemals geschrieben. Mit einem ähnlichen Ansatz wie David Stewart Hull, jedoch wesentlich härter in der ästhetischen Bewertung, verfaßten die französischen Autoren Pierre Cadars und Francis Courtade ihre »Histoire du cinéma nazi« (1972, dt. 1974: »Geschichte des Films im Dritten Reich«). Sie mußten Kritik einstecken, als Erwin Leisers »Deutschland, erwache!« 1978 eine Neuauflage erlebte. In seinem Vorwort rügte Leiser die beiden für ihre ästhetischen Werturteile.

Leisers rein politischer Ansatz soll an dieser Stelle keineswegs diskreditiert werden. Jede noch so einseitige Interpretation ist legitim, solange ihre Vertreter andere Sehweisen dulden. Doch Leiser und seine Nachfolger verurteilten alles, was von ihrem Denkschema abwich. Ein ähnliches Denken war bei der Zeitschrift ›Filmkritik‹ zu beobachten. Mit ihrem dezidiert politischen, gesellschaftskritischen Ansatz bot diese Publikation eine überfällige Alternative zum konservativen Feuilleton. Aber letztlich unterschieden sich die Texte mit ihrem Dogmatismus und ihrer Lustfeindlichkeit kaum von den säuerlichen Kommentaren der kirchlichen Film-Dienste und -Beobachter. Die Gesellschaftskritik blieb genauso inkonsequent wie schon bei Siegfried Kracauer, indem sie sich nur gegen die kapitalistische Gesellschaft richtete und Mißstände in anderen Systemen ignorierte.

Von Kracauer – dem nach wie vor einflußreichsten, meistzitierten Filmtheoretiker Deutschlands – übernahmen spätere Generationen auch die Angewohnheit, alles und jeden zu entlarven, sich selbst aber als unantastbare Autorität hinzustellen, immun gegen die verbotenen Früchte des Faschismus. Eine methodische Identifikation mit dem Gegner, die nötig ist, um ihn zu verstehen, verweigerten sie. Von einer nahezu unerträglichen Selbstgerechtigkeit war aufgrund dieser Haltung die Reaktion auf Memoiren alter deutscher Film- und Theaterstars, die seit den siebziger Jahren den Markt überfluteten. Von Zarah Leander oder Marika Rökk aber konnte man keine scharfsinnigen Faschismusanalysen erwarten, und es wäre auch unehrlich gewesen, wenn sie, die hofiert worden sind, die Schattenseiten des Regimes beleuchtet hätten. Man zeigte sich entsetzt darüber, daß in diesen Memoiren kaum etwas über Exil oder Konzentrationslager zu lesen war.

Je ehrlicher die Stars über ihr ›süßes Leben unterm Hakenkreuz‹ schrieben, umso härter fiel die Kritik aus. Wer sich als Hitler-Gegner ausgab, dem wurde nicht geglaubt, wer sich aber offen dazu bekannte, Hitler bewundert zu haben, galt als unverschämt und unbelehrbar. Die Biographien von Exilanten sprechen eine etwas andere Sprache, etwa die von Ernst Ginsberg, Elisabeth Bergner, Tilla Durieux, Adrienne Gessner, Therese Giehse, Lilli Palmer, oder von Prominenten, die aufgrund ihrer jüdischen Herkunft in ständiger Lebensgefahr geschwebt hatten (Hans Rosenthal, Ida Ehre, Inge Meysel), von mutigen Kabarettisten (Werner Finck, Ursula Herking). Diese moralisch einwandfreien Zeitzeugen sagten bisweilen Dinge, die die Nachgeborenen nicht sonderlich gern hörten, wie etwa der in die Schweiz geflohene Ernst Ginsberg: »Ich war mir immer bewußt, daß wir, deren Schicksal anfangs verzweifelt schien, aufs Ganze gesehen in Wirklichkeit vom Schicksal Bevorzugte waren. Uns ist jede Charakterprobe erspart geblieben.«[16]

Fünfzehn Jahre nach der Autobiographie »Im Schatten meiner Filme« erschien 1981 die erste Publikation über Veit Harlan auf dem Buchmarkt. Sie stammt von Siegfried Zielinski, trug den Titel »Veit Harlan. Analysen und Materialien zur Auseinandersetzung mit einem Film-Regisseur des deutschen Faschismus« dem und war ursprünglich als Magisterarbeit verfaßt worden. Leser, die mehr über Veit Harlan erfahren wollten, kamen nicht auf ihre Kosten. Interessant ist die Publikation vor allem wegen ihres verächtlichen, herablassenden Tons, dem völligen Fehlen überzeugender Gegenentwürfe, der totalen Begeisterungsunfähigkeit. Kameramänner und Komponisten etwa sind für den Autor nur Bild- und Tonlieferanten: kein schöner Klang, kein schönes Bild ... Erwähnung verdient das Buch hauptsächlich wegen seiner ausführlichen Literaturliste – und weil es bis heute das einzige über Harlan geblieben ist.

Im Laufe der achtziger Jahre kamen immer mehr gehaltvolle filmhistorische Analysen auf den Buch- und Zeitschriftenmarkt, die sich mehr oder weniger direkt mit Harlan befaßten. Vertreterinnen der feministischen Filmwissenschaft machten mit anfechtbaren, aber durchweg anregenden Thesen deutlich, wie oberflächlich bis dahin über den NS-Film geschrieben worden war. Rund zwanzig Jahre nach der sexuellen Revolution, die die männlichen Kollegen verschlafen hatten, analysierten Filmwissenschaftlerinnen das NS-Kino mit einer starken sinnlichen Wahrnehmung, die unumgänglich ist, wenn man diese Kultur untersucht. Ihr Einfluß blieb gering: als Professor Friedrich Knilli von der Technischen Universität Berlin 1997 versuchte, im Anschluß an eine öffentliche *Jud Süß*-Verführung in Potsdam über sexuelle Subtexte zu reden, stieß er nur auf taube, keusche Ohren.

1992 wurde Harlan ein Seminar in Freiburg gewidmet, und Norbert Grobs 20seitiger Essay in ›CineGraph – Lexikon zum deutschsprachigen Film‹ löste eine Reihe interessanter Artikel aus. Doch die Debatten verliefen schnell im Sande. Zu einer Annäherung der Gegner und Verteidiger ist es nicht gekommen. Ein Musterbeispiel für die ausschließlich emotionale Reaktion vieler Harlan-Gegner lieferte ein Aufsatz über die Anti-Harlan-Demos in ›Mittelweg 36‹, der Zeitschrift des Hamburger Instituts für Sozialforschung. Der Verfasser zitierte den unzitierbaren Curt Riess, der sich beim Anblick von *Jud Süß* übergeben haben will, und schrieb, Riess' Äußerung sei nichts hinzuzufügen. Nicht denken, sondern kotzen, wäre demnach die Devise. [17]

In den USA zog man es vor, das Essen zu verdauen und das Gehirn zu betätigen, hier erschienen Abhandlungen über den Film des Dritten Reiches – und somit indirekt auch über Harlan –, die an deutschen Universitäten zur Pflichtlektüre gehören müßten, Bücher wie ›Entertaining the Third Reich‹ von Linda Schulte-Sasse und ›The Ministry of Illusion‹ von Eric Rentschler (beide 1996). In der DDR-Filmliteratur, aber auch von Rechtsintellektuellen hat es interessanterweise überhaupt keinen diskussionswürdigen Beitrag zur Harlan-Debatte gegeben. Ein Interesse am Medium Film, das sich auf dessen ideologischen Gebrauchswert beschränkt, macht einen Zugang zu Harlan ohnehin unmöglich. Ein Blick auf die Machart der Harlan-Filme zeigt denn auch, daß dieser Mann nicht allein wegen seiner Beiträge zur NS-Propaganda einen Platz in der Filmgeschichte erlangt hat, sondern ebenso wegen seiner unverkennbaren, eigenständigen Bildsprache.

Es hat sich etwas geändert: Im Vorwort zu der 1993 erschienenen »Geschichte des Deutschen Films« sind dann auch als »herausragende Namen: Lubitsch, Lang, Murnau, Pabst, Ophüls, Siodmak, Riefenstahl, Harlan, Käutner, Staudte, Wolf, Fassbinder, Wenders« genannt worden. [18] Zudem verloren die Filmhistoriker allmählich das Monopol auf den Zugang zu Harlans Werk. Als Kaufkassette sind *Verwehte Spuren, Das unsterbliche Herz, Die Reise nach Tilsit, Der große König, Die goldene Stadt, Immensee, Opfergang* und *Ich werde dich auf Händen tragen* zu erwerben; das Fernsehen hat darüber hinaus *Hanna Amon*, die Indien-Filme und *Anders als du und ich* ausgestrahlt.

Mit einem nicht hinterfragten »Revival des Nazifilms« [19] hat das nichts zu tun. Wäre dies der Fall, hätte sich auch eine Fangemeinde um Karl Ritter, Hans Steinhoff oder Gustav Ucicky bilden müssen, die einige durchaus ansehnliche Filme zustandegebracht haben. Nein, das zunehmende Interesse an Harlan gründet sich darauf, daß seine Arbeiten auch noch andere Qualitäten als ausschließlich ideologische besitzen. Heftige Gefühle etwa sind zeitlos. Und wenn Regisseure der Gegenwart nicht mehr willens oder in der Lage sind, mitreißende Melodramen zu inszenieren, dann bleibt dem Publikum nur der Rückgriff auf das Filmarchiv.

Berührungsängste bestehen weiterhin, vorwiegend bei TV-Programmdirektoren und Ressortleitern von Zeitungen. [20] Als Argument gegen eine intensivere Beschäftigung mit Harlan wird gern die drohende Vernachlässigung der NS-Opfer und der Exilierten angeführt. Diese Angst war einmal berechtigt, doch inzwischen verfügt Deutschland über eine exzellente Exilforschung. Vom ersten deutschen Bühnen-Jahrbuch der Nachkriegszeit, das 1948 erschien und eine detaillierte Auflistung von Künstlern enthält, die dem Faschismus zum Opfer gefallen sind – bis zu Ulrich Liebes Standardwerk zu diesem Thema, ›Verehrt, verfolgt, vergessen‹ (1992).

Viele sind aber auch in Vergessenheit geraten, NS-Mitläufer, die die Memoirenwelle der siebziger Jahre nicht mehr erlebt haben, genauso wie ihre vertriebenen Kollegen. Es gibt keine Bücher über Hans Steinhoff, Viktor Tourjansky, Wolfgang Liebeneiner, Werner Klingler oder Gustav Ucicky, keine Monographien auf dem neuesten wissenschaftlichen Stand über Emil Jannings oder Werner Krauss, keine CDs mit Windt-, Zeller- oder Borgmann-Musik. Daß viel Material über Harlan existiert, ist lediglich auf seine auffällige Persönlichkeit zurückzuführen – und auf die ›Aufwertung durch Abwertung‹, die seine Gegner betrieben haben. Auch und gerade die erbitterten Harlan-Feinde haben kurioserweise diesen Regisseur davor bewahrt, in Vergessenheit zu geraten.

Eine Anregung, wie eine Diskussion über Harlan aussehen könnte, lieferte die Debatte über den französischen Dichter Louis-Ferdinand Céline, die im Herbst 1990 in dem Magazin ›Konkret‹ geführt wurde. »Ein faschistischer Schuster«, schrieb Matthias Altenburg dort, »kann ein Meister seines Fachs und sein kommunistischer Kollege kann ein arger Stümper sein. Wer würde nicht die Schuhe des Faschisten vorziehen? Und sei es bloß, um notfalls schnell genug vor ihm wegrennen zu können.«

Und Hermann Peter Piwitt fügte hinzu: »Es gibt große Kunst von schlechten Menschen. Und miserable von guten. Manche Leute meinen, ein Missetäter habe deshalb, kraft der Kunstwerke von seiner Hand, immer schon Generalpardon vor dem Strafgesetzbuch. Das ist barbarisch. Ebenso barbarisch ist es, Kunstwerken die menschlichen Fehler und Vergehen dessen anzukreiden, der sie geschaffen hat.« Im bürgerlichen Feuilleton sei es aber nun einmal üblich, gute Absichten höher einzuschätzen als große Kunst. »Was wurde da nicht alles Büchern gutgeschrieben! Der bloße Vorsatz eines sozialen Anliegens; und jede Tugendstümperei. Für den Frieden sein und gegen den Krieg. Und natürlich nichts gegen Arbeiter, Frauen und Kinder!

Und so kursierte er, der gutgemeinte Dreck.« Die Form bleibe unberücksichtigt. Dabei habe schon Goethe erkannt: »Den Stoff sieht jedermann vor sich; den Gehalt findet nur der, der etwas dazuzutun hat; und die Form ist ein Geheimnis den meisten.«[21]

Weder die antisemitischen Äußerungen von Céline noch der antisemitische Film von Harlan lassen sich auf irgendeine Weise entschuldigen. Aber solche Verfehlungen allein reichen nicht zur Charakterisierung eines Künstlers und seines Werkes aus. Und selbst wenn sie es täten: inhumane Kunst ist immer auch noch Kunst. Einige der bedeutendsten Philosophen vertraten gefährliche, inhumane, ablehnenswerte Ansichten und haben bisweilen dennoch mehr zur geistigen Entwicklung der Menschheit beigetragen als die vorbildlichsten Erkenntnisse der ›politischen Korrektheit‹.

Eine blütenweiße Weste wird Veit Harlan nie bekommen; er hat sie auch nicht verdient. Dennoch, und das unterscheidet den besessenen Akteur vom kritischen Beobachter, den schöpferischen Menschen vom distanzierten Chronisten: Der eine stürzt sich in die Arbeit, besinnungs- und verantwortungslos, ohne Rücksicht auf die Folgen, aber mit (in welcher Hinsicht auch immer) aufsehenerregenden Resultaten, während der andere, dank seines kühlen Kopfes, frühzeitig alle Fehler erkennt und vermeidet.

Der schöpferische Instinktmensch Harlan hat mehr als Fehler begangen. Dafür ist er bestraft worden, aber er hat als Künstler auch etwas Besonderes erreicht – nämlich ein Original zu sein. Es gibt niemanden, als dessen Epigonen man ihn bezeichnen könnte, und niemanden, in dessen Schatten er steht, es sei denn, im Schatten seiner Schuld.

Anmerkungen

Stimmen zu Harlan

[1] Fritz Kortner: *Aller Tage Abend.* Kindler; München 1959, S. 390 f.

[2] Julius Bab: *Schauspieler und Schauspielkunst.* Oesterheld & Co. Verlag; Berlin 1926, erw. Aufl. 1928, S. 263 f.

[3] Gustav Knuth: *Mit einem Lächeln im Knopfloch.* R. Glöss & Co; Hamburg 1974, S. 125 f.

[4] Oskar Ballhaus: »In Memoriam Veit Harlan«. Sammlung Lena Hutter.

[5] Lil Dagover: *Ich war die Dame.* Schneekluth; München 1979, S. 208.

[6] Harald Juhnke: *Die Kunst, ein Mensch zu sein.* Herbig; München/Berlin 1980, S. 185 f.

[7] Dr. Fritz Hippler: *Die Verstrickung.* Verlag Mehr Wissen; Düsseldorf 1981, S. 22.

[8] Günter Pfitzmann: Brief an den Autor (zugesandt am 15. 11. 1996).

[9] Will Tremper: *Meine wilden Jahre.* Ullstein; Berlin/Frankfurt am Main 1993, S. 240 f.

[10] Liz-Anne Bawden/Wolfram Tichy (Hg.): *Buchers Enzyklopädie des Films.* Bucher; Luzern/ Frankfurt am Main 1977, S. 325.

[11] Wolf Donner: *Propaganda und Film im Dritten Reich.* TIP Verlag; Berlin 1995, S. 92.

[12] Norbert Grob: »Dann kommt es eben, wie es kommt!« in *Journal Film* Nr. 27 – I/1994.

[13] Carl Raddatz im Gespräch mit Klaus Kreimeier am 28. 11. 1989, zitiert in Rainer Rother (Hg.): *Ufa-Magazin Nr. 15: Urlaub auf Ehrenwort.* Deutsches Historisches Museum; Berlin 1992.

Individualist in einem totalitären Staat?

[1] Hilde Spiel: *Welche Welt ist meine Welt? Erinnerungen 1946–1989.* List Verlag; München-Leipzig 1990, S. 31 f. – Giftmetaphern und Infektionsängste waren im Spiel, als im Rahmen der Bonner Filmmusiktage 1995 über Musik in Veit Harlans Filmen referiert wurde: dort werde für eine »giftig emotionalisierende Atmosphäre« gesorgt (s. Marion Löhndorf: »Bonn: Filmmusiktage '95« in *epd film* 1/1996). *Liebe kann wie Gift sein* – Filme können wie Gift sein – Musik kann wie Gift sein?

[2] Ludwig Eylux: Kritik zu *Jud Süß* in *Filmwoche* 9. 10. 1940.

[3] Als Schwarzer steht James Baldwin dem Film selbstverständlich kritischer gegenüber und nennt ihn »eine aufwendige Rechtfertigung von Massenmord«. (*The Devil Finds Work.* Dell Publishing; New York 1976, S. 54.)

[4] Vgl. dazu Hans-Jörg Rother: »Wir haben sie alle geliebt«. Über die Filmretrospektive »Moskau-Berlin/Berlin-Moskau« in *Frankfurter Allgemeine Zeitung* 28. 12. 1995: »Aber wußten die [sowjetischen] Regisseure nicht, daß sie die Unfreiheit im Grunde des ganzen Volkes und die Vernichtung von Millionen Menschen verschwiegen oder billigend in Kauf nahmen, als sie die Visionen weltumspannender Brüderlichkeit entwarfen? Zweimal verklärte Eisenstein die Revolution [...], und sein verächtliches Bild eines Großbauern in ›Das Alte und das Neue‹ konnte eine Ermunterung für alle bedeuten, die ›das Kulakentum als Klasse‹ zu liquidieren sich anschickten.« In Ralph Giordano: *Die zweite Schuld oder Von der Last, Deutscher zu sein* (Rasch und Röhrig Verlag; Hamburg 1987) wird zwar der Sowjetunion »das mächtigste und dauerhafteste Repressionsinstrument unseres Jahrhunderts« zugeschrieben (S. 207), aber das von der Zahl der Opfer her schwerste Vergehen, das auf ihrem Boden begangen wurde, bleibt unerwähnt. Das erstaunt bei einem Autor, der sich um die Aufklärung über den Genozid an den Armeniern verdient gemacht hat. Giordano kritisiert außerdem einen Antikommunismus, der »weder human noch demokratisch motiviert« sei (S. 208), ohne darauf hinzuweisen, daß es dasselbe Phänomen im Antifaschismus gibt. (Beide Zitate sind der DDR-Ausgabe entnommen, die 1990 beim Berliner Verlag Volk und Welt erschienen ist.)

[5] Ein weiterer Hetzfilm Eisensteins gegen die Kulaken, *Die Beschin-Wiese* (1935–37), konnte nicht vollendet werden. Die Geschichte des Films zähle »zu den trübsten Kapiteln sowjetischer Filmpolitik«, heißt es in *Reclams Filmführer*, womit nicht die Thematik gemeint ist, sondern der Abbruch der Dreharbeiten. Dieter Krusche/Jürgen Labenski: Reclams Filmführer. Philipp Reclam jun.; Stuttgart 1973, S. 228.

[6] Alfred Adler: *Das Problem der Homosexualität und sexueller Perversionen.* Fischer Taschenbuch Verlag; Frankfurt am Main 1977, S. 36. (Die Erstausgabe erschien 1930.)

[7] Alfred Adler, a. a. O., S. 89.

[8] Alfred Adler, a. a. O., S. 108.

[9] Hans-Martin Lohmann (Hg.): *Psychoanalyse und Nationalsozialismus.* Fischer; Frankfurt am Main 1984, S. 111 ff.

[10] David Thomson: *A Biographical Dictionary of the Cinema.* Secker & Warburg; London 1975/1980, S. 247.

[11] Reinhold F. Bertlein: »Charmeur im Frack« in *Film und Fernsehen* 6/1993-1/1994.

[12] Jacques Sicilier: »Les souvenirs de Veit Harlan« in *Le Monde* 4. 4. 1974. Im Original: »Après tout ce n'étaient pas des spectateurs forcés qui faisaient la queue devant les cinémas de la France occupée pour voir le ›Juif Suss‹ ou ›La ville dorée‹.«

[13] Zit. n. Sam Rohdie: *Antonioni.* BFI Publishing; London 1990, S. 29.

[14] Curt Siodmak: *Unter Wolfsmenschen I: Europa.* Weidle Verlag; Bonn 1996, S. 87.

[15] Georg Seeßlen: Essays über Luis Trenker (Lieferung 22/1993) und Zarah Leander (Lieferung 15/1989) in *CineGraph. Lexikon zum deutschsprachigen Film.* edition text + kritik; 1984 ff.

[16] Zit. n. Francis Courtade/Pierre Cadars: *Geschichte des Films im Dritten Reich.* Wilhelm Heyne Verlag/Carl Hanser Verlag; München 1975. S. 13.

[17] Courtade/Cadars, a.a.O., S. 26. Inzwischen gibt es Hinweise darauf, daß auch in der Sowjetunion der Publikumsgeschmack Vorrang gegenüber politischen Zielen hatte. Jakow Protasanow, ein konservativer, bürgerlicher Regisseur aus der Zarenzeit, der alles symbolisierte, was die offizielle Kulturpolitik bekämpfte, überstand alle Säuberungen, da seine Filme beim Publikum beliebt waren. Dagegen versagten die Filme von Dziga Wertow und selbst Sergej M. Eisenstein so kläglich an den einheimischen Kinokassen, daß auch ihre Regimetreue und das hohe Ansehen im Ausland nicht weiterhalf. Siehe hierzu Denise J. Youngblood: *Soviet Cinema in the Silent Era 1918-1935.* University of Texas Press; Austin 1991.

[18] Peter Biskind: *Seeing Is Believing. How Hollywood Taught Us to Stop Worrying and Love the Fifties.* Pantheon Books, New York 1983, S. 5.

[19] Wolfgang Kieling: *Stationen.* Paul Neff Verlag; Wien 1986, S. 44 f.

[20] Courtade/Cadars, a.a.O., S. 12.

[21] Julius Bab: *Schauspieler und Schauspielkunst.* Oesterheld & Co. Verlag; Berlin 1926/28, S. 44 f.

[22] Susan Sontag: *Im Zeichen des Saturn. Essays.* Carl Hanser Verlag; München/ Wien 1981, S. 112.

[23] Veit Harlan: *Im Schatten,* a.a.O., S. 28.

[24] Ein seltenes Beispiel für eine kritische Auseinandersetzung mit Käutner ist Hans-Jörg Rothers Text »In der Mitte war ich nie« in *Film und Fernsehen* 5/1992.

Der Sohn

[1] Michael Töteberg: »Karriere im Dritten Reich« in Hans-Michael Bock/ Michael Töteberg (Hg.): *Das Ufa-Buch.* Zweitausendeins; Frankfurt am Main 1992, S. 458–461.

[2] Walter Harlan: *Die Dichterbörse. Roman.* Buchverlag fürs Deutsche Haus; Berlin/Leipzig 1908, S. 7. (Der Roman war erstmals 1899 erschienen.) Ludvig Holberg, ein norwegischer Komödiendichter des frühen 18. Jahrhunderts, übte mit Stücken wie »Der politische Kannengießer« und »Jeppe vom Berge« großen Einfluß auf die niederdeutsche und die bayerisch-österreichische Dramatik aus.

[3] Walter Harlan, a.a.O., S. 9.

[4] Tilman Zülch (Hg.): *In Auschwitz vergast, bis heute verfolgt. Zur Situation der Roma (Zigeuner) in Deutschland und Europa.* Rowohlt; Reinbek bei Hamburg 1979, S. 65 ff.

[5] Sigmund Graff: *Von S.M. zu M.S. Erinnerungen eines Bühnenautors.* Verlag Welsermühl; München-Wels 1963.

[6] Nach anderen Quellen ist 1897 das Jahr der Geburt von Esther Harlan; als Datum der Trauung wird auch der 1. Mai 1897 genannt.

[7] Jost Hermand/Frank Trommler: *Die Kultur der Weimarer Republik.* Nymphenburger Verlagshandlung; München 1978.

[8] Veit Harlan: »Das habe ich selbst erlebt« in *Filmwelt* 27.9.1936.

[9] Gottfried Reinhardt: *Der Liebhaber. Erinnerungen seines Sohnes Gottfried Reinhardt an Max Reinhardt.* Droemer Knaur; München-Zürich 1973, S. 54 f.

[10] Lg. in *Berliner Börsen-Courier* 14.12.1919.

[11] H.F. in *Berliner Tageblatt* 11.3.1922.

[12] Julius Hart in *Der Tag* 12.3.1922.

[13] pf. in *Berliner Börsen-Zeitung* 11.3.1922.

[14] Kurt Witte: *Kunstwollen und Kunstforderung Friedrich Kayßlers* (Dissertation). Ernst Moritz Arndt-Universität zu Greifswald 1940, S. 5.

[15] Julius Bab: *Friedrich Kayßler.* Erich Reiss Verlag; Berlin 1919, S. 6.

[16] Mathias Wieman: Selbstzeugnis in H.E. Weinschenk: *Wir von Bühne und Film.* Wilhelm Limpert Verlag; Berlin 1939, S. 368–383.

[17] Ernst Ginsberg: *Abschied.* Die Arche; Zürich 1965, S. 83.

[18] Veit Harlan: *Im Schatten,* a.a.O., S. 23. Nach dem Protokoll des Hamburger Gerichts, an dem 1950 zuletzt gegen Harlan verhandelt wurde, fand die Trauung mit Dora Gerson am 27. Dezember 1923 statt (Julius Bab-Archiv/Stiftung Archiv der Akademie der Künste Berlin). Allerdings ist diese Angabe mit Vorsicht zu genießen, da nach diesem Protokoll die Trauung mit Hilde Körber 1927 stattgefunden haben soll – was erwiesenermaßen nicht zutrifft. Einigkeit besteht in den verschiedenen Quellen nur über die Dauer der Ehe Harlan-Gerson: anderthalb Jahre.

Jungenhaft und draufgängerisch

[1] Herbert Jhering in *Berliner Börsen-Courier* 13.-14.10.1924.

[2] Herbert Jhering in *Berliner Börsen-Courier* 14.1.1925.

[3] Herbert Jhering in *Berliner Börsen-Courier* 6.–7.4.1925.

[4] Hugo Fetting (Hg.): *Von der Freien Bühne zum Politischen Theater,* S. 207.

[5] Herbert Jhering in *Berliner Börsen-Courier* 8.6.1925.

[6] Monty Jacobs in *Vossische Zeitung* 9.6.1925.
[7] Julius Bab: *Schauspieler und Schauspielkunst*, a.a.O., S.238 ff.
[8] Ernst Heilborn in *Frankfurter Zeitung* 22.6.1925.
[9] Paul Fechter in *Deutsche Allgemeine Zeitung* 22.6.1925.
[10] Alfred Klaar in *Vossische Zeitung* 22.6.1925.
[11] Ludwig Sternaux in *Berliner Lokal-Anzeiger* 22.6.1925.
[12] Emil Faktor in *Berliner Börsen-Courier* 22.6.1925.
[13] Fritz Engel in *Berliner Tageblatt* 22.6.1925.
[14] Theatersammlung Wilhelm Richter/Stiftung Archiv der Akademie der Künste, Quelle unleserlich; der Verfasser hat das Kürzel W.K.
[15] Fritz Engel in *Berliner Tageblatt* 7.7.1925.
[16] *Berliner Lokal-Anzeiger* 7.7.1925.
[17] F.L. in *B.Z.* 7.7.1925.
[18] Fritz Engel in *Berliner Tageblatt* 1.9.1925.
[19] Alfred Kerr in *Berliner Tageblatt* 19.10.1925.
[20] Gerhard Ahrens/Carsten Ahrens (Hg.): *Das Theater des deutschen Regisseurs Jürgen Fehling*. Quadriga Verlag J.Severin; Berlin 1985, S.250.
[21] Franz Servaes in *Berliner Lokal-Anzeiger* 14.12.1925.
[22] Alfred Kerr in *Berliner Tageblatt* 14.12.1925.
[23] Herbert Jhering in *Berliner Börsen-Courier* 14.12.1925.
[24] Alfred Kerr in *Berliner Tageblatt* 2.1.1926.
[25] Alfred Kerr in *Berliner Tageblatt* 3.2.1926.
[26] Fritz Engel in *Berliner Tageblatt* 22.2.1926.
[27] Klaus Mann: *Der Wendepunkt. Ein Lebensbericht*. Rowohlt Taschenbuch Verlag; Reinbek bei Hamburg 1984, S.151 ff.
[28] Fritz Engel in *Berliner Tageblatt* 22.3.1926.
[29] Franz Servaes in *Berliner Lokal-Anzeiger* 22.3.1926.
[30] Alois Munk in *Der Montag* (Beilage des *Berliner Lokal-Anzeigers*) 22.3.1926.
[31] Max Osborn in *Berliner Morgenpost* 22.3.1926.
[32] Martin Gregor-Dellin (Hg.): *Klaus Mann. Briefe und Antworten 1922–1949*. Edition Spangenberg im Ellermann Verlag; München 1987, S.34.
[33] Rudolf Fernau: *Als Lied begann's ...* Ullstein; München 1972, S.156.
[34] Herbert Jhering in *Berliner Börsen-Courier* 22.3.1926.
[35] Alfred Kerr in *Berliner Tageblatt* 5.5.1926.
[36] Paul Fechter in *Deutsche Allgemeine Zeitung* 5.5.1926.
[37] Ludwig Sternaux in *Berliner Lokal-Anzeiger* 9.6.1926.
[38] Emil Faktor in *Berliner Tageblatt* 28.6.1926.
[39] Monty Jacobs in *Vossische Zeitung* 28.6.1926.
[40] Max Osborn in *Berliner Morgenpost* 28.6.1926.
[41] Herbert Jhering in *Berliner Börsen-Courier* 13.9.1926.
[42] Ludwig Reve in *Berliner Morgenpost* 13.9.1926.
[43] Erich Köhrer: »Die dritte Katastrophe« in *Das Theater* 1926, Jg.VII, Heft 19, S.443–444.
[44] Erich Köhrer in *Das Theater* 1926, Jg.VII, Heft 24, S.569–570.
[45] Fritz Engel in *Berliner Tageblatt* 4.12.1926.
[46] Franz Servaes in *Berliner Lokal-Anzeiger* 7.5.1927.
[47] Alfred Mühr in *Deutsche Zeitung* 19.4.1927.
[48] Emil Faktor in *Berliner Börsen-Courier* 19.3.1927.
[49] Hans Wollenberg in *Licht-Bild-Bühne* 22.8.1927.
[50] Herbert Jhering in *Berliner Börsen-Courier* 22.8.1927.
[51] Siegfried Kracauer: *From Caligari to Hitler*. Princeton University Press; London 1947, S.145.
[52] P.S. in *Licht-Bild-Bühne* 6.9.1927.
[53] Ludwig Sternaux in *Berliner Lokal-Anzeiger* 23.9.1927.
[54] Herbert Jhering in *Berliner Börsen-Courier* 23.9.1927.
[55] Norbert Falk in *B.Z. am Mittag* 23.9.1927.
[56] Rolf Nürnberg in *12-Uhr-Blatt* 23.9.1927.
[57] Fritz Engel in *Berliner Tageblatt* 12.11.1927.
[58] Bruno E. Werner in *Deutsche Allgemeine Zeitung* 12.11.1927.
[59] Paul Wiegler in *B.Z. am Mittag* 12.11.1927.
[60] Ludwig Sternaux in *Berliner Lokal-Anzeiger* 12.11.1927.
[61] W.L. in *Der Film* 3.12, 1927.
[62] ›Da.‹ in *Licht-Bild-Bühne* 10.12. 1927.
[63] E.M.M. in *Berliner Tageblatt* 3.9. 1928, anläßlich der Wiederaufnahme.
[64] A.Z. in *Vossische Zeitung* 6.2.1928.
[65] Erich Burger in *Berliner Tageblatt* 29.6.1928.
[66] Arthur Eloesser in *Vossische Zeitung* 29.6.1928.
[67] Richard Wilde in *8-Uhr-Blatt* 29.6.1928.

[68] Franz Servaes in *Berliner Lokal-Anzeiger* 29.6.1928.
[69] Emil Faktor in *Berliner Tageblatt* 29.6.1928.
[70] Herbert Jhering in *Berliner Börsen-Courier* 8.9.1928.
[71] Erich Burger in *Berliner Tageblatt* 7.11.1928.
[72] Rolf Nürnberg in *12-Uhr-Blatt* 7.11.1928.
[73] Kurt Pinthus in *8-Uhr-Abendblatt* 7.11.1928.
[74] Franz Köppen in *Berliner Börsen-Zeitung* 7.11.1928.
[75] Paul Fechter in *Deutsche Allgemeine Zeitung* 7.11.1928.
[76] Ludwig Sternaux in *Berliner Lokal-Anzeiger* 7.11.1928.
[77] Kurt Kersten in *Die Welt am Abend* 8.2.1929.
[78] Hilde Körber: Selbstzeugnis in H.E. Weinschenk: *Wir von Bühne und Film*, a.a.O., S.201.
[79] Max Hochdorf in *Der Abend* 27.4.1928.
[80] Julius Bab: *Schauspieler und Schauspielkunst*, a.a.O., S.271f.
[81] Kurt Pinthus in *8-Uhr-Abendblatt* 2.4.1929.
[82] Herbert Jhering: »Die Steinrück-Feier« in *Berliner Börsen-Courier* 30.3.1929.
[83] Franz Servaes in *Berliner Lokal-Anzeiger* 2.5.1929.
[84] Bar Kochba. in *Der Angriff* 6.5.1929.
[85] Alfred Kerr in *Berliner Tageblatt* 5.6.1929.
[86] Rolf Nürnberg in *12-Uhr-Blatt* 5.6.1929.
[87] Manfred Georg in *Tempo* 5.6.1929.
[88] Monty Jacobs in *Vossische Zeitung* 5.6.1929.
[89] Lil Dagover: *Ich war die Dame*, a.a.O., S.173.
[90] ›da.‹ in *Licht-Bild-Bühne* 7.9.1929.
[91] Betz in *Der Film* 7.9.1929.
[92] Fritz R. Lachmann in *Tempo* 7.9.1929.
[93] Hanns Horkheimer in *Berliner Tageblatt* 8.9.1929.

Kunz gegen Cohn

[1] Bar Kochba.: »Backpfeifen« in *Der Angriff* 30.9.1929.
[2] Fritz Kortner: *Aller Tage Abend*, a.a.O., S.390f.
[3] Kortner, a.a.O., S.408ff.
[4] Emil Faktor in *Berliner Börsen-Courier* 2.11.1929.
[5] Norbert Falk in *B.Z. am Mittag* 2.11.1929.
[6] Franz Servaes in *Berliner Lokal-Anzeiger* 2.11.1929.
[7] B.E.W. in *Deutsche Allgemeine Zeitung* 2.1.1930.
[8] ›rn‹ in *Licht-Bild-Bühne* 9.1.1930.
[9] Betz in *Der Film* 11.1.1930.
[10] Rolf Nürnberg in *12-Uhr-Blatt* 9.1.1930.
[11] Franz Servaes in *Berliner Lokal-Anzeiger* 17.2.1930.
[12] Fritz Engel in *Berliner Tageblatt* 17.2.1930.
[13] Alfred Kerr in *Berliner Tageblatt* 19.3.1930.
[14] Sammlung Ernst Legal/Stiftung Archiv der Akademie der Künste.
[15] Fritz Engel in *Berliner Tageblatt* 25.4.1930.
[16] Arthur Eloesser in *Vossische Zeitung* 25.4.1930.
[17] Herbert Jhering in *Berliner Börsen-Courier* 10.9.1930.
[18] Ludwig Sternaux in *Berliner Lokal-Anzeiger* 10.9.1930.
[19] Fritz Engel in *Berliner Tageblatt* 10.9.1930.
[20] Arthur Eloesser in *Vossische Zeitung* 10.9.1930.
[21] Wilhelm Westecker in *Berliner Börsen-Zeitung* 8.12.1930.
[22] Fritz Engel in *Berliner Tageblatt* 8.12.1930.
[23] Arthur Eloesser in *Vossische Zeitung* 20.3.1931.
[24] -nk. in *Berliner Lokal-Anzeiger* 16.2.1931.
[25] Herbert Jhering in *Berliner Börsen-Courier* 4.4.1931.
[26] Alfred Kerr in *Berliner Tageblatt* 4.4.1931.
[27] Sammlung Ernst Legal/Stiftung Archiv der Akademie der Künste.
[28] Erich Burger in *Berliner Tageblatt* 15.6.1931.
[29] Fritz Engel in *Berliner Tageblatt* 15.6.1931.
[30] W. Illing in *Vossische Zeitung* 16.6.1931.
[31] Kurt Pinthus in *8-Uhr-Abendblatt* 15.6.1931.
[32] Arthur Eloesser in *Vossische Zeitung* 26.6.1931.
[33] Alfred Kerr in *Berliner Tageblatt* 11.11.1931.
[34] Herbert Jhering in *Berliner Börsen-Courier* 24.12.1931.
[35] Sammlung Ernst Legal/Stiftung Archiv der Akademie der Künste. In dem Brief vom 29.Februar 1932 weist Legal Harlan auf die Wiederaufnahme der Inszenierungen »Charleys Tante« und »Riese, Hexe, Affe« hin. Zu der letztgenannten Inszenierung liegen keine näheren Angaben vor, doch da Legal sie

zu Harlans Trost erwähnt, scheint Harlan auch in ihr mitgewirkt zu haben.

[36] Alfred Kerr in *Berliner Tageblatt* 24.2.1932.
[37] Herbert Jhering in *Berliner Börsen-Courier* 29.2.1932.
[38] Günther Rühle: *Theater für die Republik.* Frankfurt am Main 1967, S.33.
[39] Herbert Jhering in *Berliner Börsen-Courier* 29.3.1932.
[40] Franz Servaes in *Berliner Lokal-Anzeiger* 29.3.1932.
[41] Herbert Jhering in *Berliner Börsen-Courier* 30.4.1932.
[42] Paul Wiegler in *B.Z. am Mittag* 30.4.1932.
[43] Rolf Nürnberg in *12-Uhr-Blatt* 30.4.1932.
[44] Hermann Sinsheimer in *Berliner Tageblatt* 30.4.1932.
[45] H. Hirsch. in *Licht-Bild-Bühne* 22.8.1932.
[46] *Deutsche Filmzeitung* 16.9.1932.
[47] N.: »Neuer nationalistischer Schundfilm« in *Die Rote Fahne* 25.8.1932.
[48] Erik Krünes in *Der Montag* 10.10.1932.
[49] Alfred Kerr in *Berliner Tageblatt* 3.12.1932.
[50] Monty Jacobs in *Vossische Zeitung* 3.12.1932.
[51] K.H. Ruppel in *Kölnische Zeitung* 31.1.1933.
[52] Heinz Lüdecke in *Die Rote Fahne* 28.1.1932.
[53] Julius Bab: *Schauspieler und Schauspielkunst,* a.a.O., S.263f.

Charakteristiker des Bösen

[1] John Baxter: *Hollywood in the Thirties.* Tantivy Press-A.S.Barnes & Co.; London-New York 1968, S.36.
[2] Marta Mierendorff: Undatierter Brief an den Autor, zugesandt im März 1994.
[3] Veit Harlan: *Im Schatten,* a.a.O., S.77 ff.
[4] Zit. n. Erwin Leiser: *Deutschland, erwache!* Rowohlt; Reinbek bei Hamburg 1968, S.18.
[5] Dwight McDonald: »The Eisenstein Tragedy« in *Politics.* Oktober 1946; Nachdruck in Dwight MacDonald: *On Movies.* Da Capo Press; New York 1969, S.254.
[6] Bernhard Minetti: *Memoiren,* a.a.O., S.70f.
[7] Herbert Jhering in *Berliner Börsen-Courier* 30.3.1933.
[8] Paul Fechter in *Deutsche Allgemeine Zeitung* 22.4.1933.
[9] Bernhard Diebold in *Frankfurter Zeitung* 25.4.1933.
[10] Herbert Jhering in *Berliner Börsen-Courier* 12.6.1933.
[11] hs in *Berliner Tageblatt* 12.6.1933.
[12] W. Dr. in *Vossische Zeitung* 11.6.1933.
[13] C.R. in *12-Uhr-Blatt* 12.6. 1933.
[14] Theatersammlung Wilhelm Richter/Stiftung Archiv der Akademie der Künste. Quelle unleserlich, der Rezensent hat das Kürzel ›h.p.‹.
[15] nel in *Der Montag* 6.11.1933.
[16] Dietzenschmidt in *Berliner Tageblatt* 6.11.1933.
[17] Bernhard Minetti: *Memoiren,* a.a.O., S.83.
[18] Ludwig Sternaux in *Berliner Lokal-Anzeiger* 22.12.1933.
[19] Bruno E. Werner in *Deutsche Allgemeine Zeitung* 22.12.1933.
[20] Ursula Herking: *Danke für die Blumen. Erinnerungen.* Wilhelm Heyne Verlag; München 1973, S.47f.
[21] Dietzenschmidt in *Berliner Tageblatt* 22.12.1933.
[22] Hanns Johst: *Propheten.* Albert Langen; München 1923, S.37 u. S.47.
[23] Dietzenschmidt, a.a.O.
[24] H.U. in *Licht-Bild-Bühne* 9.12.1933.
[25] Dr. Oskar Kalbus: *Vom Werden deutscher Filmkunst.* Altona-Bahrenfeld 1935, S.105.
[26] ›dr. lo‹ in *Film-Kurier* 9.12.1933.
[27] *Film-Kurier* 4.4.1934.
[28] Dr. S-k in *Licht-Bild-Bühne* 4.4.1934.
[29] *Der Film* 7.4.1934.
[30] *Deutsche Filmzeitung* 8.4.1934.
[31] E.H. in *Filmwoche* 11.4.1934.
[32] *Der Film* 7.7.1934.
[33] *Film-Kurier* 4.7.1934.
[34] ›r-l‹ in *Der Film* 28.7.1934.
[35] ›g‹ in *Film-Kurier* 28.7.1934.
[36] V.d.H. in *Licht-Bild-Bühne* 30.7.1934.
[37] Bruno E. Werner in *Deutsche Allgemeine Zeitung* 5.9.1934.
[38] Dietzenschmidt in *Berliner Tageblatt* 5.9.1934.
[39] Otto Ernst Hesse: »Die Heimkehr eines verlorenen Sohnes« in *BZ am Mittag* 5.9.1934.
[40] Herbert Pfeiffer in o.A. 5.9.1934.
[41] Veit Harlan: *Im Schatten,* a.a.O., S.23.

[42] H.B.B.: »Eine Vision – Auftakt zu einem Film« in *Filmwoche* 14.11.1934 (Sondernummer ›Die neue Spielzeit‹).
[43] Georg Herzberg in *Film-Kurier* 13.1.1934.
[44] Veit Harlan: *Im Schatten*, a.a.O., S.29.

Anderen seine Spielweise aufdrängen

[1] Wolfgang Jansen: »Nach der ›Truppe 1931‹: Schwänke zum Durchhalten« in Christoph Funke/Wolfgang Jansen: *Theater am Schiffbauerdamm: die Geschichte einer Berliner Bühne*. Links Verlag; Berlin 1992, S.119.
[2] *Deutsche Allgemeine Zeitung* 24.1.1935.
[3] Herbert Jhering in *Berliner Tageblatt* 24.1.1935.
[4] Georg Herzberg in *Film-Kurier* 25.1.1935.
[5] Georg Herzberg in *Film-Kurier* 2.2.1935. Vgl. die Bemerkung in der *Filmwoche* 13.2.1935: »Auch Vespermann, Sima – und sogar Veit Harlan – stehen der Wirklichkeit (auf die wir schwören) näher als die Hauptfiguren und bleiben darum erfreulicher haften in der endgültigen Erinnerung an diesen Film.«
[6] *Berliner Lokal-Anzeiger* 3.2.1935.
[7] Georg Herzberg in *Film-Kurier* 8.2.1935.
[8] R-e in *Der Westen* 3.3.1935.
[9] *Deutsche Filmzeitung* 5.5.1935.
[10] Georg Herzberg in *Film-Kurier* 27.4.1935.
[11] Hans-Walther Betz in *Der Film* 27.4.1935.
[12] Dietzenschmidt in *Berliner Tageblatt* 24.5. 1935.
[13] O.E.H.: »Lustspiel von Calderon« in *B.Z. am Mittag* 3.10. 1935.
[14] Ludwig Sternaux in *Berliner Lokal-Anzeiger* 3.10. 1935.
[15] Herbert Jhering in *Berliner Tageblatt* 3.10. 1935.
[16] thk in *Berliner Morgenpost* 4.10. 1935.
[17] *Deutsche Filmzeitung* 10.11. 1935.
[18] ›Bewe‹ in *Film-Kurier* 15.11. 1935.

Vom Hinterhaus ins Ministerium

[1] »Der Fall Musa Dagh. Ein türkischer Protest« in *Film-Kurier* 2.10. 1935.
[2] N.N.: »Filmkunstschau Venedig« in *Völkischer Beobachter* 18.8.1936.
[3] BeWe in *Film-Kurier* 29.10. 1935.
[4] *Film-Kurier* 3.1.1936.
[5] *Der Film* 4.1.1936.
[6] *Deutsche Filmzeitung* 9.2.1936.
[7] Harry T. Smith in *The New York Times* 4.12.1937.
[8] *Film-Kurier* 3.1.1936.
[9] »Eine Katze will Regie führen« in *Filmwelt* 19.1.1936.
[10] Felix Henseleit in *Der Film* 22.2.1936.
[11] Günther Schwark in *Film-Kurier* 21.2.1936.
[12] *Deutsche Filmzeitung* 1.3.1936.
[13] *Der Film* 21.3.1936.
[14] *Deutsche Filmzeitung* 22.3.1936.
[15] Harry T. Smith in *The New York Times* 24.10.1936.
[16] Harry T. Smith in *The New York Times* 4.2.1939.
[17] Günther Schwark in *Film-Kurier* 3.2.1937.
[18] Veit Harlan: »Das habe ich selbst erlebt« in *Filmwelt* 27.9.1936.
[19] *Der Film* 3.10.1936.
[20] Günther Schwark in *Film-Kurier* 24.10.1936.
[21] ›Bu‹ in *Filmwelt* 8.11.1936.
[22] Hans Spielhofer in *Der deutsche Film* Heft 6/Dezember 1936.
[23] Harry T. Smith in *The New York Times* 22.5. 1937.
[24] *Variety* 11.11 1936.
[25] K.R. in *Völkischer Beobachter* 25.10.1936.
[26] N.N.: »Selbstmord-Epidemie im Film« in *Film-Kurier* 19.5. 1937.
[27] Hans Schuhmacher: »Hilde Hildebrands Bühnengastspiele im Reich« in *Film-Kurier* 23.3. 1937.
[28] Dr. Joseph Goebbels: »Kunstbetrachtung statt Kritik« in *Der Film* 26.11. 1936.
[29] Dr. Joseph Goebbels: »Die Aufgaben der Kritik« in *Film-Kurier* 17.12. 1935.
[30] Leo Tolstoi: *Die großen Erzählungen*. Insel Verlag; Frankfurt am Main 1961, S.163f.
[31] Veit Harlan: *Im Schatten*, a.a.O., S.34.
[32] Elke Fröhlich (Hg.): *Die Tagebücher von Joseph Goebbels. Sämtliche Fragmente. Band 3*. K.G.Saur; München–New York–London–Paris 1987, S.14.
[33] *Berliner Morgenpost* und folgende zit. n. Plakat in *Film-Kurier* 26.2. 1937.

[34] Fritz Röhl in *Der Film* 13.2.1937.
[35] Günther Schwark in *Film-Kurier* 12.2.1937.
[36] Hans Spielhofer in *Deutsche Filmzeitung* 21.2.1937.
[37] Harry T. Smith in *The New York Times* 28.5.1938.
[38] Leo Tolstoi, a.a.O., S.146.
[39] In Tolstois Novelle wird im Verlauf einer Unterhaltung im Zugabteil von einer wiederholt untreuen Ehefrau gesprochen; als sie »mit einem ungetauften Juden ein Techtelmechtel angefangen« habe, sei die Ehe endgültig zerrüttet gewesen. (Tolstoi, a.a.O., S.91) Tolstoi schreibt, daß »das Weib aufs tiefste herabgesetzt ist, während es andererseits die Macht in den Händen hat. Es ist damit genau-so wie mit den Juden: wie sie sich durch ihre Geldmacht für ihre Unterdrückung rächen, so machen die Weiber es auch.« (Tolstoi, S.111) Während einer Bahnfahrt versucht ein Jude, Posdnyschew ein Gespräch aufzudrängen, woraufhin dieser das Abteil wechselt. (Tolstoi, S.173)
[40] Julius Bab-Archiv/Stiftung Archiv der Akademie der Künste.
[41] Herbert Jhering in *Berliner Tageblatt* 14.1.1935.
[42] Gerhart Hauptmann: *Vor Sonnenuntergang.* S.Fischer; Berlin 1932, S.9.
[43] Hans Spielhofer in *Deutsche Filmzeitung* 28.3.1937.
[44] *Variety* 7.4.1937.
[45] Fritz Röhl in *Der Film* 20.3.1937.
[46] Ae.: »Diskussion um den ›Herrscher‹ in der Lessing-Hochschule« in *Film-Kurier* 22.4.1937.
[47] *Der Ruhrarbeiter* zit. n. *Film-Kurier* 6.4.1937.
[48] »So wurde über den ›Herrscher‹ geurteilt« in *Film-Kurier* 19.4.1937.
[49] Graham Greene in *Night and Day* 1.7.1937.
[50] *Film-Kurier* 14.12.1937.
[51] Axel von Ambesser: *Nimm einen Namen mit A.* Ullstein; Berlin-Frankfurt am Main 1985, S.134.
[52] Jürgen Fehling: *Die Magie des Theaters,* a.a.O., S.52.
[53] Fröhlich/Goebbels, a.a.O., S.124.
[54] Ernst Schröder: *Das Leben – verspielt.* Fischer; Frankfurt am Main 1978, S.74.
[55] A.M. Schmidt in *Deutsche Filmzeitung* 11.7.1937.
[56] Günther Schwark: »Zeitsatire um Parlamentarier« in *Film-Kurier* 15.4.1937.
[57] »›Mein Sohn, der Herr Minister‹ im Atelier. Unterredung mit Veit Harlan« in *Film-Kurier* 13.5.1937.
[58] »Unterredung mit Veit Harlan«, a.a.O.
[59] Fröhlich/Goebbels, a.a.O., S.177.
[60] Georg Herzberg in *Film-Kurier* 7.7.1937.
[61] Hans-Walther Betz in *Der Film* 10.7.1937.
[62] *Das Schwarze Korps* und folgende zit. n. Plakat in *Film-Kurier* 27.7. 1937.
[63] Heinz Boberach (Hg.): *Meldungen aus dem Reich. Die geheimen Lageberichte des Sicherheitsdienstes der SS 1938–1945. Band 5.* Pawlak Verlag; Herrsching 1984, S.1701.

»... einer brandroten Sturmwolke gleich«

[1] Max Halbe: *Sämtliche Werke. Vierter Band.* Salzburg 1945, S.208.
[2] Max Halbe, a.a.O., S.284.
[3] Max Halbe, a.a.O., S.208.
[4] Fröhlich/Goebbels, a.a.O., S.388.
[5] Fröhlich/Goebbels, a.a.O., S.389.
[6] Irmgard Martini in *Deutsche Filmzeitung* 17.4.1938.
[7] Günther Schwark in *Film-Kurier* 4.5. 1938.
[8] Frank Maraun: »Der wichtigste Film des Monats« in *Der deutsche Film* Heft 12.Juni 1938.
[9] Herbert Jhering: *Von Josef Kainz bis Paula Wessely.* Verlagsanstalt Hüthig & Co.; Heidelberg-Berlin-Leipzig 1942, S.148.
[10] Kristina Söderbaum: *Nichts bleibt immer so.* Erweiterte Auflage. München 1992, S.52.
[11] *Variety* 1.6.1938.
[12] Fröhlich/Goebbels, a.a.O., S.482.
[13] Fröhlich/Goebbels, a.a.O., S.482.
[14] Irmgard Martini in *Deutsche Filmzeitung* 4.9.1938.
[15] Carl Brunner in *Der Film* 3.9.1938.
[16] Georg Herzberg in *Film-Kurier* 22.9.1938.
[17] Ilse Wehner in *Der deutsche Film* Heft 5/November 1938.
[18] Hans-Otto Borgmann: »Filmmusik und ihre Probleme« in *Film-Kurier* 29.11.1938.
[19] Dr. Hermann Wanderscheck: »Es geht um filmeigene Musik« in *Film-Kurier* 31.12.1938.
[20] Trask. in *Variety* 2.11.1938. – Harry T. Smith in *The New York Times* 14.10. 1939.
[21] »Zwei Anordnungen der Reichsfilmkammer« in *Film-Kurier* 30.3.1938.
[22] »Verordnung von Dr. Goebbels: Juden dürfen keine Kinos mehr besuchen« in *Film-Kurier* 14.11.1938.
[23] Veit Harlan wohnte zuvor in der Potsdamer Straße 105a (Bühnen-Jahrbuch 1925), erneut bei sei-nen Eltern in der Kunz-Buntschuh-Straße 10 (BJB 1926, 1927), dann in der Küstriner Straße 4 (BJB 1928, 1929), in der Westendallee 71 (BJB 1930–1932), am Sachsenplatz 3 (BJB 1933, 1934), in der

Reichstraße 100 (Telefonbuch 1934) und in der Teplitzer Straße (TB 1937). Die meisten dieser Wohnsitze liegen in der Nähe der Kunz-Buntschuh-Straße 10, in der Harlan als Kind während des Ersten Weltkrieges gelebt hatte. Unter derselben Adresse hatte der *Kolberg*-Komponist Norbert Schultze seinen Berliner Wohnsitz, als ich ihn 1993 besuchte. – Siehe auch Waldemar Lüthes Interview mit Hilde Körber in *Filmwoche* 11. Mai 1938, für das er sie in ihrem und Harlans Haus in der Tannenberg-Allee 28 in Berlin-Westend aufsuchte: »Das Künstlerpaar Harlan-Körber hat allerdings schon vordem im Grunewald gewohnt, aber in seinem lebhafteren Teil unweit der Rosenecks. Und noch früher hatte sich Veit Harlan mit den Seinen ein idyllisch gelegenes Kupferhäuschen unter den Kiefern von Kladow, wo heute ein Flugplatz liegt, errichtet.«

[24] Aus nicht nachvollziehbaren Gründen behauptet die Herausgeberin der Goebbels-Tagebücher, bei Hilde Körber und Hilde Krüger handle es sich um dieselbe Person. Aber eine Schauspielerin Hilde Krüger hat es gegeben, und daß Goebbels sich über sie verächtlich äußerte, während er Hilde Körber sehr schätzte, spricht ebenfalls dagegen, daß er sich bei dem Namen verschrieben habe.

[25] Herbert Jhering in *Berliner Börsen-Courier* 27.6.1931.

[26] *Filmwelt* 16.9.1938.

[27] Dr. Hermann Wanderscheck: »Es geht um filmeigene Musik«, a.a.O.

[28] Fröhlich/Goebbels, a.a.O., S.561.

[29] Fröhlich/Goebbels, a.a.O., S.561.

[30] Albert Schneider in *Filmwoche* 8.2.1939.

[31] Frank Maraun: »Veit Harlan. Prinzipien und Pläne« in *Der deutsche Film* Heft 2/August 1938, S.39.

[32] *Film-Kurier* 31.1.1939.

[33] Frank Maraun: »Veit Harlan. Prinzipien und Pläne«, a.a.O., S.39f.

[34] *Film-Kurier* 20.5.1939.

[35] Kristina Söderbaum (1983), a.a.O., S.112f.

[36] »Interessante Filmstoffe der Terra-Filmkunst« in *Film-Kurier* 15.4.1939.

[37] E.F.: »Jud Süß unmaskiert im Film« in *Film-Kurier* 12.10.1939.

[38] »Noch ist Pedro sehr beliebt« in *Filmwelt* 8.9.1939.

[39] Heinrich Miltner: »Messer raus! im Filmatelier« in *Filmwoche* 29.11.1939.

[40] Fröhlich/Goebbels, a.a.O., S.606.

[41] Jürgen Schüddekopf: »Vom Fischer und syner Fru« in *Deutsche Allgemeine Zeitung* 16.11.1939. – Dagegen übte der Film auf die Schauspielerin Ellen Umlauf eine sehr starke Faszination aus. In der Talkshow von Jürgen Fliege (*Fliege*, 9. Juli 1997, gesendet auf Nord 3) berichtete sie, daß der Film sie aufgrund seiner eindrucksvollen Landschaftsaufnahmen dazu inspiriert habe, nach Tilsit zu fahren.

[42] Ilse Wehner: »Filme des Monats« in *Der deutsche Film* Heft 6/Dezember 1939.

[43] Hans Erasmus Fischer in *Filmwelt* 1.12.1939.

[44] »Filmfahrt nach Ostland. Veit Harlan dreht an der Kurischen Nehrung« in *Film-Kurier* 11.5.1939.

[45] *Filmprogramm* Nr.2971.

[46] »Welche Musik lieben Sie?« in *Film-Kurier* 30.12.1939.

[47] Hermann Sudermann: *Die Reise nach Tilsit*. Deutscher Taschenbuch Verlag; München 1969, S.12.

[48] Hermann Sudermann, a.a.O., S.14.

[49] *Filmwoche* 29.11.1939.

[50] Harry T. Smith in *The New York Times* 10.2.1940.

[51] Hilmar Hoffmann: *100 Jahre Film. Von Lumière bis Spielberg*. Econ; Düsseldorf 1994, S.171ff. – Über *Kolberg* schreibt Hoffmann: »Der Film ist auch heute noch wegen seiner furiosen Bewegungsregie monströser Massen und der vorzüglichen Charakterisierung besonders von General Gneisenau (Horst Caspar) und Bürgermeister Nettelbeck (Heinrich George) sehenswert« (S.202).

[52] Veit Harlan: *Im Schatten*, a.a.O., S.28.

Die Falle

[1] Elke Fröhlich (Hg.): *Die Tagebücher von Joseph Goebbels. Sämtliche Fragmente. Band 4*. K.G.Saur; München-New York-London-Paris 1987, S.351.

[2] Susan Sontag, a.a.O., S.122.

[3] Erika Fries in *Film-Kurier* 24.8.1935. Der von Per-Axel Branner inszenierte Film hatte am 21. August 1933 in Stockholm Premiere; in Deutschland wurde am 12. Juli 1935 die Originalfassung mit Untertiteln und am 2. Dezember 1938 eine synchronisierte Fassung vorgestellt. – In der Sowjetunion war bereits 1929 mit P.P. Petrow-Bytows *Kain i Artem* ein Film gegen den Antisemitismus gedreht worden.

[4] Bernhard Minetti: *Erinnerungen eines Schauspielers*, a.a.O., S.148.

[5] Thomas Brandlmeier/Heidi Pillhatsch: »Der Krieg der Kameras« in *medium* 8/1979. – Vgl. Andre Sennwald in *The New York Times* 5.10.1934. – Aufgrund ihrer Befangenheit haben deutsche Filmpublizisten den britischen Film lange Zeit positiv besprochen und über seine eklatanten Schwächen hinweggesehen. Erst in dem Buch *Jüdische Figuren in Film und Karikatur* (1996, hg. v. Cilly Kugelmann und Fritz Backhaus/Jan Thorbecke Verlag, Sigmaringen und Jüdische Gemeinde Frankfurt am Main 1996) verwies Alfons Arns auf »Fatale Korrespondenzen« zwischen Mendes' und Harlans

Film. Da das Buch in der Schriftenreihe des Jüdischen Museums Frankfurt am Main erschien, standen die Verfasser der einzelnen Beiträge, darunter auch Gertrud Koch, nicht unter Rechtfertigungsdruck.

[6] Wilhelm Hauff: *Sämtliche Werke 2: Märchen, Novellen.* Winkler; München 1970, S. 517.

[7] Wilhelm Hauff, a.a.O., S. 537.

[8] Alfons Arns: »Fatale Korrespondenzen« in Cilly Kugelmann/ Fritz Backhaus, a.a.O., S. 130.

[9] Eberhard Wolfgang Möller: »Jud Süß unmaskiert im Film« in *Film-Kurier* 12. 10. 1939.

[10] Fröhlich/Goebbels Band 4, a.a.O., S. 517.

[11] Hanns-Georg Rodek: Porträt Jack Trevors in Hans-Michael Bock (Hg.): *CineGraph. Lexikon zum deutschsprachigen Film.* 16. Lieferung. Edition text + kritik; München 1990.

[12] Karsten Witte: *Der Passagier – Das Passagere.* Frankfurt am Main 1988, S. 20f.

[13] Fröhlich/Goebbels Band 4, a.a.O., S. 657.

[14] Fröhlich/Goebbels Band 4, a.a.O., S. 666.

[15] Veit Harlan: *Im Schatten,* a.a.O., S. 116.

[16] Conny Carstennsen zit. n. Leonhard F. Schmidt: »Der Fall Veit Harlan« in *Film- und Mode-Revue* Nr. 18/1952.

[17] Julius Bab: *Schauspieler und Schauspielkunst,* a.a.O., S. 160f.

[18] Veit Harlan: *Im Schatten,* a.a.O., S. 103.

[19] Fröhlich/Goebbels Band 4, a.a.O., S. 4.

[20] Fröhlich/Goebbels Band 4, a.a.O., S. 11.

[21] Dr. Fritz Hippler: *Die Verstrickung,* a.a.O., S. 199f.

[22] Zit. n. Dorothea Hollstein, a.a.O., S. 51.

[23] Veit Harlan: »Jud Süß und sein Schicksal im Film« in *Der Film* 20. 1. 1940.

[24] Bundesarchiv/Filmarchiv (Berlin).

[25] Bundesarchiv/Außenstelle Zehlendorf (Berlin).

[26] Joachim Heimannsberg/Peter Laemmle/Wilfried F. Schoeller (Hg.): *Klaus Mann – Tagebücher 1940 bis 1943.* Edition Spangenberg; München 1991, S. 12.

[27] Joseph Wulff, a.a.O., S. 448.

[28] Hans Spielhofer in *Der deutsche Film* Heft 4/Oktober 1940.

[29] Fröhlich/ Goebbels Band 4, S. 286.

[30] Hans-Walther Betz in *Der Film* 7. 9. 1940.

[31] Sam Rohdie: *Antonioni,* a.a.O., S. 29.

[32] Fröhlich/Goebbels Band 4, a.a.O., S. 340.

[33] Karl Korn: »Der Hofjude« in *Das Reich* 29. 9. 1940.

[34] Ernst von der Decken in *Deutsche Allgemeine Zeitung* 6. 9. 1940.

[35] Odile Montval in *La France Au Travail,* zit. n. *Le Film* 15. 3. 1941.

[36] Zit. n. *Le Film,* a.a.O.

[37] Bardèche/Brasillach, a.a.O., S. 360.

[38] Brief von Peter Paul Brauer vom 27. März 1941, zit. n. *Film- und Mode-Revue* Nr. 20/24. 9. 1952.

[39] Jeanine Basinger: *A Woman's View. How Hollywood Spoke to Women 1930-1960.* Chatto & Windus; London 1993.

[40] Dr. Fritz Hippler: *Betrachtungen zum Filmschaffen.* Berlin 1942, S. 107.

[41] Zit. n. Joseph Wulff, a.a.O., S. 451f.

[42] Amos Vogel: *Kino wider die Tabus.* Bucher; Luzern-Frankfurt am Main 1979, S. 175. Originalfassung: *Film as a Subversive Art.* George Weidenfeld & Nicholson Ltd.; London 1974.

[43] Wolf Donner: *Propaganda und Film im Dritten Reich.* TIP Verlag; Berlin 1995, S. 93. Donner schreibt auch ein paar Seiten später (S. 102), der anti-britische Propagandafilm *Ohm Krüger* würde »platt und direkt« Paul Munis Film *Lincoln* zitieren. Solch einen Film aber gibt es nicht; möglicherweise hatte Donner William Dieterles *Juarez* (1939) im Sinn, dort erzählt Muni in der Rolle des Benito Juarez gelegentlich von Lincoln.

[44] Anke-Marie Lohmeier: »Philosemitismus« in *medium* Nr. 1/Januar-März 1988.

[45] Jerzy Toeplitz: *Geschichte des Films* Bd. 2 1934-1945. Zweitausendeins 1972, S. 1647f.

[46] *Der deutsche Film.* Sonderausgabe 1940/41. Max Hesses Verlag; Berlin 1940.

[47] Fröhlich/Goebbels Band 4, a.a.O., S. 320.

[48] Dr. Fritz Hippler: Brief an den Autor 20. 3. 1995.

[49] Zit. n. Veit Harlan: *Im Schatten,* a.a.O., S. 131.

[50] Fröhlich/Goebbels Band 4, a.a.O., S. 98.

[51] Fröhlich/Goebbels Band 4, a.a.O., S. 129f.

[52] Alfred Kerr: *Essays. Theater – Film.* Hg. v. Hermann Haarmann und Klaus Siebenhaar. Argon; Berlin 1991, S. 391.

[53] Fröhlich/Goebbels Band 4, a.a.O., S. 244.

[54] Heinrich Koch: »Veit Harlan zeichnet in seinem Fridericus-Film den einsamen König« in *Film-Kurier* 14. 3. 1941.

[55] Veit Harlan: *Im Schatten,* S. 135.

[56] Fröhlich/Goebbels Band 4, a.a.O., S. 452.

[57] Veit Harlan: *Im Schatten*, a.a.O., S.135.
[58] Fröhlich/Goebbels Band 4, a.a.O., S.671. Goebbels meint offensichtlich die Ackerstraße im Berliner Bezirk Wedding, einer proletarischen Wohngegend.
[59] Fröhlich/Goebbels Band 4, a.a.O., S.676.
[60] Fröhlich/Goebbels Band 4, a.a.O., S.693.
[61] Fröhlich/Goebbels, Band 4, a.a.O., S.568.
[62] Veit Harlan: *Im Schatten*, a.a.O., S.175f.
[63] Fröhlich/Goebbels Band 4, a.a.O., S.85.
[64] Dr. Günther Sawatzki in *Filmwelt* 6.8.1941.
[65] Günther Schwark in *Film-Kurier* 26.7.1941.
[66] Ernst Jerosch in *Der Film* 26.7.1941.
[67] Dr. Hermann Wanderscheck in *Film-Kurier* 31.7.1941.

Deutsche Seele

[1] Fröhlich/Goebbels Band 4, a.a.O., S.259. Weitere Eintragungen zu *Vom Winde verweht* am 25.8.1940 (S.295) und 3.11.1940 (S.385).
[2] Gerd Albrecht: *Nationalsozialistische Filmpolitik*, a.a.O., S.208f.
[3] Günther Schwark in *Film-Kurier* 4.3.1942.
[4] Heinz Boberach (Hg.): *Meldungen aus dem Reich – Die geheimen Lageberichte des Sicherheitsdienstes der SS 1938–1945. Bd.10.* Pawlak Verlag; Herrsching 1984, S.3758ff.
[5] Julius Bab: *Schauspieler und Schauspielkunst*, a.a.O., S.202f.
[6] -g: »Die große Zarin« in *Film-Kurier*, 15.9.1934.
[7] Folke Isaksson/Leif Fuhrhammar: *Politik und Film*, a.a.O., S.302.
[8] Elke Fröhlich (Hg.): *Die Tagebücher von Joseph Goebbels II: Diktate/Bd.4*, a.a.O., S.274.
[9] Harlan: *Im Schatten*, a.a.O., S.148.
[10] Elke Fröhlich (Hg.): *Die Tagebücher von Joseph Goebbels II: Diktate/Band 5*, a.a.O., S.180.
[11] Fröhlich/Goebbels: *II/Band 3*, a.a.O., S.287.
[12] Fröhlich/ Goebbels: *II/Band 4*, a.a.O., S.550.
[13] Dr. H. Sp.: »Neue Gesichter erhalten ihr Profil« in *Der Film* 16.1.1943.
[14] Ernst Jerosch in *Der Film* 5.9.1942.
[15] Fröhlich/Goebbels: *II/Band 5*, a.a.O., S.448.
[16] Zit. n. *Du und ich* (April 1986).
[17] Zit. n. Joseph Wulf: *Theater und Film im Dritten Reich*, S.350f. – Zu der Faszination, die von Kurt Meisel auf Zuschauerinnen ausging, siehe auch Maria Milde: *Berlin Glienicker Brücke. Babelsberger Notizen*. Universitas Verlag; Berlin 1978, S.8f.
[18] Boguslaw Drewniak: *Der deutsche Film 1938-1945*. Droste Verlag; Düsseldorf 1987, S.494.
[19] Rudolf G. Binding: *Gesammelte Werke. Novellen und Legenden*. Rütten & Loening Verlag; Frankfurt am Main 1927, S.125.
[20] Margot Hielscher: Brief an den Autor, Anfang Januar 1998.
[21] c.g.h.: »Veit Harlan und das deutsche Thema« in *Der Film* 16.1.1943.
[22] L.: »Bildnis zweier Filmgestalter« in *Film-Kurier* 6.3.1943.
[23] Harlan: *Im Schatten*, a.a.O., S.167.
[24] Fröhlich/Goebbels: *II/Band 8*, a.a.O., S.465.
[25] Régine Mihal Friedman: »Mein Tag mit Kristina« in *Frauen und Film Heft 44/45: Faschismus*. Frankfurt am Main 1988.
[26] Zit. n. Veit Harlan: Im Schatten, a.a.O., S.183.
[27] Fröhlich/Goebbels: *II/Band 8*, a.a.O., S.221.
[28] Fröhlich/Goebbels: *II/Band 8*, a. a. O., S.452.
[29] Veit Harlan: *Im Schatten*, a.a.O., S.168.
[30] Felix Henseleit in *Film-Kurier* 21.12.1943.
[31] Dr. Hermann Wanderscheck: »Folgt die Filmmusik der Regie?« in *Film-Kurier* 8.2.1944.
[32] Tagesanzeiger Zürich, zit. n. *Film-Kurier* 22.2.1944.
[33] Boguslaw Drewniak, a.a.O., S.752.
[34] Olaf Möller: »Die Konsequenz« in *Journal Film* Nr.26. Freiburg 1993.
[35] Fröhlich/Goebbels: *II/Band 9*, S.156.
[36] Anneliese Uhlig: *Rosenkavaliers Kind*. F.A.Herbig; München 1977, S.167.
[37] Fröhlich/Goebbels: *II/Band 9*, S.104.
[38] Karl Lahm: »Shylock der Ostjude« in *Deutsche Allgemeine Zeitung* 19.5.1943.
[39] Joseph Wulff, a.a.O., S.340.
[40] Boguslaw Drewniak, a.a.O., S.677f.
[41] Werner Fiedler: »Die Edelmütige. Der Farbenfilm ›Opfergang‹ im Tauentzien-Palast« in *Deutsche Allgemeine Zeitung* 31.12.1944.
[42] Boguslaw Drewniak, a.a.O., S.340.

Wind und Wellen

[1] Drehbuch *Opfergang* von Veit Harlan/Alfred Braun. Schriftgutarchiv der Deutschen Kinemathek Berlin, S.23.
[2] Günther Schwark: »Wir lieben uns, mein Freund...« in *Film-Kurier* 10.10.1942.
[3] Drehbuch, S.25.
[4] Drehbuch, S.41.
[5] Brief Veit Harlans an Julius Bab vom 6.10. 1947. Julius Bab-Archiv/Stiftung Archiv der Akademie der Künste.
[6] Günther Schwark: »Wir lieben uns, mein Freund...« in *Film-Kurier* 10.10.1942.
[7] Drehbuch, S.104.
[8] Drehbuch, S.104.
[9] Drehbuch, S.105.
[10] Drehbuch, S.163.
[11] Drehbuch, S.120.
[12] Drehbuch, S.129.
[13] Drehbuch, S.41.
[14] Drehbuch, S.224.
[15] Claudius Seidl: *Der deutsche Film der fünfziger Jahre.* Heyne; München 1987, S.10. – Siehe auch das Programm des Berliner Zeughaus-Kinos für den Mai 1997: »Was das Melo von der Schnulze unterscheidet, ist, daß die haarsträubende Konstruktion glaubhaft und das zu große Gefühl, das Falsche, die Wahrheit ist. ›Opfergang‹ ist ein sehr schöner früher Farbfilm und vielleicht das größte deutsche Melo vor Faßbinder. Ein höchst unmoderner Film, aber ›sehr schön gealtert‹«.
[16] Willy Haas zit. n. Dietrich Kuhlbrodt: »Adorno, Bloch, Baudrillard« in Norbert Grob/Karl Prümm (Hg.): *Die Macht der Filmkritik. Positionen und Kontroversen.* Edition text + kritik; München 1990, S. 106 f.

Schutt und Asche

[1] Theo Fürstenau in *Deutsche Allgemeine Zeitung* 31.1.1945.
[2] Brief von Olaf Mumm an Erich Lüth im Julius-Bab-Archiv/Stiftung Archiv der Akademie der Künste.
[3] Joseph Goebbels: *Tagebücher 1945. Die letzten Aufzeichnungen.* Hoffmann & Campe; Hamburg 1977. Zit. n. d. Taschenbuchausgabe von Bastei Lübbe (1980), S.131
[4] Joseph Goebbels, a.a.O., S.296. Siehe auch S.331 (Eintragung vom 22.März 1945): »Die letzte Filmstatistik ist trotz aller Schwierigkeiten in den verschiedensten Gauen immer noch positiv ausgefallen. Man wundert sich darüber, dass das deutsche Volk noch Lust hat, überhaupt ins Kino zu gehen. Trotzdem aber ist das in größtem Umfange der Fall.«
[5] Boguslaw Drewniak, a.a.O., S.91.
[6] Vgl. die Erinnerungen von Herbert Maisch: *Helm ab – Vorhang auf* (1968): »Schlenck war ein sauberer, aufrechter Mann, der wohl im besten Glauben zur ›Bewegung‹ gestoßen war. Als späterer Intendant der Breslauer Bühnen meldete er sich trotz seiner Unabkömmlichkeit 1944 noch an die Front, wo er als ein bitter Enttäuschter den Tod gesucht und auch gefunden hat.« (S.242)
[7] Henri Colpi: *Le cinéma et ses hommes.* Montpellier 1947, zit. n. Cadars/Courtade: »Veit Harlan« in *Anthologie du cinéma,* a.a.O.
[8] Veit Harlan-Archiv/Berlin Document Center.
[9] Veit Harlan-Archiv/Berlin Document Center.
[10] Erich Lüth: »Veit Harlan provoziert« in *Film-Echo* Nr.5/Mai 1948.
[11] Gertrud Koch: *Die Einstellung ist die Einstellung.* Suhrkamp; Frankfurt am Main 1992, S.98f.
[12] Waldemar Hartmann: »Ibsens ›Gespenster‹ in der Komödie« in *Völkischer Beobachter* 12.11. 1936.
[13] Erwin Leiser: *Deutschland, erwache!* Rowohlt; Reinbek bei Hamburg 1968, S.144f.
[14] Erwin Leiser, a.a.O., S.145f.
[15] Will Tremper: *Meine wilden Jahre,* a.a.O., S.242.

Der Prozeß

[1] *Hessische Nachrichten Kassel* 12.3. 1949.
[2] Gabriele Tergit: »Der erste Tag im Veit Harlan-Prozeß« in *Die neue Zeitung* 4.3.1949.
[3] Harlan: *Im Schatten,* a. a.O., S.227.
[4] Leonhard F. Schmidt: »Der Fall Veit Harlan« in *Film- und Mode-Revue* 27.8.1952.
[5] W.B. in *Neues Deutschland* 29.4.1949.
[6] ›Beta‹ in *Tägliche Rundschau* 24.4. 1949.
[7] Zitiert aus dem Nachwort zu Veit Harlan: *Im Schatten,* a.a.O., S.278.
[8] Julius-Bab-Archiv/Stiftung Archiv der Akademie der Künste.
[9] Sammlung Ernst Legal/Stiftung Archiv der Akademie der Künste.
[10] Julius-Bab-Archiv/Stiftung Archiv der Akademie der Künste.
[11] Curt Riess erweiterte sein Buch in den kommenden Jahren.

[12] Zitiert im Nachwort zu Harlan: *Im Schatten*, a.a.O., S.234.
[13] Hans Holt: *Jeder Tag hat einen Morgen*. F.A.Herbig; München 1990, S.193.
[14] Erich Lüth: *Ein Hamburger schwimmt gegen den Strom*. Verlag Konrad Kayser; Hamburg 1981, S.107.
[15] Lüth, a.a.O., S.27.
[16] Schwab-Felisch, a.a.O.
[17] Lüth, a.a.O., S.161.
[18] Hans Schwab-Felisch: »Die Affäre Harlan« in *Der Monat* Nr.28, 3.Jg., Januar 1951, S.418.
[19] Zitiert bei Hans Schwab-Felisch, a.a.O., S.415.
[20] Sch.: »Jud Süß in neuer Maske« in *Tägliche Rundschau* 27.7.1950.
[21] Hans Schwab-Felisch, S.414.
[22] Zit. n. Siegfried Zielinski: *Veit Harlan*, a.a.O., S.210.
[23] Hans Schwab-Felisch, a.a.O.
[24] Bettina Moissi zog sich später aus dem Schauspielberuf zurück und heiratete den Kunstsammler Heinz Berggruen. Siehe hierzu Inga Griese: »Undine mit dicker Wolljacke« in *Die Welt* 3.5.1997.
[25] Brief von Olaf Mumm an Erich Lüth im Julius Bab-Archiv/Stiftung Archiv der Akademie der Künste.
[26] Zit. n. Leonhard F. Schmidt: »Der Fall Veit Harlan« in *Film- und Mode-Revue* 8.10.1952.

Kalte Heimat

[1] Kr. in *Evangelischer Filmbeobachter* 1.2.1951.
[2] W.G. in *Film-Echo* 17.2.1951.
[3] Hans Hellmut Kirst in *Der Neue Film* (Wiesbaden) 12.1.1951.
[4] Pm in *Katholischer Film-Dienst* 2.3.1951.
[5] Georg Behrens in *Lübeckische Blätter* 10/1951, S.131.
[6] Hans Holt: *Jeder Tag hat einen Morgen*. München 1990, S.192.
[7] »Die Theaterbesitzer melden« in *Film-Echo* 17.2.1951. Siehe auch Gustav Meier: *Filmstadt Göttingen*, a.a.O., S.140: »In Göttingen wurden in drei Wochen genau 45 264 Karten verkauft. Das war Rekord. Nicht einmal das ›Schwarzwaldmädel‹ konnte da mithalten. Bundesweit verzeichnete der Film 7 Millionen Zuschauer. Allein in München lief der Film in mehr als 20 Kinos gleichzeitig.«
[8] Julius Bab: »Immer noch ›Fall Veit Harlan‹?« in *Filmwoche* 17.3.1951.
[9] Julius-Bab-Archiv/Stiftung Archiv der Akademie der Künste.
[10] Zit. n. Walther Huder: »Über Julius Bab« in Akademie der Künste (Hg.): *Julius Bab 1880-1955 und das Theater der Republik 1918-1933*. Akademie der Künste Berlin 8.10.-5.11.1967/ Theatermuseum Clara Ziegler-Stiftung München 19.1.-18.2.1968, S.8f.
[11] Die Gespräche mit Lutz Moik führte der Autor im September 1995.
[12] *Film-Echo* 12.1.1952.
[13] *Die Filmwoche* 5.1.1952.
[14] *Katholischer Film-Dienst* 11.2.1952.
[15] Richard Billinger hatte 1948 ein Stück mit dem Titel »Der Zentaur« herausgebracht, angereichert mit griechischen Sagenfiguren.
[16] *Deutsche Stimme* 15.6.1952.
[17] *Film- und Mode-Revue* Nr.19/1952.
[18] *Evangelischer Filmbeobachter* 17.1.1952.
[19] *Evangelischer Filmbeobachter* 20.3.1952.
[20] G.H. in *Film-Dienst* 15.4.1952.

Auf der Flucht

[1] *Film-Echo* 14.3.1953.
[2] H.H. in *Evangelischer Filmbeobachter* 26.3.1953.
[3] R.H. in *Katholischer Film-Dienst* 20.3.1953.
[4] Georg Herzberg in *Film-Echo* 24.12.1953.
[5] *Katholischer Film-Dienst* 1.1.1954.
[6] *Evangelischer Filmbeobachter* 2.1.1954.
[7] *Film-Echo* 2.1.1954.
[8] Grünwald in *Film-Echo* 20.2.1954.
[9] *Katholischer Film-Dienst* 12.2.1954.
[10] *Evangelischer Filmbeobachter* 25.2.1954.
[11] Ilse Kubaschewski: Brief an den Autor. München 16.1.1997.
[12] *Film-Echo* 12.2.1955.
[13] Franz Grothe: *Filmmusiken*. Kölner Rundfunkorchester Emmerich Smola. Delta Music GmbH; Königsdorf 1992.
[14] *Evangelischer Filmbeobachter* 27.1.1955.
[15] *Katholischer Film-Dienst* 17.2.1955.
[16] *Film-Echo* 26.2.1955.
[17] Ilse Kubaschewski: Brief an den Autor, a.a.O.
[18] Harvey J.Rowe: »Thomas Christoph Harlan schrieb: Johanna von Warschau« in *Film-Revue* 13/1955.

Aufstand der Heuchler

[1] Veit Harlan: *Le cinéma allemand selon Goebbel*s, a.a.O., S. 355.
[2] Harlan: *Im Schatten*, a.a.O., S. 22.
[3] Veit Harlan: »Wie ich zum Nationalsozialismus stand«. Undatierter Brief. Berlin Document Center.
[4] Brief von Christian Wolff an den Autor 29.11.1994.
[5] Veit Harlan: *Im Schatten*, a.a.O., S. 244.
[6] Brief von Christian Wolff, a.a.O.
[7] Zit. n. Olaf Stüben: *Verdammte Zärtlichkeit*. Trifolium; Berlin 1985, a.a.O., S. 76 f. – Stübens Buch, das den vielsagenden Untertitel ›Freundschaft – Liebe – Sexualität im Film‹ trägt, befaßt sich vorwiegend mit der Darstellung von Kindern und Jugendlichen und deren ersten sexuellen Erfahrungen. Der empörte Ton, in dem er über *Anders als du und ich* schreibt, wirkt etwas deplaziert angesichts der Bewunderung, die er dem Pädophilen-Kultfilm *Abuse* zollt – zumindest für den heutigen Leser, der für das Thema des Mißbrauchs stärker sensibilisiert ist. 1985 nannte man noch, gerade in progressiven, ›politisch korrekten‹ Kreisen, den Kindesmißbrauch Befreiung.
[8] Zit. n. *Der Weg* Nr. 3/März 1958.
[9] *Film-Echo* 16.11.1957.
[10] *Katholischer Film-Dienst* 31.10. 1957.
[11] *Evangelischer Filmbeobachter* 21.11.1957.
[12] Karena Niehoff in *Der Tagesspiegel* 12.11. 1957.
[13] Zit. n. Siegfried Tornow: »Männliche Homosexualität und Politik in Sowjet-Rußland« in Schwulenreferat im Allgem. Studentenausschuß der FU Berlin (Hg.): *Homosexualität und Wissenschaft II*. Verlag Rosa Winkel; Berlin 1992, S. 281.
[14] Enno Patalas in *Filmkritik* 12/1957.
[15] Olaf Stüben: *Verdammte Zärtlichkeit*, a.a.O., S. 76.
[16] Enno Patalas in *Filmkritik* 4/1961. Zu einer der von Rossellini und Patalas entgegengesetzten Perspektive siehe Gabriele Mittag: »Zeit der Masken« in *die tageszeitung* (9.3. 1992) und Claudia Schoppmann: *Nationalsozialistische Sexualpolitik und weibliche Homosexualität*. Centaurus; Pfaffenweiler 1991.
[17] Hans Schwab-Felisch in *Frankfurter Allgemeine Zeitung* 6.11. 1957.
[18] Günter Dahl: »Man kommt so leicht in Schwulitäten« in *Filmpress* 1.11. 1957.
[19] »Künstler protestieren gegen Harlan« in *Stuttgarter Zeitung* 6.12.1957.
[20] R.S. in *Die Welt* 9.11.1957.
[21] N.N.: »Ist Harlan wirklich der große Übeltäter?« in *Der Weg* Nr. 3/März 1958.
[22] *Film-Echo* 10.1.1959.
[23] *Variety* 11.9.1957.
[24] Veit Harlan-Archiv/Schriftgutarchiv der Deutschen Kinemathek.
[25] A.H. Weiler in *The New York Times* 26.3.1959.
[26] Raymond Murray: *Images in the Dark. An Encyclopedia of Gay and Lesbian Film and Video*. TLA Publications; Philadelphia 1994, S. 443.
[27] James L. Limbacher: *Sexuality in World Cinema. Volume II:. L-Z*. The Scarecrow Press; Metuchen, N.J. & London 1983, S. 1342.
[28] Veit Harlan: *Im Schatten*, a.a.O., S. 244.
[29] Heide Schlüpmann: »Faschistische Trugbilder weiblicher Autonomie« in *Frauen und Film Heft 44/45: Faschismus*, a.a.O., S. 55.
[30] Rudolf Thome: Kommentierte Filmographie in Peter W. Jansen/Wolfram Schütte: *Roberto Rossellini*. Carl Hanser Verlag; München-Wien 1987, S. 136. Wie wenig sich in fast vierzig Jahren geändert hat, zeigten die Proteste gegen die Benennung eines Hubert von Meyerinck-Platzes in Berlin sowie einzelne verständnislose Rezensionen von Gordian Mauggs Film *Der olympische Sommer* (1993), der die Verfolgung Homosexueller im Dritten Reich am Rande thematisiert.
[31] Cornelia Zumkeller: *Zarah Leander. Ihre Filme – ihr Leben*. Heyne; München 1988, S. 142 ff.
[32] Manfred Herzer: »Un chant d'amour – Literatur, Theater, Film« in Dr. Andreas Sternweiler/Dr. Hans Gerhard Hannesen (Gl.): *Goodbye to Berlin? 100 Jahre Schwulenbewegung*. Verlag Rosa Winkel; Berlin 1997, S. 260 ff. – Herzer weist auch auf das reale Vorbild für die Figur des Boris Winkler hin: Fürst Alexander Kropotkin, ein Exilrusse, zu dessen Kreis u.a. Jan Hendriks und Friedrich Joloff gehörten, und bei dem auch Klaus Kinski eine Zeitlang gelebt hat.
[33] Der Brief von Richard Oswald befindet sich im Schriftgutarchiv der Deutschen Kinemathek. – In Minnellis Adaption eines erfolgreichen Broadway-Stückes verkörpert John Kerr einen sensiblen Schüler, der von den anderen Jungen gehänselt wird, und Deborah Kerr die Lehrerin, die sich seiner annimmt. Aufgrund der strengen Zensurbestimmungen mußte darauf verzichtet werden, sowohl auf die homosexuellen Neigungen des Schülers als auch auf die Verführung durch die Lehrerin anzuspielen.
[34] Presseheft *Liebe kann wie Gift sein*. Schriftgutarchiv der Deutschen Kinemathek.
[35] Liselotte Pulver: *... wenn man trotzdem lacht*. Langen/Müller-F.A.Herbig; München 1990, S. 157.
[36] Sabina Sesselmann: Brief an den Autor 8.9.1996.
[37] Joachim Fuchsberger: Brief an den Autor 23.7.1996.
[38] Bodo Kochanowski: »Liebe kann wie Gift sein« in *Film-Revue* 9/1958.

[39] R.: »Die Eltern sind an allem schuld« in *Filmwoche* 2.8.1958.
[40] Georg Herzberg in *Film-Echo* 30.7.1958.
[41] *Evangelischer Filmbeobachter* 31.7.1958.
[42] *Katholischer Film-Dienst* 25.7.1958.
[43] *Film-Echo* 13.8. 1958. Noch über ein Jahr später lief *Liebe kann wie Gift sein* in den Kinos. Gute bis zufriedenstellende Geschäfte wurden gemeldet. Siehe hierzu *Film-Kurier* 17.10. 1959.

»Was ich auch tue, alles geht schlecht aus«

[1] Georg Herzberg: »Besuch in deutschen Ateliers« in *Film-Echo* 16.8.1958.
[2] Brief von Christian Wolff an den Autor 29.11.1994.
[3] Georg Herzberg in *Film-Echo* 25.10.1958.
[4] *Katholischer Film-Dienst* 23.10.1958.
[5] *Evangelischer Filmbeobachter* 6.11.1958.
[6] *Film-Echo* 1.11.1958.
[7] Hermine Fürstweger in *Film-Echo* 26.11.1958.
[8] A.W. in *Evangelischer Filmbeobachter* 27.11.1958.
[9] *Katholischer Film-Dienst* 13.11.1958.
[10] Georg Seeßlen: »Detektivarbeit bei Sonderangeboten« in *epd-film* 5/1991.
[11] Enno Patalas in *Filmkritik* 9/1958.
[12] *Film-Echo* 3.1. 1959.
[13] Veit Harlan: *Le cinéma allemand selon Goebbels*, a.a.O., S.364.
[14] Bert Frenzel: »Erhebung des Kino-Ariers« in *Westdeutsches Tageblatt* (Dortmund) 11.4.1962.
[15] Oskar Ballhaus: »In Memoriam Veit Harlan«. Archiv Lena Hutter.
[16] August Strindberg: *Ein Traumspiel*. Philipp Reclam Jr.; Stuttgart 1957.
[17] Veit Harlan-Archiv/Schriftgutarchiv der Deutschen Kinemathek.
[18] Hans Daiber: *Deutsches Theater seit 1945*. Philipp Reclam Jr.; Stuttgart 1976, S.49.
[19] *Frauengeschichten: Kristina Söderbaum*. Ein Film von Constantin Pauli. Kamera: Peter C.Koop. © 1984 Radio Bremen. Erstausstrahlung am 28.2. 1984 (ARD).

Symbol für sich selbst

[1] Bodo Kochanowski: »Liebe kann wie Gift sein« in *Film-Revue* 9/1958.
[2] Hans Scholz: »Veit Harlan gestorben« in *Der Tagesspiegel* 14.4. 1964.
[3] Hans Hoehn: »Death of a Convenient Scapegoat« in *Variety* 22.4.1964.
[4] *Neue Deutsche Biographie. 7.Band.* Hg. v. d. Historischen Kommission bei der Bayerischen Akademie der Wissenschaften. Duncker & Humblot; Berlin 1966, S.679f.
[5] Karsten Witte: Einführender Vortrag zu *Kolberg*. Berliner Zeughaus-Kino 29.4. 1995.
[6] Edmund Luft in *Film-Echo* 23.10. 1965.
[7] Peter W. Jansen: »Die Wunderwaffe des Joseph Goebbels« in *Frankfurter Allgemeine Zeitung*, 27.9. 1965.
[8] Heiko R. Blum: »Veit Harlans ›Kolberg‹ getestet« in *Frankfurter Rundschau* 11.9.1965.
[9] Günther Kriewitz: »Eine Durchhalte-Schnulze soll entlarvt werden« in *Stuttgarter Zeitung* 12.10.1965.
[10] Brigitte Kaps: »Ganz unverfänglich ›Kolberg‹ genannt« in *Vorwärts* (Köln), 6.10.1965.
[11] Fritz Kortner: *Aller Tage Abend*, a.a.O., S.412f.
[12] Karena Niehoff in *Der Tagesspiegel* 24.2.1985.
[13] Raimund LeViseur: »Schuld der Blindheit« in *Der Abend* 20.10.1966.
[14] C.H.: »Des Teufels Regisseur« in *Die Andere Zeitung*, Hamburg 13.10. 1966.
[15] Isaksson/Fuhrhammar, a.a.O., S.33f.
[16] Ernst Ginsberg: *Abschied*. Die Arche; Zürich 1965, S.114.
[17] Wolfgang Kraushaar: »Der Kampf gegen den ›Jud Süß‹-Regisseur Veit Harlan« in *Mittelweg 36* (Dezember 1995/Januar 1996), S.33.
[18] Wolfgang Jacobsen/Anton Kaes/Hans Helmut Prinzler (Hg.): *Geschichte des Deutschen Films*. J.B.Metzler; Stuttgart 1993, S.10.
[19] Dietrich Kuhlbrodt: »Soll ›Jud Süß‹ wieder in die Kinos?« in *Konkret* 4/1991.
[20] Es war bezeichnenderweise ein von Frankreich mitfinanzierter Sender, Arte, der am 23.März 1998 im Rahmen eines Heinrich-George-Themenabends *Kolberg* in voller Länge ausstrahlte. (Eine Wiederholung erfolgte am darauffolgenden Abend.) Davor lief die Dokumentation *Nun Volk steh' auf! Ein Film als Propagandawaffe* von Alexander Bohr und Christoph Funke © ZDF 1997. Das Presseecho war so gering, daß man schon fast von einem Boykott sprechen kann; die wenigen Berichte beschränkten sich fast völlig auf die Person Heinrich Georges und gingen nicht auf die Sensation ein, die die Erstausstrahlung von *Kolberg* bedeutete. – 1998 erschien Werner Masers George-Biographie *Mensch aus Erde gemacht* (edition q; Berlin). Daß der Autor Veit Harlan rundum verteufelte – eine scheinbar sichere moralische Position –, bewahrte ihn nicht davor, Opfer einer Verleumdung zu werden. Maser schrieb wahrheitsgemäß, *Jud Süß* sei im Dritten Reich »ganz allgemein als so etwas wie ein filmisches Meisterwerk und authentische Darstellung des jüdischen Charakters«

aufgenommen worden (S. 283). In seiner Buchrezension (»Aus dem Zettelkasten« in *Theater heute*, Nr. 5/Mai 1998) behauptet Henning Rischbieter dann aber, Maser selbst habe *Jud Süß* als filmisches Meisterwerk und als authentische Darstellung des jüdischen Charakters bezeichnet.

[21] Matthias Altenburg und Hermann Peter Piwitt: »Céline! Céline? Céline!« in *Konkret* 10/1990.
[22] Jürgen P. Wallmann (Hg.): *Das Gottfried Benn Brevier*. Klett-Cotta im Deutschen Taschenbuch-Verlag; München-Stuttgart 1986, S. 109.
[23] Jürgen P. Wallmann (Hg.): *Das Gottfried Benn Brevier*, a.a.O., S. 92.
[24] Vgl. die Beiträge von Michel Azzopardi über *Immensee* und Daniel Collin über *Opfergang* in Jean Tulard (Hg.): *Guide des films*. Paris 1990.

Die englisch- und französischsprachigen Texte wurden vom Autor ins Deutsche übersetzt.

Veit Harlan, 1958

Bühneninszenierungen mit Veit Harlan

Die folgende Auflistung von Bühneninszenierungen, in denen Veit Harlan als Darsteller mitgewirkt hat, kann keinen Anspruch auf Vollständigkeit erheben, obwohl sie nur seine
Auftritte in Berlin zu erfassen versucht. Ein Nachschlagewerk, das sämtliche Berliner
Theateraufführungen berücksichtigt, liegt erst für die Zeit nach 1945 vor. Da die Besetzungslisten aus verschiedenen Quellen zusammengestellt worden sind (Programmhefte, Kritiken), konnte nicht in jedem Fall zwischen der Premierenbesetzung und späteren
Umbesetzungen unterschieden werden. Ist eine Umbesetzung als solche bekannt, wird sie
durch einen Querstrich zwischen den Darstellern gekennzeichnet.

Die Bürger von Calais von Georg Kaiser. Volksbühne am Bülowplatz. Regie: Paul Legband.
Uraufführung: 27. September 1919. Darsteller: Edgar Klitsch, Leo Victor, Ernst Stahl-
Nachbaur, William Huch, Otto Bernstein, Heinz Hilpert, Eugen Eisenlohr, Ferdinand
Asper, Gerd Fricke, Eduard Rothauser, Marianne Bratt, Charlotte Galdern, Cläre
Kollmann, Richard Ulrich, Hans Halden, Josef Bunzl, Martin Gleißner, Fred Kortholt, Paul
Schmidt, Hermann Fiedler, Veit Harlan *(Bürger)*.

Paul Lange und Tora Parsberg von Björnstjerne Björnson. Volksbühne am Bülowplatz.
Regie: Friedrich Kayßler. Uraufführung: 10. Oktober 1919. Darsteller: Friedrich Kayßler,
Helene Fehdmer, Maria Weißleder, Edgar Klitsch, Eugen Eisenlohr, Guido Herzfeld, Paul
Schmidt, Fred Kortholt, Richard Leopold, Josef Bunzl, Rudolf Zech, Hans Schultze,
William Huch, Willi Handke, Veit Harlan *(ein junger Herr)*, Volker Goetheer, Hermann
Fiedler, Harry Berber, Rudolf Lemke, Eva Loders.

Götz von Berlichingen von Johann Wolfgang von Goethe. Volksbühne am Bülowplatz.
Regie: Paul Legband. Uraufführung: 13. Dezember 1919. Darsteller: Friedrich Kayßler,
Helene Fehdmer, Cläre Kollmann, Wilma Colani, Jürgen Fehling, Marion Regler, Elisa-
beth Thiesing, Heinz Hilpert, Guido Herzfeld, Leo Victor, Gerd Fricke, Erhard
Siedel, Hans Halden, Hans Schultze, Edgar Klitsch, Eugen Eisenlohr, Richard Leo-
pold, Fred Kortholt, Paul Schmidt, Veit Harlan *(Gerichtsschreiber/erster Bauer)*, Otto
Krauß, Josef Bunzl, Martin Gleisner, Richard Ulrich, William Huch, Otto Lutz, Hermann
Fiedler.

Nach Damaskus von August Strindberg. Volksbühne am Bülowplatz. Regie: Friedrich
Kayßler. Uraufführung: 12. März 1920 (Teil 1), 13. November 1920 (Teile 2 und 3). Dar-
steller: Friedrich Kayßler, Helene Fehdmer, Ernst Stahl-Nachbaur, Eduard Rothauser,
Agathe Bergsma, Eugen Eisenlohr, Adele Sandrock, Marianne Bratt, Harry Berber, Paul
Schmidt, Hans Schultze, Veit Harlan *(zweiter Gast)*, Richard Ulrich.

Das Käthchen von Heilbronn von Heinrich von Kleist. Volksbühne am Bülowplatz. Regie:
Johannes Claudius. Uraufführung: 23. April 1920. Darsteller: Charlotte Schultz, Friedrich
Kayßler, Eugen Eisenlohr, William Huch, Marianne Bratt, Cläre Kollmann, Heinz Hilpert,
Guido Herzfeld, Maria Weißleder, Agathe Bergsma, Lilli Schönborn, Edgar Klitsch, Veit
Harlan *(Gottfried Friedeborn, Käthchens Bräutigam/zweiter Ritter)*, Eduard Rothauser,
Hans Ottershausen, Richard Ulrich, Hans Halden, Ferdinand Asper, Leo Victor, Fred
Kortholt, Josef Bunzl, Richard Leopold, Paul Schmidt, Johanna Barda, Hans Schultze,
Eduard Wandrey, Otto Lutz, Walter Steinweg.

Der Richter von Zalamea von Pedro Calderon de la Barca. Volksbühne am Bülowplatz.
Regie: Guido Herzfeld. Uraufführung: 21. Mai 1920. Darsteller: Heinz Salfner, Hans
Halden, Eduard Rothauser, Ernst Stahl-Nachbaur, Leo Victor, Charlotte Schultz, Johanna
Barda, Fred Kortholt, Erhard Siedel, Hertha Wolff, Veit Harlan *(Gerichtsschreiber)*,
William Huch, Hans Schultze, Otto Lutz, Walter Steinweg, Heinz Hilpert.

Bruder Martin von Carl Costa. Volksbühne am Bülowplatz. Regie: Hans Felix. Uraufführung:
8. Juli 1920. Darsteller: Hans Felix, Julius Sachs, Else Bäck, Heinz Hilpert, Eugen
Eisenlohr, Hans Schultze, Veit Harlan, Fred Kortholt, Hermann Hellweger, Otto Lutz, Lilli
Schönborn.

Kabale und Liebe von Friedrich von Schiller. Volksbühne am Bülowplatz. Regie: Johannes
Claudius. Uraufführung: 2. Oktober 1920. Darsteller: Charlotte Schultz, Gerd Fricke,
Ernst Stahl-Nachbaur, Julius Sachs, Mary Dietrich, Günther Hadank, Guido Herzfeld,

Marianne Bratt, Charlotte Galdern, Harry Berber, Hans Schultze, Veit Harlan *(ein Diener der Lady)*.

Wallensteins Tod von Friedrich von Schiller. Volksbühne am Bülowplatz. Regie: Friedrich Kayßler. Uraufführung: 18.Dezember 1920. Darsteller: Friedrich Kayßler, Eduard Rothauser, Walter Reymer, Heinz Hilpert, Eugen Eisenlohr, Ferdinand Asper, Richard Leopold, Heinz Bernecker, Walter Buhse, Waldemar Rodin, Guido Herzfeld, Heinz Perth, Veit Harlan, Leo Victor, Hans Schultze, William Huch, Harry Berber, Marianne Bratt, Helene Fehdmer, Irmala von Dulong, Cläre Kollmann.

Die Komödie der Irrungen von William Shakespeare. Volksbühne am Bülowplatz. Regie: Jürgen Fehling. Uraufführung: 28.Januar 1921. Darsteller: Charlotte Schultz, Erhard Siedel, Richard Leopold, Julius Sachs, Josef Bunzl, Gerd Fricke, Erik Baldermann, Harry Berber, Agathe Bergsma, Marianne Bratt, Walter Buhse, Veit Harlan *(Diener)*, Heinz Hilpert, William Huch, Paul Schmidt, Hans Schultze, Hertha Wolff.

Antigone von Sophokles. Volksbühne am Bülowplatz. Regie: Jürgen Fehling. Uraufführung: 9.April 1921. Darsteller: Mary Dietrich, Lucie Mannheim, Ernst Stahl-Nachbaur, Mary Merrbach, Günther Hadank, Eduard Rothauser, Edgar Klitsch, Ferdinand Asper, Heinz Bernecker, Josef Bunzl, Otto Bernstein, Walter Buhse, Eugen Eisenlohr, Willi Handke, Veit Harlan *(Thebanischer Greis)*, Heinz Hilpert, Waldemar Rodin, Paul Schmidt, Hans Schultze, Volker Goetheer, Leo Victor, Rudolf Zech.

Die Götterprüfung von Kurt Eisner. Volksbühne am Bülowplatz. Regie: Heinz Goldberg. Uraufführung: 1.Mai 1921. Darsteller: Lothar Mendes, Manfred Fürst, Veit Harlan *(der Geschlechtsmeister)*, Heinz Hilpert, Waldemar Rodin, Rudolf Zech, Willi Handke, Käte Zimmermann, Friedrich Lobe, Maria Leiko, Paul Mederow, Gertrud Kanitz, Charlotte Kolle, Leonhard Steckel, Volker Goetheer, Ellinor Milo, Claire Rommer, Ruth Langhoff, Hanns Barthel, Walter Buhse, Karl Jacobi, Günther Zobel, Max Zureck, Kurt Langhoff, Eva Lobers, Grete Marga.

Der Kaiserjäger von Hans Brennert und Hans Ostwald. Volksbühne am Bülowplatz. Regie: Hans Felix. Uraufführung: 1.Juli 1921. Darsteller: Hans Felix, Julius Sachs, Else Bäck, Harry Berber, Eugen Eisenlohr, Erhard Siedel, Heinz Bernecker, Annemarie Mörike, Paul Schmidt, Hans Schultze, Veit Harlan *(Bauer Lillpopp)*, Leo Victor, Heinz Hilpert, Walter Buhse, Hans Halden, Heinz Perth, Fritz Möller, Eva Lobers, Kläre Pamperrien, Rudolf Lemke.

Masse Mensch von Ernst Toller. Volksbühne am Bülowplatz. Regie: Jürgen Fehling. Uraufführung: 29.September 1921. Darsteller: Mary Dietrich, Heinz Bernecker, Hanns Neutzing, Christian Bummersdt, Lilli Schönborn, Hertha Wolff, Ferdinand Asper, Johanna Koch-Bauer, Leonie Vogel, Dora Gerson, Ferdinand Steinhofer, Heinz Hilpert, Hans Schultze, Veit Harlan *(Arbeiter)*, Walter Buhse.

König Lear von William Shakespeare. Volksbühne am Bülowplatz. Regie: Jürgen Fehling. Uraufführung: 16.November 1921. Darsteller: Friedrich Kayßler, Lucie Mannheim, Mary Dietrich, Johanna Koch-Bauer, Ferdinand Steinhofer, Hans Rehmann, Hans Neussling, Christian Bummerstedt, Heinrich Witte, Georg August Koch, Christian Friedrich Kayßler, Ferdinand Asper, Veit Harlan *(Curan, ein Höfling/ein Hauptmann)*, William Huch, Guido Herzfeld, Hans Halden, Josef Bunzl, Hans Schultze, Hermann Hellweger, Fritz Möller, Walter Buhse.

Der gestiefelte Kater von Ludwig Tieck. Volksbühne am Bülowplatz. Regie: Jürgen Fehling. Uraufführung: 30.Dezember 1921. Darsteller: Lucie Mannheim, Richard Leopold, Cläre Kollmann, Hans Rehmann, Harry Berber, Julius Sachs, Fritz Möller, Walter Buhse, Hermann Curtius, Hans Büttner, Christian Bummerstedt, Hans Schultze, Ludwig Richter, Erhard Siedel, Gabriele Rotter, Ferdinand Steinhofer, Leonie Vogel, Hermann Hellweger, Richard Miersch, Hans Halden, Felix Klitsch, Hanns Neußing, Heinz Hilpert, Veit Harlan *(Wiesener)*, William Huch, Rudolf Lemke, Ernst Dedemeyer.

Die Ratten von Gerhart Hauptmann. Volksbühne am Bülowplatz. Regie: Jürgen Fehling. Uraufführung: 10.März 1922. Darsteller: Helene Fehdmer/Johanna Koch-Bauer, Friedrich Kayßler/Kurt Eggers-Kestner, Lucie Mannheim/Rose Steuermann, Georg August Koch, Marianne Bratt, Cläre Kollmann, Richard Leopold, Hans Halden, Gabrielle Rotter, Hanns Neußing, Veit Harlan/Fritz Möller *(Käferstein, Schauspielschüler)*, Hans Rehmann, Heinz

Hilpert, Mary Dietrich/Leonie Vogel, Dora Gerson, Edgar Klitsch, Lilli Schönborn, Hans Schultze.

Fahnen von Alfons Paquet. Volksbühne am Bülowplatz. Regie: Erwin Piscator. Uraufführung: 26.Mai 1924. Darsteller: Karl Hannemann, Werner Hollmann, Wilhelm Strohn, Oskar Fuchs, Paul Henckels, Armin Schweizer, Veit Harlan *(Fischer)*, Ferdinand Steinhofer, Aribert Wäscher, Johann August Drescher, Julius Sachs, Gustav Fröhlich, Botha Schwarz, Robert Forsch, Martin Lübbert, Marianne Bratt, Hermine Sterler, Fränze Roloff, Johanna Koch-Bauer, Ilse Baerwald, Richard Leopold, Leonhard Steckel, Hedwig Buchholz, Hans Felix, Ernst Raden, Florian Kienzl, Ludwig Weiß, Ernst Dedemeyer, Harry Berber, Heinrich Römer, José Almas, Hans Harnier, Walter Buhse, Hermann Hellweger, Erwin Borns, Albert Venohr, Hans Brackebusch, Emmerich Fröhlich, William Huch, Ortrud Abeling, Hilde Mewes, Lilli Schönborn, Leonie Vogel, Trude Beekmann, Heinz Halban, Werner Wilk, Ludwig Weiß.

Wallenstein von Friedrich von Schiller. Staatstheater. Regie: Leopold Jessner. Uraufführung: 10./11.Oktober 1924. Darsteller [WALLENSTEINS LAGER]: Albert Florath, Walter Werner, Toni Zimmerer, Alexander Kökert, Veit Harlan *(Holkischer Jäger)*, Erich Dunskus, Wolf Trutz, Max Schreck, Hermann Rabens, Heinrich Schnitzler, Leonhard Steckel, Elsa Wagner, Hertha Schweckendieck, Willi Zielonka. [DIE PICCOLOMINI]: Werner Krauss, Lina Lossen, Sonik Rainer, Agnes Straub, Carl Ebert, Leo Reuß, Heinrich Witte, Otto Laubinger, Alexander Granach, Fritz Valk, Edgar Klitsch, Veit Harlan *(General Tiefenbach)*, Paul Günther, Walter Werner, Wolf Trutz, Richard Leopold, Hans Eggarter, Heinrich Schnitzler, Reinhold Köstlin, Hermann Rabens. [WALLENSTEINS TOD]: Werner Krauss, Lina Lossen, Sonik Rainer, Agnes Straub, Carl Ebert, Leo Reuß, Heinrich Witte, Otto Laubinger, Alexander Granach, Fritz Valk, Arthur Kraußneck, Veit Harlan *(Rittmeister Neumann)*, Max Schreck, Alexander Kökert, Albert Patry, Robert Taube, Walter Werner, Hermann Leffler, Otto Mannstädt, Erich Dunskus, Oskar Ettlich.

Leben Eduards des Zweiten von England von Bertolt Brecht nach Christopher Marlowe. Staatstheater. Regie: Jürgen Fehling. Uraufführung: 4.Dezember 1924. Darsteller: Erwin Faber, Agnes Straub, Werner Krauss, Rudolf Fernau, Rolf Müller, Ernst Stahl-Nachbaur, Arthur Kraußneck, Fritz Valk, Leo Reuß, Max Pohl, Alexander Kökert, Heinrich Witte, Paul Günther, Walter Werner, Edgar Klitsch, Richard Leopold, Veit Harlan *(ein Balladenverkäufer)*, Karl Uhlig, Oscar Ettlich, Otto Mannstädt, Toni Zimmerer, Willi Brose, Hans Hohenstein, Hans Eggarter, Alfred Angermann.

Der Widerspenstigen Zähmung von William Shakespeare. Schiller-Theater. Regie: Ludwig Berger. Uraufführung: 14.Januar 1925. Darsteller: Agnes Straub, Carl Ebert, Maria Paudler, Leo Reuß, Veit Harlan *(Biondello)*, Leonhard Steckel, Rudolf Fernau, Hubert von Meyerinck/Erwin Faber, Robert Taube, Walter Werner, Richard Leopold, Ernst Keppler, Edgar Klitsch, Margarethe Schön, Arthur Menzel.

Prinz Friedrich von Homburg von Heinrich von Kleist. Staatstheater. Regie: Ludwig Berger. Uraufführung: 13.Februar 1925. Darsteller: Paul Hartmann/Rudolf Fernau, Werner Krauss, Lina Lossen, Sonik Rainer, Leopold von Ledebur, Arthur Kraußneck, Toni Zimmerer/Karl Uhlig, Otto Mannstädt, Otto Laubinger, Hertha Schweckendiek, Anni Rose, Georg Czimeg, Leo Reuß/Veit Harlan *(Graf Georg von Sparren)*, Eugen Wallrath, Fritz Valk/Toni Zimmerer, Heinrich Schnitzler, Alexander Kökert/Reinhold Köstlin, Albert Patry, Veit Harlan/Ernst Keppler *(Erster Offizier)*, Hermann Rabens, Hans Hohenstein, Rolf Müller, Ernst Hasselbach, Manfred Frömmchen, Walter Werner/Heinrich Rupprecht, Käte Boschwitz, Alfred Angermann.

Die Sündflut von Ernst Barlach. Staatstheater. Regie: Jürgen Fehling. Uraufführung: 4.April 1925. Darsteller: Heinrich George, Elsa Wagner, Leo Reuß, Ernst Keppler, Veit Harlan *(Japhet)*, Albert Steinrück, Heinrich Witte, Fritz Valk, Carl Ebert, Hermann Rabens, Lucie Mannheim, Alexander Granach, Erich Dunskus, Edgar Klitsch, Willi Brose, Rudolf Fernau.

Der Brand im Opernhaus von Georg Kaiser. Staatstheater. Regie: Friedrich Neubauer. Uraufführung: 4.Juni 1925. Darsteller: Fritz Valk, Gerda Müller, Otto Laubinger, Alexander Granach, Veit Harlan *(Logenschließer)*, Wolf Trutz, Willi Brose.

Exzesse von Arnolt Bronnen. Junge Bühne im Lessing-Theater. Regie: Heinz Hilpert. Uraufführung: 7.Juni 1925. Darsteller: Roma Bahn, Curt Bois, Albert Florath, Walter Franck, Veit Harlan *(Bauernjunge)*, Eugen Klöpfer, Till Klokow, Richard Leopold, Gerda Müller, Maria Paudler, Leonhard Steckel, Lotte Stein, Hans Heinrich von Twardowski, Aribert Wäscher, Otto Eduard Hasse.

Jugend von Max Halbe. Staatstheater. Regie: Jürgen Fehling. Uraufführung: 20.Juni 1925. Darsteller: Lucie Mannheim, Veit Harlan *(Hans Hartwig)*, Albert Florath, Fritz Valk, Leonhard Steckel, Hanna Hoff.

Die Liebenden von Waclaw Grubinski. Tribüne. Regie: Arthur Maria Rabenalt. Uraufführung: 6.Juli 1925. Darsteller: Leonore Ehn, Veit Harlan *(Victor de Tourréelle)*, Rudolf Lettinger.

Die Jungfrau von Orleans von Friedrich von Schiller. Schiller-Theater. Regie: Friedrich Neubauer. Uraufführung: 31.August 1925. Darsteller: Gerda Müller, Hans Heinrich von Twardowski, Mathilde Sussin, Paula Knüpffer, Leopold von Ledebur, Carl Ebert, Ernst Keppler, Otto Mannstädt, Albert Patry, Georg Paeschke, Heinrich Witte, Fritz Valk, Gustav A. Keune, Wolf Trutz, Veit Harlan *(Montgomery, ein Walliser)*, Willi Brose, Hans Hohenstein, Alfred Angermann, Albert Florath, Hanna Hoff, Maria Paudler, Ernst Hasselbach, Hans Eggarter, Heinrich Schnitzler, Edgar Klitsch, Carl Uhlig, Manfred Frömmchen, Paula Conrad, Rolf Müller.

Hannibal von Christian Dietrich Grabbe. Staatstheater. Regie: Leopold Jessner. Uraufführung: 17.Oktober 1925. Darsteller: Werner Krauss, Agnes Straub, Erich Dunskus, Carl Ebert, Else Ehser, Erwin Faber, Albert Florath, Veit Harlan *(Hauptmann)*, Ferdinand Hart, Ernst Keppler, Alexander Kökert, Arthur Kraußneck, Wilhelm Krüger, Otto Laubinger, Leopold von Ledebur, Max Pohl, Max Schreck, Gad Shelaso, Wolf Trutz, Fritz Valk, Elsa Wagner, Walter Werner, Heinrich Witte.

Romeo und Julia von William Shakespeare. Staatstheater. Regie: Jürgen Fehling. Uraufführung: 3.Dezember 1925. Darsteller: Erwin Faber, Lucie Mannheim, Max Schreck, Heinrich Schnitzler, Max Pohl, Albert Florath, Carl Ebert, Heinrich Witte, Fritz Valk, Alexander Kökert, Arthur Kraußneck, Wolf Trutz, Veit Harlan *(Peter, Diener bei Capulets)*, Otto Mannstaedt, Willi Brose, Toni Zimmerer, Erich Dunskus, Hermann Leffler, Arthur Menzel, Carl Uhlig, Rolf Müller, Wilhelm Krüger, Helene Uebermuth, Paula Conrad, Elsa Wagner, Hanna Hoff, Hans Eggarter, Manfred Frömchen, Hans Hohenstein.

Die Geburt der Jugend von Arnolt Bronnen. Junge Bühne im Lessing-Theater. Regie: Friedrich Neubauer. Uraufführung: 13.Dezember 1925. Darsteller: Mathias Wieman, Rudolf Fernau, Veit Harlan, Till Klokow, Camilla Spira, Leonhard Steckel, Lotte Stein, Hans Heinrich von Twardowski, Aribert Wäscher. [Oscar Homolka und Walter Franck sind kurz vor der Premiere aus dem Ensemble ausgestiegen.]

Im Weißen Rössl von Oskar Blumenthal und Gustav Kadelburg. Staatstheater. Regie: Jürgen Fehling. Uraufführung: 31.Dezember 1925. Darsteller: Agnes Straub, Anton Pointner, Jakob Tiedtke, Lucie Mannheim, Margarete Schön, Rosa Pategg, Arthur Kraußneck, Ferdinand Hart, Veit Harlan *(Arthur Sülzheimer)*, Albert Florath, Alfred Angermann, Willi Brose, Paula Conrad, Paul Dillflug, Toblina Gondy, Hanna Hoff, Hans Hohenstein, Ernst Keppler, Hanna Kleinschmidt, Reinhold Köstlin, Wilhelm Krüger, Hermann Leffler, Lucie Linke, Otto Mannstädt, Friederike Meißner, Rolf Müller, Maria Paudler, Max Pohl, Anni Rose, Heinrich Rupprecht, Erna Schaplinski, Helene Uebermuth, Carl Uhlig, Toni Zimmerer.

Exzesse von Arnolt Bronnen. Theater in der Königgrätzer Straße. Regie: Heinz Hilpert, Hermann Krehan. Uraufführung: 2.Februar 1926. Darsteller: Frigga Braut, Felix Bressart, Wilhelm Dieterle, Karl Elzer, Veit Harlan, Julius E.Herrmann, Anna Kersten, Till Klokow, Richard Leopold, Elisabeth Neumann, Dagny Servaes, Hans Heinrich von Twardowski, Aribert Wäscher, Emmy Wyda.

Duell am Lido von Hans José Rehfisch. Staatstheater. Regie: Leopold Jessner. Uraufführung: 20.Februar 1926. Darsteller: Fritz Kortner, Lucie Mannheim, Rudolf Forster, Albert Patry, Albert Florath, Marlene Dietrich, Heinrich Schnitzler, Anton Pointner, Paula Knüpffer, Veit Harlan *(Ferruccio, Monteur)*, Eugen Burg, Willi Brose,

Erich Dunskus, Hans Eggarter, Manfred Frömchen, Otto Laubinger, Rolf Müller, Elsa Wagner.

Peer Gynt von Henrik Ibsen, bearbeitet von Dietrich Eckardt. Staatstheater. Darsteller: Otto Laubinger, Paula Conrad, Margarethe Schön, Erich Dunskus, Veit Harlan *(Olaf, der Bräutigam)*, Max Schreck, Walter Werner, Heinrich Witte, Alfred Angermann, Thea Bieber, Käthe Boschwitz, Hans Eggarter, Oskar Ettlich, Hanna Hoff, Hans Hohenstein, Elise Jensch, Fritz Jonas, Hanna Kleinschmidt, Paula Knüpffer, Alexander Kökert, Edith Krohn, Wilhelm Krüger, Hermann Leffler, Charlotte Lorenz, Hilde Müller, Max Pohl, Anni Rose, Heinrich Rupprecht, Wolf Trutz, Helene Uebermuth, Karl Uhlig, Helene Wagenbreth, Edith Wilhelmi, Toni Zimmerer. Die Besetzungsliste ist einem Programmzettel vom 19.März 1926 entnommen. Otto Laubinger spielte den Peer Gynt seit dem 5.September 1921; die Inszenierung selbst hatte am 4.Januar 1914 ihre Premiere im Königlichen Schauspielhaus. Die Rolle des Olaf ist in späteren Aufführungen von Ernst Keppler gespielt worden. 1931 besorgte Leopold Jessner eine Neuinszenierung.

Anja und Esther von Klaus Mann. Matinee im Lessing-Theater. Regie: Erich Fisch. Uraufführung: 21.März 1926. Darsteller: Toni van Eyck, Marianne Oswald, Veit Harlan *(Erik)*, Gillis van Rappard, Ferdinand Steinhofer, Wolf Trutz, Erich Nürnberger, Alexa von Poremski, Charlotte Conrad, Charlotte Fraedrich, Tanztruppe Hertha Feist.

Medea von Hans Henny Jahnn. Staatstheater. Regie: Jürgen Fehling. Uraufführung: 4.Mai 1926. Darsteller: Agnes Straub, Erwin Faber, Ferdinand Hart, Veit Harlan *(der ältere Knabe)*, Heinrich Schnitzler, Fritz Valk, Mathilde Sussin, Heinrich Witte, Rolf Müller, Carl Uhlig, Otto Mannstädt, Hans Eggarter, Paul Voissel, Helene Uebrmuth, Manfred Frömchen, Wilhelm Krüger.

Candida von George Bernard Shaw. Staatstheater. Regie: Erwin Kalser. Darsteller: Lina Lossen, Dr. Georg Droescher, Veit Harlan *(Eugene Marchbanks)*, Albert Florath, Mathilde Sussin, Max Schreck. Die Besetzungsliste ist einem Programmzettel vom 26.Mai 1926 entnommen. Dr. Georg Droescher feierte mit dieser Aufführung sein 50jähriges Bühnenjubiläum. Die Inszenierung befand sich seit dem 24.November 1923 auf dem Spielplan; die Premierenbesetzung bestand aus Lossen, Carl Ebert, Rudolf Fernau, Florath und Sussin. Ein Programmzettel vom 26.Februar 1930 nennt Lossen, Otto Laubinger, Harlan, Florath, Sussin sowie Alexander Kökert.

Die Welt, in der man sich langweilt von Edouard Pailleron. Staatstheater. Regie: Albert Patry. Uraufführung: 8.Juni 1926. Darsteller: Rosa Bartens, Mathilde Sussin, Lucie Mannheim, Heinrich Schnitzler, Carl Ebert, Veit Harlan *(Raymond)*, Maria Paudler, Heinrich Witte, Albert Patry, Hermann Leffler, Arthur Kraußneck, Helene Wagenbreth, Margarethe Schön, Paula Knüpffer, Hanna Hoff, Paula Conrad, Reinhold Köstlin, Max Schreck, Albert Florath, Alexander Kökert, Manfred Frömchen, Hans Eggarter, Anni Rose.

Fahrt nach der Südsee von Bernhard Blume. Schiller-Theater. Regie: Friedrich Neubauer. Uraufführung: 26.Juni 1926. Darsteller: Heinrich Witte, Hans Heinrich von Twardowski, Veit Harlan *(Terwal)*, Ernst Keppler, Gad Shelaso, Fritz Valk, Erich Dunskus, Charlotte Schultz, Conrad Menke, Heinrich de Vry, Robert Denz.

Die Räuber von Friedrich von Schiller. Staatstheater. Regie: Erwin Piscator. Uraufführung: 12.September 1926. Darsteller: Carl Ebert, Erwin Faber, Maria Koppenhöfer, Paul Bildt, Veit Harlan *(Roller)*, Albert Patry.

Lulu von Frank Wedekind. Staatstheater. Regie: Erich Engel. Uraufführung: 22.Oktober 1926. Darsteller: Gerda Müller, Lucie Höflich, Fritz Kortner, Veit Harlan *(Alwa Schön)*, Aribert Wäscher, Paul Bildt, Josef Karma, Josef Danegger.

Hamlet von William Shakespeare. Staatstheater. Regie: Leopold Jessner. Uraufführung: 3.Dezember 1926. Darsteller: Fritz Kortner, Aribert Wäscher, Maria Koppenhöfer, Paul Bildt, Blandine Ebinger, Veit Harlan *(Laertes)*, Arthur Kraußneck, Willi Brose, Erich Dunskus, Hans Eggarter, Albert Florath, Günther Hadank, Josef Karma, Ernst Keppler, Reinhold Köstlin, Wilhelm Krüger, Otto Laubinger, Albert Patry, Hermann Rabens, Martin Rosen, Mathilde Sussin, Wolf Trutz, Fritz Valk, Paul Voissel, Franz Weber.

Ein besserer Herr von Walter Hasenclever. Staatstheater. Regie: Heinz Hilpert. Uraufführung: 18.März 1927. Darsteller: Paul Bildt, Albert Patry, Mathilde Sussin, Veit Harlan

(Harry Compass), Maria Paudler, Elsa Wagner, Albert Florath, Wolf Trutz, Toblina Gondy, Wilhelm Krüger, Reinhold Köstlin, Paula Conrad, Helene Wagenbreth, Lucie Linke, Elise Jensch, Helene Uebermuth, Annie Rose, Hanna Kleinschmidt, Käthe Boschwitz, Ilona Uhlig, Charlotte Lorenz, Friederike Meißner.

Florian Geyer von Gerhart Hauptmann. Staatstheater. Regie: Leopold Jessner. Uraufführung: 6. Mai 1927. Darsteller: Walter Franck, Erwin Faber, Ruth Hellberg/Steffa Bernhard, Gad Shelaso, Günther Hadank, Veit Harlan *(Flammenbecker, Bauernführer)*, Albert Florath, Ferdinand Hart, Reinhold Köstlin, Otto Laubinger, Leopold von Ledebur, Albert Patry, Max Pohl, Heinrich Schnitzler, Margarethe Schön, Jacob Tiedtke, Fritz Valk, Elsa Wagner, Walter Werner, Heinrich Witte, Toni Zimmerer.

Maß für Maß von William Shakespeare. Staatstheater. Regie: Jürgen Fehling. Uraufführung: 11. Juni 1927. Darsteller: Carl Ebert, Erwin Faber, Gerda Müller/Paula Knüpffer, Erich Riewe, Veit Harlan *(Claudio)*, Steffa Bernhard, Paul Bildt, Willy Brose, Erich Dunskus, Hans Eggarter, Albert Florath, Manfred Frömchen, Alexander Kökert, Reinhold Köstlin, Wilhelm Krüger, Richard Michelke, Erich Riewe, Margarete Schön, Karl Uhlig, Paul Voissel, Helene Wagenbreth, Elsa Wagner, Walter Werner, Heinrich Witte.

Fünf von der Jazzband von Felix Joachimson. Staatstheater. Regie: Erich Engel. Uraufführung: 22. September 1927. Darsteller: Maria Paudler, Walter Franck, Paul Bildt, Franz Weber, Veit Harlan *(Jim, Schlagzeuger)*.

Weh' dem, der lügt von Franz Grillparzer. Schiller-Theater. Regie: Erich Engel. Uraufführung: 11. November 1927. Darsteller: Veit Harlan *(Leon)*, Renée Stobrawa, Aribert Wäscher, Arthur Kraußneck, Heinrich Witte, Leopold von Ledebur, Arthur Menzel, Erich Dunskus, Wolf Trutz, Martin Hartwig, Wilhelm Krüger, E. Pallat, Conrad Menke, Carl Uhlig.

Die Weber von Gerhart Hauptmann. Staatstheater. Regie: Leopold Jessner. Uraufführung: 4. Februar 1928. Darsteller: Hans Leibelt, Carl Götz, Veit Harlan *(Moritz Jäger)*, Lothar Müthel, Wolfgang Heinz, Maria Koppenhöfer, Alexandra Schmitt, Angelika Arndts, Steffa Bernhard, Frigga Braut, Hans Eggarter, Albert Florath, Manfred Frömchen, Ernst Keppler, Alexander Kökert, Else Ley, Rosa Pategg, Max Pohl, Margarethe Schön, Ludwig Stössel, Mathilde Sussin, Helene Uebermuth, Fritz Valk, Annie Vara, Helene Wagenbreth, Elsa Wagner, Franz Weber, Walter Werner, Heinrich Witte, Toni Zimmerer.

Hinterhaus-Legende (Mord im Hinterhaus) von Dietzenschmidt. Schiller-Theater. Regie: Wolfgang Hoffmann-Harnisch. Uraufführung: 28. Juni 1928. Darsteller: Veit Harlan *(Herr Engelhardt, möblierter Herr)*, Alexander Granach, Walter Werner, Maria Koppenhöfer, Heinrich Witte, Paula Knüpffer, Elsa Wagner, Till Klokow, Elfriede Borodin, Franz Weber, Hans Eggarter, E. Pallat, Hans Hohenstein, Manfred Frömchen, Alfred Angermann, Lucie Linke.

Gas von Georg Kaiser. Schiller-Theater. Regie: Leopold Jessner. Uraufführung: 7. September 1928. Darsteller: Walter Franck, Elfriede Borodin, Erich Riewe, Lothar Müthel, Hans Leibelt, Alexander Granach, Maria Koppenhöfer, Elsa Wagner, Veit Harlan *(Arbeiter mit Gasmaske)*, Albert Florath, Erich Riewe, Leopold von Ledebur, Albert Patry, Ernst Keppler, Franz Weber, Otto Laubinger, Walter Firner, Wolfgang Heinz, Heinrich Witte, Walter Werner, Wolf Trutz, Marzella Salzer, Reinhold Köstlin, Willi Brose, Erich Dunskus, Hans Flieser, Manfred Frömchen, Fritz Koch, Alexander Kökert, Wilhelm Krüger, Otto Mannstädt, Conrad Menke, Arthur Menzel, Paul Voissel, Helmut Weiß, Toni Zimmerer, Helene Uebermuth, Helene Wagenbreth.

Der Londoner verlorene Sohn nach William Shakespeare. Schiller-Theater. Regie: Erich Engel. Uraufführung: 6. November 1928. Darsteller: Albert Steinrück, Veit Harlan *(Matthäus Flowerdale)*, Erika Meingast, Hans Leibelt, Aribert Wäscher, Franz Weber, Julius Falkenstein, Erich Riewe, Leopold von Ledebur, Friedel Nowack, Walter Werner, Margarethe Schön, Willi Brose, Conrad Menke, Alexander Kökert, Heinrich Rupprecht, Karl Uhlig, Albert Patry, Helene Wagenbreth, Fritz Koch, Helmut Weiß, Erich Dunskus, Reinhold Köstlin, Edmund Paulsen, Martin Hartwig, Hans Flieser.

Oedipus nach Sophokles, übersetzt und bearbeitet von Heinz Lipmann. Staatstheater. Regie: Leopold Jessner. Uraufführung: 4. Januar 1929. Darsteller: Fritz Kortner, Walter Franck, Ida Roland, Arthur Kraußneck/Erich Riewe, Albert Florath, Alexander Granach, Helene Weigel, Lothar Müthel, Eleonore von Mendelssohn, Lotte Lenja, Veit Harlan *(Polyneikes)*,

Walter Firner, Martin Hartwig, Wolfgang Heinz, Heinrich Schnitzler, Alfons Steinfeld, Wolf Trutz, Heinrich Witte.

Karl und Anna von Leonhard Frank. Staatstheater. Regie: Erich Engel. Uraufführung: 15. Februar 1929. Darsteller: Käthe Dorsch, Oscar Homolka, Heinrich George, Lucie Mannheim/Marcella Salzer, Veit Harlan *(Erster deutscher Kriegsgefangener)*, Helene Uebermuth, Heinrich Witte, Erich Riewe, Albert Florath/Wolf Trutz, Franz Weber/Martin Hartwig.

Der Marquis von Keith von Frank Wedekind. Staatstheater. Regie: Leopold Jessner. Einmalige Aufführung: 28. März 1929. Darsteller: Heinrich George, Alfred Abel, Hans Albers, Ferdinand von Alten, Roma Bahn, Maria Bard, Elisabeth Bergner, Sibylle Binder, Alfred Braun, Hans Brausewetter, Mady Christians, Ernst Deutsch, Marlene Dietrich, Käthe Dorsch, Tilla Durieux, Gertrud Eysoldt, Julius Falkenstein, Albert Florath, Rudolf Forster, Walter Franck, Kurt Gerron, Curt Goetz, Paul Grätz, Alexander Granach, Max Gülstorff, Käthe Haack, Max Hansen, Veit Harlan *(Packträger)*, Else Heims, Trude Hesterberg, Walter Janssen, Fritz Kampers, Till Klokow, Hilde Körber, Leopoldine Konstantin, Maria Koppenhöfer, Fritz Kortner, Werner Krauss, Arthur Kraußneck, Otto Laubinger, Hans Leibelt, Theodor Loos, Lina Lossen, Lucie Mannheim, Fritzi Massary, Eleonore von Mendelssohn, H. C. Müller, Renate Müller, Lothar Müthel, Carola Neher, Martha Maria Newes, Asta Nielsen, Paul Otto, Max Pallenberg, Albert Patry, Maria Paudler, Max Pohl, Henny Porten, Hanna Ralph, Emil Rameau, Frieda Richard, Johannes Riemann, Heinrich Schnitzler, Heinrich Schroth, Victor Schwannecke, Dagny Servaes, Ernst Stahl-Nachbaur, Agnes Straub, Erika von Thellmann, Hermann Thimig, Jacob Tiedtke, Irene Triesch, Rosa Valetti, Hermann Vallentin, Conrad Veidt, Elsa Wagner, Otto Wallburg, Hans Wassmann, Tilly Wedekind, Paul Wegener, Gisela Werbezirk, Mathias Wieman, Eduard von Winterstein, Ida Wüst, Wolfgang Zilzer.

Zaungäste von Maxwell Anderson. Nach der Autobiographie von Jim Tully. Schiller-Theater. Regie: Jürgen Fehling. Uraufführung: 30. April 1929. Darsteller: Aribert Wäscher, Paul Bildt, Veit Harlan *(Roetli)*, Ruth Albu, Julius Falkenstein, Wolf Trutz, Ernst Keppler, Reinhold Köstlin, Arthur Menzel, Willi Brose, Peter Wolff, Walter Werner, Wilhelm Krüger, Otto Mannstaedt, Erich Dunskus, Franz Weber, Toni Zimmerer, Hans Flieser.

Störungen von Hans Meisel. Staatstheater. Regie: Erich Engel. Uraufführung: 4. Juni 1929. Darsteller: Veit Harlan *(Mark Tubin)*, Elsa Wagner, Renate Müller, Julius Falkenstein, Paul Bildt, Erika von Carlberg, Rosa Pategg, Annie Vara, Steffa Bernhard, Francesco von Mendelssohn.

Des Kaisers Soldaten von Hermann Essig. Schiller-Theater. Regie: Jürgen Fehling. Uraufführung: 1. November 1929. Darsteller: Hans Rehmann, Renate Müller, Veit Harlan *(Fritz)*, Walter Werner, Maria Koppenhöfer, Hans Leibelt, Elsa Wagner, Reinhard Köstlin, Fritz Klippel, Toni Zimmerer, Alexander Granach, Otto Mannstaedt, Erich Dunskus, Franz Weber, Heinrich Witte, Arthur Menzel, Martin Hartwig, Conrad Menke, Fritz Koch, Helmut Weiß, Manfred Frömchen, Rosa Pategg.

So und so, so weht der Wind von Fritz Knöller. Schiller-Theater. Regie: Wolfgang Hoffmann-Harnisch. Uraufführung: 31. Dezember 1929. Darsteller: Veit Harlan *(Peter Mutz)*, Fritz Genschow, Elfriede Borodin, Paula Conrad, Till Klokow, Leopold von Ledebur, Erika Meingast, Elsa Wagner.

Die Südpolexpedition des Kapitäns Scott von Reinhard Goering. Staatstheater. Regie: Leopold Jessner. Uraufführung: 16. Februar 1930. Darsteller: Walter Franck, Hans Rehmann, Lothar Müthel, Veit Harlan *(Bowers)*, Fritz Klippel, Wolf Trutz, Lina Lossen, Emanuel Hüttner, Paul Bildt, Walter Firner, Albert Florath, Heinrich Witte, Ernst Keppler, Walter Werner, Berthold Bloem, Reinhold Köstlin.

Liebes Leid und Lust von William Shakespeare. Staatstheater. Regie: Jürgen Fehling. Uraufführung: 18. März 1930. Darsteller: Paul Bildt, Elfriede Borodin, Erich Dunskus, Albert Florath, Alexander Granach, Veit Harlan *(Longaville)*, Marte Hein, Reinhold Köstlin, Leopold von Ledebur, Hans Leibelt, Charlotte Lorenz, Renate Müller, Margarete Schön, Wilfried Seyferth, Aribert Wäscher, Franz Weber, Walter Werner, Heinrich Witte. [Wilfried Seyferth wurde in späteren Aufführungen durch Clemens Hasse, Margarete Schön durch Grete Basch, Renate Müller durch Margarete Schön ersetzt.]

Wird Hill amnestiert? von Lion Feuchtwanger. Staatstheater. Regie: Leopold Jessner. Uraufführung: 24.April 1930. Darsteller: Lucie Mannheim, Albert Florath, Veit Harlan, Hans Leibelt, Aribert Wäscher.

Gustav Adolf von August Strindberg. Staatstheater. Regie: Leopold Jessner. Uraufführung: 3.Juni 1930. Darsteller: Rudolf Forster, Paul Bildt, Fritta Brod, Erich Dunskus, Fritz Genschow, Alexander Granach, Veit Harlan *(Feldwebel)*, Ferdinand Hart, Maria Koppenhöfer, Leopold von Ledebur, Albert Patry, Leo Reuß, Heinrich Schnitzler, Franz Weber, Heinrich Witte.

Der Mann mit dem Klepper von G.Ciprian. Schiller-Theater. Regie: Ernst Legal. Uraufführung: 28.Juni 1930. Darsteller: Lothar Müthel, Wolfgang Heinz, Fritz Genschow, Franziska Kinz, Joachim Bierwagen, Rudi Bierwagen, Till Klokow, Hans Leibelt, Veit Harlan *(ein Ideologe)*, Heinrich Witte, Wolf Trutz, Helene Uebermuth, Walter Werner, Albert Florath, Walter Bluhm, Wilhelm Krüger, Elsa Wagner, Reinhold Köstlin, Carl Uhlig, Hans Eggarter, Manfred Frömchen.

Herr Doktor, haben Sie zu essen? von Karl Schönherr. Schiller-Theater. Regie: Leopold Lindtberg. Uraufführung: 9.September 1930. Darsteller: Wolfgang Heinz, Walter Franck, Ernst Keppler, Max Pohl, Veit Harlan *(Dr. med. Blaustein)*, Otto Laubinger, Ludwig Donath, Erika Meingast, Bernhard Minetti, Ferdinand Hart, Walter Firner, Franz Weber, Heinrich Schnitzler, Rosa Pategg, Helene Uebermuth, Mathilde Sussin, Fritz Österreicher, Albert Patry, Martin Hartwig, Wilhelm Krüger, Arthur Menzel, Otto Mannstädt, Reinhold Köstlin, Helmut Weiß, Alexander Kökert, Manfred Frömchen, Ludwig Stössel, Paula Conrad.

Geschichte Gottfriedens von Berlichingen mit der eisernen Hand von Johann Wolfgang von Goethe. Staatstheater. Regie: Ernst Legal. Uraufführung: 17.Oktober 1930. Darsteller: Heinrich George, Maria Koppenhöfer, Berta Drews, Hildegard Büren, Ludwig Donath, Albert Florath, Alexander Granach, Veit Harlan *(Knappe Franz)*, Ferdinand Hart, Clemens Hasse, Arthur Kraußneck, Bernhard Minetti, Albert Patry, Helmuth Weiß, Heinrich Witte.

Der blaue Boll von Ernst Barlach. Staatstheater. Regie: Jürgen Fehling. Uraufführung: 6.Dezember 1930. Darsteller: Heinrich George, Helene Fehdmer, Margarethe Melzer, Veit Harlan *(Schweinehirt Grüntal)*, Albert Florath, Walter Werner, Franz Weber, Hans Leibelt, Carlheinz Carell, Alexandra Schmitt, Jürgen Fehling, Margarethe Schön, Martin Hartwig, Leopold von Ledebur, Arthur Menzel, Manfred Frömchen, Heinrich Witte, Bernhard Hempel, Ernst Keppler, Alexander Kökert, Reinhold Köstlin, Fritz Koch, Hans Hohenstein.

Die Matrone von Ephesus von Gottfried Ephraim Lessing, ergänzt von Emil Palleske (=Adam Kuckhoff). Staatstheater. Regie: Leopold Lindtberg. Uraufführung: 15.Februar 1931. Darsteller: Maria Bard, Veit Harlan *(Philokrates)*, Hans Otto, Annemarie Jürgens.

Die Mitschuldigen von Johann Wolfgang von Goethe. Staatstheater. Regie: Ernst Legal. Uraufführung: 19.März 1931. Darsteller: Maria Bard, Aribert Wäscher, Veit Harlan *(Alceste)*.

Die Portugalesische Schlacht von Ernst Pentzoldt. Staatstheater. Regie: Leopold Lindtberg. Uraufführung: 2.April 1931. Darsteller: Lothar Müthel, Maria Koppenhöfer, Paul Bildt, Hildegard Büren, Paula Conrad, Ludwig Donath, Erich Dunskus, Hans Eggarter, Walter Firner, Manfred Frömchen, Fritz Genschow, Alexander Granach, Paul Günther, Veit Harlan *(Michael, ›König von Penamakor‹)*, Ferdinand Hart, Martin Hartwig, Clemens Hasse, Wolfgang Heinz, Bruno Hübner, Ernst Keppler, Alexander Kökert, Wilhelm Krüger, Leopold von Ledebur, Arthur Malkowsky, Otto Mannstädt, Arthur Menzel, Hanne Mertens, Bernhard Minetti, Albert Patry, Sybil Rares, Hans Rehmann, Leo Reuß, W. Scharf, Heinrich Schnitzler, Mathilde Sussin, Horst Teetzmann, Wolf Trutz, Helene Uebermuth, Elsa Wagner, Franz Weber, Walter Werner, Helmut Weiß, Toni Zimmerer.

Cecil Rhodes von Hans Rehberg. Staatstheater. Regie: Lothar Müthel. Uraufführung: 9.Juni 1930. Darsteller: Walter Franck, Bernhard Minetti, Otto Laubinger, Ferdinand Hart, Fritz Genschow, Günther Hadank, Erich Dunskus, Maria Schanda, Veit Harlan *(Boet)*, Heinrich Witte, Hans Otto, Leopold von Ledebur, Franz Weber, Paul Günther.

426

Die Zauberin, der Riese und der Affe von Pedro Calderon de la Barca. Schiller-Theater. Gesamtleitung: Adam Kuckhoff. Einmalige Aufführung: 14.Juni 1930 (Morgenfeier zum 250.Todestag des Dichters). Darsteller: Helmut Weiß, Maria Koppenhöfer, Ferdinand Hart, Veit Harlan *(Klarin)*, Hans Otto, Elsa Wagner, Bertl Fabrici, Elfriede Bötemann, Grete Basch, Clemens Hasse.

Der Richter von Zalamea von Pedro Calderon de la Barca. Staatstheater. Regie: Ernst Legal. Uraufführung: 25.Juni 1931. Darsteller: Heinrich George, Bernhard Minetti, Hans Leibelt, Hans Otto, Clemens Hasse, Friedel Wald, Grete Basch, Heinrich Witte, Veit Harlan *(Soldat)*, Till Klokow, Arthur Menzel, Helmut Weiß, Erich Dunskus, Hans Eggarter, H.Kuska.

Die Herde sucht von Fred Neumeyer. Schiller-Theater. Regie: Jürgen Fehling. Uraufführung: 10.November 1931. Darsteller: Bernhard Minetti, Ilse Fürstenberg, Maria Koppenhöfer, Paul Bildt, Ellen Isenta, Hans Leibelt, Joachim Bierwagen, Gerda Schaefer, Ilse Trautschold, Veit Harlan *(Max)*, Walter Bluhm, Aribert Wäscher, Leopold von Ledebur, Ludwig Donath, Franz Weber, Martin Hartwig, Wolf Trutz, Erich Dunskus, Otto Mannstaedt, Manfred Frömchen.

Charleys Tante von Brandon Thomas. Staatstheater. Regie: Leopold Jessner. Darsteller: Veit Harlan *(Fancourt Babberley)*. Jessners Inszenierung hatte am 31.Dezember 1924 Premiere; Werner Krauss spielte die Hauptrolle. Wann Harlan für Krauss eingesprungen ist, konnte nicht ermittelt werden; fest steht nur, daß er seit dem 16.Januar 1932 als Fancourt Babberley auf der Bühne gestanden hat.

Die endlose Straße von Sigmund Graff/Carl Ernst Hintze. Schiller-Theater. Regie: Leopold Lindtberg. Uraufführung: 23.Februar 1932. Darsteller: Walter Franck, Fritz Genschow, Alexander Granach, Veit Harlan *(Musketier Heller)*, Bernhard Minetti, Hans Otto, Hansjoachim Büttner, Ferdinand Classen, Albert Florath, Heinz Greif, Carl Hannemann, Martin Hartwig, Clemens Hasse, Arthur Menzel, Erik Ode, Gerhard Orth, Franz Pollandt, Erich Schwarz, Gustav Wohl.

Egmont von Johann Wolfgang von Goethe. Staatstheater. Regie: Jürgen Fehling. Uraufführung: 26.März 1932. Darsteller: Rudolf Forster/Hans Otto, Lothar Müthel, Hertha Thiele/Lotte Betke, Walter Franck, Maria Koppenhöfer, Fritz Genschow, Veit Harlan *(Vansen, ein Schreiber)*, Hans Leibelt, Bernhard Minetti, Aribert Wäscher, Elsa Wagner, Franz Weber, Walter Werner.

Die Räuber von Friedrich von Schiller. Schiller-Theater. Regie: Leopold Jessner. Uraufführung: 29.April 1932. Darsteller: Walter Franck, Bernhard Minetti, Alexander Granach, Gerda Maurus, Hans Otto, Walter Bluhm, Veit Harlan *(Spiegelberg)*, Albert Florath, Hansjoachim Büttner.

Wilhelm Tell von Friedrich von Schiller. Staatstheater. Regie: Jürgen Fehling. Uraufführung: 8.Oktober 1932. Darsteller: Werner Krauss, Bernhard Minetti, Eleonore von Mendelssohn, Maria Schanda, Maria Koppenhöfer, Arthur Kraußneck, Hans Otto, Walter Franck, Walter Werner, Veit Harlan *(Arnold vom Melchthal)*, Albert Florath, Alexander Granach, Hansjoachim Büttner, Wolfgang Heinz, Otto Mannstaedt, Ernst Keppler, Manfred Frömchen, Aribert Wäscher, Leopold von Ledebur, Paul Bildt, Franz Weber, Toni Zimmerer, Erich Dunskus, Wolf Trutz, Alexander Kökert.

Faust I von Johann Wolfgang von Goethe. Staatstheater. Regie: Lothar Müthel. Uraufführung: 2.Dezember 1932. Darsteller: Werner Krauss, Gustaf Gründgens, Käthe Gold, Elsa Wagner, Bernhard Minetti, Walter Franck, Veit Harlan *(Schüler)*, Alexander Granach, Walter Werner, Grete Basch.

Faust II von Johann Wolfgang von Goethe. Staatstheater. Regie: Gustav Lindemann. Uraufführung: 22.Januar 1933. Darsteller: Werner Krauss, Gustaf Gründgens, Paul Bildt, Fritz Genschow, Veit Harlan *(Baccalaureus)*, Wolfgang Heinz, Maria Koppenhöfer, Leopold von Ledebur, Lina Lossen, Otto Mannstädt, Eleonore von Mendelssohn, Bernhard Minetti, Lothar Müthel, Hans Otto, Max Pohl, Elsa Wagner, Ursula Herking.

Siebenstein von Maxim Ziese. Staatstheater. Regie: Jürgen Fehling. Uraufführung: 29.März 1933. Darsteller: Bernhard Minetti, Lothar Müthel, Hilde Körber, Veit Harlan *(Georg)*, Hans Leibelt, Arthur Menzel, Hansjoachim Büttner, Fritz Genschow, Maria Koppenhöfer,

427

Heinrich Witte, Walter Werner, Franz Weber, Albert Florath, Grethe Basch, Otto Mannstaedt, Erich Dunskus, Alexander Kökert.

Schlageter von Hanns Johst. Staatstheater. Regie: Franz Ulbrich. Uraufführung: 20.April 1933. Darsteller: Lothar Müthel, Albert Bassermann, Paul Bildt, Hansjoachim Büttner, Erich Dunskus, Walter Franck, Veit Harlan *(Friedrich Thiemann)*, Clemens Hasse, Ernst Keppler, Alexander Kökert, Maria Koppenhöfer, Fritz Kutschera, Leopold von Ledebur, Hans Leibelt, Otto Mannstaedt, Bernhard Minetti, Edmund Paulsen, Alexis Posse, Harald Rainer, Emmy Sonnemann, Wolf Trutz, Paul Voissel, Walter Werner, Toni Zimmerer.

Andreas Hollmann von Hans Christof Kaergel. Staatstheater. Regie: Lothar Müthel. Uraufführung: 10.Juni 1933. Darsteller: Walter Franck, Maria Koppenhöfer, Veit Harlan *(Joseph Hollmann)*, Lotte Betke, Hansjoachim Büttner, Erich Dunskus, Albert Florath, Fritz Genschow, Ernst Keppler, Otto Mannstädt, Arthur Menzel, Mathilde Sussin, Walter Werner, Heinrich Witte. [Bei der Wiederaufnahme des Stückes am 13.Dezember 1933 wurde Mathilde Sussin durch Herma Clenebt ersetzt.]

Julius Caesar von William Shakespeare. Staatstheater. Regie: Franz Ulbrich. Uraufführung: 1.September 1933. Darsteller: Walter Franck, Friedrich Kayßler, Lothar Müthel, Aribert Wäscher, Karl Haubenreißer, Paul Bildt, Hellmuth Bergmann, Veit Harlan *(Volumnius)*, Hansjoachim Büttner, Albert Florath, Alexander Kökert, Bernhard Minetti, Emmy Sonnemann, Lina Lossen.

Kater Lampe von Emil Rosenow. Schiller-Theater. Regie: Franz Ulbrich. Uraufführung: 5.November 1933. Darsteller: Hans Leibelt, Albert Florath, Ilse Fürstenberg, Harry Gondi, Veit Harlan *(Schnitzergeselle Fritz Neumerkel)*, Ursula Herking, Otto Mannstädt, Arthur Menzel, Helene Riecher, Tony Tetzlaff, Wolf Trutz, Helene Wagenbreth, Elsa Wagner.

Propheten von Hanns Johst. Staatstheater. Regie: Jürgen Fehling. Uraufführung: 21.Dezember 1933. Darsteller: Heinrich George, Bernhard Minetti, Friedrich Kayßler, Lothar Müthel, Claus Clausen, Lucie Höflich, Lina Lossen, Albert Florath, Veit Harlan *(Isaak, ein junger Jude)*, Maria Koppenhöfer, Walter Franck, Otto Mannstaedt, Wolf Trutz, Helmuth Bergmann, Ursula Herking. [Die Premiere war für den 15.Dezember 1933 vorgesehen, mußte jedoch wegen einer Fußverletzung Heinrich Georges verschoben werden.]

Hundert Tage von Benito Mussolini/Giovacchino Forzano. Staatstheater. Regie: Franz Ulbrich. Uraufführung: 15.Februar 1934. Darsteller: Werner Krauss, Gustaf Gründgens, Lina Lossen, Lothar Müthel, Friedrich Kayßler, Veit Harlan *(Jérome)*, Leopold von Ledebur, Bernhard Minetti, Albert Florath, Hans Leibelt, Walter Werner, Harry Gondi, Heinrich George, Milena von Eckardt, Just Scheu, Hans Eggarter, Erich Dunskus, Toni Zimmerer, Karl Haubenreißer, Arthur Eugens.

Meier Helmbrecht von Eugen Ortner. Staatstheater. Regie: Lothar Müthel. Uraufführung: 4.September 1934. Darsteller: Friedrich Kayßler, Veit Harlan *(Meier Helmbrecht, der Junge)*, Käthe Gold, Hilde Weissner, Lina Lossen, Bernhard Minetti, Franz Nicklisch, Carsta Löck, Clemens Hasse, Jochen Hauer, Wolf Trutz, Hans Eggarter, Just Scheu, Otto Mannstädt, Paul Voissel, Erich Dunskus.

Filme mit Veit Harlan

Der Meister von Nürnberg (USA: MEISTERSINGER). Phoebus-Film AG (Berlin). Regie: Ludwig Berger. Drehbuch: Ludwig Berger, Robert Liebmann, Rudolf Rittner. Kamera: Axel Graatkjaer, Karl Puth. Musik: Willy Schmidt-Gentner. Bauten: Rudolf Bamberger. Drehzeit: Dezember 1926–April 1927. Länge: 2910 Meter (8 Akte). Uraufführung: 5.September 1927 (Berlin). Darsteller: Rudolf Rittner *(Hans Sachs)*, Maria Solveg *(Evchen)*, Gustav Fröhlich *(Walther von Stolzing)*, Max Gülstorff *(Veit Pogner)*, Julius Falkenstein *(Beckmesser)*, Veit Harlan *(David)*, Elsa Wagner *(Magdalena)*, Hans Wassmann *(Ratsoberster)*, Hermann Picha *(Nachtwächter)*, Adele Sandrock *(Stolzings Tante)*.

Die Hose (USA: THE ROYAL SCANDAL). Phoebus-Film AG (Berlin). Regie: Hans Behrendt. Drehbuch: Franz Schulz, nach der Komödie von Carl Sternheim. Kamera: Carl Drews. Bauten: Heinrich Richter, Franz Schroedter. Drehzeit: Mai-Juni 1927. Länge: 2425 Meter. Uraufführung: 20.August 1927. Darsteller: Werner Krauss *(Theobald Maske)*, Jenny Jugo

(Luise Maske), Rudolf Forster *(Scarron)*, Veit Harlan *(Mandelstamm)*, Christian Bummerstedt *(der Fürst)*, Olga Limburg *(die Jungfer)*, Joop von Hülsen.

Das Mädchen mit fünf Nullen / Das große Los. Rex-Film AG (Berlin). Verleih: Deutsche Vereinsfilm-AG. Produktionsleitung: Lupu Pick. Regie: Kurt Bernhardt. Drehbuch: Bela Balasz. Kamera: Günther Krampf. Bauten: Heinrich Richter. Drehzeit: 1927 (Grunewald-Atelier). Länge: 2707 Meter. Uraufführung: 2. Dezember 1927. Darsteller: Marcell Salzer *(Arnold Lebbecke, Kolonialwarenhändler)*, Viola Garden *(Lola Lutz, Tänzerin)*, Paul Bildt *(Günther Wahnheim)*, Adele Sandrock *(seine Mutter)*, Elza Temary *(seine Tochter)*, Elsa Wagner *(Frau Lebbecke)*, Veit Harlan *(Ernst Waldt, Maler)*, Jack Trevor *(Hochstapler)*, Bruno Ziener *(Müller, Lotteriekollekteur)*, Eberhard Leithoff *(Bräutigam)*, Heinz Rühmann, Arthur Kraußneck.

1 + 1 = 3. Prometheus-Film Verleih- und Vertriebs GmbH (Berlin). Regie: Felix Basch. Drehbuch: Bela Balasz, Hermann Kosterlitz. Kamera: Edgar Ziesemer. Bauten: Heinrich Richter. Drehzeit: September-Oktober 1927. Länge: 2173 Meter. Uraufführung: 9. Dezember 1927. Darsteller: Claire Rommer, Lissi Arna, Georg Alexander, Veit Harlan, Siegfried Arno, Margarethe Kupfer, Karl Platen, Julius von Szöreghy.

Somnambul / Die Hellseherin. Essem-Film GmbH (Berlin). Verleih: Vereinigte Star-Film GmbH. Produktionsleitung: Leo Meyer. Regie: Adolf Trotz. Drehbuch: Georg C. Klaren, Herbert Juttke. Kamera: Herbert R. Lach. Bauten: August Rinaldi. Regieassistenz: Rolf Baum. Aufnahmeleitung: Rolf Eckbauer. Drehzeit: November-Dezember 1928. Länge: 2732 Meter. Uraufführung: 7. Februar 1929. Darsteller: Fritz Kortner *(Fabrikant Bingen)*, Erna Morena *(Helga, seine Frau)*, Veit Harlan *(Kurt, beider Sohn)*, Uly Boutry *(Myra, das Medium)*, Eva von Berne *(Amélie Höchster)*, Fritz Kampers *(Maxe, eine zweifelhafte Existenz)*, Julius Falkenstein *(Spinelli, der Hypnotiseur)*, Georg John *(der Wirt)*, Jaro Fürth *(Dr. Höchster)*, Elisabeth Günther-Geffers *(die Hellseherin)*, Hugo Döblin *(ein Gelehrter)*.

Es flüstert die Nacht. Aafa-Film AG (Berlin). Produktionsleitung: Rudolf Walther-Fein. Regie: Victor Janson. Drehbuch: Franz Rauch, nach einer Novelle von Guido Kreutzer. Kamera: Guido Seeber, Edoardo Lamberti. Bauten: Botho Höfer, Hans Minzloff. Aufnahmeleitung: Walter Tost, Hans Davidson. Drehzeit: Mai–Juni 1929 (Staaken; Budapest, Voicz). Länge: 2600 Meter. Uraufführung: 14. August 1929 (Leipzig), 6. September 1929 (Berlin). Darsteller: Lil Dagover *(Coraly Rakoczi)*, Hans Stüwe *(Rittmeister Arpad Bartok)*, Harry Hardt *(Oberleutnant Bela Bezeredi)*, Alexander Murski *(Oberst Elemer Rakoczi)*, Veit Harlan *(Zoltan, Bursche bei Rakoczi)*, Daisy D'Ora *(Ilona Bartok)*, Wilhelm Diegelmann *(Kalman Bartok, Gutsbesitzer)*, Karl Elzer *(der Major)*, Trude Berliner.

Revolte im Erziehungshaus. Grohnert-Filmpoduktion (Berlin). Verleih: Atlas-Film Verleih GmbH. Regie: Georg Asagaroff. Künstlerische Beratung: Peter Martin Lampel. Drehbuch: W. Solsky, Herbert Rosenfeld, nach dem gleichnamigen Bühnenstück von Peter Martin Lampel. Kamera: Curt Oertel, Alexander von Lagorio. Bauten: Andrei Andreiew. Aufnahmeleitung: L. Gransky. Drehzeit: April–Juli 1929 (Staaken, Berlin). Länge: 2916/2386 Meter. Uraufführung: 8. Januar 1930. Darsteller: Carl Balhaus *(Fritz)*, Wera Baranowskaja *(seine Mutter)*, Tony van Eyck *(seine Schwester)*, Wolfgang Zilzer *(Hans)*, Peter Wolff *(Erwin)*, Julius E. Hermann *(Direktor)*, Hugo Werner-Kahle *(Hausvater)*, Renate Müller *(Victoria, seine Tochter)*, Oscar Homolka *(Erzieher)*, Rudolf Platte *(Erziehungsgehilfe)*, Veit Harlan *(Kurt)*, Ilse Stobrawa *(Lucie)*, Willy Clever, Friedrich Gnass.

Gefahren der Liebe / Vergewaltigt. Nowik & Roell Film GmbH (Berlin). Verleih: Süd-Film AG. Produzenten: Nikolaus Nowik, Edgar Roell. Regie: Eugen Thiele. Drehbuch: Eugen Thiele, Wolfgang Wilhelm. Kamera: Viktor Gluck. Musik: Leo Leux. Bauten: Heinrich Richter. Ton: Carlo Paganini, Hans Bittmann. Tonschnitt: Walter Stern, Leberecht von Guaita. Wissenschaftlicher Berater: Dr. med. D. Guttmann. Aufnahmeleitung: Otto Lehmann, Walter Lehmann. Drehzeit: 1931 (Terra-Glashaus Berlin-Marienfelde). Laufzeit: 86 Minuten. Uraufführung: 16. April 1931 (Berlin). Darsteller: Tony van Eyck *(Ilse Thorn)*, Hans Stüwe *(Dr. Kurt Rehmann, ihr Verlobter)*, Albert Bassermann *(Dr. Ringius, Strafverteidiger)*, Hans Adalbert Schlettow *(Verwalter Bodde)*, Kurt Lilien *(Dr. Wendel)*, Else Bassermann *(Frau Thorn)*, Veit Harlan *(ein Student)*, Karl Klebusch *(Geheimer Rat Rehmann)*, S. O. Schoening *(Professor Lehr)*, Carl Junge-Swinburne *(Vorsitzender des Gerichts)*, Kurt Ehrle *(Staatsanwalt)*, Ingolf Kuntze *(Dr. Markow, praktischer Arzt)*.

Alarm um Mitternacht/Hilfe! Überfall! Schulz und Wuellner Filmfabrikations- und Vertriebs GmbH (Berlin). Verleih: Mondial-Film GmbH. Produzenten: Karl Schulz, Robert Wuellner, Erich Schicker. Regie: Johannes Meyer. Drehbuch: Jane Bess, Paul Beyer. Kamera: Carl Drews. Musik: Felix Günther; Texte: Bobby Paul, Wilhelm Lindemann. Bauten: Alexander Ferenczy, Ferdinand Bellan. Ton: Max Kagelmann. Aufnahmeleitung: Ernst Garden. Drehbeginn: Februar 1931 (Ufa-Ateliers Neubabelsberg). Laufzeit: 84 Minuten. Uraufführung: 27. Oktober 1931 (Berlin). Darsteller: Gerda Maurus *(Irene Matthes)*, Hans Stüwe *(Kriminalkommissar Bremer)*, Hans Brausewetter *(Kriminalkommissar Braun)*, Otto Wallburg *(Karl Matthes)*, Eva Schmidt-Kaiser *(Else Moll)*, Hermann Vallentin *(Kriminalrat Kipping)*, Veit Harlan *(Otto Weigandt, genannt Der Schränker)*, Hugo Fischer-Köppe *(Matrosen-Emil)*, Harry Nestor *(Artisten-Freddy)*, Bruno Lopinski *(Kriminalkommissar Hartmann)*, Ludwig Stoessel *(Variété-Agent)*, Siegfried Berisch *(Pensionsgast)*, Rudolf van der Noss *(Kriminalassistent)*, Fritz Schmuck *(Diener bei Matthes)*, Georg Gürtler, Rudolf Hilberg, Otto Reinwald *(Die drei Brandinis)*.

Yorck. Ufa-Filmkunst GmbH (Berlin). Verleih: Ufa. Produzent: Ernst Hugo Correll. Produktionsleitung: Oscar Schmidt. Regie: Gustav Ucicky. Drehbuch: Hans Müller, Robert Liebmann. Kamera: Carl Hoffmann; Assistenz: Günther Anders. Standfotos: Willi Klitzke. Musik: Werner Schmidt-Boelcke. Bauten: Robert Herlth, Walter Röhrig. Schnitt: Eduard von Borsody. Ton: Walter Tjaden. Regieassistenz: Eduard von Borsody. Masken: Wilhelm Weber, Ernst Schülke. Tänze: Jens Keith. Aufnahmeleitung: Eduard Kubat. Drehzeit: 24. August–13. Oktober 1931 (Ufa-Atelier Neubabelsberg). Laufzeit: 102 Minuten. Uraufführung: 23. Dezember 1931. Darsteller: Werner Krauss *(General Yorck von Wartenberg)*, Rudolf Forster *(Friedrich Wilhelm III, König von Preußen)*, Grete Mosheim *(Barbara, Yorcks Tochter)*, Gustaf Gründgens *(Karl August Fürst von Hardenberg)*, Lothar Müthel *(General von Clausewitz)*, Friedrich Kayßler *(General Graf Kleist von Nollendorf)*, Raoul Aslan *(Marschall MacDonald)*, Hans Rehmann *(Leutnant Rüdiger Heyking)*, Walter Jansen *(Vicomte Noailles)*, Günther Hadank *(Seydlitz)*, Theodor Loos *(Roeder)*, Paul Otto *(Natzmer)*, Otto Wallburg *(Feldmarschall Graf Diebitsch-Sabalkanskij)*, Jacob Tiedtke *(Krause)*, Lutz Altschul, Jürgen von Alten, Carl Balhaus, Gerhard Bienert, Hans Brausewetter, Alfred Beierle, Karl Goetz, Veit Harlan, Oskar Höcker, William Huch, Arthur Mainzer, Hans Joachim Moebis, Heinrich Schroth, Fritz Staudte

Die elf Schill'schen Offiziere. Märkische Film GmbH (Berlin). Verleih: Märkische Film (Leipzig-Berlin-Hamburg-Frankfurt am Main-Düsseldorf). Produzenten: Detlef von Moltke, Gertrud Keitzschwitz, Curt Schwecht. Produktionsleitung: Ben Fett. Regie: Rudolf Meinert. Drehbuch: Rudolf Meinert. Kamera: Eduard Hoesch, Hugo von Kaweczynski; Assistenz: Karl Hoesch. Musik: Karl M. May; Liedtexte: Ernst Wengraf, Günther Schwenn, Fritz Rotter. Bauten: Heinrich Richter. Garderobe: Willi Schlick. Ton: Emil Specht. Tonschnitt: Hanne Kuyt. Militärischer Beirat: Graf Moltke. Regieassistenz: Conrad Flockner. Masken: Karl Weitschat, Robert Stritzke. Aufnahmeleitung: Kurt Heinz. Drehzeit: 17. Juni–6. Juli 1932 (Jofa-Ateliers Berlin-Johannisthal). Laufzeit: 101 Minuten. Uraufführung: 22. August 1932 (Berlin). Darsteller: Friedrich Kayßler *(Freiherr von Trachenberg)*, Hertha Thiele *(Maria, seine Tochter)*, Heinz Klingenberg *(Fritz, sein Sohn, Schill-Offizier)*, Hans Brausewetter *(Karl Keffenbrink, sein Neffe, Schill-Offizier)*, Veit Harlan *(Klaus Gabain, sein Neffe, Schill-Offizier)*, Camilla Spira *(Anna, Magd bei Trachenberg)*, Eugen Rex *(Michel, Knecht bei Trachenberg)*, Carl de Vogt *(Ferdinand von Schill)*, Ferdinand Hart *(Harald von Jöken, Hauptmann bei Schill)*, Theodor Loos *(Hans Küffer, preußischer Offizier in französischen Diensten)*, Wera Liessem *(Jeannette, dessen Geliebte)*, Paul Günther *(König Friedrich Wilhelm III)*, Erna Morena *(Königin Luise)*, Ernst Stahl-Nachbaur *(Hauptmann Busch)*, Willy Schröder-Schrom *(General Gratien)*, Elsa Wagner, Bernhard Goetzke, Hugo Flink, Ernst Rückert, Ludwig Trautmann, Clemens Hasse, Hans Halden, Magnus Stifter, Fred Immler, Franz Stein, Carl Geppert, Paul Rehkopf, Ernst Behmer, Bruno Ziener, Viggo Larsen, Fred Goebel, Hannelore Benzinger, Paul Wrede, Kurt Thormann, Kurt Asche, Kurt Milian, Ernst Wurmser, Heinrich Lisson, Arut Warthan, Sascha Schöning, Alfred Goerdel, Gustav Püttjer, Georg Schmieter, Walter Eckard, Emmerich Hanus, Max Mothes, Eugen Neufeld. – Weitere Verfilmung: DIE ELF SCHILL'-SCHEN OFFIZIERE (Deutschland 1926, Regie: Rudolf Meinert).

430

Friederike. Indra-Tonfilm GmbH (Berlin). Verleih: Heros-Film-Verleih AG. Produzenten: Fritz Friedmann-Frederich, Hans Gushauser. Produktionsleiter: Robert Wiene, Gabriel Pascal. Künstlerische Oberleitung: Gabriel Pascal. Regie: Fritz Friedmann-Frederich. Drehbuch: Fritz Friedmann-Frederich, nach der gleichnamigen Operette von Ludwig Herzer und Fritz Löhner-Beda mit der Musik von Franz Lehár. Kamera: Werner Brandes, Werner Bohne. Technische Leitung: Eugen Schüfftan. Musikalische Leitung: Eduard Künneke. Bauten: Hermann Warm, Arno Richter. Garderobe: Eduard Weinert. Ton: Erich Leistner. Tonschnitt: Helene Bursek. Regieassistenz: Hugo Wolfes, A. von Weigerth. Tänze: Georges Blanvalet. Standfotos: Eugen Klagmann. Aufnahmeleitung: Walter Jacks. Drehzeit: 29. August–Oktober 1932 (Ufa-Ateliers Neubabelsberg; Strasbourg; Frankfurt am Main; Weimar). Laufzeit: 92 Minuten. Uraufführung: 1. November 1932 (Frankfurt am Main), 14. November 1932 (Berlin). Darsteller: Mady Christians *(Friederike Brion)*, Hans Heinz Bollmann *(Johann Wolfgang Goethe)*, Otto Wallburg *(Wagner, ein ewiger Student)*, Else Elster *(Salomea Brion)*, Maria Fein *(Madame Hahn)*, Adele Sandrock *(Madame Schöll)*, Ida Wüst *(Magdalena Brion)*, Veit Harlan *(Herzog Karl August von Weimar)*, Paul Hörbiger *(Pfarrer Brion)*, Eduard von Winterstein *(Hauptmann Knebel)*, Ferdinand Bonn *(Kaiserlicher Rat Goethe)*, Erika von Wagner *(Elisabeth, seine Frau)*, Karl Meixner *(Lenz)*, Else von Hartmann *(Hortense Schöll)*, Maria Fein, Hedwig Wangel *(Goethes Wirtin)*, Leopold von Ledebur *(Goethes Wirt)*, Theo Lingen *(der lachende Herr)*. Weitere Verfilmung: DIE JUGENDGELIEBTE (Deutschland 1930).

Die unsichtbare Front. Richard Eichberg-Film GmbH (Berlin). Verleih: Deutsche Universal-Film AG. Produzent: Richard Eichberg. Regie: Richard Eichberg. Drehbuch: Robert A. Stemmle, Max W. Kimmich, Curt Siodmak, nach einer Idee von Max W. Kimmich und Harry Anspach. Kamera: Bruno Mondi. Assistenz: Ernst Wilhelm Fiedler. Musik: Hans May. Texte: Kurt Schwabach. Bauten: Willi A. Hermann, Artur Günther. Garderobe: Berta Schindler, Friedrich Wilhelm Großmann. Schnitt: Willy Zeunert. Ton: Erich Lange, Eugen Hrich. Marinesachverständiger: Horst Obermüller. Standfotos: Karl Lindner. Aufnahmeleitung: Willy Melas. Drehbeginn: 7. Oktober 1932 (Jofa-Ateliers Berlin-Johannisthal; Hamburg). Laufzeit: 92 Minuten. Uraufführung: 23. Dezember 1932 (Berlin). Darsteller: Trude von Molo *(Ellen Lange)*, Karl Ludwig Diehl *(Erik Larsen)*, Jack Mylong-Münz *(Rolf Lange, Vizesteuermann zur See, Ellens Bruder)*, Theodor Loos *(Henrik Thomsen, Chef des Lyra-Verlages in Kopenhagen)*, Helmut Kionka *(Fred Holger vom Lyra-Verlag)*, Paul Otto *(Captain William Roberts, Chef des Geheimdienstes in London)*, Erik Werntgen *(Oberleutnant Brown, sein Adjutant)*, Alexa von Engström *(Mabel May, Sängerin)*, Veit Harlan *(Friseur Jonny)*, Ernst Dernburg *(Oberst John Stanley von der amerikanischen Militärdelegation)*, Michael von Newlinski *(Oberleutnant Wilton, sein Adjutant)*, Paul Bildt *(Professor Hardy)*, Werner Pledath *(Chef des deutschen Geheimdienstes in Berlin)*, Paul Hörbiger *(Kriminalkommissar Borgmann)*, Willi Schur *(Paul Hansen, Musikalienhändler in Berlin)*, Rosa Valetti *(Tante Jenny)*, Trude Berliner *(Trude)*, Vera Witt *(Vorsteherin des Pensionats)*, Otto Kronburger, Harry Hardt *(Kriminalkommissare)*, Carl Auen *(Kapitänleutnant des U-Bootes)*, Horst Obermüller *(Kapitänleutnant eines anderen U-Bootes)*, Viktor de Kowa, Edith Meinhard, Franz W. Schröder-Schrom, Ida Wüst.

Der Choral von Leuthen. Carl Froelich-Film GmbH (Berlin). Verleih: Bild und Ton GmbH. Regie: Carl Froelich, unter Mitarbeit von Arsen von Cserepy und Walter Supper. Drehbuch: Dr. Johannes Brandt, Ilse Spath-Baron, nach einer Idee von Friedrich Pflughaupt und unter Benutzung des Romans »Fridericus« von Walter von Molo. Kamera: Franz Planer. Musik: Marc Roland. Gesamtausstattung: Franz Schroedter. Ton: Hans Grimm. Drehzeit: November–6. Dezember 1932. Laufzeit: 88 Minuten. Uraufführung: 3. Februar 1933. Darsteller: Otto Gebühr *(Der König)*, Olga Tschechowa *(Gräfin Mariann)*, Elga Brink *(Komtesse Charlotte)*, Harry Frank *(Hans von Wustrow)*, Paul Otto *(Prinz Heinrich, Bruder des Königs)*, Hans Adalbert von Schlettow *(Herzog Moritz von Dessau)*, Jack Mylong-Münz *(General Seydlitz)*, Hugo Froelich *(General von Möllendorf)*, Werner Finck *(Christian, Candidat der Theologie)*, Josef Dahmen *(Georg, Friderizianischer Soldat)*, Veit Harlan *(Paul, Friderizianischer Soldat)*, Walter Jansen *(Generalfeldmarschall Graf Daun)*, Paul Richter *(Herzog Carl von Lothringen)*, Anton Pointner *(Pandurenoberst*

Rawitsch), Otto Hartmann *(Kornett),* Ludwig Trautmann, Fritz Spira, Oskar Marion *(Österreichische Offiziere),* Wolfgang Staudte *(Sächsischer Offizier).*

Taifun/Polizeiakte 909 (überarbeitete Fassung mit Nachaufnahmen). Camera-Film Produktion (Berlin). Verleih: Terra. Produzenten: Robert Wiene, Adolf Noé. Regie: Robert Wiene. Drehbuch: Robert Wiene, nach dem Stück »Taifun« von Melchior Lengyel (1909). Kamera: Heinrich Gärtner. Musik: Stefan Rény. Musikalische Leitung: Helmut Wolfes. Bauten: Arthur Schwarz, G. Leschnitzer. Schnitt: Karl-Otto Bartning. Aufnahmeleitung: Conny Carstennsen. Drehzeit: Anfang Januar–16. Februar 1933. Laufzeit: 80 Minuten. Uraufführung: 25. August 1933 (Wien), 27. Juli 1934 (Berlin; erweiterte Fassung). Darsteller: Liane Haid *(Hélène Laroche, Sängerin),* Viktor de Kowa *(Charles Renard Bninski, Journalist),* Inkijinoff *(Dr. Nitobe Tokeramo),* Paul Mederow *(Präsident),* Paul Henckels *(Verteidiger),* Bernhard Goetzke *(Staatsanwalt),* Veit Harlan *(Inose Hironari),* Arthur Bergen *(Yoshikawa),* Josef Dahmen* *(Fabrikdetektiv),* Friedrich Ettel* *(Kommissar Morré),* Erni Berti Carstens, Franz Klebusch, Elly Kraa, Herbert Michels, Arthur Reinhardt, Robert Vincenti-Lieffertz. [Die mit einem Stern versehenen Darsteller haben in der ersten Fassung des Films noch nicht mitgewirkt.]

Flüchtlinge. Ufa-Filmkunst GmbH (Berlin). Verleih: Ufa. Herstellungsgruppe: Günther Stapenhorst. Produktionsleitung: Erich von Neusser. Regie: Gustav Ucicky. Drehbuch: Gerhard Menzel, nach seinem gleichnamigen Roman. Kamera: Fritz Arno Wagner. Musik: Herbert Windt. »Marschlied der Kameraden« von Franz Baumann (Text) und Ernst Erich Buder (Musik). Bauten: Robert Herlth, Walter Röhrig. Schnitt: Eduard von Borsody. Ton: Hermann Fritzsching. Aufnahmeleitung: Otto Lehmann. Drehzeit: Juli–Oktober 1933 (Ufa-Atelier Neubabelsberg; Seddin bei Potsdam). Laufzeit: 88 Minuten. Uraufführung: 8. Dezember 1933. Darsteller: Hans Albers *(Arneth),* Käthe von Nagy *(Kristja),* Eugen Klöpfer *(Bernhard Laudy),* Ida Wüst *(Die Megele),* Walter Herrmann *(Deutscher Delegierter),* Karl Rainer *(Peter),* Franziska Kinz *(Die Schwangere),* Veit Harlan *(Mannlinger),* Hans Adalbert Schlettow *(Der Sibirier),* Friedrich Gnass *(Husar),* Karl Meixner *(Pappel),* Fritz Genschow *(Hermann),* Hans-Hermann Schaufuss *(Zwerg),* Josef Dahmen *(Der Rothaarige),* Rudolf Biebrach *(Der Uhrmacher),* Carsta Löck *(Die Hellerle),* Maria Koppenhöfer *(Die Wolgadeutsche),* Andrews Engelmann *(Der russische Kommissar).* – Parallel entstand eine französische Version.

Ein Mädchen mit Prokura. Normaton-Film GmbH (Berlin). Verleih: Cinéma-Film AG. Produzent: Arsen von Cserepy, Max Hippe. Regie: Arsen von Cserepy. Drehbuch: Hans Hömberg, nach dem gleichnamigen Roman von Christa Anita Brück (1932). Kamera: Guido Seeber. Bauten: Emil Hasler, Arthur Schwarz. Schnitt: Willy Zeunert. Ton: Adolf Jansen. Maske: Franz Siebert, Ernst Schülke. Drehzeit: Anfang Januar–Mitte Februar 1934 (Tobis-Atelier Berlin-Grunewald). Laufzeit: 109 Minuten. Uraufführung: 31. März 1934. Darsteller: Gerda Maurus *(Thea Iken, Prokuristin),* Theodor Loos *(Holsten, Strafverteidiger),* Ernst Dumcke *(Bankdirektor Brüggemann),* Rolf von Goth *(Joachim Brüggemann, sein Sohn),* Jessie Vihrog *(Fräulein Prill),* Paul Henckels *(Paschen, Vorsitzender des Schwurgerichts),* Hans Adalbert Schlettow *(Veit, Devisenbuchhalter),* Veit Harlan *(Kassenbote Schwartzkopf),* Liselotte Ebel *(Fräulein Kablitz, seine Braut),* Paul Heidemann *(Finanzrat Spelzig),* Hans-Hermann Schaufuss *(Stohp, Kassierer),* Josefine Dora *(seine Frau),* Latrin Weigle *(Fräulein Graff),* Karl Morvilius *(Roderich),* Kurt Höllger *(Haffke),* Alfred Beierle *(Chefredakteur),* Maria Krahn *(Frau Kersten),* Hermann Meyer-Falkow *(Justizwachtmeister),* Hugo Flink *(Kommissar),* Liesel Eckhardt *(Frau Porst, Zimmervermieterin).*

Gern hab' ich die Frauen geküßt/Paganini. Majestic-Film GmbH (Berlin). Verleih: N.D.L.S. (im Tobis-Konzern). Produktionsleitung: Alfred Greven. Produzenten: Franz Tapper, Helmut Eweler. Regie: E.W. Emo. Drehbuch: Georg Zoch. Kamera: Ewald Daub. Musik: Franz Léhar. Musikalische Leitung: Fritz Wenneis. Bauten: Hermann & Günther. Schnitt: Martha Dübber. Drehzeit: Ende Februar–Mitte März 1934. Uraufführung: 3. Juli 1934 (Berlin). Darsteller: Ivan Petrovich *(Paganini),* Maria Beling *(Bella),* Theo Lingen *(Pimpinelli, Hofmarschall),* Eliza Illiard *(Herzogin Anna Elisa von Lucca),* Adele Sandrock *(Gräfin Zanelli, Hofmeisterin),* Erika Glässner *(Thalia Manzetti),* Maya Feist *(Comtesse Jeanne d'Anvier),* Veit Harlan *(Enrico Tortoni, Mitglied der Truppe Manzetti),* Aribert

Wäscher *(Sebaldus Manzetti, Theaterdirektor)*, Rudolf Klein-Rogge *(Graf Hédonville)*, Gustav Mahncke *(Kommandant der Leibgarde)*, Egon Brosig, Erich Dunskus, Karl Harbacher, Harry Hardt, Hans Hemes, Wolfgang von Schwind, Franz Weber.

Nur nicht weich werden, Susanne! Cserepy-Tonfilmproduktion GmbH (Berlin). Regie: Arsen von Cserepy. Drehbuch: Hans Hömberg, Georg Mühlen-Schulte und Gerd Tolzien, nach dem Roman von Peter Hagen (1933). Kamera: Guido Seeber. Musik: Erwin Offeney, Marc Roland. Bauten: Erich Grave, Karl Vollbrecht. Requisite: Otto Karge, Georg Meier. Schnitt: Willy Zeunert. Ton: Adolf Jansen. Regieassistenz: Anneliese Marian-Hube. Maske: Franz Siebert, Ernst Schülke. Aufnahmeleitung: Gustav Rathje. Standfotos: Karl Lindner. Drehzeit: 20. März–April 1934. Laufzeit: 84 Minuten. Uraufführung: 24. Januar 1935 (Berlin). Darsteller: Jessie Vihrog *(Susanne Kirchner)*, Veit Harlan *(Georg Brinkmann)*, Willi Schur *(Generaldirektor Sally Gold)*, Ernst Rotmund *(Produktionsleiter Archinowitz)*, Maly Delschaft *(Filmdiva)*, Harry Frank *(Filmstar)*, Eugen Rex *(Regisseur)*, Hans Adalbert Schlettow *(Detektiv)*, Rotraut Richter *(Grete)*, Ellen Bang *(Lilli, Komparsin)*, Josef Dahmen *(Kurvenkarl)*, Josefina Dora *(Tante Frieda)*, Hugo Flink *(Redakteur)*, Aribert Grimmer *(Kommissar)*, Ernst Albert Schaah *(Vizepräsident)*, Robert Thiem *(Regieassistent Fredy Miller)*, Max Ralf-Ostermann *(Schmidt, Rechtsanwalt)*, Heinz Berghaus, Gerhard Dammann, Karl Harbacher, Max Hochstetter, Maria Krahn, Hilde Krüger, Hermann Picha, Karl Platen, Katrin Weigle.

Der Fall Brenken/Überfall im Hotel. Westofi-Tonfilm-GmbH (Berlin). Verleiher: Bezirksverleiher. Produktionsleitung: Eduard von Meghem. Regie: Carl Lamac. Drehbuch: Peter Ort, nach dem Roman »Pitt und die menschlichen Verhältnisse« von P. Runge. Kamera: Kurt Hasselmann. Musik: Eduard Künneke. Musikalische Leitung: Franz Marszalek. Bauten: Gustav A. Knauer, Alexander Mügge. Ton: Adolf Jansen. Drehzeit: Mitte Mai–Anfang Juni 1934 (Grunewald-Atelier Berlin; Garmisch-Partenkirchen). Laufzeit: 88 Minuten. Uraufführung: 12. Oktober 1934. Darsteller: Walter Steinbeck *(Generaldirektor Hermann Brenken)*, Hans Brausewetter *(Hans Hall, Berichterstatter)*, Rudolf Klein-Rogge *(Bert Benson, Artist)*, Genia Nikolajewa *(Inge Brandt, Schauspielerin)*, Jessie Vihrog *(Lotte Menzing, Telefonistin)*, Veit Harlan *(der Unbekannte)*, Adele Sandrock *(Frau Generalin)*, Trude Hesterberg *(Fräulein Bornst, Direktrice)*, Franz Weber *(Alois Huber, Nachtportier)*, Heinz Berghaus *(Tagportier)*.

Abschiedswalzer. Boston-Films Co. m.b.H. (Berlin) Verleih: Bezirksverleiher. Produktionsleitung: Eduard Kubat. Regie: Geza von Bolvary. Drehbuch: Ernst Marischka. Kamera: Werner Brandes. Musikalische Leitung: Alois Melichar. Bauten: Emil Hasler, Arthur Schwarz. Schnitt: Hermann Haller. Ton: Erich Lange. Regieassistenz: Walther von Ostmann. Aufnahmeleitung: Veit Massary, Willi Habantz. Drehzeit: Ende Juni–Mitte August 1934 (Jofa-Ateliers Berlin-Johannisthal). Laufzeit: 82 Minuten. Uraufführung: 4. Oktober 1934 (Berlin). Darsteller: Wolfgang Liebeneiner *(Frédéric Chopin)*, Sybille Schmitz *(George Sand)*, Hans Schlenck *(Franz Liszt)*, Hanna Waag *(Constantia Gladkowska)*, Richard Romanovsky *(Professor Elsner)*, Julia Serda *(Frau Gladkowska)*, Gustav Waldau *(Friedrich Kalkbrenner)*, Paul Henckels *(Ignaz Pleyel)*, Albert Hörrmann *(Alfred de Musset)*, Erna Morena *(Herzogin von Orléans)*, Margarete Schön *(Frau Mercier)*, Herbert Dirmoser *(Titus)*, Fritz Odemar *(Grabowsky, Kaufmann)*, Walter Gross *(Kellner)*, Veit Harlan, Maria Hofen, Karl Morvilius, Michael von Newlinski, Claire Reigbert, Josef Reithofer, Hans Schulz, Otto Stoeckel. – Weitere Verfilmung: A SONG TO REMEMBER (USA 1945, Regie: Charles Vidor).

Der rote Reiter. Rolf Randolf-Film GmbH (Berlin). Produktionsleitung: Arthur Kickebusch. Regie: Rolf Randolf. Drehbuch: Dr. Max Wallner, Hans Vietzke, nach einem Roman von Franz X. Kappus. Kamera: Hugo von Kaweczynski. Kamera-Assistenz: Georg Leschke. Farbkamera: Gotthardt Wolf. Musik: Fritz Wenneis. Bauten: Zander und Depenau. Schnitt: Wolfgang Wehrum. Ton: Ludwig Ruhe. Choreographie: Heinz Lingen. Requisiten: Otto Krüerke. Drehzeit: November–Dezember 1934. Außenaufnahmen in Rumänien. Laufzeit: 93 Minuten. Uraufführung: 1. Februar 1935 (Berlin). Darsteller: Ivan Petrovich *(Otto von Wellisch)*, Camilla Horn *(Hasia Nawrowska)*, Friedrich Ulmer *(Generaldirektor Livius)*, Marieluise Claudius *(Etelka, seine Tochter)*, Veit Harlan *(Andreas, sein Sohn)*, Kurt Vespermann *(Leutnant Biegl)*, Oskar Sima *(Agent Schopf)*, Bruno Ziener *(Heckeli)*,

Dorothea Thieß *(Mascha)*, Michael von Newlinski, Ernst Rotmund, Hans Schneider, Alfred Stein, Arthur Reppert, Karl Falkenberg.

Mein Leben für Maria Isabell. Lloyd-Film GmbH (Berlin). Verleih: Rota-Film Aktiengesellschaft. Produktion: Frank Clifford. Regie: Erich Waschneck. Drehbuch: F. D. Andam, Kurt (Ernst) Hasselbach, nach dem Roman »Die Standarte« von Alexander Lernet-Holenia (1934). Kamera: Herbert Körner. Musik: Herbert Windt. Bauten: Sohnle und Erdmann. Schnitt: Willy Zeunert. Ton: Hans Rütten. Regieassistenz: Wolfgang Loé-Bagier. Aufnahmeleitung: Max Peatz. Drehzeit: November 1934. Laufzeit: 78 Minuten. Uraufführung: 7. Februar 1935 (Berlin). Darsteller: Viktor de Kowa *(Fähnrich Menis)*, Maria Andergast *(Resa Lang)*, Peter Voß *(Rittmeister Graf Bottenlauben)*, Karin Evans *(Baronesse Mordax)*, Veit Harlan *(meuternder Korporal)*, Hans Zesch-Ballot *(Major Sumserset)*, Franz Pfaudler *(Anton, Diener bei Menis)*, Bernhard Minetti *(Rittmeister von Hackenberg)*, Julia Serda *(Erzherzogin Maria Antonia)*, Hermann Frick *(Fähnrich Graf Heister)*, Hans Junkermann *(Stadtkommandant von Belgrad)*, Hansjoachim Büttner *(Rittmeister Anchütz)*, Ernst Karchow *(General Orbelliani)*, Hugo Flink *(Oberst Crenneville)*, Harry Hardt *(Oberstleutnant bei Maria Antonia)*, Ekkehard von Arendt *(Hauptmann Rainer)*, Albert von Kersten *(Oberleutnant Klein)*, Gerhard Haselbach *(Leutnant Bragation)*, Albert Hugelmann *(Wachtmeister)*, Anton Pointner *(Rittmeister Kärntl)*, Erich Fiedler *(Lakai im Konak)*, Jac Diehl *(serbischer Soldat)*, Gerhard Hüsch, Gerda Melchior, Hellmuth Passarge, Otz Tollen. – Weitere Verfilmung: DIE STANDARTE (BRD 1977, Regie: Ottokar Runze).

Das Mädchen Johanna. Ufa-Filmkunst GmbH (Berlin). Verleih: Ufa. Herstellungsgruppe: Bruno Duday. Regie: Gustav Ucicky. Drehbuch: Gerhard Menzel. Kamera: Günther Krampf; Assistenz: Herbert Stephan. Musik: Peter Kreuder. Bauten: Robert Herlth, Walter Röhrig. Kostüme: Robert Herlth. Schnitt: Eduard von Borsody. Ton: Hermann Fritzsching. Maske: Arnold Jenssen, Adolf Braun, Louis (Alois) Strasser. Requisite: Otto Krüerke. Regieassistenz: Eduard von Borsody. Aufnahmeleitung: Fritz Schwarz. Standfotos: Heinz Ritter. Drehzeit: Februar–April 1935 (Ufa-Atelier Neubabelsberg). Laufzeit: 87 Minuten. Uraufführung: 26. April 1935 (Berlin). Darsteller: Angela Salloker *(Johanna)*, Gustaf Gründgens *(König Karl VII. von Frankreich)*, Heinrich George *(Herzog von Burgund)*, René Deltgen *(Maillezais, Unterhändler des Königs)*, Erich Ponto *(Lord Talbot)*, Willy Birgel *(La Trémouille, Stadtkommandant)*, Theodor Loos *(Dunois, Soldatenführer)*, Aribert Wäscher *(Herzog von Alencon)*, Franz Nicklisch *(Johann von Metz)*, Veit Harlan *(Pierre)*, Katja Bennefeld *(Mädchen aus dem Volk)*, Paul Bildt *(ein Bürger)*, Karl Dannemann *(englischer Soldat)*, Fritz Genschow *(Hauptmann)*, Knut Hartwig *(englischer Hauptmann)*, Lea Irene Kieselhausen von Budan *(Frau aus dem Volk)*, Maria Koppenhöfer *(Frau aus dem Volk)*, Bernhard Minetti *(Amtmann)*, Wera Liessem *(Frau aus dem Volk)*, Edlef Schauer *(burgundischer Knappe)*, S.O. Schoening *(Pater)*, Josef Sieber *(Mann bei der Krönung)*, Friedrich Ulmer *(Hauptmann)*, Elsa Wagner *(Frau aus dem Volk)*, Paul Wagner *(Herold)*, Valy Arnheim, Walther Bäuerle, Günther Ballier, Martin Baumann, Werner Bernhardy, Reinhold Bernt, Rudolf Biebrach, Gotthard Boge, Eduard Bornträger, Otto Braml, Paul Dahlke, Kurt Dehn, Jacques Diehl, Erich Dunskus, Hermann Erhardt, Adolf Fischer, Albert Florath, Rudolf Förster, Hardy von Francois, Hugo Gau-Hamm, Viktor Gehring, Lothar Glathe, Friedrich Gnaß, Fred Goebel, Alexander Golling, Marianne Gonia-Krauß, Hela Gruel, Günther Hanke, Karl Hannemann, Emon Hanns, Jochen Hauer, Hans Hessling, Oskar Höcker, Erich Hofmann, Max Holsboer, Bruno Hübner, Albert Hugelmann, Walter Jensen, Willi Kaiser-Heyl, Hans Kettler, Franz Klebusch, Wolfgang Klein, Erwin Klietsch, Lothar Körner, Maria Krahn, Friedl Leonhard, Fritz Ley, Jenny Leyde, Gustav Mahncke, Arthur Malkowsky, Karl Meixner, Arthur Menzel, Hans Meyer-Hanno, Hadrian Maria Netto, Walter Pittschau, Klaus Pohl, Alfred Pussert, Erik Radolf, Arthur Reinhardt, Heinz Rippert, Hans Ritter, Helene Robert, Armand Rommel, Achim Schmidt, Margarethe Schön, Lilli Schönborn, Fanny Schreck, Erik Schubert, Rudolf Schündler, Kurt Seitz, Jakob Sinn, Hans Sternberg, Ernst Stimmel, Renée Stobrawa, Otto Stoeckel, Käthe Strebel, Ludwig Trautmann, Albert Venohr, Georg Völkel, Franz Weber, Heinz Wemper, Walter Werner, Margarethe Wichmann. – Weitere Verfilmungen: JEANNE D'ARC (Frankreich 1900, Regie: Georges Méliès), JEANNE D'ARC

(Italien 1908, Regie: Mario Caserini), JOAN THE WOMAN (USA 1917, Regie: Cecil B, DeMille), LA PASSION DE JEANNE D'ARC (Frankreich 1928, Regie: Carl Theodor Dreyer), JOAN OF ARC (USA 1948, Regie: Victor Fleming), GIOVANNA D'ARCO AL ROGO (Italien 1954, Regie: Roberto Rossellini), LE PROCÈS DE JEANNE D'ARC (Frankreich 1961, Regie: Robert Bresson), JEANNE LA PUCELLE (Frankreich 1993, Regie: Jacques Rivette), JEANNE D'ARC (Frankreich 1999, Regie: Luc Besson).

Stradivari. Boston-Film GmbH (Berlin). Verleih: Rota Filmverleih AG (im Tobis-Konzern). Produktionsleitung: Eduard Kubat. Regie: Geza von Bolvary. Drehbuch: Ernst Marischka. Kamera: Werner Brandes. Musik: Alois Melichar, unter Verwendung ungarischer Volksweisen. Bauten: Emil Hasler. Schnitt: Hermann Haller. Ton: Erich Lange. Maske: Oskar Georgi. Regieassistenz: Josef von Baky. Aufnahmeleitung: Veit Massary. Drehzeit: April 1935. Laufzeit: 97 Minuten. Uraufführung: 26. August 1935 (Berlin). Darsteller: Gustav Fröhlich *(Oberleutnant Sandor Teleki)*, Sybille Schmitz *(Maria Belloni)*, Harald Paulsen *(Imre Berczy)*, Hilde Krüger *(Irene Kardosi)*, Albrecht Schoenhals *(Dr. Pietro Rossi)*, Hans Leibelt *(Professor Hoefer)*, Aribert Wäscher *(Carnetti)*, Theodor Loos *(Lazarett-Kommandant)*, Veit Harlan *(Antonio Stradivari)*, Fritz Staudte *(Nicolo Amati)*, Hedda Björnson *(Beatrice Amati)*, Edith Linn *(Krankenschwester)*, Heinrich Schroth *(Oberst)*, Angelo Ferrari *(Italienischer Offizier)*, Armin Schweizer *(Vilmos, alter Diener)*, Armin Münch *(Pista, Offiziersbursche)*, Paul Rehkopf *(Hotelportier)*, Marcella Albani *(Fürstin Tatjana Nousinoff)*, S. Oscar Schoening *(Fürst Nousinoff)*, Fritz Kösling *(Marquis Chambort)*, Kurt Herfurth *(italienischer Fechter)*, Walter (Hans) Kynast *(Hauptmann)*, Charles-Nora, Jacques Diehl, Jenö Farkas, Charlotte Heyden, Albert Hugelmann, Alva Nagel, Klaus Pohl Rieve, H. H. Schnell, Lotte Spira, Alice Ulrich, Herbert Weißbach, Elisabeth Wendt. – Parallel entstand eine französische Version, bei der neben Geza von Bolvary Albert Valentin Regie führte. Die Hauptrollen spielten Edwige Feuillère, Pierre Richard-Willm und Jean Gallard. Den Stradivari verkörperte Fernand Bercher.

Bühneninszenierungen von Veit Harlan

Hochzeit an der Panke (So war Berlin). Posse mit Gesang und Tanz in 8 Bildern von Wolfgang Böttcher. Theater am Schiffbauerdamm (Berlin). Regie: Veit Harlan. Musik: Schmidt-Boelcke. Musikalische Leitung: Walter Favre. Uraufführung: 23. Januar 1935. Darsteller: Werner Stock *(Wilhelm Lauschke)*, Gerhard Bienert *(Rentier Rentmeier)*, Ilse Fürstenberg, Karl Hannemann, Hans Meyer-Hanno, Traute Flamme, Ada Tschechowa, Otto Mathies.

Krach im Hinterhaus. Berliner Volkskomödie in 3 Akten von Maximilian Böttcher. Theater am Schiffbauerdamm (Berlin). Regie: Veit Harlan. Bühnenbilder: Maximilian Böttcher. Uraufführung: 1. März 1935. Darsteller: Ilse Fürstenberg/Leonie Duval *(Frau Witwe Bock)*, Lena Hutter/Trude Haefelin *(Ilse Bock, ihre Tochter)*, Rotraut Richter *(Edeltraut Panse)*, Reinhold Bernt *(August Krüger, Hausverwalter)*, Gerda Kuffner *(Malchen, Krügers Frau)*, Gerhard Bienert/Willi Rose *(Gustav Kluge, Bäckergeselle)*, Ernst Günther Schiffner *(Oberpostschaffner Hermann Schulze)*, Lucie Euler *(Irma Schulze, seine Frau)*, Ellen Bang/Gerda Schäfer *(Paula, deren Tochter)*, Werner Pledath/Otto Rubahn *(Justizrat Dr. Horn)*, Albert Venohr *(Assessor Dr. Erich Horn, dessen Sohn)*, Karl Hannemann/Werner Kepich *(Amtsgerichtsrat Müller)*, Helmut Weiß *(Staatsanwalt)*, Wolfgang Böttcher/Ferdinand Classen *(Reporter)*, Franz Kloos *(Justizwachtmeister)*, Otto Matthies *(Der Mann im Zuschauerraum)*, Lili Schönborn *(Die Frau im Zuschauerraum)*, Irmgard Hessler *(Eine Frau)*.

Veronika. Ein kleines Volksstück in 9 Bildern von Fritz Peter Buch. Theater Unter den Linden und Kurfürstendamm-Theater (Berlin). Regie: Veit Harlan. Bühnenbilder: Felix Smetana. Uraufführung: 23. Mai 1935. Darsteller: Hertha Thiele/Claire Winter *(Veronika Sonntag)*, Ernst Stahl-Nachbaur *(Direktor Becherli)*, Albert Hörrmann *(Abteilungsleiter Fuchs)*, Bruno Fritz *(Abteilungsleiter Wolf)*, Walter Albrecht/Ludwig Baschang *(Reklamechef Pickelberg)*, Ursula Herking *(Anni Hegemann)*, Kurt Ackermann/Eduard Wesener *(Paul Schmidt)*, Maria Meissner *(Dora, ein Mädchen aus der Konfektion)*, Annelise von Loebell/Charlotte Fehre *(Fräulein Horn/Fräulein Rehbein)*, Ethel Reschke/Annelise

Hartnack *(Erni)*, Lydia Jollin/Anita Düvel *(Else)*, Erna Nitter/Helene Sauer *(Direktions-sekretärin)*, Hans J. Schoelemann/Herbert Kiper *(Grossist Wurlitz)*, Otto Sauter-Sarto/Paul Kaufmann *(Hausmeister Boss)*, Irmgard Howe *(Hänschen Wiegand, Lehrmädchen)*, Emmy Wyda *(Frau Kulicke, Scheuerfrau)*, Willy Moog/Josef Reithofer *(Ein Herr)*, Edit Linn *(Eine Dame)*, Max Wilmsen *(Ein Schwerhöriger)*, Katja Specht *(Eine Kundin)*, Harry Bender *(Verkäufer Schulze)*, Harry Dittner *(Patzner, Kriminalkommissar)*, Friedrich Teitge *(Erster Arbeiter)*, Gerd Klinkhardt *(Zweiter Arbeiter)*.

Dame Kobold. Lustspiel in 3 Aufzügen von Calderon de la Barca. Agnes-Straub-Theater am Kurfürstendamm (Berlin). Übersetzung: Adolf Wilbrandt. Regie: Veit Harlan. Ausstattung: Feit. Musik: Leo Leux. Musikalische Leitung: Carl Gebhard. Uraufführung: 2. Oktober 1935. Darsteller: Johannes Korngiebel *(Don Juan de Toledo)*, Georg Völkel *(Don Luis, sein Bruder)*, Sabine Peters *(Donna Angela)*, Herti Kirchner *(Donna Beatriz)*, Otto Woegerer *(Don Manuel Enriquez)*, Hugo Schrader *(Cosme, dessen Diener)*, Hans Kühlewein *(Rodrigo, Diener des Don Luis)*, Irmgard Nowak *(Isabel, Dienerin der Donna Angela)*, Lotte Jacoby *(Clara, Dienerin der Donna Beatriz)*.

Filme von Veit Harlan

Die Pompadour (Italien: LA POMPADOUR) Mondial-Internationale Filmindustrie AG (Wien). Verleih: Terra. Produktionsleitung: Ottomar Ostermayr. Regie: Willy Schmidt-Gentner. Dialog-Regie: Veit Harlan. Drehbuch: H.W. Becker (= Ödon von Horvath), Veit Harlan. Kamera: Werner Brandes; Kamera-Assistenz: Franz Eigner. Musik: Willy Schmidt-Gentner. Liedtexte: Hans Adler. Bauten: Julius von Borsody, Emil Stepanek. Schnitt: Martha Dübber. Ton: Alfred Norkus, Fritz Schwarz. Regie-Assistenz: Heinz Helbig. Wissenschaftliche Mitarbeit: Serge Weber. Aufnahmeleitung: Rolf Eckbauer, Felix Föhn. Drehbeginn: 29. Juli 1935 (Atelier Rosenhügel, Wien). Laufzeit: 85 Minuten. Uraufführung: 24. Oktober 1935 (Stuttgart), 14. November 1935 (Berlin), 3. Januar 1936 (Wien). Darsteller: Käthe von Nagy *(Madame Pompadour)*, Willy Eichberger *(Maler Boucher)*, Leo Slezak *(Barbanelle)*, Anton Edthofer *(Ludwig XV)*, Louise Kartousch *(Madame Graveur)*, Franz Schafheitlin *(Graf Aragnac)*, Hans Unterkircher *(Prinz Paul)*, Rudolf Carl *(Pastetenbäcker)*, Karl von Zeska *(Akademiedirektor)*, Lotte Lang *(Louison)*, Robert von Valberg *(Hauptmann)*, Ada Tschechowa *(Zofe Madeleine)*, Karl Schich *(Verwalter)*, Otto Tressler.

Krach im Hinterhaus (USA: TROUBLE BACK STAIRS) ABC-Film GmbH (Berlin). Verleih: Syndikat-Film GmbH (im Tobis-Konzern). Produktionsleitung: Hans Lehmann. Künstlerische Oberleitung: Reinhold Meißner. Regie: Veit Harlan. Drehbuch: Maximilian Böttcher, Reinhold Meißner, nach der Komödie von Maximilian Böttcher (1934). Kamera: Bruno Mondi. Musik: Will Meisel, Fritz Domina. Bauten: Hermann Warm, Bruno Lutz. Schnitt: Ludolf Grisebach. Ton: Adolf Jansen. Maske: Walter Pantzer, Alois Strasser. Standfotos: Josef Höfer. Aufnahmeleitung: Artur Kiekebusch. Drehzeit: Ende Oktober – Mitte November 1935 (Terra-Atelier Berlin-Marienfelde). Laufzeit: 83 Minuten. Uraufführung: 20. Dezember 1935 (Bielefeld, Bochum, Breslau, Danzig, Eisenach, Erfurt, Hildesheim), 2. Januar 1936 (Berlin). Darsteller: Henny Porten *(Witwe Bock)*, Else Elster *(Ilse Bock)*, Rotraut Richter *(Edeltraut Panse)*, Reinhold Bernt *(August Krüger)*, Gerda Kuffner *(Malchen Krüger)*, Gaston Briese *(Schulze)*, Ilse Fürstenberg *(Frau Schulze)*, Hilde Sessak *(Paula Schulze)*, Paul Mederow *(Justizrat Horn)*, Berthold Ebbecke *(Assessor Horn)*, Gerhard Bienert *(Kluge)*, Eduard von Winterstein *(Amtsgerichtsrat Müller)*, Meta Jäger *(Frau Döring)*, Carl Jönsson *(Vater Panse)*, Helmut Weiß *(Staatsanwalt)*, Albrecht Bethge *(Gerichtsdiener)*, Otto Albrecht *(Tenor)*, Hanni Weiße, Jutta Sabo *(Frauen im Zuschauerraum)*, Wera Schultz, Hilde Maris, Erika von Schaper *(Verkäuferinnen)*, Erich Kestin *(Mann im Zuschauerraum)*. – Weitere Verfilmung: KRACH IM HINTERHAUS (BRD 1949, Regie: Erich Kobler).

Kater Lampe. R.N. Filmpoduktion GmbH (Berlin). Verleih: Rota-Filmverleih AG (im Tobis-Konzern). Produzent: Robert Neppach. Herstellungsleitung: Gerhard Tandar. Regie: Veit Harlan. Drehbuch: Wolf Neumeister, nach dem Bühnenstück von Emil Rosenow (1906). Kamera: Carl Drews. Musik: Franz R. Friedl. Bauten: Otto Gülstorff, Arthur Günther.

Schnitt: Ella Ensink. Ton: Fritz Seeger. Aufnahmeleitung: Fritz Kurth, Karl Pawel. Drehzeit: 28. November 1935–Anfang Januar 1936 (Tobis-Atelier Berlin-Grunewald). Laufzeit: 89 Minuten. Uraufführung: 19. Februar 1936 (Dresden), 20. Februar 1936 (Berlin). Darsteller: Erhard Siedel *(Gemeindevorsteher Ermscher)*, Ilse Fürstenberg *(seine Frau)*, Ernst Legal *(Spielwarenfabrikant Neubert)*, Erika Glässner *(seine Frau)*, Clemens Hasse *(Adolf, ihr Sohn)*, Suse Graf *(Lotte Hempel)*, Albert Lieven *(Schnitzergeselle Fritz Neumerkel)*, Hans Adalbert Schlettow *(Gendarm Weigel)*, Alfred Abel *(Gemeindeleiter Seifert)*, Ida Wüst *(Mutter Seifert)*, Paul Beckers *(Briefträger Ulbrich)*, Gerda Kuffner *(seine Frau)*, Gerti Ober *(Maarie, eine Magd)*, Gotthard Portloff *(Schnitzermeister Schönherr)*, Hertha Scheel *(seine Frau)*, Arthur Fritz Eugens *(beider Sohn)*, Friedel Towal *(beider Tochter)*, Karl Harbacher *(Schnitzer)*, Friedel Müller *(Köchin)*, Albert Florath *(Mann im Gasthaus)*, Walter Schramm-Duncker *(Mäschke)*.

Der müde Theodor. Majestic-Film GmbH (Berlin). Verleih: Syndikat-Film GmbH (im Tobis-Konzern). Herstellungsleitung: Bruno Lopinski. Künstlerische Oberleitung: Reinhold Meißner. Regie: Veit Harlan. Drehbuch: Reinhold Meißner, nach dem Bühnenstück von Max Neal und Max Ferner (1913). Kamera: Eduard Hoesch. Musik: Will Meisel, Fritz Domina. Bauten: Heinrich Richter. Schnitt: Martha Dübber. Ton: Fritz Seeger. Regieassistenz: Gerhard Heydenreich. Standfotos: Walter Weisse. Aufnahmeleitung: Conrad Flockner, Kurt Moos. Drehzeit: Mitte Januar–Anfang Februar 1936 (Tobis-Atelier Berlin-Grunewald). Laufzeit: 83 Minuten. Uraufführung: 13. März 1936 (München), 9. April 1936 (Berlin). Darsteller: Weiß Ferdl *(Hagemann)*, Erika Glässner *(Rosa, seine Frau)*, Gertrud Boll *(Jenny, seine Tochter)*, Gretl Theimer *(Helma René, seine Nichte)*, Hilly Wildenhain *(Marie, Mädchen bei Hagemann)*, Clemens Hasse *(Emil, ihr Bräutigam)*, Josef Dahmen *(Felix Rieger)*, Rudolf Koch-Riehl *(Wolfgang Kaiser, Komponist)*, Bruno Fritz *(Fritz Findeisen)*, Paul Westermeier *(Direktor Noll)*, Philipp Manning *(Dr. Schramm)*, Olga Engl *(Frau von Ballio)*, Erich Bartels *(Losverkäufer)*, Paul Ceblin *(Journalist)*, Erich Gühne *(Bräutigam auf Zimmer 43)*, Käthe Kroker *(Braut auf Zimmer 43)*, Max Mothes *(Schlossermeister)*, Max Rosenhauer *(Hotelgast)*, Max Wilmsen *(Musikprofessor)*, Elisabeth von Ruets *(Kränzchendame bei Frau von Ballio)*, Charlotte Dahler, Erika Feldmeier, Erika Fischer *(Gäste im Konzertsaal)*, Walter Schramm-Duncker *(Schneidermeister)*, E. Fischer, Meta Jäger, Otto-Maximilian Kustermann, Ernst Munck, Lore Schubert, Horst Teetzmann. – Weitere Verfilmungen: DER MÜDE THEODOR (Deutschland 1918, Regie: Leo Peukert), TRÖTTE TEODOR (Schweden 1931, Regie: Gustaf Edgren), SERVICE DE MINUIT (Frankreich/Schweden 1931, Regie: Henri Fescourt), DER MÜDE THEODOR (BRD 1957, Regie: Geza von Cziffra).

Alles für Veronika. Film AG Berna (Bern-Berlin-Budapest). Verleih: Bezirksverleiher. Produzent: Moritz Grünstein, Ernst Schmid-Ahrens. Produktionsleitung: Rolf Eckbauer. Regie: Veit Harlan. Drehbuch: Axel Eggebrecht; nach dem Bühnenstück »Veronika« von Fritz Peter Buch. Kamera: Stefan Eiben. Musik: Will Meisel. Musikalische Leitung: Fritz Domina. Lieder: »Ich lebe für die Liebe«, »Veronika«, gesungen von Helga Wille. Bauten: Martin Vincze. Schnitt: Viktor Bansky. Ton: Franz Lohr. Drehzeit: März 1936 (Hunnia-Atelier Budapest, Tiroler Alpen). Laufzeit: 81 Minuten. Uraufführung: 21. August 1936 (Wien), 8. Dezember 1936 (München), 16. Dezember 1936 (Zürich), 2. Februar 1937 (Berlin). Darsteller: Thekla Ahrens *(Veronika Sonntag, Verkäuferin)*, Willy Eichberger *(Paul Schmidt, Verkäufer)*, Hans Moser *(Direktor Tutzinger, Chef des Warenhauses)*, Theo Lingen *(Abteilungschef Fuchs)*, Walter Janssen *(Abteilungsleiter Wolf)*, Grethe Weiser *(Annie Hegemann, Verkäuferin)*, Gretl Theimer *(Lizzie)*, Hilde Hildebrand *(Dora)*, Hubert von Meyerinck *(Theo, ihr Freund)*, Clemens Hasse *(Krüger, Hausdetektiv)*, Paul Beckers *(Portier Kulicke)*, Ilse Fürstenberg *(seine Frau)*, Georg Erich Schmidt *(Pickelberg, Reklamechef)*, Hilly Wildenhain, Ida Jung-Natzler, Irmgard Albern, Maria Matzner, Karl Hauser, Agi Donath. – Weitere Titel: FRÄULEIN VERONIKA; MADONNA IM WARENHAUS; VERONIKA, DAS WARENHAUSMÄDEL; DER SCHLAUMEIER.

Maria, die Magd (USA: MARIA, THE SERVANT). Minerva-Tonfilm GmbH (Berlin). Verleih: Rota-Filmverleih AG (im Tobis-Konzern). Produktionsleitung: Gerhard Tandar. Regie: Veit Harlan. Drehbuch: Veit Harlan, Axel Eggebrecht, nach der Novelle »Die Kindsmagd« von Walter Harlan. Kamera: Werner Bohne. Musik: Leo Leux. Liedtexte: Bruno Balz.

Bauten: Erich Grave, Hans Minzloff. Maske: Richard Timm. Standfotos: Alexander Schmoll. Aufnahmeleitung: Adolf Essek. Drehzeit: Mitte Juli–Mitte August 1936 (Tobis-Atelier Berlin Johannesthal, Ruhlsdorf bei Teltow). Laufzeit: 91 Minuten. Uraufführung: 2. Oktober 1936 (Hamburg), 23. Oktober 1936 (Berlin). Darsteller: Hilde Körber *(Maria Klimank)*, Hilde Hildebrand *(Alice Winter, Sängerin)*, Alfred Abel *(Rechtsanwalt Dr. Winter)*, Hans Schlenck *(Franz)*, Herbert Paulmüller *(sein Vater)*, Ernst Legal *(Vater Klimank)*, Helmut Brasch *(Johann, Bauernbursche)*, Erika Raphael *(Kathi, seine Braut)*, Will Dohm *(Albert)*, Wolfgang Kieling *(Christoph Klimank, Marias kleiner Bruder)*, Arthur Fritz Eugens *(Gerd Winter)*, Manny Ziener *(Mutter Klimank)*, Gisela von Collande *(Kindergärtnerin)*, Gerhard Gründer *(Eugen)*, Else Petersen *(Alices Freundin)*, Carl Auen *(Theaterdirektor)*, Rudolf Essek *(Sanitätsrat Dr. Berghof)*, Walther Schramm-Duncker *(Bauer)*, Juliana Sommer *(Bäuerin)*, Walter Albrecht *(Kegelbruder)*, Fritz Ullrich *(Gast bei der Silberhochzeitsfeier)*, Walter Werner *(alter Herr im Zug)*, Erich Kestin *(Zeitungsreporter)*.

Die Kreutzersonate (Frankreich: LA SONATE À KREUTZER; Italien: LA SONATA A KREUTZER; USA: KREUTZER SONATA). Georg Witt-Film GmbH (Berlin). Verleih: UFA. Herstellungsgruppe: Krüger-Ulrich. Produzent: Georg Witt. Produktionsleitung: Ernst Krüger. Regie: Veit Harlan. Drehbuch: Eva Leidmann, nach der Erzählung »Krejcerova sonata« (1891) von Leo Tolstoi. Kamera: Otto Baecker. Musik: Ernst Roters. Lieder: »Die Moral der Männer«, »Das Lied vom Tod« (Text: Hans Halden; Musik: Leo Leux). Bauten: Otto Hunte, Willy Schmidt. Kostüme: Ilse Fehling. Schnitt: Walter von Bonhorst. Ton: Joachim Thurban. Aufnahmeleitung: Karl H. Bock. Drehzeit: August – September 1936 (UFA-Atelier Berlin-Tempelhof, Trebbin und Umgebung, Schloß Blankensee). Laufzeit: 85 Minuten. Uraufführung: 11. Februar 1937 (Berlin). Darsteller: Lil Dagover *(Jelaina Posdnyschewa)*, Peter Petersen *(Andrei Posdnyschew)*, Albrecht Schoenhals *(Gregor Tuchatschewsky)*, Hilde Körber *(Gruschenka)*, Walter Werner *(Dr. Raskin)*, Wolfgang Kieling *(Wassja)*, Paul Bildt *(Anwalt im Zugabteil)*, Heinz Berghaus *(Jungvermählter im Zugabteil)*, Ilse Cotence *(Lisawetha, Dirne)*, Margot Erbst *(Marfa, Landarbeiterin)*, Hugo Flink *(Gast bei Andrei)*, Gabriele Hoffmann-Rotter *(Baronin)*, Edit Linn *(junge Frau im Zugabteil)*, Leo Peukert *(Stansky, Gregors Impresario)*, Franz Pollandt *(Troika-Kutscher)*, Werner Siegert *(Maxim Wassilowitsch, Kartenspieler)*, Armin Schweizer *(älterer Herr im Zugabteil)*, Lotte Spira-Andresen *(Fürstin)*, Max Wilmsen *(Ober in Wiesbaden)*, Bruno Ziener *(Iwan, Diener bei Andrei)*, Mussia Gürtler *(Kitty, Mädchen bei Jelaina)*, Werner Pledath *(Gast im Hotel)*, Paul Adalbert Ebelt *(Gast bei Andrei)*, Ellen Becker, Friedel Hampter, Gertrud Hartwig, Inge Stratner *(Verehrerinnen von Gregor)*, Peter Busse, Fritz Draeger, Paul Ludwig Frey *(Konzertbesucher in Wiesbaden)*, Ingeborg Carlsson *(Blonde Frau im Hotelspeisesaal)*. – Weitere Verfilmung: KREJCEROVA SONATA (Rußland 1914, Regie: Wladimir Gardin). Der im Vorspann genannte Günther Lüders wurde noch vor Drehbeginn durch Paul Adalbert Ebelt ersetzt.

Der Herrscher (Frankreich: CRÉPUSCULE/ LE MAÎTRE; Italien: INGRATITUDINE; Schweden: FÖRE SOLNEDGANGEN/HÄRSKAREN; Niederlande: DE HEERSCHER; USA: THE SOVEREIGN/THE RULER). Tobis-Magna-Filmproduktions GmbH (Berlin). Verleih: Syndikat-Film (im Tobis-Konzern). Herstellungsgruppe: Helmut Schreiber. Produzent: K. J. Fritzsche. Künstlerische Oberleitung: Emil Jannings. Regie: Veit Harlan. Drehbuch: Thea von Harbou, Curt J. Braun, frei bearbeitet nach dem Schauspiel »Vor Sonnenuntergang« von Gerhart Hauptmann und nach Motiven aus Harald Bratts Komödie »Der Herrscher«. Schlußrede: Walter Funk. Kamera: Werner Brandes, Günther Anders. Musik: Wolfgang Zeller. Bauten: Robert Herlth. Requisite: Hans Vonberg. Kostüme: Ilse Fehling. Garderobe: Walter Schreckling, Anni Loretto. Schnitt: Martha Dübber. Ton: Hans Grimm. Aufnahmeleitung: Rudolf Fichtner, Heinz Abel. Drehzeit: 28. Oktober 1936–Anfang Februar 1937 (Gutehoffnungshütte; Tobis-Atelier Berlin-Grunewald; Pompeji; Paestum). Laufzeit: 107 Minuten. Uraufführung: 17. März 1937 (Berlin). Darsteller: Emil Jannings *(Matthias Clausen)*, Marianne Hoppe *(Inken Peters, seine Sekretärin)*, Helene Fehdmer *(Frau Peters)*, Käthe Haack *(Ottilie Klamroth, geb. Clausen)*, Maria Koppenhöfer *(Paula Clausen, geb. Rübsamen)*, Hilde Körber *(Bettina Clausen)*, Paul Bildt *(Diener Winter)*, Max Gülstorff *(Sanitätsrat Geiger)*, Herbert Hübner *(Direktor Klamroth)*, Theodor Loos

(Pastor Immoos), Harald Paulsen *(Rechtsanwalt Hanefeld)*, Hannes Stelzer *(Egert Clausen)*, Paul Wagner *(Professor Wolfgang Clausen)*, Peter Elsholtz *(Ingenieur Dr. Ehrhardt)*, Rudolf Klein-Rogge *(Direktor Bodelfing)*, Heinrich Schroth *(Direktor Höfer)*, Hans Stiebner *(Direktor Weißfisch)*, Heinz Wemper *(Werkmeister)*, Walter Werner *(Privatsekretär Dr. Wuttke)*, Ursula Kurtz *(Fräulein Biel)*, Lisa Lesco. – Weitere Verfilmung: VOR SONNENUNTERGANG (BRD 1956, Regie: Gottfried Reinhardt).

Mein Sohn, der Herr Minister. Ufa-Filmkunst GmbH (Berlin). Verleih: Ufa. Herstellungsgruppe: Erich von Neusser. Regie: Veit Harlan. Drehbuch: Karl Georg Külb, Edgar Kahn; nach dem Bühnenstück »Fiston« von André Birabeau. Kamera: Günther Anders. Musik: Leo Leux. Bauten: Walter Röhrig, Franz Koehn. Schnitt: Marianne Behr. Ton: Jochen Thurban. Aufnahmeleitung: Herbert Junghans. Drehzeit: April–Mai 1937 (Ufa-Atelier Berlin-Tempelhof). Laufzeit: 81 Minuten. Uraufführung: 6. Juli 1937 (Berlin). Darsteller: Françoise Rosay *(Sylvie Fabre)*, Hans Moser *(Gabriel Fabre)*, Hans Brausewetter *(Robert Fabre-Marines)*, Heli Finkenzeller *(Nanette Fabre-Marines)*, Hilde Körber *(Betty Joinville)*, Paul Dahlke *(Vaccarés)*, Aribert Wäscher *(Baroche)*, Hadrian Maria Netto *(Ministerpräsident)*, Carl Jönsson *(Diener Aristide)*, Bruno Ziener *(Diener Pierre)*, Leo Peukert, Josef Dahmen, Carl Auen, Wolf Dohnberg, Hermann Mayer-Falkow, Rudolf Klicks, Erika Raphael, Walter Schramm-Duncker.

Jugend (Frankreich: JEUNESSE; Schweden: UNGA MÄNNISKOR; USA: YOUTH) Tobis-Filmkunst GmbH (Berlin). Verleih: Tobis. Herstellungsgruppe: Gerhard Staab. Produktionsleitung: Eduard Kubat. Regie: Veit Harlan. Drehbuch: Thea von Harbou; nach dem Bühnenstück von Max Halbe. Kamera: Bruno Mondi. Musik: Hans-Otto Borgmann. Bauten: Hermann Warm, Carl Haacker. Schnitt: Marianne Behr. Ton: Hermann Storr. Regieassistenz: Wolfgang Schleif. Aufnahmeleitung: Gerhard Tandar. Drehzeit: Oktober–Anfang Dezember 1937 (Tobis-Atelier Berlin-Grunewald; Umgebung von Ferch und Ketzin). Laufzeit: 93 Minuten. Uraufführung: 12. April 1938 (Dresden), 3. Mai 1938 (Berlin). Darsteller: Kristina Söderbaum *(Annchen)*, Eugen Klöpfer *(Pfarrer Hoppe)*, Hermann Braun *(Hans)*, Werner Hinz *(Kaplan von Schigorski)*, Elisabeth Flickenschildt *(Maruschka)*, Ernst Behrner *(Kutscher)*, Gerhard Tandar *(Fährmann)*, Otto Sauter-Sarto *(Fischer Ostrowski)*, Gisela von Collande *(seine Frau)*, Heiner Dugall *(sein Sohn)*. – Weitere Verfilmung: JUGEND (Deutschland 1922, Regie: Fred Sauer).

Verwehte Spuren (Frankreich: SANS LAISSER DES TRACES; Italien: LA PESTE DI PARIGI; USA: COVERED TRACKS). Majestic-Film GmbH (Berlin). Verleih: Tobis. Produktionsleitung: Bruno Lopinski; Assistenz: Conrad Flockner. Regie: Veit Harlan. Drehbuch: Thea von Harbou, Felix Lützkendorf, Veit Harlan, nach dem Hörspiel von Hans Rothe. Kamera: Bruno Mondi. Musik: Hans-Otto Borgmann. Bauten: Hermann Warm, Carl Haacker. Kostüme: Maria Pommer-Pehl. Schnitt: Marianne Behr. Ton: Hans Rütten. Aufnahmeleitung: Curt Heinz. Drehzeit: Mitte März–Mai 1938 (Efa-Atelier Berlin, München-Geiselgasteig). Laufzeit: 82 Minuten. Uraufführung: 14. August 1938 (Venedig), 26. August 1938 (München, Hamburg), 21. September 1938 (Berlin). Darsteller: Kristina Söderbaum *(Séraphine Lawrence)*, Frits van Dongen *(Dr. Morot)*, Friedrich Kayßler *(Polizeipräfekt)*, Charlotte Schultz *(Madeleine Lawrence)*, Paul Dahlke *(Henri Poquet)*, Hans Stiebner *(Druckereibesitzer Pigeon)*, Jacob Tiedtke *(Hotelbesitzer Dompierre)*, Josef Sieber *(Hausdiener Maurice)*, Milena von Eckhardt *(Colette, seine Freundin)*, Heinrich Schroth *(Graf Duval)*, Hedwig Wangel *(Dame im Café)*, Hermann Wagner *(Gustave, Musikstudent)*, Paul Bildt *(Attaché der englischen Botschaft)*, Hans Halden *(Polizeikommissar Fragonard)*, Leo Peukert *(Polizeisekretär Dubois)*, Claus Detlev Sierck *(Page Armand)*, Clemens Hasse *(Hausdiener Gaston)*, Ernst Rotmund *(Nachtportier)*, Max Wilmsen *(Tagportier)*, Edith Meinhard *(Stubenmädchen Jeannette)*, Elisabeth Bootz *(Madame Chaumette, Pensionswirtin)*, Hildegard Imhof *(Madame Printemps)*, Valy Arnheim *(Chefredakteur des ›Figaro‹)*, Hans Hemes *(Sekretär der englischen Botschaft)*, Heinrich Vogt *(Ballhausdirektor)*, Lydia Sue *(Tänzerin)*, Erwin Biegel, Hilla Hofer, Heinz Appel, Georg Völkel, Heinrich Dugall, Charles Willy Kayser, Gerti Ober, Bruno Mockmann, Hansjacob Gröblinghoff. – Weitere Verfilmungen: UNHEIMLICHE GESCHICHTEN (Deutschland 1919, Regie: Richard Oswald), SO LONG AT THE FAIR (GB 1950, Regie: Terence Fisher, Anthony Darnborough).

Das unsterbliche Herz (Frankreich: LE COEUR IMMORTEL; Italien: L'ACCUSATO DI NORIMBERGA; Schweden: DET ODÖDLIGA HJÄRTAT; USA: THE IMMORTAL HEART). Tobis-Filmkunst GmbH (Berlin). Verleih: Tobis. Herstellungsgruppe: Gerhard Staab. Regie: Veit Harlan. Drehbuch: Veit Harlan, Werner Eplinius, (ungenannt: RB); (Richard Billinger); nach dem Bühnenstück »Das Nürnbergisch Ei« von Walter Harlan. Kamera: Bruno Mondi. Kamera-Assistenz: Erich Grohmann. Musik: Johann Sebastian Bach. Musikalische Leitung: Alois Melichar. Es spielen die Berliner Philharmoniker. Chor: Regensburger Domspatzen; Orgel: Prof. Walther Körner. Bauten: Hermann Warm, Johann Massias. Kostüme: Arno Richter. Schnitt: Marianne Behr. Ton: Emil Specht. Regieassistenz: Wolfgang Schleif. Aufnahmeleitung: Artur Kiekebusch, Fritz Anton. Drehzeit: Ende Juli–Mitte Dezember 1938 (Tobis-Atelier Berlin-Johannesthal; Nürnberg; Binz auf Rügen; Ostsee). Laufzeit: 108 Minuten. Uraufführung: 31.Januar 1939 (Nürnberg), 14.Februar 1939 (Berlin). Darsteller: Kristina Söderbaum *(Ev Henlein)*, Heinrich George *(Peter Henlein)*, Paul Wegener *(Dr. Schedel)*, Raimund Schelcher *(Konrad Windhalm)*, Michael Bohnen *(Martin Behaim)*, Paul Henckels *(Güldenbeck)*, Ernst Legal *(Bader Bratvogel)*, Eduard von Winterstein *(Richter Sixtus Heith)*, Franz Schafheitlin *(Burghauptmann Zinderl)*, Jakob Tiedtke *(Schöffe Weihrauch)*, Wolf Dietrich *(Graf Pankraz)*, Bernhard Minetti *(Martin Luther)*, Auguste Prasch-Grevenberg *(Barbara Henlein)*, Hans Quest *(Henner)*, Josef Dahmen *(Matrose)*, Milena von Eckardt, Lili Schoenborn, Wolfgang Eichberger.

Die Reise nach Tilsit (Frankreich: LE VOYAGE À TILSIT; Italien: VERSO L'AMORE; Schweden: SOLUPPGANG; USA: THE TRIP TO TILSIT). Majestic-Film GmbH (Berlin). Verleih: Tobis. Produktionsleitung: Bruno Lopinski. Regie: Veit Harlan. Drehbuch: Veit Harlan, nach der Erzählung von Hermann Sudermann. Kamera: Bruno Mondi. Kamera-Assistenz: Erich Grohmann. Musik: Hans-Otto Borgmann. Bauten: Fritz Maurischat, Paul Markwitz. Schnitt: Marianne Behr. Ton: Hermann Storr. Regieassistenz: Wolfgang Schleif. Standfotos: Erich Kilian. Aufnahmeleitung: Kurt Heinz, Paul Goergens. Drehzeit: 6.Februar–Ende Mai 1939 (Efa-Atelier Berlin; Karkeln, Kurische Nehrung; Tilsit; Pillkoppen; Wollin; Wellenbad Leipzig). Laufzeit: 93 Minuten. Uraufführung: 2.November 1939 (Tilsit), 15.November 1939 (Berlin). Darsteller: Kristina Söderbaum *(Elske Settegast)*, Frits van Dongen *(Endrik Settegast)*, Anna Dammann *(Madlyn Sapierska)*, Wolfgang Kieling *(der kleine Franz)*, Joachim Pfaff *(der kleine Jons)*, Manny Ziener *(Frau Papendieck)*, Ernst Legal *(Herr Wittkuhn)*, Charlotte Schultz *(Frau Wittkuhn)*, Eduard von Winterstein *(Elskes Vater)*, Clemens Hasse *(junger Mann aus der Straßenbahn)*, Heinz Dugall *(der kleine Wittkuhn)*, Albert Florath *(Lehrer)*, Babsie Schultz-Reckewell *(Mariechen)*, Jakob Tiedtke *(Gastwirt)*, Paul Westermeier *(Ausrufer)*. – Weitere Verfilmungen: SUNRISE (USA 1927, Regie F.W. Murnau), DIE REISE NACH TILSIT (BRD 1969, Regie: Günter Gräwert).

Pedro soll hängen. Majestic-Film, Mülleneisen & Tapper (Berlin). Verleih: Tobis. Regie: Veit Harlan. Drehbuch: Veit Harlan; Mitarbeit: Wolfgang Schleif, nach dem Lustspiel von Ludwig Hynitzsch und Friedel Hartlaub. Kamera: Bruno Mondi. Kamera-Assistenz: Erich Grohmann. Musik: Hans-Otto Borgmann. Bauten: Erich Zander, Karl Machus. Kostüme: Wolf Leder. Schnitt: Ludolf Grisebach. Ton: Hermann Storr, Hans Grimm. Regieassistenz: Wolfgang Schleif. Regie-Volontariat: Wolfgang Kieling. Standfotos: Erich Kilian. Aufnahmeleitung: Fritz Kurth, Paul Goergens. Drehzeit: 7.August–Mitte September 1939 (Efa-Atelier Berlin). Laufzeit: 68 Minuten. Uraufführung: 11.Juli 1941 (München), 25.Juli 1941 (Berlin). Darsteller: Gustav Knuth *(Pedro)*, Heinrich George *(Manuel)*, Jakob Tiedtke *(Alkalde)*, Maria Landrock *(Pepita)*, Werner Scharf *(José)*, Charlotte Witthauer *(Alice)*, Trude Tandar *(Evelyne)*, Erich Fiedler *(Amadeo)*, Ernst Legal *(Plebejano)*, Franz Weber *(Rodrigo)*, Ursula Deinert *(Chequita)*, Marianne Simson *(Mädchen)*, Otto Henning, Hans Meyer-Hanno, Ernst Rotmund, Jutta Jol, Marlise Ludwig.

Jud Süß (Frankreich: LE JUIF SÜSS; Italien: SUSS L'EBREO; Tschechoslowakei: ZIDOV SÜSS). Terra-Filmkunst GmbH (Berlin). Verleih: Terra. Herstellungsgruppe und Produktionsleitung: Otto Lehmann. Regie: Veit Harlan. Drehbuch: Eberhard Wolfgang Möller, Ludwig Metzger, Veit Harlan. Kamera: Bruno Mondi. Musik: Wolfgang Zeller. Bauten: Otto Hunte, Karl Vollbrecht. Kostüme: Ludwig Hornsteiner. Schnitt: Friedrich Karl von

Puttkamer, Wolfgang Schleif. Ton: Gustav Bellers. Regieassistenz: Wolfgang Schleif, Alfred Braun. Standfotos: Erich Kilian, Karl Ewald. Choreographie: Sabine Ress. Titelgestaltung: Trickatelier Radius. Aufnahmeleitung: Conny Carstennsen, Herbert Sennewald, Kurt Moos. Drehzeit: 15.März–Ende Juni 1940 (Ufastadt Babelsberg; Barrandov-Atelier Prag. Laufzeit: 97 Minuten. Uraufführung: 5.September 1940 (Venedig), 24.September 1940 (Berlin). Darsteller: Ferdinand Marian *(Jud Süß)*, Kristina Söderbaum *(Dorothea Sturm)*, Heinrich George *(Herzog Karl Alexander)*, Werner Krauss *(Rabbi Loew; Levy, Sekretär des Süß; Metzger; alter Mann im Fenster)*, Eugen Klöpfer *(Landschaftskonsulent Sturm)*, Albert Florath *(Obrist Röder)*, Malte Jaeger *(Aktuarius Faber)*, Theodor Loos *(von Remchingen)*, Hilde von Stoltz *(Herzogin)*, Else Elster *(Luziana, Maitresse des Süß)*, Walter Werner *(Fiebelkorn)*, Jacob Tiedtke *(Konsistorialrat)*, Charlotte Schultz *(Frau Fiebelkorn)*, Anny Seitz *(Minchen Fiebelkorn)*, Ilse Buhl *(Friederike Fiebelkorn)*, Erna Morena *(Frau des Konsistorialrats)*, Emil Heß *(Schmied Bogner)*, Käte Jöken-König *(seine Frau)*, Ursula Deinert *(Primaballerina)*, Erich Dunskus *(Meister der Schmiedezunft)*, Otto Henning *(Vorsitzender des Gerichts)*, Heinrich Schroth *(von Neuffer)*, Hannelore Benzinger *(Hausmädchen bei Sturm)*, Ingeborg Albert, Annette Bach, Irmgard Völker, Valy Arnheim, Franz Arzdorf, Walter Bechmann, Fred Becker, Reinhold Bernt, Louis Brody, Wilhelm Egger-Sell, Franz Eschle, Hans Eysenhardt, Georg Gürtler, Oskar Höcker, Karl Iban, Willi Kayser-Heil, Franz Klebusch, Otto Klopsch, Erich Lange, Horst Lommer, Richard Ludwig, Paul Mederow, Hans Meyer-Hanno, Arnim Münch, Edgar Nollet, Helmuth Passarge, Josef Peterhans, Friedrich Petermann, Edmund Pouch, Arthur Reinhardt, Wolfgang Staudte, Ernst Stimmel, Walter Tarrach, Otz Tollen, Max Vierlinger, Hans Waschatko, Eduard Wenck, Otto Wollmann. – Weitere Verfilmungen: JEW SUSS (GB 1934, Regie: Lothar Mendes), JOSEPH SÜSS OPPENHEIMER (BRD 1984, Regie: Rainer Wolffhardt).

Der große König (Frankreich: LE GRAND ROI; Italien: IL GRANDE RE; Schweden: DEN STORE SEGRAREN). Tobis-Filmkunst GmbH (Berlin). Verleih: Tobis; ab 1.Juni 1942: DFV. Produktionsleitung: Willi Wiesner. Regie: Veit Harlan. Drehbuch: Veit Harlan, (ungenannt: Gerhard Menzel, Hans Rehberg). Kamera: Bruno Mondi. Musik: Hans-Otto Borgmann. Bauten: Erich Zander, Karl Machus. Kostüme: Ludwig Hornsteiner, Johannes Krämer. Schnitt: Friedrich Karl von Puttkamer. Ton: Hans Rütten. Militärische Beratung: M.W.von Eberhardt. Regieassistenz: Wolfgang Schleif, Herbert Kiehne. Standfotos: Eugen Klagemann. Aufnahmeleitung: Conny Carstennsen, Harry Dettmann, Kay Dietrich Voss. Drehzeit: 24.September 1940–Mitte April 1941 (Tobis-Atelier Berlin-Johannisthal; Döberitz-Seegrund, Prag, Truppenübungsplatz Jüterborg). Laufzeit: 118 Minuten. Uraufführung: 3.März 1942 (Berlin). Darsteller: Otto Gebühr *(Friedrich der Große)*, Kristina Söderbaum *(Luise, Müllerstochter)*, Gustav Fröhlich *(Feldwebel Treskow)*, Hans Nielsen *(Fähnrich Niehoff)*, Hilde Körber *(Königin Elisabeth)*, Paul Wegener *(General Tschernitscheff)*, Otto Wernicke *(Oberst Rochow)*, Harry Hardt *(1.Adjutant von Dessau)*, Hans Hermann Schaufuss *(General Zieten)*, Claus Clausen *(Prinz Heinrich der Ältere)*, Claus Detlev Sierck *(Prinz Heinrich der Jüngere)*, Paul Henckels *(Grenadier Spiller)*, Elisabeth Flickenschildt *(Frau Spiller)*, Franz Schafheitlin *(Oberst Bernburg)*, Kurt Meisel *(Alfons)*, Karl Günther *(Graf Kaunitz)*, Otto Graf *(General Seydlitz)*, Hans Stiebner *(Koch Fourmentier)*, Erik Radolf *(2. Adjutant)*, Franz Nicklisch *(Kornett)*, Herbert Hübner *(Graf Finkenstein)*, Otto Henning *(General von Finck)*, Reginald Pasch *(General Manteuffel)*, Josef Peterhans *(General Tempelhof)*, Heinrich Schroth *(General von Schenkendorf)*, Jaspar von Oertzen *(Rittmeister von Prittwitz)*, Jakob Tiedtke *(Bürgermeister von Berlin)*, Bernhard Goetzke *(General von Hülsen)*, Otz Tollen *(General Tauentzien)*, Ernst Dernburg *(General Ramin)*, Leopold von Ledebur *(General von Retzow)*, Alexander Kökert *(General von Platen)*, Günther Markert *(Adjutant)*, Auguste Pünkösdy* *(Maria Theresia)*, Heinz Salfner *(Kabinettsrat)*, Anton Pointner *(General Daun)*, Walter Franck *(General Laudon)*, Ernst Fritz Fürbringer* *(Ludwig XV)*, Lola Müthel* *(Madame Pompadour)*, Hilde von Stolz* *(Dauphine)*, Herbert Gernot *(Russischer Offizier)*, Karl Hellmer *(Russischer Wachtmeister)*, Paul Westermeier *(Preußischer Wachtmeister)*, Armin Schweizer *(Diener Franz)*, Hans Sternberg *(der Müller)*, Maria Krahn *(die Müllerin)*, Wolf Trutz *(Diener)*, Heinrich Marlow *(alter*

General), Kristian Veit Harlan *(Luises Sohn)*, Ferdinand Asper, Fanny Cotta, Hans Eysenhardt, Leonore Ehn, Arthur Eugens, Franz Fiedler, Hugo Flink, Erich Gast, Knut Hartwig, Clemens Hasse, Jürgen Hollmers, Käte Jöken-König, Herbert Kiurina, Maria Loja, Hermann Mayer-Falko, Hans Mayer-Hanno, Michael von Newlinski, Luis Rainer, Louis Ralph, Hans Reiners, Just Scheu, Werner Schott, Walter Steinweg, Ernst Stimmel, Willy Witte. [Anm.: Die mit einem Stern versehenen Darsteller wurden noch vor der Premiere herausgeschnitten.]

Die goldene Stadt (Frankreich: LA VILLE DORÉE; Italien: LA CITTA' D'ORO; Schweden: DEN GYLLENE STADEN). Ufa-Filmkunst GmbH (Berlin). Verleih: DFV. Herstellungsgruppe: Veit Harlan. Produktionsleitung: Hans Conradi. Regie: Veit Harlan. Drehbuch: Alfred Braun, Veit Harlan, (ungenannt: Werner Eplinius), nach dem Bühnenstück »Der Gigant« von Richard Billinger. Kamera: Bruno Mondi (Agfacolor). Musik: Hans-Otto Borgmann, unter Verwendung von Melodien von Friedrich Smetana. Bauten: Erich Zander, Karl Machus. Schnitt: Friedrich Karl von Puttkamer. Ton: Gustav Sellers, (Bruno Suckau). Regie-Assistenz: Wolfgang Schleif. Chefbeleuchter: Fritz Kühne. Aufnahmeleitung: Conny Carstenssen, Rudolf Liebermann, Friedrich Link. Drehzeit: 25.Juli–November 1941 (Ufa-Stadt Babelsberg; Prag und Umgebung). Laufzeit: 110 Minuten. Uraufführung: 3.September 1942 (Venedig), 24.November 1942 (Berlin). Darsteller: Kristina Söderbaum *(Anna Jobst)*, Eugen Klöpfer *(Melchior Jobst)*, Annie Rosar *(Donata Opferkuch)*, Lieselotte Schreiner *(Maruschka, Wirtschafterin)*, Dagny Servaes *(Lilli Tandler)*, Paul Klinger *(Ingenieur Christian Leidwein)*, Kurt Meisel *(Toni)*, Rudolf Prack *(Großknecht Thomas)*, Ernst Legal *(Pelikan)*, Hans Hermann Schaufuss *(Nemerek)*, Inge Drexel *(Julie)*, Walter Lieck *(Ringl, ihr Bräutigam)*, Frieda Richard *(Frau Amend)*, Valy Arnheim, Josef Dahmen, Ernst Rotmund, Konrad Cappi, Else Ehser, Hugo Flink, Robert Forsch, Karl Harbacher, Emmerich Hanus, Maria Hofen, Josef Holzer, William Huch, Jaromir Krejci, Maria Loja, Josef Reithofer, Max Rosenhauer, Franz Schöber, Hans Sternberg, Rudolf Vones, Harry Hardt, Walter Schramm-Duncker, Josef Hustolis, Louis Ralph, Franz Schöber, Fritz Eysenhardt.

Immensee (Frankreich: LE LAC AUX CHIMÈRES; Italien: IL PERDUTO AMORE; Schweden: NÄCKROSEN). Ufa-Filmkunst GmbH (Berlin). Verleih: DFV. Herstellungsgruppe: Veit Harlan. Produktionsleitung: Erich Holder. Regie: Veit Harlan. Drehbuch: Veit Harlan, Alfred Braun, nach der gleichnamigen Novelle von Theodor Storm. Kamera: Bruno Mondi (Agfacolor). Musik: Wolfgang Zeller. Bauten: Erich Zander, Karl Machus. Kostüme: Gertrud Steckler. Schnitt: Friedrich Karl von Puttkamer, Christa Loose. Ton: Heinz Martin. Regie-Assistenz: Nils Gulden, Kurt Meisel. Standfotos: Karl Lindner. Chefbeleuchter: Fritz Kühne. Aufnahmeleitung: Conny Carstenssen, Ernst Liepelt. Drehzeit: 26.Juni 1942 – April 1943 (Ufa-Stadt Babelsberg; Forum Romanum; bei Eutin, Plön; Gut Stendorf, Hamburg). Laufzeit: 95 Minuten. Uraufführung: 17.Dezember 1943 (Berlin). Darsteller: Kristina Söderbaum *(Elisabeth Uhl)*, Carl Raddatz *(Reinhart Torsten)*, Paul Klinger *(Erich Jürgens)*, Carola Toelle *(Mutter Uhl)*, Lina Lossen *(Mutter Torsten)*, Max Gülstorff *(Vater Torsten)*, Otto Gebühr *(Vater Jürgens)*, Germana Paolieri *(Lauretta)*, Käte Dyckhoff *(Jesta)*, Wilfried Seyferth *(Werner)*, Malte Jäger *(Jochen)*, Clemens Hasse *(Musikstudent)*, Luigi Ricci *(Dirigent in Rom)*, Albert Florath *(Musikprofessor)*, Walter Bechmann, Ernst Legal, Claire Reigbert, Marta Salm, Jack Trevor, Louis Ralph, Hans Eysenhardt. – Weitere Verfilmungen WAS DIE SCHWALBE SANG (BRD 1956), Regie: Geza von Bolvary); IMMENSEE (DDR 1989, Regie: Klaus Gendries).

Opfergang (Frankreich: OFFRANDE AU BIEN-AIMÉ; Italien: LA PRIGIONIERA DEL DESTINO; Schweden: VILDVAGEL). Ufa-Filmkunst GmbH (Berlin). Verleih: DFV. Herstellungsgruppe: Veit Harlan. Produktionsleitung: Erich Holder. Regie: Veit Harlan. Drehbuch: Veit Harlan, Alfred Braun, nach der Novelle »Der Opfergang« von Rudolf G. Binding. Kamera: Bruno Mondi (Agfacolor). Trickaufnahmen: Gerhard Huttula. Musik: Hans-Otto Borgmann. Bauten: Erich Zander, Karl Machus. Schnitt: Friedrich Karl von Puttkamer, Christa Loose. Ton: Heinz Martin. Chefbeleuchter: Fritz Kühne. Aufnahmeleitung: Conny Carstenssen, Ernst Liepelt. Drehzeit: 21.August 1942–Anfang Januar 1943 (Ufa-Stadt Babelsberg, bei Eutin, Hiddensee, Hamburg). Laufzeit: 98 Minuten. Uraufführung: 2.Oktober 1944 (Stockholm), 8.Dezember 1944 (Hamburg), 29.Dezember 1944 (Berlin).

Darsteller: Kristina Söderbaum *(Aelskling Flodéen)*, Irene von Meyendorff *(Octavia Froben)*, Carl Raddatz *(Albrecht Froben)*, Franz Schafheitlin *(Matthias)*, Otto Tressler *(Senator Froben)*, Annemarie Steinsieck *(Frau Froben)*, Ernst Stahl-Nachbaur *(Sanitätsrat Terboven)*, Edgar Pauly *(Diener)*, Charlotte Schultz *(Krankenschwester)*, Ludwig Schmitz *(Büttenredner)*, Frieda Richard *(Frau Steinkamp)*, Paul Bildt *(Notar)*, Franz W.Schröder-Schrom.

Zwischen Nacht und Morgen/Augen der Liebe. Ufa-Filmkunst GmbH (Berlin). Herstellungsgruppe: Veit Harlan. Produktionsleitung: Erich Holder. Regie: Alfred Braun. Drehbuch: Veit Harlan, Alfred Braun. Kamera: Reimar Kuntze. Musik: Wolfgang Zeller. Bauten: Wilhelm Depenau, Alfred Tolle. Kostüme: Gertrud Steckler. Schnitt: Walter Fredersdorf. Ton: Alfred Zunft. Regieassistenz: Walter Fredersdorf. Aufnahmeleitung: Hans-Joachim Wieland, William Neugebauer. Drehzeit: 21.August 1942–Oktober 1943 (Ufa-Stadt Babelsberg; mit Unterbrechungen). Laufzeit: 99 Minuten. Zensurvorlage: Dezember 1944. Uraufführung: 26.Oktober 1951 (Hamburg). Darsteller: Käthe Gold *(Schwester Agnes)*, René Deltgen *(Günter Imhoff)*, Paul Wegener *(Professor Mochmann)*, Hans Schlenck *(Dr. Lamprecht)*, Maria Koppenhöfer *(Oberschwester)*, Albert Florath *(Laboratoriumsdiener Ehlers)*, Mady Rahl *(Gerda Schirmer)*, Ilse Petri *(Lilo Thiele)*, Rudolf Schündler *(Dr. Bertram)*, Gertrud Spalke, Marina Werner-Papke, Walter Pentzlin.

Kolberg (Schweden: BRINNANDE HJÄRTAN; Schweiz: ENTSAGUNG; USA: BURNING HEARTS). Ufa-Filmkunst GmbH (Berlin). Verleih: DFV. Herstellungsgruppe: Veit Harlan. Produktionsleitung: Wilhelm Sperber. Regie: Veit Harlan. Fertigstellung: Wolfgang Liebeneiner. Drehbuch: Veit Harlan, Alfred Braun, (ungenannt: Joseph Goebbels, Thea von Harbou). Kamera: Bruno Mondi (Agfacolor); Kamera-Assistenz: Heinz Pehlke. 2.Kamera: Gerhard Huttula. Musik: Norbert Schultze. Bauten: Erich Zander, Karl Machus. Schnitt: Wolfgang Schleif. Ton: Hermann Storr. Chefbeleuchter: Fritz Kühne. Aufnahmeleitung: Conny Carstennsen, Rudolf Fichtner. Drehzeit: 22.Oktober 1943– August 1944 (Ufa-Stadt Babelsberg; Kolberg, Königsberg; Berlin und Umgebung). Laufzeit: 111 Minuten. Uraufführung: 30.Januar 1945 (Berlin; La Rochelle). Darsteller: Heinrich George *(Nettelbeck)*, Kristina Söderbaum *(Maria)*, Horst Caspar *(Gneisenau)*, Gustav Diessl *(Schill)*, Paul Wegener *(Loucadou)*, Otto Wernicke *(Bauer Werner)*, Charles Schauten *(Kaiser Napoleon)*, Claus Clausen *(König Friedrich Wilhelm III)*, Irene von Meyendorff *(Königin)*, Heinz Lausch *(Friedrich)*, Kurt Meisel *(Claus)*, Paul Bildt *(Rektor)*, Jakob Tiedtke *(Reeder)*, Hans Hermann Schaufuss *(Zaufke)*, Franz Schafheitlin *(Fanselow)*, Theo Shall *(General Loison)*, Paul Henckels *(Major in Königsberg)*, Jaspar von Oertzen *(Prinz Louis Ferdinand)*, Josef Dahmen *(Franz)*, Franz Herterich *(Kaiser Franz II)*, Greta Schröder-Wegener *(Frau von Voss)*, Fritz Hoopts *(Timm)*, Werner Scharf *(General Teulié)*, Herbert Klatt, André Saint-Germain, Margarete Schön, Inge Drexel, Herbert A.E. Böhme, Betty Wald.

Der Puppenspieler (unvollendet). Ufa-Filmkunst GmbH (Berlin). Herstellungsgruppe: Veit Harlan. Herstellungsleitung: Veit Harlan, Fritz Thiery. Regie: Alfred Braun. Drehbuch: Veit Harlan, Alfred Braun, nach der Novelle »Pole Poppenspäler« von Theodor Storm. Kamera: Konstantin Irmen-Tschet (Agfacolor). Musik: Wolfgang Zeller. Bauten: Erich Zander, Paul Köster. Schnitt: Alice Decarli. Ton: Heinz Martin. Regieassistenz: Alfred Vohrer. Aufnahmeleitung: Rudolf Fichtner, Paul Liehr, Kurt Paetz. Drehzeit: 5.November 1944–April 1945. Bei Kriegsende war der Film zur Hälfte abgedreht. Darsteller: Max Eckard *(Pole Poppenspäler)*, Elfie Mayerhofer *(Lisei)*, Eugen Klöpfer *(Herr Tendler)*, Maria Koppenhöfer *(Frau Tendler)*, Paul Bildt *(Vater Paulsen)*, Hidde Eberth *(Mutter Paulsen)*, Albert Florath *(Lehrer Steenbock)*, Alfred Schieske *(Jochen Henke)*, Franz Weber *(Jesper)*, Robert Forsch *(Gabriel)*, Fritz Hoopts *(Hinrich)*, Hedwig Wangel *(Meisterin)*, Hansgeorg Laubenthal *(Ingenieur)*, Clemens Hasse, Carl Günther, Eduard Bornträger, Hans Sternberg, Knut Hartwig, Else Ehser, Maria Zidek-Meck, Elisabeth Wendt, Hans Schwarz Jr., Peter Clausen, Siegfried Hoffmann, Eduard von Winterstein, Peter Widmnn, Karl Hannemann, Karl Etlinger, Max Gülstorff.

Unsterbliche Geliebte (Italien: LA DINASTIA INDOMABILE). Domnick-Filmproduktion (Göttingen). Verleih: Herzog. Produktionsleitung: Hans Domnick. Regie: Veit Harlan.

Drehbuch: Veit Harlan; nach der Erzählung »Aquis submersus« von Theodor Storm. Kamera: Werner Krien. Musik: Wolfgang Zeller. Bauten: Walter Haag. Schnitt: Margarete Steinborn. Ton: Heinz Martin. Drehbeginn: 20. August 1950 (Atelier Göttingen, Hallig Oland, bei Schloß Berlepsch). Laufzeit: 108 Minuten. Uraufführung: 31. Januar 1951 (Herford), 2. Mai 1954 (Berlin). Darsteller: Kristina Söderbaum *(Katharina von Hollstein)*, Hans Holt *(Johannes S.)*, Hermann Schomberg *(Pfarrer Georg Bonnix)*, Alexander Golling *(Wulf von Hollstein)*, Franz Schafheitlin *(Talma)*, Otto Gebühr *(Dietrich)*, Hedwig Wangel *(Bas' Ursel)*, Jakob Tiedtke *(Wirt Ottsen)*, Erna Morena *(Äbtissin)*, Eduard Marks *(der Erzähler)*, Tilo von Berlepsch *(Kurt von der Risch)*, Else Ehser *(Trienke)*, Eugen Dumont *(Bauer Mahnke)*, Wilhelm Meyer-Ottens *(Bauer in der Waldschänke)*, Günter Kind *(Bruder des Johannes)*, Robert Taube.

Hanna Amon (Schweden: FANGEN NR. 393). Willy Zeyn-Film GmbH (München). Verleih: Herzog. Produzent: Willy Zeyn. Produktionsleitung: Hans Lehmann. Regie: Veit Harlan. Drehbuch: Veit Harlan; nach einer Idee von Richard Billinger. Kamera: Werner Krien, Georg Bruckbauer (Agfacolor). 2. Kamera (Aufnahmen der Zugvögel): Eugen Schumacher. Kamera-Assistenz: Gerhard Krüger, Wolfgang Hewecker, Kurt Grigoleit. Licht: Walter Schulz. Musik: Hans-Otto Borgmann. Bauten: Rochus Gliese, Hans Berthel. Maler: Alexander Inderak. Requisite: Hans Pewny, Reinhard Hinrichs, Waldemar Hinrichs. Garderobe: Martin Dasch, Hildegard Demmer, Anny Loretto. Schnitt: Walter Boos; Assitenz: Gertrud Dreyer, Liesgret Klink. Ton: Heinz Martin; Assistenz: Horst Eiteljörge, Helmuth Rausch, Herbert Treptow. Maske: Karl Hanoszek, Franz Göbel, Gerda Scholz-Grosse, Blanche Klink. Regieassistenz: Elly Rauch. Script: Lu Schlage. Standfotos: Richard Wesel, Waltraud Saloga. Fahrturnier-Gestaltung: Reitschule Murnau. Aufnahmeleitung: Woldemar Wasa-Runge, Otto Reinwald. Drehzeit: 16. August–23. November 1951 (Atelier Göttingen; Hohenaschau, Possenhofen, St. Heinrich, Geitau, Straße zum Sudelfeld, Oberbayern). Laufzeit: 106 Minuten. Uraufführung: 21. Dezember 1951 (Stuttgart), 29. Januar 1954 (Berlin). Darsteller: Kristina Söderbaum *(Hanna Amon)*, Lutz Moik *(Thomas Amon)*, Ilse Steppat *(Vera Colombani)*, Hermann Schomberg *(Alois Brunner, genannt Zentaur)*, Emmy Percy *(Frau des Bürgermeisters)*, Susanne Körber *(Rosl, Tochter des Bürgermeisters)*, Elise Aulinger *(Frau Brunner)*, Hedwig Wangel *(Frau Zorneder)*, Brigitte Schubert *(Lioba)*, Günther Hadank *(Pfarrer)*, Jacob Tiedtke *(Wirt)*, Franz Schafheitlin *(Gefängnisdirektor)*, Ferdinand Anton *(Hans Zorneder)*, Hans Hermann Schaufuß *(Bürgermeister)*, Caspar Veit Harlan *(Hannes Filchner)*, Wolf Ackva *(Entresser)*, Brigitte Otto *(Jeanette)*, Paul Demel, Peter Bürger, Edmund Steinberger, Axel Scholz, Escha Hilpert, Anna Kurz.

Die blaue Stunde (Österreich: FEUERPROBE DER LIEBE). Komet-Film (München). Verleih: Panorama-Film. Produktionsleitung: Hellmuth Schönnenbeck. Regie: Veit Harlan. Drehbuch: Veit Harlan. Kamera: Werner Krien (Agfacolor/sw). Kamera-Assistenz: Gerhard Krüger. Musik: Franz Grothe. Bauten: Walter Haag. Kostüme: Salon Schulze-Varell. Schnitt: Walter Boos. Ton: Heinz Martin. Regieassistenz: Elly Rauch. Standfotos: Karl Ewald. Aufnahmeleitung: Woldemar Wasa-Runge, Jürgen Mohrbutter. Drehzeit: Oktober 1952–10. Januar 1953 (Capri, Atelier Göttingen). Laufzeit: 100 Minuten. Uraufführung: 27. Februar 1953 (Stuttgart). Darsteller: Kristina Söderbaum *(Angelika)*, Hans Nielsen *(Paul)*, Paulette Andrieux *(Lou)*, Kurt Kreuger *(Dulong)*, Harald Juhnke *(Fred)*, Renate Feuereisen *(Mariechen)*, Jakob Tiedtke *(Portier)*, Otto Gebühr *(Geheimrat Jordan)*, Charlotte Scheier-Herold, Esther Gramsch, Hans Hermann-Schaufuß.

Sterne über Colombo (Frankreich: LE TIGRE DE COLOMBO). Divina-Film GmbH (München). Verleih: Gloria. Produzent: Hans Albin. Produktionsleitung: Eberhard Meichsner. Regie: Veit Harlan. Drehbuch: Peter Francke, Veit Harlan, nach einer Idee von Peter Francke und Maria Osten-Sacken. Kamera: Georg Bruckbauer, Klaus von Rautenfeld (Agfacolor). Kamera-Assistenz: Wolfgang Hewecker, Werner Kraft. Musik: Franz Grothe. Liedtexte: Willy Dehmel. Bauten: Ernst H. Albrecht, Paul Markwitz, Arne Fleckstadt, Bruno Lutz. Außen-Requisite: Werner Wappler. Kostüme: Werner Böhm, Lilo Lieb. Schnitt: Walter Boos. Ton: Hans Endrulat. Regie-Assistenz: Elly Rauch. Standfotos: Karl Bayer. Maske: Karl Hanoszek, Blanche Klink. Tigerdressur: Gilbert Houcke. Aufnahmeleitung: Woldemar Wasa-Runge, Dixie Sensburg, Jürgen Mohrbutter. Drehzeit: 25. Februar–Oktober 1953 (Ceylon, Sri Lanka, Indien, Hamburg, München-Geiselgasteig). Laufzeit: 100 Minuten. Uraufführung: 17. Dezember 1953 (Hannover), 2. Februar 1954 (Berlin). Darsteller: Kristina Söderbaum *(Yrida)*, Willy Birgel *(Gowan, Maharadscha von Jailapur)*, Adrian Hoven *(Gowaran, sein Sohn)*, Suyata Jayawardena *(Navarani)*, René Deltgen *(Lakamba)*, Hermann Schomberg *(Götz)*, Rolf von Nauckhoff *(Pahana)*, Herbert Hübner *(Zirkusdirektor)*, Karl Martell *(Dari)*, Gilbert Houcke *(Ambo)*, Paul Busch Jr. *(Michael)*, Rolf Wanka *(Staatsanwalt)*, Oskar von Schab *(Richter)*, Otto Gebühr *(Dr. Kuroma)*, Greta Schröder-Wegener *(Krankenschwester)*, Theodor Loos *(Der Heilige Mann)*, Rudolf Vogel *(Yogi)*, Werner Lieven *(Reishändler)*, Hans Magel *(Totengräber)*, Alexander Malachowsky *(Priester)*, Veit Harlan *(Clown)*.

Die Gefangene des Maharadscha (Italien: LA PRIGONIERA DEL MAHARAJAH). Divina Film GmbH (München). Verleih: Gloria. Produzent: Hans Albin. Produktionsleitung: Eberhard Meichsner. Regie: Veit Harlan. Drehbuch: Peter Francke, Veit Harlan; nach einer Idee von Peter Francke und Maria Osten-Sacken. Kamera: Georg Bruckbauer, Klaus von Rautenfeld (Agfacolor). Kamera-Assistenz: Wolfgang Hewecker, Werner Kraft. Musik: Franz Grothe. Liedtexte: Willy Dehmel. Bauten: Ernst H. Albrecht, Paul Markwitz, Arne Fleckstadt, Bruno Lutz. Außen-Requisite: Werner Wappler. Kostüme: Werner Böhm, Lilo Lieb. Schnitt: Walter Boos. Ton: Hans Endrulat, Walter Rühland. Maske: Karl Hanoszek, Blanche Klink. Regieassistenz: Elly Rauch. Standfotos: Karl Bayer. Tigerdressur: Gilbert Houcke. Aufnahmeleitung: Woldemar Wasa-Runge, Dixie Sensburg, Jürgen Mohrbutter. Drehzeit: 25. Februar–Dezember 1953 (München-Geiselgasteig; Ceylon, Sri Lanka; Hamburg; München). Laufzeit: 104 Minuten. Uraufführung: 5. Februar 1954 (Düsseldorf), 5. März 1954 (Berlin). Darsteller: Kristina Söderbaum *(Yrida)*, Willy Birgel *(Gowan, Maharadscha von Jailapur)*, Adrian Hoven *(Gowaran, sein Sohn)*, Hermann Schomberg *(Götz)*, Rolf von Nauckhoff *(Pahana)*, Herbert Hübner *(Zirkusdirektor)*, Suyata Jayawardena *(Navarani)*, Karl Martell *(Dari)*, Otto Gebühr *(Dr. Kuroma)*, Theodor Loos *(Der Heilige Mann)*, Gilbert Houcke *(Ambo)*, Greta Schröder-Wegener *(Krankenschwester)*, Rudolf Vogel *(Yogi)*, Rolf Wanka *(Staatsanwalt)*, Alexander Malachowsky *(Priester)*, Oskar von Schab *(Richter)*, Werner Lieven *(Reishändler)*, Hans Magel *(Totengräber)*. – Anm.: STERNE ÜBER COLOMBO und DIE GEFANGENE DES MAHARADSCHA sind 1962 zusammengeschnitten unter dem Titel DIE BLONDE FRAU DES MAHARADSCHA wiederaufgeführt worden.

Verrat an Deutschland / Der Fall Dr. Sorge (Frankreich: L'ESPION DE TOKYO; Italien: BERLIN-TOKIO, OPERAZIONE SPIONAGGIO). Divina-Film GmbH (München). Verleih: Gloria. Herstellungsleitung: Walter Traut. Produktionsleitung: Eberhard Meichsner. Regie: Veit Harlan. Drehbuch: Veit Harlan, Thomas Harlan, (ungenannt: Klaus Hardt). Kamera: Georg Bruckbauer, Shizu Fujii; Assistenz: Wolfgang Hewecker, Werner Kraft. Musik: Franz Grothe. Bauten: Hermann Warm, Alfons Windau. Kostüme: Teddy Turau. Schnitt: Walter von Bonhorst. Ton: Erwin Jennewein. Regie-Assistenz: Elly Rauch. Standfotos: Karl Bayer. Aufnahmeleitung: Woldemar Wasa-Runge, Hans Joachim Sommer. Drehzeit: 16. September–17. Oktober 1954, (Tokio/Hafenviertel Yoshiwara), 26. Oktober-26. November 1954 (Thorak-Atelier Baldham). Laufzeit: 110 Minuten. Uraufführung: 12. Januar 1955 (München), 3. Mai 1955 (Berlin). Darsteller: Kristina Söderbaum *(Katharina)*, Paul Muller *(Dr. Sorge)*, Herbert Hübner *(Botschafter)*, Hermann Speelmans *(Klausen)*, Blandine Ebinger *(Anna)*, Inkijinoff *(Osaki)*, Wolfgang Wahl *(SS-Oberführer Schollinger)*, Peter Arens *(Heide)*, Albert Hehn *(Militär-Attaché)*, Rolf Kralowitz *(Chirurg)*, Totoi Hatsui *(Namiko)*, Tsutae Fujino *(Grillenverkäuferin)*, Yoko Tanij *(Hanako)*, Korea Senda *(Konoye)*, Yoshisisa Takayama *(Tojo)*, Yoshio Inaba *(Mijagi)*, Mamoru Kato *(Untersuchungsrichter)*, Hideo Fukuhara *(Korporal)*, Keije Fujita *(Unterleutnant)*, Shuji Tobe *(das Kind)*, Hans Elwenspoek, Kai S. Seefeld, Mitglieder des Haiyuaza-Theaters und der No-Truppe. – Weitere Verfilmung: DER FALL SORGE (Österreich 1970, Regie: Hermann Kugelstadt).

Anders als du und ich / Das dritte Geschlecht (Frankreich: LE TROISIÈME SEXE; Italien: PROCESSO A PORTE CHIUSE; Schweden: INTE SOM DU OCH JAG/OSKULD; USA: THE THIRD SEX). Arca-Filmproduktion GmbH (Berlin). Verleih: Constantin. Produktionsleitung: Helmuth Volmer. Produzent: Gero Wecker. Regie: Veit Harlan. Drehbuch: Dr. Felix Lützkendorf, nach einer Idee von Robert Pilchowski. Fachwissenschaftliche

Beratung: Institut für Sexualforschung (Frankfurt am Main). Kamera: Kurt Grigoleit. Kameraführung: Klaus von Lettow-Vorbeck. Musik: Erwin Halletz. Elektronen-Musik: Oskar Sala. Bauten: Gabriel Pellon, Hans Auffenberg. Requisite: Helmut Künecke, Horst Griese. Kostüme: Trude Ulrich. Garderobe: Willy Grossmann, Charlotte Jungmann. Schnitt: Walter Wischniewsky. Ton: Hans Endrulat, Oskar Haarbrandt. Maske: Ludwig Ziegler, Blanche Klink. Regieassistenz: Frank Winterstein. Aufnahmeleitung: Herbert Junghans, Fritz W.Schlüter. Script: Katharina Scheu. Standfotos: Michael Marszalek, Brigitte Dittner. Drehzeit: 8.Mai–3.Juni 1957 (Arca-Filmstudio Berlin-Pichelsberg). Laufzeit: 92 Minuten. Uraufführung: 29.August 1957 (Wien), 31.Oktober 1957 (Stuttgart). Darsteller: Paula Wessely *(Christa Teichmann)*, Paul Dahlke *(Direktor Werner Teichmann)*, Hans Nielsen *(Max Mertens)*, Ingrid Stenn *(Gerda Böttcher, Hausmädchen bei Teichmanns)*, Christian Wolff *(Klaus Teichmann)*, Friedrich Joloff *(Dr. Boris Winkler, Antiquitätenhändler)*, Herbert Hübner *(Verteidiger Dr. Schwarz)*, Kurt Vespermann *(Dr. Schmidt, Lehrer)*, Hilde Körber *(Frau Glatz)*, Günther Theil *(Manfred Glatz)*, Paul Esser *(Kommissar)*, Siegfried Schürenberg *(Staatsanwalt)*, Otto Graf *(Gerichtspräsident)*, Hans Schumm *(Jugendpsychologe)*, Marcel Andrée *(Travestiekünstler)*, Peter Nijinsjkij *(Carlos, ein jugendlicher Homosexueller)*, Heinz Lingen, Susanne Paschen.

Liebe kann wie Gift sein (Frankreich: IMPUDEUR; Italien: QUANDO L'AMORE E' VELENO; Schweden: VÄGEN UTFÖR). Arca-Filmproduktion (Berlin-West). Verleih: Prisma. Produzent: Gero Wecker. Herstellungsleitung: Helmuth Volmer. Produktionsleitung: August Barth. Regie: Veit Harlan. Drehbuch: Walther von Hollander, Joachim Wedekind, nach dem Roman »Andrea und die rote Nacht« von G.Merlin. Kamera: Kurt Grigoleit. Kameraführung: Manfred Ensinger. Kamera-Assistenz: Hans Joachim Degler. Musik: Erwin Halletz. Bauten: Ernst H.Albrecht, Hans Auffenberg. Requisite: Fritz Moritz, Erwin Hübenthal. Kostüme: Heinz Oestergaard. Garderobe: Annie Bollenhagen, Walter Leder. Schnitt: Ilse Wilken; Assistenz: Elisabeth Pewny. Ton: Friedrich W.Dustmann; Assistenz: Gunther Kortwich. Regie-Assistenz: Fritz Westhoff. Script: Katharina Scheu. Standfotos: Michael Marszalek. Maske: Blanche Klink, Ludwig Ziegler. Aufnahmeleitung: Fritz Anton, Felix Lehmann. Drehzeit: 12.März–Mitte April 1958 (Arca-Filmstudio Berlin-Pichelsberg). Laufzeit: 92 Minuten. Uraufführung: 23.Juli 1958 (Berlin). Darsteller: Sabina Sesselmann *(Magdalena Köhler)*, Joachim Fuchsberger *(Stefan Bruck, Medizinstudent)*, Willy Birgel *(Joachim Köhler, Präsident einer Baugesellschaft)*, Paul Klinger *(ein Geistlicher)*, Renate Ewert *(Susanne, eine junge Malerin)*, Helmut Schmid *(Robert Ferber, Modemaler)*, Paul Henckels *(Droste, Buchhändler)*, Friedrich Joloff *(Hans von Hehne)*, Werner Peters *(Bogolla, Kunsthändler)*, Marina Petrowa *(Ruth, Roberts Modell)*, Alice Treff *(Fräulein von Tischowitz, Erzieherin)*, Reinhard Kolldehoff *(Achill)*, Otz Tollen, Tilo von Berlepsch.

Es war die erste Liebe. Arca-Filmproduktion GmbH (Berlin-West). Verleih: Deutsche Film-Hansa. Gesamtleitung: Gero Wecker. Produktionsleitung: Helmuth Volmer. Regie: Fritz Stapenhorst, (ungenannt: Veit Harlan). Drehbuch: Kurt E.Walther, nach einer Filmnovelle von Kurt E.Walther und Wladimir Semitjoff. Kamera: Kurt Grigoleit. Musik: Norbert Schultze. Bauten: Ernst H.Albrecht, Hans Auffenberg. Schnitt: Wolfgang Wehrum. Ton: Herbert Karwahne. Regieassistenz: Wolfgang Wehrum. Drehbeginn: 23.Juli 1958 (Berlin-Pichelsberg). Laufzeit: 92 Minuten. Uraufführung: 15.Oktober 1958 (Stuttgart), 16.Oktober 1958 (Frankfurt am Main), 17.Oktober 1958 (Berlin). Darsteller: Marion Michael *(Annika Bergmann)*, Christian Wolff *(Peter Lauterbach)*, Richard Häußler *(Professor Hans Lauterbach)*, Maria Holst *(Marianne Bergmann)*, Fritz Tillmann *(Andreas Bergmann)*, Raidar Müller *(Manfred Kröger, Student)*, Hilde von Stolz *(Frau Harms)*, Maria Petrowa *(Elke)*, Gerold Wanke *(Hubert Harms)*, Werner Stock *(Diener Fritz)*, Wilfried Lempe *(Klaus Harms)*, Frank von der Bottlenberg.

Ich werde dich auf Händen tragen. Arca-Filmproduktion GmbH (Berlin-West). Verleih: Constantin. Produzent: Gero Wecker. Herstellungsleitung: Alfred Bittins; Assistenz: Mohr von Chamiens. Regie: Veit Harlan. Drehbuch: Guido Fürst, Veit Harlan. nach der Erzählung »Viola Tricolor« von Theodor Storm. Kamera: Gerhard Krüger (Agfacolor). Kamera-Assistenz: Gerhard Girbiger, Eugen Gaenger. Musik: Werner Eisbrenner. Bauten: Ernst H.Albrecht, Hans Auffenberg. Requisite: Fritz Moritz, Erwin Hübenthal.

446

Kostüme: Sinaida Rudow-Brosta. Garderobe: Ernst Erdmann, Edith Dahlke. Schnitt: Klaus Eckstein. Ton: Herbert Karwahne. Maske: Lutz Ziegler, Blanche Klink. Regie-Assistenz: Lothar Gündisch. Aufnahmeleitung: Willy Schöne. Drehbeginn: 16. August 1958 (Arca-Filmstudio Berlin-Pichelsberg; Husum, Sylt; Florenz). Laufzeit: 92 Minuten. Uraufführung: 7. November 1958 (Stuttgart). Darsteller: Kristina Söderbaum *(Ines)*, Hans Holt *(Rudolf)*, Hans Nielsen *(Dottore)*, Barbara Haller *(Nesi)*, Hilde Körber *(Anne)*, Monika Dahlberg *(Pia)*, Günter Pfitzmann *(Georg)*, Frank von der Bottlenberg *(Giacomo)*, Malte Jaeger *(Geistlicher im Zug)*. – Weitere Verfilmung: SERENADE (Deutschland 1937, Regie: Willi Forst).

Bühneninszenierungen

Der Biberpelz. Eine Diebskomödie von Gerhart Hauptmann. Fränkisches Theater (Schloß Maßbach). Regie: Veit Harlan. Bühnenbild: Paul Maar. Kostüme: Livija Miglinas. Uraufführung: 8. September 1962. Darsteller: Herbert Heinz *(Von Wehrhahn, Amtsvorsteher)*, Annemarie Asmus *(Frau Wolff, Waschfrau)*, Oskar Ballhaus *(Julius Wolff, ihr Mann)*, Heidi Klein *(Leontine Wolff)*, Helga Betten *(Adelheid Wolff)*, Konrad Thoms *(Krüger, Rentier)*, Friedrich Bremer *(Doktor Fleischer)*, Gerold Christmann *(Motes)*, Lena Hutter *(Frau Motes)*, Karl Luce *(Wulkow, Schiffer)*, Jarg Beucker *(Glasenapp, Amtsschreiber)*, Hans Peters *(Mitteldorf, Amtsdiener)*.

Ein Traumspiel von August Strindberg; Übersetzung: Emil Schering. Grenzlandtheater des Landeskreises Aachen GmbH. Regie: Veit Harlan. Bühnenbild: Willi Thomas. Musik: Ernst Bartholemy, Günther Kerkhoffs, IV. Satz »Gewitter und Sturm« der 6. Symphonie von Ludwig van Beethoven und ein Präludium sowie ein Orgelvorspiel von Johann Sebastian Bach. Kostüme: Renate Holthoff-Volger. Inspektion: Curt Seifert. Technische Einrichtung: Herbert Schäfer. Ton: Günther Groß. Beleuchtung: Peter Pasak. Regieassistenz: Horst Schultheiß. Uraufführung: 7. September 1963. Darsteller: Kristina Söderbaum *(Indras Tochter)*, Wolfgang Ziemssen *(Der Offizier)*, Joachim Hildebrandt *(Die Stimme des Gottes Indra/Der Dichter)*, Horst Taler *(Der Glasermeister/Der Pensionär – ein Doppelgänger)*, Susanne David *(Die Mutter/Die Türhüterin)*, Walther Blatt *(Der Vater/Der Dekan der Theologischen Fakultät/Der Lehrer/ Der Blinde)*, Dorothea Neukirchen *(Lina/Christl, ein krüppelhaftes Wesen/Die häßliche Edith)*, Heinz Güther *(Der Zettelankleber/Der Rektor der Universität/2. Kohlenträger)*, Angelika Schosnich *(Ein Ballettmädchen/Eine Figurantin)*, Horst Schultheiß *(Ein Ritter/Der Dekan der Medizinischen Fakultät/ER/Ein Schüler/1. Kohlenträger)*, Kurt Ackermann *(Ein Polizist/Der Quarantänemeister)*, Marlies Leisten *(Eine Sängerin)*, Theo Maier-Körner *(Der Advokat)*, Josef Arweiler *(Der Dekan der Philosophischen Fakultät)*, Peer Lhot *(Der Dekan der Juristischen Fakultät)*, Ingrid Kolbe *(SIE [Viktoria])*.

Literatur

Albrecht, Dr. Gerd: *Nationalsozialistische Filmpolitik*. Ferdinand Enke Verlag; Stuttgart 1969.
Albrecht, Dr. Gerd: *Der Film im 3. Reich*. Doku Verlag; Karlsruhe 1979.
Althen, Michael: »Des Teufels Regisseur« in *Süddeutsche Zeitung*, 22. 9. 1999.
Aspetsberger, Friedbert: *»arnolt bronnen«. Biographie*. Böhlau Verlag; Wien/Köln/ Weimar 1995.
Bab, Julius: *Friedrich Kayßler*. Erich Reiß Verlag; Berlin 1919.
Bab, Julius: *Schauspieler und Schauspielkunst*. Oesterheld & Co. Verlag; Berlin 1926. Erweiterte Fassung 1928.
Bab, Julius: »Immer noch ›Fall Veit Harlan‹?« in *Filmwoche* Nr. 11/17. 3. 1951.
Bardèche, Maurice/Robert Brasillach: *Histoire du cinéma*. Editions Robert Denoel; Paris 1943.
Bauer, Dr. Alfred: *Deutscher Spielfilm-Almanach Bd. 1: 1929-1945*. Filmblätter. Berlin 1965.
Bauer, Dr. Alfred: *Deutscher Spielfilm-Almanach Bd. 2: 1946 – 1955*. Filmbuchverlag Winterberg; München 1981.

Bellmann, Günther: *Schauspielhausgeschichten. 250 Jahre Theater und Musik auf dem Berliner Gendarmenmarkt.* Ch. Links Verlag; Berlin 1993.

Beyer, Friedemann: *Die Ufa-Stars im Dritten Reich.* Heyne; München 1991.

Boberach, Heinz (Hg.): *Meldungen aus dem Reich. Die geheimen Lageberichte des Sicherheitsdienstes der SS 1938–1945.* Pawlak Verlag; Herrsching 1984.

Bock, Hans-Michael (Hg.): *CineGraph – Lexikon zum deutschsprachigen Film.* Edition text + kritik; München 1984 ff.

Bock, Hans-Michael/Michael Töteberg: *Das Ufa-Buch.* Zweitausendeins; Frankfurt am Main 1992.

Bordwell, David: *The Cinema of Eisenstein.* Harvard University Press; Cambridge, Mass.-London 1993.

Braulich, Heinrich: *Die Volksbühne. Theater und Politik in der deutschen Volksbühnenbewegung.* Henschelverlag; Berlin 1976.

Bruns, Karin: *Kinomythen 1920–1945. Die Filmentwürfe der Thea von Harbou.* Verlag J. B. Metzler; Stuttgart-Weimar 1995.

Budzinski, Klaus/Reinhard Hippen/Deutsches Kabarett-Archiv: *Metzler Kabarett Lexikon.* Verlag J. B. Metzler; Stuttgart-Weimar 1996.

Burgmer, Rolf: »Veit Harlan« in *Neue Deutsche Biographie*, 7. Band. Hg. v. . d. Historischen Kommission bei der Bayerischen Akademie der Wissenschaften. Duncker & Humblot; Berlin 1966.

Cadars, Pierre/Francis Courtade: »Veit Harlan« in *Anthologie du cinéma*, B. 8. L'avant-scène; Paris 1974.

Cadars, Pierre/Francis Courtade: *Le cinéma nazi.* Le terrain vague/Eric Losfeld; Paris 1972; dt. *Geschichte des Films im Dritten Reich.* Wilhelm Heyne/Carl Hanser; München 1975.

Dagover, Lil: *Ich war die Dame.* Schneekluth; München 1979.

Dirks, Liane: *Und die Liebe? frag ich sie.* Ammann; Zürich 1998. [Schlüsselroman über eine Auschwitz-Überlebende, die sich in den bisexuellen Sohn eines berühmten Regisseurs von Melodramen und NS-Propagandafilmen verliebt.]

Dillmann, Michael: *Heinz Hilpert. Leben und Werk.* Akademie der Künste/Edition Henrich; Berlin 1990.

Donner, Wolf: *Propaganda und Film im Dritten Reich.* TIP Verlag; Berlin 1995.

Drewniak, Boguslaw: *Der deutsche Film 1938–1945.* Droste; Düsseldorf 1987.

Drössler, Stefan: »Harlan und die FSK« in *Journal Film. Die Zeitschrift für das andere Kino.* Nr. 26 – I/1993.

Ebermayer, Erich: *... und morgen die ganze Welt. Erinnerungen an Deutschlands dunkle Zeit.* Hestia; Bayreuth 1986.

Elsaesser, Thomas: »Hollywood Berlin« in *Sight and Sound* Nr. 11/November 1997.

Fehrenbach, Heide: *Cinema in Democratizing Germany. Reconstructing National Identity after Hitler.* The University of North Carolina Press; Chapel Hill & London 1995.

Fernau, Rudolf: *Als Lied begann's* ... Ullstein; München 1972.

Fetting, Hugo (Hg.): *Von der Freien Bühne zum Politischen Theater 1919–1933.* Verlag Philipp Reclam Jun.; Leipzig 1987.

Frieden, Sandra/Richard W. McCormick/Vibeke R. Petersen/Laurie Melissa Vogelsang (Hg.): *Gender and German Cinema. Feminist Interventions.* Berg Publishers; Providence-Oxford 1993.

Friedman, Régine Mihal: *L'image et son juif. Les juifs dans le cinéma nazi.* Payot; Paris 1983.

Friedman, Régine Mihal: »Männlicher Blick und weibliche Reaktion« in *Frauen und Film*, Heft 41: *Aus den Wiegen der Filmgeschichte.* Frankfurt am Main 1987.

Friedman, Régine Mihal: »Mein Tag mit Kristina« in *Frauen und Film*, Heft 44/45: *Faschismus.* Frankfurt am Main 1988.

Fröhlich, Elke (Hg.): *Die Tagebücher von Joseph Goebbels. Sämtliche Fragmente. Band 3: 1.1. 1937–31.12. 1939.* K. G. Saur; München-New York-London-Paris 1987.

Fröhlich, Elke (Hg.): *Die Tagebücher von Joseph Goebbels. Sämtliche Fragmente. Band 4: 1.1. 1940–8.7. 1941.* K. G. Saur; München-New York-London-Paris 1987.

Fröhlich, Elke (Hg.): *Die Tagebücher von Joseph Goebbels. Teil II: Diktate 1941–1945. Band 2: Oktober–Dezember 1941.* K.G. Saur; München-New Providence-London-Paris 1996.

Fröhlich, Elke (Hg.): *Die Tagebücher von Joseph Goebbels. Teil II: Diktate 1941–1945. Band 3: Januar–März 1942.* K.G. Saur; München-New Providence-London-Paris 1994.

Fröhlich, Elke (Hg.): *Die Tagebücher von Joseph Goebbels. Teil II: Diktate 1941–1945. Band 4: April–Juni 1942.* K.G. Saur; München-New Providence-London-Paris 1995.

Fröhlich, Elke (Hg.): *Die Tagebücher von Joseph Goebbels. Teil II: Diktate 1941–1945. Band 5: Juli–September 1942.* K.G. Saur; München-New Providence-London-Paris 1995.

Fröhlich, Elke (Hg.): *Die Tagebücher von Joseph Goebbels. Teil II: Diktate 1941–1945. Band 7: Januar–März 1943.* K.G. Saur; München-New Providence-London-Paris 1993.

Fröhlich, Elke (Hg.): *Die Tagebücher von Joseph Goebbels. Teil II: Diktate 1941–1945. Band 8: April–Juni 1943.* K.G. Saur; München-New Providence-London-Paris 1993.

Fröhlich, Elke (Hg.): *Die Tagebücher von Joseph Goebbels. Teil II: Diktate 1941–1945. Band 9: Juli–September 1943.* K.G. Saur; München-New Providence-London-Paris 1993.

Fröhlich, Elke (Hg.): *Die Tagebücher von Joseph Goebbels. Teil II: Diktate 1941–1945. Band 10: Oktober–Dezember 1943.* K.G. Saur; München-New Providence-London-Paris 1994.

Fröhlich, Elke (Hg.): *Die Tagebücher von Joseph Goebbels. Teil II: Diktate 1941–1945. Band 14: Oktober–Dezember 1944.* K.G. Saur; München-New Providence-London-Paris 1996.

Fröhlich, Gustav: *Waren das Zeiten. Mein Film-Heldenleben* Herbig; München-Berlin 1983.

Funke, Christoph/Wolfgang Jansen: *Theater am Schiffbauerdamm.* Christoph Links; Berlin 1992.

Gandert, Gero (Hg.): *1929. Der Film der Weimarer Republik.* Walter de Gruyter; Berlin-New York 1993.

Ginsberg, Ernst: *Abschied.* Die Arche; Zürich 1965.

Goebbels, Joseph: *Tagebücher 1945. Die letzten Aufzeichnungen. Mit einer Einführung von Rolf Hochhuth.* Hoffmann & Campe; Hamburg 1977.

Graff, Sigmund: *Von S.M. zu N.S. Erinnerungen eines Bühnenautors.* Verlag Welsermühl; München-Wels 1963.

Grob, Norbert: Essay über Veit Harlan in Hans-Michael Bock (Hg.): *Cinegraph. Lexikon zum deutschsprachigen Film,* a.a.O., Lieferung 15/Dezember 1989.

Grob, Norbert: »Blindheit und die Lust am Untergang« in *Kölner Stadtanzeiger* 24.4. 1993.

Grob, Norbert: »»Dann kommt es eben, wie es kommt«. Noch einmal: Veit Harlan – seine deutschnationalen Melodramen« in *Journal Film. Die Zeitschrift für das andere Kino.* Nr. 27 – I/1994.

Habe, Hans: *Christoph und sein Vater.* Eduard Kaiser: 1966. [Schlüsselroman über Thomas und Veit Harlan]

Halter, Martin: »Roter Mercedes Todessymbol. Veit Harlan-Seminar in Freiburg« in *die tageszeitung* 5.3. 1992.

Hanser, Richard F.: »Tumult in Germany« in *The New York Times* 22.4. 1951.

Harlan, Veit: *Im Schatten meiner Filme.* Hg. v. H.C. Opfermann. Sigbert Mohn Verlag; Gütersloh 1966. Französische Ausgabe übersetzt von Albert Cologny auf der Grundlage des unveröffentlichten Original-Manuskriptes: *Le cinéma allemand selon Goebbels.* Éditions France-Empire; Paris 1974.

Harlan, Walter: *Die Dichterbörse.* Buchverlag fürs Deutsche Haus; Berlin-Leipzig 1908. Neuauflage des 1899 erschienenen Romans.

Hay, James: *Popular Film Culture in Fascist Italy. The Passing of the Rex.* Indiana University Press; Bloomington & Indianapolis 1987.

Henseleit, Felix: »Schöpferische Arbeit für Bühne und Film. Zu Veit Harlans 25jährigem Bühnenjubiläum« in *Film-Kurier* 25.10. 1940.

Herzberg, Georg: Nachruf auf Veit Harlan in *Film-Echo* Nr. 32/18.4. 1964.

Hippler, Dr. Fritz: *Betrachtungen zum Filmschaffen.* Max Hesse Verlag; Berlin 1942.

Hippler, Dr. Fritz: *Die Verstrickung.* Verlag Mehr Wissen; Düsseldorf 1981.

Hoehn, Hans: »Death of a Convenient Scapegoat« (Nachruf auf Veit Harlan) in *Variety* 22.4. 1964.

Hoffmann, Hilmar: *Und die Fahne führt uns in die Ewigkeit. Propaganda im NS-Film.* Fischer Taschenbuch Verlag; Frankfurt am Main 1988.

Hoffmann, Hilmar: *100 Jahre Film. Von Lumière bis Spielberg.* Econ; Düsseldorf 1994.

Hollstein, Dorothea: *›Jud Süß‹ und die Deutschen.* Verlag Dokumentation Saur KG; München-Pullach und Berlin 1971.

Holt, Hans: *Jeder Tag hat einen Morgen.* F. A. Herbig; München 1990.

Hull, David Stewart: *Film in the Third Reich.* University of California Press; Berkeley-Los Angeles 1969.

Isaksson, Folke/ Leif Fuhrhammar: *Politik och film.* Norstedt & Söner; Stockholm 1971; dt. *Politik und Film.* Otto Maier Verlag; Ravensburg 1974.

Jessner, Leopold: *Schriften.* Hg. v. Hugo Fetting. Henschel; Berlin 1979.

Jhering, Herbert: *Der Kampf ums Theater und andere Streitschriften.* Henschelverlag Kunst und Gesellschaft; Berlin 1974.

Jhering, Herbert: *Theater in Aktion. Kritiken aus drei Jahrzehnten 1913–1933.* Hg. v. Edith Krull u. Hugo Fetting. Argon Verlag; Berlin 1987.

Jhering, Herbert: *Werner Krauss. Ein Schauspieler und das neunzehnte Jahrhundert.* Hg. v. Sabine Zolchow u. Rudolf Mast. Vorwort v. Klaus Kreimeier. Verlag Vorwerk 8; Berlin 1997.

Juhnke, Harald: *Die Kunst, ein Mensch zu sein.* Herbig; München/Berlin 1980.

Jung, Uli/Walter Schatzberg: *Robert Wiene: Der Caligari-Regisseur.* Henschel; Berlin 1995.

Kalbus, Dr. Oskar: *Vom Werden deutscher Filmkunst II Der Tonfilm.* Cigaretten-Bilderdienst; Altona-Bahrenfeld 1935.

Kanzog, Klaus: *›Staatspolitisch besonders wertvoll‹. Ein Handbuch zu 30 deutschen Filmen der Jahre 1934 bis 1945.* diskurs filmverlag; München 1994.

Kerr, Alfred: *Mit Schleuder und Harfe. Theaterkritiken aus drei Jahrzehnten.* Hg. v. Hugo Fetting. Severin und Siedler; Berlin 1981.

Kieling, Wolfgang: *Stationen.* Paul Neff Verlag; Wien 1986.

Klaus, Ulrich J.: *Deutsche Tonfilme. Band 2, Jahrgang 1931.* Klaus-Verlag; Berlin-Berchtesgaden 1989.

Klaus, Ulrich J.: *Deutsche Tonfilme. Band 3, Jahrgang 1932.* Klaus-Verlag; Berlin-Berchtesgaden 1990.

Klaus, Ulrich J.: *Deutsche Tonfilme. Band 4, Jahrgang 1933.* Klaus-Verlag; Berlin-Berchtesgaden 1992.

Klaus, Ulrich J.: *Deutsche Tonfilme. Band 5, Jahrgang 1934.* Klaus Verlag; Berlin-Berchtesgaden 1993.

Klaus, Ulrich J.: *Deutsche Tonfilme, Band 6, Jahrgang 1935.* Klaus-Verlag; Berlin-Berchtesgaden 1995.

Klaus, Ulrich J.: *Deutsche Tonfilme, Band 7, Jahrgang 1936.* Klaus-Verlag; Berlin-Berchtesgaden 1996.

Klaus, Ulrich J.: *Deutsche Tonfilme, Band 8, Jahrgang 1937.* Klaus-Verlag; Berlin-Berchtesgaden 1997.

Klein, Albert/Raya Kruk: *Alexander Granach. Fast verwehte Spuren.* Edition Hentrich; Berlin 1994.

Klinger, Barbara: *Melodrama and Meaning. History, Culture and the Films of Douglas Sirk.* Indiana University Press. Bloomington & Indianapolis 1994.

Knilli, Friedrich: *Ich war Jud Süß. Die Geschichte des Filmstars Ferdinand Marian. Mit einem Vorwort von Alphons Silbermann.* Henschel; Berlin 2000.

Knuth, Gustav: *Mit einem Lächeln im Knopfloch.* R. Glöss & Co.; Hamburg 1974.

Koch, Gertrud: *Die Einstellung ist die Einstellung. Visuelle Konstruktionen des Judentums.* Suhrkamp; Frankfurt am Main 1992.

Kochenrath, Hans-Peter: *Der Film im Dritten Reich.* Universität Köln 1963.

Kortner, Fritz: *Aller Tage Abend.* Kindler; München 1959.

Koshofer, Gerd: *Color – Die Farbe des Films.* Spiess; Berlin 1988.

Kothenschulte, Daniel: »Verwehte Spuren, verklärte Landschaften. Zur Ästhetik des Melodramatischen bei Veit Harlan« in *Journal Film* Nr. 26, a.a.O.

Kracauer, Siegfried: *From Caligari to Hitler.* Princeton University Press; London 1947. Dt. *Von Caligari zu Hitler.* Suhrkamp. Frankfurt am Main 1984.

Kraushaar, Wolfgang: »Der Kampf gegen den ›Jud Süß‹-Regisseur Veit Harlan. Ein ›Meilenstein in der Grundgesetzsprechung des Bundesverfassungsgerichts‹« in *Mittelweg 36.*

Zeitschrift des Hamburger Institut für Sozialforschung. 4.Jahrgang, Dezember 1995/ Januar 1996.

Kreimeier, Klaus: *Die Ufa-Story.* Hanser; München-Wien 1992.

Kühn, Gertraude/Karl Tümmler/Walter Wimmer (Hg.): *Film und revolutionäre Arbeiter-bewegung in Deutschland 1918-1932.* Henschel; Berlin 1975.

Kühn, Volker: »Zores haben wir genug. Gelächter am Abgrund« in Akademie der Künste (Hg.): *Geschlossene Vorstellung. Der Jüdische Kulturbund in Deutschland 1933–1941.* Edition Hentrich; Berlin 1992.

Kugelmann, Cilly/Fritz Backhaus (Hg.): *Jüdische Figuren in Film und Karikatur. Die Rothschilds und Joseph Süß Oppenheimer.* Jan Thorbecke Verlag, Sigmaringen/Jüdisches Museum, Frankfurt am Main 1996.

Lacalamita, Michele (Red.): *Filmlexicon degli autori e delle opere. Autori H-L.* Bianco e Nero; Rom 1959.

Lamprecht, Gerhard: *Deutsche Stummfilme 1927–1931.* Deutsche Kinemathek e.V. Berlin 1967.

Lamster, Frederick: *Souls Made Great Through Love and Adversity. The Film Work of Frank Borzage.* The Scarecrow Press Inc.; Metuchen, N.J. & London 1981.

Landy, Marcia: *Fascism in Film. The Italian Commercial Cinema, 1931–1943.* Princeton University Press; Princeton, New Jersey 1996.

Leiser, Erwin: *Deutschland, erwache!* Rowohlt; Reinbek bei Hamburg 1968.

Liebe, Ulrich: *Verehrt. verfolgt, vergessen. Schauspieler als Naziopfer.* Weinheim; Berlin 1992.

Marek, Michael: »Filmemacher laufenlassen?« in *die tageszeitung* 27.4. 1995.

Marquardt, Axel/Heinz Rathsack (Hg.): *Preußen im Film.* Berliner Festspiele GmbH 1981.

Meier, Gustav: *Filmstadt Göttingen. Bilder für eine neue Welt?* Reichold Verlag; Hannover 1996.

Mertens, Eberhard (Hg.): *Filmprogramme Bd.1: 1930–1939.* Hildesheim 1977.

Mertens, Eberhard (Hg.): *Filmprogramme Bd.2: 1940–1945.* Hildesheim 1977.

Mertens, Eberhard (Hg.): *Filmprogramme Bd.5: Die großen Preußenfilme I 1921–1932.* Hildesheim 1981.

Mertens, Eberhard (Hg.): *Filmprogramme Bd.6: Die großen Preußenfilme II 1932–1945.* Hildesheim 1981.

Meyerinck, Hubert von: *Meine berühmten Freundinnen. Erinnerungen.* Econ-Verlag; Düsseldorf/Wien 1967.

Mierendorff, Marta/Walter Wicclair: *Im Rampenlicht der ›dunklen Jahre‹.* Hg. v. Helmut G. Asper. Mit einem Beitrag von Michael Töteberg. edition sigma; Berlin 1989.

Minetti, Bernhard: *Erinnerungen eines Schauspielers.* Hg. v. Günther Rühle. Deutsche Verlags-Anstalt; Stuttgart 1985.

Möller, Olaf: »Die Konsequenz. Warum, wer ›Opfergang‹ sagt, auch ›Jud Süss‹ sagen muß« in *Journal Film* Nr.26, a.a.O.

Morani, Franco/Michele Sakkara: *Enciclopedia storica del cinema italiano. 1930–1945.* Giardini; Pisa 1984.

Pardo, Herbert/Schiffner, Siegfried: Jud Süß. Historisches und juristisches Material zum Fall Veit Harlan. Unter Mitarbeit von H. G. van Dam u. Norbert Wollheim. Mit einem Anhang: Zeitgeschichtliche Dokumente zum Schwurgerichtsverfahren, mit Briefen von Lion Feuchtwanger, Veit Harlan, Rabbiner Joachim Prinz. Auerdruck, Hamburg 1949. 70 S.

Petley, Julian: *Capital and Culture. German Cinema 1933–1945.* British Film Institute; London 1979.

Pforte, Dieter (Hg.): *Freie Volksbühne Berlin 1890–1990.* Argon; Berlin 1990.

Rabenalt, Arthur Maria: *Joseph Goebbels und der ›Großdeutsche‹ Film.* F. A. Herbig; München-Berlin 1985.

Redottée, Hartmut: »Versuch über Harlan« in *Ufa-Magazin Nr. 20: Kolberg.* Deutsches Historisches Museum; Berlin 1992.

Rentschler, Eric: *The Ministry of Illusion. Nazi Cinema and Its Afterlife.* Harvard University Press. Cambridge, Massachusetts/London 1996.

Riefenstahl, Leni: *Memoiren*. Albrecht Knaus Verlag; München/ Hamburg 1987.

Riemer, Klaus: *Paul Bildt*. Colloquium Verlag; Berlin 1963.

Rohdie, Sam: *Antonioni*. BFI Publishing; London 1990.

Romani, Cinzia: *Le dive del Terzo Reich*. Gremese Editore; Rom 1981. Dt. *Die Filmdivas des Dritten Reiches*. Bahia Verlag; München 1982.

Rondolino, G.: *Storia del cinema. Dagli anni trenta agli anni cinquanta*. UTET; Turin 1996.

Rühle, Günther: *Theater für die Republik*. S.Fischer; Frankfurt am Main 1967.

Schäfer, Hans Dieter: *Das gespaltene Bewußtsein. Deutsche Kultur und Lebenswirklichkeit 1933–1945*. Carl Hanser Verlag; München-Wien 1981.

Scheugl, Hans: *Sexualität und Neurose im Film. Die Kinomythen von Griffith bis Warhol*. Wilhelm Heyne Verlag; München 1974.

Schierse, Barbara: »Offener Brief an Norbert Grob« in *Journal Film*, Nr. 27, a.a.O.

Schlüpmann, Heide: »Faschistische Trugbilder weiblicher Autonomie« in *Frauen und Film*, Heft 44/45: *Faschismus*. Frankfurt am Main 1988.

Schmidt, Leonhard F.: »Der Fall Veit Harlan«. Fortsetzungsbericht in der *Film- und Mode-Revue*. Neue Verlags GmbH; Baden-Baden. August bis Oktober 1952.

Schulte-Sasse, Linda: *Entertaining the Third Reich. Illusions of Wholeness in Nazi Cinema*. Duke University Press; Durham & London 1996.

Schultze, Norbert: *Mit Dir, Lili Marleen*. Atlantis-Musikbuch; Zürich-Mainz 1995.

Schwab-Felisch, Hans: »Die Affäre Harlan« in *Der Monat*, 3.Jahrgang, Nr.28. Berlin 1951.

Seidl, Claudius: *Der deutsche Film der fünfziger Jahre*. Heyne Verlag; München 1987.

Shipman, David: *The Story of Cinema*. Hodder & Stoughton; London-Sydney-Auckland-Toronto 1984.

Sicilier, Jacques: »Les souvenirs de Veit Harlan« in *Le Monde* 4.4. 1974.

Söderbaum, Kristina: *Nichts bleibt immer so. Erinnerungen*. Aufgezeichnet von Julia Streitz. Hestia Verlag; Bayreuth 1983. Erweiterte Auflage bei F.A.Herbig, München 1992.

Stock, Walter (Red.): *Nationalismus und Sexualität. Filmseminar zur Zeitgeschichte. 13.–15.November 1992*. Arbeitskreis Film e.V.; Regensburg 1992. Mit Beiträgen von Petra Schick und Irene J.Mozer über ›Opfergang‹.

Thomson, David: *A Biographical Dictionary of the Cinema*. Secker & Warburg; London 1975.

Toeplitz, Jerzy: *Geschichte des Films Bd.2 1934–1945*. Zweitausendeins 1972.

Töteberg, Michael: *Filmstadt Hamburg. Von Emil Jannings bis Wim Wenders: Kino Geschichte(n) einer Großstadt*. VSA-Verlag; Hamburg 1990.

Töteberg, Michael: »Karriere im Dritten Reich. Der Regisseur Veit Harlan« in Hans-Michael Bock/Michael Töteberg: *Das Ufa-Buch*, a.a.O.

Torstmann, Holger: »Im luftleeren Raum? Wie man die Filme Veit Harlans falsch versteht« in *Journal Film* Nr.27, a.a.O.

Traudisch, Dora: *Mutterschaft mit Zuckerguß? Frauenfeindliche Propaganda im NS-Spielfilm*. Centaurus; Pfaffenweiler 1993.

Tremper, Will: *Meine wilden Jahre*. Ullstein; Berlin-Frankfurt am Main 1993.

Tulard, Jean (Hg.): *Dictionnaire du cinéma*. Robert Laffont; Paris 1982.

Tulard, Jean (Hg.): *Guide des films*. Robert Laffont; Paris 1990.

Vogel, Amos: *Film as a Subversive Art*. George Weidenfeld & Nicholson Ltd.; London 1974. Deutsche Übersetzung: *Kinos wider die Tabus*. Bucher; Luzern-Frankfurt am Main 1979.

Vortisch, Karla-Ludwiga: *Horst Caspar. Ein Schauspieler im Wandel einer Epoche*. Colloquium Verlag; Berlin 1966.

Weinschenk, H.E. (Hg.): *Wir von Bühne und Film*. Wilhelm Limpert Verlag; Berlin 1939.

Weinschenk, H.E. (Hg.): *Wie wir Schauspieler wurden*. Wilhelm Limpert Verlag; Berlin 1943.

Weiß Ferdl: *Weiß Ferdl erzählt sein Leben*. Richard Pflaum Verlag; ohne Jahresangabe.

Witte, Karsten: »Der barocke Faschist: Veit Harlan und seine Filme« in Karl Corino (Hg.): *Intellektuelle im Bann des Nationalsozialismus*. Hoffmann und Campe; Hamburg 1980.

Witte, Karsten: *Der Passagier – Das Passagere. Gedanken über Filmarbeit*. Frankfurter Bund für Volksbildung für Volksbildung GmbH; Frankfurt am Main 1988.

Witte, Karsten: »Film im Nationalsozialismus« in Wolfgang Jacobsen/Anton Kaes/Hans Helmut Prinzler (Hg.): *Geschichte des deutschen Films*. J.B.Metzler; Stuttgart 1993.

452

Witte, Karsten: *Lachende Erben, Toller Tag. Filmkomödie im Dritten Reich.* Vorwerk 8; Berlin 1995.
Wredlund, Bertil/Rolf Lindfors (Hg.): *Langfilm i Sverige 1930-1939.* Stockholm 1983
Wredlund, Bertil/Rolf Lindfors (Hg.): *Langfilm i Sverige 1940–1949.* Stockholm 1981
Wredlund, Bertil/Rolf Lindfors (Hg.): *Langfilm i Sverige 1950–1959.* Stockholm 1979
Wulf, Joseph: *Theater und Film im Dritten Reich.* Ullstein; Frankfurt am Main-Berlin-Wien 1964.
Youngblood, Denise J.: *Soviet Cinema in the Silent Era 1918–1935.* University of Texas Press; Austin 1991.
Zielinski, Siegfried: *Veit Harlan – Analysen und Materialien zur Auseinandersetzung mit einem Filmregisseur des deutschen Faschismus.* R.G.Fischer; Frankfurt am Main 1981.

Zu den Bühneninszenierungen

Wenn die Literaturliste zu einer Inszenierung ausschließlich aus Kritiken besteht, werden diese nicht als solche gekennzeichnet.

Die Bürger von Calais. W.H. in *Der Tag* 28.9.1919. – Max Hochdorf in *Vorwärts* 28.9.1919. – Alfred Kerr in *Berliner Tageblatt* 29.9.1919. – Paul Fechter in *Deutsche Allgemeine Zeitung* 29.9.1919. – Julius Hart in *Der Tag* 30.9.1919.
Paul Lange und Tora Parsberg. *Berliner Börsen-Zeitung* 12.10.1919. – *Berliner Tageblatt* 12.10.1919. – Franz Servaes in *Der Tag* 13.10.1919.
Götz von Berlichingen. Lg. in *Berliner Börsen-Courier* 14.12.1919. – Paul Schlenther in *Berliner Tageblatt* 14.12.1919. – Franz Servaes in *Der Tag* 14.12.1919. – Max Hochdorf in *Vorwärts* 15.12.1919. – *Vossische Zeitung* 15.12.1919.
Nach Damaskus. Friedrich Kayßler: Geleitwort in *Berliner Tageblatt* 11.3.1920. – Kritiken: Fritz Engel in *Berliner Tageblatt* 13.3.1920. – Lg. in *Berliner Börsen-Courier* 24.3.1920. – M.K. in *Berliner Börsen-Zeitung* 25.3.1920. – W.G. in *Der Tag* 25.3.1920. – Max Hochdorf in *Vorwärts* 26.3.1920. – Monty Jacobs in *Vossische Zeitung* 26.3.1920. – Julius Hart in *Der Tag* 27.3.1920. – Max Hochdorf in *Vorwärts* 15.11.1920. – Lg. in *Berliner Börsen-Courier* 16.11.1919. – Herbert Jhering in *Der Tag* 16.11.1920. – Monty Jacobs in *Vossische Zeitung* 16.11.1920. – *Die Rote Fahne* 19.11.1920.
Der Richter von Zalamea. Kpn. in *Berliner Börsen-Zeitung* 22.5.1920. – Conrad Schmidt in *Vorwärts* 22.5.1920. – Alfred Klaar in *Vossische Zeitung* 22.5.1920. – *Die Rote Fahne* 23.5.1920.
Komödie der Irrungen. Lg. in *Berliner Börsen-Courier* 29.1.1921.
Antigone. Herbert Jhering in *Berliner Börsen-Courier* 10.4.1921. – Franz Servaes in *Berliner Lokal-Anzeiger* 10.4.1921. – Paul Wiegler in *B.Z. am Mittag* 11.4.1921. – Paul Fechter in *Deutsche Allgemeine Zeitung* 11.4.1921.
Masse Mensch. Michael Charol in *Berliner Börsen-Zeitung* 30.9.1921. – Alfred Kerr in *Berliner Tageblatt* 30.9.1921. – Max Hochdorf in *Vorwärts* 30.9.1921. – Alfred Klaar in *Vossische Zeitung* 30.9.1921. – Herbert Jhering in *Der Tag* 1.10.1921. – *Die Weltbühne* Nr.41/1921.
König Lear. Emil Faktor in *Berliner Börsen-Courier* 18.11.1921. – pf. in *Berliner Börsen-Zeitung* 18.11.1921. – *Berliner Tageblatt* 18.11.1921. – Monty Jacobs in *Vossische Zeitung* 18.11.1921. – Herbert Jhering in *Der Tag* 19.11.1921.
Der gestiefelte Kater. Herbert Jhering in *Der Tag* 1.1.1922.
Die Ratten: Leo Greiner in *Berliner Börsen-Courier* 11.3.1922. – pf. in *Berliner Börsen-Zeitung* 11.3.1922. – Franz Servaes in *Berliner Lokal-Anzeiger* 11.3.1922. – H.F. in *Berliner Tageblatt* 11.3.1922. – E.M. in *B.Z. am Mittag* 11.3.1922. – Der *Vorwärts* 11.3.1922. – Julius Hart in *Der Tag* 12.3.1922.
Fahnen: Herbert Jhering in *Berliner Börsen-Courier* 27.5.1924. – Norbert Falk in *B.Z. am Mittag* 27.5.1924. – Monty Jacobs in *Vossische Zeitung* 27.5.1924. – Fh. in *Der Vorwärts* 27.5.1924. – Max Osborn in *Berliner Morgenpost* 28.5.1924. – Ernst Heilborn in *Frankfurter Zeitung* 30.5.1924.

Wallenstein: Herbert Jhering in *Berliner Börsen-Courier* 13.–14.10. 1924. – Fritz Engel in *Berliner Tageblatt* 13.10. 1924. – Norbert Falk in *B.Z. am Mittag* 12.-13.10. 1924. – Arthur Eloesser in *Das blaue Heft* Nr.3/1924 – 25, S.60 – 62.

Leben Edwards des Zweiten von England: Emil Faktor in *Berliner Börsen-Courier* 5.12. 1924. – Alfred Kerr in *Berliner Tageblatt* 5.12.1924. – Alfred Klaar in *Vossische Zeitung* 5.12.1924.

Der Widerspenstigen Zähmung: Herbert Jhering in *Berliner Börsen-Courier* 14.1.1925.

Prinz Friedrich von Homburg: Herbert Jhering in *Berliner Börsen-Courier* 14.2.1925. – Norbert Falk in *B.Z. am Mittag* 14.2.1925. – Alfred Klaar in *Vossische Zeitung* 14.2.1925.

Die Sündflut: Herbert Jhering in *Berliner Börsen-Courier* 6.-7.4. 1925. – Ludwig Sternaux in *Berliner Lokal-Anzeiger* 6.4.1925. – Alfred Kerr in *Berliner Tageblatt* 6.4.1925.

Der Brand in der Oper: Herbert Jhering in *Berliner Börsen-Courier* 4.6.1925. – H.F. in *Berliner Tageblatt* 4.6.1925. – Alfred Klaar in *Vossische Zeitung* 4.6.1925.

Exzesse: Herbert Jhering in *Berliner Börsen-Courier* 8.6. 1925. – Franz Köppen in *Berliner Börsen-Zeitung* 8.6. 1925. – Franz Servaes in *Berliner Lokal-Anzeiger* 8.6. 1925. – Ludwig Reve in *Berliner Montagspost* 8.6. 1925. – Paul Wiegler in *B.Z. am Mittag* 8.6. 1925. – Stefan Großmann in *Montag Morgen* 8.6. 1925. – H.Aufrichtig in *Neue Berliner Zeitung* 8.6. 1925. – Monty Jacobs in *Vossische Zeitung* 8.6. 1925.

Jugend: Ludwig Sternaux in *Berliner Lokal-Anzeiger* 21.6. 1925. – Emil Faktor in *Berliner Börsen-Courier* 22.6. 1925. – Fritz Engel in *Berliner Tageblatt* 22.6. 1925. – Paul Wiegler in *B.Z. am Mittag* 22.6. 1925. – Paul Fechter in *Deutsche Allgemeine Zeitung* 22.6. 1925. – Ernst Heilborn in *Frankfurter Zeitung* 22.6. 1925. – Alfred Klaar in *Vossische Zeitung* 22.6. 1925.

Die Liebenden: W.K. in *Berliner Börsen-Courier* 7.7. 1925. – W.G. in *Berliner Lokal-Anzeiger* 7.7. 1925. – Fritz Engel in *Berliner Tageblatt* 7.7. 1925. – A.M. in *Vossische Zeitung* 8.7. 1925.

Die Jungfrau von Orleans: Fritz Engel in *Berliner Tageblatt* 1.9. 1925.

Hannibal: Felix Hollaender in *8-Uhr-Abendblatt* 19.10. 1925. – Herbert Jhering in *Berliner Börsen-Courier* 19.10. 1925. – Franz Köppen in *Berliner Börsen-Zeitung* 19.10. 1925. – Alfred Kerr in *Berliner Tageblatt* 19.10. 1925. – Alfred Klaar in *Vossische Zeitung* 19.10. 1925.

Romeo und Julia: Herbert Jhering in *Berliner Börsen-Courier* 4.12.1925. – Fritz Engel in *Berliner Tageblatt* 4.12.1925. – Alfred Klaar in *Vossische Zeitung* 4.12.1925.

Die Geburt der Jugend: Herbert Jhering in *Berliner Börsen-Courier* 14.12.1925. – Franz Servaes in *Berliner Lokal-Anzeiger* 14.12.1925. – Alfred Kerr in *Berliner Tageblatt* 14.12.1925. – sch. in *Der Montag* (Sonderbeilage des *Berliner Lokal-Anzeiger*) 14.12.1925.

Im Weißen Rössl: Emil Faktor in *Berliner Börsen-Courier* 1.1. 1926. – Alfred Kerr in *Berliner Tageblatt* 2.1.1926. – Alfred Klaar in *Vossische Zeitung* 2.1.1926.

Exzesse: Felix Hollaender in *8-Uhr-Abendblatt* 3.2.1926. – Alfred Kerr in *Berliner Tageblatt* 3.2.1926. – Paul Fechter in *Deutsche Allgemeine Zeitung* 3.2.1926.

Duell am Lido: Emil Faktor in *Berliner Börsen-Courier* 22.2.1926. – Ludwig Sternaux in *Berliner Lokal-Anzeiger* 22.2.1926. – Max Osborn in *Berliner Morgenpost* 22.2.1926. – Fritz Engel in *Berliner Tageblatt* 22.2.1926. – Norbert Falk in *B.Z. am Mittag* 22.2.1926. – Alfred Klaar in *Vossische Zeitung* 22.2.1926.

Anja und Esther: Herbert Jhering in *Berliner Börsen-Courier* 22.3.1926. – Franz Servaes in *Berliner Lokal-Anzeiger* 22.3.1926. – Fritz Engel in *Berliner Tageblatt* 22.3.1926. – Max Osborn in *Berliner Morgenpost* 22.3.1926. – Alois Munk in *Der Montag* (Beilage des *Berliner Lokal-Anzeiger*) 22.3.1926.

Medea: Emil Faktor in *Berliner Börsen-Courier* 5.5.1926. – Ludwig Sternaux in *Berliner Lokal-Anzeiger* 5.5.1926. – Alfred Kerr in *Berliner Tageblatt* 5.5. 1926. – Paul Fechter in *Deutsche Allgemeine Zeitung* 5.5. 1926. – Alfred Klaar in *Vossische Zeitung* 5.5. 1926.

Candida: Ludwig Sternaux in *Berliner Lokal-Anzeiger* 27.5.1926.

Die Welt, in der man sich langweilt: Herbert Jhering in *Berliner Börsen-Courier* 9.6. 1926. – Ludwig Sternaux in *Berliner Lokal-Anzeiger* 9.6. 1926. – Max Osborn in *Berliner Morgenpost* 9.6. 1926. – Alfred Kerr in *Berliner Tageblatt* 9.6. 1926. – Norbert Falk in *B.Z. am Mittag* 9.6. 1926. – Alfred Klaar in *Vossische Zeitung* 9.6. 1926.

Fahrt nach der Südsee. Emil Faktor in *Berliner Börsen-Courier* 28.6. 1926. – Franz Servaes in *Berliner Lokal-Anzeiger* 28.6. 1926. – Max Osborn in *Berliner Morgenpost* 28.6. 1926. – Tritsch in *Deutsche Allgemeine Zeitung* 28.6. 1926. – Monty Jacobs in *Vossische Zeitung* 28.6. 1926. – Fritz Engel in *Berliner Tageblatt* 29.6. 1926.

Die Räuber: Herbert Jhering in *Berliner Börsen-Courier* 13.9. 1926. – Ludwig Reve: »Schiller mit Jazzband« in *Berliner Morgenpost* 13.9. 1926. – Alfred Kerr in *Berliner Tageblatt* 13.9. 1926. – Paul Fechter in *Deutsche Allgemeine Zeitung* 13.9. 1926. – Monty Jacobs in *Vossische Zeitung* 14.9. 1926. – Alfred Polgar in *Die Weltbühne* Nr.40/1926, S.538-539. – Erich Köhrer: »Die dritte Katastrophe« in *Das Theater* 1926, Jg.VII, Heft 19, S.443 bis 444.

Lulu: Emil Faktor in *Berliner Börsen-Courier* 23.10. 1926. – Max Osborn in *Berliner Morgenpost* 23.10. 1926. – Alfred Kerr in *Berliner Tageblatt* 23.10. 1926. – Paul Wiegler in *B.Z. am Mittag* 23.10.1926. – Alfred Klaar in *Vossische Zeitung* 23.10. 1926.

Hamlet: Felix Hollaender in *8-Uhr Abendblatt* 4.12. 1926. – Emil Faktor in *Berliner Börsen-Courier* 4.12. 1926. – Fritz Engel in *Berliner Tageblatt* 4.12. 1926. – Norbert Falk in *B.Z. am Mittag*, 4.12. 1926. – Paul Fechter in *Deutsche Allgemeine Zeitung* 4.12. 1926. – Alfred Klaar in *Vossische Zeitung* 4.12. 1926. – Alfred Polgar in *Die Weltbühne* Nr.50/1926, S.922–923. – Erich Köhrer in *Das Theater* 1926, Jg.VII, Heft 24, S.569–570.

Ein besserer Herr: Emil Faktor in *Berliner Börsen-Courier* 19.3. 1927. – Alfred Klaar in *Vossische Zeitung* 19.3.1927.

Florian Geyer: Alfred Mühr in *Deutsche Zeitung* 19.4.1927. – Walter Franck in *Vossische Zeitung* 21.4.1927. – <u>Kritiken</u>: Emil Faktor in *Berliner Börsen-Courier* 7.5.1927. – Franz Servaes in *Berliner Lokal-Anzeiger* 7.5. 1927. – Alfred Kerr in *Berliner Tageblatt* 7.5.1927. – Norbert Falk in *B.Z. am Mittag* 7.5.1927. – Paul Fechter in *Deutsche Allgemeine Zeitung* 7.5.1927. – Alfred Klaar in *Vossische Zeitung* 7.5. 1927. – Arthur Eloesser in *Die Weltbühne* Nr.20/1927, S.783–785.

Maß für Maß: Emil Faktor in *Berliner Börsen-Courier* 13.6. 1927. – Alfred Kerr in *Berliner Tageblatt* 13.6. 1927. – Paul Fechter in *Deutsche Allgemeine Zeitung* 13.6. 1927. – Max Osborn in *Berliner Morgenpost* 14.6. 1927.

Fünf von der Jazzband: Herbert Jhering in *Berliner Börsen-Courier* 23.9. 1927. – Ludwig Sternaux in *Berliner Lokal-Anzeiger* 23.9. 1927. – Max Osborn in *Berliner Morgenpost* 23.9. 1927. – Alfred Kerr in *Berliner Tageblatt* 23.9. 1927. – Norbert Falk in *B.Z. am Mittag*, 23.9. 1927. – Monty Jacobs in *Vossische Zeitung* 23.9. 1927. – Rolf Nürnberg in *12-Uhr-Blatt* 23.9. 1927.

Weh' dem, der lügt: Emil Faktor in *Berliner Börsen-Courier* 12.11. 1927. – Ludwig Sternaux in *Berliner Lokal-Anzeiger* 12.11. 1927. – Fritz Engel in *Berliner Tageblatt* 12.11. 1927. – Paul Wiegler in *B.Z. am Mittag* 12.11. 1927. – Bruno E. Werner in *Deutsche Allgemeine Zeitung* 12.11.1927. – Max Krell in *Vossische Zeitung* 13.11. 1927.

Die Weber: Emil Faktor in *Berliner Börsen-Courier* 6.2.1928. – Alfred Kerr in *Berliner Tageblatt* 6.2.1928. – A.Z. in *Vossische Zeitung* 6.2.1928. – Walter Steinthal in *12-Uhr-Blatt* 6.2.1928. – E.M.M. in *Berliner Tageblatt* 3.9. 1928.

Hinterhaus-Legende: Richard Wilde in *8-Uhr-Abendblatt* 29.6. 1928. – Emil Faktor in *Berliner Börsen-Courier* 29.6. 1928. – Max Osborn in *Berliner Morgenpost* 29.6. 1928. – Franz Servaes in *Berliner Lokal-Anzeiger* 29.6. 1928. – Erich Burger in *Berliner Tageblatt* 29.6. 1928. – Paul Wiegler in *B.Z. am Mittag* 29.6. 1928. – Arthur Eloesser in *Vossische Zeitung* 29.6. 1928.

Gas: Herbert Jhering in *Berliner Börsen-Courier* 8.9. 1928. – Fritz Engel in *Berliner Tageblatt* 8.9. 1928.

Der Londoner verlorene Sohn: Max Hochdorf in *Der Abend* 7.11. 1928. – Kurt Pinthus in *8-Uhr-Abendblatt* 7.11.1928. – Emil Faktor in *Berliner Börsen-Courier* 7.11.1928. – Franz Köppen in *Berliner Börsen-Zeitung* 7.11.1928. – Ludwig Sternaux: »Shakespeare oder nicht?« in *Berliner Lokal-Anzeiger* 7.11.1928. – Erich Burger in *Berliner Tageblatt* 7.11.1928. – Paul Fechter in *Deutsche Allgemeine Zeitung* 7.11. 1928. – Manfred Georg: »Verlorener Sohn, verlorenes Theater« in *Tempo* 7.11. 1928. – Hans W. Fischer in *Welt am Montag* 7.11.1928. – Rolf Nürnberg in *12-Uhr-Blatt* 7.11.1928. – Monty Jacobs in *Vossische Zeitung* 8.11.1928. – Paul Friedlaender in *Die Rote Fahne* 11.11. 1928.

Oedipus: Felix Hollaender in *8-Uhr Abendblatt* 5.1.1929. – Herbert Jhering in *Berliner*

Börsen-Courier 5.1.1929. – Wilhelm Westecker in *Berliner Börsen-Zeitung*, 5.1.1929. – Max Osborn in *Berliner Morgenpost* 5.1.1929. – Paul Wiegler in *B.Z. am Mittag* 5.1.1929. – Arthur Eloesser in *Vossische Zeitung* 5.1.1929.

Karl und Anna. Emil Faktor in *Berliner Börsen-Courier* 16.2.1929. – Alfred Kerr in *Berliner Tageblatt* 16.2.1929. – Monty Jacobs in *Vossische Zeitung* 16.2.1929.

Der Marquis von Keith: Norbert Falk in *B.Z. am Mittag* 29.3.1929. – Herbert Jhering in *Berliner Börsen-Courier* 30.3.1929. – Ludwig Sternaux in *Berliner Lokal-Anzeiger* 30.3.1929. – Arthur Eloesser in *Vossische Zeitung* 30.3.1929.

Zaungäste: Herbert Jhering in *Berliner Börsen-Courier* 2.5.1929. – Franz Servaes: »Amerikanische Landstreicher-Romantik« in *Berliner Lokal-Anzeiger* 2.5.1929. – Alfred Kerr in *Berliner Tageblatt* 2.5.1929. – Bruno E. Werner in *Deutsche Allgemeine Zeitung* 3.5.1929. – Bar Kochba in *Der Angriff* 6.5.1929.

Störungen: Emil Faktor in *Berliner Börsen-Courier* 5.6.1929. – Alfred Kerr in *Berliner Tageblatt* 5.6.1929. – Paul Fechter in *Deutsche Allgemeine Zeitung* 5.6.1929. – Manfred Georg in *Tempo* 5.6.1929. – Monty Jacobs in *Vossische Zeitung* 5.6.1929. – Rolf Nürnberg in *12-Uhr-Blatt* 5.6.1929. – Bar Kochba in *Der Angriff* 10.6.1929.

Des Kaisers Soldaten: Kurt Pinthus in *8-Uhr-Abendblatt* 2.11.1929. – Emil Faktor in *Berliner Börsen-Courier* 2.11.1929. – Franz Servaes in *Berliner Lokal-Anzeiger* 2.11.1929. – Max Osborn in *Berliner Morgenpost* 2.11.1929. – Norbert Falk in *B.Z. am Mittag* 2.11.1929.

So und so, so weht der Wind: Herbert Jhering in *Berliner Börsen-Courier* 2.1.1930. – uts. in *Berliner Lokal-Anzeiger* 2.1.1930. – B.E.W. in *Deutsche Allgemeine Zeitung* 2.1.1930.

Die Südpolexpedition des Kapitäns Scott: Herbert Jhering in *Berliner Börsen-Courier* 17.2.1930. – Franz Servaes in *Berliner Lokal-Anzeiger* 17.2.1930. – Max Osborn in *Berliner Morgenpost* 17.2.1930. – Fritz Engel in *Berliner Tageblatt* 17.2.1930. – Norbert Falk in *B.Z. am Mittag* 17.2.1930. – Arthur Eloesser in *Vossische Zeitung* 17.2.1930. – Erich Kästner: »Das Hörspiel am Gendarmenmarkt« in *Die Weltbühne* Nr.9/1930, S.333–335.

Liebes Leid und Lust: Herbert Jhering in *Berliner Börsen-Courier* 19.3.1930. – Alfred Kerr in *Berliner Tageblatt* 19.3.1930. – Monty Jacobs in *Vossische Zeitung* 19.3.1930.

Wird Hill amnestiert?: Emil Faktor in *Berliner Börsen-Courier* 25.4.1930. – Franz Servaes: »Verworrenes Spiel« in *Berliner Lokal-Anzeiger* 25.4.1930. – Fritz Engel in *Berliner Tageblatt* 25.4.1930. – Arthur Eloesser in *Vossische Zeitung* 25.4.1930.

Gustav Adolf: Emil Faktor in *Berliner Börsen-Courier* 4.6.1930. – Ludwig Sternaux in *Berliner Lokal-Anzeiger* 4.6.1930. – Max Osborn in *Berliner Morgenpost* 4.6.1930. – Fritz Engel in *Berliner Tageblatt* 4.6.1930. – Paul Wiegler in *B.Z. am Mittag* 4.6.1930. – Arthur Eloesser in *Vossische Zeitung* 4.6.1930.

Der Mann mit dem Klepper: Ludwig Sternaux in *Berliner Lokal-Anzeiger* 30.6.1930. – Fritz Engel in *Berliner Tageblatt* 30.6.1930. – Arthur Eloesser in *Vossische Zeitung* 30.6.1930.

Herr Doktor, haben Sie zu Essen? Herbert Jhering in *Berliner Börsen-Courier* 10.9.1930. – Ludwig Sternaux in *Berliner Lokal-Anzeiger* 10.9.1930. – Max Osborn in *Berliner Morgenpost* 10.9.1930. – Fritz Engel in *Berliner Tageblatt* 10.9.1930. – Arthur Eloesser in *Vossische Zeitung* 10.9.1930.

Geschichte Gottfriedens von Berlichingen mit der eisernen Hand: Felix Hollaender in *8-Uhr-Abendblatt* 19.10.1930. – Herbert Jhering in *Berliner Börsen-Courier* 18.10.1930. – Fritz Engel in *Berliner Tageblatt* 19.10.1930. – Paul Fechter in *Deutsche Allgemeine Zeitung* 19.10.1930. – Monty Jacobs in *Vossische Zeitung* 19.10.1930.

Der blaue Boll: Kurt Pinthus in *8-Uhr-Abendblatt* 8.12.1930. – Herbert Jhering in *Berliner Börsen-Courier* 8.12.1930. – Wilhelm Westecker in *Berliner Börsen-Zeitung* 8.12.1930. – Ludwig Sternaux in *Berliner Lokal-Anzeiger* 8.12.1930. – Fritz Engel in *Berliner Tageblatt* 8.12.1930. – Norbert Falk in *B.Z. am Mittag* 8.12.1930. – Paul Fechter in *Deutsche Allgemeine Zeitung* 8.12.1930. – Monty Jacobs in *Vossische Zeitung* 8.12.1930. – Ernst Heilborn in *Frankfurter Zeitung* 12.12.1930.

Die Matrone von Ephesus: H.Gr. in *Berliner Börsen-Courier* 16.2.1931. – -nk.: »Der heitere Lessing« in *Berliner Lokal-Anzeiger* 16.2.1931.

Die Mitschuldigen: Emil Faktor in *Berliner Börsen-Courier* 20.3.1931. – Arthur Eloesser in *Vossische Zeitung* 20.3.1931.

Die Portugalesische Schlacht: Herbert Jhering in *Berliner Börsen-Courier* 4.4.1931. – Max

Osborn in *Berliner Morgenpost* 4.4. 1931. – Alfred Kerr in *Berliner Tageblatt* 4.4.1931. – Norbert Falk in *B.Z. am Mittag* 4.4.1931. – Arthur Eloesser in *Vossische Zeitung* 4.4.1931.

Cecil Rhodes: Herbert Jhering in *Berliner Börsen-Courier* 10.6. 1931. – Max Osborn in *Berliner Morgenpost* 10.6. 1931. – Norbert Falk in *B.Z. am Mittag* 10.6. 1931. – Monty Jacobs in *Vossische Zeitung* 10.6. 1931.

Die Zauberin, der Riese und der Affe: Kurt Pinthus in *8-Uhr-Abendblatt* 15.6. 1931. – W.B–y in *Berliner Börsen-Courier* 15.6. 1931. – Walther Pabst in *Berliner Lokal-Anzeiger* 15.6. 1931. – Fritz Engel in *Berliner Tageblatt* 15.6. 1931. – W.Illing in *Vossische Zeitung* 16.6. 1931.

Der Richter von Zalamea: Fritz Engel in *Berliner Tageblatt* 26.6. 1931. – Emil Faktor in *Berliner Börsen-Courier* 26.6. 1931. – Franz Servaes in *Berliner Lokal-Anzeiger* 26.6. 1931. – Moritz Loeb in *Berliner Morgenpost* 26.6. 1931. – Norbert Falk in *B.Z. am Mittag* 26.6. 1931. – Arthur Eloesser in *Vossische Zeitung* 26.6. 1931.

Die Herde sucht: Herbert Jhering in *Berliner Börsen-Courier* 11.11. 1931. – Alfred Kerr in *Berliner Tageblatt* 11.11. 1931. – Max Osborn in *Berliner Morgenpost* 12.11.1931.

Die endlose Straße: Kurt Pinthus in *8-Uhr-Abendblatt* 24.2.1932. – Herbert Jhering in *Berliner Börsen-Courier* 24.2.1932. – Ludwig Sternaux in *Berliner Lokal-Anzeiger* 24.2. 1932. – Moritz Loeb in *Berliner Morgenpost* 24.2. 1932. – Alfred Kerr in *Berliner Tageblatt* 24.2.1932. – Paul Wiegler in *B.Z. am Mittag* 24.2. 1932. – Arthur Eloesser in *Vossische Zeitung* 24.2.1932. – Rolf Nürnberg in *12-Uhr-Blatt* 24.2.1932.

Egmont: Arthur Eloesser in *Vossische Zeitung* 27.3.1932. – Herbert Jhering in *Berliner Börsen-Courier* 29.3. 1932. – Franz Servaes in *Berliner Lokal-Anzeiger* 29.3.1932. – Max Osborn in *Berliner Morgenpost* 29.3. 1932. – Alfred Kerr in *Berliner Tageblatt* 29.3.1932. – Paul Wiegler in *B.Z. am Mittag* 29.3. 1932.

Die Räuber: Herbert Jhering in *Berliner Börsen-Courier* 30.4.1932. – Ludwig Sternaux: »Limonade statt Feuerwasser« in *Berliner Lokal-Anzeiger* 30.4. 1932. – M.L. in *Berliner Morgenpost* 30.4. 1932. – Hermann Sinsheimer in *Berliner Tageblatt* 30.4. 1932. – Paul Wiegler in *B.Z. am Mittag* 30.4. 1932. – Arthur Eloesser in *Vossische Zeitung* 30.4. 1932. – Rolf Nürnberg in *12-Uhr-Blatt* 30.4. 1932.

Wilhelm Tell: Monty Jacobs in *Vossische Zeitung* 9.10. 1932. – Herbert Jhering in *Berliner Börsen-Courier* 10.10. 1932. – g.: »Entweihter Schiller« in *Berliner Lokal-Anzeiger* 10.10. 1932. – Max Osborn in *Berliner Morgenpost* 10.10. 1932. – Hermann Sinsheimer in *Berliner Tageblatt* 10.10. 1932. – Otto Ernst Hesse in *B.Z. am Mittag* 10.10. 1932. – Erik Krünes in *Der Montag* (Sonderbeilage des *Berliner Lokal-Anzeigers*) 10.10. 1932. – Junghans in *Preußische Zeitung* (Königsberg) 10.10. 1932. – Walter Steinthal in *12-Uhr-Blatt* 10.10. 1932.

Faust I: Herbert Pfeiffer in *Berliner Fremden-Zeitung* 3.12.1932. – Ludwig Sternaux in *Berliner Lokal-Anzeiger* 3.12. 1932. – Max Osborn in *Berliner Morgenpost* 3.12. 1932. – Alfred Kerr in *Berliner Tageblatt* 3.12. 1932. – Paul Wiegler in *B.Z. am Mittag* 3.12.1933. – Monty Jacobs in *Vossische Zeitung* 3.12. 1932. – Georg Minde-Pouet in *Neues Wiener Journal* 11.12. 1932.

Faust II: Kurt Pinthus in *8-Uhr-Abendblatt* 23.1. 1933. – Herbert Jhering in *Berliner Börsen-Courier* 23.1. 1933. – Franz Köppen in *Berliner Börsen-Zeitung* 23.1.1933. – Ludwig Sternaux in *Berliner Lokal-Anzeiger* 23.1.1933. – Alfred Kerr in *Berliner Tageblatt* 23.1. 1933. – Paul Fechter in *Deutsche Allgemeine Zeitung* 23.1.1933. – Karl Heinrich Ruppel in *Kölnische Zeitung* 31.1. 1933. – Manfred Georg in *Tempo* 23.1. 1933. – Monty Jacobs in *Vossische Zeitung* 23.1.1933. – Max Osborn in *Berliner Morgenpost* 24.1. 1933.

Siebenstein: Herbert Jhering in *Berliner Börsen-Courier* 30.3.1933. – Ludwig Sternaux: »Alles für das Land« in *Berliner Lokal-Anzeiger* 30.3. 1933. – Hermann Sinsheimer in *Berliner Tageblatt* 30.3.1933.

Schlageter: Herbert Jhering in *Berliner Börsen-Courier* 25.4.1933. – Dietzenschmidt in *Berliner Tageblatt* 25.4.1933. – Paul Fechter in *Deutsche Allgemeine Zeitung* 22.4. 1933. – Keienburg in *Tägliche Rundschau* 22.4. 1933. – Bernhard Diebold in *Frankfurter Zeitung* 25.4. 1933.

Andreas Hollmann: W. Dr. in *Vossische Zeitung* 11.6. 1933. – Herbert Jhering in *Berliner Börsen-Courier* 12.6. 1933. – Ludwig Sternaux: »Von deutscher Not« in *Berliner Lokal-Anzeiger* 12.6. 1933. – hs in *Berliner Tageblatt* 12.6. 1933. – Otto Ernst Hesse in *B.Z. am*

Mittag 12.6. 1933. – C.R. in *12-Uhr-Blatt* 12.6. 1933. – Dr. Schlösser in *Völkischer Beobachter* 13.6. 1933.

Julius Caesar: Herbert Jhering in *Berliner Börsen-Courier* 2.9. 1933. – Ludwig Sternaux in *Berliner Lokal-Anzeiger* 2.9. 1933. – Hans Flemming in *Berliner Tageblatt* 2.9. 1933. – Otto Ernst Hesse in *B.Z. am Mittag* 2.9. 1933. – C.R. in *12-Uhr-Blatt* 2.9. 1933. – Dr. Carl Weichardt in *Berliner Morgenpost* 3.9. 1933.

Kater Lampe: Herbert Jhering in *Berliner Börsen-Courier* 6.11. 1933. – *Berliner Lokal-Anzeiger* 6.11. 1933. – Dietzenschmidt in *Berliner Tageblatt* 6.11. 1933. – Paul Wiegler in *B.Z. am Mittag* 6.11.1933. – nel in *Der Montag* (Sonderbeilage des *Berliner Lokal-Anzeigers*) 6.11.1933. – W. Dr. in *Vossische Zeitung* 6.11. 1933.

Propheten: Herbert Jhering: »Die abgesagten ›Propheten‹« in *Berliner Börsen-Courier* 16.12.1933. – Kritiken: Herbert Jhering in *Berliner Börsen-Courier* 22.12.1933. – Ludwig Sternaux in *Berliner Lokal-Anzeiger* 22.12. 1933. – Dr. Carl Weichardt in *Berliner Morgenpost* 22.12. 1933. – Dietzenschmidt in *Berliner Tageblatt* 22.12. 1933. – Otto Ernst Hesse in *B.Z. am Mittag* 22.12.1933. – Bruno E.Werner in *Deutsche Allgemeine Zeitung* 22.12. 1933.

Hundert Tage: Dr. Carl Weichardt in *Berliner Morgenpost* 16.2. 1934. – Hans Flemming in *Berliner Tageblatt* 16.2. 1934. – Otto Ernst Hesse in *B.Z. am Mittag* 16.2.1934. – Werner Fiedler in *Deutsche Allgemeine Zeitung* 16.2.1934.

Meier Helmbrecht: Ludwig Sternaux in *Berliner Lokal-Anzeiger* 5.9. 1934. – Dietzenschmidt in *Berliner Tageblatt* 5.9. 1934. – Otto Ernst Hesse in *B.Z. am Mittag* 5.9. 1934. – Bruno E.Werner in *Deutsche Allgemeine Zeitung* 5.9. 1934. – C.W. in *Berliner Morgenpost* 6.9. 1934.

Hochzeit an der Panke: *Berliner Lokal-Anzeiger* 24.1. 1935. – Herbert Jhering in *Berliner Tageblatt* 24.1. 1935. – v. Rmstr. in *Deutsche Allgemeine Zeitung* 24.1.1935.

Krach im Hinterhaus: Ludwig Sternaux: »Det hat jeklappt!« in *Berliner Lokal-Anzeiger* 2.3.1935. – Dietzenschmidt in *Berliner Tageblatt* 2.3. 1935. – Christian Otto Frenzel in *Deutsche Allgemeine Zeitung* 2.3.1935. – Schu. in *Film-Kurier* 2.3. 1935. – R-e in *Der Westen* 3.3.1935. – Erwin H.Reinalten in *Völkischer Beobachter* 3.-4.3.1935.

Veronika: *Berliner Lokal-Anzeiger* 24.5.1935. – Dietzenschmidt in *Berliner Tageblatt* 24.5. 1935. – ks. in *Deutsche Allgemeine Zeitung* 24.5. 1935.

Dame Kobold: Ludwig Sternaux in *Berliner Lokal-Anzeiger* 3.10. 1935. – Herbert Jhering in *Berliner Tageblatt* 3.10. 1935. – *B.Z. am Mittag* 3.10. 1935. – Brm. in *12-Uhr-Blatt* 3.10. 1935. – thk. in *Berliner Morgenpost* 4.10. 1935.

Zu einzelnen Filmen

Der Meister von Nürnberg. Herta Zerna in *Die Filmwoche* 13.7. 1927. – Kritiken: Herbert Jhering in *Berliner Börsen-Courier* 6.9. 1927. – P.S. in *Licht-Bild-Bühne* 6.9. 1927. – Hans-Walther Betz in *Der Film* (Sonderausgabe) 10.9. 1927. – *Die Filmwoche* 21.9. 1927. – *The New York Times* 16.12. 1929.

Die Hose. *Die Filmwoche* 17.8. 1927. – Kritiken: Hans Siemsen in *8-Uhr-Blatt* 22.8. 1927. – Herbert Jhering in *Berliner Börsen-Courier* 22.8. 1927. – Wolf Durian in *Berliner Lokal-Anzeiger* 22.8. 1927. – Hans Wollenberg in *Licht-Bild-Bühne* 22.8. 1927. – Monty Jacobs in *Vossische Zeitung* 22.8. 1927. – Rolf Nürnberg in *12-Uhr-Blatt* 22.8. 1927. – L.H. in *Berliner Tageblatt* 23.8. 1927. – Bernhard Neumann in *Der Film* (Sonderausgabe) 27.8. 1927. – *Die Filmwoche* 31.8. 1927. – *The New York Times* 23.9. 1929. – *Variety* 25.9. 1929.

Das Mädchen mit fünf Nullen. W.L. in *Der Film* (Sonderausgabe) 3.12. 1927. – Hans Wollenberg in *Licht-Bild-Bühne* 3.12. 1927. – *Berliner Börsen-Courier* 4.12. 1927. – *Die Filmwoche* 14.12. 1927.

1 + 1 = 3. Hans-Walther Betz in *Der Film* (Sonderausgabe) 10.12. 1929. – Da. in *Licht-Bild-Bühne* 10.12. 1927. – *Berliner Börsen-Courier* 11.12. 1927. – *Die Filmwoche* 21.12. 1927.

Somnambul. Ernst Blaß in *Berliner Tageblatt* 8.2. 1929. – Hans Wollenberg in *Licht-Bild-Bühne* 8.2.1929. – Manfred Georg in *Tempo* 8.2. 1929. – Kurt Kersten in *Die Welt am Abend* 8.2. 1929. – Erich Fäse in *Deutsche Allgemeine Zeitung* 9.2. 1929. – Dr. Fedor Kaul in *Der Film* 9.2.1929. – Hans Sahl in *Berliner Börsen-Courier* 10.2. 1929.

Es flüstert die Nacht. F. Dammann in *Licht-Bild-Bühne* 7. 9. 1929. – Betz in *Der Film* 7. 9. 1929. – Lotte H. Eisner in *Film-Kurier* 7. 9. 1929. – Fritz R. Lachmann in *Tempo* 7. 9. 1929. – Hanns Horkheimer in *Berliner Tageblatt* 8. 9. 1929. – *Die Rote Fahne* 10. 9. 1929. – Waldemar Lydor in *Reichsfilmblatt* 14. 9. 1929. – Irmgard Martini in *Münchner Neueste Nachrichten* 20. 9. 1929. – Sisibus in *Hamburger Echo* 19. 10. 1929.

Revolte im Erziehungshau. Felix Hollaender in *8-Uhr-Abendblatt* 18. 9. 1929. – Herbert Jhering: »Revolte als Film« in *Berliner Börsen-Courier* 9. 1. 1930. – Fritz Olimsky in *Berliner Börsen-Zeitung* 9. 1. 1930. – Hans Feld in *Film-Kurier* 9. 1. 1930. – Hanns G. Lustig in *Tempo* 9. 1. 1930. – rn in *Licht-Bild-Bühne* 9. 1. 1930. – Rolf Nürnberg in *12-Uhr-Blatt* 9. 1. 1930. – F. C. Weiskopf in *Berlin am Morgen* 10. 1. 1930. – Bernard von Brentano in *Frankfurter Zeitung* 10. 1. 1930. – Hans-Walther Betz in *Der Film* 11. 1. 1930. – er: »Ein Kapitel Zensurschande« in *Die Rote Fahne* 10. 1. 1930. – Alfred Rosenthal in *Der Montag* 13. 1. 1930. – Hans Sahl in *Der Montag Morgen* 13. 1. 1930. – Irmgard Martini in *Münchner Neueste Nachrichten* 10. 4. 1930.

Gefahren der Liebe. n in *Licht-Bild-Bühne* 17. 4. 1931. – Dr. K: London in *Der Film* 18. 4. 1931.

Alarm um Mitternacht. U. L. in *Licht-Bild-Bühne* 28. 10. 1931. – W. K. in *Der Film* 31. 10. 1931.

Yorck. Herbert Jhering in *Berliner Börsen-Courier* 24. 12. 1931. – Hans Wollenberg in *Licht-Bild-Bühne* 24. 12. 1931. – Hans-Walther Betz in *Der Film* 24. 12. 1931. – *The New York Times* 31. 1. 1932. – Harry T. Smith in *The New York Times* 24. 11. 1932.

Die elf Schill'schen Offiziere. Hermann Gressieker in *Berliner Börsen-Courier* 22. 8. 1932. – H. Hirsch. in *Licht-Bild-Bühne* 22. 8. 1932. – N. in *Die Rote Fahne* 25. 8. 1932. – H. Haßreiter in *Der Film* 27. 8. 1932. – *Deutsche Filmzeitung* 16. 9. 1932.

Friederike. H. D-. in *Deutsche Filmzeitung* 11. 11. 1932. – H. H. in *Licht-Bild-Bühne* 15. 11. 1932. – tz. in *Der Film* 19. 11. 1932.

Die unsichtbare Front. tz. in *Der Film* 24. 12. 1932. – Hans Wollenberg in *Licht-Bild-Bühne* 24. 12. 1932. – *Deutsche Filmzeitung* 27. 1. 1933.

Der Choral von Leuthen. H. H. in *Licht-Bild-Bühne* 8. 3. 1933. – ck. in *Der Film* 11. 3. 1933. – s. in *Deutsche Filmzeitung* 24. 3. 1933.

Taifun/Polizeiakte 909. r-l in *Der Film* 28. 7. 1934. – *Film-Kurier* 28. 7. 1934. – v. d. H. in *Licht-Bild-Bühne* 30. 7. 1934.

Flüchtlinge. *Film-Kurier* 16. 12. 1933. – <u>Kritiken</u>: Herbert Jhering: »Der große Erfolg der ›Flüchtlinge‹« in *Berliner Börsen-Courier* 9. 12. 1933. – Hans Erasmus Fischer in *Berliner Lokal-Anzeiger* 9. 12. 1933. – ma. in *Deutsche Allgemeine Zeitung* 9. 12. 1933. – dr.lc. in *Film-Kurier* 9. 12. 1933. – H. U. in *Licht-Bild-Bühne* 9. 12. 1933. – Dr. R. B. in *Deutsche Filmzeitung* 17. 12. 1933. – Harry T. Smith in *The New York Times* 15. 10. 1934.

Ein Mädchen mit Prokura. slo in *Berliner Lokal-Anzeiger* 4. 4. 1934. – B. K. in *Berliner Tageblatt* 4. 4. 1934. – -r. in *Film-Kurier* 4. 4. 1934. – *Licht-Bild-Bühne* 4. 4. 1934. – Fritz Röhl in *Der Film* 7. 4. 1934. – *Deutsche Filmzeitung* 8. 4. 1934. – E. H. in *Filmwoche* 11. 4. 1934.

Gern hab' ich die Frau'n geküßt. *Film-Kurier* 2. 7. 1934. – –g. in *Film-Kurier* 4. 7. 1934. – r. in *Der Film* 7. 7. 1934.

Abschiedswalzer. –r. in *Film-Kurier* 5. 10. 1934. – l-s. in *Filmwoche* 17. 10. 1934.

Der Fall Brenken. Georg Herzberg in *Film-Kurier* 13. 10. 1934. – –l. in *Der Film* 13. 10. 1934. – –net. in *Filmwoche* 24. 10. 1934.

Nur nicht weich werden, Susanne! *Der Film* 12. 1. 1935. – r. in *Film-Kurier* 25. 1. 1935. – –tz. in *Der Film* 26. 1. 1935.

Der rote Reiter. Georg Herzberg in *Film-Kurier* 2. 2. 1935. – *Der Film* 2. 2. 1935. – *Berliner Lokal-Anzeiger* 3. 2. 1935. – *Film-Echo* (Beilage des *Berliner Lokal-Anzeigers*) 4. 2. 1935. – l-s in *Filmwoche* 13. 2. 1935. – *Film-Zeitung* 10.-13. 5. 1935.

Mein Leben für Maria Isabell. *Der Film* 22. 12. 1934. – Georg Herzberg in *Film-Kurier* 8. 2. 1935. – Hans Erasmus Fischer in *Berliner Lokal-Anzeiger* 9. 2. 1935. – –l. in *Der Film* 9. 2. 1935. – s. in *Deutsche Filmzeitung* 17. 2. 1935. – Harry T. Smith in *The New York Times* 5. 11. 1935.

Das Mädchen Johanna. Hans-Joachim Hahn: Gespräch mit Gerhard Menzel in *Berliner Tageblatt* 3. 3. 1935. – W. in *Deutsche Allgemeine Zeitung* 27. 4. 1935. – Hans-Walther Betz in *Der Film* 27. 4. 1935. – Georg Herzberg in *Film-Kurier* 27. 4. 1935. – *Deutsche Filmzeitung* 5. 5. 1935.

Stradivari. Georg Herzberg in *Film-Kurier* 27.8. 1935. – –r. in *Der Film* 31.8. 1935. – rt in *Deutsche Filmzeitung* 1.9. 1935.

Die Pompadour. »Käthe von Nagy als Pompadour« in *Film-Kurier* 11.5. 1935 – Kritiken: W.P. in *Deutsche Filmzeitung* 10.11. 1935 – Bewe. in *Film-Kurier* 15.11. 1935 – l. in *Der Film* 16.11. 1935.

Krach im Hinterhaus. BeWe: »Ein Bühnenerfolg wird Film« in *Film-Kurier* 29.10. 1935. – Kritiken: *Film-Kurier* 3.1.1936. – Schneider in *Licht-Bild-Bühne* 3.1.1936. – R. in *Der Film* 4.1.1936. – *Filmwoche* 15.1.1936. – Nning. in *Deutsche Filmzeitung* 9.2.1936. – Harry T. Smith in *The New York Times* 4.12.1937.

Kater Lampe. »Eine Katze will Regie führen« in *Filmwelt* 19.1.1936. – Sk. in *Film-Kurier* 21.2.1936. – Felix Henseleit in *Der Film* 22.2.1936. – S-. in *Deutsche Filmzeitung* 1.3.1936. – Harry T. Smith in *The New York Times* 23.4.1937.

Der müde Theodor. *Der Film* 21.3.1936. – –rt. in *Deutsche Filmzeitung* 22.3.1936. – Hans Schuhmacher in *Film-Kurier* 11.4.1936. – m. in *Der Film* 11.4.1936. – H.E.T. in *Filmwoche* 29.4.1936. – Harry T. Smith in *The New York Times* 24.10.1936.

Alles für Veronika. Carl Brunner in *Der Film* 12.12.1936. – Günther Schwark in *Film-Kurier* 3.2.1937. – Harry T. Smith in *The New York Times* 4.2.1939.

Maria, die Magd. Veit Harlan: »Das habe ich selbst erlebt« in *Filmwelt* 27.9. 1936. – eib: »Kuhstall-Idylle im Atelier« in *Film-Kurier* 27.7. 1936. – »Selbstmord-Epidemie im Film!« in *Film-Kurier* 19.5.1937. – *Der Film* 3.10. 1936. – *Film-Kurier* 24.10. 1936. – K.R. in *Völkischer Beobachter* 25.10. 1936. – Bu in *Filmwelt* 8.11. 1936. – *Variety* 11.11.1936. – Hans Spielhofer in *Der deutsche Film* Heft 6/Dezember 1936. – Harry T. Smith in *The New York Times* 22.5.1937.

Die Kreutzersonate. Leo N. Tolstoj: *Krejcerova sonata.* 1891. Dt. Übers. Arthur Luther/ Rudolf Kassner in Leo N. Tolstoj: *Die großen Erzählungen.* Insel Verlag; Frankfurt am Main 1961. – d: »In Rußland eingeregnet« in *Film-Kurier* 11.9.1936. – R.H.D.: »Es wäre wohl zu bequem gewesen« in *Filmwelt* 4.10. 1936. – »Zwei neue Filme mit Peter Petersen« in *Filmwelt* 18.10. 1936. – *Film-Kurier* 8.4.1937. – Kritiken: Günther Schwark in *Film-Kurier* 12.2.1937. – Fritz Röhl in *Der Film* 13.2. 1937. – Hans Spielhofer in *Deutsche Filmzeitung* 21.2.1937. – Harry T. Smith in *The New York Times* 28.5. 1938.

Der Herrscher. Gerhart Hauptmann: *Vor Sonnenuntergang. Schauspiel.* S.Fischer; Berlin 1932. – Herbert Jhering: »Der Herrscher« in *Berliner Tageblatt* 14.1.1935. – *Film-Kurier* 17.7. 1935. – »›Der Ruhrarbeiter‹ zum ›Herrscher‹« in *Film-Kurier* 6.4.1937. – »So wurde über den ›Herrscher‹ geurteilt« in *Film-Kurier* 19.4.1937. – Ae.: »Diskussion um den ›Herrscher‹ in *Film-Kurier* 22.4.1937. – »Schwedische Pressestimmen über ›Der Herrscher‹« in *Film-Kurier* 14.12.1937. – Berthold Viertel: »Wiedersehen mit Emil« in *Das Neue Tagebuch.* Nachdruck in Konstantin Kaiser/Peter Roessler (Hg.): *Berthold Viertel. Die Überwindung des Übermenschen. Exilschriften.* Verlag für Gesellschaftskritik; Wien 1989. – Sigfrit Hoefert: *Gerhart Hauptmann im Film.* Erich Schmidt-Verlag; Berlin 1996. – Kritiken: Günther Schwark in *Film-Kurier* 18.3. 1937. – Fritz Röhl in *Der Film* 20.3.1937.– »Une grande première à Berlin« in *Le Temps* 26.3. 1937. – Hans Spielhofer in *Deutsche Filmzeitung* 28.3.1937 – Paul Ickes in *Filmwoche* 31.3.1937. – *Variety* 7.4.1937 – Hans Spielhofer in *Der deutsche Film* Heft 10/April 1937. – Graham Greene in *Night and Day* 1.7. 1937. – »Germany« in *Monthly Film Bulletin* 31.7. 1937. – Stefanja Zahorska: »Nowe filmy« in *Wiadomosci literackie* 3.10. 1937. – Harry T.Smith in *The New York Times* 16.10.1937.

Mein Sohn, der Herr Minister. *Film-Kurier* 8.4.1937. – S-k: »Zeitsatire um Parlamentarier« in *Film-Kurier* 15.4.1937. – H.M.: »Ein Film vom parlamentarischen Kuhhandel« in *Filmwelt* 2.5.1937. – »Unterredung mit Veit Harlan« in *Film-Kurier* 13.5.1937. – *Filmwelt* 4.7. 1937. – Kritiken: Georg Herzberg in *Film-Kurier* 7.7. 1937. – Hans-Walther Betz in *Der Film* 10.7. 1937. – A.M. Schmidt in *Deutsche Filmzeitung* 11.7. 1937. – Hans Spielhofer in *Der deutsche Film*, Heft 2/August 1937.

Jugend. Max Halbe: *Sämtliche Werke. Vierter Band.* Verlag Das Bergland-Buch; Salzburg 1945. – Schu.: »Veit Harlan inszeniert Halbes ›Jugend‹« in *Film-Kurier* 20.11.1937. – »Schicksale eines Bühnenwerks« in *Filmwelt* 7.1.1938. – »Schicksalsjahre der deutschen Dichtung« in *Filmwoche* 12.1.1938. – »Gespräch mit Max Halbe« in *Filmwoche* 19.1. 1938.– »Lebensglaube gegen Dogma« in *Film-Kurier* 1.4.1938. – Kurt Künstler:

»Begegnung mit Max Halbe« in *Berliner Börsen-Zeitung* 2.4.1938. – »Dichtung geht in den Film ein« in *Filmwoche* 13.4.1938. – M.D.: »Kristina Söderbaum in Stockholm« in *Völkischer Beobachter* 3.8.1938. – Kritiken: Irmgard Martini in *Deutsche Filmzeitung* 17.4.1938. – Felix A. Dargel in *Berliner Lokal-Anzeiger* 4.5.1938. – Werner Fiedler: »Max Halbes ›Jugend‹ im Film« in *Deutsche Allgemeine Zeitung* 4.5.1938. – Günther Schwark in *Film-Kurier* 4.5.1938. – Hans-Walther Betz in *Der Film* 7.5.1938. – Paul Ickes in *Filmwoche* 18.5.1938. – Frank Maraun: »Der wichtigste Film des Monats« in *Der deutsche Film*, Heft 12/Juni 1938. – *Variety* 1.6.1938. – Harry T.Smith in *The New York Times* 9.12.1939.

Verwehte Spuren. S.Pfankuch: »Kristina Söderbaum in ›Verwehte Spuren‹« in *Film-Kurier* 22.3.1938. – Helmut Holscher: »Lydia Sue tanzt im Film« in *Berliner Lokal-Anzeiger* 8.4.1938. – Schu.: »Nachtaufnahmen für ›Verwehte Spuren‹« in *Film-Kurier* 12.4.1938. – »Aufnahmen mit Kristina Söderbaum« in *Filmwelt* 22.4.1938. – –l.: »Nächtliche Fahrt durch die ›Avenue des deux puits‹« in *Film-Kurier* 7.5.1938. – »Ein überflüssiges Schlagwort. Veit Harlans Auffassung von Filmarbeit« in *Licht-Bild-Bühne* 20.9.1938. – Kritiken: *Film-Kurier* 19.8.1938. – Carl Brunner in *Der Film* 3.9.1938. – Irmgard Martini in *Deutsche Filmzeitung* 4.9.1938. – Werner Fiedler: »Nach einer wahren Begebenheit« in *Deutsche Allgemeine Zeitung* 22.9.1938. – Georg Herzberg in *Film-Kurier* 22.9.1938. – Ilse Wehner in *Der deutsche Film* Heft 5/November 1938. – *Variety* 2.11.1938. – Harry T.Smith in *The New York Times* 14.10.1939. – H.H. in *Evangelischer Filmbeobachter* 17.7.1952.

Das unsterbliche Herz. Frank Maraun: »Veit Harlan – Prinzipien und Pläne« in *Der Film*, Heft 2/August 1938. – »Das Nürnbergisch Ei – Veit Harlan gestaltet den Film ›Der Titan‹« in *Filmwelt* 16.9.1938. – »Filmfahrt nach Nürnberg. – Veit Harlan dirigiert mit Fernglas und Lautsprecher vom Burgturm aus Statisten-Massen« in *Film-Kurier* 11.10.1938. – »Veit Harlan dreht Massenszenen in Nürnberg« in *Film-Kurier* 28.10.1938. – »... liegt nicht in Deutschlands Mitten mein liebes Nürnberg« in *Filmwelt* 28.10.1938. – Sa.: »Eine Kogge entsteht in Swinemünde« in *Film-Kurier* 5.11.1938. – Geno Ohlischlaeger: »Neu auf der Leinwand: Raimund Schelcher« in *Filmwelt* 25.11.1938. – »1517: Kogge auf Afrikafahrt« in *Der Stern* 29.11.1938. – Dr. Hermann Wanderscheck: »Ein ganzer Film mit Bach-Musik« in *Film-Kurier* 21.12.1938. – Kritiken: K.Lorenz in *Deutsche Allgemeine Zeitung* 1.2.1939. – Hans-Walther Betz in *Der Film* 4.2.1939. – Albert Schneider in *Filmwoche* 8.2.1939. – Irmgard Martini in *Deutsche Filmzeitung* 12.2.1939. – Werner Fiedler: »›Das Nürnbergisch Ei‹ mit Musik von Bach« in *Deutsche Allgemeine Zeitung* 15.2.1939. – Günther Schwark in *Film-Kurier* 15.2.1939. – Robert Volz in *Der deutsche Film* Heft 9/März 1939. – Harry T. Smith in *The New York Times* 21.10.1939. – C.K. in *Katholischer Film-Dienst* 1.2.1953.

Die Reise nach Tilsit. Hermann Sudermann: *Die Reise nach Tilsit. Litauische Geschichten.* Deutscher Taschenbuch Verlag; München 1969. – »Veit Harlan beginnt am Montag mit ›Die Reise nach Tilsit‹« in *Film-Kurier* 31.1.1939. – Hans Schuhmacher: »Filmfahrt nach Ostland – Veit Harlan dreht an der Kurischen Nehrung« in *Film-Kurier* 11.5.1939. – Hans Schuhmacher: Bilderbogen des *Film-Kurier* 20.5.1939. – Paul Fechter: »Sudermann und wir« in *Filmwoche* 13.9.1939. – »Züricher Festpremiere von ›Die Reise nach Tilsit‹« in *Film-Kurier* 22.2.1941. – Fritz Göttler: »Der Gesang der Sirenen« in Hans Helmut Prinzler (Red.): *Europa 1939.* Berlin 1989. – Kritiken: Hans Erasmus Fischer in *Berliner Lokal-Anzeiger* 16.11.1939. – Jürgen Schüddekopf: »Vom Fischer und syner Fru« in *Deutsche Allgemeine Zeitung* 16.11.1939. – Günther Schwark in *Film-Kurier* 16.11.1939. – Hans-Walther Betz in *Der Film* 18.11.1939. – *Filmwoche* 29.11.1939. – Hans Erasmus Fischer in *Filmwelt* 1.12.1939. – Ilse Wehner in *Der deutsche Film* Heft 6/Dezember 1939. – Harry T.Smith in *The New York Times* 10.2.1940. – d.k. in *Evangelischer Filmbeobachter* 20.3.1952.

Pedro soll hängen. Schu.: »Nein, Pedro soll nicht hängen!« in *Film-Kurier* 21.8.1939. – -e.: »Achtung! Es knallt!« in *Filmwoche* 6.9.1939. – »Noch ist Pedro sehr beliebt...« in *Filmwelt* 8.9.1939. – G.O.: »Ohrfeige mit Herz« in *Film-Kurier* 13.9.1939. – G.O.: »Schwert oder Galgen?« in *Filmwoche* 25.10.1939. – »Messer 'raus! im Filmatelier« in *Filmwoche* 29.11.1939. – Kritiken: Günther Schwark in *Film-Kurier* 26.7.1941. – Ernst Jerosch in *Der Film* 26.7.1941. – Dr. Hermann Wanderscheck: »Die Woche nach Noten: ›Frau Luna‹ – ›Pedro soll hängen‹« in *Film-Kurier* 31.7.1941. – Dr. Günther Sawatzki in *Filmwelt* 6.8.

1941. – Ludwig Eylux in *Filmwoche* 13.8. 1941. – Th. in *Evangelischer Filmbeobachter* 2.3.1963. – –be. in *Katholischer Film-Dienst* 20.3.1963.

Jud Süß. Wilhelm Hauff: *Jud Süß. Novelle.* 1827. Nachdruck in Wilhelm Hauff: *Sämtliche Werke 2. Märchen, Novellen.* Winkler-Verlag; München 1970. – Manfred Zimmermann: *Joseph Süss Oppenheimer, ein Finanzier des 18.Jahrhunderts.* 1874. – Lion Feuchtwanger: *Jud Süß. Schauspiel.* 1917. – Lion Feuchtwanger: *Jud Süß. Roman.* 1925. – Curt Elwenspoek: *Joseph Süss Oppenheimer. Der große Finanzier und galante Abenteurer des 18.Jahrhunderts.* Süddeutsches Verlagshaus; Stuttgart 1926. – Selma Stern: *Jud Süß. Ein Beitrag zur deutschen und zur jüdischen Geschichte.* Akademie; Berlin 1929. – »Interessante Filmstoffe der Terra-Filmkunst« in *Film-Kurier* 15.4.1939. – »Die Terra im Filmjahr 1939/40« in *Der Film* 22.7. 1939. – E.F.: »Jud Süß unmaskiert im Film« in *Film-Kurier* 12.10. 1939. – ej.: »Jud Süss und sein Schicksal im Film« in *Der Film* 20.1.1940. – G.H.: »Veit Harlan inszeniert ›Jud Süß‹« in *Film-Kurier* 3.4. 1940. – Dr. Hermann Wanderscheck: »Wolfgang Zeller, der Komponist ernster Filme« in *Film-Kurier* 5.8. 1940. – R.: »›Jud Süß‹ in Hamburg begeistert aufgenommen« in *Film-Kurier* 3.10. 1940. – J.R.George: *Jud Süß.* Ein Terra-Buch im Ufa-Buchverlag Gmbh; Berlin 1941. – »Filmmusik als Lebenswerk – Der Komponist Wolfgang Zeller« in *Filmwelt* 3.1. 1941. – Sch.: »Jud Süß in neuer Maske« in *Tägliche Rundschau* (Berlin) 27.7. 1950. – »Sache Oppenheimer« in *Der Spiegel* 15.9. 1965. – Hans Hoehn: »German Producer's Re-Do of ›Jew Suss‹« in *Variety* 5.1.1966. – S.F.: »›Jud Süß‹ in der Kölner Cinemathek« in *Süddeutsche Zeitung,* 11.2.1973. – Steve Neale: »Propaganda« in *Screen* (London) Vol.18 N°3. Herbst 1977, S.9–40. – Thomas Brandlmeier/Heidi Pillhatsch: »Der Krieg der Kameras. Filmpropaganda 1933–1946« in *medium. Zeitschrift für Medienkritik.* 9.Jg. Heft 8/August 1979. – Régine Mihal Friedman: *L'image et son juif,* a.a.O. – Friedrich Knilli/Siegfried Zielinski: »Lion Feuchtwangers ›Jud Süß‹ und die gleichnamigen Filme von Lothar Mendes (1934) und Veit Harlan (1940)« in Heinz Ludwig Arnold (Hg.): *Lion Feuchtwanger.* Edition text + kritik (Heft 79/80); München 1983. – Anke-Marie Lohmeier: »Philosemitismus« in *medium. Zeitschrift für Medienkritik.* 18.Jg. Heft1/Januar–März 1988. – Linda Schulte-Sasse: »The Jew as Other under National Socialism: Veit Harlan's ›Jud Süß‹« in *The German Quarterly* Nr.1/Winter 1988. – Dietrich Kuhlbrodt: »Soll ›Jud Süß‹ wieder in die Kinos?« in *Konkret* 4/1991. – Hans Pinter: »Judenmord mit deutschen Filmen« in *Neues Deutschland* 8.11. 1991. – Alfons Arns: »Fatale Korrespondenzen. Die Jud-Süß-Filme von Lothar Mendes und Veit Harlan im Vergleich« in Cilly Kugelmann/Fritz Backhaus (Hg.): *Jüdische Figuren in Film und Karikatur,* a.a.O. – Alfons Arns: »Fluchtpunkt Antisemitismus. Die Organisation des Raums in Otto Huntes Entwürfen zu ›Jud Süß‹« in Hilmar Hoffmann/Walter Schobert (Hg.): *Otto Hunte – Architekt für den Film.* Deutsches Filmmuseum; Frankfurt am Main 1996. – Wilfried Mommert: »Tribunal im Internet zu ›Jud Süß‹« in *Hamburger Abendblatt* 17.–18.8. 1996. – Peter Zander: »Virtuelles Tribunal im Internet« in *Berliner Zeitung* 18.9. 1996. – Jan Gympel: »Exit« in *Zitty* 13.8. 1997. – Jan Gympel: »Delicatessen« in *Der Tagesspiegel* 14.8. 1997. – Jan Schulz-Ojala: »Der totale Minderwertigkeitskomplex« in *Der Tagesspiegel* 16.8. 1997. – Hagen Liebing: »Süß-Sauer« (Interview mit Prof. Friedrich Knilli) in *Tip* 3.9. 1997. – Friedrich Knilli: »Pornographie als Propaganda« in *Konkret* 6/1998. – Kritiken: Michelangelo Antonioni: »La settimana cinematografica di Venezia. L'ebreo Süss e Il cavaliere di Kruja« in *Corriere Padano* 6.9. 1940. – Hans-Walther Betz in *Der Film* 7.9. 1940. – Hans Erasmus Fischer in *Filmwelt* 20.9. 1940. – Michelangelo Antonioni: »La sorpresa veneziana« in *Cinema* 25.9. 1940. – Georg Herzberg in *Film-Kurier* 25.9. 1940. – Karl Korn: »Der Hofjude« in *Das Reich* 29.9. 1940. – Wolfgang Menzel in *Jenaer Neue Zeitung* 5.10. 1940. – Ludwig Eylux in *Filmwoche* 9.10. 1940. – Hans Spielhofer in *Der deutsche Film* Heft 4/Oktober 1940. – »Les nouveaux films« in *Le Parisien* 21.2. 1941.

Der große König. »Otto Gebühr spielt Friedrich den Großen in dem neuen Tobis-Film ›Der große König‹« in *Film-Kurier* 4.10.1940. – »Veit Harlan dreht historische Massenszenen« in *Film-Kurier* 21.10. 1940. – »Zwischen Kunersdorf und Burkersdorf« und »Ein Jubiläum: Harlan als Schauspielerführer« in *Filmwoche* 6.11.1940. – Geno Ohlischlaeger: »In Friedrichs Lager« in *Filmwoche* 13.11.1940. – *Film-Kurier* 21.12. 1940. – Heinrich Koch: »Veit Harlan zeichnet in seinem Fridericus-Film den einsamen König« in *Film-Kurier*

14.3.1941. – »Historischer Film – geschichtliche Wahrheit« in *Film-Kurier* 27.1.1942. – Veit Harlan: »Spiegel geschichtlicher Wahrheit« in *Völkischer Beobachter* 4.3. 1942. – »So startet man im Westen den ›Film der Nation‹« in *Film-Kurier* 19.3.1942. – »Überall stärkster Einsatz für den Film der Nation« in *Film-Kurier* 10.4.1942. – »Dänischer Spielzeitbeginn im Zeichen des deutschen Films. ›Der große König‹ mit starkem Erfolg gestartet« in *Film-Kurier* 9.9.1942. – »Auslandserfolge des deutschen Films« in *Film-Kurier* 15.9.1942. – »Mussolini-Pokal für den Film ›Der große König‹« in *Film-Kurier* 17.9.1942. – Rolf Seubert: »Goebbels und der ›Große König‹. Zur Aktualität eines nationalsozialistischen Geschichtsmythos« in *medium. Zeitschrift für Medienkritik.* 26.Jg., Januar-Februar 1996. – <u>Kritiken</u>: Werner Fiedler in *Deutsche Allgemeine Zeitung* 4.3. 1942. – Günther Schwark in *Film-Kurier* 4.3. 1942. – Kurt Kränzlein in *Der Angriff* 5.3.1942. – Ernst Jerosch in *Der Film* 7.3. 1942. – Ilse Urbach in *Das Reich* 8.3. 1942.

Die goldene Stadt. Georg Herzberg: »Besuch in Prag« in *Film-Kurier* 20.10.1941. – Vring Wiemer: »Die Geschichte einer großen Sehnsucht« in *Film-Kurier* 1.11.1941. – Veit Harlan: »Vom bunten Film zum Farbfilm« in *Deutsche Allgemeine Zeitung* 24.11.1942. – »Europas Filmtheater erwarten ›Die goldene Stadt‹« in *Film-Kurier* 26.11.1942. – »Triumphaler Erfolg der ›Goldenen Stadt‹ in Schweden« in *Film-Kurier* 25.3.1943. – »Veit Harlan sprach in Stockholm und Upsala« in *Film-Kurier* 30.3.1943. – Edith Rabenstein: *Dichtung zwischen Tradition und Moderne: Richard Billinger.* Peter Lang; Frankfurt am Main-Bern-New York-Paris 1988. – <u>Kritiken</u>: Leo Böhmer: »›Die goldene Stadt‹ in Venedig« in *Deutsche Allgemeine Zeitung* 4.9.1942. – *Film-Kurier* 4.9.1942. – Ernst Jerosch in *Der Film* 5.9.1942. – Hanns Suchen: »Deutsche Filme auf der Biennale« in *Filmwelt* 16.9. 1942. – Werner Fiedler in *Deutsche Allgemeine Zeitung* 25.11.1942. – Felix Henseleit in *Film-Kurier* 25.11.1942. – Hans-Walther Betz in *Der Film* 28.11.1942. – Felix Henseleit in *Filmwoche* 23.12.1942.

Immensee. Theodor Storm: *Immensee.* 1848. Nachdruck in *Immensee und andere Novellen.* Hg. v. Gottfried Honnefelder. Insel Verlag; Frankfurt am Main 1983. – Georg Speckner: »Frei nach einer Novelle von Theodor Storm« in *Film-Kurier* 2.7.1942. – »Veit Harlan dirigiert Filmaufnahmen vom Palatin« in *Film-Kurier* 4.7. 1942. – »Tagebuch einer Drehwoche« in *Film-Kurier* 7.8. 1942. – *Filmwoche* 21.10. 1942. – »Die Farbe im Film und ihre dramaturgische Funktion« in *Film-Kurier* 10.9. 1943. – gh.: »Zart klingt ein Liebeslied« in *Filmwelt* 14.10. 1942. – »Heimeligkeit um ›Immensee‹« in *Film-Kurier* 11.1.1943. – »Goethe-Verse in einem Film« in *Film-Kurier* 6.2.1943. – Dr. Hermann Wanderscheck: »Folgt die Filmmusik der Regie?« in *Film-Kurier* 8.2.1944 – *Filmpress* 30.1.1952. – Rainer Rother: »Suggestion der Farben« in Hans-Michael Bock/Michael Töteberg: *Das Ufa-Buch,* a.a.O. – Michel Azzopardi: »Le lac aux chimères« in Jean Tulard (Hg.): *Guide des films.* Robert Laffont; Paris 1990. – Peter W. Jansen: »Woody Allen und das Komische an der Komik. Beginn der 50.Filmfestspiele in Venedig. Von Harlans ›Immensee‹ bis Viscontis ›Ossessione‹« in *Der Tagesspiegel* 4.9.1993. – <u>Kritiken</u>: Werner Fiedler in *Deutsche Allgemeine Zeitung* 18.12.1943. – Felix Henseleit in *Film-Kurier* 21.12. 1943. – dk. in *Evangelischer Filmbeobachter* 17.1. 1952.

Opfergang. Rudolf G. Binding: *Gesammeltes Werk I Novellen und Legenden.* Rütten & Loening; Frankfurt am Main 1927; Neuauflage bei Rütten & Loening; Potsdam 1940. – »Rudolf G. Bindings ›Opfergang‹ als Film« in *Film-Kurier* 10.10.1942. – Günther Schwark: »Wir lieben uns, mein Freund...« in *Film-Kurier* 10.10.1942. – »Oktavias Opfergang« in *Filmwoche* 18.11.1942. – »Die Aussage des Ungesagten« in *Film-Kurier* 28.11.1942. – H.Fl: »Ein Schatten fällt auf den Karneval« in *Der Film* 2.1.1943. – Roger L. Cole: *The Ethical Foundations of Rudolf Binding's Gentleman Concept.* Western Michigan University; Mouton & Co.; Den Haag 1966. – Günther Maschuff: »Nazi-Propagandafilme wieder salonfähig? Ein ›Filmereignis‹ und sein Hintergrund« in *Wahrheit* 12.3.1983. – Frieda Grafe: *Farb-Filmfest.* Berlin 1988. – Rainer Rother: »Suggestion der Farben« in Hans-Michael Bock/Michael Töteberg: *Das Ufa-Buch,* a.a.O. – Fritz Göttler: »Ein Rahmen, der ein Gefängnis ist« in *Süddeutsche Zeitung* 26.11.1992. – Daniel Collin: »Offrande au bien-aimé« in Jean Tulard (Hg.): *Guide des films,* a.a.O. – Markus Zimmer: Seminararbeit über ›Opfergang‹ an der Hochschule für Fernsehen und Film in München (Wintersemester 1992/93). – Michael Althen: »Totentanz« in Peter Buchka (Hg.): *Deutsche Augenblicke.* belleville; München 1995. – <u>Kritiken</u>: Werner Fiedler: »Die Edelmütige. Der Farbenfilm ›Opfergang‹ im Tauentzien-Palast« in *Deutsche Allgemeine Zeitung* 31.12.1944. – dk. in *Evangelischer Filmbeobachter* 9.10.1952.

Augen der Liebe. F.z.E.: »Augen nach innen gerichtet« in *Filmwoche* 18.11.1942. – <u>Kritiken</u>: F. in *Katholischer Film-Dienst* 9.11.1951. – V.F. in *Evangelischer Filmbeobachter* 12.11.1951.

Kolberg. »Große Besetzung für ›Kolberg‹« in *Film-Kurier* 18.11.1943. – »Heinrich George und Horst Caspar in ›Kolberg‹« in *Film-Kurier* 21.1.1944. – »Hauptgestalt in ›Kolberg‹« in *Film-Kurier* 25.8.1944. – »Künstlerische Vollnatur: Heinrich George spielt in dem UFA-Farbfilm ›Kolberg‹ den Nettelbeck unter Veit Harlans Regie« in *Film-Kurier* 12.9.1944. – N.N.: »Veit Harlan wieder dabei. Den ›Kolberg‹-Film neu ausgegraben« in *Das Volk* (Erfurt) 24.9.1957. – *Die Andere Zeitung* (Hamburg) 22.10.1964. – Heiko R. Blum: »Veit Harlans ›Kolberg‹ getestet« in *Frankfurter Rundschau* 11.9.1965. – Heiko R.Blum: »Die NS-Propaganda wird entlarvt« in *Der Tagesspiegel* 19.9.1965. – Peter W.Jansen: »Die Wunderwaffe des Joseph Goebbels« in *Frankfurter Allgemeine Zeitung* 27.9.1965. – Helga Radmann: »Gefährlicher Trugschluß« in *Leipziger Volkszeitung* 4.10.1965. – Brigitte Kaps: »Ganz unverfänglich ›Kolberg‹ genannt« in *Vorwärts* 6.10.1965. – Günther Kriewitz: »Eine Durchhalte-Schnulze soll entlarvt werden« in *Stuttgarter Zeitung* 12.10.1965. – Edmund Luft in *Film-Echo* 23.10.1965. – Herbert Straeten: »Der Fall ›Kolberg‹« in *Neue Ruhr-Zeitung* (Essen) 25.10.1965. – »Aktion braune Leinwand« in *Der Stern* 31.10.1965. – »Der 30.Januar 1945« in *Neue Zürcher Zeitung* 20.11.1965. – Enno Patalas in *Filmkritik* 12/1965. – »Kolberg – und was dahinter steckt« in *Die junge Welt* 2.12.1965. – »›Kolberg‹ informiert über NS-Zeit« in *Westfälische Rundschau* (Dortmund) 14.1.1966. – Heino Eggers: »Dunkel um ›Kolberg‹. Gespräch mit Alfred Braun« in *Der Telegraf* (Berlin) 16.10.1966. – Robertson, Patrick: *The Guinness Book of Film Facts & Feats*, Enfield, Middlesex 1980. – Harry & Michael Medved: »Fascist Follies« in *The Hollywood Hall of Shame – The Most Expensive Flops in Movie History*. Angus & Robertson; London-Sydney-Melbourne 1984. – Fritz Göttler: »Nichts geht mehr« in Hans Helmut Prinzler (Red.): *Das Jahr 1945*. Berlin 1990. – Rolf Aurich: »Film als Durchhalteration« in Hans-Michael Bock/Michael Töteberg: *Das Ufa-Buch*, a.a.O. – Rainer Rother/Gerhard Schoenberner/Klaus Kreimeier/Hartmut Redotté: *Kolberg* (Ufa-Magazin Nr. 20). Berlin 1992. – Michaela Krützen: »Der Tod ist verschwunden im Sieg« in *Berliner Zeitung* 31.1.1995. – Jan Gympel: »In Größe kaputtgehen« in *Der Tagesspiegel* 15.6.1995. – <u>Kritiken</u>: Theo Fürstenau in *Deutsche Allgemeine Zeitung* 31.1.1945. – J. Sch. in *Völkischer Beobachter* 31.1.1945.

Unsterbliche Geliebte. Theodor Storm: *Aquis Submersus*, 1876. Nachdruck in Theodor Storm: *Der Schimmelreiter. Erzählungen*. SWAN-Buchvertrieb; Kehl 1993. – *Filmpress* 10.1.1951. – *Filmblätter* 16.2.1951. – »Die Theaterbesitzer melden« in *Film-Echo* 17.2.1951. – *Die Filmwoche* 3.3.1951. – *Filmblätter* 9.3.1951. – »Harlan wandte sich an Heuss« in *Filmblätter* 16.3.1951. – *Filmblätter* 23.3.1951. – *Filmblätter* 30.3.1951. – »›Unsterbliche Geliebte‹ in München freigegeben« in *Der Tag* (Berlin) 24.4.1952. – J.F.: »Beachtliche Zahlen« in *Film- und Mode-Revue* 24.9.1952. – <u>Kritiken</u>: Hans Hellmut Kirst in *Der neue Film* (Wiesbaden) 12.1.1951. – *Evangelischer Filmbeobachter* 1.2.1951. – G.R. in *Die Welt* (Hamburg) 1.2.1951. – i.k. in *Rheinische Post* (Düsseldorf) 3.2.1951. – *Filmblätter* 9.2.1951. – *Film-Echo* 17.2.1951. – *Die Filmwoche* 17.2.1951. – *Katholischer Film-Dienst* 2.3.1951. – Felix Schmeißer in *Husumer Tageblatt* 18.5.1951. – Georg Behrens in *Lübeckische Blätter* 10/1951.

Hanna Amon: -ng-: »Jubel um ›Hanna Amon‹« in *Film-Echo* 5.1.1952. – »Veit Harlan in Herford« in *Film-Echo* 12.1.1952. – *Film-Echo* 19.1.1952. – *Filmpress* 30.1.1952. – »Gegen Politisierung der Filmtheater« in *Film-Echo* 9.2.1952. – »Veit Harlan und kein Ende« in *Film-Echo* 16.2.1952. – <u>Kritiken</u>: *Film-Echo* 5.1.1952. – whz. in *Die Filmwoche* 5.1.1952. – *Katholischer Film-Dienst* 11.2.1952. – dk. in *Evangelischer Filmbeobachter* 13.3.1952.

Die blaue Stunde. »Die humorvolle Glorifizierung des Ehekrachs« in *Film-Echo* 29.11.1952. – *Film-Revue* 1/1953. – *Film-Revue* 2/1953. – <u>Kritiken</u>: *Film-Echo* 14.3.1953. – R.H. in *Katholischer Film-Dienst* 20.3.1953. – H.H. in *Evangelischer Filmbeobachter* 26.3.1953.

Sterne über Colombo. fmr.: »Ceylon-Tee« in *Film-Revue* 25.2.1953. – Adrian Hoven: »Meine Indien-Erlebnisse« in *Film-Revue* Nr.25/1953 bis 5/1954. – *Hamburger Anzeiger* 19.12.

1953. – *Film-Echo* 24.12.1953. – <u>Kritiken:</u> Georg Herzberg in *Film-Echo* 24.12.1953. – O.U. in *Katholischer Film-Dienst* 1.1.1954. – K.St. in *Evangelischer Filmbeobachter* 2.1.1954.

Die Gefangene des Maharadscha. O.U. in *Katholischer Film-Dienst* 12.2.1954. – Grünwald in *Katholischer Film-Echo* 20.2.1954. – *Evangelischer Filmbeobachter* 25.2.1954.

Verrat an Deutschland. »Kennwort Grille« in *Film-Revue* 26/1954. – *Film-Echo* 6.11.1954. – *Film-Echo* Nr.46/13.11.1954. – *Film-Echo* 19.2.1955. – *Film-Echo* 26.2.1955. – »Millionenprozeß um Veit Harlan« in *Spandauer Volksblatt* 2.9.1955. – Kritiken: –ck. in *Evangelischer Filmbeobachter* 27.1.1955. – *Film-Echo* 12.2.1955. – M.N. in *Katholischer Film-Dienst* 17.2.1955. – ck. in *Evangelischer Filmbeobachter* 17.3.1955. – hwp in *Filmwoche* 9.4.1955.

Anders als du und ich. *Film-Revue* 14/1957. – Stefan Strand: »Verhängnisvolle Vorurteile« in *Abendpost* (Frankfurt am Main) 8.11.1957. – gk: »Form des Themas entscheidend« in *Filmwoche* 9.11.1957. – Dr. Hans Giese: Leserbrief in *Frankfurter Allgemeine Zeitung* 9.11.1957. – *Film-Echo* 9.11.1957. – *Film-Echo* 16.11.1957. – »Künstler protestieren gegen Harlan-Film« in *Stuttgarter Zeitung* 6.12.1957. – Dr. Theo Fürstenau: »Immer, wenn ein Jahr beginnt ... Der westdeutsche Film im Jahre 1957« in *epd/Kirche und Film* (Bielefeld), Nr.1/Januar 1958. – »Ist Harlan wirklich der große Uebeltäter?« in *Der Weg* 8. Jg., Nr.3/März 1958. – »Wovon man in Deutschland spricht« in *Der Kreis* Nr.26/1958. – *Film-Echo* 10.1.1959. – Daniel Blum: *Screen World 1960.* Bibb and Tannen; Cheshire, Connecticut 1960. – James L.Limbacher: *Sexuality in World Cinema, Vol. II: L-Z.* The Scarecrow Press Inc.; Metuchen, N.J. & London 1983. – Carla Rhode: »Ein Mut, der keiner ist« in *Der Tagesspiegel* 3.2.1984. – Olaf Stüben: »Schwule Wogen« in *Zitty* 4/1984. – Olaf Stüben: *Verdammte Zärtlichkeit.* Trifolium; Berlin 1985. – Hermann J. Huber: *Gewalt und Leidenschaft.* Bruno Gmünder Verlag; Berlin 1987. – Joachim Campe: *Andere Lieben.* Suhrkamp; Frankfurt am Main 1988. – Jochen Becker: »Schmerzlich ausbaden« in *die tageszeitung* 9.6.1992. – Raymond Murray: *Images in the Dark. An Encyclopedia of Gay and Lesbian Film and Video.* TLA Publications; Philadelphia 1994. – David Bleiler (Hg.): *TLA Film & Video Guide 1996-1997.* TLA Publications; Philadelphia 1996. – Manfred Herzer: »Un chant d'amour. Literatur, Theater, Film« in Dr. Andreas Sternweiler/Dr. Hans Gerhard Hannesen (Gl.): *Goodbye to Berlin? 100 Jahre Schwulenbewegung.* Eine Ausstellung des Schwulen Museums und der Akademie der Künste Berlin vom 17.5.–17.8.1997. Verlag Rosa Winkel; Berlin 1997. – <u>Kritiken:</u> Hans. in *Variety* 11.9.1957. – e.h. in *Katholischer Film-Dienst* 31.10.1957. – Günter Dahl: »Man kommt so leicht in Schwulitäten« in *Filmpress* 1.11.1957. – Hans Schwab-Felisch: »Ein überflüssiger Film« in *Frankfurter Allgemeine Zeitung* 6.11.1957. – *Film-Echo* 16.11.1957. – *Der Spiegel* 20.11.1957. – *Evangelischer Filmbeobachter* 21.11.1957. – Enno Patalas in *Filmkritik* 12/1957. – A.H.Weiler in *The New York Times* 26.3.1959.

Liebe kann wie Gift sein. *Film-Revue* 25.4.1958. – *Film-Echo* 18.6.1958. – *Film-Echo* 28.6.1958. – »Die Liebe ist Gift für Sabina Sesselmann« in *Bravo* 20.7.1958. – »Liebe kann wie Gift sein‹ in Stuttgart und Karlsruhe« in *Film-Echo* 30.7.1958. – *Film-Echo* 2.8.1958. – R.: »Die Eltern sind an allem schuld« in *Filmwoche* 2.8.1958. – *Film-Echo* 6.8.1958. – *Film-Echo* 13.8.1958. – <u>Kritiken:</u> l-nn in *Katholischer Film-Dienst* 25.7.1958. – Georg Herzberg in *Film-Echo* 30.7.1958. – Lbv. in *Evangelischer Filmbeobachter* 31.7.1958. – *Der Spiegel* 6.8.1958. – M.R. in *Filmwoche* 16.8.1958. – Enno Patalas in *Filmkritik* 9/1958.

Es war die erste Liebe. *Film-Echo* 30.7.1958. – *Film-Echo* 2.8.1958. – *Film-Echo* 16.8.1958. – *Film-Revue* Nr.14/1958. – *Film-Revue* 2.9.1958. – *Film-Echo* 11.10.1958. – Hans Schifferle: »German Psychotronic. 10 klassische Beispiele deutschen Film-Wahnsinns« in *Steadycam* Nr.18-1/1991. – <u>Kritiken:</u> *Katholischer Film-Dienst* 23.10.1958. – Georg Herzberg in *Film-Echo* 25.10.1958. – *Evangelischer Filmbeobachter* 6.11.1958.

Ich werde dich auf Händen tragen: »Die Zeit mit Kristina« in *Film-Revue* 14.9.1958. – *Film-Echo* 1.11.1958. – *Film-Echo* 3.1.1959. – Georg Seeßlen: »Detektivarbeit bei Sonderangeboten« in *epd film* 5/1991. – Georg Seeßlen: »Ich werde dich auf Händen tragen oder die Todessehnsucht als wiederkehrendes Element« in *Journal Film* (Freiburg) #26/I-1993. – <u>Kritiken:</u> *Katholischer Film-Dienst* 13.11.1958. – Hermine Fürstweger in *Film-Echo* 26.11.1958. – A.W. in *Evangelischer Filmbeobachter* 27.11.1958. – Enno Patalas in *Filmkritik* 12/1958. – *Der Spiegel* 3.12.1958.

II. Filmregister

III. Bühnenstücke

IV. Nicht realisierte Filmprojekte

Zeittafel

1899 22. September: Veit Harlan wird in Berlin als Sohn des Schriftstellers Walter Harlan und dessen Frau Adele (Boothby) geboren.

1912 – 1917
Erste Erfahrungen als Schauspieler am Luisen-, Rose- und Triano-Theater. Meldung zum Kriegsdienst; Einsatz an der französischen Front. – Ausbildung zum Schauspieler am Reinhardt-Seminar.

1919 Schauspiel-Volontariat an der Berliner Volksbühne, zu deren Ensemble er mit Unterbrechungen bis 1924 gehört.

1922 Heirat mit der Schauspielerin Dora Gerson. Erfahrungen außerhalb Berlins am Landestheater Meiningen und bei der Holtorf-Truppe.

1924 Scheidung von Dora Gerson. – Wechsel von der Volksbühne ans Staatstheater Berlin, dessen Ensemble er bis 1934 angehört.

1925 Durchbruch als Schauspieler mit Arnolt Bronnens »Exzess« (Regie: Heinz Hilpert) und Max Halbes »Jugend« (Regie: Jürgen Fehling).

1926 Rollen in »Die Räuber« (Regie: Erwin Piscator), Laertes in 'Hamlet' (Regie: Leopold Jessner). – Erstes Engagement als Filmschauspieler in Ludwig Bergers *Der Meister von Nürnberg*.

1927 Mandelstam in dem Film *Die Hose*, Leon in Grillparzers »Weh' dem, der lügt«.

1929 19. Februar: Heirat mit der Schauspielerin Hilde Körber und Geburt des Sohnes Thomas. – September: Tätliche Auseinandersetzung mit seinem Kollegen Fritz Kortner.

1930 23. Juni: Geburt der Tochter Maria.

1931 14. April: Tod des Vaters.

1932 16. Januar: Großer Erfolg mit der Komödie »Charleys Tante«. – 17. Juni: Geburt der Tochter Susanne.

1933 5. Mai: Der »Völkische Beobachter« veröffentlicht ein Interview, in dem sich Harlan zum Nationalsozialismus bekennt.

1935 23. Januar: Debüt als Theaterregisseur mit »Hochzeit an der Panke« – 24. Februar: Tod der Mutter. – Durchbruch als Bühnenregisseur mit »Krach im Hinterhaus« (Premiere am 1. März). Endgültiger Wechsel zur Regie. – Debüt als Filmregisseur mit *Die Pompadour* (Dialog-Regie) und *Krach im Hinterhaus*.

1936 Nach mehreren Komödien dreht Harlan mit *Maria, die Magd* sein erstes Melodram. – Die Tolstoi-Adaption *Die Kreutzersonate* etabliert ihn als einen der angesehensten Regisseure des NS-Kinos. Ihm wird die Regie des Propagandafilms *Der Herrscher* mit Emil Jannings anvertraut.

1937 17. März: Uraufführung von *Der Herrscher*, für den Emil Jannings den Nationalen Filmpreis und in Venedig den Coppa Volpi als bester Darsteller erhält. – Beginn des engen Kontakts zu dem Propagandaminister Joseph Goebbels. – Begegnung mit der schwedischen Schauspielerin Kristina Söderbaum, der er die Hauptrolle in seinem Film *Jugend* anvertraut.

1938 12. April: Uraufführung von *Jugend*, der Kristina Söderbaum als Star etabliert. – 14. August: Uraufführung von *Verwehte Spuren* in Venedig. Scheidung von Hilde Körber.

1939 31. Januar: Uraufführung von *Das unsterbliche Herz* – 5. April: Heirat mit Kristina Söderbaum. – 20. Oktober: Geburt des Sohnes Kristian. – 2. November: Uraufführung von *Die Reise nach Tilsit*. – Harlan übernimmt von Peter Paul Brauer die Regie des antisemitischen Propagandafilms *Jud Süß*.

1940 15. März: Drehbeginn *Jud Süß*. – 5. September: Uraufführung von *Jud Süß* in Venedig.

1941 Nach fast zweijährigem Verbot wird Harlans Komödie *Pedro soll hängen* freigegeben. – Harlan wechselt von der Tobis-Filmproduktion zur UFA und übernimmt dort eine eigene Herstellungsgruppe.

1942 Uraufführung des Fridericus-Spektakels *Der große König* (3. März) und des Agfacolor-Melodrams *Die goldene Stadt* (3. September). Beide werden in Venedig ausgezeichnet.

1943 Dora Gerson wird in Auschwitz ermordet. – 3. März: Zum 25jährigen Jubiläum der UFA erhält Harlan den Professorentitel. Vortragsreise durch Schweden. – Mai: Erste Vorbereitungen für den monumentalen Durchhaltefilm *Kolberg*. – 17. Dezember: Uraufführung von *Immensee*.

1944 2. Oktober: Uraufführung von *Opfergang* in Stockholm.

1945 30. Januar: Uraufführung von *Kolberg* in Berlin und der Festung La Rochelle an der französischen Atlantikküste. Die mit über 8 Millionen RM teuerste Produktion des Dritten Reiches ist die letzte, die als »Film der Nation« ausgezeichnet wird. Harlan erlebt das Kriegsende in Hamburg.

1946 5. Februar: Geburt des Sohnes Caspar. – Harlan inszeniert anonym Theateraufführungen mit seiner Frau.

1947 Dezember: Von der Hamburger Spruchkammer als unbelastet in die Gruppe V (Mitläufer) eingestuft.

1948 15. Juli: Erhebung der Anklage gegen Harlan wegen Verbrechens gegen die Menschlichkeit.

1949 3. März: Beginn der Verhandlung gegen Harlan vor dem Hamburger Schwurgericht. 22. März: Weiterverhandlung in Berlin. – 23. April: Freispruch in erster Instanz.

1950 29. April: Freispruch in zweiter Instanz. – 20. August: Beginn der Dreharbeiten zu Harlans erstem Nachkriegsfilm *Unsterbliche Geliebte*.

1951 Der erfolgreiche Kinoeinsatz von *Unsterbliche Geliebte* (31. Januar) und *Hanna Amon* (21. Dezember) führt zu bis aufsehenerregenden Demonstrationen in der Bundesrepublik.

1952 – 1954
Um weiteren Demonstrationen aus dem Weg zu gehen, dreht Harlan seine nächsten Filme in Italien (*Die blaue Stunde*), Indien (*Sterne über Colombo*, *Die Gefangene des Maharadscha*) und Japan (*Verrat an Deutschland*).

1957 – 1958
Begegnung mit Stanley Kubrick, der seine Nichte Susanne Christiane heiratet und plant, einen Film über das Leben im Dritten Reich aus der Sicht von Harlan zu drehen. – Harlan inszeniert seine letzten Filme für die Arca-Filmproduktion. *Anders als du und ich* (Uraufführung am 29. August 1957) führt wegen seines Umgangs mit dem Thema der Homosexualität zu Kontroversen.

1962 – 1963
An kleinen Bühnen in Westdeutschland inszeniert Harlan Gerhart Hauptmanns »Der Biberpelz« und August Strindbergs »Ein Traumspiel«.

1964 13. April: Tod auf Capri.

1966 Die Autobiographie »Im Schatten meiner Filme« erscheint im Sigbert Mohn Verlag, Gütersloh.

DANKSAGUNG

Für Informationen, technische Hilfe und Verbesserungsvorschläge, auch wenn ich sie nicht befolgt habe:

Amerika-Gedenkbibliothek; Marianne Augustin; Rolf Aurich; Berlin Document Center; Friedemann Beyer; Bibliothek der Deutschen Film- und Fernsehakademie Berlin; Hans-Christoph Blumenberg; Dr. Maria Borgmann; Bundesarchiv/Filmarchiv Berlin; Eva-Lichtspiele Berlin; Friedhof Heerstraße/ Verwaltung; Kurt Friedrich; Joachim Fuchsberger; Dipl. Germ. Christoph Funke; Grenzlandtheater des Kreises Aachen GmbH; Marc Hairapetian; Caspar Harlan; Margot Hielscher; Klaus Hinze; Lena Hutter; Wolfgang Jacobsen; Gisela Jahn [Sekretariat Leni Riefenstahl-Produktion]; Wolfgang Jansen; Björn Klimek; Prof. Friedrich Knilli; Maria Körber; Dr. phil. Tilman Krause; Ilse Kubaschewski; Lothar Lambert; Landesarchiv Berlin; Heinz Lausch [† 10. September 1996]; Roland Martsch; Marion Michael; Jürgen Michel; Maria Milde; Anna Moik & Lutz Moik; Lola Müthel; Eric A. Peschler; Günter Pfitzmann; Christl Pillen; Carl Raddatz; Mady Rahl; Prof. Eric Rentschler; Theatersammlung Wilhelm Richter; Dr. phil. Günther Rühle; Kurt von Ruffin [† 14. November 1996]; Norbert Schultze; Paul Seiler; Sabina Sesselmann [† 3. März 1998]; John Simon; Stiftung Archiv der Akademie der Künste; Stiftung Deutsche Kinemathek Berlin; Holger Stuhlmacher [† 18. Oktober 1998]; Thalia-Filmtheater Berlin; Wolfgang Theiss; Will Tremper [† 14. Dezember 1998]; Karsten Witte [† 23. Oktober 1995]; Marlene Wolf; Christian Wolff; Markus Zimmer.

Filmbücher bei belleville

Ed Gein
A Quiet Man

Herausgegeben von Michael Farin und Hans Schmid
Essays, Artikel, Aufsätze, Songs, Filmmitschriften, Comics, Hinweise aller Art, Bilder,
Standfotos, Plakate, Videoprints etc.
389 Seiten, 82 Abbildungen, broschiert, DM 39.80
ISBN 3-923646-52-6

Norman Bates, Leatherface und die anderen haben ihn zur Legende werden
lassen: den Mörder und Nekrophilen Ed Gein. »Ed Gein was not a good man«,
schrie Lux Interior einmal, »but he was great man.« Das war Ed natürlich nicht
… ist er nie gewesen.

»Mother, she's just a stranger
She's young and it's raining out
She's down at the motel
Thought I'd go back and check her out
I just checked her in but … «, singt Rod Mc Donald unnachahmlich leise und melan-
cholisch. *Norman* heißt das Lied, und es klingt, als wäre es aus einer anderen Welt.
Aber Bates Motel ist nur das Ende der Welt, jedenfalls für Janet Leigh in Alfred
Hitchcocks Film **PSYCHO**.

»**THE TEXAS CHAIN SAW MASSACRE** ist der einzige Film, der mir wirklich je Angst
gemacht hat.« William Lustig, Regisseur von MANIAC

»Und da«, erzählte Werner Herzog einmal, »deutet Bud hinter sich, sei der Friedhof.
Der sei jetzt schon seit zehn Jahren geschlossen. Da habe Ed nachts immer herum-
gebuddelt.«

Hannibal Lecter in **THE SILENCE OF THE LAMBS** zur FBI-Agentin Starling alias Jodie
Foster: »Oberste Prinzipien. Simplification. Bei jedem einzelnen Ding die Frage, was
es in sich selbst ist. Was ist seine Natur? Was tut er, dieser Mann, den Sie suchen?«

Das ultimative Buch zum bizarrsten Kriminalfall Amerikas und zu den davon inspi-
rierten Büchern, Filmen und Merchandising-Produkten

belleville Verlag · Michael Farin · Hormayrstr. 15 · 80997 München · email: belleville@t-online.de

Peter Lorre

Der Verlorene

Roman. Erstausgabe.
Mit einem einleitenden Essay von Hellmuth Karasek
sowie Beiträgen von Friedemann Beyer, Harald Eggebrecht, Fritz Göttler, Felix Hofmann,
Claudia Kaiser, Olaf Möller, Hans Schmid, Monika Spindler, Friedhelm Werremeier und Stephen
D. Youngkin sowie Fotos aus der Filmkopie von Gerhard Ullmann
336 S., 24 Abb., geb. DM 38.– ISBN 3-923646-40-2

1943: Ein Mann begeht einen Mord. Im Affekt. An seiner Verlobten. Die Gestapo verhindert – gegen seinen Willen – seine Festnahme. Denn seine Forschungsarbeiten
gehen vor. Der Staat braucht ihn. Von da an leidet er unter Zwangsvorstellungen. Eine
Mordserie beginnt.

1951: *Der Verlorene*, »ein atmosphärisch sehr dicht und quälend eindringlich ge-
stalteter Film, der in der deutschen Nachkriegsproduktion seinesgleichen sucht«
(Lexikon des internationalen Films), wird uraufgeführt. Regie und Hauptdarsteller:
Peter Lorre.

1996: *Der Verlorene*, die Roman zum Film, erscheint erstmals als Buch.

»... ein wichtiges Zeugnis über eine Zeit, in der das Verbrechen das Verbrechen geb-
ar und zu vertuschen suchte.«

Hellmuth Karasek

Felix Hofmann/Stephen D. Youngkin

Peter Lorre

Portrait des Schauspielers auf der Flucht
181 S., 109 Abb. DM 38.– ISBN 3-923646-41-0

Peter Lorre – weltberühmt geworden als der Mörder in Fritz Langs *M* – ist vielleicht
kein verkannter, aber er ist gewiß ein mißhandelter Schauspieler gewesen. Im Typen-
Angebot der Filmproduzenten und Filmkritiker wurde und wird er als Episoden-
Darsteller geführt, als »Charakter-Darsteller«, dem »nur« beschränkte Mittel zur Verfügung stehen. Diese deutsch-amerikanische Co-Produktion ermöglicht nun erstmals den uneingeschränkten Blick und ist eine Würdigung dieses bedeutenden
deutsch-amerikanischen Schauspielers.
Felix Hofmann, langjähriger Mitarbeiter der inzwischen legendären Filmkritik und
Autor (zusammen mit Harun Farocki) einer Dokumentation über Lorre sowie Stephen
D. Youngkin, der Lorre-Kenner überhaupt, zeichnen das Portrait eines Schauspie-lers,
der zerrieben wurde zwischen ideologischen Feindschaften, geschäftlichen Spekulationen und den kulturellen Hetzjagden der ersten Hälfte dieses Jahrhunderts.

belleville Verlag · Michael Farin · Hormayrstr. 15 · 80997 München · email: belleville@t-online.de

Friedemann Beyer

Schöner als der Tod
Das Leben der Sybille Schmitz

206 S., 83 Abb. (davon 32 in Duotone)
DM 38.– ISBN 3-923646-72-0

Sie war eine Ausnahmeerscheinung, die Schauspielerin Sybille Schmitz (1909–1955): keine dieser glatten Salondamen oder tanzwütigen Revuegirls der Epoche.

Ihren Durchbruch erlebt sie in Karl Hartls *F.P. 1 antwortet nicht*, wo sie an der Seite von Hans Albers in schwerer Lederkluft zur Rettung einer künstlichen Ozeaninsel fliegt.

Spröde, androgyn erscheint sie auch als George Sand in Geza von Bolvarys *Abschieds-walzer* (1934). Ihren größten künstlerischen Erfolg erlebt sie in Frank Wysbars *Fährmann Maria* (1935) als junge Heimatlose, deren »melancholische Insichgekehrtheit unendliche Sehnsucht vermittelt« (Filmkurier).

In mehr als drei Dutzend Filmen hat sie gespielt, in den 50er Jahren aber bleiben die Engagements aus, Sybille Schmitz verarmt, wird drogensüchtig und begeht am 13. April 1955 in München Selbstmord. Rainer Werner Fassbinder ließ sich durch das Schicksal der Sybille Schmitz zu seinem Film *Die Sehnsucht der Veronika Voss* (1982) inspirieren.

Heinz Rühmann

Ich bin ein Anhänger der Stille
Texte und Bilder
Herausgegeben von Matthias Peipp und Bernhard Springer

Mit Originalbeiträgen von August Everding, Artur Brauner, Liselotte Pulver, Gyula Trebitsch und Wim Wenders
Essays von Fritz Aeckerle, Thomas Brandlmeier, Fritz Göttler, Hans Schmid und Joachim Kaiser, einer Lebenstafel, einer Filmographie und zahlreichen Bildern aus seinen Filmen.

159 Seiten, 32 Duotone-Tafeln und 34 Abbildungen
broschiert DM 38.– ISBN 3-923646-53-4

»Über diesen schlendernden Deutschen haben Millionen gelacht, er hat sie getröstet (vom Guten und Bösen), abgelenkt, in sein Kunstparadies gelockt. Und wenn die Rühmann-Bewunderer wußten oder ahnten, daß da nicht über die volle und herb-reale Lebenswahrheit Komödie gespielt wurde, sondern bloß über einen Ausschnitt davon, in dem sehr eigene Gesetze herrschen, dann brauchtes sie sich wahrscheinlich nicht zu genieren. Sondern sie sollten einem der großen Schauspieler des Jahrhunderts danken für den Trost, den er gab.«   *Joachim Kaiser*

belleville Verlag · Michael Farin · Hormayrstr. 15 · 80997 München · email: belleville@t-online.de

Loy Arnold/Michael Farin/Hans Schmid (Hg.)

NOSFERATU –
Eine Symphonie des Grauens

184 S., 277 Abbildungen, davon 192 in Farbe
DM 38.– ISBN 3-933510-42-2

Das Buch zum Film und eine kurze Chronik des Dracula-Mythos.

Der Titel des Murnau-Filmes lautet NOSFERATU – EINE SYMPHONIE DES GRAUENS. Und wirklich fühlen wir noch heute, wenn wir den Film sehen, daß »ein frostiger Luftzug aus dem Jenseits«, wie Béla Balázs es nennt, in den »naturmöglichen Bildern« weht. (Lotte H. Eisner)

Der Film entstand im Sommer 1921. Außenaufnahmen: Wismar, Lübeck, Lauenburg, Rostock, Schloß Oravsky (Karpaten), Tegeler Forst etc.

Murnau, der NOSFERATU mit wenig Geld gedreht hat, weiß der Natur die schönsten Bilder abzugewinnen. Er fängt die zarte, zerbrechliche Form einer weißen Wolke über einer Düne ein. Der Wind der Ostsee spielt im spärlichen Dünengras, auf einem abendlichen Frühlingshimmel zeichnen ziselierte Äste ihr Filigran. Über eine Morgentau atmende Wiese stürmen vom Zaumzeug befreite Pferde. *(Lotte H. Eisner)*

»Fieberschauer und Alpdruck, Nachtschatten und Todesahnung, Wahnsinn und Geisterspuk wurden da in die Bilder düsterer Berglandschaften und stürmender See gewoben. Es kam auch ein Geisterwagen im Walde vor …« *(Béla Balàzs)*

»Durch die Intensität seiner Gegenwart verbreitet Nosferatu Angst, nicht, wie Dreyers Vampir, durch seine geheimnisvolle Abwesenheit.« *(Eric Rohmer)*

belleville Verlag · Michael Farin · Hormayrstr. 15 · 80997 München · email: belleville@t-online.de